AF325660

ANTIQUITÉS
NATIONALES

DESCRIPTION RAISONNÉE

DU

MUSÉE DE SAINT-GERMAIN-EN-LAYE

I

ÉPOQUE DES ALLUVIONS ET DES CAVERNES

PAR

SALOMON REINACH

AGRÉGÉ DE L'UNIVERSITÉ

ANCIEN MEMBRE DE L'ÉCOLE D'ATHÈNES, ATTACHÉ DES MUSÉES NATIONAUX

Ouvrage accompagné d'une héliogravure et de 136 gravures dans le texte

PARIS

LIBRAIRIE DE FIRMIN-DIDOT ET Cⁱᵉ

IMPRIMEURS DE L'INSTITUT, RUE JACOB, 56

ANTIQUITÉS

NATIONALES

Tantum aevi longinqua valet mutare vetustas!

(Virgile.)

TYPOGRAPHIE FIRMIN-DIDOT. — MESNIL (EURE).

MUSÉE DE SAINT-GERMAIN
Vue de la Salle Nº 1.

ANTIQUITÉS
NATIONALES

DESCRIPTION RAISONNÉE

DU

MUSÉE DE SAINT-GERMAIN-EN-LAYE

I

ÉPOQUE DES ALLUVIONS ET DES CAVERNES

PAR

SALOMON REINACH

AGRÉGÉ DE L'UNIVERSITÉ

ANCIEN MEMBRE DE L'ÉCOLE D'ATHÈNES, ATTACHÉ DES MUSÉES NATIONAUX

Ouvrage accompagné d'une héliogravure et de 136 gravures dans le texte

PARIS

LIBRAIRIE DE FIRMIN-DIDOT ET CIE

IMPRIMEURS DE L'INSTITUT, RUE JACOB, 56

DU MÊME AUTEUR

Manuel de Philologie classique. 2 vol. in-8°, deuxième édition, HACHETTE 1883-1884.

Ouvrage couronné par l'Association pour l'encouragement des Études grecques.

Catalogue du Musée impérial de Constantinople, in-8°, Constantinople, à la DIRECTION DU MUSÉE, 1882. (Épuisé.)

Notice biographique sur Charles-Joseph Tissot, ambassadeur de France, in-8°, KLINCKSIECK, 1885.

Traité d'épigraphie grecque, in-8°, LEROUX, 1885.

Grammaire latine à l'usage des classes supérieures, in-8°, DELAGRAVE, 1885.

Ouvrage couronné par la Société d'enseignement secondaire.

Instruction pour la recherche des antiquités en Tunisie, in-4°, IMPRIMERIE NATIONALE, 1885.

Essai sur le libre arbitre, de Schopenhauer, traduit et annoté, in-8°, troisième édition, ALCAN, 1886.

E. BABELON et S. REINACH. Recherches archéologiques en Tunisie, in-8°, IMPRIMERIE NATIONALE, 1886.

La colonne Trajane au musée de Saint-Germain, in-12, LEROUX, 1886.

Conseils aux voyageurs archéologues en Grèce et dans l'Orient hellénique, in-12, LEROUX, 1886.

Précis de grammaire latine, in-12, deuxième édition, DELAGRAVE, 1887.

Catalogue sommaire du musée des antiquités nationales de Saint-Germain-en-Laye, in-12, IMPRIMERIES RÉUNIES, 1887.

E. POTTIER et S. REINACH. Terres cuites et autres antiquités trouvées dans la nécropole de Myrina. catalogue raisonné, in-8°, IMPRIMERIES RÉUNIES, 1887.

E. POTTIER et S. REINACH. La Nécropole de Myrina, deux vol. in-4, avec 50 planches d'héliogravure, THORIN, 1886-1887.

Ouvrage couronné par l'Académie des inscriptions (Prix Delalande-Guérineau).

Atlas de la province romaine d'Afrique, pour servir à l'ouvrage de Ch. Tissot, in-4°, IMPRIMERIE NATIONALE, 1888.

Géographie de la province romaine d'Afrique, par Ch. Tissot. Les Itinéraires, ouvrage publié d'après le manuscrit de l'auteur avec des notes et des additions, in-4°, IMPRIMERIE NATIONALE, 1888.

Chroniques d'Orient publiées dans la Revue archéologique, 21 fascicules in-8° avec gravures, LEROUX, 1883-1889.

Bibliothèque des monuments figurés grecs et romains. I. Voyage archéologique en Grèce et en Asie Mineure sous la direction de PHILIPPE LE BAS (1842-1844). Planches de photographie, de sculpture et d'architecture... publiées et commentées par SALOMON REINACH. In-4° avec 311 planches, FIRMIN-DIDOT, 1888.

Bibliothèque archéologique. I. Études d'archéologie et d'art, par Olivier Rayet, réunies et publiées, avec une notice biographique sur l'auteur, par SALOMON REINACH, in-8°, avec 5 photogravures et 112 gravures. FIRMIN-DIDOT, 1888.

Les Gaulois dans l'Art antique et le Sarcophage de la Vigne Ammendola, in-8°, avec 2 photogravures et 29 gravures, LEROUX, 1889.

A M. ALEXANDRE BERTRAND,

MEMBRE DE L'INSTITUT,

CONSERVATEUR DU MUSÉE DES ANTIQUITÉS NATIONALES.

Saint-Germain, 30 mai 1889.

Monsieur le Conservateur,

Lorsque je fis paraître, en 1887, le *Catalogue sommaire du musée des Antiquités Nationales*, je comptais pouvoir bientôt offrir au public le premier volume d'une *Description raisonnée*, dont j'avais commencé la rédaction et pour laquelle j'avais fait exécuter des dessins. Mais à mesure que j'avançais dans ce travail, que j'en reconnaissais plus clairement les difficultés et les exigences, il me semblait que la partie de mon manuscrit déjà prête pour l'impression ne répondait pas au but que je devais me proposer d'atteindre. Je me suis donc décidé, après quelques hésitations, à sacrifier ces pages et à reprendre la *Description raisonnée* sur un plan nouveau.

Ce plan est d'une intelligence facile et j'espère que vous voudrez bien l'approuver. J'ai pensé qu'une description détaillée comme celle-ci, destinée à la fois aux visiteurs du musée et aux savants qui travaillent loin de nos collections, devait ressembler autant que possible aux explications orales fournies par un conservateur lorsqu'il conduit une *promenade archéologique* dans le musée. L'exégète commence, en effet, par donner une idée générale des questions que soulève la partie de la collection qu'il décrit; il fait de même pour chaque vitrine et signale à l'attention les principaux objets qu'elle renferme. Puis, s'il en a le temps et si les auditeurs en expriment le désir, il entre dans des détails circonstanciés sur les sujets qu'il s'est contenté d'indiquer d'abord, résume les travaux dont ils ont été l'objet et les discussions qu'ils ont provoquées entre hommes spéciaux.

Tel est le plan de ce volume, consacré à l'historique du château et à la première salle du musée, c'est-à-dire à l'époque des alluvions quaternaires et des cavernes. Grâce à l'emploi de caractères de différentes grandeurs, il a été possible de distinguer les parties essentielles, celles qui répondent au *minimum* d'explications fournies par l'exégète, de celles qui contiennent des éclaircissements complémentaires et qui ont pour objet de satisfaire la curiosité mise en éveil. Le visiteur du musée ou l'archéologue dans son cabinet pourront, suivant la nature de leurs études et de leurs goûts, y prendre connaissance rapidement du contenu d'une vitrine ou s'arrêter sur les développements et les notes qui s'y rattachent. A cet effet, suivant un usage déjà adopté dans plusieurs manuels, des chiffres romains, placés entre parenthèses dans les explications générales ou dans la description des vitrines, renvoient aux éclaircissements, parfois très étendus, qui leur font suite. Les titres courants imprimés en haut des pages, et qui sont précédés du n° d'ordre de la vitrine, permettront, je l'espère, de s'orienter facilement dans le vaste ensemble de faits archéologiques et de références qui constituent le présent volume. La rédaction des tables a été l'objet d'un soin particulier; on y trouvera, entre autres, des indications géographiques précises relatives aux différentes stations, qu'il eût été non moins inutile que fastidieux de répéter à chaque fois dans le corps du livre.

La multiplicité des détails où je suis entré pourra surprendre quelques lecteurs, habitués à des descriptions plus succinctes, et je sens le besoin de m'en justifier à leurs yeux. Si j'avais eu à décrire, par exemple, une partie du musée des Antiques du Louvre, je me serais assurément interdit des développements aussi étendus. C'est qu'en effet, pour l'archéologie classique, il existe, tant en France qu'à l'étranger, quelques manuels tenus au courant, abondamment fournis de références, auxquels il aurait suffi de renvoyer une fois pour toutes le lecteur ou le visiteur curieux de détails.

Il en est tout autrement pour l'archéologie dite préhistorique, et, je peux l'ajouter, pour l'archéologie celtique et gallo-romaine, pour toute notre archéologie nationale jusqu'au moyen âge. Les questions qui se rattachent aux débuts de la civilisation en Gaule ont été exposées un très grand nombre de fois, tantôt par des savants autorisés, tantôt par des compilateurs qui croyaient pouvoir enseigner aux autres ce qu'ils auraient eu besoin d'apprendre d'abord eux-mêmes. Mais tous les livres auxquels je fais allusion, bons ou mauvais, sérieux ou frivoles, sont des *résumés :* ce ne sont pas des *manuels*. Aucun d'eux ne renferme un exposé systématique de ces questions, accompagné des références bibliographiques indispensables à qui désire approfondir l'une d'elles. La bibliographie de l'archéologie classique laisse encore beaucoup à désirer; celle de l'archéologie préhistorique est dans l'enfance. Une foule de mémoires, d'articles, d'observations de détail, sont disséminés dans de nombreux recueils pour lesquels il n'existe pas d'index, et, sauf le *Précis de Paléontologie humaine* de M. Hamy, excellent livre qui n'a que le tort d'être bien ancien (1870), aucun ouvrage, ni en France ni à l'étranger, n'a tenu compte dans la mesure convenable de la nécessité d'indiquer ses sources.

Vous savez, Monsieur le Conservateur, que je suis moi-même presque un nouveau venu dans ces études; vous avez été témoin des efforts qu'il m'a fallu pour prendre connaissance de l'*arriéré*, pour recueillir des renseignements bibliographiques sur les différents sujets qui nous occupent, pour me mettre, comme on dit, au courant de la science. Il m'aurait peut-être été impossible d'y réussir sans le secours de l'admirable bibliothèque du musée, qui doit tant à votre libéralité et à votre zèle. Je désire que le présent volume épargne ce labeur ingrat à ceux qui voudront, après moi, s'initier à l'archéologie préhistorique. De la sorte, il pourra contribuer au progrès de cette branche de la science par un service analogue à celui que j'ai essayé de rendre à l'archéologie classique, il y a bientôt dix ans, en publiant mon *Manuel de Philologie*. Mais, cette fois, il ne s'agit plus d'un ouvrage élémentaire, destiné aux étudiants de nos Facultés, faisant double emploi, aux yeux des savants spéciaux, avec nombre de manuels publiés chez nous ou en Allemagne. Ce que j'ai voulu faire, c'est un *manuel spécial*, pourvu d'une bibliographie très abondante, destiné à suppléer au manque absolu de manuels analogues, tant en France que dans les autres pays.

La bibliographie préhistorique présente des difficultés particulières, résultant de l'absence de direction et de méthode qui a caractérisé jusqu'à présent ces études. Il est telle dissertation, tel mémoire, qui a reparu jusqu'à cinq ou six fois, sous des formes presque identiques, dans des publications périodiques différentes; il est telle gravure qui, donnée dans l'ouvrage d'un Lubbock ou d'un Lyell, a passé de là dans quinze ou vingt livres sans qu'on ait pris la peine de revoir une fois l'original. Fallait-il systématiquement borner mes références à la première ou à la meilleure publication, la seule qui puisse faire autorité? Je ne l'ai pas cru, et cela pour une bonne raison : c'est que, parmi les ouvrages originaux qui jouissent d'un crédit mérité dans le domaine de la science préhistorique, il en est beaucoup qui sont aujourd'hui épuisés en librairie ou du moins fort chers. On ne peut pas espérer qu'une bibliothèque de province ou celle d'un amateur modeste possèdent toujours sur leurs rayons des ouvrages comme les *Reliquiae Aquitanicae*, le *Cave-Hunting* de M. Boyd Dawkins, ou la série déjà si considérable des *Matériaux*. Aussi ai-je pris le parti de donner des références multiples, de renvoyer aux livres de seconde main comme aux mémoires originaux, d'ajouter toujours aux renvois visant des publications peu répandues, — celles, par exemple, de nos sociétés de province, — l'indication d'un ou plusieurs articles plus accessibles où ces publications ont été analysées.

L'existence de pareilles analyses est un grand bienfait, car on y trouve presque toujours la substance utile de longs mémoires qui sont trop souvent encombrés de phrases vaines et de développements oiseux. A cet égard, on peut dire que la collection des *Matériaux* constitue le plus grand service qui ait été rendu en France à la cause des études préhistoriques; les résumés d'articles de revues, parfois même d'articles de journaux, qui ont trouvé place dans les vingt-deux volumes de ce recueil, épargnent aux archéologues des recherches immenses, propres à décourager le plus opiniâtre bon vouloir.

Un des caractères fâcheux des études préhistoriques, atténué, jusqu'à un certain point seulement, par les Congrès internationaux (1866 et suiv.), c'est qu'on sait assez mal, dans les différents pays de l'Europe, ce qui se fait dans les pays voisins. Même dans le recueil des *Matériaux*, les travaux en langue allemande sont trop rarement analysés. J'ai fait effort pour que les références bibliographiques de ce volume rendissent plus facile, à l'avenir, le recours aux travaux des étrangers. L'*Archiv für Anthropologie*, le *Correspondenzblatt* qui la complète, la *Zeitschrift für Ethnologie*, les *Verhandlungen der Berliner Gesellschaft*, les *Jahrbücher der Alterthumsfreunde im Rheinlande*, pour ne parler que des périodiques allemands, ont été consciencieusement dépouillés; les résultats de ce long travail apparaîtront plus utilement encore dans les volumes suivants de cette *Description*, car l'époque de la pierre éclatée et des cavernes a été moins étudiée en Allemagne qu'en Angleterre et chez nous, par la raison qu'elle y est plus pauvrement représentée. Je n'ai pas la prétention d'avoir parcouru tous les recueils français, ni même la plupart d'entre eux, mais il m'est permis de dire ici, à titre de renseignement, que j'ai lu la plume à la main, sans que rien d'important ait pu m'échapper, les neuf volumes des *Congrès internationaux*, les vingt-deux volumes des *Matériaux*, les quarante-quatre années de la *Revue archéologique*, les dix-sept volumes des *Comptes rendus de l'Association française pour l'avancement des sciences*, les dix-sept volumes de la *Revue d'Anthropologie*, les sept volumes de la *Revue d'Ethnographie*, etc. Il n'y a pas une page du présent livre qui ne porte la trace de ces lectures; c'est peut-être, à l'usage, ce qu'on y trouvera de plus utile. Mon intention a été de guider les travailleurs dans les bibliothèques non moins que les visiteurs dans la première salle du musée; je compte aussi que, cette bibliographie une fois imprimée, on ne viendra plus encombrer le *rez-de-chaussée* des livres de seconde main avec des références choisies au hasard. Parmi les nombreux avantages des bibliographies, il en est un qui n'est pas à dédaigner : les écrivains sérieux les consultent et y renvoient, mais s'abstiennent de les débiter en détail. C'est une besogne faite une fois pour toutes et pour tous.

Le point de vue auquel je me suis placé est strictement scientifique, ou du moins j'ai toujours fait effort pour ne m'en point écarter. Parce que l'archéologie préhistorique touche à de hautes et délicates controverses, honneur qu'elle partage avec la philosophie et l'histoire des religions, ce n'est pas une raison pour qu'on ne l'aborde pas avec la même liberté d'esprit que les autres sciences. D'une manière générale, il me semble que dans cet ordre d'études on a fait prématurément abus des synthèses, des affirmations gratuites ou autorisées par un trop petit nombre de faits; aussi me suis-je souvent abstenu de conclure, après avoir exposé de mon mieux les arguments en conflit, dans la pensée qu'une conclusion, quelle qu'elle fût, n'aurait pour l'instant aucun caractère scientifique. L'archéologie préhistorique dispose d'un nombre immense de faits *bruts*, mais les faits bien constatés, rigoureusement établis, sont encore rares. Si l'on voulait s'en tenir, dans l'exposé de cette science, aux sablières, aux cavernes et aux autres stations qui ont été méthodiquement explorées, en négligeant les trouvailles dues au hasard, à des ouvriers ignorants ou à des amateurs peu dignes de confiance, on écrirait un petit livre où l'on serait très sobre de conclusions.

Un mot encore sur nos dessins. Ils ont été exécutés sous ma surveillance par un habile artiste, M. Devillard, presque toujours d'après les originaux ou les moulages, rarement d'après des gravures données ailleurs. Je les ai fait réduire à une petite échelle, — trop petite peut-être, — quitte à indiquer toujours les vraies dimensions en hauteur ou en longueur. Les références données dans les notes permettront de se reporter aux autres publications des mêmes objets. Celles dont l'exactitude mérite toute confiance sont malheureusement peu nombreuses; le *Dictionnaire archéologique de la Gaule* et le *Musée préhistorique* sont même, à cet égard, les deux seuls bons recueils de gravures que nous possédions. Il est fâcheux qu'on ne puisse louer sans réserve les luxueuses mais peu exactes reproductions publiées dans les *Reliquiae Aquitanicae*.

Vous m'autoriserez sans doute à dire ici, Monsieur le Conservateur, que le musée fournira volontiers à ceux qui nous en feront la demande des photographies d'après les objets exposés. Nous en tenons également des moulages à la disposition des collections publiques ou privées qui voudraient entrer en relations d'échanges avec nous.

J'espère que ce volume sera favorablement accueilli et que le public y verra, comme vous, l'effet du désir que j'ai de lui être utile.

Veuillez agréer, Monsieur le Conservateur, l'expression de mon profond respect.

SALOMON REINACH.

TABLE DES MATIÈRES.

Pages.

Lettre à M. Alexandre Bertrand...................... I à VIII

Table des matières........................... IX à XV

Introduction. — Horaire et règlement du Musée........... 1

Historique. Distribution générale..................... 2 à 25

Constructions du roi Robert, 2. — de saint Louis et de Charles V, 3. — Constructions de François Ier, 4. — Le Château Neuf, 5. — Modifications faites par Louis XIII au Vieux Château, 6. — Le Château sous Louis XIV, 7. — Pavillons de Mansart, 8. — Le Château au dix-huitième siècle et jusqu'au second Empire, 9. — Eugène Millet, 10. — Distribution des salles du Musée, 11, 12. — Historique de la formation du Musée, 13. — Biographie de Boucher de Perthes, 14, 15. — Biographie d'Édouard Lartet, 16, 17. — Monuments conservés dans les fossés du Château : allée couverte de Conflans, Apollon d'Entrains, colonne Trajane, 17 à 20. — Liste chronologique des principales acquisitions du Musée, de 1862 à 1889, p. 21 à 25.

SALLE I.

La Gaule avant les métaux...................... 26 à 282

GÉNÉRALITÉS SUR L'ÉPOQUE QUATERNAIRE.. 26 à 101

Hypothèses diverses sur les fossiles, 27. — Progrès de la géologie : Werner, Saussure, Cuvier, 28. — *Diluvium* quaternaire, légendes relatives au déluge, 29. — Extension des glaciers, époque glaciaire, 30, 31. — Abondance des précipitations atmosphériques, 32. — Climat tempéré de la première phase des temps quaternaires, 33. — Périodes interglaciaires, 35. — Diminution des pluies et recul des glaciers; période du froid sec. 35, 36. — Origine géographique de l'homme quaternaire européen, 37. — Explications des phénomènes glaciaires par des considérations astronomiques, cosmiques, telluriques, 38, 39.

FAUNE ET FLORE QUATERNAIRES, 40. — *Elephas antiquus*, 41. — *Elephas primigenius* ou mammouth, 42. — Contemporanéité du mammouth et de l'homme, 43. — Extinction du mammouth, 44. — Rhinocéros quater-

Pages.

naires, 45. — Hippopotames quaternaires, 46. — Ours des cavernes, 47.
— Tigre des cavernes, 48. — *Bos primigenius, urus*, 48. — Extinction tardive de l'urus, 50. — *Megaceros* ou grand cerf d'Irlande, 51. — Élan, *cervus alces*, 52. — Renne, 53. — Habitat du renne, 54. — Nourriture du
renne, 55. — Émigration du renne, 56. — Le renne de César, 57. — Disparition tardive du renne, 58. — Le renne dans les Pyrénées, 59. —
Tarandus d'Aristote, 60. — Domestication du renne, 61. — Absence du
chien domestique, 62. — Aurochs ou bison européen, 63. — Bœuf musqué,
64. — Lion, 65. — Bouquetin, 66. — Petite faune émigrée, 67. — Question
de la domestication des espèces quaternaires, 68. — Équidés, 69.

CHRONOLOGIE PRÉHISTORIQUE, 71. — Témoignages des textes; la Bible et
les documents babyloniens, 71. — Chronomètres astronomiques, 72. —
Chronomètres géologiques, 73. — Antiquités des cités lacustres, 74. —
Chronomètre des berges de la Saône, 75. — Chronomètre de la baie de
Penhouet, 76. — Formation de la terre de bruyère, 77.

HISTOIRE DES ÉTUDES PRÉHISTORIQUES, 78. — Précurseurs de Boucher
de Perthes; hypothèses sur les haches polies, 79. — Question de l'homme
fossile, 80. — Instruments paléolithiques signalés; découverte de J. Frere,
81. — Schmerling et Boucher de Perthes, 82.

INDUSTRIE PALÉOLITHIQUE, 83. — Paléolithique, néolithique et mésolithi-
que; alluvions et plateaux, 84.

PIERRES TAILLÉES PALÉOLITHIQUES, 85. — Procédés de taille, 86. — Caractères de la taille intentionnelle; l'âge de la pierre en Égypte, 87. — Conchoïde de percussion, 88. — Esquillement de percussion, 89. — Caractères
d'authenticité, 90. — Emmanchement des outils paléolithiques, 91. — Usage
présumé des haches, 92. — Désignation des haches, 93. — Classification
des armes et des outils quaternaires; théories de Lartet et de M. de Mortillet, 94. — Superpositions des types d'outils, 95.

QUESTION DE L'HOMME TERTIAIRE, 96. — Crânes et ossements humains
recueillis dans des gisements tertiaires, 97. — Os incisés d'animaux
tertiaires, 98. — Silex tertiaires crus travaillés, 99. — Silex tertiaire crus
brûlés intentionnellement, 100.

VITRINE I.. 101-115

GISEMENT DE THENAY, 101. — Silex de Thenay; erreurs de l'abbé Bour-
geois, 102, 104.
PIERRES STRIÉES, OS ENTAILLÉS, 105. — Gisements de Billy, Pouancé,
Monte Catini, 106. — Gisements de Denise, Saint-Prest, Aurillac, 107.
PALÉONTOLOGIE QUATERNAIRE, 107-108.
DENTS D'ÉLÉPHANTS, 108.
GISEMENT DE CHELLES, 109, 110.
COUPES DE MENCHECOURT ET DE SAINT-ACHEUL, 111 à 113. — Diffusion
du type des haches de Saint-Acheul, 114 à 115.

Pages.

VITRINE II... 115-116

Silex de Bois-Colombes, Hesdigneul, Le Perreux, Compiègne, Le Pecq, 115. — Silex de Thennes, Montières, Saint-Acheul, 116.

VITRINE III... 116-117

Silex de Saint-Acheul; polypiers fossiles de la craie, 116. — Patines des haches de Saint-Acheul, 117.

VITRINE IV... 117-119

Silex de Saint-Acheul, Menchecourt, Mautort, 117-119.

VITRINE V... 119-120

Silex de Cœuvres, Pressigny-le-Grand, Vaudricourt, 119. — Silex d'Hargicourt, Preuilly, Thennes, 120.

VITRINE VI... 120-121

Silex de Saint-Acheul; haches torses, 120-121.

VITRINE VII... 121-122

Silex des alluvions de la Somme; premières haches recueillies par Boucher de Perthes, 121-122.

VITRINE VIII... 122-123

Silex des alluvions de la Somme, 122. — Silex de Bracheux, Goincourt, le Grand-Bruneval, 123.

VITRINE IX... 123-124

Silex du Pecq, 123. — Silex de Bois-Colombes et des sablières de la Seine, 124.

VITRINE X. (*Voir la vitrine XXVII.*)

VITRINE XI... 125

Silex des plateaux; ateliers de Fumerault et de Pontlevoy, 125.

VITRINE XII... 126-128

Silex classés méthodiquement, indiquant les variétés de formes et de patines, 126. — Ateliers de la Vienne, 127-128.

CRANIOLOGIE PRÉHISTORIQUE.
(*Introduction à la vitrine XIII*)... 128-134

Historique de la science : Synthèse et dogmatisme prématuré, 129. — Retzius et Pruner-Bey, 130. — École de Broca, 131. — Classification des

Pages.

races fossiles, 132. — La race et le milieu, 133. — Critique des résultats de la craniologie, 134.

VITRINE XIII...................................... 134-146

CRÂNES ET OSSEMENTS ATTRIBUÉS À L'HOMME QUATERNAIRE, 134. — Crâne de Cannstadt, 135. — Type de Cannstadt, 136. — Crâne du Néanderthal, 137. — Type néanderthaloïde, 138. — Prétendus caractères pithécoïdes des plus anciens crânes, 139. — Fragment d'Eguisheim, 140. — Crâne de l'Olmo, 141. — Mâchoire de la Naulette, 142. — Mâchoire de Moulin-Quignon, 143. — Crâne d'Engis, 144. — Crânes de Furfooz, 145. — Crânes de Solutré, 146.

VITRINE XIV...................................... 146-147

SILEX DES PLATEAUX : Gisements du Bois-du-Rocher, 146. — Quartzites du département des Landes, des vallées de la Sausse et de la Ceillonne, 147.

VITRINE XV...................................... 147-148

SILEX DES PLATEAUX : Gisement de Pontlevoy, 147. — Gisements de Tilly et de Sauvigny-les-Bois, plateaux de la Vienne, 148.

ÉPOQUE DES CAVERNES........................... 149-178

GÉNÉRALITÉS SUR LES CAVERNES, 149. — Formation des cavernes, 149, 150. — Remplissage des cavernes; apports des agents atmosphériques, des courants d'eau, des animaux et des hommes, 151-154. — Mœurs des Troglodytes : commerce, occupations, production du feu, tatouages, ignorance des métaux, couture, armes de chasse et de guerre, 154-158. — Climat et chronologie relative; rapports chronologiques entre l'âge des alluvions et celui des cavernes, 158-160. — Affinités ethniques des Troglodytes avec les races actuelles, 160. — Troglodytisme aux temps historiques; cavernes habitées dans l'antiquité classique, au moyen âge et dans les temps modernes, 160-163. — Superstitions relatives aux cavernes, 163-164. — Historique des recherches dans les cavernes : Allemagne, Angleterre, Belgique, France, Italie, etc., 164-167. — Explorateurs des cavernes habitées en France, 167. — Classification des cavernes, 168.

L'ART DES CHASSEURS DE RENNES, 168. — Originalité de cet art, 169-170. — Contraste de cet art avec les arts dérivés, qui ne s'inspirent pas de la nature, 171. — Sujets représentés, 172. — Technique de la gravure, 173. — Liste des cavernes contenant des os façonnés, sculptés ou gravés, 174-176. — Questions de l'authenticité des œuvres d'art attribuées aux chasseurs de rennes, 176. — Le faussaire de Thayngen, 177. — L'os gravé du Chaffaud, 178.

Pages.

VITRINE XVI...................................... 179-181

TYPES DU MOUSTIER, 179. — Silex de Chez-Pouré et du Moustier, 179-180. — Station du Moustier, 181.

VITRINE XVII...................................... 181-182

OSSEMENTS D'ANIMAUX D'ESPÈCES ÉTEINTES, 181. — Tète de megaceros, 181. — Tètes de *bos primigenius*, grand ours, *felis spelaea, rhinoceros tichorhinus;* mâchoires d'éléphants quaternaires, 182.

VITRINE XVIII...................................... 182-183

TYPES DU MOUSTIER, 182. — Boules en calcaire du Ménieux; silex de La Quina et de Soyons, 182. — Os brisés pour en extraire la moelle, 183. — Grottes de Soyons; géode de la Madelaine, 183.

VITRINE XIX...................................... 184

Silex de Saint-Quay, Badegols, Saint-Mards, Crécy-Couvé, Allonne, Wailly, etc., 184.

VITRINE XX...................................... 184-190

ABRI DE CRO-MAGNON, 184. — Silex, objets en os et ossements humains recueillis à Cro-Magnon, 185, 186. — Découverte et exploration de l'abri, 187. — Squelettes de Cro-Magnon; type humain dit *race de Cro-Magnon*, 188, 189. — Platycnémie, 190.

VITRINE XXI...................................... 191-210

OS TRAVAILLÉS ET OUTILS EN SILEX DE L'ÉPOQUE DES CAVERNES, 191, 192. — Abri de Laugerie-Basse, 193, 194. — Pointes du type de Solutré, 196.
GISEMENT DE SOLUTRÉ, 196. — Historique des fouilles, 197. — Description du gisement, 198-201. — Murailles de chevaux, 199. — Sépultures, 200. — Stratigraphie et faune de l'éboulis, 201, 202. — Cheval de Solutré, 203. — Domestication prétendue du cheval de Solutré, 204. — Pointes de Solutré, 205. — Date des sépultures, 206. — Sépultures sur foyers, 207. — Position archéologique du type de Solutré, 208. — Hypothèses de M. Dupont à ce sujet, 209.
SILEX DE VOLGU, 210.

VITRINE XXII...................................... 211-217

ART DES CAVERNES, 211. — Silex du Placard, 211. — Renne de Thayngen, 212. — Os gravé du Chaffaud, 213. — Vase du Frontal, 214. — Caverne de Thayngen; historique des fouilles et des discussions sur l'authenticité des objets découverts, 214-217.

Pages.

VITRINE XXIII. 217-220

Silex de Saussaye et de la Gorge-d'Enfer, 217. — *Marques de chasse*, 218. — Silex d'Excideuil, 218-220.

VITRINE XXIV. 220-222

TYPES DE SOLUTRÉ, 220. — Silex de Solutré, Badegols, Laugerie-Haute, 220-222.

VITRINE XXV. 222-234

ART DES CAVERNES, OBJETS DE LA MADELAINE, 222-231. — Mammouth de Lartet, 228. — Harpons barbelés, 230. — Caractères de la station de la Madelaine, 231, 232. — Bâtons de commandement; hypothèses diverses sur la destination de ces objets, 232-234.

VITRINE XXVI. 235-243

TYPES DE LA MADELAINE, 235. — Objets de Laugerie-Basse, 235-242. — Gravure dite *la Femme au renne*, 237. — Gravure dite *la Chasse à l'aurochs*, 239. — Manche de poignard en bois de renne, 240. — Sculpture dite *les Bœufs jumeaux*, 241. — Objets de la grotte de Massat, 242-243.

VITRINE XXVII. 243

Plaque de brèche des Eyzies, 243.

VITRINE XXVIII. 243-245

CAVERNES DIVERSES, 243. — Stations de Brive, Roch'Toul, Châtel-Perron, Lourdes, Lussac-les-Châteaux, 244. — Stations de Rully, La Chaise, Lacombe, 245.

VITRINE XXIX. 245-246

CAVERNES DU PÉRIGORD : Donation de Breuvery, 245. — Silex classés par types, 246.

VITRINE XXX. 246-247

CAVERNES DIVERSES, 246. — Stations du Pied-du-Salève, de Murceint, de Champ et de Coumba Negra, 247.

VITRINE XXXI. 247-253

CAVERNES DIVERSES, 247. — Stations de Bruniquel, 247-250. — Renne et mammouth sculptés de Bruniquel, 249. — *Felis spelaea* gravée de Bruniquel, 290. — Station d'Aurensan Inférieure, 251. — Description des gisements de Bruniquel; historique des fouilles, 252-253.

VITRINE XXXII. 254-262

GROTTES DITES DE MENTON, 254-261. — Silex et objets en os des Baoussé-

Pages.

Roussé, 255-257. — Caractères de ce gisement, 258. — Hommes fossiles des Baoussé-Roussé (dits de Menton), 258, 259. — Sépultures quaternaires, 260, 261.

Cavernes diverses, 261. — Cavernes belges, 261. — Cavernes du Chaffaud et d'Aurignac, 262.

VITRINE XXXIII. 263

Faune des cavernes, grotte de Néron a Soyons, 263.

VITRINE XXXIV. 263

Stations de Corgnac, de Villéo, de La Fourtonie, 263.

VITRINE XXXV. 264

Stations de Brives, de Montignac, de Gargas, 264.

MURS DE LA SALLE. 264-266

Silex de Hoxne, 264. — Bâton de Montgaudier, 265. — Carte des cavernes et des gisements quaternaires de la Gaule, 266.

PASSAGE DE LA PIERRE ÉCLATÉE A LA PIERRE PO-LIE. 267-282

Question de l'hiatus, 267. — Position de la question, 267. — Caractères distinctifs de l'époque néolithique comparée à l'époque paléolithique, 268, 269. — Historique de la question et hypothèses diverses, 269. — Théorie de M. Dupont, 270. — Théorie de Broca, 271. — Variations de M. Cartailhac, 272. — Persistance des types quaternaires, 273. — Réponse de M. Cazalis, 274. — Opinion de M. Garrigou, 275. — Opinion de M. Virchow, 276. — Formule de M. de Mortillet, 277. — Opinion de M. de Quatrefages, 278. — Théorie de M. Penka, 279. — Conclusion, 280 à 282.

Titres complets des principaux recueils cités et renseignements divers touchant ces recueils. 283-289

ADDITIONS ET CORRECTIONS. 291-295

TABLE DES GRAVURES. 297-298

INDEX GÉNÉRAL ALPHABÉTIQUE. 299-315

CONCORDANCE DES NUMÉROS. 317-320

LISTE ALPHABÉTIQUE DES DONATEURS. 321-322

FIN DE LA TABLE DES MATIÈRES.

AVIS AU LECTEUR

Les numéros entre parenthèses, reproduits sur les étiquettes des objets, sont ceux du registre d'entrée conservé à la bibliothèque du Musée. Chaque vitrine porte un numéro, et chaque section de vitrine une lettre de l'alphabet.

Le visiteur est censé examiner les vitrines de gauche à droite et de haut en bas. Les indications 1º, 2º, 3º, etc., désignent l'étage supérieur et les étages suivants dans les vitrines verticales, la première division à gauche et les divisions suivantes dans les montres (vitrines plates).

Les objets dont le Musée ne possède que des moulages ou des fac-similés sont marqués d'un astérisque (').

ANTIQUITÉS NATIONALES.

MUSÉE

DE SAINT-GERMAIN EN LAYE.

Horaire.

Le Musée est ouvert au public les dimanches de dix heures et demie à quatre heures, les mardis et jeudis de onze heures et demie à cinq heures (du 1er avril au 30 septembre), et de onze heures et demie à quatre heures (du 1er octobre au 31 mars).

Les mercredis, vendredis et samedis sont réservés à l'étude. On est admis au Musée, ces jours-là, sur la présentation d'un permis délivré par l'Administration. Toutefois, les personnes de passage à Saint-Germain peuvent, en signant sur un registre spécial, se faire conduire à travers les salles par un gardien, *s'il s'en trouve un de disponible.*

Le Musée est fermé le lundi.

Conservateur du Musée : M. Alexandre BERTRAND, membre de l'Institut.

Attaché à la conservation : M. Salomon REINACH, ancien membre de l'École d'Athènes.

Inspecteur des restaurations et des moulages, directeur des ateliers : M. Abel MAITRE, sculpteur.

Historique (I). — Distribution générale.

La partie la plus ancienne du château de Saint-Germain est la chapelle, qui date du temps de saint Louis (II); elle est antérieure de quelques années à la Sainte-Chapelle de Paris. Les fossés et le donjon (au nord-ouest) sont probablement, dans leurs parties essentielles, de l'époque de Charles V (III). Le château lui-même fut construit par François Ier (IV), mais défiguré sous le règne de Louis XIV par l'addition de cinq lourds pavillons (V), dont il ne subsiste plus qu'un seul (à l'ouest), condamné à disparaître dans un avenir encore indéterminé.

I. Une histoire du château de Saint-Germain et de ses transformations successives sortirait du cadre de cet ouvrage; nous devons nous contenter ici de quelques indications [1]. La construction d'un prieuré et d'une église à Saint-Germain est attribuée au roi Robert (onzième siècle) [2]. Louis le Gros résida à Saint-Germain en 1124 [3], son fils Louis VII y

1. Abbé Lebœuf, *Histoire du diocèse de Paris*, t. VII (1758), p. 210 et suiv.; J. A. du Cerceau, *Les plus excellents bastiments de France*, 1576, t. I; Gilles Corrozet, *Les Antiquités, chroniques et singularités de Paris*, 1586, p. 161; Al. de Laborde, *Les Monuments de la France*, 1836, t. II, p. 38 et planche 223; Abel Goujon, *Histoire de la ville et du château de Saint-Germain*, Saint-Germain, 1829; Rollot et de Sivry, *Précis historique de Saint-Germain*, 1848; Sauvageot, *Le château de Saint-Germain en Laye*, avec 17 planches, Paris, 1866; le même, *Le château de François Ier à Saint-Germain*, dans la *Gazette des Beaux-Arts*, 1869, t. II, p. 207; F. de Lacombe, *Le château de Saint-Germain*, Paris, 1867 (extrait du *Spectateur militaire*, important à cause des documents inédits que l'auteur a reçus de l'architecte Millet); Millet, *Rapport sur le château de Saint-Germain*, dans le volume intitulé *Expositions internationales, Londres*, 1874, Paris, Imp. Nat., 1874, p. 169; E. Desforges, *Notice sur le château de Saint-Germain en Laye*, Versailles, 1883.

2. *Recueil des historiens de France*, t. X, p. 115 *d*; t. XI, p. 567 *b*; Lebœuf, p. 212.

3. Voy. Laborde, *Les Monuments de la France*, t. II, p. 38 : « On retrouve encore aujourd'hui (1836), à travers plusieurs constructions plus ou moins nouvelles, des parties de la forteresse bâtie par Louis le Gros. A deux étages de profondeur sous la cour, on découvre les restes d'un escalier avec les fondements et les premières assises d'une tour qu'il desservait. » Cf. Lebœuf, *op. laud.*, t. VII, p. 213. Les constructions qui subsistent à l'intérieur de la cour ont été de nouveau mises à nu en 1888 et le tracé en a été consigné par M. Lafollye sur un plan à grande échelle. Il est difficile de dire si ces fondations remontent à l'époque de Louis le Gros ou à celle de saint Louis. Le plan de l'é-

habitait en 1143 et en 1169. On y trouve Philippe Auguste en 1189, 1207, 1212, 1219, 1220, 1222 et 1224[1]. Saint Louis y donna une charte dès la première année de son règne, en 1227, et y résida en 1228, 1232 et 1246. L'empereur Beaudouin de Constantinople y fut logé, dit-on, en juin 1247[2]. Philippe le Hardi se retira à Saint-Germain aussitôt après les obsèques de saint Louis. Philippe le Bel passa quelque temps au château en 1301, 1302 et 1304. Dans un inventaire de 1331, sous le règne de Philippe VI, il est fait mention du parc qui s'était formé peu à peu autour de la demeure royale. Édouard, roi d'Angleterre, incendia Saint-Germain en 1346[3], mais le château ne fut pas complètement détruit ou fut promptement réparé, puisque une charte du roi Jean est datée de ce lieu (1351). Au témoignage de Christine de Pisan, Charles V « moult fit réédifier notablement le Chastel Sainct-Germain » ; on assure qu'il en posa la première pierre le 25 mai 1363, renseignement qui aurait besoin d'être confirmé[4]. En juillet 1390, le roi Charles VI et la reine Isabeau de Bavière étaient à Saint-Germain ; leur séjour fut marqué par un orage d'une extrême violence au cours duquel toutes les fenêtres furent brisées et le vitrage de la chapelle de la Reine mis en morceaux[5]. D'après une tradition, le château fut pris par l'ennemi pendant les troubles que causa la maladie de Charles VI et racheté par Charles VII des mains d'un capitaine anglais[6]. Louis XI, en 1482, le donna à son médecin Jacques Coictier ; cette donation fut annulée par le parlement sous Charles VIII et la demeure rentra dans le domaine royal[7].

II. La chapelle de saint Louis (1230-1240) était isolée et entourée de constructions assez importantes, qui comprenaient la maison royale et ses dépendances, avec le prieuré ou petit monastère. Les fragments de vitraux recueillis à l'ouest de la chapelle attestent qu'elle prenait alors jour de ce côté. A quelques décimètres au-dessous du sol actuel, on retrouve dans la cour les fondations des bâtiments de la maison royale, qui sont vraisembla-

difice dont elles faisaient partie diffère complètement de celui du château de François Ier. — Dans les caves du château actuel, on remarque des parties assez importantes qui remontent certainement à Charles V.

1. Lebœuf, *op. laud.*, p. 217-218.
2. Lebœuf, p. 218, d'après Du Breul, *Antiquités de Paris*, 1639, p. 103.
3. On a retrouvé des traces d'incendie dans les constructions à l'intérieur de la cour
4. Lebœuf, p. 219. Le manuscrit d'Antoine donne la date de 1368 (Lacombe, p. 11).
5. *Ibid.*, p. 221.
6. Lebœuf, *op. laud.*, t. VII, p. 219.
7. *Ibid.*, p. 221.

blement antérieures à la chapelle ; celle-ci est contemporaine de la minorité de saint Louis[1].

III. On a généralement admis que le donjon et les murs portant machicoulis sont de l'époque de Charles V, qui aurait fait creuser, du moins au nord et à l'ouest, les fossés qui entourent le château [2]. La chapelle était isolée et l'aile qui donne aujourd'hui sur la rue Thiers n'existait pas. Le donjon a été remanié à l'extérieur sous François Ier [3].

IV. La construction du château, sous François Ier, a été attribuée [4] à l'architecte italien Serlio, mais M. Palustre [5] a fait valoir des documents [6] suivant lesquels les travaux commencèrent dès 1539, deux ans avant l'arrivée de Serlio en France. Ils furent d'abord confiés à Pierre Chambiges, qui mourut en 1544 et fut remplacé par Guillaume Guillain et Jehan Langeois [7]. A cette époque, toutes les parties du château, sauf la *salle des Fêtes* (salle de Mars), atteignaient déjà presque le niveau des toits [8].

---

1. Sur cette chapelle, d'un style ogival très pur, voir Viollet-le-Duc, *Dictionnaire raisonné d'architecture*, t. II, p. 430-432 ; Lacombe, *op. laud.*, p. 21.

2. D'après le manuscrit d'Antoine, porte-arquebuse de Louis XIII (à la bibliothèque municipale de Saint-Germain), les fossés actuels seraient postérieurs à Charles V ; cf. Lacombe, *op. laud.*, p. 11, qui reproduit les principaux passages de ce manuscrit. Mais Antoine écrit d'après des traditions orales et son témoignage ne doit être accepté qu'avec réserves.

3. *Comptes des bâtiments du Roi*, t. II, p. 294, 295 ; Lacombe, p. 17.

4. Par Félibien d'abord, dans ses *Entretiens sur les vies des plus excellents peintres*, t. II, p. 57.

5. Léon Palustre, *la Renaissance en France*, t. II, p. 36-43.

6. *Comptes des bâtiments du Roi*, t. II, p. 292.

7. Ce qui resterait à prouver, c'est que Chambiges et ses successeurs n'ont pas travaillé d'après les plans d'autrui. « La construction dans son ensemble, écrit M. Millet (*Rapport cité*, p. 170), paraît accuser une certaine ignorance de notre art national, de notre climat destructeur et de l'emploi de nos matériaux de petites dimensions. Au seizième siècle et bien avant même, nous savions à merveille construire des voûtes à grande hauteur sans le secours de la ferraille, et à Saint-Germain l'on se crut obligé de placer des entraits en fer à la naissance des voûtes supportant les terrasses. Les arrangements et les motifs de décoration du château sont originaux, exceptionnels quelquefois, et il serait difficile peut-être de nier l'influence d'artistes étrangers, soit du Primatice, soit de Serlio. »

8. « Les artistes du seizième siècle avaient en vue de disposer le tout de façon à laisser jouir, de toutes les croisées, du splendide panorama qui se développe tout autour de la demeure royale, et les pavillons des angles, établis par eux, ne formaient aucune saillie sur les corps de logis principaux. Tous les bâtiments avaient été couverts par une énorme terrasse formant une agréable promenade au sommet de l'édifice. Ils avaient su fort adroitement relier l'élégante chapelle à leurs constructions sans fermer la croisée centrale fixée derrière l'autel. » (Millet, *Rapport à M. le Ministre de la Maison de l'Empereur*, février 1862.) — La construction de la salle des Fêtes eut pour effet de masquer

François Ier imposa, dit-on, à ses architectes l'obligation de bâtir sur les anciennes fondations [1], d'où la « sauvage quadrature » de la cour intérieure du château [2]. Au dehors, comme le fait observer M. Palustre, l'irrégularité du plan est moins sensible parce que l'œil ne peut embrasser que deux façades à la fois [3].

Un autre château, le *Château Neuf*, construit sur le bord du coteau,

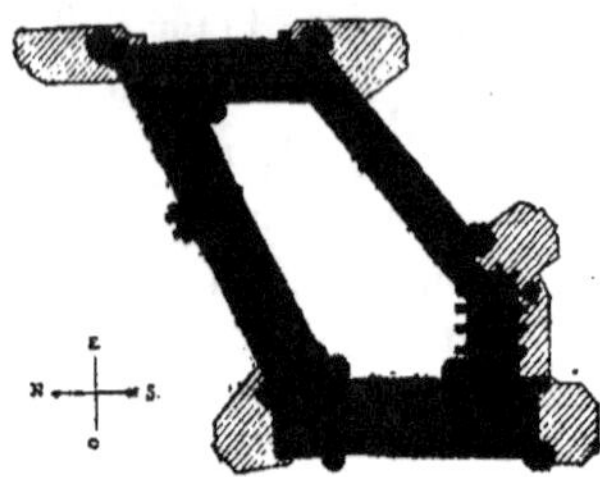

Fig. 1. — Plan du château sous Louis XIV, après les agrandissements de Mansart.

parallèlement à la Seine, fut commencé par Henri II et développé en 1594 sous la direction de Guillaume Marchant, architecte de Henri IV [4]. Bâti trop vite et délabré de bonne heure, il disparut à la fin du siècle dernier.

la face ouest de la chapelle contre laquelle elle fut adossée. En sondant cette face, M. Millet a découvert sous la maçonnerie une admirable rosace, découpée à jour et de même style que les fenêtres (Lacombe, p. 25).

1. Jacques Androuet du Cerceau, *Les plus excellents bastiments de France*, 1576. M. Millet a contesté cette explication et a cru retrouver les soubassements du château de Charles V, formant un quadrilatère régulier ; il a annoncé à ce sujet (cf. *Revue Archéol.*, 1873, I, p. 358) un article dont il n'a paru qu'un court fragment après sa mort (*Annales de la Soc. centrale des architectes*, 1881 (2e vol., 1875), p. 406-412, pl. 20-22). Selon Millet, la « sauvage quadrature » avait pour objet de dégager l'abside de la chapelle et de conserver la croisée principale percée dans son axe ; cf. Lacombe, *op. laud.*, p. 9 et suiv.

2. On a voulu expliquer la forme de la cour par l'imitation de la lettre initiale du nom de Diane (de Poitiers). Cf. A. de Laborde, *Les Monuments de la France*, t. II, p. 38 : « Il est fâcheux pour les annales de la galanterie que, dès l'an 1370, le château ait figuré un D gothique ; elles se seraient enrichies d'une résidence royale construite pour figurer la lettre initiale de Diane de Poitiers. »

3. Un contrat de 1581, relatif aux ouvrages de menuiserie de la « basse-cour » du château (original au Musée), a été publié par M. de Boislisle, *Rev. Archéol.*, 1888, I, p. 214 et suiv. ; l'acte est passé par l'architecte ordinaire, Baptiste Androuet du Cerceau, et par le maréchal de Retz, commis, avec des pouvoirs analogues à une surintendance, « pour ordonner toute la dépense des ouvrages des bâtiments du roi à Saint-Germain ». La « basse-cour » sont les communs qui servaient à loger les courtisans, les gens de la suite du roi et leur train.

4. Voir Lebœuf, p. 222 et suiv. ; Lacombe, p. 31 et suiv.

Il n'en subsiste plus que les murs de soutènement des terrasses et le pa-

Fig. 2. — Le château de Saint-Germain au temps de Louis XIV (côté sud-est).
D'après la gravure d'Israël Silvestre, 1658.

villon dit *Pavillon Henri IV*, considéré à tort comme le lieu de naissance de Louis XIV (5 septembre 1638).

Louis XIII fit subir des modifications fâcheuses à la chapelle, mais en orna richement l'intérieur; il subsiste encore quelques traces des peintures dont Aubin Vouët la décora [1]. Après la mort de Louis XIII, le château

Fig. 3. — Le château de Saint-Germain au temps de Louis XIV (côté ouest).
D'après la gravure d'Israël Silvestre, 1658.

fut habité par Henriette d'Angleterre, fille de Henri IV et veuve de Charles Ier. Louis XIV s'installa en 1660 au vieux château, le Château

1. Lacombe, *op. laud.*, p. 37-39.

Neuf étant déjà dans une condition fâcheuse de délabrement. Plusieurs enfants de Louis XIV naquirent et moururent à Saint-Germain.

V. Les cinq gros pavillons flanquant le château et le campanile à horloge sur la tour du donjon ont été construits par Mansart vers 1682, à l'époque où Louis XIV allait quitter définitivement Saint-Germain pour se fixer à Versailles [1]. On a expliqué par différentes hypothèses ce départ et les constructions contemporaines, qui furent exécutées avec peu de soin [2]. Le roi d'Angleterre, Jacques II, reçut l'hospitalité au château de 1689 à 1701, époque de sa mort (16 septembre). Sa seconde femme, Marie d'Este, y mourut en 1718 [3].

Après avoir successivement servi d'école de cavalerie, de caserne et de pénitencier (I), le château a été l'objet d'une restauration complète, destinée à lui rendre l'aspect extérieur qu'il présentait du temps de François Ier. Commencés en 1862 par l'architecte Eugène Millet (II), les travaux de restauration sont très avancés à l'heure actuelle (1889); il ne reste plus à reconstruire que la façade de l'ouest et à terminer celle du sud avec la chapelle.

I. L'histoire du château est très obscure de 1718 à 1787 [1], époque à

1. Le campanile, ayant été frappé de la foudre en 1683, fut reconstruit en plomb; Cassini fit choix de ce point pour ses observations astronomiques (Desforges, p. 100; Lacombe, p. 42).

2. On a dit que Louis XIV voulut donner aux habitants de Saint-Germain le change sur un départ irrévocablement décidé dans son esprit (Desforges, *op. laud.*, p. 126). Mais pourquoi dépenser à ces travaux la somme considérable de 1,600,000 livres? (Laborde, *Monuments de la France*, t. II, p. 88.) J'ai publié dans l'*Ami des Monuments* (1888, p. 101) un plan du château à l'époque de Louis XIII et un plan du 2e étage en 1688, où la destination des pièces est indiquée (*Ibid.*, p. 173). Les appartements du Roi et du Dauphin donnent sur le parterre, ceux de la Reine sont à l'est. La salle de Mars s'appelle *salle des Comédies*. Voir aussi le plan du château sous Louis XIV publié dans l'ouvrage cité de Desforges (p. 95); nous l'avons fait reproduire ici (p. 5). Les parties hachurées représentent les annexes faites par Mansart.

3. Sur l'arrivée de ce personnage à Saint-Germain, voir la lettre de Mme de Sévigné datée du 10 janvier 1689. Sur le tombeau de Jacques II dans l'église de Saint-Germain, construite en 1824, cf. Desforges, *op. laud.*, p. 153-156. — Le parterre et la terrasse de Saint-Germain furent établis par André Le Nôtre à partir de 1675 (Lacombe, p. 43).

4. Au mois de février 1773, Horace Walpole avait écrit à Mme Dudeffand pour la prier

laquelle une troupe théâtrale donna des représentations dans la grande salle des Comédies [1]. En 1793, on en fit une prison pour les suspects [2]. Le gouvernement du Premier Consul eut l'idée d'y établir un hôpital. Sous l'Empire (décret du 8 mars 1809), on y installa l'école militaire spéciale de cavalerie [3]. La Restauration en fit une caserne pour deux compagnies des gardes du corps. Depuis 1815, où il avait été occupé par les Anglais [4], Louis XVIII consacra annuellement une certaine somme à la réparation du château ; Charles X fit de même jusqu'en 1827 [5]. Le duc d'Orléans put y donner un dernier grand bal en 1832. En 1836, on y établit un pénitencier militaire [6], qui fut évacué en juillet 1855 ; l'administration de la guerre céda le château à la Couronne. C'est lors de l'établissement du pénitencier que les enduits des façades furent coloriés en noir et que l'on inscrivit sur les murs (côté de la rue Thiers), ainsi que sur les parapets intérieurs, des devises morales à l'adresse des détenus [7].

de se renseigner sur une femme Ward, fille naturelle de Jacques II, qui était morte à Saint-Germain cinq ou six ans auparavant. Mme Dudeffand écrivit à Mme de la Mark, « qui connaît tout Saint-Germain et qui y règne », ainsi qu'à M. de Noailles son frère. Elle répondit à Walpole (27 février 1773) : « Les plus anciens Irlandais qui demeurent au château de Saint-Germain ont été interrogés ; aucun ne se rappelle avoir jamais entendu ce nom. » — Nous citons ce passage de la correspondance de Mme Dudeffand parce qu'il paraît avoir été négligé par les historiens du château.

1. Cf. Sauvageot, *op laud.*, p. 21. On a retrouvé en 1863 dans la salle des Fêtes des affiches de spectacle datant de 1789.

2. Pendant la Révolution, on aliéna les dépendances du château, entre autres la *cour des Offices,* qui est devenue la *place Thiers* (Millet, *Rapport cité*, p. 171).

3. Le décret concernant l'organisation de l'école est daté de Schœnbrunn, 17 mai 1809. Mécontent des résultats obtenus (lettre au duc de Feltre, 3 avril 1812), Napoléon Ier vint visiter le château à l'improviste le 14 avril de cette année. Il trouva tout mal aménagé et défectueux. Une ordonnance royale du 1er avril 1814 licencia les élèves de Saint-Germain, et le 1er mars 1815 une nouvelle école de cavalerie fut fondée à Saumur. Le maréchal Regnaud de Saint-Angely avait été nommé sous-lieutenant en 1812, à sa sortie de l'École de Saint-Germain. Cf., sur l'histoire de l'école de cavalerie, Lacombe, p. 67-106 (d'après des documents inédits) et Desforges, *op. laud.*, p. 159-164.

4. Le musée de Woolwich possède une armure qui, d'après la tradition, aurait été enlevée au château de Saint-Germain par lord Wellington en 1815. On ajoute, mais sans preuve, que cette armure est celle de Bayard.

5. M. Albert Lenoir possède des plans dressés en 1822 par le lieutenant-colonel Du Moncel. Le château était alors occupé par la compagnie de Gramont. Les plans comprennent ceux des caves et de la chapelle avec un projet de modifications (*Ami des Monuments*, 1888, p. 175).

6. Cf. Laborde, *Les Monuments de la France*, t. II, p. 38 (ouvrage publié en 1836). Il ajoute que, pendant les années précédentes, la moitié de la façade qui donne sur la place avait été affectée aux subsistances militaires.

7. Elles ont été transcrites dans l'ouvrage de Lacombe, p. 116-117.

II. Eugène Millet est mort à Cannes en 1879, à l'âge de 59 ans [1]. Il était élève de Labrouste et de Viollet le Duc ; on lui doit la reconstruction du chœur de la cathédrale de Moulins, la restauration de la cathédrale de Troyes et des travaux à la cathédrale de Reims. M. Millet a été remplacé par M. Lafollye.

Les travaux de restauration ont commencé par l'angle nord-ouest et se sont avancés progressivement vers l'est en faisant le tour du château. On a rétabli dans leurs grandes lignes le donjon de Charles V avec le campanile de Mansart, ainsi que la chapelle de saint Louis, dont l'installation intérieure est inachevée [2].

Un décret du 8 novembre 1862 fixa la destination du nouvel édifice, qui reçut le nom de **Musée gallo-romain**, puis celui de **Musée des antiquités nationales**, plus conforme à son véritable caractère (I). La formation du Musée fut facilitée par d'importantes donations, comme celles des collections de Boucher de Perthes (II), de Lartet et de Christy (III), ainsi que par les fouilles archéologiques qui furent entreprises, à cette époque, sur différents points de la France, notamment à Alise-Sainte-Reine (*Alesia*) (IV).

Le Musée a pour but d'offrir au public une histoire de la Gaule par les monuments de l'industrie et de l'art, depuis l'époque la plus reculée jusqu'à celle de Charlemagne. On a cependant admis, à titre de *pièces de comparaison*, des objets provenant d'autres pays et d'époques plus récentes.

Les salles du rez-de-chaussée (**A**, **B**, **C**, etc.), contiennent des moulages de grands monuments romains, que leur poids ne permettait pas de transporter plus haut. A l'entresol se trou-

---

1. Cf. *Matériaux*, t. XIV, p. 143. Une notice sur M. Millet a été publiée en 1881 par M. Napoléon Laurent.

2. Pour la façade occidentale, restaurée d'après le projet de M. Millet, mais dont la reconstruction se fera encore attendre, voir Sauvageot, *op. laud.*, pl. 16 (fig. 4). Les travaux de restauration de la chapelle ont commencé en 1874. Une vue de la façade du château au commencement des travaux de restauration occupe le frontispice du livre cité de Lacombe.

vent les monuments de pierre (moulages et originaux) relatifs
à la civilisation de la Gaule à l'époque romaine. Les salles du
premier étage sont consacrées à la Gaule préhistorique et ro-

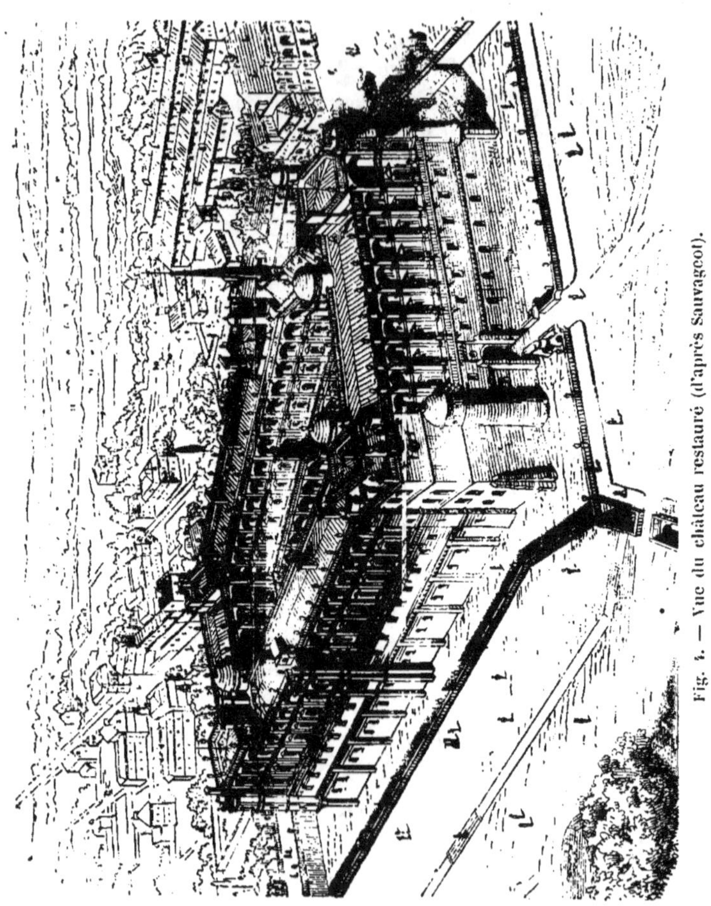

Fig. 4. — Vue du château restauré (d'après Sauvageot).

maine; celles du second contiennent surtout des antiquités
gauloises antérieures à la conquête de la Gaule par les Romains. Les salles de l'entresol et des deux étages supérieurs
sont numérotées de I à XXVII, suivant l'ordre historique.

La distribution des locaux n'a pas permis de suivre exactement cet ordre; mais en parcourant les salles depuis le numéro I jusqu'à XXVII [1], le visiteur aura l'avantage de procéder suivant la succession des temps. C'est l'itinéraire que nous conseillons à ceux qui veulent se faire une idée exacte des transformations que l'ancienne Gaule a subies. Nous nous y sommes conformé dans cette *Description*.

Une grande salle du premier étage, dite *salle de Mars*, *salle des Fêtes* ou *salle de Comparaison*, est réservée à des antiquités de provenances diverses : l'installation n'en est encore que provisoire. Une autre, dite *salle d'Étude*, contient la bibliothèque, accessible aux travailleurs qui adressent une demande écrite à cet effet. Au deuxième étage, est une salle spéciale contenant des collections de monnaies et de petits objets en métaux précieux. Enfin, dans les fossés mêmes du château, on a installé un certain nombre de monuments importants, tels que l'allée couverte de Conflans-Sainte-Honorine (V), les fragments de l'inscription et du trophée de la Turbie (VI), la grande statue d'Apollon assis découverte à Entrains (VII) et des reproductions en galvanoplastie de la colonne Trajane (VIII).

I. Le décret porte qu' « il est fondé à Saint-Germain un musée d'antiquités celtiques et gallo-romaines dépendant du musée des Antiques [2] ». La destination du musée fut précisée dans un rapport du 14 juin 1863, adressé par le surintendant des Beaux-Arts, M. de Nieuwerkerke, au ministre de la Maison de l'Empereur. Il s'agissait « de réunir les pièces justificatives, pour ainsi dire, de notre histoire nationale... » « On a commencé, ajoutait le surintendant, l'exécution d'une suite de moulages des-

1. La dernière salle installée en 1889 porte le n° XXVII.

2. Cf. *Revue Archéol.*, 1862, I, p. 281 ; 1864, I, p. 143 ; Sauvageot, *Château de Saint-Germain*, p. 39. Le premier projet d'un musée gallo-romain est dû au duc d'Angoulême, qui voulait l'établir dans le palais des Thermes à Paris. Quatremère de Quincy rédigea un rapport sur ce projet (1819) et Auguis, membre de la Société des Antiquaires de France, fut nommé conservateur du musée. Toutefois, on ne fit rien de sérieux jusqu'en 1831, époque où le palais des Thermes fut acquis par la ville de Paris sur la proposition de Boulay (de la Meurthe). Cf. *Rev. Archéol.*, 1844, p. 21.

tinés à représenter l'ensemble des monuments de divers âges... En ce moment, je m'occupe de faire déposer au musée de Saint-Germain les objets gallo-romains qui existaient au Louvre. »

Le premier travail de moulage pour le musée fut commandé en janvier 1861 à M. Abel Maître par l'officier d'ordonnance de Napoléon III, Verchère de Reffye. Au mois d'octobre 1866, M. Maître travailla à installer au musée les moulages des bas-reliefs de l'arc de Constantin. Le 1er novembre de la même année, il entra à titre définitif au musée pour organiser l'atelier de restauration et de moulages qui n'a cessé de fonctionner depuis sous sa direction.

A l'origine, le musée était placé dans la conservation d'Adrien de Longpérier, conservateur des antiques du Louvre, et sous la surveillance de M. Rossignol, archiviste de la Côte-d'Or, chargé du service par décret du 8 mars 1862. M. Beaune, qui, comme M. Rossignol, s'était occupé des fouilles d'Alesia, fut adjoint au conservateur en 1863, avec le titre d'attaché. Au mois d'avril 1865, une commission dite d'organisation (plus tard *commission consultative*) fut nommée par le gouvernement [1] ; elle avait pour président M. de Nieuwerkerke et se composait de MM. Bertrand, Broca, Damour, Desnoyers, de Longpérier, Lartet, Maury, Penguilly l'Haridon, Verchère de Reffye, de Saulcy et Viollet le Duc [2]. On adjoignit dans la suite à cette commission MM. A. de Barthélemy, chargé de la numismatique, le général Creuly (épigraphie) et le commandant Oppermann (bronzes et poteries gallo-romaines). La commission se réunit pour la première fois le 1er avril 1865 et tint, depuis cette date jusqu'au 8 janvier 1866, huit séances dont les procès-verbaux font partie des archives du musée. Un projet définitif d'organisation, rédigé, sous les auspices de la commission, par MM. Bertrand, de Reffye et Rossignol, fut approuvé par Napoléon III et l'exécution des mesures arrêtées fut confiée à une commission composée des trois auteurs du rapport.

Au mois d'août 1866, comme les travaux d'installation avançaient trop lentement, on procéda à une organisation nouvelle. M. A. Bertrand fut chargé, en remplacement de M. Rossignol, de préparer l'ouverture du musée pour le mois de mai 1867 (Exposition Universelle) [3]. Cette inauguration eut lieu le 12 mai [4] ; M. Bertrand fut nommé conservateur du

---

1. Cf. *Rev. Archéol.*, 1865, t. I, p. 441.
2. Boucher de Perthes s'excusa pour cause de santé.
3. Cf. *Rev. Archéol.*, 1866, II, p. 284.
4. Cf. *Rev. Archéol.*, 1867, I, p. 306, 376, 418. Une médaille de grand module, avec

musée, et V. de Reffye reçut le titre de conservateur adjoint honoraire. M. Beaune restait, avec le titre d'attaché. Le 21 août 1867, le deuxième congrès international d'anthropologie et d'archéologie préhistorique vint visiter le musée de Saint-Germain [1].

M. Beaune mourut au musée à la fin de 1867. M. de Mortillet, qui avait été chargé précédemment de classer les antiquités de l'âge de la pierre, à la place de Lartet, membre de la commission, empêché par des raisons de santé, succéda, comme attaché, à M. Beaune en 1868 [2]. Nommé député de Seine-et-Oise aux élections générales de novembre 1885, M. de Mortillet fut remplacé par l'auteur de la présente *Description* [3].

La bibliothèque du musée, dont la création avait été décidée dès le principe, se forma rapidement grâce à des donations nombreuses [4]. Elle comptait plus de 7,500 n°[s] à la fin de 1888. De 1872 à 1882, M. Mazard (mort en 1887) remplit, à titre gracieux, les fonctions de bibliothécaire.

Le musée n'a pas souffert pendant l'invasion [5]. Depuis le 4 septembre 1870, il relève du ministère de l'Instruction publique (direction des Bâtiments civils et des Beaux-Arts.)

II. JACQUES BOUCHER DE CRÈVECŒUR [6], fils de J. A. G. Boucher et de Marie de Perthes, naquit à Rethel le 10 septembre 1788. Il entra en 1802 dans l'administration des douanes impériales et résida en Italie de 1805 à 1810. En 1811, il fut appelé à Boulogne, puis à Paris en 1812, à La Ciotat en 1815, à Morlaix en 1816 et en 1825 à Abbeville, où il remplaça son père à la direction des douanes (1825-1853). Les premiers ouvrages de Boucher de Perthes, en vers ou en prose, ne le firent guère connaître qu'au sein de la Société d'émulation d'Abbeville, dont il fut président

l'image du château restauré, fut frappée à cette occasion par la ville (Mortillet, *Promenades au musée de Saint-Germain*, p. 13). *Le Musée de Saint-Germain* fut le sujet de la composition en vers latins donnée au concours général de rhétorique en 1867; MM. Hérelle et Bloch remportèrent les deux prix avec des pièces qui ont été publiées (*Annales des Concours*, 1867, p. 72-74).

1. *Congrès de Paris*, 1867, p. 125 et suiv.

2. *Matériaux*, t. IV, p. 14; *Rev. Archéol.*, 1868, I, p. 212.

3. Cf. *Matériaux*, t. XX, p. 64.

4. Cf. *Rev. Archéol.*, 1868, I, p. 319.

5. Cf. *Rev. Archéol.*, 1870-71, p. 254.

6. Alcius Ledieu, *Boucher de Perthes, sa vie, ses œuvres, sa correspondance*, Abbeville, 1885 (cf. *Matériaux*, t. IV, p. 265; t. XI, p. 136; t. XIX, p. 436; *Revue des cours scientifiques*, 31 juillet 1867; *Revue des Deux-Mondes*, 15 juillet 1873; Lubbock, *L'homme avant l'histoire*, p. 269 et suiv.). Boucher a raconté lui-même son histoire dans le volume intitulé : *De l'homme antédiluvien et de ses œuvres*, 1860 (*Antiquités celtiques*, t. III); cf. aussi son livre : *Sous dix Rois*, 1863-68.

de 1830 à 1865. Vers 1836, il commença à s'occuper de géologie et à recueillir des silex taillés dans les alluvions anciennes de la Somme [1]. Dès 1838, dans son ouvrage *De la Création*, il prédisait que « tôt ou tard on finirait par trouver dans le *diluvium*, à défaut de fossiles humains, des traces d'hommes antédiluviens [2] ». Ses recherches subséquentes à Menchecourt et au Champ de Mars d'Abbeville le mirent en possession de nombreux outils en silex recueillis avec des ossements d'animaux éteints. Il publia ses découvertes en 1846 sous le titre *De l'Industrie primitive ou des arts à leur origine (Antiquités celtiques*, t. I) [3].

Ces révélations furent accueillies avec indifférence ou scepticisme. L'Académie des sciences ne voulut point s'en occuper. A Amiens, Boucher avait pour adversaire ardent le Dr Rigollot ; mais celui-ci, s'étant rendu en 1853 à Abbeville, étudia à son retour les graviers de Saint-Acheul près d'Amiens et se déclara converti aux idées qu'il combattait. Les conversions les plus retentissantes furent celles des savants anglais, Falconer, Prestwich, Evans, Ch. Lyell, Christy, Lubbock, etc., qui visitèrent la vallée de la Somme en 1859 et en 1860. MM. de Quatrefages, de Verneuil, Lartet et Collomb se déclarèrent convaincus la même année ; M. de Saulcy avait chanté la palinodie dès 1859 [4].

En 1863, la découverte de la moitié d'une mâchoire humaine dans la carrière de Moulin-Quignon, à Abbeville, fut le signal de longues polémiques [5] où Boucher, qui tenait pour la haute antiquité de cette mâchoire, eut contre lui le Dr Falconer d'abord, puis le géologue Élie de Beaumont [6]. Comme les quelques silex découverts en même temps que la mâchoire ont été reconnus faux, il est possible que Boucher de Perthes

1. Comme préhistoricien et comme géologue, Boucher de Perthes avait eu des prédécesseurs à Abbeville même ; cf. Prarond, *Congrès de Stockholm*, 1874, p. 851.

2. Boucher de Perthes ignorait que Tournal et Christol en 1828, Schmerling en 1833, avaient déjà rendu vraisemblable l'existence de l'homme quaternaire, contemporain des animaux disparus. Mais Tournal et Schmerling n'avaient pas interrogé les alluvions.

3. Boucher de Perthes avait lu sept mémoires sur le même sujet à la Société d'Abbeville, de 1840 à 1846.

4. Cf. Ledieu, *Boucher de Perthes*, p. 70.

5. Cf. *Antiquités celtiques*, t. III, p. 107-214.

6. Élie de Beaumont, exagérant les doutes de Cuvier, niait la *possibilité* de la coexistence de l'homme et du mammouth (*Comptes rendus de l'Académie des Sciences*, 18 mai 1863 ; *Rev. Archéol.*, 1863, II, p. 87). Il se demandait même si les silex taillés n'étaient pas d'origine romaine. D'autres voulaient y voir des résidus d'ateliers pour la fabrication des pierres à fusil ; cf. E. Robert, *Observations critiques sur l'âge de la pierre*, Paris, 1863 ; *Revue Archéol.*, 1862, II, p. 57, et les premières années des *Matériaux*. En 1863, l'allemand Wagner soutenait encore que tous les silex de Picardie étaient des *lusus*

ait été trompé par ses ouvriers. C'est, du reste, ce qui lui arriva souvent depuis que l'attention publique se fut portée sur ses recherches ; il remplit sa collection d'objets retouchés ou apocryphes [1], d'après lesquels il a même publié des gravures [2] accompagnées des plus bizarres commentaires.

En 1862, à Compiègne, Napoléon III proposa à Boucher de placer au musée de Saint-Germain la collection préhistorique qu'il avait déjà plusieurs fois offerte à l'État. Boucher la transporta lui-même au musée en juillet 1865 [3]. Une partie de sa collection resta cependant à Abbeville, où il mourut le 2 août 1868.

Boucher de Perthes a laissé 49 ouvrages formant un total de 69 volumes. Le plus important, les *Antiquités celtiques et antédiluviennes*, parut de 1847 à 1864 (3 vol. gr. in-8°). Le 1er volume porta d'abord pour titre : *De l'Industrie primitive et des arts à leur origine*. Le 2e volume (1857) contient la description d'outils en silex analogues à ceux du *diluvium* de la Somme, que Boucher avait recueillis dans ses voyages (1853 et suiv.). Le 3e renferme l'historique des travaux de l'auteur et des luttes qu'il eut à soutenir. Son nom est resté attaché à une grande découverte, mais le manque de critique qui a caractérisé ses recherches et sa crédulité un peu naïve de collectionneur portent préjudice à l'autorité de ses écrits.

III. A la différence de Boucher de Perthes, ÉDOUARD LARTET [4] n'eut point à soutenir de luttes et sa vie s'écoula dans de paisibles travaux. Né le 15 avril 1801 dans le Gers, il fut reçu licencié en droit en 1829 ; les

---

naturae (*Zeitschrift für Ethnol.*, 1870, p. 129). Voy. aussi Cartailhac, *Cuvier et l'antiquité de l'homme*, dans les *Matériaux*, t. XVIII, p. 27-35.

1. Parmi ces objets, les uns étaient en bois et provenaient *soi-disant* des tourbières, les autres étaient des pierres parfois grossièrement retouchées pour leur donner l'apparence d'hommes ou d'animaux (cf. Virchow, *Verhand. Berl. Ges.*, 1871, p. 51-52). Boucher s'imaginait avoir trouvé les *signes symboliques*, la *langue hiéroglyphique* des hommes antédiluviens (*Antiquités celtiques*, t. I, p. VII). Ses illusions à cet égard, encouragées par les formes singulières que le silex prend souvent sans être travaillé, ont été partagées par Chatel, *Lettre relative aux silex taillés de main d'homme*, Caën, 1866 ; cf. Dharvent, *Note sur les silex à représentations anthropomorphes ou zoomorphes*, Arras, 1889.

2. Par exemple : *Antiq. celt.*, t. II, pl. 1, 2, 15, 19-26 ; t. II, pl. 10, 12. Les objets faux ou suspects de la collection Boucher, donnés à Saint-Germain avec le reste, ont été cachés dans les tiroirs du musée.

3. « L'empereur me demanda si je voulais mettre mes pierres à Saint-Germain ; naturellement je répondis *oui*, ne demandant pour toute faveur que de les classer moi-même. L'empereur me répondit que c'était fort juste et ajouta gracieusement que cette galerie prendrait mon nom. » (Boucher, lettre du 31 mars 1863, dans les *Antiquités celtiques*, t. III, p. 608.)

4. G. de Mortillet, *Édouard Lartet*, dans la *Revue Scientifique*, sept. 1871, p. 307 ; cf. E. Dally, *Rev. d'Anthropol.*, t. I, p. 764 ; Gaudry, *Les ancêtres de nos animaux*, p. 256.

découvertes d'ossements fossiles à Sansan, auxquelles il assista en 1834,
lui firent abandonner le droit pour la paléontologie. Ses études sur la
colline de Sansan et la faune tertiaire qu'elle renfermait l'occupèrent
pendant plusieurs années. Il fut un des premiers à se rallier aux idées de
Boucher de Perthes [1] et affirma à son tour, dès 1860, la contemporanéité
de l'homme et des animaux des derniers temps géologiques. Son mémoire
à ce sujet, publié d'abord en Angleterre, contient la description de la
fameuse grotte d'Aurignac. Associé à un riche industriel anglais, Henry
Christy, qui s'était particulièrement occupé d'ethnographie américaine,
Lartet consacra plusieurs années à l'exploration des grottes et abris du
Périgord. Christy mourut dans l'Allier, au retour d'un voyage aux lacs
suisses, le 4 mai 1855, à l'âge de 55 ans [2]. Lartet entreprit, à la demande
de son ami, de publier le résultat de leurs recherches communes. Mais le
savant français, absorbé par d'autres travaux, nommé professeur au Muséum en 1868, ne put que préparer les éléments des *Reliquiae Aquitanicae,*
grand ouvrage achevé en 1875 seulement, après la mort de Lartet
(février 1871), par le géologue anglais Thomas Rupert Jones [3]. D'après
le testament de Christy, sa collection ethnographique et préhistorique fut
donnée au British Museum [4], mais le fruit de ses recherches en France
fut partagé entre le British Museum et le musée de Saint-Germain, qui
possède aussi les moulages des pièces les plus importantes déposées alors
au musée anglais.

IV. Sur les fouilles d'Alesia, voir la notice de la salle XIII.

V. L'allée couverte de Conflans-Sainte-Honorine (Seine-et-Oise) a été
découverte en 1872 [5] et achetée par le musée de Saint-Germain. L'allée,

1. Cf. Ledieu, *Boucher de Perthes,* p. 256.

2. Cf. *Rev. Archéol.,* 1865, t. I, p. 528; *Matériaux,* t. I, p. 389.

3. RELIQUIÆ AQUITANICÆ, *being contributions to the archæology and palæontology of
Perigord and the adjoining provinces of southern France,* by Edouard Lartet and Henry
Christy, edited by Thomas Rupert Jones. Illustrated with 87 plates, 3 maps and 132
wood cuts, 1865-1875. London, Paris and Leipsic, 1875. 1 vol. in-4º comprenant : (1re partie) *Préfaces, table des gravures,* etc. (p. I-XXIV); *Essais et mémoires* (p. 1-302); (2ᵉ
partie) *Description des planches* (p. 1-187); *Index* (p. 189-204). Ouvrage publié aux frais
de la famille de Christy.

4. Cf. *Catalogue of a collection of ancient and modern stone implements and of other
weapons, tools and utensils of the aborigines of various countries, in the possession of Henry
Christy.* Printed for private distribution. London, 1862 (75 p. in-8º.) Voir aussi *British
Museum, Guide to the Christy Collection,* printed by order of the trustees, Londres, 1868;
Notice of the Christy Collection, par A. W. F(ranks), Londres, 1866, où l'histoire de la
donation est rapportée.

5. Cf. *Rev. Arch.,* 1872, II, p. 328; 1873, II, p. 126; Guégan, *le Dolmen de Fin-d'Oise,*

composée de deux chambres et d'un vestibule, atteint, avec le vestibule qui a 2ᵐ, 30, une longueur de 11ᵐ, 85 sur une largeur moyenne de 2 mètres. De nombreux ossements, provenant d'une vingtaine de corps, y ont été découverts, ainsi que des haches en pierre polie, dont une en diorite [1]. Comme les pierres formant la couverture avaient été détruites avant l'acquisition du monument, on a employé, pour remplacer en partie la toiture qui manque, un bloc de pierre latéral.

L'allée couverte de Conflans est remarquable par le trou, muni d'un obturateur en pierre, qui est pratiqué dans la pierre d'entrée. Cette disposition caractéristique des *dolmens troués*, que l'on a signalée aussi dans les monuments mégalithiques d'autres pays [2], peut s'expliquer de deux manières : ou bien l'ouverture servait à l'introduction des ossements décharnés [3], ou bien elle devait donner passage aux *esprits* des morts à certaines époques, suivant une croyance fort répandue dont on trouve un ancien exemple en Italie [4]. Cette dernière hypothèse peut s'autoriser encore de nombreux usages constatés chez les peuples les plus divers [5]

extrait du 10ᵉ volume des *Mémoires de la Société des Sciences morales, etc., de Seine-et-Oise*, Versailles, 1874 ; Bertrand, *Archéologie celtique et gauloise*, 2ᵉ éd., p. 175 et gravure à la p. 177 ; Mortillet, *Musée préhistorique*, n° 554 (croquis de l'intérieur de l'allée).

1. Deux de ces haches seulement sont entrées au musée ; on n'a pas conservé les ossements.

2. Bertrand, *loc. laud.*, p. 175-183 ; Bonstetten, *Essai sur les dolmens*, p. 15 ; Fergusson, *Monuments mégalithiques*, trad. franç., p. 361, 472 ; Waring, *Stone monuments*, Londres, 1870 (cf. *Zeit. für Ethnol.*, 1870, p. 340) ; Nadaillac, *Premiers hommes*, t. I, p. 344-347 (avec la mention d'autres travaux à ce sujet) ; *Commission des antiquités et des arts de Seine-et-Oise*, 8ᵉ vol., 1888, p. 81. En France, il y a des dolmens *troués* à Conflans, Trye-le-Château, Presles, les Mauduits, en S.-et-O. ; à Vic-sur-Aisne (Aisne) ; à Bellehaye et à Villiers-Saint-Sépulcre (Oise) ; dans le Morbihan, la Charente (la Boixe), peut-être la Haute-Saône et Tarn-et-Garonne (*Pierres trouées*) ; * en Angleterre, à Avening, Rodmarton, etc. (Thurnam, *Archæologia Britannica*, t. XLII, p. 216, 217) ; dans le Caucase (*Verh. Berl. Ges.*, 1875, p. 150 ; *Matériaux*, t. XIX, p. 546) ; en Circassie (Fergusson, p. 472) ; en Palestine, peut-être en Algérie, dans l'Inde (Fergusson, p. 495 ; *Congrès de Norwich*, p. 241, 246 ; Meadows Taylor a trouvé, dans un district du Dekhan, 1,100 dolmens troués sur 2,219, *Verh. Berl. Ges.*, 1878, p. 327 ; cf. la salle n° II). Comparez aussi les *tombes des géants* ou sépultures de l'époque néolithique en Sardaigne, où l'on constate des ouvertures analogues (Perrot et Chipiez, *Histoire de l'art*, t. IV, p. 365).

3. *Matériaux*, t. XX, p. 444. Voir la notice de la salle II.

4. *Mundus patet*, croyance étrusque transportée à Rome. Cf. Festus, *s. v.* ; Macrobe, *Saturnales*, I, 16, qui cite Varron : *Mundus quom patet, deorum tristium atque inferum quasi janua patet.*

5. Cf. *Zeitschrift für Ethnologie*, 1870, p. 340 ; 1881, p. 433, 435 ; 1885, p. 239.

* A Tréogat, trou dans une dalle sculptée recouvrant une sépulture sous tumulus (*Matériaux*, t. XX, p. 85, 86).

et reposant tous sur l'assimilation de l'âme et de la vie à un souffle qui peut s'exhaler par une ouverture. Ainsi s'expliquent peut-être la trépanation des crânes (en particulier à l'époque néolithique) [1], les trous pratiqués intentionnellement dans certaines urnes cinéraires [2], la coutume encore subsistante d'ouvrir les fenêtres aussitôt qu'un mort a rendu l'âme [3], etc.

Fig. 5. — Statue d'Apollon découverte à Entrains. H. 2ᵐ,65. (Fossés du Château.)

VI. Pour le monument de la Turbie, voir la notice de la salle XVIII.

1. Cette question a suscité une immense littérature; il suffit de renvoyer ici à Broca, *Congrès de Pesth*, p. 101; *Revue d'Anthropologie*, t. VI, p. 1, 193; t. XII, p. 735; t. XVII, p. 508, et au résumé donné par Nadaillac, *Premiers hommes*, t. II, p. 218.

2. Cf. *Verh. Berl. Ges.*, 1875, p. 134; 1878, p. 161, 218, 327; 1881, p. 433; *Congrès de Pesth*, p. 281; *Revue Archéol.*, 1888, t. II, p. 251. D'autres fois, la présence de trous intentionnels dans un vase doit être attribuée à des motifs d'ordre pratique, comme la fixation d'une armature en fer, la conservation de fruits, la suspension, l'écoulement d'un liquide superflu, l'émission de la fumée, etc. (Voir *Bonn. Jahrb.*, t. LXVIII, p. 176; *Verh. Berl. Ges.*, 1873, p. 166; 1881, p. 103; 1882, p. 49; 1884, p. 306; 1886, p. 264; 1887, p. 371, 406; *Matériaux*, t. XX, p. 593.) Il faut peut-être rapprocher de ces urnes trouées celles où le trou est bouché par un petit morceau de verre, comme si l'on avait voulu donner de la lumière aux cendres (cf. sur ces *Fensterurnen* ou « urnes à fenêtre » les *Verh. Berl. Ges.*, 1879, p. 228; 1881, p. 63 (pl. 2), p. 208, 252, 433, 434; 1882, p. 103; 1884, p. 125.) Enfin on a pu, de cette façon, imiter grossièrement les « urnes à visage »; c'est peut-être le cas pour les vases découverts à Reims (Nicaise, *Cimetière gallo-romain de la fosse Jean-Fat*, atlas, pl. 3 et 4; cf. *Rev. Archéol.*, 1883, t. II, p. 404).

3. *Verh. Berl. Ges.*, 1875, p. 133; 1878, p. 161, 218, 327; 1881, p. 433. Cf. la monographie de Bastian, *Vorstellungen von der Seele*.

VII. L'Apollon d'Entrains [1] (fig. 5) a été découvert en septembre 1875, dans un marais situé à l'extrémité du cimetière d'Entrains ; il est sculpté dans une pierre calcaire blanche qui paraît provenir de Chevigny. Dans l'état actuel, la statue a $2^m,65$ de haut ; la valeur artistique en est très médiocre. Les images d'Apollon assis ne sont pas fréquentes [2]. Parmi les divinités de la Gaule, Apollon occupait la seconde place après Mercure et passait pour guérir des maladies [3]. Il avait un temple à Autun [4], ville peu éloignée d'Entrains : une voie directe reliait d'ailleurs *Augustodunum* et *Intaranum*. Comme on a découvert à Entrains une plaque votive portant le nom de Borvo, divinité des eaux minérales [5], et qu'une dédicace de Bourbonne-les-Bains est adressée *deo Apollini Borvoni* [6], M. de Villefosse a supposé que la statue d'Entrains représente l'Apollon Borvo, dont la parèdre, la déesse Damona, paraît avoir été assimilée quelquefois à Diane.

VIII. La colonne Trajane [7], construite sur le forum de Trajan, vers l'an 113 ap. J.-C., par l'architecte Apollodore de Damas, est ornée de bas-reliefs qui représentent les guerres de Trajan contre les Daces. Un premier moulage partiel de ce monument fut entrepris par l'architecte Vignole, sur l'ordre de François Ier ; Colbert fit exécuter, de 1665 à 1670, un moulage complet dont il ne subsiste qu'une partie. Ce grand travail fut recommencé en 1861 par ordre de Napoléon III. Comme le plâtre ne supporte pas les intempéries on fit reproduire les moulages par la galvanoplastie à l'usine d'Oudry et on les exposa au Louvre dans l'été de 1864.

1. Villefosse, *Revue Archéol.*, 1876, I, p. 87 ; *Gaz. Archéol.*, 1876, p. 5-8 et pl. 2.

2. Clarac, *Musée*, pl. 481, n°ˢ 926 A, 959 A ; pl. 482, n° 924 ; pl. 482 C, n° 924 A ; pl. 482 D, n° 924 B ; pl. 485, n° 937 ; pl. 486 B, n° 737 A ; pl. 491, n° 951 ; pl. 494, n° 959 ; pl. 494 A, n°ˢ 926 C, 959 C. Cf. Schreiber, *Antiken der Villa Ludovisi*, p. 137, n° 116 ; Sybel, *Mittheil. des d. Inst. in Athen*, t. IV, p. 340 et suiv.

3. César, *de Bell. Gall.*, VI, 17.

4. Maury, *De l'Apollon gaulois*, dans la *Rev. Arch.*, 1860, I, p. 58 ; cf. Chaudruc de Crazannes, *ibid.*, p. 391. Le texte relatif à l'Apollon d'Autun est dans Eumenius, *Panég. de Constantin*, c. XXI.

5. Léon Renier, *Comptes-rendus de l'Acad. des Inscr.*, 3e sér., t. I, p. 408 ; cf. *Rev. Arch.*, 1872, II, p. 326 ; 1846, p. 583 ; 1880, I, p. 19 ; 1881, I, p. 292 ; *Bonn. Jahrb.*, t. XLII, p. 90 ; Desjardins, *Gaule romaine*, t. II, p. 467.

6. Orelli-Henzen, n° 5880.

7. Pietro Santi Bartoli, *Colonna Traiana*, avec commentaire de Bellori, Rome, 1672 ; Fabretti, *De Columna Trajani syntagma*, Rome, 1683 ; Frœhner, *La colonne Trajane*, Paris, 1865 (1 vol. in-8°) ; *La colonne Trajane*, Paris, 1872 (4 vol. in-fol., texte et 220 phototypies) ; Pollen, *A description of the Trajan column*. Londres, 1874 ; S. Reinach, *La colonne Trajane au musée de Saint-Germain*, Paris, 1886 (en vente au Musée).

Ces épreuves galvanoplastiques furent transportées, en 1870, dans les caves du pavillon Daru, au Louvre, puis dans les magasins du musée de Saint-Germain. En 1886, on entreprit de reconstituer la colonne en huit tronçons dans les fossés du château : le 1er tronçon a été achevé en 1887. Un meuble à volets, placé sur le palier du 1er étage, contient de belles épreuves photographiques d'après les moulages en plâtre : nous en donnerons la description plus loin.

Voici maintenant la liste chronologique des principales acquisitions du Musée [1] (achats et dons) :

1862 (Nos 1-347). Objets scandinaves donnés par le roi de Danemark Frédéric VII [2].
— (Nos 580-816). Collection d'objets en pierre et en bronze acquis de l'antiquaire Charvet.
— (Nos 817-865). Objets gallo-romains de Reims. Don Duquenelle.
— (Nos 866-1164). Objets divers de Berthouville et de l'Eure. Don Le Métayer.
— (Nos 1165-1189). Objets divers de Breith (Creuse). Don Napoléon III.
— (Nos 1193-1212). Objets divers de Gergovie. Don de Saulcy.
1863-1864 (Nos 1238-1385). Objets divers donnés par de Saulcy.
— (Nos 1395-1470). Objets des tumuli de Saint-Bernard (Ain). Don Napoléon III.
— (Nos 1483-1537). Objets divers donnés par les héritiers de Jomard, membre de l'Institut.
— (Nos 1538-1720). Vases et statuettes acquis de Fabre, peintre verrier à Clermont-Ferrand.
— (Nos 1758-1810). Objets scandinaves. Don Rafn.
— (Nos 1847-1874). Donation de l'abbé Cochet (Envermeu, Lillebonne, Fécamp, etc.).
— (Nos 1875-1920). Poteries de la collection Charpine, de Lyon. Achat du Musée.
— (Nos 1969-2145). Dépôt d'objets trouvés dans la Seine par les ingénieurs Chanoine et Campagne.
1865 (Nos 2258-2274). Objets provenant des fouilles de la Cheppe. Don Napoléon III.
— (Nos 2275-2543). Objets provenant des fouilles de Lizy. Don de Cerny.
— (Nos 2543-2560). Objets provenant des fouilles d'Alesia. Don Napoléon III.
— (Nos 2646-2726). Objets lacustres donnés par le Dr Keller (de Zurich).
(Nos 2784-2805). Objets lacustres donnés par Desor (de Neufchâtel).
— (Nos 2819-2856). Objets trouvés à Porrentruy. Don Vautrey.
— (Nos 2860-2989). Objets de Mayence et des environs. Don Maître et achat du Musée.
— (Nos 2991-3009). Objets des environs de Rome. Don Fabri.
— (Nos 3010-3108). Objets provenant des fouilles de Champagne. Dons Bertrand et Machet.
— (Nos 3137-3138). Ex-voto trouvés à Vichy, offerts à Napoléon III par l'architecte Le Faure.
— (Nos 3141-3222). Objets lacustres. Don Schwab (de Bienne).
— (Nos 3225-3306). Objets de la grotte d'Aurignac. Don Lartet.
— (Nos 3307-3601). Objets des cavernes de la Dordogne et d'autres lieux. Don Lartet.
— (Nos 3602-3956). Objets des cavernes de la Dordogne. Don de Breuery.
— (Nos 3958-4191). Objets du cimetière franc de Waben, acquis de Bodescot.
— (Nos 4233-4450). Objets de Bruniquel. Don du ministère de l'Instruction publique.

1. Les inventaires du Musée sont assez défectueux depuis l'origine jusqu'en 1867.
2. Il existe un inventaire manuscrit de cette donation à la bibliothèque du Musée.

1866 (N°⁵ 4473-4485). Objets italiens provenant des collections Pourtalès et Castellani. Don Napoléon III.
— (N°⁵ 4494-4678). Produit des fouilles de Le Laurain, chef de culture de la ferme de Piémont au camp de Châlons. Don Napoléon III.
— (N°⁵ 4784-5045). Produit de fouilles aux environs de Châlons. Don Napoléon III.
— (N°⁵ 5046-5097). Objets moulés par M. Maître en Bretagne, en Poitou, etc.
— (N°⁵ 6005-6282). Objets lacustres acquis de G. Lohle et de Messikommer.
— (N°⁵ 6183-6323). Objets du département de la Marne. Don Napoléon III.
— (N°⁵ 6324-6365, 6454-6485). Objets du camp de Chassey. Don de Longuy.
1867 (N°⁵ 6486-6512). Objets des cavernes de la Dordogne. Dons Lalande et Massénat.
— (N°⁵ 6540-6558). Objets des tumuli d'Alsace. Don Max. de Ring.
— (N°⁵ 6645-6716). Objets des tumuli de la Côte-d'Or, fouilles Saulcy et Bertrand.
— (N°⁵ 6847-6890). Achat de la collection Oppermann, terres cuites gallo-romaines.
— (N°⁵ 7000-7029). Silex de Saint-Acheul, acquis à Amiens et sur place.
— (N°⁵ 7033-7058). Silex du Moustier. Don Peccadeau de l'Isle.
— (N°⁵ 7061-7082, 7298-7363). Silex et fossiles de la Somme. Don Boucher de Perthes.
— (N°⁵ 7175-7231). Silex et ossements des sablières de la Seine. Achat du Musée.
— (N°⁵ 7367-7387, 7404-7457, 7464-7519). Silex donnés par l'abbé Bourgeois.
— (N°⁵ 7520-7758). Moulages d'objets divers de Russie. Don de Raïevsky.
— (N° 7564). Vase d'argent trouvé à Alesia. Don Napoléon III.
— (N°⁵ 7602-7660). Objets lacustres provenant du lac du Bourget, exploré aux frais du Musée par Rabut.
— (N°⁵ 7663-7730). Silex trouvés en Belgique. Don Evans.
— (N°⁵ 7768-7847). Objets trouvés dans les dragages de la Seine. Don Campagne.
1868 (N°⁵ 7943-7962). Objets provenant de la mission du colonel de Loqueyssie en Italie. Don Napoléon III.
— (N°⁵ 8015-8072). Objets des cavernes de la Dordogne. Don Massénat.
— (N°⁵ 8100-8117). Objets trouvés à Vaudrevanges. Achat du Musée.
— (N°⁵ 8145-8188). Donation Lartet et Christy.
— (N°⁵ 8211-8274). Objets provenant des fouilles d'Alesia. Don Napoléon III.
— (N°⁵ 8332-8345, 8350-8376). Objets romains des environs d'Orange et d'Arles. Achat du Musée.
— (N°⁵ 8377-8406). Objets des cavernes du Périgord. Don Lalande.
— (N°⁵ 8425-8444). Silex de Pressigny-le-Grand. Don Léveillé.
— (N°⁵ 8514-8555). Collection Oppermann, antiquités gauloises et gallo-romaines. Don Napoléon III.
— (N°⁵ 8618-8653). Objets divers de la Savoie. Don Revon.
— (N°⁵ 8866-8914). Objets provenant des fouilles de Roknia. Don Bourguignat.
— (N°⁵ 8960-8979). Objets de Hongrie. Don Florian Römer.
— (N°⁵ 8980-9009). Objets provenant de tumuli de la Côte-d'Or et des Vosges. Don de Saulcy.
— (N°⁵ 9050-9077, 9293-9348, 9499-9596). Objets gallo-romains des environs d'Orange. Achat du Musée.
— (N°⁵ 21612-21756). Trouvaille de Larnaud. Don Napoléon III, enregistré seulement en 1874.
1869 (N°⁵ 9439-9460). Silex de Saint-Prest et de Thenay. Don Bourgeois.
— (N°⁵ 9606-9644). Collection van de Poël, objets en pierre de Java. Don du ministère de l'Instruction publique.
— (N°⁵ 9738-9771, 9851-10047). Céramique romaine. Envoi du Louvre.
— (N°⁵ 10050-10184). Armes d'Alesia. Don Napoléon III.
— (N°⁵ 10243-10472). Série de moulages faits par M. Maître à Mayence, Zurich, etc.
— (N°⁵ 10635-10697). Collection achetée par M. de Mortillet en Belgique et sur les bords du Rhin.
— (N°⁵ 10703-10741). Moulages achetés au musée de Mayence.
— (N°⁵ 10742-10786). Poteries du mont Beuvray. Don Bulliot.
— (N°⁵ 10791-10882, 18870-19002). Objets divers et silex. Don Boucher de Perthes.

1869 (N°⁵ 11060-11100). Silex donnés par de Vibraye.
— (N°⁵ 11146-11173). Moulages faits par M. Maître au musée de Vannes.
— (N°⁵ 11304-11338). Objets des grottes du Périgord. Don Lartet.
— (N°⁵ 11411-11457). Objets scandinaves donnés par Steinhauer.
— (N°⁵ 11595-11630). Silex du Poitou, achetés à Mme Vve Meillet.
— (N°⁵ 11757-11800). Objets du Poitou. Don Longuemar.
— (N°⁵ 11923-12027). Objets du cimetière des Crons. Don Le Beuf.
— (N°⁵ 12140-12169). Objets divers d'ethnographie et de comparaison. Don Lepic.
— (N°⁵ 12303-12344). Objets provenant des fouilles de MM. de Mortillet et Cérès dans
    l'Aveyron.
— (N°⁵ 12354-12481, 13389-13438, 14190-14214, 14570-14619). Collection Blanchon de
    Vaison. Don Napoléon III [1].
— (N°⁵ 12496-12564). Collection Charvet. Don Napoléon III.
— (N°⁵ 12566-12666). Objets trouvés au Champ-Dolent. Fouilles aux frais de la Maison
    de l'Empereur.
1869-1870 (N°⁵ 12667-12895, 12911-13107, 13317-13388, 13482-13555, 13567-13672, 16578-16588).
    Collections Machet et Le Laurain (fouilles de la Marne). Don Napoléon III.
1869 (N°⁵ 13130-13276). Collections Hanusse et Liébeau, objets de la Marne. Don Na-
    poléon III et achat du Musée.
— (N°⁵ 13277-13316). Objets de la Marne. Don Le Beuf.
1870-1871 (N°⁵ 13689-13807, 13889-13904, 14039-14189, 14222-14356, 14381-14568, 14935-15019,
    15276-15382, 15483-15580, 15599-15776, 15850-15972). Objets du musée de Compiègne,
    provenant des fouilles de Roucy près de Compiègne. Don Napoléon III [2].
— (N°⁵ 15046-15076). Série de moulages du musée de Mayence. Achat du Musée.
— (N°⁵ 15132-15169). Antiquités chypriotes de la collection Cesnola. Achat du Musée.
— (N°⁵ 15461-15482). Objets provenant des fouilles de Murseint. Don Napoléon III.
— (N°⁵ 15777-15837). Objets du dolmen de la Justice. Don de Ruty, fouilles de
    M. Maître (1867).
— (N°⁵ 15978-16053, 16073-16138). Objets provenant des fouilles faites aux environs
    du camp de Châlons. Don Napoléon III.
— (N°⁵ 16175-16232, 17923-17982, 24103-24307). Objets provenant des fouilles de M. Bul-
    liot au mont Beuvray. Don Napoléon III.
— (N°⁵ 16233-16293, 24337-24413). Objets provenant des fouilles d'Alesia. Don Napo-
    léon III.
— (N°⁵ 16298-16577). Objets provenant des stations lacustres du Bourget. Don du
    ministère de l'Instruction publique.
— (N°⁵ 16590-16635). Objets moulés par M. Maître au musée de Vienne en Autriche.
— (N°⁵ 16733-16824). Objets provenant du lac de Paladru. Don de la Commission de
    la Carte des Gaules, fouilles de M. Chantre.
— (N°⁵ 16854-16949). Collection conchyliologique, etc. Don de Mortillet.
— (N°⁵ 17066-17100). Objets de la nécropole d'Ancon. Don Périn.
— (N°⁵ 17173-17235). Objets paléoitaliques en métal. Achat du Musée.
1872 (N°⁵ 17632-17555). Objets provenant de la collection Febvre de Mâcon. Achat du
    Musée.
— (N°⁵ 17807-17887). Collection de Chassemy. Achat du Musée.
— (N°⁵ 18109-18170). Silex du Poitou. Don Brouillet.
— (N°⁵ 18195-18260, 19012-19099). Objets du musée de Rouen, moulés par M. Maître.
— (N°⁵ 18275-18379, 18525-18572). Objets des grottes de Soyons. Don Lepic.
— (N°⁵ 18437-18476). Objets des dolmens de l'Aveyron. Don de la Commission des
    Gaules, fouilles Cérès.
— (N°⁵ 18795-18858). Objets des grottes de Menton. Don du ministère de l'Instruc-
    tion publique, fouilles Rivière.
— (N°⁵ 19164-19431). Objets du musée de Besançon, moulés par M. Maître.

1. Cf. *Rev. Archéol.*, 1869, I, p. 73.
2. Cf. *Rev. Archéol.*, 1870, I, p. 349.

1872 (Nos 19501-19583). Objets du cimetière de Suèvres. Achat du Musée.
— (Nos 19608-19707). Poteries romaines de Banassac. Achat du Musée, fouilles Cérès.
— (Nos 19708-19720, 19912-19960, 22931-22972). Objets de Magny-Lambert et des environs. Fouilles du Musée (1872-1874).
1873 (Nos 19823-19878). Objets de la grotte de l'Église. Don Parrot, fouilles Parrot.
— (Nos 19970-20037). Objets des Landes. Achat du Musée.
— (Nos 20129-20175). Objets de Solutré. Don de la Commission des Gaules.
— (Nos 20234-20299). Objets de la Marne, collection Counhaye à Suippes. Achat du Musée.
— (Nos 20447-20474). Objets des terramares d'Italie. Don Pigorini.
— (Nos 20475-20573, 20599-20615, 20777-20813, 21140-21232, 21315-21383, 21395-21453). Objets achetés en Italie et en Suisse par M. Bertrand, ou moulés en Italie et en Suisse par M. Maître. Achats, fouilles et moulages du Musée.
— (Nos 20618-20653). Objets égyptiens de l'ancienne collection Clot-Bey. Don Cloquet.
— (Nos 21033-21910). Série de moulages fournis par le musée de Mayence. Achat du Musée.
1874 (Nos 21237-21279). Objets figurés dans les *Reliquiæ Aquitanicæ*. Don Louis Lartet
— (Nos 21288-21318, 22567-22598, 22711-22763). Objets lacustres, collection Gross. Achat du Musée.
1875 (Nos 22778-22855). Objets des cavernes de la Dordogne. Achat du musée, mission de Mortillet.
1876 (Nos 22989-23048). Objets de la Champagne. Achat du Musée, fouilles de M. Maitre.
— (Nos 23085-23145). Objets du cimetière d'Ancon. Don du ministère de l'Instruction publique.
1877 (Nos 23491-23555, 24424-24468). Série de moulages fournis par le musée de Mayence. Achat du Musée.
— (Nos 23556-23745). Objets de Russie et de Sibérie. Dons du ministère de l'Instruction publique et de la générale Raïevska.
— (Nos 23930-23995). Objets du musée de Sens, moulés par l'atelier.
1878 (Nos 24037-24066). Objets américains. Échange.
— (Nos 24511-24550). Objets de la nécropole de Beaulieu. Don de la Cie de l'Est.
— (Nos 24572-24589). Bijoux de Jouy-le-Comte. Achat du Musée.
— (Nos 24628-24681). Mobilier d'une tombe de Saintes. Achat du Musée.
— (Nos 24760-24834). Objets lacustres de Suisse. Achat du Musée.
1879[1] (Nos 24899-24927). Collection Fourdrignier (tombes de la Marne). Achat du Musée.
— (Nos 24943-25000). Série de moulages du musée de Mayence. Achat du Musée.
— (Nos 25196-25276, 25935-25961). Objets scandinaves. Don Christgau.
— (Nos 25282-25311). Objets des mines du Laurium. Don A. Huet.
1880 (Nos 25436-25771). Collection de céramique Aymé Rambert. Achat du Musée.
— (Nos 25978-26146. Objets provenant des dragages de la Seine, collection Piketty. Achat du Musée.
— (Nos 26147-26205). Objets algériens. Don Rabourdin.
1881 (Nos 26412-26424). Objets des palafittes du lac de Garde. Don Pigorini.
— (Nos 26425-26450). Silex de la Dordogne. Don Reverdit.
— (Nos 26658-26687). Objets lacustres de Suisse. Achat du Musée.
1882 (Nos 26802-26878). Objets lacustres de Suisse. Achat du Musée.
— (Nos 26894-26990). Objets du Caucase. Don et mission Chantre.
— (Nos 27087-27103). Bijoux lombards de Chiusi. Achat du Musée.
— (Nos 27110-27226). Objets du Caucase. Achat du Musée, mission Chantre.
1883 (Nos 27386-27392). Objets d'Assyrie, d'Hissarlik, de l'Archipel. Don Sorlin-Dorigny.
— (Nos 27454-27461). Bronzes de Compiègne. Achat du Musée.
— Nos 27518-27539). Objets du Peu-Richard. Don Eschassériaux.

---

1. Ouverture des salles VII, VIII, XVII, XVIII, XIX, XX. Cf. *Rev. Archéol.*, 1879, II, p. 179.

1884 (N°⁵ 27594-27905). Collection Fourdrignier (tombes de la Marne). Achat du Musée.

— (N°⁵ 27952-28192). Collection de céramique Esmonnot. Achat du Musée.

— (N°⁵ 28237-29278). Objets provenant des fouilles de Roucy à Compiègne. Don de l'État. — Achat de la collection numismatique d'Édouard Lambert[1].

1885 (N°⁵ 29325-29335). Objets provenant des fouilles d'Hissarlik. Don Sorlin-Dorigny.

— (N°⁵ 29348-29429). Objets en bronze du Petit-Villatte. Achat du Musée.

— (N°⁵ 29471-29529). Verreries de la collection Esmonnot. Achat du Musée.

— (N° 29534-29558). Bronzes de la collection Gréau. Achat du Musée.

1886 (N° 29661). Couronne en or d'Apremont. Achat du Musée.

— (N°⁵ 29775-29825). Moulages, faits par M. Maître, des objets trouvés à Neuvy-en-Sullias et d'autres antiquités du musée d'Orléans.

— (N°⁵ 29826-29905, 30098-30140). Collection L. Damour. Don de M. et M⁽ᵐᵉ⁾ Damour.

— (N°⁵ 29906-29918). Série de moulages du musée de Mayence. Achat du Musée.

1887 (N° 29923-30067). Objets scandinaves. Don Christgau.

— (N°⁵ 30142-31026). Objets préhistoriques, celtiques, gallo-romains et divers, faisant partie du musée de Cluny, déposés au musée de Saint-Germain[2].

— (N°⁵ 31066-31087). Série de moulages du musée de Mayence. Achat du Musée.

— (N° 31122). Moulage du Gaulois du Capitole. Achat du Musée.

— (N°⁵ 31123-31174). Objets provenant de la nécropole de Saint-Maur. Don Macé.

— (N° 31190). Moulage du sarcophage de la Vigna Ammendola. Achat du Musée.

— (N°⁵ 31200-31213). Objets gallo-romains découverts à Grand. Achat du Musée.

- (N°⁵ 31216-31231, 31536-31596). Objets provenant des fouilles du colonel Pothier dans les tumuli du plateau de Ger et ayant fait partie du musée de Tarbes. Don du ministère de la Guerre.

— (N°⁵ 31232-31235). Stèles peintes d'Alexandrie. Achat du Musée.

1888 (N° 31268). Moulage du groupe dit « Arria et Pætus ». Achat du Musée.

— (N° 31269). Célèbre vase gallo-romain dit « des Bouchées de Pain[3] ». Achat du Musée.

— (N°⁵ 31271-31355). Objets divers, entre autres nombreux vases peints à figures rouges, ayant fait partie de la collection Geslin. Achat du Musée.

— (N°⁵ 31432-31440). Objets gallo-romains acquis à la vente Hoffmann.

— (N° 31526). Moulage du Jupiter Dolichenus de Marseille, aujourd'hui à Stuttgart. Achat du Musée.

— (N°⁵ 31364-31367, 31486-31493). Moulage de statues découvertes en Gaule et de bustes de Jules César. Achat du Musée.

— (N° 31535). Moulage d'un des trophées d'armes galatiques du portique de Pergame. Achat du Musée.

1. Cf. *Rev. Archéol.*, 1884, II, p. 256. La collection numismatique a été cataloguée par M. A. de Barthélemy sur un registre manuscrit spécial.

2. Cf. Worsaæ, cité dans les *Matériaux*, t. XIX, p. 434.

3. Cf. *Rev. Archéol.*, 1866, II. p. 316.

SALLE I [1].

LA GAULE AVANT LES MÉTAUX.

ÉPOQUE DE LA PIERRE ÉCLATÉE.

On savait depuis longtemps, par la découverte d'ossements fossiles (I), que la Gaule, à une époque reculée (II), a été habitée par des animaux appartenant à des espèces aujourd'hui éteintes, et par d'autres dont les représentants actuels se sont retirés sur nos montagnes ou ont émigré vers d'autres climats (III). Parmi les grands animaux qui ont disparu, et qui vivaient il y a des milliers d'années sur les rives de la Seine, comme sur celles de la Somme, de la Tamise et d'autres rivières européennes, on peut citer l'éléphant antique, supérieur en taille à l'éléphant actuel (IV), le mammouth ou éléphant à longs poils (V), le rhinocéros à narines cloisonnées (VI), le grand hippopotame (VII), l'ours des cavernes (VIII), le grand chattigre des cavernes (IX), le bœuf primitif (X), le grand cerf d'Irlande (XI). Les principaux animaux qui ont émigré sont le renne, aujourd'hui commun en Laponie (XII), le bison d'Europe ou aurochs (XIII), le bœuf musqué (XIV), le lion (XV), le bouquetin et le chamois (XVI); ces deux dernières espèces se sont réfugiées dans les montagnes. Une peinture à l'huile de

---

1 Dans cette salle et dans les salles II-VII, les objets les plus importants sont signalés à l'attention des visiteurs par de petits carrés de papier doré ou argenté. Le papier doré indique qu'une gravure de l'objet est insérée dans le présent catalogue. Le visiteur désireux de s'orienter fera bien de se transporter d'abord devant la vitrine centrale, n° 17, puis à l'angle nord-est de la salle, devant la vitrine n° 1.

M. le vicomte Lepic, à droite de la carte, représente le grand cerf d'Irlande, dont on peut voir, au milieu de la salle, le crâne et l'énorme ramure (XVII).

I. Les anciens (Pythagore, Xénophane, Platon, Aristote, Ératosthène, Strabon, Pline, Sénèque) ont déjà reconnu dans l'existence des fossiles [1] la trace de perturbations géologiques [2]. Ovide [3], exposant les idées de Pythagore, parle de coquilles marines trouvées sur le sommet des montagnes :

> *Vidi factas ex aequore terras*
> *Et procul a pelago conchae jacuere marinae,*
> *Et vetus inventa est in montibus anchora summis.*

Au seizième siècle, on commença à nier que les fossiles fussent des débris d'animaux et l'on prétendit y reconnaître des jeux de la nature, *lusus naturae* (Olivier de Crémone). D'autres y virent des effets de la force plastique, *vis plastica, nisus formativus*, idée indiquée par Aristote, développée par Avicenne (né en 980) et que l'anatomiste Fallope (1500) partageait encore [4]. Léonard de Vinci, Fracastor et Bernard de Palissy furent parmi les premiers à reconnaître que les fossiles ont été déposés par les eaux [5]. Pour expliquer leur présence sur les hauteurs, on mettait en avant la tradition du déluge universel [6]. A l'encontre de cette théorie diluvienne, Sténon, en 1669 [7], Hooke, en 1668 [8], plus tard Buffon (1749) [9] et Gessner

1. On entend par *fossiles* des débris de corps organisés conservés dans les couches de la terre, lorsque le dépôt dont ils font partie s'est formé dans des circonstances différentes des circonstances actuelles. Cf. Pictet, *Traité de Paléontologie*, t. I, p. 22.

2. Pictet, *Traité*, t. I, p. 2 et suiv.; cf. Lyell, *Principes de géologie*, trad. franç., Paris, 1873, t. I, p. 1-132; Zittel, *Traité de paléontologie*, trad. Barrois, t. I, p. 23. Empédocle (vers 450 av. J.-C.) paraît s'être douté que les formes fossiles étaient différentes des espèces actuelles. C'est d'ailleurs la découverte d'ossements fossiles qui a donné naissance à la croyance aux géants (cf. S. Reinach, *Rev. d'Anthrop.*, 1889, p. 28).

3. Ovide, *Métam.*, XV, v. 200-212. Cf. Lyell, *op. laud.*, t. I, p. 20-25.

4. Lyell, *op. laud.*, t. I, p. 41. Dans un livre publié à Francfort en 1709, *Ossium fossilium docimasia*, Carl s'appliqua à prouver que les ossements fossiles n'étaient le résultat ni d'un caprice de la nature ni d'une force plastique.

5. Lyell, *op. laud.*, t. I, p. 37, 45; Zittel, *op. laud.*, p. 24.

6. Lyell, p. 47. C'est l'ancienne théorie, reprise au XVᵉ siècle par Alexandre de Naples.

7. Lyell, p. 44-46.

8. Lyell, p. 51-56.

9. Lyell, p. 54.

(1758)[1], montrèrent que les fossiles avaient dû être déposés au fond des eaux dans des couches horizontales dont le soulèvement s'était produit plus tard. Cette idée est le point de départ de la géologie moderne.

Vers la fin du dix-huitième siècle, les progrès de la géologie (Werner, Saussure)[2] enseignèrent à connaître les caractères distinctifs des terrains et la stratigraphie fut créée. La paléontologie ne tarda pas à en profiter. Au dix-septième et au dix-huitième siècle, on avait réuni et dessiné des fossiles[3], mais sans chercher de lois générales. Un progrès immense dans ces études fut accompli par G. Cuvier[4], qui décrivit environ 160 espèces éteintes dans ses *Recherches sur les ossements fossiles* (1821-1824), ouvrage précédé du célèbre *Discours sur les révolutions du globe*. En découvrant les rapports de corrélation qui existent entre la forme des os et le reste de l'organisation, Cuvier sut déduire de l'observation d'une partie du squelette la connaissance de son ensemble[5]. Il démontra 1° que les espèces fossiles sont différentes des espèces actuelles ; 2° que les divers terrains sont caractérisés par des fossiles divers. Ainsi la paléontologie, devenant l'auxiliaire de la géologie, enseignait à déterminer l'âge des terrains[6].

II. L'époque *quaternaire*, la dernière des grandes périodes de l'histoire du globe, se distingue assez difficilement de la dernière phase du *tertiaire*

1. Lyell, *Ibid.*, p. 76-77.

2. Lyell, *ibid.*, p. 84-89.

3. Par exemple le recueil de planches publié par Knorr et Walch, 1755-1773.

4. G. Flourens, *Histoire des travaux de Cuvier*, Paris, 1841.

5. Pictet, *Traité*, t. I, p. 13. « Cuvier montra que l'on pouvait déduire de la structure d'une molaire la forme de la mâchoire inférieure, celle des extrémités, celle des autres parties du squelette, en un mot l'organisation entière de l'animal. » (Zittel, *op. laud.*, t. I, p. 34.) On n'a pas remarqué que l'empereur Tibère doit être compté parmi les prédécesseurs de Cuvier, témoin ce que raconte Phlégon de Tralles (*Fragm. historic. graec.*, t. III, p. 621, n° 43). À la suite d'un tremblement de terre, des ossements énormes avaient reparu à la lumière (en Sicile ou dans le Pont ?) Les habitants étonnés envoyèrent à Rome une ambassade qui portait comme spécimen une dent longue de plus d'un pied ; les députés demandèrent à Tibère s'il désirait recevoir le corps entier du *héros*. L'empereur, aussi soucieux de s'instruire que d'éviter de commettre un sacrilège en déterrant des squelettes, chargea un illustre géomètre attaché à sa personne, nommé Pulcher, de modeler une figure répondant à la grandeur de la dent (πρόσωπον ἐκέλευσε πλάσαι πρὸς τὸ μέγεθος τοῦ ὀδόντος). Pulcher se mit au travail, détermina la grandeur du visage et celle du corps tout entier d'après celle de la dent, et la rendit à l'empereur, qui ordonna de le rapporter là d'où elle était venue. — Bien que Phlégon ne le dise point, il est probable que Tibère avait pris le goût de ces études en voyant la collection d'ossements gigantesques que son prédécesseur Auguste, au témoignage de Suétone, avait rassemblée dans sa villa de Caprée (Suet., *Octav.*, c. LXXII.)

6. Sur les progrès de la paléontologie en France, voir d'Archiac, *Paléontologie de la France*, rapport au Ministre, Paris, 1868.

ou *pliocène* [1] qui la précède [2] et des temps récents qui lui font suite [3]. Au point de vue de la faune mammalogique, elle est caractérisée, dans son ensemble, par la coexistence de l'homme avec des animaux d'espèces éteintes ou dont l'habitat s'est modifié depuis, soit en latitude, soit en altitude. Au point de vue géologique, elle présente deux séries de phénomènes connexes : l'extension des glaciers et le dépôt des anciennes alluvions ou terrains de transport, le *diluvium quaternaire* [4].

1. Lyell a divisé la période tertiaire en trois phases, nommées *éocène* (la plus ancienne), *miocène* et *pliocène*. Entre l'éocène et le miocène, Beyrich a intercalé l'*oligocène*. Lyell, suivi par les géologues anglais, désigne les temps quaternaires sous les noms de *postpliocène* et de *pleistocène*. Cf. Credner, *Traité de Géologie*, trad. franç., p. 579.

2. Cf. *Revue d'Anthropol.*, 1880, t. IX, p. 328, où sont indiqués divers travaux récents à ce sujet.

8. Pictet, *Traité de Paléontol.*, t. I, p. 112 ; Schimper, *Traité de Paléontol. végétale*, t. I, p. 120.

4. Les traditions relatives à un ou plusieurs déluges sont fort répandues et présentent entre elles des analogies de détail remarquables ; cf. Lenormant, *Les origines de l'histoire*, t. I, p. 382-491 et t. II, p. 1 et suiv.; *Histoire ancienne de l'Orient*, 9ᵉ édit., t. I, p. 55 et suiv.; *Premières civilisations*, t. II, p. 3-146 ; Maury, article *Déluge* dans l'*Encyclopédie nouvelle*; Schœbel, *De l'universalité du déluge*, Paris, 1858 ; Vigouroux, *La Bible et les découvertes modernes*, 2ᵉ éd., t. I, p. 184-212 ; Perowne, article *Noah* du *Dictionnary of the Bible*; G. Smith, *Chaldœan account of the Deluge*, Londres, 1872 ; Néve, *La tradition indienne du déluge*, dans les *Annales de philosophie chrétienne*, 4ᵉ série, t. III, janvier-avril 1851 ; Welcker, *Griechische Gœtterlehre*, t. I (traditions grecques); Ranke, *Die Fluthsage*, dans le 51ᵉ vol. de ses œuvres complètes, p. 3-18 ; Zittel, *Sintfluth und Diluvium*, dans la *Deutsche Rundschau*, 1878; Girard de Rialle, *La mythologie comparée*, (t. I, traditions américaines); Charencey, *Le déluge d'après les traditions indiennes de l'Amérique du Nord*, dans la *Revue américaine*, 2ᵒ sér., t. I, p. 88 et suiv., 310 et suiv. Les ressemblances entre ces traditions s'expliquent en partie par la similitude des découvertes d'ossements fossiles et de coquilles qui leur ont donné naissance en divers lieux; le déluge est une vieille légende géologique. Voici un curieux passage des *Philosophoumena* (éd. Cruice, p. 29), où nous voyons que Xénophane, au VIIᵉ siècle av. J.-C., concluait de la présence de fossiles marins, dans les carrières de Syracuse, de Malte et de Paros, que la terre avait été autrefois recouverte par les eaux : Ὁ δὲ Ξενοφάνης μῖξιν τῆς γῆς πρὸς τὴν θάλασσαν γένεσθαι δοξάζει καὶ τῷ χρόνῳ ἀπὸ τοῦ ὑγροῦ λύεσθαι, φάσκων τοιαύτας ἔχειν ἀποδείξεις, ὅτι ἐν μέσῃ γῇ καὶ ὄρεσιν εὑρίσκονται κόγχαι, καὶ ἐν Συρακούσαις δὲ ἐν ταῖς λατομίαις λέγει εὑρῆσθαι τύπον ἰχθύος καὶ φωκῶν, ἐν δὲ Πάρῳ τύπον ἀφύης ἐν τῷ βάθει τοῦ λίθου, ἐν δὲ Μελίτῃ πλάκας συμπάντων θαλασσίων. Ταῦτα δέ φησι γενέσθαι ὅτε πάντα ἐπηλώθησαν πάλαι. Xénophane ajoutait que l'invasion de la mer a fait périr tous les hommes et que l'humanité a recommencé après la retraite des eaux. — L'historicité de la tradition biblique a été défendue récemment encore par un géologue (Howorth, *Traces of a great postglacial flood*, dans le *Geological Magazine*, 1882, p. 9, 69, 224, 266, etc.) — En revanche, il n'y a pas de légendes concernant l'*époque glaciaire*, si ce n'est un curieux passage au début du Zendavesta qui a été signalé par Pruner-Bey (*Congrès de Paris*, p. 359). La patrie primitive des Iraniens, jouissant d'abord d'un printemps éternel, est atteinte par la main malfaisante d'Ahriman et l'hiver y établit son domaine pendant dix mois de l'année. Il est cependant très douteux que ce passage soit l'écho de traditions fondées sur des faits.

Les causes de l'extension des glaciers, qui constitue ce qu'on appelle improprement l'*époque glaciaire* [1], sont encore imparfaitement connues ; exclusivement telluriques suivant les uns, elles seraient d'ordre cosmique ou solaire suivant les autres. On sait qu'au milieu de l'époque tertiaire tout l'hémisphère septentrional jouissait encore d'un climat tempéré et relativement uniforme : la végétation fossile du Groënland et du Spitzberg suffit à en témoigner [2]. A cette époque, une grande partie de l'Europe du Nord n'était pas émergée [3] ; la moitié de la Scandinavie, les deux tiers de la Russie actuelle, la Prusse, le Danemark, la Hollande étaient encore

1. Nous de nous occupons dans ce qui suit que de l'Europe, mais des phénomènes glaciaires tout à fait analogues à ceux du vieux continent ont été constatés dans l'Amérique du Nord ; M. Boule a résumé les dernières recherches faites à ce sujet dans la *Revue d'Anthrop.*, 1888, p. 647 et suiv. — Une bibliographie choisie relative à l'étude des glaciers et de l'époque glaciaire, depuis Jean de Charpentier (*Essai sur le glacier du Rhône*, 1831) jusqu'en 1876, a été donnée par Kinkelin, *Ueber die Eiszeit*, Lindau, 1876 ; cf. Heim, *Handbuch der Gletscherkunde*, Stuttgart, 1885, et Dolfus Ausset, *Matériaux pour l'étude des glaciers*, 8 vol., Paris, 1865-1869 (le tome 1er, en 3 volumes, contient une énorme bibliographie). Il faut ajouter de nombreux ouvrages publiés depuis, comme Falsan et Chantre, *Les anciens glaciers du Rhône*, 2 vol., Lyon, 1879 ; Geikie, *The great ice age*, 2e éd., Londres, 1877 ; Tyndall *Les glaciers et les transformations de l'eau*, 3e éd., Paris, 1880 ; Prestwich, *The glacial Period*, dans le *Journal of the geological society*, août 1887 ; Saporta, *Les temps quaternaires*, dans la *Revue des Deux-Mondes*, 15 septembre 1881 ; Penck, *Die Vergletscherung der deutschen Alpen*, Leipzig, 1882 ; *Die Eiszeit in den Pyrenœen*, Leipzig, 1883 ; *Geographische Wirkungen der Eiszeit*, Berlin, 1884 ; le même, *Mensch und Eiszeit*, Brunswick, 1884 (extrait de l'*Archiv fur Anthropol.*, 1884, p. 211) ; Woeikof, *Klimate der Erde*, 1887 ; Probst, *Klima und Gestaltung der Erdoberfläche*, 1887 (cf. *Revue critique*, 1888, II, p. 15) ; Taramelli, *Cause del clima quaternario*, dans les *Rendiconti* de l'Institut lombard, 1888, p. 449 ; Boule, *Essai de paléontologie stratigraphique de l'homme*, 1889, extrait de la *Revue d'Anthrop.*, 1888, p. 129 et suiv. Playfair et Venetz ont eu, les premiers, l'idée de l'extension ancienne des glaciers. Cette théorie, développée par Charpentier et Agassiz, gagna du terrain par suite des recherches de Rink au Groënland ; si les Alpes avaient été le berceau de la géologie glaciaire (Morlot, Heer), c'est du Nord que lui vint l'impulsion la plus puissante, avec les recherches de Ramsay en Angleterre, de Kjerulf en Norwège, de Torell en Suède et dans l'Allemagne du Nord (Penck). Les découvertes de Morlot et de Heer ont été vulgarisées par Ch. Martins dans la *Revue des Deux-Mondes* (15 janv., 1er févr., 1er mars 1867 ; 15 avril 1875). On trouvera d'autres indications dans Lapparent, *Traité de géol.*, 2e éd., p. 123 et suiv.

2. Même au milieu des temps tertiaires, la région polaire est habitable et fertile jusqu'au 80e degré ; on trouve au Groënland des araucarias, des magnolias, des platanes, etc. Cf. O. Heer, *Flora fossilis arctica*, 7 vol. jusqu'en 1883 ; *Rech. sur la végétation tertiaire*, trad. fr., 1861, p. 168 ; *Biblioth. Univ. et Revue Suisse*, janv. 1867 ; Schimper, *Traité de Paléontol. végétale*, 1869, t. I, p. 97 ; Saporta, *Le passé des régions arctiques*, dans la *Rer. des Deux-Mondes*, 15 août 1884 ; *Le monde des plantes avant l'apparition de l'homme*, 1879.

3. Voir la carte de l'Europe miocène donnée par Lyell, *Principes de Géol.*, trad. fr., t. 1, pl. 1, p. 328, et la carte du dépôt erratique du nord dans Dupont, *L'homme pendant les âges de la pierre*, p. 64 ; cf. Credner, *Traité de Géol.*, trad. fr., p. 621.

sous les eaux. L'Europe, formant une sorte d'archipel enveloppé d'une atmosphère humide et nuageuse, jouissait d'un climat maritime, climat à la fois plus égal et plus doux que le climat continental, comme on l'observe encore aujourd'hui [1]. Pendant les longs siècles de l'époque tertiaire, où le continent européen prit graduellement sa forme et son relief actuels, il se forma des zones de température de plus en plus distinctes et les glaces boréales firent leur apparition (fin du miocène ?) [2]. Cette calotte de glace s'agrandit de plus en plus [3] et son influence réfrigérante se fit sentir sur l'Europe centrale, en donnant naissance à des courants froids, tant atmosphériques qu'océaniens. Un phénomène plus important encore, à l'époque pliocène, est l'établissement d'un régime de pluies diluviennes, conséquence peut-être des courants atmosphériques réfrigérants, qui développaient une puissante végétation favorable aux grands pachydermes herbi-

1. Cf. Probst, *Klima und Gestaltung der Erdoberfläche*, 1887 ; Sartorius von Waltershausen, *Untersuchungen über die Klimate der Gegenwart und Vergangenheit*, 1865 ; Woeikof, *Klimate der Erde*, 1887. Si l'on compare la température moyenne des îles Féroé et de Iakoutsk en Sibérie, qui sont situés sur le même degré de latitude (62º,8), on a pour les Féroé : temp. moy. ann., + 7º,3; temp. moy. du mois le plus froid, + 2º,7 ; du mois le plus chaud, + 12º,3 ; différence, 9º,6. A Iakoutsk, ces chiffres deviennent — 10º,3, — 43º, + 20º,4, différence, 63,º4 (Probst, *op. laud.* p. 8-9). Le courant chaud dit *gulfstream* contribue pour une forte part à ces différences de température.

2. On a attribué une grande importance, dans l'explication de ces phénomènes, à la déperdition graduelle de la chaleur de la terre, qui subit de plus en plus l'influence de l'inégale répartition des rayons solaires à sa surface (Credner, *Traité de géol.*, trad. fr., p. 575). Cette influence de la chaleur interne sur le phénomène paléothermal est vivement contestée par Lapparent, *Traité de géol.*, 2ᵉ éd., p. 1464; elle n'entre certainement en compte que dans une très faible proportion. Cf. Probst, *Klima und Gestaltung der Erdoberfläche*, 1887, p. VI, 35.

3. D'après la carte de l'Europe à l'époque glaciaire donnée par Geikie (*Prehistoric Europe*, p. 504), la calotte des glaces boréales occupait la presque totalité des Iles-Britanniques, la Scandinavie, la Finlande, le Hanovre, la Prusse, la Pologne, la Lithuanie et une moitié de la Russie (cf. la carte publiée par Penck dans l'*Archiv für Anthropologie*, 1884, pl. 4). Cette hypothèse, exposée d'abord par Torell, adoptée ensuite par MM. Geikie, Penck, les glaciéristes allemands et suédois, est en contradiction avec une théorie plus ancienne, défendue par Lyell, qui attribuait le terrain erratique du Nord à des *icebergs* flottants et non à une nappe glaciaire, à un immense glacier septentrional. La mer de glace, dans la conception de Lyell, était antérieure à l'émersion définitive de la péninsule scandinave. Cf. Lapparent, *Traité*, 2ᵉ éd., p. 1265, et *Bull. Soc. Géol. de France*, 1886, p. 368, 524; Boule, *Rev. d'Anthrop.*, 1888, t. XVII, p. 134 et note 1. Une carte des deux hémisphères dressée par M. Penck, montrant l'extension actuelle et l'extension ancienne des glaciers, est reproduite par Ranke, *Der Mensch*, t. II, p. 367. On voit que les glaciers actuels ne sont, pour ainsi dire, que l'exagération des glaciers quaternaires; il n'y a pas de différence *spécifique* entre les phénomènes de l'époque dite glaciaire et ceux dont nous sommes encore témoins. Cf. aussi la carte des glaciers dans le 2ᵉ volume du *Traité de géologie* de Prestwich (1887).

vores. Chambrun de Rosemond a proposé pour cette phase la dénomination d'*époque pluviaire*, qui paraît exacte, en ce sens que l'humidité est bien alors le facteur principal, dont la formation des glaciers sur les montagnes et des grands cours d'eau dans les plaines ne sont que les conséquences [1]. En effet, comme le soulèvement de plusieurs chaînes de montagnes, les Pyrénées, les Alpes, les Carpathes, le Caucase, l'Himalaya, s'est accompli ou plutôt achevé au pliocène [2], ces sommets devinrent comme les condensateurs des précipitations atmosphériques, condensateurs d'autant plus puissants que les montagnes, non encore rongées par l'érosion, étaient sans doute alors plus élevées qu'aujourd'hui ; les neiges accumulées se transformèrent en glaces et les glaciers descendirent peu à peu dans les plaines où ils ont laissé des traces irrécusables de leur passage (moraines, blocs erratiques, stries et boues glaciaires [3], roches polies et moutonnées). Ainsi le glacier du Rhône, qui s'arrête aujourd'hui à Soleure, poussait sa moraine frontale jusqu'aux environs immédiats de Lyon.

Ces glaciers donnaient naissance à des masses d'eau énormes qui ont déposé les puissantes alluvions caractéristiques des temps quaternaires. D'autres rivières, comme la Somme, qui ne descendaient point des glaciers, présentaient aussi un volume très considérable par suite de l'intensité des pluies [4].

Il ne peut s'agir, à cette époque, d'un ensevelissement même partiel de l'Europe centrale sous les glaces [5] : la flore et la faune démontrent, au

1. Le froid seul ne suffit pas à nourrir les glaciers, témoin les plateaux dénudés du Tibet par 5 à 6,000 mètres d'altitude. (Lapparent, *op. cit.*, p. 1272.)

2. Il y a déjà eu de grands soulèvements au miocène et les premiers glaciers pyrénéens paraissent remonter à cette époque (Garrigou.) Cf. Suess, *Das Antlitz der Erde*, t. I, Prague, 1883-1885 ; M. Bertrand, *La chaîne des Alpes*, extrait du *Bulletin de la Soc. de géol.*, 1888, p. 423 ; Boule, *Rev. d'Anthrop.*, 1888, p. 397, avec les références. Les premiers qui aient mis les phénomènes glaciaires en relation avec le soulèvement des montagnes sont Lombardini, et surtout Frankland (*On the physical cause of the glacial epoch*, dans le *Philosophical Magazine* de 1864). Depuis, la même théorie a été reprise et précisée par plusieurs savants (cf. H. de Parville, dans le *Correspondant* du 25 décembre 1880).

3. On appelle *till* ou *boulderclay* en Angleterre, *Geschiebelehm* en Allemagne, la boue glaciaire qui constitue la moraine de fond des anciens glaciers ; cf. Boule, *Rev. d'Anthrop.*, t. XVII, 1888, p. 135, 273. L'étude de ces dépôts erratiques a permis d'établir la direction des grands courants de glace à l'époque quaternaire.

4. Le lit de la Somme était large de plus d'un kilomètre ; la Seine, dont les grandes crues actuelles donnent 2,416 m. c. par seconde, en roulait alors de 27,000 à 60,000 (Belgrand) ; sa largeur atteignait 6 kilomètres à Paris. Cf. *Matériaux*, t. XVIII, p. 223 ; *Congrès de Bruxelles*, 1872, p. 132-144.

5. Ces exagérations dans l'appréciation des phénomènes glaciaires ont eu pour elles la

contraire, que le climat quaternaire, du moins dans sa première phase, était très humide, plus maritime que continental, et que les régions tempérées confinaient aux glaciers, comme cela a lieu aujourd'hui encore dans l'île méridionale de la Nouvelle-Zélande[1]. Les tufs quaternaires de Moret, près de Fontainebleau, étudiés par M. Chouquet, ont révélé les traces d'une flore où prospéraient le figuier et le laurier[2]. De même, la coexistence, sous les mêmes latitudes, d'animaux comme le lion et le renne[3], semble prouver que le climat ne variait pas dans de fortes proportions, que les hivers n'étaient pas très froids ni les étés très chauds, bien que nous ne soyons pas autorisés, en thèse générale, à conclure des espèces actuelles aux mœurs des précurseurs quaternaires de ces espèces[4]. Ainsi, pour ne citer qu'un exemple, le cheval supporte les hivers de l'Islande, tandis que le zèbre, très proche parent du cheval actuel, n'habite aujourd'hui que les plaines chaudes de l'Afrique[5].

haute autorité d'Agassiz (mort en 1873), qui voyait dans l'extension démesurée des glaciers un cataclysme universel, analogue au déluge de la tradition hébraïque.

1. Lartet a protesté, dès 1858 (*Comptes rendus de l'Acad. des Sciences*, t. XLVI, p. 409), contre l'hypothèse des grands froids quaternaires ; cf. les travaux de M. de Saporta, cités p. 30, note 1, et Much, *Ueber die Zeit des Mammuth*, dans les *Mitth. der anthrop. Ges. in Wien*, t. XI, p. 18-54. D'après Ch. Martins, il suffirait d'une diminution de 4° ou 5° dans l'état thermique des Alpes actuelles pour ramener les anciens glaciers de la Suisse ; cf. Tyndall, *Les Glaciers*, p. 151. Sur les glaciers de la Nouvelle-Zélande, voir Dupont, *L'homme pendant les âges de la pierre*, p. 53 ; Lyell, *Principes*, t. II, p. 276 ; Lartet, *Reliq. Aquitanicae*, p. 150.

2. Cf. Saporta, *Congrès de Stockholm*, I, p. 82.

3. « Le lion mangeant du renne est un véritable paradoxe dans la nature actuelle. » (Dupont, *Congrès de Bologne*, 1871, p. 125.) Le mélange des espèces chaudes et des espèces froides a été diversement expliqué. On a fait intervenir l'hypothèse des migrations annuelles (Dawkins, *Early man in Britain*, p. 109), dont il faut assurément tenir grand compte ; d'autres font plutôt valoir des migrations *périodiques*, dues à la succession des périodes glaciaires et interglaciaires, aux oscillations climatériques de l'époque quaternaire : « On comprend que sur les territoires moyens, théâtres de ces mouvements de faunes, on soit exposé à trouver souvent un mélange des espèces chaudes et des espèces froides. » (Boule, *Revue d'anthrop.*, 1888, p. 672.)

4. L'éléphant et le rhinocéros actuels ne s'accommodent pas du même climat que le mammouth et le *rhinoceros tichorhinus*. Si les découvertes de cadavres de ces derniers animaux en Sibérie n'avaient pas prouvé qu'ils portaient une épaisse toison, leur présence dans l'Europe centrale aurait pu donner lieu aux conclusions les plus fausses sur le climat de l'Europe quaternaire en général. Il est vrai que la toison du mammouth ne justifie pas non plus l'opinion des savants qui représentent le climat quaternaire comme très rigoureux, car un pareil animal n'aurait pu se nourrir sans une profusion de végétaux inadmissible sous un climat trop inclément. Cf. Saporta, *Congrès de Stockholm*, I, p. 81.

5. Fleming cité par Lyell, *Principes de Géol.*, t. I, p. 232. M. Boule dit avec raison et dans le même sens (*Rev. d'anthrop.*, 1888, t. XVII, p. 132) : « Sommes-nous tellement

L'extension des glaciers n'a pas été uniforme et continue : il y eut des périodes de recul très sensible, dites *interglaciaires*, puis des retours offensifs qui constituent autant de phases glaciaires différentes. C'est ce que prouvent, entre autres, les couches de lignite constatées à Dürnten, Utznach et Wetzikon près de Zurich, entre deux lits de déjections d'origine glaciaire [1]. On a cru reconnaître ainsi plusieurs périodes glaciaires en Grande-Bretagne et en Irlande (Geikie et Ramsay) [2], deux ou trois en Suisse (Heer) [3], en Scandinavie, en Allemagne, en Russie, dans les Pyrénées (Garrigou), en Auvergne (Rames et Julien), etc. [4]. Les glaciers actuels sont encore sujets à des variations périodiques et à des oscillations d'amplitude assez considérables, dont les causes ne sont pas toutes bien élucidées [5], mais on sait que l'étendue des glaciers alpins peut augmenter dans

en possession des lois biologiques touchant les animaux fossiles que nous puissions leur appliquer les raisonnements tirés des animaux actuels ? »

1. Cf. O. Heer, *Le monde primitif de la Suisse*, trad. fr., 1872, p. 593 et suiv. ; Lapparent, *Trait. de géol.*, 2ᵉ éd., p. 1257, 1274 ; Desor, *Congrès de Paris*, 1867, p. 275.

2. Cf. *Rev. d'anthrop.*, 1888, p. 276 et suiv.

3. Cf. *Revue d'anthropologie*, 1888, p. 290. La première observation sur la pluralité des périodes glaciaires dans les Alpes suisses est due à Morlot, 1854.

4. Cf. la carte de Penck dans Ranke, *Der Mensch*, t. II, p. 385 (*l'Europe centrale à l'époque glaciaire*), où sont indiquées les moraines anciennes, couvrant une étendue de territoire très considérable, et les moraines intérieures plus récentes. Cf. *Congrès de Bologne*, 1872, p. 89-97 ; *Congrès de Budapest*, 1876, p. 83 ; Penck, *Zeitschrift der d. geolog. Gesellschaft*, 1879, p. 117 ; *Association franç. pour l'avancement des sciences*, 1887, p. 292-94 (discussion sur la pluralité des époques glaciaires dans le Cantal, le Puy-de-Dôme, etc.). Voir aussi Falsan, *Esquisse géologique du terrain erratique et des anciens glaciers de la région centrale du bassin du Rhône*, 1883, qui maintient, avec Favre, Desor et Saporta, l'unité de la période glaciaire, tout en admettant des phases plus ou moins longues d'avancement et de recul des anciens glaciers. Cf. Boule, *Rev. d'anthrop.*, t. XVII, 1888, p. 296, 394 et suiv., 404 et suiv., 648 et suiv., 669 et suiv., où l'on trouvera les références bibliographiques. La pluralité des époques glaciaires peut s'expliquer par les différentes phases du phénomène orogénique (soulèvements, érosions), phénomène auquel sont dues à la fois l'extension et la retraite des glaciers. Sur les glaciers actuels du Groënland, cf. le résumé de Ch. Rabot, *Revue Scientifique*, mai 1888, p. 580 et suiv. L'Amérique du Nord a connu aussi plusieurs extensions glaciaires (*Revue d'anthropol.*, 1888, p. 647 et suiv.).

5. Cf. F. A. Forel, *Essai sur les variations périodiques des glaciers*, extr. de la *Biblioth. Univ.*, 3ᵉ pér., t. VI, résumé dans les *Matériaux*, 1888, p. 336-348 ; Vallot, *Oscillations des glaciers des Pyrénées*, Paris, 1887. M. Boule (*Revue d'anthrop.*, 1888, p. 670) se refuse à confondre les périodes glaciaires multiples avec des oscillations analogues à celles que présentent les glaciers actuels : « Les restes de forêts fossiles, les épaisses couches de lignite, les brèches d'éboulis ne sont pas le résultat de quelques années, et on les a observés non seulement sur la limite des grandes extensions, mais jusqu'au sein des massifs montagneux qui, à certains moments, ont dû être débarrassés, sinon totalement, au moins en grande partie, de leur manteau de glace. »

de fortes proportions par la succession de quelques étés froids et pluvieux.

La dernière phase de la période glaciaire, c'est-à-dire le recul graduel des glaciers, qui se sont réduits à leurs dimensions actuelles, comportant encore des oscillations importantes, a été parfois expliquée par l'émersion de la Scandinavie, qui aurait modifié les courants océaniens et interposé comme une digue entre les glaces boréales et nos latitudes. On a aussi allégué l'érosion des montagnes par les glaciers eux-mêmes et le creusement des vallées transversales (*Querthäler*) ; les glaciers, descendant alors dans les plaines, au lieu de s'accumuler en masses profondes sur les hauts plateaux, se trouvèrent exposés aux influences caloriques des bas niveaux [1]. Cette théorie ne suffit pas à expliquer le recul du glacier immense qui, rayonnant des hauteurs de la Scandinavie, venait s'étaler, au sud et à l'est, sur le domaine où se rencontrent aujourd'hui les blocs erratiques en Hollande, en Allemagne et en Russie [2].

Il paraît certain que le recul des glaciers a été précédé d'une diminution sensible dans la quantité des précipitations atmosphériques : la zone pluvieuse se serait transportée vers le nord [3]. A un climat très humide, favorable à la végétation dont se nourrissaient les grands pachydermes, succéda, en effet, un climat plus froid et relativement sec qui est celui de l'époque du renne [4]. L'activité des cours d'eau diminua. Le mammouth devint plus rare et l'on vit se multiplier les animaux des zones froides et des steppes, tels que le renne, l'antilope saïga, le glouton, les lemmings, les spermophiles, etc. [5]. Dans la flore, on observe en même temps, sous nos latitudes, la présence de mousses arctiques sem-

1. C'est la théorie indiquée par les glaciéristes danois et développée par Probst, *Klima und Gestaltung der Erdoberfläche in ihren Wechselwirkungen*, Stuttgart, 1887. Cf. *Revue Scientifique*, mai 1888, p. 581 ; *Revue Critique*, 1888, II, p. 15.

2. *Revue d'anthropol.*, 1888, t. XVII, p. 133.

3. Lapparent, *op. cit.*, p. 1276. On doit peut-être faire intervenir, comme motif de la diminution des pluies, le déboisement de vastes surfaces par les glaciers quaternaires. Cf. Gaudry et Boule, *Matériaux pour l'histoire des temps quaternaires*, 1888, p. 83.

4. Lapparent, *ibid.*, p. 1275.

5. C'est Nehring qui a développé cette idée de la *Steppenfauna* de l'Europe centrale pendant la deuxième partie de l'époque quaternaire. Au moment de la retraite des glaciers, les plaines déboisées se seraient transformées en steppes analogues à ceux du sud-est de la Russie et du sud-ouest de la Sibérie (cf. *Matériaux*, t. XXII, p. 246). On trouvera l'exposé des recherches de Nehring dans les *Verh. Berl. Ges.*, 1875, p. 6 ; 1876, p. 3, 27, 283 ; 1878, p. 214 ; 1881, p. 105, 107 ; 1882, p. 175 ; 1884, p. 462 ; *Zeitschrift für Ethnol.*, 1879, p. 142 ; *Zeitschr. für d. gesammt. Naturw.*, 1876, et surtout dans deux articles consacrés aux faunes de Thiede et de Westeregeln, *Arch. f. Anthropol.*, 1877, p. 359 ; 1878, p. 1 et suiv.

blables à celles du Groënland et du Labrador (Schussenried en Wurtemberg). Ce n'est qu'après cette époque que s'est prononcé nettement le mouvement de recul des glaciers [1] et que le climat s'est rapproché de plus en plus de ses conditions thermiques actuelles [2]. Les textes des auteurs permettent même de penser qu'à l'époque grecque et romaine le climat de la Gaule et de la Germanie était plus froid qu'aujourd'hui [3], mais il ne faut pas oublier que l'extension des forêts et des marécages, en augmentant l'humidité de l'atmosphère, a pu donner aux hommes du Sud, qui fréquentaient alors nos pays, l'illusion d'un climat plus rigoureux [4]. D'autres considérations tendent à prouver, en revanche, que la température moyenne de l'Europe s'est refroidie depuis le moyen âge ; la zone où la vigne et l'olivier prospèrent est descendue vers le sud [5] et les glaciers de la Suisse se sont avancés sur plusieurs points, occupant des routes autrefois fréquentées et même les emplacements d'anciens villages [6].

1. D'après MM. Piette et Trutat, dont l'opinion est adoptée par M. Gaudry (*Matériaux*, t. XXI, p. 145), l'époque de l'*ursus spelaeus* et celle du renne sont déjà postérieures à la plus grande extension des glaciers : il faut donc faire coïncider le recul des glaces avec la diminution des pluies et l'établissement d'un froid sec (*climat magdalénien* de M. de Mortillet, *Le préhistorique*, 2e éd., p. 464). Cf. M. Boule, *Revue d'anthropologie*, t. XVII, p. 394 : « Un certain nombre de stations de l'âge du renne appartiennent aux régions autrefois recouvertes par les glaces ; pourtant elles sont encore localisées sur le pourtour des dépôts morainiques. C'est le cas à Thayngen, Riedlingen, Schussenried, etc. Cette distribution nous montre que, sans être absolument post-glaciaire, l'âge du renne correspond à l'époque où les glaciers ont effectué leur mouvement de recul définitif, sous l'influence d'un climat plus froid que le climat de l'époque glaciaire, mais aussi plus sec et, par suite, incapable d'alimenter les vastes champs de névés où ces glaciers prenaient naissance. »

2. « L'époque quaternaire a commencé par un déluge d'eau courante et s'est terminée par une révolution météorologique. » (Belgrand, *Congrès de Bruxelles*, 1872, p. 144.)

3. Par exemple, Diodore de Sicile, V, 25. Cf. *Revue Scientif.*, octobre 1887, p. 559.

4. M. de Lapparent admet seulement un déplacement de la zone pluvieuse vers le nord (*Traité de géol.*, p. 1278). — Voici un curieux passage de Beckmann (édition d'Aristote, *de Mirab. Auscult.*, Gœttingue, 1786, p. 69) : « Recentiori aevo tot silvis ubique excisis, tot paludibus exsiccatis, *caeli qualitas non potuit non mutari*, quam ob causam animalia quaedam, quae ibi olim degerunt, abire coacta sunt. » Cf., dans le même sens, Buffon, *Œuvres*, éd. Flourens, t. III, p. 322 : « Le climat de la France était autrefois beaucoup plus humide et plus froid par la quantité des bois et des marais qu'il ne l'est aujourd'hui. On voit par la lettre de l'empereur Julien quelle était de son temps la rigueur du froid à Paris ; la description qu'il donne des glaces de la Seine ressemble parfaitement à celle que nos Canadiens font de celles du fleuve de Québec. »

5. Voir Arago, *Annuaire* de 1834 ; Le Hon, *L'homme fossile*, 2e éd., p. 306 ; Nadaillac. *L'origine et le développement de la vie sur le globe* (extrait du *Correspondant*), Paris, 1888, p. 34.

6. Le Hon, *op. laud.*, p. 308 et suiv. avec références ; voir surtout p. 313.

C'est au cours des révolutions de l'époque quaternaire, mais à un moment encore difficile à déterminer de leur cours, que les premiers vestiges de la présence de l'homme en Gaule apparaissent dans les anciennes alluvions [1]. On les trouve réunis aux débris de l'*elephas antiquus*, mais surtout aux ossements du mammouth, qui est l'éléphant quaternaire par excellence. L'homme dont on a recueilli les outils en silex dans le *diluvium* de la Somme et de la Seine est-il originaire du sud ou du nord? Est-il venu de la Sibérie, devançant le mammouth et le rhinocéros à longs poils, chassé, comme ces pachydermes, par les glaces envahissantes du cercle polaire [2]? Son apparition en Europe se place-t-elle à l'époque préglaciaire ou doit-elle être considérée comme postérieure (interglaciaire ou postglaciaire) [3]? Autant de questions dont la solution définitive reste en suspens. Un fait est certain : c'est que les vestiges de l'homme quaternaire ne se sont encore rencontrés en Europe qu'en dehors des limites atteintes par les glaciers à l'époque de leur seconde et moindre extension. Les formations géologiques sous-jacentes aux terrains glaciaires n'ont fourni aucun objet qui puisse attester la présence de l'homme [4]. C'est pourquoi les objets paléolithiques manquent absolument en Danemark et en Suède, pays qui n'ont cessé d'être couverts par les glaces qu'au début

---

1. Sur la formation des alluvions fluviatiles, cf. Belgrand, *Congrès de Bruxelles*, 1872, p. 183 et suiv. Les géologues allemands désignent les alluvions quaternaires sous le nom de *diluvium* et appellent *alluvium* les dépôts fluviatiles récents.

2. Cf. Tardy, *Congrès de Bruxelles*, 1872, p. 487 et suiv. ; Saporta, *Revue des Deux Mondes*, 15 octobre 1881, 1er mai 1883 ; Quatrefages, *Histoire des races humaines*, 1887, p. 133 et suiv. La théorie de l'origine méridionale (*Lémurie* de Sclater) a été développée par Peschel et par Haeckel, *Histoire de la création naturelle*, trad. fr., Paris, 1874, p. 613 et pl. XV ; cf. *Matériaux*, t. XVIII, p. 114.

3. Cf. *Revue d'Anthropol.*, t. XVI, p. 119 et suiv., t. XVII, p. 388 et suiv., 666 et suiv. Les plus anciennes stations humaines dont on puisse *actuellement* fixer l'époque sont *interglaciaires;* voir plus bas ce qui concerne la station de Chelles. L'apparition de l'homme en Europe pendant une époque interglaciaire a été affirmée d'abord par MM. Geikie et Penck.

4. Cf. la carte de Penck (Ranke, *Der Mensch*, t. I, p. 385), où sont indiquées les anciennes limites des glaciers et les localités où l'on a recueilli des vestiges de l'humanité paléolithique. Toutes ces dernières sont en dehors de la zone des moraines récentes ; un petit nombre seulement se trouvent dans la zone des moraines anciennes. Les gisements paléolithiques de l'Allemagne (Thiede *, Westeregeln **, Weimar ***), sont situés sur la lisière des dépôts erratiques. Cf. Boule, *Revue d'anthrop.*, 1888, t. XVII, p. 141.

* Cf. *Verh. Berl. Ges.*, 1876, p. 207 ; 1878, p. 259 ; 1880, p. 83 ; 1882, p. 173.

** Cf. *Verh. Berl. Ges.*, 1875, p. 206.

*** Cf. *Verh. Berl. Ges.*, 1877, p. 25 ; *Palæontographica*, t. XXV (1878) ; *Arch. f. Anthrop.*, t. XI, p. 134.

de l'époque néolithique. Ainsi s'explique aussi, comme l'a fait observer M. Penck, l'abondance des objets de l'époque paléolithique en France, contrastant avec la pauvreté de l'Allemagne à cet égard ; car la France n'a été couverte de glaciers qu'au 30e au plus de sa surface, tandis que l'Allemagne l'était à plus de moitié [1].

Toute une école de géologues, Adhémar, Croll, Penck, etc. [2], a essayé d'expliquer les phénomènes glaciaires par des considérations astronomiques ou cosmiques, la précession des équinoxes combinée avec le mouvement de la ligne des apsides (déplacement du périhélie), les variations de l'obliquité de l'écliptique et de l'excentricité de l'orbite terrestre : leurs calculs les ont conduits à distinguer plusieurs époques glaciaires, différentes par l'intensité et la durée de leurs phénomènes, qui se succéderaient, à des intervalles plus ou moins considérables, d'un hémisphère à l'autre [3]. Enfin on a allégué, comme cause du refroidissement polaire, la diminution du diamètre apparent du soleil à raison d'une seconde d'arc par 9,500 ans [4]. Ce mouvement de concentration de l'astre assurerait, en même temps, le

1. Cf. *Archiv für Anthropologie*, 1884, p. 215; *Bonner Jahrbücher*, t. LXXVIII, p. 223 ; Ranke, *Der Mensch*, t. II, p. 371 ; *Revue d'anthropol.*, t. XVII, p. 389 sq.

2. Herschel, *Transact. Geol. Soc.*, 2e sér., t. III (1832) ; Adhémar, *les Révolutions de la mer*, 1842 (2e éd., 1860); Croll, *Climate and Time*, 1875; cf. Lyell, *Principes de géol.*, trad. fr., t. I, p. 351, 864 et suiv.; Prestwich, *Quarterly Journal of the geolog. Society*, 1er août 1887, p. 393 ; d'Assier, *Revue scientifique*, 26 octobre 1887, p. 554; Lapparent, *Traité de géol.*, 2e éd., p. 1281. Penck a donné un exposé de ces hypothèses dans son ouvrage *Die Vergletscherung der deutschen Alpen*, 1882; ou en trouve aussi un bon résumé dans *L'homme fossile* de Le Hon, 2e éd., p. 295 et suiv.

3. La période de froid la plus intense se placerait, dans cette hypothèse. il y a 850,000 ans (Croll); une autre époque glaciaire aurait commencé il y a 240,000 ans et fini 160,000 ans après, etc. Dans l'appendice à la traduction française de ses *Principes de géologie* (t. I, p. 889), Lyell a formellement renoncé à proposer aucune date pour l'époque glaciaire, comme il l'avait encore fait dans la 10e édition anglaise. — Le retour périodique de l'action glaciaire, dans chaque hémisphère du globe, aurait lieu tous les 21,000 ans (Adhémar ; cf. *Revue Scient.*, oct. 1887, p. 555). Depuis l'an 1248 après J.-C., l'Europe marcherait vers une nouvelle période de froid. La principale objection à cette théorie, c'est que les traces positives d'une action glaciaire font défaut dans toutes les formations géologiques antérieures au tertiaire (sur les prétendues traces glaciaires dans le permien, voir Lyell, *Principes de géol.*, trad. franç., t. II, p. 291, 304). Cf. Prestwich, *Quarterly Journal of the geolog. Soc.*, 1887, p. 395 et suiv.; Heer, *Urwelt der Schweiz*, 2e éd., p. 668. La théorie d'Adhémar a été fortement combattue par Probst, *op. laud.*, p. 99 sqq.

4. Cf. Lapparent, *Traité de géol.*, 2e éd., p. 1464 et suiv., qui résume cette théorie d'après Blandet (*Bull. Soc. Franç. de géol.*, 2e sér., t. XXV, p. 777), et y donne son assentiment, comme l'ont fait d'ailleurs MM. d'Archiac et de Saporta. Le principal argument invoqué, c'est que la flore arctique tertiaire n'avait pas seulement besoin de chaleur, mais de lumière; à quoi l'on répond que dans les serres de Saint-Pétersbourg on conserve pen-

maintien de son énergie calorique[1]. Resterait à expliquer, dans cette hypothèse, pourquoi et comment l'époque dite glaciaire a pris fin, explication que doit fournir, si elle veut trouver créance, toute hypothèse sur le commencement de cette époque. Quant à la théorie exclusivement tellurique, qui voit dans la phase glaciaire une simple conséquence du phénomène orogénique, elle ne rend pas suffisamment compte du fait capital qui domine, comme on l'a reconnu depuis longtemps[2], toute la question du climat quaternaire, à savoir, l'extrême augmentation de l'humidité. Pour l'explication de ce dernier fait, on a allégué[3] les dégagements de vapeurs internes pendant le pliocène, en particulier les vapeurs lancées dans l'atmosphère par les volcans, phénomène accompagné d'une production intense d'acide carbonique, d'où les formations des conglomérats qui caractérisent la même époque. La diminution de l'activité volcanique aurait eu pour effet la diminution de l'humidité dans la dernière phase des temps quaternaires, alors que les grandes modifications dans le relief du sol s'étaient accomplies et que, géologiquement parlant, les temps actuels avaient déjà commencé[4]. On peut objecter à cette hypothèse la faible étendue des pays volcaniques par rapport à la surface du continent : il y a disproportion entre la cause alléguée et l'effet.

dant l'hiver de nombreuses plantes méridionales auxquelles la lumière fait presque défaut durant plusieurs mois (Heer, *Polarflora*, I, p. 73, cité par Probst, *op. laud.*, p. 42 ; Lyell, *Principes de géologie*, trad. franç., t. I, p. 295).

1. Cf. Lapparent, *Traité*, p. 1278-1284, 1462-1466. Pour expliquer les variations climatériques de l'époque quaternaire, on a aussi invoqué des changements géographiques tels que la disparition d'une chaîne d'îles (l'Atlantide?) unissant les Antilles à l'Europe méridionale, ce qui aurait eu pour effet de modifier les courants océaniens (Süss, *Antlitz der Erde*, 1884). Mais l'existence de l'Atlantide n'est qu'une hypothèse peu vraisemblable ; cf. Lubbock, *l'Homme avant l'histoire*, p. 40 ; Ch. Ploix, *Revue d'anthropol.*, 1887, p. 291, etc. Quoi qu'il en soit, les changements de direction des courants, en particulier du *Gulfstream*, ont certainement exercé une grande influence sur les conditions climatériques ; cf. Ranke, *Der Mensch*, Leipzig, 1887, t. II, p. 369.

2. Lombardini, *Intorno al sistema idraulico del Po*, 1840, p. 5, cité par Taramelli, *Rendiconti* de l'Institut lombard, 1888, p. 451. Cette idée a été développée surtout par Tyndal, Stoppani et, chez nous, par MM. de Rosemond et de Saporta.

3. Charpentier, *Notice sur la cause probable du transport des blocs erratiques de la Suisse*, Paris, 1835, hypothèse reprise et développée par Taramelli, *Rendiconti*, 1888, p. 449-458 ; cf. Dal-Pozzo di Mombello, *La evoluzione geologica*, Foligno, 1887, p. 74 et suiv.

4. Nous avons déjà signalé (p. 29) l'impossibilité de distinguer nettement l'époque quaternaire des temps récents qui lui font suite. Cette difficulté n'a rien qui doive surprendre, les divisions de l'histoire du monde en *époques* étant nécessairement conventionnelles. *Natura non facit saltus.*

III. Édouard Lartet, en 1858 [1], a distingué les animaux éteints ou émigrés de l'époque quaternaire en deux groupes : l'un dit *septentrional* (mammouth, rhinocéros tichorhinus, bœuf musqué, cerf d'Irlande, glouton, renne, lemmings, spermophiles, chouette harfang, tétras des saules) ; l'autre dit *méridional* (éléphant antique et méridional, rhinocéros de Merck, hippopotame, lion, panthère, serval, hyène, antilope, etc.). Ce dernier est chronologiquement antérieur [2].

III *bis*. La flore présente des modifications analogues à celles de la faune [3]. Ainsi le tilleul, l'érable à feuilles d'obier des tufs de Provence ont émigré vers des stations plus fraîches ; le laurier, l'arbre de Judée, le gainier, qu'on rencontre dans les tufs de Moret, près de Fontainebleau, sont descendus vers le sud. L'époque quaternaire est caractérisée, *dans son ensemble*, par une diffusion plus uniforme tant de la flore que de la faune. Ainsi le saule cendré se montrait alors à Tlemcen aussi bien qu'à Moret et à Cannstadt ; le figuier et le laurier existaient en Algérie comme à Fontainebleau ; des mousses arctiques [4] ont été recueillies à Schussenried et à Waldsee, dans le Wurtemberg. Mais il ne faut pas perdre de vue que l'époque quaternaire se subdivise en plusieurs phases qui présentent chacune leurs caractères propres au point de vue de l'humidité et des conditions thermiques ; le voisinage immédiat des grands glaciers quaternaires exerçait aussi une action réfrigérante [5]. Nous avons déjà indiqué

1. *Comptes rendus de l'Académie des sciences*, t. XLVI, p. 409 (1858).

2. L'ancienne bibliographie paléontologique se trouve dans la *Bibliotheca Zoologica* d'Engelmann et Carus (Leipzig, 1861) et dans le *Catalogue of scientific papers* (1864-1873) publié par la Société Royale de Londres. On manque d'ouvrages d'ensemble sur la faune quaternaire, que les traités généraux de paléontologie décrivent un peu sommairement. Voir J. Woldrich, *Diluviale europaeische nordasiatische Saeugethierfauna und ihre Beziehungen zum Menschen*, Saint-Pétersbourg, 1887.

3. Saporta, *Aperçu sur la flore de l'époque quaternaire*, Caen, 1857 ; *Revue des Deux-Mondes*, 15 septembre 1881 ; *Congrès de Stockholm*, 1874, I, p. 80 et suiv. ; *Le Monde des plantes*, 1879 ; *Origine paléontologique des arbres cultivés*, 1888 ; Schröter, *Die Flora der Eiszeit*, Zurich, 1884 ; Schimper, *Traité de paléontologie végétale*, t. I, p. 253, et les ouvrages cités plus haut, p. 30, note 1.

4. *Hypnum sarmentosum, hypnum aduncum* (Congrès de Paris, 1867, p. 150). Cf. A. Braun, *Ueber fossile Pflanzenreste als Belege für die Eiszeit*, in *Verh. Berl. Ges. f. Anthrop.*, 1872, p. 152 ; Nehring, *Die quartære Flora Deutschlands*, ibid., 1884, p. 461-463.

5. On peut comparer à ce double point de vue le gisement interglaciaire de Taubach près de Weimar, où la flore et la faune arctiques font défaut, et celui de Schussenried, appartenant à la seconde phase de l'époque glaciaire, où les espèces arctiques prédominent exclusivement (Ranke, *Der Mensch*, t. II, p. 383-4). Schussenried est beaucoup plus rapproché que Weimar des glaciers de la seconde extension ; les deux gisements reposent d'ailleurs sur les moraines des glaciers les plus anciens.

l'influence des glaciers sur les modifications de la flore dans les régions qu'ils ont envahies et d'où ils se sont retirés peu à peu [1].

IV. L'*elephas antiquus* (Falconer) [2], successeur de l'*elephas meridionalis* dans l'Europe centrale, paraît caractériser les temps interglaciaires [3] et ne se trouve que dans les dépôts quaternaires les plus anciens (Chelles, Saint-Acheul, Paris, le Pecq ; aussi en Italie, en Sicile, en Espagne, en Angleterre, etc.). D'après M. Gaudry, cet animal serait l'ancêtre de l'éléphant des Indes comme l'*elephas meridionalis* est celui de l'éléphant d'Afrique [4].

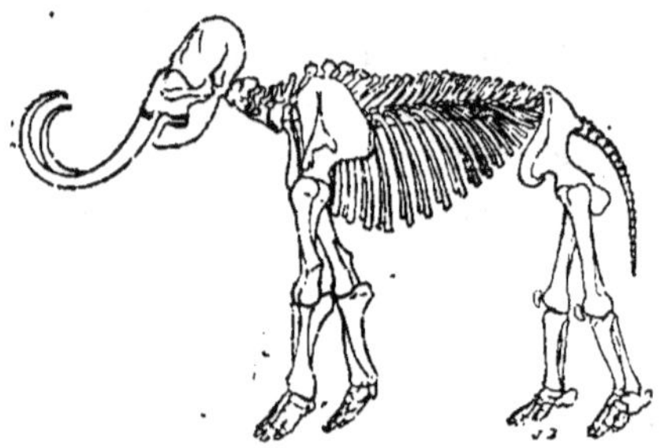

Fig. 6. — Squelette d'elephas intermedius (Jourdan).

V. Le mammouth ou *elephas primigenius* de Blumenbach (*mammouth*

1. Plus haut, p. 35, note 5.

2. Falconer, *On the ossiferous caves of the peninsula of Gower*, dans *Quarterly Journal of the geol. Soc.*, vol. XVI ; un travail de Pohlig sur l'*eleph. antiq.* a été présenté par M. Gaudry à la *Soc. géol. de France*, 21 janvier 1889 ; Hamy, *Précis de paléontol. humaine*, p. 86. L'*elephas intermedius* (Jourdan) est très voisin de l'*el. antiquus* (cf. le squelette d'*eleph. interm.* du musée de Lyon, gravé dans les *Archives* de ce musée, t. I, et reproduit ci-dessus).

3. *Rev. d'anthrop.*, 1888, p. 392. L'*elephas antiquus*, contrairement à ce qui a été affirmé, se rencontre d'ailleurs dans les alluvions où paraît aussi l'*eleph. primigenius* ; l'association des deux espèces est même normale à Saint-Acheul d'après M. d'Acy. Cf. *Rev. d'anthrop.*, *ibid.*, p. 663.

4. Sur l'*elephas meridionalis*, cf. Gaudry, *Enchaînements du monde animal*, 1878, p. 169 ; *Les ancêtres de nos animaux*, p. 279 et la pl. du frontispice. « L'*elephas meridionalis* diffère du mammouth non seulement par sa plus grande taille, mais aussi par son menton plus saillant, ses défenses moins courbées, ses molaires à lames plus larges, plus éloignées, couvertes d'un émail plus épais. Il est vraisemblable qu'il a vécu dans un climat chaud et qu'il n'avait pas une épaisse fourrure, comme le mammouth des temps quaternaires. » Crâne d'*el. merid.* trouvé à Durfort (Nadaillac, *Premiers hommes*, t. II, p. 413). M. Gaudry a évalué comme il suit la taille prise au garrot des plus grands quadrupèdes (*Comptes rendus de l'Académie des sciences*, 30 juillet 1888): Dinotherium, $4^m,96$; Elephas antiquus, $4^m,42$; Elephas meridionalis, $4^m,22$; Mastodon americanus, $3^m,60$; Elephas primigenius, $3^m,22$. — M. Boule a proposé de faire rentrer dans le quaternaire la faune

est un nom russe de l'éléphant [1]) était, dit Cuvier [2], « couvert d'une laine grossière et rousse et de longs poils noirs et raides qui lui formaient une crinière le long du dos [3] ». Très fréquent dans l'Europe centrale et septentrionale, il est rare en Italie et n'a pas encore été signalé en Espagne. C'est le plus petit des éléphants quaternaires. Ses ossements, ses dents et ses défenses, qu'on n'a cessé de découvrir en différents points de l'ancien continent et de l'Amérique, ont donné lieu, dans l'antiquité et jusqu'à nos jours, aux conjectures et aux légendes les plus bizarres [4]. Les débris de mammouth sont surtout nombreux en Sibérie, qui paraît être le pays d'origine de ce proboscidien, et où l'on recueille encore aujourd'hui de grandes quantités d'ivoire fossile [5]. On a également découvert en Sibérie

à *eleph. merid.*, c'est-à-dire Saint-Prest, le *forest-bed* de Cromer, etc. (*Rev. d'Anthrop.*, 1888, p. 676). Nous ne nous occupons ici des animaux quaternaires qu'autant qu'ils ont été les contemporains de l'homme.

1. Sur l'origine de ce mot, qui date du dix-septième siècle, cf. Hamy, *Précis de Paléontol. humaine*, p. 141. Quelques auteurs le croient tartare ; Howorth y voit une corruption de l'hébreu *behemoth*. L'épithète de *primigenius*, qui est impropre, a été donnée par Blumenbach en 1706 à l'éléphant velu, dont un spécimen avait été découvert au seizième siècle près de Lucerne.

2. Cuvier, *Révolutions du globe*, p. 329. Cf. H. Howorth, *The mammoth and the flood*, Londres, 1887 (*Matériaux*, t. XIV, p. 23, t. XXI, p. 432), où l'on trouve la liste des découvertes de mammouths. Rappelons seulement le passage suivant du *Voyage* de Spon (t. I, 1678, p. 3) : « Un chanoine me fit voir (à Valence, en 1674) une dent deux fois plus épaisse que le pouce et il prétendait qu'elle fust de géant ; mais j'ose assurer que c'est une dent d'éléphant, parce qu'elle se lève en écailles. On est encore plus infatué de ces os de géant à Soyons et à Charmes. » On a énormément écrit sur le mammouth : en 1835, la bibliographie relative à cet animal remplissait déjà dix pages des *Palaeontologica* d'H. de Meyer. Les travaux principaux sont ceux de Cuvier (*Ossements fossiles*), Brandt (*Mélanges biologiques tirés du Bulletin de l'Acad. de Saint-Pétersbourg*, t. V), Owen (*Brit. fossil Mammals*), Falconer (*Palæontographical memoirs*, t. II, 1868), Busk (*Description of the remains of the extinct species of elephants*, 1868), Leith Adams (*Monogr. of Brit. foss. elephants*, dans la *Palaeontographical Society*, 1879, 1881, vol. XXXIII, XXXV), H. Woodward (*Geological magazine*, 1864, I, p. 241 ; 1868, V, p. 540, pl. 22, 23 ; 1869, VI, p. 58 ; 1871, VIII, p. 193, pl. 4).

3. Les poils du mammouth d'Adams avaient jusqu'à 0^m,70 de long ; sa peau était de couleur foncée, avec un duvet roux, les soies noires et plus épaisses que des crins de cheval. Cf. Brehm, *La vie des animaux*, *Mammifères*, p. 706-707 ; Lyell, *Principes de géol.*, trad. fr., t. I, p. 289 ; Pictet, *Traité de Paléontologie*, t. I, p. 28 ; Brandt, *Mém. de l'Acad. des sciences de Saint-Pétersbourg*, t. X, 1866 (fig. à la p. 115).

4. Cf. Fraas, *Beitraege zur Kulturgeschichte aus schwæbischen Hœhlen entnommen*, in *Arch. für Anthrop.*, t. V, p. 173 ; Southall, *The recent origin of man*, Philadelphie, 1875, p. 320 et suiv. ; Olfers, *Die Ueberreste vorweltlicher Riesenthiere in Beziehung zu ostasiatischen Sagen*, Berlin, 1840.

5. Les îles Liakhov et la Nouvelle-Sibérie « sont pour ainsi dire formées d'ossements d'éléphants et d'autres mammifères éteints ». Cf. d'Archiac, *Rev. des Cours scientif.*, t. I,

des cadavres de mammouth conservés dans le sol congelé avec leur épaisse toison. La cause de l'extinction du mammouth en Sibérie, qui paraît avoir été soudaine, n'a pas encore été déterminée [1].

La contemporanéité du mammouth et de l'homme [2] est mise hors de

Fig. 7. — Squelette de mammouth du musée de Saint-Pétersbourg [3].

doute par les os recueillis dans les cavernes du Périgord, où cet animal

p. 457. Les indigènes croient que le sol de leur pays est miné par ces animaux, qui sont destinés à vivre toujours dans l'obscurité, et que lorsqu'ils arrivent près de la surface de la terre, la lumière les tue. On a signalé des superstitions analogues jusque sur les confins de la Chine, où il existe des dépôts d'ivoire fossile (Pictet, *Traité*, t. I, p. 281). Les premières découvertes d'éléphants en Sibérie ont été relatées par Pallas, *Voyage en différentes provinces de l'Empire russe*, trad. fr., Paris, 1798, t. I, p. 214, 243 ; t. II, p. 10, 402, 404 ; t. III, p. 84, 85, 107 ; t. IV, p. 50, 458, 559 ; cf. Lyell, *Principes de géol.*, trad. fr., t. I, p. 235. Mammouth trouvé en 1799, signalé en 1806 par Adams sur les bords de la Léna, par 70° de latitude (squelette au musée de Saint-Pétersbourg); mammouth découvert en 1843 sur le Tas, entre l'Obi et l'Iénisséi (squelette au musée de Moscou); autres découvertes près de l'embouchure de l'Indigirka en 1846, près des bouches de l'Iénisséi en 1866, dans le delta de la Léna en 1883 (Lyell, *Principes*, t. I, p. 239 et suiv. ; *Matériaux*, t. II, p. 349; Nordenskiold, *Voyage de la Véga*; Howorth, *op. laud. et Geol. magaz.*, 1880, 1881 ; *Archiv. für Anthrop.*, 1888, p. 194 ; Southall, *The recent origin of man*, p. 335-337).

1. Cf. H. Howorth, *op. laud.; Matériaux*, t. XIV, p. 24, 26 ; t. XXI, p. 432; Jamin , *Revue des Deux-Mondes*, 15 février 1870; Lapparent, *Traité de géol.*, 2ᵉ éd., p. 1277.

2. Sur le mammouth préglaciaire ou pliocène, cf. d'Acy, *Bull. Soc. Anthropol.*, 1884, p. 453; Dawkins, *Matériaux*, t. XIV, p. 22. « Le mammouth a dû arriver comme une sorte d'avant-coureur des glaciers. Il est déjà préglaciaire en Angleterre. » (Boule, *Revue d'anthrop.*, 1888, t. XVII, p. 671.) Quelques dents d'éléphants ont été trouvées en Danemark (*Congrès de Copenhague*, p. 32).

3. D'après Zittel, *Aus der Urzeit*, 1877, II, p. 512. Cf. *Mém. Acad. de Saint-Pétersb.*, t. V (1815) ; Pictet, *Atlas de Paléontol.*, pl. IX, 1 ; *Encyclop. Britannica*, 9ᵉ éd., vol. XV, p. 447 ; Ranke, *Der Mensch*, t. II, fig. à la p. 372 ; Dupont, *L'homme pendant les âges de*

a été représenté par la gravure ou par la sculpture [1]. On a prétendu à tort que les Troglodytes de la Vézère n'avaient recueilli l'ivoire qu'à l'état fossile [2]. Nous ne pouvons pas fixer l'époque où le mammouth a disparu de la Gaule, mais certains indices porteraient à croire qu'elle n'est pas extrêmement reculée. En effet, Strabon dit que les Bretons de la Grande-Bretagne exportent (?) des ornements d'ivoire [3]. Or, ce ne pouvait être que de l'ivoire fossile, et il s'ensuivrait que les défenses de mammouth, qui sont aujourd'hui friables, auraient été encore dures et résistantes il y a 2,000 ans. Ce fait ne peut s'expliquer par l'hypothèse d'un grand froid qui aurait conservé l'ivoire fossile en Bretagne comme il l'a conservé en Sibérie, car les

la pierre, 2ᵉ éd., pl. II (squelette de mammouth au musée de Bruxelles, découvert à Lierre, dans la province d'Anvers, en 1860); Gaudry, *Ancêtres de nos animaux*, p. 123 ; Credner, *Traité de géol.*, trad. fr., p. 634, fig. 438 ; Figuier, *La terre avant le déluge*, p. 298 ; Nadaillac, *Les premiers hommes*, t. I, p. 54, pl. IV. — Pour des restitutions *pittoresques* du mammouth, on peut voir Flammarion, *Le monde avant la création de l'homme*, p. 715; Pozzy, *La terre*, p. 212 ; Figuier, *La terre avant le déluge*, p. 300.

1. Mammouth gravé de la Madelaine (*Association Française*, 1872, p. 1219 ; *Reliquiae Aquitanicae*, p. 206, pl. XXVIII); mammouth sculpté de Bruniquel (*Revue Archéol.*, 1868, t. I, p. 219 ; *Matériaux*, t. XIX, p. 74) ; tête de mammouth gravée sur un fragment de disque en os trouvé à Raymonden dans la Dordogne (*Revue scientif.*, janv. 1889, I, 57). L'os portant deux ébauches de mammouth, gravé dans les *Matériaux* (t. IX, p. 34), est faux (cf. *Congrès de Pesth*, p. 389). On a annoncé la découverte d'une tête de mammouth sculptée en os dans un tumulus tchoude de Sibérie (*Rev. Archéol.*, 1868, t. II, p. 38), et l'on possède un petit mammouth (?) en bronze trouvé dans le même pays à Krasnojarsk (*Matériaux*, t. VIII, pl. XVI, 8 et p. 198 ; Nadaillac, *Les premiers hommes*, t. II, p. 153, fig. 172). Il existe dans l'Amérique du Nord un tumulus artificiel en forme de mastodonte (gravé dans Southall, *The recent origin*, p. 310 et dans Nadaillac, *l'Amérique préhistorique*, p. 130). Les prétendues têtes d'éléphants sculptées sur les monuments du Mexique et de l'Amérique centrale seraient plutôt des copies de modèles asiatiques (bouddhiques), car le mammouth et le mastodonte américains ont disparu bien avant l'époque à laquelle ces monuments appartiennent ; mais il n'est nullement certain que ce soient là des représentations d'éléphants et non des ornements d'architecture. Cf. Nadaillac, *op. laud.*, p. 542, qui reprend sur ce point l'opinion déjà soutenue par Humboldt et par d'Eichthal. — Pipes en grès tendre avec images d'éléphants trouvées en 1880 dans un *mound* d'Iowa, *Verh. Berl. Ges.*, 1886, p. 322 ; Nadaillac, *Amérique préhistorique*, p. 162, 164 (grav.) ; l'authenticité en est d'ailleurs douteuse. Cf. M. Uhle, *Angebliche Elephantendarstellungen der praeh. Zeit Amerikas*, dans les *Mittheilungen der anthrop. Ges. in Wien*, 1887, p. 24, et les auteurs américains cités par M. de Nadaillac.

2. C'est la thèse qu'a soutenue autrefois M. Schaaffhausen, *Bonner Jahrbücher*, t. LXI, p. 155 ; LXVIII, p. 180.

3. Strabon, IV, 5, p. 200 (éd. Didot, p. 167 A) : Τέλη τε οὕπως ὑπομένουσι (Βρεττανοί) βαρέα τῶν τε εἰσαγομένων εἰς τὴν Κελτικὴν ἐκεῖθεν καὶ τῶν ἐξαγομένων ἐνθένδε (ταῦτα δ'ἐστὶν ἐλεφάντινα ψάλια καὶ περιαυχένια καὶ λυγγούρια καὶ ὑαλᾶ σκεύη). Il est difficile de savoir si, dans la pensée de Strabon, les ψάλια en ivoire sont exportés de Bretagne ou importés (cf. la traduction de Tardieu, t. I, p. 332). Ajoutons que l'ivoire des Bretons était peut-être de l'ivoire de morse (*Verh. Berl. Ges.*, 1879, p. 162).

glaces eussent alors rendu impossible le commerce des Phéniciens dans la mer du Nord. Il semblerait donc que le mammouth existât encore 20 ou 30 siècles avant J.-C. ; c'est la conclusion à laquelle s'est arrêté M. Schaaffhausen au congrès de Salzbourg en 1881 [1]. Mais il est bon de rappeler qu'on n'a encore découvert d'ossements de mammouth dans aucun gisement de l'époque néolithique.

VI. Les différentes espèces d'éléphants quaternaires se rencontrent généralement en compagnie de différentes espèces de rhinocéros [2]. Ainsi l'*elephas meridionalis* se trouve avec le *rhinoceros etruscus* (Falconer), l'*elephas antiquus* avec le *rhinoceros Merckii* (du naturaliste allemand Merck) [3] ; l'*elephas primigenius* ou mammouth a presque toujours pour compagnon le rhinocéros à longs poils, dit *tichorhinus* [4] (aux narines cloisonnées) à cause

Fig. 8. — Squelette de rhinocéros tichorhinus.

de la cloison osseuse qui sépare ses narines. Le *rhin. tich.* (Cuvier) a deux cornes, qui peuvent atteindre 0^m,80 de longueur [5]. Il ne paraît pas avoir

1. Schaaffhausen, *Bonner Jahrbücher*, t. LXXII (1882), p. 186.

2. Duvernoy, *Nouvelles études sur les rhinocéros fossiles*, dans les *Archives du Muséum*, t. VII, 1854; J. F. Brandt, *Monogr. der tichorh. Nashœrner*, dans les *Mém. de l'Acad. de Saint-Pétersbourg*, 7ᵉ série, t. XXIV, 1877 (*Archiv. f. Anthrop.*, t. XI, p. 121); du même, *De rhinocerotis antiquitatis seu tichorh. seu Pallasii*, dans les *Mém. de l'Acad. de Saint-Pétersbourg*, 6ᵉ série, 1849, p. 161-416, avec 25 planches ; Pictet, *Atlas de Paléontol.*, pl. X ; Gaudry et Boule, *Matériaux pour l'histoire des temps quaternaires*, 1888, p. 41, 79, 85, pl. XVII.

3. Le *rhinoceros leptorhinus* de Falconer est identique au *rhinoceros Merckii* de Kaup. La distinction du *rh. tichorhinus* et du *rh. Merckii* est due à Lartet, *Ann. Sc. Nat.*, 5ᵉ sér., t. VIII (1867), p. 158; cf. la note de M. Hamy à la trad. fr. de Lyell, *Ancienneté de l'homme*, p. 191; Gervais, *Recherches sur l'ancienneté de l'homme*, 1867, p. 71-76, pl. XIV ; *Reliquiae Aquitan.*, p. 149 ; Alessandro Portis, *Ueber die Osteologie von Rhinoceros Merckii*, dans *Palaeontographica*, t. XXV, 1878, p. 141 et suiv.

4. « Le rhinocéros *tich.* semble représenter un rhinocéros tertiaire dont la dentition a été modifiée pour s'adapter au régime herbivore. » (Gaudry, *Matériaux pour l'histoire des temps quaternaires*, p. 86.)

5. Les cornes de rhinocéros découvertes autrefois dans l'Europe du Nord ont été prises pour des griffes et peuvent avoir donné lieu à la légende des griffons (*Bonner Jahrb.*, t. LXXII, p. 185). La griffe de griffon envoyée à Charlemagne par Haroun-al-Raschid était peut-être la corne d'un rhinocéros fossile (*Matériaux*, t. XIV, p. 23). Sur les

pénétré en Italie et a disparu plus tôt que le mammouth [1]. Une carcasse de *rh. tich.*, encore couverte de poils, a été rencontrée en 1771 près d'un affluent de la Léna et signalée par Pallas ; la tête et deux pieds de cet animal sont au musée de Saint-Pétersbourg [2]. Les cavités des dents molaires contenaient des feuilles de pin et des parcelles du bois de conifères à moitié mâchées. La même observation a été faite sur un squelette de mammouth [3]. Il faut en conclure que le *rhin. tich.* et le mammouth sont bien des animaux d'une zone froide et qu'à l'époque où ils vivaient en Sibérie la végétation de ce pays ressemblait déjà à ce qu'elle est de nos jours [4].

VII. L'*Hippopotamus major* (Cuvier) était plus grand que l'*h. amphibius* actuel. Contemporain de l'*el. meridionalis* et du *rh. etruscus*, il ne paraît qu'assez rarement dans les alluvions quaternaires, en compagnie de l'*el. antiquus* et du *rh. Merckii*, parfois avec le mammouth et le *rh. tichorhinus*. C'est un animal des régions chaudes et humides, qui ne peut pas vivre dans les rivières sujettes à se congeler ; aussi n'a-t-il été très répandu qu'en Italie (grotte de San-Ciro, près de Palerme, etc.) [5] ; il manque complètement en Allemagne [6].

VIII. L'*Ursus spelaeus* (Blumenbach), l'*ours à front bombé* de Cuvier [7], est très fréquent dans les cavernes élevées, rare dans les alluvions ;

propriétés médicales attribuées par le moyen âge et la Renaissance aux cornes de rhinocéros, d'alce, de renne, etc., voir un curieux passage de Thevet, *Cosmographie universelle*, Paris, 1575, p. 130.

1. Cf. Hamy, *Précis*, p. 146, note 2. Cependant quelques individus existaient encore à l'époque du renne, puisque M. Gaudry en a trouvé des débris à Montgaudier, dans la couche qui lui a fourni le célèbre *bâton de commandement* en bois de renne (*Revue d'anthropologie*, 1888, t. XVII, p. 677).

2. Pallas, *Voyage en différentes provinces de l'Empire russe*, trad. fr., t. III, p. 301 ; t. IV, p. 130, 364. Cf. Hamy, *Précis*, p. 145 ; Howorth, *Geolog. Magazine*, 1880, p. 493 ; Southall, *Recent Origin*, p. 337. — Squelettes de *rh. tich.* du musée de Munich, d'après Zittel, *Aus der Urzeit*, 1872, II, p. 509, gravé dans Ranke, *der Mensch*, t. II, p. 374 (reproduit p. 45) ; autre gravure du même squelette dans Neumayer, *Erdgeschichte*, t. I, p. 50. M. Piette a signalé la gravure sur os d'un rhinocéros à une corne découverte dans la grotte de Gourdan (*Bull. Soc. Anthrop.*, 18 avril 1873, *in fin.*).

3. On affirme que cette nourriture convient encore à l'éléphant actuel (Bolau, *Die Nahrung des Mammouts*, dans le recueil *Der zoolog. Garten*, Francfort, 1885, p. 25).

4. Cf. Ranke, *op. laud.*, t. II, p. 374.

5. Gervais, *Rech. sur l'ancienneté de l'homme*, p. 101 ; Mortillet, *le Préhistorique*, 2e éd., p. 205-207 ; Hamy, *Précis*, p. 175. Un hippopotame quaternaire plus petit que l'*amphibius*, dit *h. Pentlandi*, est très fréquent à San-Ciro en Sicile.

6. Lyell, *Ancienneté de l'homme*, 2e éd., p. 171.

7. Têtes d'ours des cavernes gravées dans Cuvier, *Ossements fossiles*, vol. IV, pl. XX-XXIV ; Schmerling, *Recherches sur les ossements fossiles découverts dans les cavernes de la province de Liège*, 1833, pl. IX, X, XV, XVI ; Belgrand, *La Seine aux âges antéhistori-*

son habitat s'est étendu sur la Sibérie, la Transcaucasie [1], la Russie et la plus grande partie de l'Europe. Il en existe des variétés assez nombreuses et présentant des différences notables [2]. En 1667, Paterson Hain publia des gravures d'ossements d'ours fossiles qu'il qualifia *d'os de dragons* [3] : on les vendait, réduits en poudre, comme un remède contre l'épilepsie. Le grand ours, dans nos climats, paraît avoir disparu avant le renne, mais on ne peut le considérer, à l'exemple de Lartet, comme caractérisant la première période quaternaire [4]. Il est d'ailleurs invraisemblable, bien qu'on l'ait soutenu, que l'*ursus spelaeus* ait subsisté dans l'Italie du Nord jusqu'à l'époque néolithique [5]. Le musée de Toulouse possède un squelette entier d'*ursus spelaeus* tiré de la grotte de Lherm [6] et monté par M. Trutat ; un autre, de même provenance, monté par M. Filhol, est au Museum de Paris [7].

IX. La *Felis spelaea* (Goldfuss), aussi nommée *léo spelaeus*, l'un des plus grands félins de l'époque quaternaire, où l'on en distingue une vingtaine, tenait à la fois du lion et du tigre [8]. Ce félin s'est rencontré surtout dans

ques, pl. 62 (photographie) ; Trutat, *Étude sur la forme générale du crâne chez l'ours des cavernes*, Toulouse, 1867, pl. 1 et 2 ; cf. d'autres gravures dans Hamy, *Précis de paléontol.*, p. 158 ; R. Hartmann, *Zeitschrift für Ethnol.*, 1871, p. 227 ; *Verh. Berl. Ges.*, 1875, p. 195 ; Owen, *Brit. foss. mammals*, 1846, p. 90 ; Nadaillac, *Les premiers hommes*, t. I, p. 55 ; *Congrès de Bruxelles*, 1872, pl. 76 (p. 230) ; Gaudry, *Les ancêtres de nos animaux*, p. 283. Cf. sur l'ours des cavernes et ses variétés, Schmerling, *op. cit.*, p. 85-157 ; Cuvier, *Ossements fossiles*, t. IV, p. 340-380 ; Hamy, *Précis*, p. 157-162 ; Mortillet, *le Préhistorique*, 2ᵉ éd., p. 330-333 ; Gaudry, *Matériaux*, t. XXI, p. 143-146 (petit *ursus spelaeus* de Gargas). — Silhouette d'ours des cavernes gravée sur un morceau de schiste de la caverne de Massat, Hamy, *Précis*, p. 308, fig. 70. M. Hartmann a soutenu l'identité spécifique de l'*u. spelaeus* avec l'*u. arctos*, l'*ursus ferox* (grizzly-bear) et l'*u. maritimus* actuel (*Verh. Berl. Ges.*, 1875, p. 195).

1. *Matériaux*, t. XXI, p. 215-220.

2. Cf. *Matériaux*, t. XXI, p. 144 ; t. XXII, p. 305 (*Bull. Soc. Géol.*, 1887, p. 21).

3. Schmerling, *op. laud.*, p. 98.

4. Lartet, *Annales des sc. nat.*, t. XV (1861), p. 217-232. L'*ursus spelaeus* a été considéré comme anté-glaciaire par Desor (*Congrès de Paris*, 1867, p. 276).

5. Recherches de Regnoli dans les cavernes du nord de l'Italie. Voir *Matériaux*, t. III, p. 496 ; t. VIII, p. 141-145 ; cf. *ibid.*, t. I, p. 303 ; t. II, p. 117, et Southall, *The recent origin of man*, p. 253.

6. Garrigou, *Bull. de la Soc. géol. de France*, 15 avril 1863 ; Noulet, *Étude sur la caverne de l'Herm*, Toulouse, 1874 (cf. *Matériaux*, t. X, p. 1) ; Trutat, *Association française*, 1872, p. 685-688. La grotte de Lherm a fourni un très grand nombre d'ours des cavernes.

7. Gaudry, *Les ancêtres de nos animaux*, p. 283. Le Muséum possède un second squelette d'*ursus* de petite taille trouvé à Gargas (*ibid.*, p. 284).

8. Boyd Dawkins, *British pleistocene mammals*, part. II, p. 1-176, pl. I-XV ; E. et H. Filhol, *Ostéologie comparée du lion, du tigre et de la felis spelaea*, 1869 (*Matériaux*, t. V, p. 167) ; *Description des ossements de felis sp. découverts dans les cavernes de Lherm*,

les cavernes d'Allemagne, d'Angleterre, de Belgique, de France, d'Italie [1]. Distinct de la *felis leo*, qui est identique au lion actuel, il paraît avoir pu supporter un climat froid, comme le tigre du Bengale qui s'avance jusqu'à la latitude de 52° vers le nord et s'élève dans les montagnes jusqu'à la limite des neiges éternelles [2].

La *felis spelaea*, ainsi qu'un autre félin qui appartient aussi à la faune pliocène, le *machaerodus latidens* d'Owen [3], se trouve associée à l'une des espèces les plus répandues d'hyènes quaternaires, l'hyène des cavernes ou *hyaena spelaea* (Goldfuss), qui est probablement la même espèce que la hyène tachetée actuelle de l'Afrique australe, *hyaena crocuta* [4]. Un squelette presque entier d'*hyaena spelaea* a été retiré en 1884 de la grotte de Gargas [5]. Bien que l'hyène tachetée actuelle ne dépasse point le 17° de latitude nord, elle s'accommode, comme le tigre, des changements de climat, car on prétend l'avoir rencontrée à 4,000 mètres d'altitude dans les montagnes de l'Abyssinie [6].

X. Le *Bos primigenius* (Bojanus), nommé aussi *bos urus priscus, taurus fossilis, taurus primigenius* [7], est d'autant plus intéressant à étudier que,

---

Paris, 1872 ; Bourguignat, *Histoire des Felidae fossiles en France*, 1879 (*Matériaux*, t. XV, p. 118). Cf. Hamy, *Précis*, p. 171 ; Mortillet, *Le Préhist.*, 2e éd., p. 451. La tête et l'avant-corps d'un chat-tigre (?) sont gravés sur un os découvert à Bruniquel (Brun, *Fouilles à Bruniquel*, Montauban, 1867, pl. IV ; *Matériaux*, t. III, p. 209).

1. Liste des localités de France où l'on a signalé la *felis spelaea*, *Matériaux*, t. XV, p. 119.

2. Lyell, *Ancienneté de l'homme*, trad. fr., p. 173 ; *Congrès de Bologne*, 1872, p. 118. Le tigre se rencontre parfois avec le renne en Transbaikalie (*Verh. Berl. Ges.*, 1873, p. 94 ; cf. Langkavel, *Nordgrenze des Tigers in Asien*, dans le recueil *Der zoologische Garten*, Francfort, 1884, p. 361.)

3. Cf. *British pleistoc. mamm., Felidae*, part. II, p. 184, pl. XXV ; Boyd Dawkins, *Die Höhlen* (trad. allem. de *Cave-hunting*), p. 262 ; *Congrès de Paris*, 1867, p. 91 ; Gervais, *Zool. et paléontol. générales*, p. 78, pl. XVIII (dents de *Machaerodus* trouvées dans la caverne des Baumes près Lons-le-Saulnier) ; Gaudry, *Matériaux pour l'hist. des temps quaternaires*, I, p. 11 ; Hamy, *Précis*, p. 115. Le *Machaerodus* a surtout été trouvé à Kent's hole (Torquay) ; il paraît avoir existé dès l'époque pliocène (Boyd Dawkins, *op. laud.*).

4. Gaudry, *Matériaux*, t. XIX, p. 119 ; Pictet, *Traité*, I, p. 223 ; Nehring, *Arch. f. Anthrop.*, 1877, p. 375. Sur l'*hyaena crocuta*, cf. *Zeit. f. Ethnol.*, 1872, p. 92 ; *Zeit. der Ges. f. Erdkunde*, t. III, p. 59. Gravure d'une *h. crocuta* sur un rocher du Transvaal, *Zeit. f. Ethnol.*, 1871, pl. I ; cf. *Verh. Berl. Ges.*, 1870, p. 22.

5. Gaudry, *Comptes rendus de l'Académie des Sciences*, 9 février 1885, avec pl. ; *Matériaux*, t. XIX, p. 119 et pl. photogr.

6. Brehm, *Mammifères*, p. 542.

7. Cuvier, *Ossements fossiles*, t. IV, p. 112 sq., 150 sq., pl. XI ; Owen, *History of Brit. foss. mammals*, p. 503 ; Brehm, *Vie des animaux*, trad. fr., t. II, p. 678 ; Pictet, *Traité de Paléontol.*, t. I, p. 365 ; Rütimeyer, dans les *Denkschriften der schweiz. naturforschend. Ge-*

très répandu en Europe pendant toute l'époque quaternaire, il paraît n'avoir disparu sous les coups de l'homme [1] qu'à une époque relativement voisine de nous. Cuvier, Rütimeyer et Bell ont même pensé que les grands bovidés domestiques actuels de l'Europe du Nord dérivent du *bos primigenius*, opinion qui a été contestée par Owen, mais à laquelle vient de se rallier M. Nehring [2].

Le plus ancien texte sur l'*urus* est celui de César [3] : « La troisième espèce d'animaux propre à la forêt hercynienne est l'*urus*, peu inférieur en taille à l'éléphant, semblable au taureau par l'apparence, la couleur et la forme. Sa force et son agilité sont extrêmes et il n'épargne ni l'homme ni les animaux qu'il aperçoit. On s'applique à prendre ces animaux dans des fosses et on les y tue. Ce genre de chasse est pour les jeunes gens un exercice qui les endurcit à la fatigue ; ceux qui parviennent à tuer plusieurs *uri* acquièrent une grande réputation lorsqu'ils en produisent les cornes en public. L'urus ne s'accoutume pas à l'homme et on ne peut l'apprivoiser, quelque peine que l'on prenne. Ses cornes, par leur ampleur, leur forme et leur aspect, diffèrent beaucoup de celles de nos bœufs. Elles sont

---

sellsch., t. XXII, XXIII (1867, 1868); le même, *Paläontolog. Gesch. der Wiederkäuer*, dans les *Mitth. d. naturf. Ges. in Basel*, 1865; le même, *Fauna der Pfahlbauten der Schweiz*, 1861, p. 70 (bibliogr.) et *Rinder der Tertiaerepoche*, 1877 ; Hartmann, *Zeitschrift für Ethnologie*, 1872, p. 103; Nehring, *Bos Primigenius, insbesondere über seine Coexistenz mit dem Menschen*, dans *Verh. Berl. Ges.*, 1888, p. 222 (crânes gravés); le même, *Das Urrind*, dans la *Deutsche landwirthschaftliche Presse*, 1888, n° 61; *Ueber das Squelett eines weiblichen Bos primig.*, Berlin, 1888 (cf. *Verh. Berl. Ges.*, 1888, p. 341); Wilckens, *Die Rinder des Diluviums und der Pfahlbauten*, dans le *Biologisches Centralblatt*, 1885, p. 79 et suiv. (nie l'existence du *Bos Primigenius* à l'époque historique; cf. *Verh. Berl. Ges.*, 1888, p. 227); J. F. Brandt, *Zoogeographische Beiträge*, 1867; Gervais, *Zoologie et paléontol. franç.*, p. 70; Keller, *Thiere des Alterthums*, Innsbruck, 1887, p. 57; Hamy, *Précis*, p. 165, 167. Un *bos primigenius* paraît représenté sur une palme de renne trouvée à Laugerie-Basse (*Reliquiae Aquitanicae*, pl. XIX-XX, n° 3, p. 114; cf. p. 146, fig. 29). Voir aussi deux gravures de Bruniquel, *Matériaux*, t. XIX, p. 66, 69.

1. Un squelette de *bos primigenius* au musée de Lund porte la trace d'une blessure faite avec une flèche en silex (Nilsson, *les Habitants primitifs de la Scandinavie*, trad. fr., 1868, p. 125, note 1; *Congrès de Stockholm*, 1874, p. 868). Cf., pour des faits analogues, Gosse, *Bull. Soc. Anthrop.*, 1860, p. 303 ; Hartmann, *Verh. Berl. Ges.*, 1882, p. 416.

2. Lyell, *Ancienneté de l'homme*, trad. fr., p. 31; Nehring, *Verh. Berl. Ges.*, 1888, p. 230. Sur la survivance du type du *bos primigenius* en France, cf. Sanson, *Comptes rendus de l'Académie des Sciences*, nov. 1878, p. 757.

3. César, *Bell. Gall.*, VI, 28, éd. Nipperdey, p. 396 (trad. Bertrand et Creuly, p. 345) : « Hi sunt magnitudine paulo infra elephantos, specie et colore et figura tauri. Magna vis eorum est et magna velocitas... Amplitudo cornuum et figura et species multum a nostrorum boum cornibus differt. » On a voulu à tort appliquer ce texte au *bison europaeus* (cf. *Zeitschrift für Ethnol.*, 1872, p. 103).

fort recherchées et, après en avoir garni le bord d'un cercle d'argent, on s'en sert comme de coupes dans les festins d'apparat [1]. »

Sénèque le Tragique [2] oppose l'*urus* à larges cornes au bison velu (l'aurochs). Pline [3] dit que la Germanie produit deux espèces de bœufs sauvages, les bisons qui ont une crinière et les *uri* que le peuple ignorant appelle *bubales*, nom qui désigne en vérité un bœuf sauvage africain. Le *bubalus* mentionné au commencement du moyen âge dans les Vosges et dans les Ardennes [4] paraît identique à l'*urus* de César. D'après Adam de Brême, qui écrivait au onzième siècle (antérieurement à notre rédaction des *Nibelungen*), l'*urus*, qui avait disparu de l'Allemagne, était relégué en Suède (*Sueonia*). L'*urus* est nommé dans les *Nibelungen* [5] et Herberstain (1556) le signale sous le nom de *thur*, comme une rareté locale, dans certains parcs de la Masovie, près de la Lithuanie [6]. Il n'a rien de

1. On a trouvé assez souvent des cornes isolées de *Bos primig.* dans des tourbières de l'Allemagne du Nord (*Verh. Berl. Ges.*, 1888, p. 342). L'empereur Trajan dédia à Jupiter Casius la corne ornée d'or d'un *urus* qui faisait partie du butin pris sur les Gètes (βοὸς οὔρου-ἀσκητὸν χρυσῷ παμφανόωντι κέρας, *Anthol. Palat.*, VI, 332). Au moyen âge, des rois germaniques et bretons se servaient encore de cornes d'*urus* comme de coupes (Keller, *op. laud.*, p. 58). Gedymin, le fondateur de Wilna, tua vers 1320 après J.-C. un *urus* colossal, dont les cornes furent montées en or et servirent aux festins d'apparat de la cour lithuanienne. L'une d'elles fut donnée en 1429 à l'empereur Sigismond (Keller, p. 345). Dans l'armée romaine (sans doute surtout dans les troupes auxiliaires), on trouve des cornes d'*urus* montées en argent et servant de trompes (Végèce, *De re milit.*, III, 5 : *Cornu, quod ex uris agrestibus, argento nexum... flatus emittit*).

2. *Hippolyte*, I, 63 : « Tibi villosi terga bisontes — Latisque feri cornibus uri. »

3. Pline, *Hist. Nat.*, VIII, 15 : « Jubatos bisontes excellentique vi et velocitate uros, quibus imperitum vulgus bubalorum nomen imponit. » Cf. Solin, XX. On lit dans Martial, *Spectac.*, XXIII : « Illi cessit atrox bubalus atque bison. » Dans ce passage, *bubalus* est peut-être synonyme d'*urus*. — Servius (*ad Georg.*, lib. II, v. 374) prétend que le nom de l'urus dérive du nom grec des montagnes, ἀπὸ τῶν ὀρέων (étymologie absurde) et que cet animal existe dans les Pyrénées. Macrobe (*Saturn.*, VI, 4) dit qu'*urus* est un mot celtique (*gallica vox qua feri boves significantur*). Le mot paraît plutôt germanique ; combiné avec *ochs* (bœuf), il a donné le mot *aurochs*. On a pensé que le canton suisse d'Uri doit son nom à l'*urus* (Keller, *op. laud.*, p. 59). Cf. Pictet dans la *Zeitschrift* de Kuhn, t. VI, p. 182 ; Dieffenbach, *Origines Europaeae*, Francfort, 1861, p. 441-442 ; Belloguet, *Ethnogénie gauloise*, t. I, p. 163, n° 148.

4. Grégoire de Tours, X, 10 ; Fortunat, VII, 4, 19. Cf. Cuvier, *Ossements fossiles*, t. IV, p. 117 ; Keller, *op. laud.*, p. 58.

5. *Dar nâch sluoc er sciere einen wisent und einen elch — Starker úre viere und einen grimmen scelch.* (*Nibelungenlied*, éd. Bartsch, 1872, p. 162, strophe 937). On peut cependant admettre que le poète mettait en œuvre des matériaux beaucoup plus anciens et parlait de l'*urus* sans l'avoir vu (Keller, p. 345).

6. Boyd Dawkins (*Congrès de Norwich*, 1868, p. 288) répète, d'après Leland, que l'*urus* existait à l'état sauvage en Grande-Bretagne jusqu'en 1466 et que les grands bestiaux à demi domestiqués de Chillingham sont les descendants des *uri*. Cf. Rütimeyer, *Ver-*

commun avec le buffle qui, au témoignage de Paul Diacre (IV, 11), ne parut en Italie qu'à la fin du sixième siècle de notre ère et n'appartient pas à la faune ancienne de l'Europe[1].

XI. Le grand cerf d'Irlande ou élan irlandais, *cerf à bois gigantesques* (Cuvier), *cervus megaceros* (Harlan), *megaceros hibernicus* (Owen), *euryceros*, etc., se rencontre surtout dans les Iles-Britanniques et en Irlande[2], mais aussi dans l'Europe centrale et sur quelques points de la péninsule italienne[3]. On croit qu'il appartenait également à la faune tertiaire[4]. Les

Fig. 9. — Squelette de *cervus megaceros*[5].

Nibelungen mentionnent un animal nommé *schelch*, en même temps que le bison, l'élan et l'urus[6], mais rien ne démontre que ce soit le mé-

such einer natürl. Gesch. des Rindes, II, p. 145; Ch. Darwin, *De la variation des animaux et des plantes*, trad. franç., t. I, p. 89.

1. Cf. Cuvier, *Ossem. foss.*, t. IV, p. 114, avec les renvois aux passages.

2. Cuvier, *ibid*, p. 123.

3. Cuvier, *Ossements fossiles*, t. IV, p. 70 et suiv., pl. IV, VI, VII; Pictet, *Traité*, t. I, p. 355; Lartet, *Annales des sciences nat.*, 1861, t. XV, p. 224; *Quarterly Journal of the geol. Soc.*, 1860, p. 472; Lyell, *Anc. de l'homme*, appendice, p. 238; Boyd Dawkins, *British pleistocene mammals*, part. VI; Rütimeyer, *Beiträge zur nat. Gesch. der Hirsche*, dans les *Abhandlungen der schweiz. paläontol. Gesellschaft*, t. VII, VIII, X (1881-1884); Friedel, *Das Vorkommen des Riesenhirsches in der Mark*, dans les *Verh. Berl. Ges.*, 1882, p. 212; Hamy, *Précis*, p. 151.

4. Lubbock, *L'homme avant l'histoire*, trad. fr., p. 241. M. Williams a montré que le mégacéros est interglaciaire en Irlande (*The megaceros in Ireland*, dans le *Geol. Mag.*, 1881, p. 354; cf. *Rev. d'anthrop.*, 1888, p. 277).

5. Pictet, *Atlas de Paléontologie*, pl. XVI, 1; Nadaillac, *les Premiers Hommes*, t. I, p. 85, fig. 11; Pozzy, *La terre et le récit biblique*, p. 216, fig. 136; cf. Ranke, *der Mensch*, t. II, fig. à la p. 379 (restitution d'après un squelette trouvé en Irlande).

6. Voir la citation plus haut, p. 50, note 5. Le nom est *scelch* ou *schelch*; cf. *schele*,

gacéros d'Irlande [1], car il est très douteux que les restes de ce cervidé se soient rencontrés dans des couches récentes non remaniées [2].

Le squelette de mégacéros conservé au Muséum mesure 2^m,50 jusqu'au sommet des bois ; l'envergure des cornes dépasse 3 mètres.

Un autre cervidé, assez voisin du mégacéros, est l'élan, *cervus alces* (Linné) [3], décrit par César comme habitant la forêt hercynienne (haut Danube) [4], autrefois répandu en Suisse, dans la Lombardie, la Hongrie, jusqu'au Caucase vers l'est et la Grande-Bretagne à l'ouest, et vivant encore aujourd'hui en Scandinavie et en Russie entre le 64e et le 53e degré de latitude [5]. Ses bois sont plus petits que ceux du mégacéros. Un troi-

schel, vieil haut allem. *scelo*, signifiant peut-être *Beschäler*, *Zuchthengst* (étalon). Frantzius et Keller (*Die Thiere des Alterthums*, p. 345) pensent que le *schelch* est le *biso europaeus* et que le nom se rapporte *auf das Schielen des Thieres*, le bison étant un animal au regard oblique (?). Dans un glossaire germain et latin du onzième siècle (*Zeitschrift für Ethnol.*, 1873, p. 71), *scelo* est traduit par *onager*. Mais nous savons qu'à la même époque, dans un document émané d'Othon Ier (943), le *scelo* est confondu avec l'*elo*, qui est l'élan. Peut-être le *schelch* des *Nibelungen* est-il un âne sauvage (*Zeitschrift für Ethnol.*, 1873, p. 74), bien que Keller traite cette opinion de ridicule. Mentionnons enfin que, d'après Veckenstedt (*Der Bär*, 1878, p. 110), *schelch* est un mot slave (et non germanique) signifiant jeune taureau (*schelz*). Cf. *Verh. Berl. Ges.*, 1882, p. 213.

1. Cf. *Matériaux*, t. VII (1872), p. 534 (Brandt). Le *schelch*, suivant Brandt, serait le *megaceros*, identique au *machlis* ou *achlis* de Scandinavie que Pline rapproche de l'*alces* (élan), mais en les distinguant (Pline, *Hist. Nat.*, VIII, 15, 16 ; il est probable que Pline se trompe et que l'*achlis* est identique à l'alce de César, dont la description répond à celle de l'*achlis* de Pline).

2. Voir dans Southall, *The recent origin of man*, p. 317, l'indication des faits allégués en faveur de l'extinction tardive du mégacéros, d'après Hart, *On the fossil deer of Ireland*, dans le *Dublin quarterly Journal of science*, 1866, p. 22.

3. Cf. Ranke, *der Mensch*, t. II, p. 380, fig.

4. César, *Bell. Gall.*, VI, 27. Suivant César, l'alce ressemble à la chèvre et présente la même variété de pelage ; il est un peu plus grand, sans cornes et n'a pas les jambes articulées ; aussi ne peut-il ni se coucher ni se relever, si par hasard il tombe. Il prend son repos en s'appuyant debout contre un arbre ; les chasseurs scient ou déchaussent les arbres pour faire tomber les alces et les tuer. Tous ces détails sont évidemment erronés. — *Alces* est le même mot germanique qu'*elk* et *élan* (Cuvier, *Ossements fossiles*, t. IV, p. 58, 65, pl. VI ; Dieffenbach, *Origines europaeae*, p. 222-24). Les passages des anciens sont, (outre César), Pline, *Hist. Nat.*, VIII, 15 ; Solin, CXXXIII ; Paus., V, 12 (ἄλκαι τὸ ἐν Κελτικῇ θηρίον); *ibid.*, IX, 21 (ἄλκη... εἶδος μὲν ἐλάφου καὶ καμήλου μεταξύ, γίνεται δὲ ἐν τῇ Κελτῶν γῇ); Isidore, *Orig.*, XIV.

5. L'élan vivait dans les forêts du bas Rhin au dixième siècle et n'a disparu de Silésie qu'au dix-huitième, de Pologne qu'en 1828. C'est l'*elch* des *Nibelungen* (éd. Bartsch, 1872, p. 162, str. 937), l'*elo* d'un diplôme de l'empereur Othon, daté de 943 (*ap.* Beckmanni edit. Aristot., *de Mirab. auscult.*, 1786, p. 69) ; on a rapproché le mot du scr. *r'çya*, de *arkya*, cerf. Voir, sur l'habitat ancien et la disparition graduelle de l'élan en Europe, Brandt, *Beiträge zur Naturgesch. des Elens*, dans les *Mém. de l'Acad. des Sciences* de Saint-Pé-

sième grand cervidé quaternaire, le *cervus canadensis* [1], est probablement identique au wapiti, le grand cerf actuel de l'Amérique du Nord [2].

XII. Le renne, *rangifer* (Albert le Grand), *cervus tarandus* (Linné) [3], dont l'espèce fossile [4] paraît identique à l'espèce actuelle [5], se rencontre déjà dans les alluvions, même en compagnie de l'hippopotame [6], mais ses restes ne deviennent très fréquents que dans les cavernes [7]. Lartet avait

tersbourg, 1870 ; Göppert, *Bemerkungen über das Vorkommen des Elen in Schlesien*, dans la *Zeitschr. für Ethnol.*, 1870, p. 175 ; Behla, *Die frühere Ausbreitung des Elch in Europa*, dans le *Correspondenzblatt*, 1886, p. 97 (cf. *Rev. d'anthrop.*, 1888, p. 230); Dawkins, *Alces latifrons, alces machlis*, dans les *Brit. pleistoc. mammals*, part. VI, p. 2 et suiv.; Rütimeyer, *Abhandl. der schweiz. paläontol. Ges.*, t. VIII (1881), p. 54.

1. Cuvier, *Ossem. fossiles*, t. IV, p. 26, pl. III; Mortillet, *le Préhist.*, p. 335.

2. On a vainement essayé d'acclimater le wapiti en Silésie (*Zeitschrift für Ethnol.*, 1872, p. 100).

3. Cuvier, *Ossements fossiles*, t. IV, p. 57 et suiv.; Gervais, art. *Renne* dans le *Dictionnaire Encyclopédique des sciences médicales; Zoologie et paléontologie françaises*, p. 145; Falconer, *Palaeontological Memoirs*, t. II, p. 525; R. Hartmann, *Das Rennthier*, dans la *Zeitschrift für Ethnol.*, 1870, p. 211; Rütimeyer, *Abhandlungen der schweiz. paläont. Ges.*, t. VIII (1881), p. 51; Struckmann, *Ueber die Verbreitung des Rennthiers*, dans la *Zeitschrift der deutschen geol. Ges.*, 1880, t. XXXII, p. 759 (cf. *Correspondenzblatt*, 1887, p. 13); Brandt, *Verhandl. der mineral. Gesellsch. in Sankt-Petersburg*, 1867 ; Grewingk, *Schriften der estnischen Gesellschaft*, Dorpat, 1867; divers auteurs, *Reliquiae Aquitanicae*, p. 142, 152, 213, 273; Hamy, *Précis*, p. 147-150. D'autres travaux seront cités dans les notes suivantes.

4. Le renne fossile a été signalé en 1751 par Guettard, dans des alluvions près d'Étampes (*Hist. de l'Acad. des Sciences*, 1751; Guettard, *Troisième mémoire sur les os fossiles*, Paris, 1768; *Mercure de France*, sept. 1754, p. 144). Sa découverte ne fut pas admise sans conteste et Cuvier exprimait encore des doutes à ce sujet dans la 1re édition de ses *Recherches sur les ossements fossiles* (Paris, 1812, t. IV, p. 29). Les fouilles de la grotte de Brengues, dans le Lot, convainquirent Cuvier (*Ossements fossiles*, éd. de 1823, t. IV, p. 57). Schmerling rencontra le renne dans les cavernes de Belgique, Desnoyers dans les brèches de Montmorency, près de Paris; puis on le signala successivement sur un grand nombre de points de l'ancienne Gaule, dans les Pyrénées françaises, la Suisse, l'Allemagne centrale, etc.

5. Il existe actuellement plusieurs races ou variétés de rennes, tant sauvages que domestiques (cf. *Matériaux*, t. V, p. 269), mais c'est probablement par erreur que Nilsson (*Les Habitants primitifs de la Scandinavie*, trad. fr., 1868, p. 303, note; cf. Vogt, *Matériaux, loc. laud.*), contrairement à l'opinion de Lartet, affirme que le renne des tourbières de la Scanie est tout différent du renne de Laponie. Cf. Bertrand, *Archéol. celtique et gauloise*, 2e éd., p. 46; *Congrès de Paris*, 1867, p. 65.

6. Lartet, *Reliquiae Aquitanicae*, p. 147.

7. Cf. *Reliquiae Aquitanicae*, p. 25. M. Piette dit avoir rencontré en moins de quatorze mois les ossements de plus de 3,000 individus (*La grotte de Gourdan*, dans le *Bulletin de la Société d'anthropologie*, 18 avril 1873; cf. Bertrand, *Archéol. celtique et gauloise*, 2e éd., p. 82.) Mais M. Cazalis de Fondouce a fait observer (*Revue d'anthropol.*, 1874, p. 621) que l'abondance des ossements de renne dans les cavernes né prouve pas tant la fréquence de cet animal que le goût de l'homme troglodyte pour sa chair, sa peau, ses bois, etc.

proposé l'appellation d'*âge du renne* pour la phase de l'époque quaternaire à climat sec qui est caractérisée par l'abondance de ce ruminant (*magdalénien* de M. de Mortillet)[1].

Le renne appartient à la même faune que le mammouth, mais son habitat est différent : ainsi il semble n'avoir franchi ni les Pyrénées ni les Alpes[2], et il n'a pas encore été recueilli à l'état fossile au sud du 43° degré. D'autre part, le renne a continué à vivre dans nos climats bien plus longtemps que le mammouth et ses os se rencontrent dans des cavernes (Chaleux, Savigné, Bize, Lourdes [Espalungues], Brives, le Salève, Aurensan inférieur, etc.), en compagnie d'animaux *non domestiques* subsistant tous dans la faune actuelle[3].

Bien que le renne actuel appartienne à la faune boréale[4], on ne peut

1. Le renne a été représenté un grand nombre de fois par les sculpteurs et graveurs troglodytes; signalons ici la célèbre esquisse de Thayngen (*Revue archéol.*, 1874, I, pl. X), les manches de poignard sculptés de Bruniquel (*Revue arch.*, 1868, I, p. 219), et les rennes gravés sur schiste de la collection Vibraye (Mortillet, *Musée préhistorique*, fig. 206). Trois rennes sculptés en pierre ont été recueillis à Solutré (*Revue arch.*, 1868, I, pl. VII). On a trouvé des rennes gravés sur des plaques de cuivre dans des *tumuli* tchoudes de Russie (*Ibid.*, 1868, II, p. 38). Pour des gravures représentant le renne actuel, cf. *Reliq. Aquitanicae*, p. 218; Ranke, *Der Mensch*, t. II, p. 377; F. Cuvier, *Mammifères du Muséum*, t. IV; Richardson, *Fauna borealis americana*, 1829, p. 941; Schreber, *Zoologie*, pl. CCXLVIII; Brehm, *Vie des Animaux, Mammifères*, p. 478; *Tour du Monde*, 1868, t. I, p. 134.

2. Cf. Pigorini, *Bullett. di Paletnologia ital.*, 1886, p. 69 et suiv. C'est à tort qu'on l'a signalé aux environs de Rome (cf. *Congrès de Paris*, 1867, p. 386; *Congrès de Bologne*, 1872, p. 22).

3. Cf. Nadaillac, *Premiers hommes*, t. I, p. 61; Bertrand, *Archéol. celtique et gauloise*, 2e éd., p. 47; Southall, *Recent origin of man*, p. 252-53, 313-315. Ce dernier auteur se trompe en disant que le renne s'est rencontré avec des animaux domestiques dans des couches *non remaniées*. La compilation de Southall, écrite avec le parti pris de rajeunir les espèces fossiles, doit être consultée avec précaution; mais, comme ce compilateur indique ses sources, il est souvent utile à citer.

4. A l'ouest de l'Europe, la limite de son habitat est le 60e degré; à l'est, on le rencontre encore jusqu'au 56e et au 57e (Volga supérieur). Il y a cinquante ans, les troupeaux de rennes descendaient au sud de l'Oural jusqu'au 52e degré. Dans les parties montueuses de la Sibérie, il se trouve jusqu'au 49°; dans l'île de Sakhalien jusqu'au 46°. Dans l'Amérique orientale, le renne du Nouveau-Monde ou *caribou* (toujours sauvage, *Zeitschr. für Ethnol.*, 1870, p. 215) ne dépasse pas le 45°; mais, à l'époque historique, il descendait encore jusqu'au 43°. A l'ouest, on ne le trouve qu'à partir du 53°. Struckmann incline à croire que ce sont surtout les progrès de la civilisation qui ont chassé le renne vers le nord (cf. Ranke, *Der Mensch*, t. II, p. 378; Anderson, *Reliquiae Aquitanicae*, p. 48). Le renne ne vit plus à Stockholm, mais il se propage sans difficulté à Drontheim, où la température est la même qu'à Stockholm, grâce au Gulf-stream (Bertrand, *Archéol. celtique et gauloise*, 2e édit., p. 47).

dire que ce soit essentiellement un animal des pays très froids [1]. Il ne supporte pas les étés chauds, où il est tourmenté par une sorte de taon (*oestrus tarandi*), qui le fait émigrer vers des régions plus élevées [2] ; mais des étés tempérés paraissent précisément, comme nous l'avons dit plus haut, avoir caractérisé l'époque quaternaire. De ce qu'on a recueilli, dans les cavernes du Périgord, des ossements de rennes de tout âge et des bois de toute saison, Lartet a conclu que l'habitat du renne était permanent dans cette région, où il ne pourrait plus subsister actuellement.

La nourriture principale du renne [3], un lichen dit *cladonia rangiferina*, a été signalée dans les Alpes, dans quelques régions de la Corrèze et à

Fig. 10. — Renne actuel [4].

Bagnères-de-Bigorre, dans les Pyrénées [5]. Si ce lichen était assez abondant, on pense que le renne scandinave pourrait, aujourd'hui encore, être acclimaté dans les Alpes [6].

La disparition du renne de l'Europe centrale, expliquée souvent à titre exclusif par une modification du climat [7], a sans doute aussi d'autres cau-

1. *Reliquiae Aquitanicae*, p. 214.

2. Lartet, *Reliquiae Aquitan.*, p. 147. Il faut aussi tenir compte de l'humidité, que le renne ne supporte pas (cf. Howorth *ap.* Southall, *The recent origin of man*, p. 340) et qui a beaucoup augmenté dans nos climats depuis les froids secs de l'époque du renne dans le Périgord.

3. Sur la nourriture actuelle du renne en Scandinavie, cf. *Reliq. Aquitanic.*, p. 213-274.

4. *Reliquiae Aquitanicae*, p. 218, fig. 83.

5. Cf. *Congrès de Stockholm*, 1874, t. I, p. 20.

6. Cf. Saratz, *Matériaux*, t. V, p. 264. Les essais pour acclimater le renne en Écosse, où la *cladonia* est très abondante, n'ont pas abouti par suite de l'humidité du climat actuel (Howorth *ap.* Southall, *Recent origin of man*, p. 341 ; *Journal of the anthropol. Institute*, 1873, p. 221-224).

7. M. Dupont pense que le renne a disparu en même temps que tout un groupe de la faune quaternaire dont il fait partie, le lemming, le glouton, le renard bleu, le chamois,

ses, notamment la guerre faite aux rennes par les chasseurs et l'antagonisme qui existe entre ces animaux et les espèces domestiques. On sait que l'ours, le cerf et le sanglier vivaient encore au dix-septième siècle dans les Cévennes, d'où ils ont complètement disparu [1] ; de même, le loup n'existe plus en Angleterre, où il était fréquent au moyen âge [2]. M. Piette a supposé que l'invention du harpon à rainures, c'est-à-dire du trait empoisonné, avait pu hâter la destruction du renne sur le sol de l'ancienne Gaule [3]. En Scandinavie même, ce n'est qu'à l'époque historique que le renne s'est retiré du sud vers le nord [4].

Il n'est pas généralement admis, mais il ne semble cependant pas douteux, que le renne ait survécu dans l'Europe centrale, au nord-est de la Gaule, jusqu'à l'époque historique [5]. Le renne ne s'est pas rencontré dans les palafittes suisses, ni dans les *kjoejkkenmoeddings* danois, ni dans les terramares, mais on l'a signalé dans la station lacustre de l'île de Rosen sur le Wurmser See, en Bavière [6], ainsi que dans des stations récentes du Mecklembourg, de la Poméranie et de la Marche [7]. Le témoignage le plus ancien, mais aussi le plus litigieux, est celui de Jules César. Décrivant la

---

le bouquetin, la marmotte, etc. D'où la conclusion que la disparition de ces espèces n'est pas due à l'intervention de l'homme, comme celle de l'*urus*, de l'ours brun, etc. (*Revue archéol.*, 1877, I, p. 132).

1. *Revue d'anthropologie*, t. III, 1874, p. 620.

2. Dawkins, *Congrès de Norwich*, 1868, p. 287, où des exemples analogues sont cités ; cf. *Congrès de Paris*, p. 816.

3. *Revue d'anthrop.*, t. III, 1874, p. 621. L'histoire du renne dans l'Amérique du Nord vient à l'appui de cette manière de voir (Anderson, *Reliquiae Aquitanicae*, p. 46). Il y a des régions d'où le renne, autrefois très nombreux, a tout à fait disparu, de même que dans certains pays les ossements du bison sont les seuls vestiges de l'existence de cet animal, complètement exterminé depuis quelques dizaines d'années seulement.

4. *Congrès de Stockholm*, p. 624.

5. Brandt et Struckmann pensent que le renne a vécu en Allemagne au commencement de l'époque géologique actuelle, l'*alluvium* des géologues allemands, en particulier dans les provinces Baltiques. Sur cent trouvailles d'ossements de rennes faites en Allemagne, 67 se rapportent à l'Allemagne septentrionale au-dessus de la latitude nord 51-52°. Cf. Brandt, *Zoogeographische und palaeontologische Beitræge*, Saint-Pétersbourg, 1867, p. 53 ; *Archiv. für Anthropol.*, t. VIII, p. 264 ; Ranke, *Der Mensch*, t. II, p. 377.

6. *Beitræge zur Anthropologie und Urgeschichte Bayerns*, 1877, p. 30. Le renne a été trouvé aussi dans le lac Dümmer au Hanovre (*Matériaux*, t. XXI, p. 304), avec le chien des tourbières. On croit que le renne existait en Livonie il y a douze siècles environ (Grewingk, *Ueber die frühere Existenz von Rennthieren in den Ostprovinzen*, 1867 ; cf. *Reliquiae Aquitanicae*, p. 56).

7. Virchow, *Verh. Berl. Ges.*, 1870, p. 162 ; 1872, p. 276 ; *Zeitsch. f. Ethnol.*, 1870, p. 225. 230.

forêt hercynienne, il s'exprime ainsi[1] : « Les contrées les plus fertiles de la Germanie, situées le long de la forêt Hercynie, ou Orcynie, *comme je vois qu'écrivaient Eratosthène et d'autres Grecs qui en ont entendu parler*[2], furent occupées par les Volques Tectosages qui s'y établirent... (XXV). Cette forêt a, en largeur, neuf journées de marche pour un homme sans fardeau[3]... Elle commence aux frontières des Helvètes, des Némètes et des Rauraques, et suit le cours du Danube jusqu'au pays des Daces et des Anartes ; là elle tourne à gauche en s'écartant du fleuve et atteint, dans son immensité, un grand nombre de peuples, car telle est son étendue qu'il n'y a aucun homme du pays qui puisse se vanter d'en avoir atteint l'extrémité, ni même qui ait entendu dire où elle se termine, quoique quelques-uns y aient marché soixante jours de suite. On y rencontre, assure-t-on, beaucoup de bêtes fauves qu'on n'a vues nulle autre part[4] : voici celles qui sont les plus étranges et qui méritent d'être signalées.

(XXVI). *C'est d'abord un bœuf ressemblant à un cerf, portant au milieu du front, entre les oreilles, une corne unique, plus haute et plus droite que toutes celles qui nous sont connues et du sommet de laquelle partent de longs rameaux pareils à des palmes. Le mâle et la femelle se ressemblent ; la grandeur et la forme de leurs cornes sont les mêmes*[5]. »

César cite ensuite l'*alce* et l'*urus* (l'élan et le grand bœuf), animaux dont il a été question plus haut et qui appartiennent aussi à la faune quaternaire de la Gaule. L'écrivain latin ne les a point vus, il ne connaît que par ouï-dire la forêt hercynienne et ses hôtes, mais le passage des *Commentaires* que nous avons cité est certainement l'écho de traditions locales, soit que César les ait recueillies lui-même, soit qu'il ait combiné ses souvenirs avec les renseignements que lui fournissaient les auteurs grecs. La des-

1. César, *de Bello Gallico*, liv. VI, c. 24, 25, 26. Nous suivons, avec quelques changements, la traduction de MM. Bertrand et Creuly (p. 341-344).

2. *Loca circum Hercyniam silvam, quam Eratostheni et quibusdam Graecis fama notam esse video, quam illi Orcyniam vocant.* Ce passage est très important, parce que César semble y reconnaître, comme d'autres considérations tendent du reste à le prouver, qu'il doit une partie de ses informations aux auteurs grecs (Eratosthène et Posidonius). — Sur le nom *Hercynia*, cf. *Bonn. Jahrb.*, t. LXXXIV, p. 203 (R. Much).

3. *Latitudo IX dierum iter expedito patet.* Le mot *expedito* semble bien correspondre à l'expression εὐζώνῳ ἀνδρί de la source grecque que César avait sous les yeux.

4. *Multaque in ea genera ferarum nasci constat, quae reliquis in locis visa non sint.*

5. *Est bos cervi figura, cujus a media fronte inter aures unum cornu existit excelsius magisque directum his, quae nobis nota sunt, cornibus : ab ejus summo sicut palmae ramique late diffunduntur. Eadem est feminae marisque natura, eadem forma magnitudoque cornuum.* (VI, 2, *in fin.*).

cription du *bos cervi figura* ne convient pas exactement au renne, mais l'observation sur l'identité du mâle et de la femelle est très juste, le renne étant le seul cervidé à laquelle elle soit applicable[1]. D'ailleurs, comme le remarque Cuvier[2], « si l'on veut voir ce qu'en dit Albert le Grand, qui le premier a donné au renne le nom de *rangifer*, on ne trouvera pas que l'idée qu'il donne de son bois soit plus exacte[3] ».

L'identification du renne avec le *bos cervi figura* nous semble donc très vraisemblable, malgré les objections qu'elle a soulevées[4]. On peut d'ailleurs invoquer d'autres arguments tirés des textes classiques pour établir la présence du renne en Allemagne vers l'époque de l'ère chrétienne[5].

1. *Reliquiae Aquitanicae*, p. 143. On prétend qu'il existe chez les Tchérémisses des rennes femelles sans bois, mais ce n'est là certainement qu'une exception (*Zeitschr. für Ethnol.*, 1870, p. 211).

2. Cuvier, *Ossements fossiles*, t. IV, p. 58.

3. Dawkins suppose (*Reliq. Aquitanic.*, p. 55) que César avait vu le croquis du profil d'un renne et il explique ainsi qu'il lui ait attribué une corne unique. Le *cornu directum* empêche d'ailleurs de penser que le *bos cervi figura* de César soit un élan (*Ibid.*, p. 56).

4. Admise par Buffon (*Œuvres*, éd. Flourens, t. III, p. 322), Cuvier (*Ossements fossiles*, t. IV, p. 57), Oken (*Allgemeine Naturgeschichte*, VII, p. 1298), Anderson et Dawkins (*Reliquiae Aquitanicae*, p. 44, 55), Cazalis de Fondouce (*Revue d'anthropol.*, t. III, 1874, p. 622), Fraas (*Archiv für Anthropol.*, t. V, p. 178-218), Hartmann (*Zeitschrift f. Ethnol.*, 1870, p. 229), etc., elle a été contestée par Lartet (*Rev. Archéol.*, 1864, I, p. 263; *Congrès de Paris*, 1867, p. 361), Carl Vogt (*Matériaux*, t. IX, p. 422), Cartailhac (*Ibid.*, t. XIX, p. 70), Mortillet (*Le Préhistorique*, 2e éd., p. 384). Cf. Nehring, *Globus*, 1878, p. 91, 108.

5. 1° César (*de Bell. Gall.*, VI, 21) dit que les Germains s'habillent *pellibus aut parvis rhenonum tegumentis*. Un fragment de Salluste (*ap.* Servium *ad Georg.*, III, v. 382) est ainsi conçu : *Vestes de pellibus rhenones vocantur*. Cf. Isidore, *Origines*, XIX, 23 : *Rhenones sunt relamina humerorum et pectoris usque ad umbilicum, atque intortis villis adeo hispida, ut imbres respuant, de quibus Sallustius : Germani intectum rhenonibus corpus tegunt. Dicti autem rhenones a Rheno Germaniae flumine, ubi iis frequenter utuntur.* Cette étymologie est absurde, non moins que celle qui rapporte le *rheno* à ῥήν, ηνός (*ovis, unde et* ῥῆνιξ, *ovium pellis*).* Beckmann (*Ueber die Thiere des alten deutschen Landes*, p. 63) a déjà reconnu dans le *rheno* le *rhen* des Scandinaves, *rennthier* des Allemands; cf. Forcellini, *Lexicon*, s. v°; Dieffenbach, *Origines Europeae*, p. 406; *Reliquiae Aquitan.*, p. 45, 55, 56, 153. Varron (*De ling. lat.*, V, c. 35, § 167 éd. Müller) dit que cette étoffe ou fourrure est gauloise, *reno gallica*, mais à l'époque de Varron on distinguait mal les Gaulois des Germains. Il ne faut pas objecter que César se sert du mot *rheno* alors qu'il désigne le renne sous le nom de *bos cervi figura*, car cette dernière expression paraît empruntée au grec (voir plus loin) et César n'avait jamais vu l'animal de la forêt Hercynienne. Si *rheno* signifiait *renne*, ce qui est probable sans être certain, le même mot pouvait signifier *peau de renne* par une métonymie dont il y a de nombreux exemples ; ainsi certains Indiens de

* « On peut répondre que le renon, dont il est ici question, était un vêtement de peau de mouton propre aux Germains, et nous avons pu remarquer, à l'Exposition, des mannequins représentant des habitants du nord de l'Europe, vêtus encore aujourd'hui de ce genre de peau. » (Lartet, *Congrès de Paris*, 1867, p. 361.)

En revanche, il est absolument faux que le renne ait habité au moyen âge dans nos Pyrénées ; le passage tronqué de Gaston Phébus, comte de Foix, qui a donné lieu à cette erreur popularisée par Buffon, dit, dans la rédaction authentique, précisément le contraire [1]. Albert le Grand, mort en 1280, relègue déjà le renne *in partibus aquilonis versus polum arcticum et etiam in partibus Norvegiae et Sueviae* [2]. L'existence du renne dans le comté de Caithness, en Écosse, au douzième siècle, ne paraît pas du tout établie par le texte poétique qu'on a invoqué [3]. En somme, il semble que le renne se soit retiré lentement vers le nord-est, tant à cause des modifications climatériques qui marquent la fin de l'époque quaternaire, que devant les chasseurs toujours mieux armés et l'invasion des animaux domestiques [4].

Cuvier a pensé [5] que le renne est identique au *tarandus* mentionné

l'Amérique du Nord portent encore des « robes de caribou » appelées plus brièvement cariboux par les Canadiens (*Reliq. Aquitan.*, p. 148.) — 2° Le mot allemand *Rind-vieh* signifiant *bétail*, daterait d'une époque où le bœuf était encore sauvage (*Ur-ochs*) et où le bétail par excellence était le renne, *bos cervi figura* (Fraas, *Archiv. für Anthropol.*, t. V, p. 173-213 ; *Rev. d'anthropol.*, 1874, p. 622 ; *Matériaux*, t. IX, p. 421 ; *Association française pour l'avancement des sciences*, 1873, p. 680). Cette hypothèse est ingénieuse, mais soulève des difficultés au point de vue étymologique. Cf. Kluge, *Etymologisches Wörterbuch der deutschen Sprache*, 1883, p. 272.

1. Gaston Phébus, comte de Foix (1331-1390), décrit le rangier (renne) pour l'avoir chassé en Scandinavie. Cf. Cuvier, *Ossements fossiles*, t. IV, p. 58 ; Piette, *De l'erreur de Buffon*, dans les *Matériaux*, t. XXI, p. 407.

2. *Alberti opera*, éd. de Lyon, t. VI, p. 605. — De même Vincent de Beauvais, *Speculum naturale*, XX, 103.

3. Cf. Boyd Dawkins, *Congrès de Norwich*, 1868, p. 287, qui remarque cependant que le lichen du renne est commun dans les montagnes de l'Écosse ; on aurait aussi trouvé des ossements de rennes dans des monceaux de débris auprès de *burghs* écossais (Southall, *Recent origin of man*, p. 341). Le texte invoqué est la *Orkneyinga saga*, où il est question d'un animal nommé *hréina*. Cf. Hibbert, *On the question of the existence of the rein-deer during the 12 century in Caithness*, dans l'*Edinburgh Journal of Science*, new ser., t. V, p. 50. — On peut encore mettre en doute ou expliquer par des remaniements la présence, plusieurs fois signalée, d'ossements de rennes dans des couches néolithiques, par exemple dans celles des cavernes de Souabe, au Hohlefels, au Schelmengrab, etc. (Fraas, *Archiv. für Anthropol.*, t. V, p. 173 et suiv. ; *contra* Cartailhac, *Matériaux*, t. IX, p. 422). M. Gosse a également signalé au mont Salève, près de Genève, des stations de rennes avec traces de pierres polies (*Matériaux*, t. XIX, p. 396) ; le pasteur Frossard pense que le renne habitait les Pyrénées françaises à l'époque néolithique (*Rev. Archéol.*, 1886, I, p. 304). Le fait de l'existence du renne à l'époque néolithique dans les parties élevées de la Gaule n'a rien d'impossible, mais il n'est pas prouvé. Cf. la note 3, p. 54.

4. Les Lapons prétendent que la vache ne mange jamais l'herbe qui a été touchée seulement par le pied du renne ; le renne témoignerait une aversion analogue pour la vache (*Matériaux*, t. V, p. 272 ; Bertrand, *Archéol. celt. et gaul.*, 2e éd., p. 42). Il est probable que la vache, en broutant, détruit le lichen nécessaire au renne.

5. *Ossements fossiles*, t. IV, p. 57. Beckmann croyait que le *tarandus* était identique à

par Aristote (?) et d'autres auteurs anciens. L'auteur aristotélicien des *Mi-rabiles auscultationes* dit que cet animal se trouve chez les Scythes Gé-lons et que sa couleur change avec les lieux qu'il habite [1], ce qui en rend la chasse très difficile. Grand comme un bœuf, il aurait la tête d'un cerf [2]. Cette description des naturalistes grecs semble avoir servi à Jules César, qui compare aussi le renne à un bœuf et à un cerf, *bos cervi figura*. Antigone de Caryste [3] rapproche le tarandus de l'âne, σχεδὸν ἴσον ὄνῳ. Théophraste [4] décrit avec détail le tarandus, « dont les dimensions sont celles du bœuf, la tête celle du cerf », et il ajoute que cet animal est fissipède, cornu, couvert de poils, δίχηλον καὶ κερασφόρον, τριχωτὸν δι' ὅλου. Pline [5] et Élien [6] ajoutent que sa peau est dure et que les Scythes en couvrent leurs boucliers ; suivant Hésychius (*s. v.* Ταρανδός), ils s'en font des habits. Eustathe, archevêque d'Antioche [7], dit que le *tarandus* habite chez les Scythes appelés *Loi*, τοῖς καλουμένοις Λώοις ; le nom de Λάοι ou Λώοι est donné par Polybe à une tribu celtique [8], mais il est probable que, dans le texte d'Eustathe, il faut lire Γελωνοῖς, les Scythes Gélons [9]. Pline [10] place le *tarandus*

l'alce; Agricola, Hardouin, Linné et Buffon n'ont pas hésité, avant Cuvier, à y reconnaî-tre le renne, conclusion qui nous paraît inattaquable, mais avec cette réserve que le même nom a pu désigner plusieurs cervidés mal connus des anciens, en particulier le renne et l'élan. Cf. Hartmann, *Zeitschrift für Ethnol.*, 1870, p. 229.

1. « Le renne, dont la couleur est si diverse et qui souvent devient blanc en hiver. » (Cuvier, *Ossements fossiles*, t. IV, p. 57.)

2. Pseudo-Aristote, *de Mirabilibus auscultationibus*, ed. Beckmann, c. XXIX : « Ἐν δὲ Σκύθαις τοῖς καλουμένοις Γελωνοῖς φασι θηρίον γίνεσθαι, σπάνιον μὲν ὑπερβολῇ, ὃ ὀνομά-ζεται τάρανδος· λέγεται δὲ τοῦτο μεταβάλλειν τὰς χρόας τῶν τριχῶν καθ' ὃν ἂν καὶ τόπον ᾖ. Εἶναι δὲ διά τε τοῦτο δυσθήρατον καὶ διὰ τὴν μεταβολήν. Καὶ γὰρ δένδρεσι καὶ τόποις καὶ ὅλως ἐν οἷς ἂν ᾖ, τοιοῦτον τῇ χροίᾳ γίνεσθαι. Θαυμασιώτατον δὲ, τὸ τὴν τρίχα μεταβάλ-λειν. Τὰ γὰρ λοιπὰ, τὸν χρῶτα, οἶον ὅ τε χαμαιλέων καὶ ὁ πολύπους. Τὸ δὲ μέγεθος ὡσανεὶ βοῦς. Τοῦ δὲ προσώπου τὸν τύπον ὅμοιον ἔχει ἐλάφῳ. » — Une dissertation *de tarando* est insérée dans le commentaire de Beckmann sur ce passage (éd. de Gœttingue, 1786, p. 64 sq.). Témoignages analogues à celui du Pseudo-Aristote, et dérivant sans doute de la même source, dans Philon, *De ebrietate*, éd. de 1742, t. I, p. 383 ; Phile, *De animal. pro-prietate*, c. LV ; Étienne de Byzance, Eustathe (*ad Dionys.*), Jean Damascène, etc.

3. Antig. Caryst., c. XXXV, avec le commentaire de Meursius.

4. Théophraste *ap.* Phot. *Biblioth.* cod. 278, p. 525, *a*, 35 (éd. Bekker).

5. Pline (*Hist. Nat.*, VIII, 34) paraît avoir eu sous les yeux les textes précédents : *Cornua ramosa, ungulae bifidae... asini similis est. Tergo tanta duritia est ut thoraces ex eo faciant.* Il mentionne également (d'après Théophraste) les changements de couleur du *ta-randus (sic)*.

6. Élien, *Hist. Anim.*, II, c. 16.

7. *Commentar. in Hexaëmeron*, éd. Allatius, Lugd., 1629, p. 86.

8. Polybe, II, 17.

9. Cf. le texte cité plus haut, note 2.

10. Pline, *Hist. Nat.*, VIII, 34 (123).

en Scythie, comme les autres auteurs, mais Solin, qui s'inspire généralement de Pline, attribue cet animal à l'Éthiopie, assertion isolée et sans doute entachée d'erreur [1].

Quelques savants, entre autres Rütimeyer [2] et Gervais [3], ont pensé que le renne avait été domestiqué ou du moins apprivoisé [4] à l'époque quaternaire, et ont voulu expliquer ainsi qu'il ait disparu, au lieu de se réfugier dans les montagnes comme le bouquetin, ou dans les forêts comme le caribou d'Amérique [5]. « On comprend, écrit M. Bertrand [6], que si le renne était domestique, il ne serait pas étonnant qu'il n'eût pas survécu à la civilisation où il jouait un si grand rôle. Il y aurait à rechercher dans cette hypothèse si les populations nomades qui en avaient soin n'étaient pas venues du Nord avec leurs troupeaux. Ainsi s'expliqueraient les rapports qui semblent exister entre certains types humains de l'époque des cavernes et certaines races boréales. Il faudrait donc chercher au nord-est et non au sud la patrie de nos premiers Troglodytes. » Le développement de l'industrie et des arts du dessin chez les Troglodytes mangeurs de rennes, semblerait indiquer aussi, ajoute-t-on, que ces hommes avaient des loisirs [7], qu'ils pouvaient compter sur leur nourriture du lendemain, choses difficiles sans animaux domestiques fournissant le lait, la viande, les vêtements et la matière même de l'industrie troglodytique [8].

---

1. Solin, c. XXX, 25 (éd. Mommsen, p. 151). Le mss. ont *parandrum,* qu'on a corrigé en *tarandum;* ceux de Pline portent *tarandrus.*

2. Cf. *Matériaux,* t. IV, p. 153.

3. Gervais, article *Renne* du *Dictionnaire des sciences médicales,* p. 393.

4. Sur la différence entre ces deux termes, cf. Piette, *Bull. de la Soc. d'anthropol.,* 15 avril 1875.

5. Cf. C. Vogt, *Bulletin de l'Institut génevois,* t. XV, p. 22 (*Matériaux,* t. V, p. 267). M. Virchow a paru adopter en partie l'opinion de Rütimeyer (*Revue scientifique,* juill. 1874, p. 12), qui a été vivement combattue par Dupont, Cartailhac, Mortillet, Hartmann, etc. Cf. *Congrès de Bruxelles,* p. 232 et suiv.; *Association Française,* 1886, t. I, p. 171; *Zeitsch. f. Ethnol.,* 1870, p. 232.

6. *Archéologie celtique et gauloise,* 2ᵉ éd., p. 48.

7. Bertrand, *La Gaule avant les Gaulois,* p. 81.

8. Le fait que la grande majorité des stations de rennes sont des stations humaines ne prouve rien, sinon que l'homme était très friand de cet animal. — M. Piette affirme (*Bull. de la Soc. d'anthropol.,* 15 avril 1875) qu'un renne gravé de la collection de Vibraye porte un licol ; mais il cite un autre dessin de la même collection « représentant un bœuf ou un aurochs avec une sorte de couverture sur le dos ». La seconde assertion détruit la première; on ne prouve rien en voulant trop prouver. Quant au troisième argument invoqué par M. Piette, la gravure de *la femme au renne* (*Matériaux,* t. IX, p. 276), on ne peut *décemment* le prendre en considération. La femme et le renne n'ont absolument rien de commun ; ce sont deux figures juxtaposées par hasard.

On a répondu à ces arguments par les objections suivantes : 1° le renne étant un animal « stupide et indocile », suivant l'expression de C. Vogt, comment admettre des troupeaux de rennes sans chiens pour les garder [1]? Or, le chien domestique ne se trouve qu'à l'époque des *kjoekkenmoeddings* danois et de la pierre polie, le *canis* des cavernes belges n'étant pas un animal domestique ; 2° privés de chiens de garde, les troupeaux de rennes auraient été exposés sans défense aux attaques des carnassiers quaternaires [2] ; 3° dans les cavernes, on ne trouve que très exceptionnellement des vertèbres, des os du bassin et des omoplates de renne [3], tandis que les débris du crâne (brisé pour en extraire la moelle) et des membres sont abondants. Cela paraît indiquer que le renne était tué et dépecé sur place et qu'on rapportait à la caverne les parties les plus utiles seulement ; il n'en eût pas été ainsi, dit-on [4], si les rennes domestiqués, gardés à vue par les Troglodytes, avaient été abattus auprès des stations [5] ; 4° le renne américain n'a jamais été domestiqué. Dans l'Europe du Nord, le renne est domestique ou il vit à l'état sauvage, mais rien ne prouve que la domestication du renne lapon ne date pas d'une époque relativement récente [6] et l'on ne doit pas admettre sans preuves l'assimilation, proposée par M. Dupont et d'autres [7], entre les Troglodytes quaternaires et les Lapons actuels [8].

XIII. L'aurochs [9], *bos bison, bison europaeus* (*bos buffalus* de Pallas, *bos priscus* de Bojanus*) [10], est fréquent à l'état fossile dans presque toute l'Eu-

1. *Matériaux*, t. IV, p. 153 ; t. V, p. 272 ; cf. Fraas, *Congrès de Copenhague*, p. 301 ; Ducrost, *Station de Solutré*, dans les *Arch. du Mus. d'hist. nat. de Lyon*, t. I, 1872, p. 14.

2. Dupont, *l'Homme pendant les âges de la pierre*, p. 82.

3. Il en est de même pour tous les animaux d'une taille un peu considérable ; cf. *Reliquiae Aquitanicae*, p. 6 ; *Congrès de Bruxelles*, 1872, p. 232 et suiv.

4. Ceci prêterait à contestation ; le renne pouvait être abattu « près des stations » sans que le corps de l'animal fût introduit tout entier dans la caverne.

5. Dupont, *Congrès de Bruxelles*, p. 232 et suiv. ; Mortillet, *le Préhistorique*, 2ᵉ éd., p. 386. M. de Mortillet ajoute que le pied du renne des cavernes présente les caractères du renne sauvage et non ceux du renne domestique. — La question du cheval quaternaire sauvage ou domestique sera traitée plus loin à propos de Solutré.

6. Anderson, *Reliquiae Aquitanicae*, p. 48, 49, 57. Selon Friis, les Lapons ont appris la domestication du renne des Scandinaves (cf. *Congrès de Budapest*, 1876, p. 594).

7. Dupont, *l'Homme pendant les âges de la pierre*, p. 10, 11, 211.

8. Cf. Cartailhac, *Matériaux*, t. XIX, p. 70.

9. Ce nom prête malheureusement à quelque confusion, car il a été donné aussi, et fort anciennement, à l'*urus* ou *bos primigenius* (cf. Keller, *Thiere des Alterthums*, p. 60). Inversement, l'*urus* a peut-être été appelé *reson* au moyen âge (cf. Lyell, *Ancienneté*, appendice, p. 243). La confusion entre ces deux espèces de bovidés paraît déjà dans les *Mirabiles auscultationes*, 129, 141.

10. Cuvier, *Ossements fossiles*, t. IV, p. 108 et suiv., p. 140 et suiv., pl. IX, 1, 2 ; X, 5,

rope, depuis les assises diluviennes jusqu'aux formations récentes ; on le trouve dans les cavernes, les kjökkenmöddings danois, les stations lacustres et même les tourbières[1]. Le bison européen est très velu ; ses cornes sont plus petites et moins divergentes que celles de l'urus. « Nous avons cru, dit Lartet [2], reconnaître l'aurochs sur une monnaie des Santones et peut-être aussi sur une autre monnaie des Bellovaques... César n'a point mentionné l'aurochs... mais dans divers passages de Pline et de Sénèque rapportés par Cuvier, la Germanie est signalée comme fournissant deux espèces de bœuf, le bison et l'urus... Le poème des Nibelungen fait encore figurer les deux races dans la chasse de la forêt de Worms [3]. » — L'aurochs existe encore dans les forêts impériales de la Lithuanie (Bialowiczka, gouvernement de Grodno) [4], où il est protégé par des lois de chasse sévères, dans le Caucase[5] et peut-être aussi sur les bords du lac Koho-noor [6].

L'animal nommé par Aristote *Bonasus* [7] et *Bolinthus* [8] était originaire

6 ; Agassiz, *Étude comparative du bison américain et de l'aurochs européen*, dans les *Proceedings of the Boston Soc. of Nat. Hist.*, vol. XI, p. 317 (cf. *Matériaux*, t. V, p. 169) ; Lubbock, *l'Homme avant l'histoire*, p. 244 ; Pictet, *Traité de paléontol.*, t. I, p. 365 ; Keller, *Thiere des klass. Alterthums*, Innsbruck, 1887, p. 53 et suiv. ; Brehm, *Vie des animaux*, trad. franç., t. II, p. 146 ; Belgrand, *La Seine aux âges antéhistoriques*, p. 7 et suiv., pl. 1-13 (l'aurochs est très fréquent dans le quaternaire de Paris) ; Hamy, *Précis*, p. 165-168. Aurochs gravés sur bois de renne, *Reliq. Aquitan.*, pl. XIX-XX, fig. 4, p. 145 ; *Association française*, 1887, p. 298. Gravure représentant des bisons européens, Brehm, *Mammifères*, p. 648, pl. XXXIII ; bison américain, *ibid.*, p. 649, et Ranke, *Der Mensch*, t. II, p. 381. Sur la disparition de cet animal en Amérique, cf. *Matériaux*, t. XXII, p. 404 ; *Reliquiae Aquitanicae*, p. 57 ; Allan, *The american bison*, Cambridge (Mass.), 1876.

1. Le bison n'a pas été signalé en Angleterre (Dawkins, *Congrès de Norwich*, 1868, p. 283).

2. Lyell, *l'Ancienneté de l'homme*, appendice, Paris, 1864, p. 213. Cf. *Matériaux*, t. XXII, p. 216.

3. Cf. Keller, *op. laud.*, p. 53, 342. Depuis l'époque de Sénèque, l'aurochs s'appelle, à Rome, *bison* ou *vison* ; cf. les noms de villes Οὐεσόντιον, *Vesontium*, *Wiesent* (près de Ratisbonne), *Wiesenbach* (en Souabe), *Visontium* (en Pannonie).

4. Brincken, *Mémoire descriptif sur la forêt impériale de Bialowicza*, Varsovie, 1828.

5. Keller se demande (*op. laud.*, p. 57) si les aurochs du Caucase ne sont pas les taureaux de Jason dans la légende des Argonautes.

6. Lubbock, *op. laud.*, p. 244 ; Hamy, *Précis*, p. 167 ; Brehm, *Vie des animaux*, t. II, p. 646. L'aurochs vivait encore en Poméranie au quatorzième siècle, au quinzième dans la Prusse orientale, au dix-huitième en Transylvanie. Cf. Lisch, *Elenthiere und Auerochsen in neueren Zeiten in Norddeutschland*, dans les *Jahrb. des Ver. für mecklenb. Geschichte*, t. XXXV (1870).

7. Aristote, *Hist. Anim.*, IX, 71 ; *De Part. Anim.*, III, 2.

8. Pseudo-Aristote, *De Mirab. Ausc.*, 1. On trouve aussi les noms μόναπος, μόνωψ, ζόμβρος, ζόμπος, qui paraissent désigner le même animal (cf. Keller, *op. laud.*, p. 343).

de Péonie (Bulgarie). Aristote parle de sa crinière et de ses cornes en termes qui caractérisent nettement l'aurochs[1]. Quant à la deuxième espèce de bœuf sauvage qu'Aristote mentionne comme vivant en Arachosie[2], c'est certainement le buffle. Oppien place également le bison en Thrace[3] et Pausanias en Péonie[4].

XIV. Le bœuf musqué, *bos moschatus, ovibos moschatus* (Blainville), *bubalus moschatus*[5], est, de tous les quadrupèdes émigrés, celui qui habite aujourd'hui les régions les plus froides (nord de l'Amérique au-dessus du 61e parallèle). On a recueilli, mais en petites quantités, des restes d'ovibos depuis la Sibérie jusqu'aux Pyrénées ; l'habitat quaternaire de cet animal paraît avoir coïncidé à peu près avec celui du renne.

XV. Le lion, *felis leo, leo nobilis*, se rencontre dans les alluvions et les

1. Cuvier, *Ossements fossiles*, t. IV, p. 111-112.
2. Aristote, *Hist. Anim.*, II, 5 ; cf. Keller, *op. laud.*, p. 63.
3. Oppien, *Cyneget.*, II, v. 160.
4. Paus., *Phoc.*, c. XIII ; *Bœot.*, c. XXI. Cf. encore Calpurnius, *Églogues*, VII, 60, et les autres textes cités par Keller, *op. laud.*, p. 342-3. Les bisons paraissent souvent dans les amphithéâtres romains, p. ex. Dion Cass., LXXVI, 1 ; Martial, *Spect.*, XXIII, 4 ; *Epigr.*, I, 104, 8. Keller pense (p. 56) que le taureau de Marathon dompté par Thésée et le taureau sauvage de la légende béotienne de Dircé (cf. le célèbre groupe de Naples, gravé dans Clarac, *Musée*, pl. 811 A) n'étaient autres, dans la tradition primitive, que des aurochs.
5. Cuvier, *Ossements fossiles*, t. IV, p. 133 et suiv. ; Lartet, *Comptes rendus de l'Acad. des sciences*, 27 juin 1864 (*Matériaux*, t. I, p. 102) ; *Annales des sciences naturelles*, 4e série, t. XV, p. 224 ; *Quart. Journ. of geol. Soc.*, 1865, p. 474 ; *Reliq. Aquitan.*, p. 280 et suiv. ; Boyd Dawkins, *Palæontographical Society*, 1872, p. 19 ; *Brit. pleistoc. mammals*, part. II, pl. XL, part. V, p. 1-30, pl. 1- V ; Belgrand, *La Seine aux âges antéhistoriques*, pl. 55 (crâne recueilli à Précy-sur-Oise) ; Hamy, *Précis*, p. 152, 156 ; Lyell, *Ancienneté*, trad. fr., p. 158, 167, 168 (où l'on trouve l'indication des découvertes d'ovibos fossiles antérieures à 1870) ; Schaaffhausen, *Sitzungsber. d. naturhist. Ver. der preuss. Rheinlande*, 1884, p. 79 (le 8e crâne d'ovibos trouvé en Allemagne) ; F. Römer, *Ueber das Vorkommen des Moschusochsen im Löss des Rheinthales*, dans la *Zeitschrift d. d. Geol. Ges.*, 1877 (XXIX), p. 592 ; Struckmann, *Ueber den Fund eines Schädels von Ovibos im diluvialen Flusskies bei Hameln an der Weser*, dans l'*Arch. f. Anthrop.*, 1888, p. 171. — Crâne fossile de bœuf musqué, le mieux conservé que l'on connaisse, découvert dans le diluvium à Moselweiss, portant des incisions faites avec des outils de pierre (*Bonner Jahrbücher*, t. LXVIII, p. 180 ; *Matériaux*, t. XVI, p. 496 ; *Congrès de Lisbonne*, 1880, p. 144). Ovibos (?) à Hohlefels (*Congrès de Bologne*, 1871, p. 119). — Tête d'ovibos (?) sculptée à Thayngen (*Mittheil. der antiq. Gesellsch. in Zurich*, 1875, XIX, p. 36, pl. VII, fig. 66 ; *Matériaux*, t. XI, p. 111 ; Joly, *L'homme avant les métaux*, p. 271 ; Schaaffhausen, *Bonner Jahrb.*, t. LXII, p. 151 ; Cartailhac conteste que ce soit une tête d'ovibos, *Matériaux*, t. XXII, p. 293) ; ovibos gravé sur un fragment de côte à Marsoulas (*Matériaux*, t. XIX, p. 348) ; tête d'ovibos (?) sculptée sur un fragment de pendeloque à Raymonden dans la Dordogne (*Revue scientif.*, janv. 1889, p. 57). — Gravure représentant l'ovibos actuel, Ranke, *Der Mensch*, t. II, p. 376 (reproduite ci-dessus) et Brehm, *Vie des animaux*, t. II, p. 631 ; autre gravure dans le *Tour du Monde* 1868, t. I, p. 156.

cavernes; il était répandu, à l'époque préhistorique, sur presque toute l'Europe[1]. La distinction entre les divers félidés (lion, tigre, panthère, léopard, once[2], etc.) étant difficile à faire même aujourd'hui, il n'est pas certain que ce soient des lions qui attaquèrent en Péonie, comme le rapporte Hérodote, les chameaux de l'armée de Xerxès[3]. Parmi les autres textes relatifs aux lions de la Grèce, il n'en est pas un qui supporte l'examen. Les

Fig. 11. — Bœuf musqué (*Ovibos moschatus*).

légendes grecques où figure le lion sont toutes d'origine orientale, comme les héros tueurs de lions qu'elles célèbrent[4]. — La présence du lion sous nos

1. Bourguignat, *Histoire des Felidae fossiles constatés en France dans les dépôts de la période quaternaire*, Paris, 1879 (*Matériaux*, t. XV, p. 118-124); Pictet, *Traité de paléontol.*, t. I, p. 225 et suiv.; cf. plus haut, p. 47, note 8.

2. Le mot *chacal* est l'hébreu *sachal* qui signifie *lion* (*Revue archéol.*, 1845, p. 533). Dans l'Amérique espagnole actuelle, on donne le nom de lion au couguar (*ibid.*, p. 534).

3. Hérodote, VII, 125; tous les textes relatifs au lion dans l'Europe classique ont été réunis par Boyd Dawkins, *Brit. pleistocene mammals*, part. II, p. 161-171 (*the retreat of the lion from Europe*). Cf. un bel article de Maury, *Revue Archéol.*, 1845, p. 523 (à propos du lion de Némée). Hérodote, dans le passage cité, dit que les limites de l'habitat du lion sont le cours du Nestus et celui de l'Achéloüs (VII, 126), témoignage qui est répété par Aristote (*Hist. Anim.*, VI, 81), suivant lequel le lion est devenu rare (*ibid.*, VIII, 28). Comme Aristote, Élien (*Hist. Anim.*, XVIII, 36) n'a fait que citer Hérodote; Pline (VIII, 17) a traduit Aristote, et Pausanias (VI, 5) a répété le fait attesté par Hérodote en y ajoutant des anecdotes suspectes. Le témoignage de Xénophon (*Cynégét.*, II) sur les lions de Macédoine est sans valeur, ne reposant que sur des ouï-dire. Dion Chrysostome (*Orat.*, XXI) dit que, de son temps, on ne rencontrait plus de lions en Macédoine (cf. Themistius, *Orat.*, X); il fait ainsi allusion au même texte d'Hérodote qui a été indéfiniment copié. En résumé, le témoignage d'Hérodote reste seul, et il peut s'appliquer à tout autre félidé qu'au lion.

4. Cf. Maury, *art. cité*, p. 539, qui trouve avec raison une trace de la même idée dans

latitudes n'aurait d'ailleurs rien de surprenant, puisque aujourd'hui encore, dans l'Atlas par exemple, le lion, comme le tigre (cf. p. 48, note 2), peut s'accommoder d'une température assez basse. C'est devant l'homme que cet animal a reculé et qu'il recule encore [1].

XVI. Le bouquetin, *ibex* [2], *capra ibex* [3], a vécu autrefois, comme le chamois (*antilope rupicapra*), à des altitudes très modérées, 150, 100 mètres ou moins ; on l'a découvert à l'état fossile dans plusieurs cavernes de Belgique, de France et d'Italie ; mais, comme le chamois, il ne paraît pas avoir existé en Angleterre [4]. Le bouquetin tend aujourd'hui à disparaître et ne se trouve guère que dans les régions les plus élevées des Alpes piémontaises [5]. Le chamois est beaucoup plus répandu que le bouquetin ; il est difficile, dans les textes antiques, de le distinguer de la chèvre sauvage (*rupicapra*) et même de l'antilope (*damma*) [6].

XVII. Parmi les autres animaux émigrés en latitude, il faut citer l'ours gris (*ursus ferox*), le *grizzly bear* des Anglais [7] ; l'antilope saïga [8],

Théocrite, *Idylles*, XXV, v. 187. Pour les représentations si fréquentes du lion dans l'art oriental (Égypte, Assyrie, Asie Mineure), cf. le mot *lion* aux index des quatre premiers volumes de Perrot et Chipiez, *Histoire de l'art dans l'antiquité*.

1. Cf. Murray, *The geographical distribution of mammals*, London, 1865, p. 93.

2. Ce mot (d'où le français *bique*, italien *becco?*) n'est pas d'origine indo-européenne.

3. Hamy, *Précis*, p. 163-64, avec la liste des localités où l'on a recueilli le bouquetin fossile ; Gervais, *Ancienneté de l'homme*, 1867, p. 99 ; Keller, *Thiere des Alterthums*, p. 37 et suiv. Bouquetins gravés par les habitants des cavernes à l'époque quaternaire, Lartet et Christy, *Reliq. Aquitan.*, pl. II, fig. 6, p. 15 ; fig. 28, p. 144 ; pl. XIX-XX, fig. 2, p. 143 ; Hamy, *Précis*, p. 321, 336 ; Mortillet, *Musée préhist.*, n° 207. Pour les représentations figurées du bouquetin et de la chèvre sauvage dans l'art antique, cf. Keller, *op. laud.*, p. 37 sq., 333 sq.

4. On a vainement essayé d'acclimater le bouquetin et le chamois à des hauteurs de 300 à 450 mètres (Mortillet, *Congrès de Paris*, 1867, p. 65).

5. Mortillet, *Le Préhist.*, p. 460. Le bouquetin a disparu du Glaris au seizième siècle et du Tyrol à la fin du dix-huitième (Lubbock, *L'homme avant l'hist.*, trad. fr., p. 154). Des variétés de l'ibex se rencontrent dans les Pyrénées, dans le Caucase, en Sibérie, dans l'Arabie Pétrée, l'Himalaya, etc. Cf. Keller, *op. laud.*, p. 46. Mais elles affectionnent toujours les plus hauts sommets, d'où le vieux dicton arabe : *Vouloir réunir le chamois et l'autruche*, comme synonyme de *tenter l'impossible* (Keller, p. 335). Cf. Élien, *Var. Hist.*, I, 10 (ἐπ' ἄκροις τοῖς ὄρεσιν).

6. Keller, *op. laud.*, p. 49 et suiv.

7. Busk, *Quarterly Journal of the geol. Soc. of London*, t. XXIII, 1867, p. 342 ; Lyell, *Ancienneté*, trad. fr., p. 109 ; *Reliq. Aquitan.*, p. 284. Sur l'ours dans l'antiquité classique et ses variétés, cf. Keller, *Die Thiere der Alterthums*, p. 106 et suiv.

8. *Reliq. Aquitan.*, p. 95 ; *Matériaux*, t. VIII, p. 270, t. XIV, p. 81, t. XV, p. 112 ; Gaudry, *Matériaux pour l'hist. des temps quaternaires*, 2e fasc., 1880. Antilope saïga gravée sur un os de Gourdan, *Matériaux*, t. VIII, p. 396.

le glouton (*gulo borealis*)[1], les spermophiles[2], d'autres rongeurs appelés lemmings (*myodes lemmus, obensis, torquatus*)[3], la chouette harfang (*stryx niclea* de Linné, *snowy owl* des Anglais)[4], les divers tétras ou tétraos (grec τετράων)[5], victimes ordinaires de la chouette harfang. La marmotte (*arctomys marmotta*)[6] a émigré en altitude; il en est de même du lièvre blanc (*lepus variabilis*, Pallas)[7], des lagomys[8], etc.

Il ne faut pas oublier qu'à côté de ces *quelques* espèces éteintes ou émigrées, la Gaule nourrissait, à l'époque du mammouth et du renne, *un grand nombre* d'espèces qui subsistent encore sur notre sol (I), telles que des chevaux, des chèvres, plusieurs variétés de cerfs et de bœufs, ainsi que la majorité de nos petits animaux sauvages, comme le rat, la martre, l'écureuil, la taupe, le mulot, le hérisson, etc. (II).

I. Remarquons que les animaux éteints appartiennent pour la plupart à de très grandes espèces, sans doute parce que leur grandeur même augmentait pour eux les chances de destruction[9]. En général, comme on l'a

1. Hamy, *Précis*, p. 152; *Reliq. Aquitan.*, p. 210 (avec gravure représentant le glouton actuel); Gervais, *Restes fossiles du glouton recueillis en France* (*Matériaux*, t. VI, p. 284); Dawkins, *Brit. pleistoc. mamm.*, part. II, p. XLI; E. T. Newton, *Geolog. magazine*, 1880, p. 424; Fraas, *Congrès de Copenhague*, p. 302. Glouton gravé sur os, *Reliq. Aquitan.*, p. 209 (*Matériaux*, t. III, p. 201); cf. *Matériaux*, t. IX, p. 36 (?).

2. Boyd Dawkins, *Brit. pleistoc. mammals*, part. II, p. XXVVII; Newton, *Geological magazine*, 1882, p. 51; Hamy, *Précis*, p. 153; *Reliq. Aquitan.*, p. 93, 172-182.

3. Nehring, *Ueber die geogr. Verbreitung der Lemminge in Europa*, in *Gaea*, 1879, p. 724; *Verh. Berl. Ges.*, 1882, p. 175; Hamy, *Précis*, p. 154; *Reliq. Aquitan.*, p. 232.

4. Hamy, *Précis*, p. 154; *Reliq. Aquitan.*, p. 232.

5. Hamy, *Précis*, p. 154; *Reliq. Aquitan.*, p. 238-245; *Congrès de Copenhague*, p. 165. Le tetras lagopus est aussi nommé lagopède muet, lagopède alpin, ptarmigan; le tetras urogallus est le grand coq de bruyère (*Reliq. Aquitan.*, p. 240, 241).

6. Hamy, *Précis*, p. 164; Pommerol, *Association Française*, 1880 (Reims), p. 516 et pl. IV. La marmotte quaternaire (*arctomys marmotta primigenia*, Kaup) n'est pas absolument identique à la marmotte actuelle; cf. Gaudry, *Matériaux pour l'hist. des temps quaternaires*, I, p. 27, pl. II, III.

7. Rütimeyer, *Veränderungen der Thierwelt*, Basel, 1876, p. 93; Mortillet, *Le Préhist.*, 2 éd., p. 458.

8. Boyd Dawkins, *Brit. pleistoc. mammals*, part. II, p. XXXVII; *Verh. Berl. Ges.*, 1876, p. 283; *Zeitschrift für Ethnol.*, 1881, p. 107; Mortillet, *loc. laud.* Pour toute cette petite faune, cf. Nehring, *Archiv für Anthrop.*, 1877, p. 377 et suiv.

9. C'est la matière d'un lieu commun souvent développé par les anciens (cf. Lucrèce, *De Nat. Rer.*, V, v. 1126, 1130.)

fait observer, les types des êtres inférieurs se sont maintenus plus long-temps que ceux des êtres supérieurs[1] ; plus nous descendons l'échelle du règne animal, plus nous trouvons d'espèces quaternaires encore subsistantes. La règle ne semble pas se vérifier dans le cas de l'homme, mais avec lui entrent en jeu de nouveaux facteurs, l'intelligence et l'idée de la liberté[2], c'est-à-dire la puissance intellectuelle et la faculté de réagir contre le déterminisme des causes physiques[3]. Les espèces capables de domestication ont participé au privilège de l'homme et se sont perpétuées sous sa protection : telles sont les bovidés, les équidés, les ovidés, etc. Les rares bisons d'Europe qui subsistent dans les forêts lithuaniennes, les cerfs et les daims des forêts de France et d'Angleterre, attestent ainsi la puissance tutélaire de l'homme moderne, aussi ingénieux parfois à conserver qu'à détruire.

II. Les espèces quaternaires dont l'habitat n'a pas subi de modifications soulèvent deux questions importantes et difficiles : 1° Celle de la domestication, de la semi-domesticité ou de l'apprivoisement, que nous avons déjà effleurée en parlant du renne (plus haut, p. 61)[4]. On n'a pas le droit de poser en principe, *à priori*, que toutes les tribus quaternaires fussent également arriérées ou favorisées à cet égard. — 2° La question des rapports entre les espèces quaternaires et les espèces actuelles. Y a-t-il descendance directe, ou faut-il admettre, à l'époque néolithique, une immigration d'espèces asiatiques, souches des espèces actuelles? Il est probable que nos races d'animaux domestiques remontent à l'âge du mammouth et du renne, et qu'elles ont été obtenues directement, dans nos régions mêmes, par la transformation d'espèces indigènes plus ou moins sauvages sur le modèle d'individus immigrés à l'état de domestication parfaite.[5]

II *bis*. Les questions relatives aux équidés restent fort obscures[6]. Si les

---

1. Gaudry, *Les ancêtres de nos animaux*, p. 210.

2. Cf. Fouillée, *Liberté et déterminisme*, Paris, 1873, où cette manière de voir est développée.

3. Cf. Quatrefages, *Histoire des races humaines*, p. 89 et suiv.

4. Cf. surtout Dupont, *Les animaux domestiques pendant les temps préhistoriques, Congrès de Stockholm*, p. 818 et suiv.; Steenstrup, *Congrès de Bruxelles*, p. 212 et suiv.; C. Vogt, *De la domestication du bœuf, du cheval et du renne*, dans le *Bulletin de l'Institut genevois*, t. XV, p. 22 (*Matériaux*, t. V, p. 267).

5. Dupont, *Congrès de Bruxelles*, p. 239. Cf. Mortillet, *Sur l'origine des animaux domestiques*, dans les *Matériaux*, t. XIV, p. 227; Cazalis de Fondouce, *Revue d'anthropologie*, 1874, p. 623.

6. Darwin, *De la variation des animaux et des plantes*, t. I, p. 52 et suiv.; Victor Hehn,

chevaux quaternaires sont très nombreux (Toussaint a même admis la domestication du cheval de Solutré), il est incontestable que le cheval est très rare au début de l'époque néolithique et que les textes eux-mêmes semblent indiquer, dans d'autres régions, comme un *hiatus* dans l'histoire ou du moins dans l'usage de cet animal. La Bible ne mentionne les chevaux qu'après la sortie d'Égypte[1] et les monuments égyptiens ne les représentent pas avant l'époque de la XVIIe dynastie (vers 1,700 av. J.-C.)[2], bien que l'on ait reconnu, dans l'Afrique du Nord[3], l'existence de races de chevaux

Kulturpflanzen und Haustiere in ihrem Uebergang aus Asien nach Griechenland und Italien 5e éd., Berlin, 1887, p. 17 et suiv. (textes sur les chevaux à l'état sauvage); Piette, *Equidés de la période quaternaire d'après les gravures du temps*, dans les *Matériaux*, t. XXI, p. 359 (cf. *Reliq. Aquitan.*, p. 15, 65, 67, 70, 71, 142, 159, 160, 181, 182); Hamy, *Précis*, p. 168; Piétrement, *Les origines du cheval domestique*, 1869 (cf. *Matériaux*, t. VI, p. 280 et suiv.); le même, *Les chevaux dans les temps préhistoriques et historiques*, Paris, 1873 (cf. *Matériaux*, t. XVII, p. 323; *Revue d'anthropologie*, 1884, p. 138; ce dernier livre annule le précédent, cf. *Rev. d'ethnogr.*, III, p. 371); Ecker, *Das Europaeische Wildpferd und dessen Beziehungen zum domesticierten Pferde*, dans le *Globus*, 1878, t. XXXIV. — Rütimeyer, *Pferde der Quartärepoche*, dans les *Abhandl. der schweiz. paläontol. Gesellsch.*, II (1875); Nehring, *Das Diluvialpferd in seinen Beziehungen zum Hauspferde*, dans les *Landwirthschaftliche Jahrb.*, 1884, p. 151 (cf. *Verh. Berl. Ges.*, 1883, p. 357; 1885, p. 551); le même, *Fossile Pferde aus deutschen Diluvialablagerungen*, Berlin, 1884 (*Arch. f. Anthr.*, 1887, p. 147); Forsyth Major, *Alcuni osservazioni sui cavalli quaternari*, dans l'*Archivio per l'anthropologia*, 1879, p. 112; le même, *Beitraege zur Gesch. der fossilen Pferde insbesond. Italiens*, dans les *Abhandl. der schweiz. Palaeontol. Ges.*, IV (1877); Wilcken, *Die Pferde des Diluviums*, dans le *Biologisches Centralblatt*, 1885, p. 294, 327. — Chevaux des cavernes du Périgord, *Reliq. Aquitan.*, p. 300, 301; de Thayngen, *Matériaux*, t. IX, p. 103, t. XXI, p. 364; des cavernes belges, *Congrès de Bruxelles*, p. 230, pl. 77 (indiquant les parties du squelette que l'on retrouve dans les cavernes et qui ont servi à l'alimentation; on employait aussi les crins de la queue, d'où la présence de vertèbres caudales, *ibid.*, p. 283; cf. Dupont, *L'homme pendant les âges de la pierre*, 2e éd., p. 173); Toussaint et Ducrost, *Du cheval dans la station préhistorique de Solutré* (*Association française*, 1873, p. 586 et suiv.; cf. Sanson, *Matériaux*, t. IX, p. 332; *Revue Archéol.*, 1874, t. II, p. 288; Piétrement, *Matériaux*, t. IX, p. 373; *Rev. Archéol.*, 1874, t. II, p. 353; Cazalis de Fondouce, *Revue d'anthropologie*, 1874, p. 117).

1. Le plus ancien texte biblique au sujet du cheval semble être le cantique de Débora, *Juges*, V, 22, 28. Cf. Hehn, *op. laud.*, p. 27. Chez les anciens Hébreux, l'âne et le bœuf étaient les animaux domestiques par excellence; il n'est pas question du cheval dans la législation mosaïque.

2. Prisse d'Avennes, dès 1852, et d'autres depuis, ont attribué aux Hycsos l'importation du cheval domestique en Égypte (Ebers, *Aegypten und die Bücher Moses*, t. I, p. 121; contra, Chabas, *Études sur l'antiquité historique*, p. 421 et suiv.; cf. Hehn, *op. laud.*, p. 26). M. Lefébure (*Ann. de la Faculté des lettres de Lyon*, 1884) admet que le cheval existait en Égypte dans le moyen et probablement même dans l'ancien empire, opinion qui a été contestée par M. Piétrement (*Revue d'ethnographie*, t. III, p. 369); cf. Hartmann, *Zeitschrift für Ethnol.*, t. X, supplém., p. 134.

3. Piétrement, *Revue Archéol.*, 1875, t. I, p. 313.

quaternaires. En Amérique, les chevaux préhistoriques sont très communs, mais le cheval y disparaît si complètement dans la suite, que les Péruviens et les Mexicains ne le connaissaient pas de vue au moment de l'invasion espagnole [1]. Si l'on s'en tient aux faits constatés en Gaule, on pourra peut-être expliquer l'absence du cheval dans les plus anciennes stations néolithiques comme on explique celle du renne : avec l'introduction des animaux domestiques, le cheval perdit son importance comme objet d'alimentation ; il ne la retrouva que plus tard, lorsqu'on commença à le faire servir comme animal de guerre ou de trait, puis comme monture (usage postérieur, en Grèce, aux poèmes homériques) [2].

Ce qu'on ne savait pas il y a cinquante ans, et ce qui a été définitivement établi vers 1860 par les travaux de Boucher de Perthes et de Lartet (I), dont les bustes en marbre décorent le fond de la salle (II), c'est qu'à l'époque où le mammouth et le rhinocéros buvaient dans la Seine, un grand nombre de dizaines de siècles avant Jésus-Christ (III), l'homme vivait et se multipliait à côté de ces redoutables voisins. La salle I du Musée est comme la démonstration de cette vérité, une des plus belles conquêtes scientifiques du dix-neuvième siècle (IV). On y voit les outils en pierre, en os et en corne dont se servait l'homme primitif, qui ignorait encore l'usage des métaux ; les traces qu'il a laissées tantôt à la surface du sol, tantôt dans les sables des rivières et dans les cavernes où il cherchait un refuge ; les rares ossements de l'homme qu'on peut attribuer à cette période éloignée, à côté de ceux des animaux ses contemporains ; enfin les premiers essais d'un art naïf qui se complaisait à graver sur l'os ou la corne des dessins au trait parfois d'une exactitude surprenante.

I. Voir plus haut, p. 14 et 16, la biographie de ces deux savants.

II. Le buste de Boucher de Perthes est de Gédéon Forceville ; le Musée

1. Cf. Nadaillac, *Premiers hommes*, t. I, p. 256 ; Rütimeyer, *Die Veraenderungen der Thierwelt*, 1876, p. 92-93.

2. L'usage des chars de guerre se constate en Égypte depuis le dix-septième siècle avant notre ère, époque de l'expulsion des Hycsos ; cf. Helbig, *Das Homerische Epos*, 2e éd., p. 125.

du Louvre a fourni le marbre (octobre 1864). — Le buste de Lartet est l'œuvre des frères Rochet; il a été donné par le ministère au Musée en 1874[1].

III. Il est impossible d'évaluer, même d'une manière approximative, l'antiquité et la durée de l'époque glaciaire ou les dates extrêmes des temps paléolithiques[2]. Toutes les estimations chronologiques relatives à l'apparition de l'homme (supposée contemporaine des débuts de l'époque quaternaire), pèchent par la fragilité ou l'incertitude des données qu'elles mettent en œuvre. On peut les diviser en trois groupes :

1° *Témoignages des textes.* — Il est évident que les quarante ou cinquante siècles av. J.-C. de Manéthon, des exégètes bibliques, etc., ne fournissent qu'un *minimum*, sujet à caution d'ailleurs, l'humanité étant plus ancienne que l'histoire, et la légende n'ayant pas de chronologie[3]. Il n'y a aucun fond à faire sur les trente mille, cent mille, quatre cent mille ans et plus[4], assignés à l'histoire de leur pays par les prêtres chaldéens et indous; les prétentions des prêtres égyptiens ne sont pas plus dignes de créance[5]. Notons toutefois que, d'après un calcul de M. Op-

1. *Revue archéol.*, 1874, II, p. 332; *Matériaux*, t. X, p. 91.

2. Cf. Evans, *Ages de la pierre*, trad. franç., p. 684 et suiv.; Boué, *Ueber geologische Chronologie*, dans les *Sitzungsberichte* de l'Académie de Vienne, 7 mars 1872; Micault, *Discussion sur divers chronomètres fournis par la géologie pour mesurer l'antiquité de l'homme* (extrait des *Mémoires de la Société d'Émulation des Côtes-du-Nord*), Saint-Brieuc, 1876 (cf. *Matériaux*, t. XII, p. 393); Pozzy, *La terre et le récit biblique de la création*, p. 394 et suiv., et les nombreux travaux cités dans les notes suivantes.

3. Cf. le résumé des données des anciens auteurs dans Quatrefages, *l'Espèce humaine*, p. 96; Benloew, *Les lois de l'histoire*, p. 4. L'ouvrage fort érudit de G. Rodier, *Antiquité des races humaines*, 2e éd., 1864, doit être consulté avec précaution.

4. La chronique d'Eusèbe attribue à Bérose l'exposition des faits depuis 2,150,000 ans, c'est-à-dire depuis la création du monde (1,680,000 ans pour la création, 470,000 depuis l'existence de l'homme). Cf. Oppert, *Grande Encyclopédie*, t. IV, p. 1041. La chronologie babylonienne fondée sur des documents historiques ne permet pas de remonter actuellement au delà du cinquième millénium av. J.-C.

5. Boeckh a d'ailleurs montré (*Manetho und die Hundsternperiode*, Berlin, 1845) que les 17,520 ans attribués par Manéthon aux dynasties divines et demi-divines qui auraient précédé les dynasties humaines en Égypte, ne sont que des multiples de la période sothiaque (1460 × 12 = 17,520). Il en est de même de la période de 36,325 ans (1461 × 25) mentionnée dans une chronique égyptienne citée par Syncelle. Pour la chronologie babylonienne (432,000 ans avant le déluge, 41,697 ans depuis le déluge jusqu'à l'ère chrétienne), voir le savant article de M. Oppert dans la *Grande Encyclopédie*, article *Babylone*, t. IV, p. 1039, qui arrive à des conclusions analogues et prouve que les chiffres de la chronologie babylonienne, comme ceux de la Bible, ont un caractère cyclique, et non historique. Les 1,680,000 ans admis par les prêtres babyloniens, comme intervalle entre la période de la création et la naissance du premier homme, ont la même origine que les 168 heures ou 7 jours de la Genèse; l'*heure mosaïque*, à Babylone, est de 240,000 ans. Les dix rois antédiluviens de Babylone, correspondant aux dix patriarches bibliques, ré-

pert[1], les deux cycles sothiaque (égyptien) et lunaire (chaldéen) se rencontrent en l'an 11542 avant l'ère chrétienne, ce qui pourrait faire croire qu'ils ont eu pour origine commune un phénomène astronomique important observé à la fois en Égypte et en Chaldée ; mais ce phénomène initial peut fort bien avoir été déterminé par un calcul régressif, les astronomes chaldéens ayant possédé à cet égard des connaissances très étendues[2]. — La chronologie chinoise ne remonte pas même au trentième siècle avant notre ère[3].

2° *Chronomètres astronomiques.* — Nous avons déjà parlé (p. 38) des hypothèses qui mettent le phénomène de l'extension des glaciers en corrélation avec la précession des équinoxes et les variations de l'excentricité terrestre[4]. On arrive ainsi (Croll, Lyell, Lubbock, etc.[5]) à placer la plus grande extension des glaces entre 240 et 850,000 ans avant J.-C. D'après Croll, la période glaciaire aurait pris fin il y a 80,000 ans ; si donc l'homme

gnent pendant 86,400 (60 $\times$ 60 $\times$ 24) unités de temps ; dans la tradition chaldéenne, chacune de ces unités comprend 5 ans (un *soss* ou soixante mois), ce qui fait 432,000 ans, tandis que la *Genèse* évalue l'unité à une semaine. Or, comme 1,200 semaines ou 8,400 jours font exactement 23 ans, les 86,400 unités deviennent, dans la *Genèse*, 1,656 ans, durée assignée aux patriarches antédiluviens.

1. Oppert, *Congrès de Bruxelles*, 1872, p. 162.

2. On a pensé que les traditions relatives à certains phénomènes attestés par la géologie, comme la séparation de l'Italie et de la Sicile, prouvent la contemporanéité de l'homme et de ces phénomènes (Lagneau, *Association Française*, 1880, p. 791-798) ; mais l'on peut se demander aussi si ces traditions ne sont pas simplement l'écho d'hypothèses suggérées aux anciens par des rapprochements d'ordre paléontologique ou géologique, comme il est constant qu'ils en ont fait. Bien des traditions, où la géologie trouve une part de vérité, sont l'œuvre de géologues naïfs qui ont raisonné juste. La même application convient aux légendes anciennes touchant des animaux monstrueux : l'homme n'a pas nécessairement vu ces animaux, mais il a découvert à toutes les époques leurs ossements. Cf. Gaudry, *Les ancêtres de nos animaux*, Paris, 1888, p. 170 et suiv.

3. Cf. S. von Fries, *Geschichte Chinas*, Vienne, 1884. On a voulu toutefois, mais sans raison sérieuse, faire remonter à 170 siècles les observations astronomiques des Chinois.

4. L'évolution de la précession des équinoxes occupe 21,000 ans, celle de l'excentricité de l'orbite terrestre 47,960 ans.

5. Croll, *Geological Magazine*, 1867, p. 172 ; *Climate and Time*, 1875, ch. XIX ; Lyell, *Princ. of geol.*, 10e éd., t. I, p. 295 (rétracté dans l'appendice à la trad. fr., t. I, p. 889) ; Lubbock, *Prehist. Times*, 2e éd., p. 403 ; Le Hon, *L'homme fossile*, 2e éd., p. 296 et suiv. ; Moore, *Preglacial man and geological chronology*, Dublin, 1869 ; Evans, *L'âge de la pierre*, trad. franç., p. 686 ; Lapparent, *Traité de géologie*, 2e éd., p. 1282 ; Prestwich, *Considerations on the date, duration and condition of the glacial period, with reference to the antiquity of man*, dans *Quart. Journal of the geolog. Soc.*, 1887, p. 393 et suiv. ; le même, *Geology*, t. I, ch. VI. M. Prestwich conclut que si l'homme est préglaciaire, il peut avoir 200 ou 300 siècles d'ancienneté ; s'il est seulement post-glaciaire, 100 ou 150 siècles suffiront. Cf. les objections à ces dates formulées par Evans et Dawkins, *Quart Journal*, 1887, p. 408 et suiv.

est préglaciaire, il remonte à 300,000 ans environ. Tous ces calculs reposent sur une hypothèse pour le moins aventureuse, celle des influences cosmiques sur les variations du climat : le même postulat est à la base du *chronomètre malacologique* de Bourguignat[1], qui conduit à des résultats analogues et dont la valeur est tout aussi contestable.

3° *Chronomètres géologiques*. — La chronométrie géologique, de beaucoup la plus sérieuse, repose sur la constatation d'un phénomène dont la cause et les effets subsistent et sont ou *paraissent* mesurables (formation de la tourbe, alluvions d'un fleuve, atterrissements d'un lac, érosions d'une berge ou d'un plateau). Soit a l'effet produit en b années, le nombre total d'années nécessaires à la production à l'ensemble P sera représenté par l'équation $X = \dfrac{Pb}{a}$. Mais cette équation suppose : 1° que l'activité de la cause ne soit sujette à aucune variation, à aucune intermittence, — ce qui, dans tous les chronomètres allégués jusqu'à présent, est inadmissible[2]; 2° que les effets s'ajoutent régulièrement aux effets sans que rien ne fasse disparaître ou n'atténue les traces des effets plus anciennement produits, — ce qui ne se rencontre pas davantage. Tout au plus peut-on obtenir par ces méthodes des *maxima* ou des *minima* pour la date moyenne de l'époque néolithique, bien que la culture, le déboisement, le reboisement, etc., soient autant de causes qui ont fait varier dans de fortes proportions, impossibles à déterminer aujourd'hui, l'intensité des agents d'alluvionnement et d'érosion. Mais pour l'époque quaternaire, où les conditions climatériques et, en particulier, le régime des pluies étaient absolument différents de ce que nous constatons aujourd'hui, l'application des chronomètres géologiques ne peut donner aucun résultat sérieux.

Voici l'indication rapide des principaux chronomètres proposés :

1° *Formation des dépôts tourbeux*[3]. — Lyell a pensé que les tourbières du Danemark avaient pu mettre 16,000 ans à se former, mais Steenstrup se contentait d'un minimum de 4,000 ans[4]. Selon

---

1. Bourguignat, *Malacostratigraphie*, dans le *Cosmos* de déc. 1869; Lyell, *Ancienneté*, trad. fr., p. 413 (note de Hamy).

2. Cf. Forel *apud* Quatrefages, *l'Espèce humaine*, p. 100.

3. Morlot, *Soc. vaudoise des Sciences naturelles*, t. VI, n° 46, p. 286 et suiv.; Lyell, *Ancienneté*, trad. fr., p. 11, 21, 120; Boucher de Perthes, *Antiquités celtiques*, t. II, p. 154 (évaluations fantaisistes) ; Quatrefages, *l'Espèce humaine*, p. 100 ; *Revue des Deux-Mondes*, 15 avril 1870; Pozzy, *La terre et le récit biblique*, p. 429 ; Nadaillac, *Premiers hommes*, t. II, p. 347.

4. Lyell, *Ancienneté*, trad. fr., p. 21. D'après Worsaae, *La préhistoire du Nord*, 1878,

Heer[1], le lignite quaternaire de Dürnten (Zurich) aurait mis 2,400 ans *au moins* à se produire ; Prestwich croit que six siècles auraient suffi[2]. Rien n'est plus irrégulier que la formation de la tourbe[3] ; elle ne peut donc pas être employée comme chronomètre.

2° *Atterrissements qui ont produit la retraite des lacs de Bienne et de Neufchâtel.* — Gilliéron, Morlot et Troyon arrivent ainsi à des chiffres variant de 6,000 à 3,300 ans pour l'antiquité des cités lacustres[4]. On objecte l'irrégularité des atterrissements.

3° *Terrasses du lac Léman.* — L'étude de ces terrasses a conduit M. Gosse (de Genève) à la conclusion suivante : il se serait écoulé 18,280 ans depuis l'époque du renne en Suisse. M. Cartailhac a montré que ce chronomètre est trompeur, l'affaissement du niveau des eaux du lac n'ayant certainement pas été régulier[5].

4° *Recherches de Morlot sur le cône de déjection de la Tinière* (torrent qui se déverse dans le lac Léman)[6]. — Ce savant obtient 74 à 110 siècles pour l'âge du cône entier, 38 pour celui de la couche de bronze, 64 pour celle de la pierre polie. C'est oublier que la base du cône est allée s'élargissant et que, par suite, la couche déposée a diminué continuellement d'épaisseur[7]. D'ailleurs, la Tinière d'aujourd'hui a-t-elle les mêmes allures que la Tinière d'il y a 3,000 ans ?

5° *Recherches de Forel sur le lac Léman.* — Depuis combien d'années le limon du Rhône a-t-il commencé à combler le lac que remplissaient les

le premier âge de la pierre se termine dans les régions scandinaves vers 3000 av. J.-C. (cf. *Revue d'anthropologie*, 1897, p. 503).

1. Heer, *Monde primitif de la Suisse*, p. 595.

2. Prestwich, *Quarterly Journal of the Geol. Soc.*, 1887, p. 403.

3. Preuves dans Southall, *Recent origin of man*, p. 462 et suiv.

4. Gilliéron, *Actes de la Société jurassienne d'Émulation*, 1860 (cf. Morlot, *Soc. Vaudoise des sciences naturelles*, 15 janvier 1862) ; Troyon, *Bulletin Soc. Vaudoise*, 1862 ; Lyell, *Ancienneté*, trad. fr., p. 34, 35 ; Lubbock, *l'Homme avant l'hist.*, trad. fr., p. 320 ; Nadaillac, *Premiers hommes*, t. II, p. 339 ; Quatrefages, *L'espèce humaine*, p. 101 ; Mortillet, *Le Préhist.*, p. 618. Voici le principe du calcul : Yverdun (Ebrodunum) est séparé du lac par 750 mètres d'alluvions ; une palafitte de l'âge de la pierre en est éloignée de 1,650 mètres.

Donc $\dfrac{x}{1650} = \dfrac{16 \text{ à } 18 \, siècles}{750}$ et $x =$ environ 3,500 ans.

5. *Matériaux*, t. XX, p. 464 ; *Association française*, 1886, p. 171.

6. Morlot, *Bulletin de la Société Vaudoise*, t. VI, n° 46 ; cf. *ibid.*, 15 janvier 1862 (t. IX, n° 55) ; Lyell, *Ancienneté*, trad. fr., p. 33 ; Boué, *Ueber geol. Chronologie*, p. 13 ; Lubbock, *L'homme avant l'hist.*, p. 356 ; Pozzy, *La Terre*, p. 445 ; Nadaillac, *Premiers hommes*, t. II, p. 336 ; Southall, *Recent origin of man*, p. 475 ; Mortillet, *Le Préhist.*, p. 621.

7. Un calcul rectifié, qui n'est pas moins sujet à caution, donnerait 4,500 ans pour l'antiquité du cône tout entier (Southall, *op. laud.*, p. 476).

glaces quaternaires? Le chiffre de cent mille ans, obtenu par le calcul, serait un *maximum d'antiquité* pour la retraite des glaciers ; ce *maximum* est sans doute beaucoup trop élevé[1], le Rhône n'étant pas le seul affluent du lac Léman, mais il peut servir du moins à réfuter des évaluations plus exagérées encore.

6° *Recherches de Ferry et d'Arcelin sur les berges de la Saône*[2] (constituées par des couches de limon d'une régularité remarquable[3]). — Les objets de la couche romaine étant considérés comme remontant à quinze siècles, on obtient comme *minima* 2,250 ans pour le bronze, 3,000 pour la pierre polie, 6,750 pour la couche des marnes quaternaires[4]. Ces calculs ont le tort de reposer sur l'hypothèse de l'égalité des crues et de l'uniformité du dépôt limoneux ; les 3,000 ans ainsi donnés à la pierre polie ne sont donc qu'un *minimum* peut-être trop faible, bien qu'il nous paraisse utile d'en tenir compte. Un calcul analogue fait sur les alluvions du delta du Rhône a donné, pour le niveau préhistorique, une ancienneté de cinquante-quatre siècles environ, et 21,600 ans pour la base des alluvions quaternaires[5]. Ce dernier chiffre est fort suspect, à cause de sa concordance avec celui de la période d'Adhémar (plus haut, p. 38).

7° *Recherches de M. R. Kerviler dans la baie de Penhouet (Brivates Portus)*[6]. — M. Kerviler, en étudiant le limon de cette baie (1874), a reconnu

1. Quatrefages, *L'espèce humaine*, p. 102.

2. Ferry et Arcelin, *Le Mâconnais préhistorique*, p. 85, 104, 123 ; Arcelin, *Les berges de la Saône*, Lyon, 1868 ; *Études d'archéologie préhistorique*, Paris, 1875 ; *La chronologie préhistorique*, Mâcon, 1874 ; *Congrès de Paris*, 1867, p. 260 ; *Matériaux*, t. IV, p. 39.

3. Comme on est obligé, dans ces calculs, de négliger le tassement du limon, on obtient nécessairement des *minima* ; cf. *Congrès de Paris*, 1867, p. 261.

4. Chiffres un peu plus forts dans le *Mâconnais préhistorique*, p. 123 (cf. Nadaillac, *Premiers hommes*, t. II, p. 335) ; les chiffres plus faibles du texte sont empruntés à une brochure postérieure de M. Arcelin, *Études d'archéol. préhistorique*, Paris, 1875, p. 39.

5. Cf. Mortillet, *Le Préhist.*, p. 619. Le calcul de Horner sur les dépôts du Nil à Memphis, signalé dans le même livre, n'est pas sérieux, car le fragment de brique cuite rencontré par Linant-Bey *à la base du dépôt de limon* a sans aucun doute été déplacé et, d'autre part, nous n'avons aucune donnée certaine sur l'exhaussement annuel du sol dans le Delta (cf. Horner, *Philosoph. Transactions*, 1858, p. 53-92 ; Lubbock, *l'Homme avant l'hist.*, trad. fr., p. 321 ; *Zeitschrift für Ethnologie*, 1869, p. 36 ; 1879, supplém., p. 230 et suiv.; Fraas, *Aus dem Orient*, p. 211). « Il serait grand temps, dit M. Fraas, que ces inepties mille fois remâchées dans les manuels de géologie fussent une fois pour toutes mises de côté et qu'on ne présentât plus aux yeux de la science un argument capable, tout au plus, d'en imposer à un ignorant crédule. » Sir R. Stephenson a trouvé dans le Delta, près de Damiette, à une profondeur plus considérable encore, une brique portant la marque de Méhémet Ali (Nadaillac, *Premiers hommes*, t. II, p. 307 ; cf. Pozzy, *La Terre*, p. 441).

6. Kerviler, *L'âge de bronze et les Gallo-Romains à Saint-Nazaire*, Paris, 1877 ; cf. *Revue archéol.*, 1876, t. II, p. 274 ; 1877, t. I, p. 145 (plans et coupe), 230, 342 ; *Acad. des*

un niveau romain à 6 m. et, à 8^m,50 seulement, des objets de l'époque de bronze, qui ne remonteraient par suite qu'à 500 ans env. av. J.-C. Cette date n'a rien d'absurde *à priori*, puisque des haches de bronze, récemment découvertes sur l'Acropole d'Athènes, ne peuvent guère être antérieures au neuvième siècle avant J.-C. Il en est de même pour les haches en bronze découvertes en 1888 dans un tombeau punique de Carthage. Mais qui donc atteste, cette fois encore, l'uniformité du dépôt limoneux ? Quelle raison nous autorise à admettre que le régime de la Loire et celui de la rivière du Brivet n'aient pas subi de graves modifications ? Pour le Brivet, nous savons même pertinemment que son cours a changé de direction au neuvième siècle de notre ère. Toutefois, l'essai de M. Kerviler n'est pas sans valeur en ce qui concerne l'antiquité *locale* de la période des armes du bronze ; mais on hésite à le suivre dans le calcul où il fixe à un maximum de 6,000 ans avant J.-C. le commencement des alluvions modernes de la Loire, et par conséquent de la période géologique actuelle[1].

8° *Stalagmites.* — Rien n'étant plus irrégulier que la formation des stalagmites par des chutes d'eau chargées de calcaire[2], il faut se garder de comparer, dans une caverne, la couche de stalagmites peu épaisse qui couvre les objets romains avec la couche très épaisse sous laquelle gisent les débris préhistoriques. C'est pourtant ce qu'a fait pour la caverne de Kent un chercheur anglais, M. Vivian, qui obtint ainsi le chiffre fantaisiste de deux mille six cent quarante siècles, exprimant l'antiquité de l'époque paléolithique dans cette caverne[3].

9° *Corrosion du calcaire.* — M. Louis Pillet[4], suivi par M. de Mortillet[5], fait valoir que la colline calcaire au-dessus d'Aix-les-Bains a été exploitée comme carrière à l'époque romaine ; cette colline a supporté l'ancien glacier de la Haute-Isère et a été polie par lui. Or, comme les corrosions opérées par les actions atmosphériques depuis l'époque romaine n'atteignent

Sciences, 9 avril 1877 (*Comptes rendus*, p. 690) ; *Bull. Soc. anthropol.*, 1877, p. 300 ; *Revue d'anthropologie*, 1878, t. VII, p. 66 ; *Association française*, 1877, p. 710, 711 ; 1878, p. 882, 887 ; *Matériaux*, t. XII, p. 488, 496 (coupe), 516, 551 et suiv. ; Mortillet, *Le Préhist.*, p. 620. La coupe est reproduite dans les *Premiers hommes* de Nadaillac, t. II, p. 337.

1. *Revue archéologique*, 1877, I, p. 353.

2. Boyd Dawkins, *Die Hœhlen (Cave-hunting)*, p. 311, 349 ; Desnoyers, art. *Cavernes* du *Dictionnaire* de d'Orbigny.

3. *British Association*, Dundee, 1867 (*Matériaux*, t. IV, p. 48) ; Ch. Martins, *Revue des Deux-Mondes*, 1er janvier 1868 ; Nadaillac, *Premiers hommes*, t. II, p. 308, 316.

4. Pillet, *Description géologique des environs d'Aix*, 2e éd., Chambéry, 1863, p. 111.

5. Mortillet, *Le Préhist.*, p. 626.

que 2 ou 3 millimètres de profondeur, tandis que les anciennes, tout à côté, atteignent 1 mètre, on arrive à évaluer à deux mille siècles en arrière l'époque où les glaciers ont abandonné la vallée d'Aix. Ce calcul suppose l'uniformité des actions atmosphériques, ce qui est en contradiction avec des faits établis.

10° *Formation de la terre de bruyère.* — M. Lejeune, trouvant des débris romains à 14-15 centimètres dans la terre de bruyère [1], et admettant (sans preuves) que cette terre se forme régulièrement, conclut qu'il a fallu 5,797 ans pour constituer la couche de $0^m,41$ qui sépare l'époque romaine de celle de la pierre polie. Ce calcul a été remanié par M. Gosselet, qui obtient vingt siècles de moins pour l'antiquité de l'homme néolithique, soit 5,800 ans environ, chiffre qui n'est pas prouvé, mais qui ne nous semble pas invraisemblable [2].

En général, sous l'empire des hypothèses darwiniennes et de la théorie des changements lents enseignée par Lyell, les paléontologistes et les géologues ont été portés à éloigner démesurément la date de l'apparition de l'homme et, par suite, celle des œuvres les plus anciennes qu'il nous a laissées [3]. Pour notre part, nous ne voyons pas pourquoi l'ouvrier déjà

1. *Matériaux*, t. VIII, p. 151.

2. Nous ne citons qu'à titre de curiosité le calcul suivant dû à M. Jouglet (*Matériaux*, t. IV, p. 311). La population du globe s'élevant à environ 1,300,000,000 et l'hypothèse du monogénisme étant admise, on se demande combien de temps il a fallu pour qu'un couple unique ait pu produire le chiffre actuel de la population de la terre avec une augmentation annuelle évaluée (pourquoi?) à 1/200. On trouve 4,100 ans en résolvant l'équation : $2\left(1 + \frac{1}{200}\right)^x = 1,300,000,000$. Il se serait donc passé 4,100 ans depuis le déluge de Noé, ce qui est à peu près conforme à la chronologie des exégètes bibliques — résultat évidemment cherché par l'auteur de ce calcul.

3. Cette tendance est souvent partagée par ceux qui croient nécessaire de détruire la chronologie de la Bible. Les orthodoxes répondent qu'*il n'y a pas de chronologie biblique*, suivant l'expression de Silvestre de Sacy (Lenormant, *Premières civilisations*, t. I, p. 53), mais seulement des chronologies assez divergentes fondées par les commentateurs sur les généalogies et les données vagues de la *Genèse*. Quelques anciens exégètes ont déjà pensé de même (saint Jérôme, *Epist. ad Vitalem*; saint Augustin, *Epist. VIII ad Marcellinum*; autres indications *apud* Nadaillac, *Premiers hommes*, t. II, p. 377). Cf. Valroger, *l'Age du monde et de l'homme d'après la Bible et l'Église*, Paris, 1869; du même, *l'Ancienneté de l'homme d'après l'archéologie préhistorique*, dans la *Revue des Questions historiques*, 1874, t. XVI, p. 482-514. Nous avons donné plus haut (p. 71, note 5) le résumé des recherches récentes de M. Oppert sur les chiffres de la Genèse, qu'il identifie aux dates cycliques des traditions babyloniennes. Comme le récit du déluge est également babylonien, on est fondé à croire que la Genèse tout entière reflète des traditions cosmogoniques originaires de Babylonie. Ces traditions devaient être l'œuvre réfléchie d'une caste sacerdotale qui avait étudié avec beaucoup de perspicacité la physique du globe, d'où les concordances si frappantes qu'on a signalées entre le texte biblique et les enseignements de la science

habile des bords de la Somme, l'artiste déjà heureusement inspiré des bords de la Vézère, seraient antérieurs de *plusieurs centaines de siècles* aux constructeurs des dolmens et des palafittes [1]. Il faut remarquer, d'ailleurs, que la doctrine du transformisme n'est pas en jeu ici, puisque, parmi les espèces contemporaines de l'homme quaternaire, les unes subsistent, les autres ont complètement disparu.

IV. L'histoire des précurseurs de Boucher de Perthes n'a pas été écrite et ce n'est pas le lieu de l'écrire ici. Nous devons nous contenter d'énumérer, en les classant sous cinq chefs, les auteurs qui, à différentes époques, ont exprimé sur l'antiquité de l'homme et les instruments en pierre des opinions plus ou moins conformes à la vérité.

1° *L'homme s'est servi d'outils en pierre avant de connaître les métaux.* — Lucrèce, *De Nat. Rer.*, V, v. 1282 et suiv. :

> *Arma antiqua manus, ungues dentesque fuerunt*
> *Et lapides, et item silvarum fragmina rami,*
> *Et flammae atque ignis postquam sunt cognita primum,*
> *Posterius ferri vis est aerisque reperta.*

2° *Les haches polies ne sont pas des* CÉRAUNIES *ou des* PIERRES DE FOUDRE [2], *ni des* LUSUS NATURÆ, *mais des outils primitifs.* — Mercati

moderne. On connaît le mot d'Ampère : « Ou Moïse avait dans les sciences une instruction aussi profonde que celle de notre siècle, ou bien il était inspiré. » En ce qui concerne les *jours* du récit de la création, on a dit depuis longtemps que, dans l'esprit du rédacteur, ce n'étaient pas des *jours* solaires, mais des *périodes*, puisque, durant les trois premiers jours, le soleil n'était pas encore créé (Pozzy, *La terre et le récit biblique*, Paris, 1874, p. 259). Quant au temps écoulé entre Adam et la naissance d'Abraham, il est de 2,008 ans suivant le texte hébreu, de 2,249 ans d'après le texte samaritain, de 3,474 ans suisant les Septante. Tous ces chiffres sont sujets à caution, car ils n'ont pu être déduits que des listes généalogiques (*tôledôth*), où il existe probablement des lacunes. On peut dire seulement, d'une manière générale, que la Bible place l'origine de l'homme à une époque qui ne remonte guère au delà de 8,000 ans (Pozzy, *op. laud.*, p. 394), et qu'elle ne fixe aucune date précise pour la création du monde.

1. Lorsque M. de Mortillet (*Le Préhistorique*, p. 627) attribue une durée de 222,000 ans, dont 100,000 pour le *moustérien* seul, aux quatre phases de la période paléolithique, il abandonne le terrain de la science pour celui de la fantaisie, où la critique doit renoncer à le suivre. — « C'est faire peu d'honneur à l'intelligence humaine que de laisser dans le même état de barbarie, pendant des centaines ou même des dizaines de mille années, l'homme qui avait déjà su tailler les silex de Saint-Acheul. » (Lapparent, *Traité de géologie*, 2e éd., p. 1283.) Nous sommes tout à fait du même avis. — « Aujourd'hui, dit M. Bastian, la chronologie n'est plus enserrée dans des limites dogmatiques, mais c'est toujours le devoir des gens raisonnables de faire un usage raisonnable de la liberté dont ils jouissent à cet égard. » (*Zeitschrift für Ethnol.*, 1869, p. 473.)

2. Croyance très répandue parmi les peuples appartenant aux races les plus diverses :

(† 1593), *Metallotheca*, Rome, 1717, passage reproduit dans les *Matériaux*, t. X, p. 49 et suiv. ; voir surtout p. 54. — Sir W. Dugdale, *The antiquities of Warwickshire*, 1656 (*ap.* Nadaillac, *Premiers hommes*, t. I, p. 9) ; Plott, *History of Staffordshire*, 1686 (*ap.* Evans, *Ages de la pierre*, trad. franç., p. 64). — Tenzelius, *Monatliche Unterredungen*, année 1690, p. 894, 899 ; 1695, p. 955 ; 1696, p. 655 (cf. *Matériaux*, t. X, p. 299). — Helwing, *Lithographia Angerburgica*, Regiomonti, 1717 (reproduit dans les *Matériaux*, t. X, p. 297 et suiv. ; c'est une bonne dissertation sur l'usage des armes de pierre et le culte de Jupiter Foudre représenté par un silex). — Mahudel, *Histoire de l'Académie des Inscriptions*, 1740 (lu en 1730), mémoire réimprimé dans les *Matériaux*, t. X, p. 145 et suiv. ; voir surtout p. 148. — Lyttelton, dans le recueil *Archaeologia*, t. I (1766), p. 118 et pl. VIII.

la pierre lancée par la foudre, ou produite en terre par la foudre, devient un préservatif contre elle, et, par extension, contre toute sorte de fléaux et de maladies. Les haches polies, et parfois aussi les flèches, sont désignées, dans un grand nombre de langues, par des expressions synonymes du français populaire *pierres de foudre, pierres du tonnerre* : grec κεραυνός, κεραύνιον, grec moderne ἀστροπελέκιον (*Rev. Arch.*, 1867, I, p. 358) *, latin *ceraunia, lapis fulminis* (cf. Pline, *Hist. Nat.*, II, 59 ; XXXVII, 51) ; anglais *thunderstone* ; allemand *Donnerkeil* ; hollandais *Donderbeitels* ; danois *tordensteen* ; norvégien *tonderkile* ; suédois *thorsviggar* ; portugais *corisco* ; italien *saette o fulmini* (les pointes de flèches sont dites *lingue di San Paolo*) ; roussillonnais, *pedrus de lamp* ; espagnol, *piedras de rayo*. On trouve des expressions analogues en Hongrie (foudre plate, foudre enchaînée, flèche de Dieu ; cf. *Congrès de Paris*, p. 327 ; *Congrès de Pesth*, p. 9), en Russie (flèche de tonnerre, *Rev. Arch.*, 1878, II, p. 257), en Finlande et en Sibérie (Cartailhac, *op. infr. laud.*, p. 10) ; en Turquie (*ilderim-tachi*, pierre de foudre, *Rev. Arch.*, 1877, II, p. 163) ; au Japon (*Matériaux*, t. VI, p. 542) ; en Chine (*Assoc. Française*, 1878, p. 835 ; *Congrès de Norwich*, p. 263) ; au Tonkin (*Journal des Débats*, 6 janvier 1889) ; à Java (dents de la foudre, *Congrès de Bruxelles*, p. 358) ; en Birmanie, dans l'Assam, à Malacca, aux Célèbes (*Matériaux*, t. XXII, p. 35 ; *Proceedings Ethnogr. Soc.*, 1870, p. 62 ; Evans, *Ages de la pierre*, trad. fr., p. 61 ; *Verh. Berl. Ges.*, 1870, p. 116) ; dans l'Afrique occidentale (*Congrès de Norwich*, p. 14), au Congo (pierre de l'éclair, *Zeitschrift für Ethnol.*, 1870, p. 340), à Madagascar (Cartailhac, *op. laud.*, p. 15). Tout récemment encore, dans le toit d'un couvent de Bonn, en Prusse Rhénane, il y avait une hache polie servant de paratonnerre (*Bonner Jahrb.*, t. LXXVIII, p. 225). Sur les superstitions attachées aux haches polies, cf. Cartailhac, *L'âge de la pierre dans les souvenirs et les superstitions populaires*, Paris, 1877 ; Evans, *Age de la pierre*, trad. fr., p. 58 et suiv. ; Longpérier, *le Culte de la hache*, mémoire présenté au *Congrès de Paris*, p. 37 et suiv. ; Bastian, *Der Steinkultus in der Ethnographie*, dans *Archiv für Anthropol.*, III, 1 (*Matériaux*, t. V, p. 407 ; t. VI, p. 153). Voir aussi l'article

---

* Suivant les Grecs modernes, il faut 40 jours pour que *l'astropélékion* formé sous terre par la foudre soit parfait et remonte à la surface. Les Tonkinois croient également que les pierres de foudre remontent peu à peu à la surface du sol (*Journal des Débats*, 6 janvier 1889).

80   HOMME FOSSILE.

3° *L'usage préhistorique des haches polies s'explique par l'usage d'armes analogues chez les sauvages modernes.* — J. O. C. Hassus, *Dissertatio historica de urnis sepulchralibus et armis lapideis veterum Cattorum*, Marbourg, 1714, passage exhumé par Lindenschmit, *Handbuch der deutschen Alterthumskunde*, 1880, p. 31[1]. — De Jussieu, *Mémoires de l'Académie des Sciences*, 1723, p. 6-9, réimprimé dans les *Matériaux*, t. X, p. 97 et suiv. ; voir surtout p. 99. La comparaison entre les armes préhistoriques et les armes des sauvages n'est pas indiquée seulement, comme dans la dissertation de Hassus, mais présentée ici avec quelque détail[2]. — Engeström de Lund, 1735 (cf. *Congrès de Stockholm*, 1874, t. I, p. 8). — Goguet, *Origine des loix*, 1758, t. I, p. 133, 148.

4° *L'homme a été contemporain des espèces éteintes et des dernières révolutions géologiques.* — C'est la question de l'homme fossile ; soulevée de bonne heure, elle n'est entrée que tard dans la voie scientifique[3]. En 1823, Ami Boué présenta à Cuvier des ossements humains trouvés dans le loess du Rhin, près de Lahr[4] ; Cuvier, sans nier, comme on l'a dit, la possibilité de l'homme fossile, n'admit pas la découverte de Boué[5]. L'influence du scepti-

---

Bœtylia de F. Lenormant dans le *Dictionnaire des Antiquités* de Saglio. — Des haches polies sont gravées, sous le nom de *saette o fulmini*, dans le rare ouvrage intitulé *Note overo memorie del Museo di Lodovico Moscardo*, in Padoa, MCDLVI, p. 144.

1. *Si tamen quisquam sit, qui neget haec armorum vicem praestasse Germanis, adeat ille Louisianos aliosque populos Americae septentrionalis inexcultos, qui in hunc usque diem lapidibus acutis pro cultris et armis utuntur.*

2. En 1724 parurent les deux volumes du P. Lafitau, jésuite, intitulés *Mœurs des sauvages amériquains comparées aux mœurs des premiers temps.* Les haches de pierre américaines y sont rapprochées des céraunies que l'on voit en France, « dans les cabinets des curieux » (t. II, p. 111).

3. Nous ne parlons pas ici des spéculations sur les *préadamites*, au sujet desquels on peut consulter les dictionnaires de théologie (Herzog, Lichtenberger, etc.). L'origine de ces spéculations est essentiellement rabbinique ; c'est au dix-septième siècle seulement qu'Isaac de la Pereyre les exposa en français (voir l'article du *Dictionnaire* de Bayle), dans un livre qui fut condamné au feu. — L'équivalent grec du mot *hommes fossiles* se trouve dans un texte de Pausanias de Damas (*Fragmenta Historic. graec.*, t. IV, p. 469) : Ἀπὸ γὰρ δύο μιλίων τῆς πόλεως Ἀντιοχίας ἐστὶ τόπος ἔχων σώματα ἀνθρώπων ἀπολιθωθέντων κατὰ ἀγανάκτησιν θεοῦ, οὕστινας ἕως τῆς νῦν καλοῦσι γίγαντας. Voir aussi Pline l'Ancien, VII, 16 (éd. Littré) ; Solin, IX, 7 ; Philostr., *Vit. Apoll.*, V, 16, 1 ; *Heroic.*, II, 4-8 ; Paus., I, 35, 6 ; I, 35, 7 ; VIII, 32, 1 ; Élien, Περὶ ζώων, XVII, 28 ; Phégon, XL et suiv. Cf. *Revue d'anthropologie*, 1889, p. 33, et plus haut, p. 28, note 5.

4. Cf. *Annales des sciences naturelles*, 1829, p. 50 ; Lyell, *Ancienneté de l'homme*, appendice, p. 28 et suiv. ; Broca, *Congrès de Paris*, 1867, p. 389.

5. Voir le travail de Cartailhac, *G. Cuvier et l'ancienneté de l'homme*, dans les *Matériaux*, t. XVIII, p. 27-35. — « Tout porte à croire que l'espèce humaine n'existait point dans les pays où se découvrent les ossements fossiles, à l'époque des révolutions qui ont

cisme de Cuvier, exagéré par le grand géologue E. de Beaumont, continua
à s'exercer sur le monde savant [1], malgré les observations répétées de Buckland en Angleterre (1823)[2], de Tournal (1827-1829)[3], Christol (1829)[4],
Joly (1835)[5] et Marcel de Serres (1839)[6] en France, de Schmerling
en Belgique (1833)[7], de Lund au Brésil (1844)[8]. Cependant, dès 1837,
E. Lartet admettait et proclamait l'existence de l'homme quaternaire[9] ;
Marcel de Serres faisait de même en 1838[10]. C'est une vérité qu'on ne
conteste plus guère aujourd'hui.

5° *Instruments paléolithiques signalés.* — C'était déjà un grand progrès
de signaler ces instruments à l'attention, au lieu de les négliger comme
des produits du hasard ; Aristote dit avec raison que l'étonnement est le
commencement de la science [11]. De là l'importance attachée, dans l'histoire des études préhistoriques, à la communication de John Frère (*Société
des Antiquaires de Londres*, 1797; *Archaeologia*, t. XIII, p. 103)[12], qui

enfoui ces os. » (*Discours sur les révolutions du globe*, Paris, 1851, in-8°, p. 99.) Cuvier
avait prouvé que le prétendu *homo diluvii testis* du musée de Leyde était le squelette d'un
grand batracien (cf. Nadaillac, *Premiers hommes*, t. I, p. 143); il avait donc de bonnes
raisons pour observer une prudente réserve dans la question de l'homme *antédiluvien.*

1. Cf. Quatrefages, *l'Espèce humaine*, p. 106 ; Mortillet, *le Préhistorique*, p. 8 et suiv.
Élie de Beaumont disait encore en 1863 : « Je ne crois pas que l'espèce humaine ait été
contemporaine de l'*elephas primigenius*. L'opinion de M. Cuvier est une création du génie :
elle n'est pas détruite. » (*Comptes rendus de l'Acad. des Sciences*, 18 mai 1863 ; *Revue Archéol.*, 1863, t. II, p. 87.)

2. Buckland, *Reliquiae diluvianae*, 1823.

3. Cf. *Matériaux*, t. VII, p. 152; t. XVIII, p. 29 ; *Rev. Archéol.*, 1872, I, p. 133. Le
travail de Tournal sur la grotte de Bize a paru dans les *Annales des sciences naturelles*,
t. XV, p. 348.

4. Christol, *Notice sur les ossements humains des cavernes du Gard*, Montpellier, 1829.

5. Cf. *Bull. de la Soc. d'Anthropol.*, 1868, p. 640. Le travail de Joly porta sur la grotte
de Nabrigas (Lozère); cf. *Matériaux*, t. X, p. 362.

6. M. de Serres, *Notices sur les cavernes à ossements du département de l'Aude*, Montpellier, 1839.

7. Cf. *Congrès de Copenhague*, p. 84, et Dupont, *l'Homme pendant les âges de la pierre*,
2° éd., 1872. Les travaux de Schmerling, mort ruiné et méconnu, ont été continués par
Spring et M. Dupont.

8. Cf. Nadaillac, *L'Amérique préhistorique*, p. 25 et suiv.; *Matériaux*, t. XII, p. 331;
t. XVIII, p. 55; t. XX, p. 264.

9. *Comptes rendus de l'Académie des sciences*, 2° semestre de 1887.

10. M. de Serres, *Essai sur les cavernes à ossements*, Montpellier, 1838.

11. Διὰ γὰρ τὸ θαυμάζειν οἱ ἄνθρωποι καὶ νῦν καὶ τὸ πρῶτον ἤρξαντο φιλοσοφεῖν (*Meta-
phys.*, I, c. 11, 15).

12. Cf. Evans, *Ages de la pierre*, trad. franç., p. 573; Lubbock, *l'Homme avant l'histoire*,
trad. fr., p. 274; Lyell, *Ancienneté*, trad. fr., p. 182; Nadaillac, *Premiers hommes*, t. I.
p. 9.

signala la découverte à Hoxne (Suffolk) de silex travaillés du type de Saint-Acheul [1], à une profondeur de 12 pieds et en compagnie d'ossements de grande taille. La publication si curieuse de Frère resta inaperçue jusqu'en 1859, où elle fut remise en lumière par M. Evans [2]. Dès 1715, on avait trouvé à Londres un silex noir taillé en pointe de lance avec une dent d'éléphant [3]. Schmerling fut le premier qui, en 1833, revendiqua comme des produits de l'industrie humaine les silex recueillis par lui dans les cavernes belges, mais il ne s'exprima pas très nettement à cet égard [4] et la découverte de Boucher de Perthes est tout à fait indépendante de la sienne [5].

Après la confirmation de la découverte de Boucher par le Dr Rigollot (1853), Lyell, Prestwich, etc. (1859) [6], il se trouva encore quelques attardés pour soutenir que les outils paléolithiques étaient les restes de la fabrication moderne des pierres à fusil [7]. Peut-être s'en trouve-t-il encore.

L'empereur Auguste, d'après un passage de Suétone [8], collectionna dans sa villa de Caprée *des os énormes d'animaux qui étaient appelés os des géants et armes des héros* [9]. L'historien ne disant pas que ces *arma heroum* fussent en pierre, il est probable que c'étaient simplement des os (comparez la mâchoire d'âne que le récit biblique donne comme arme à Samson [10]) ; mais s'il s'agissait, dans ce texte, d'instruments en pierre, il faudrait y voir des outils paléolithiques, qui seuls pouvaient être découverts en compagnie

---

1. « *They are, I think, evidently weapons of war, fabricated and used by a people who had not the use of the metals.* » (Frère, dans *l'Archaeologia*, loc. laud.)

2. Evans, *Proceedings of the Soc. of Antiq.*, t. IV.

3. Leland, *Collectanea*, éd. Hearne, t. I, p. 6, pl. LXIII.

4. Cf. Dupont, *l'Homme pendant les âges de la pierre*, 2e éd., p. 13.

5. Cf. plus haut, p. 15.

6. Cf. plus haut, p. 15.

7. Cf. Eug. Robert, *Observations critiques* (!!) sur *l'âge de pierre*, 1863, et les quatre premiers volumes des *Matériaux*.

8. Suétone, *Divus Augustus*, 72 (éd. Roth, Leipzig, 1886) : « *Sua... quamvis modica non tam statuarum tabularumque pictarum ornatu, quam xystis et nemoribus excoluit, rebusque vetustate ac raritate notabilibus : qualia sunt Capreis immanium belluarum ferarumque membra praegrandia, quae dicuntur gigantum ossa et arma heroum.* » On voit qu'il n'est question ni de céraunies ni même d'armes de pierre.

9. Sur les fossiles de Caprée, cf. *Congrès de Bologne*, p. 34.

10. *Juges*, CXV. Pour des exemples d'os et de mâchoires transformés en armes, voir *Revue d'anthrop.*, 1889, p. 34. M. Evans pense que les *arma heroum* étaient en bronze et ne sont pas en corrélation nécessaire, dans le texte de Suétone, avec les *gigantum ossa* ; cela n'est guère possible que si le texte de Suétone est altéré (*Âges de la pierre*, trad. fr., p. 4).

d'ossements gigantesques (*praegrandia*). On a donc eu tort de répéter qu'Auguste avait collectionné des céraunies ou des armes de bronze en les considérant comme des *armes des héros* [1].

Pêcheur ou chasseur, l'homme, en ces temps reculés, ne connaissait ni les animaux domestiques (I) ni la culture des céréales et des plantes textiles. Vêtu de peaux de bêtes (II), il était dans le même état de dénuement que certains sauvages, qui vivent aujourd'hui dans les îles du Pacifique.

L'industrie humaine particulière à cette période, dont on ne peut fixer ni la date ni la durée, est celle de la *pierre taillée par éclats;* elle a été suivie par l'industrie de la *pierre polie*, dont on trouvera des spécimens dans la salle II, et qui commence en Gaule après la disparition des animaux aujourd'hui éteints ou émigrés (III).

Les antiquités réunies dans cette salle se divisent naturellement en deux séries : l'une contient les objets recueillis dans les alluvions des rivières et d'autres semblables découverts sur les plateaux (IV); la seconde renferme les outils et les ossements que l'on a extraits des cavernes ou abris sous roche, premiers refuges des hommes contre les intempéries et les bêtes fauves (V).

I. Voir plus haut, p. 61, 69, au sujet de l'hypothèse de la domestication du renne et du cheval à l'époque quaternaire.

II. L'usage des vêtements est formellement attesté à l'époque des cavernes du Périgord par la découverte d'aiguilles en os, mais il est probablement aussi ancien que l'industrie de la pierre taillée, et rien n'autorise à admettre que l'homme de Saint-Acheul allât tout nu. A en juger par les

1. Cf. S. Reinach, *le Musée de l'empereur Auguste*, dans la *Revue d'anthropol.*, 1889, p. 28 et suiv. Voir plus haut (p. 28, note 5) le passag ede Phlégon de Tralles relatif au *Musée* de Tibère.

produits de ses ateliers, ce sauvage avait déjà dépassé le stage primitif décrit ou plutôt deviné par Lucrèce (*de Nat. Rer.*, V, v. 951 et suiv.) :

> *Necdum res igni scibant tractare, neque uti*
> *Pellibus, et spoliis corpus vestire ferarum ;*
> *Sed nemora atque cavos montes sylvasque colebant,*
> *Et frutices inter condebant squalida membra,*
> *Verbera ventorum vitare imbresque coacti.*

III. Les termes de *période paléolithique* (παλαιὸς λίθος) et de *période néolithique* (νέος λίθος) ont été proposés par Sir J. Lubbock[1] et généralement acceptés depuis. M. de Mortillet a proposé le nom d'*éolithique* (ἔως, λίθος) pour tout ce qui se rapporte au tertiaire [2] ; d'autres ont voulu désigner sous le nom de *mésolithiques* (μέσος, λίθος) les outils de pierre des *Kjökkenmöddings*, supposés intermédiaires entre le paléolithique et le néolithique [3].

IV. Les objets recueillis dans les alluvions anciennes des rivières sont tantôt des outils usés et qui ont été rejetés comme inutiles, tantôt des outils roulés par les eaux, tantôt enfin des outils tout neufs ou inachevés qui doivent avoir été submergés par quelque crue violente de la rivière avec le campement des chasseurs-pêcheurs quaternaires qui les avaient fabriqués. Les outils recueillis sur les plateaux proviennent de campements ou d'ateliers ; ils sont beaucoup moins intéressants que ceux des alluvions, n'étant pas accompagnés d'une faune qui puisse servir de principe à leur classement chronologique [4].

V. Les hommes quaternaires ont sans doute aussi construit des paillottes ou des huttes recouvertes de branchages, mais il n'en reste naturellement aucun vestige.

---

1. Lubbock, *l'Homme avant l'histoire*, trad. franç., 1866, p. 61.
2. Mortillet, *le Préhistorique*, p. 18.
3. Cf. *Revue critique*, 20 juin 1887, p. 487. Ce mot est dû au géologue scandinave Torell; il a été repris par Penka (*Die Herkunft der Aryer*, p. 85).
4. Comme le sol des plateaux a été continuellement bouleversé par la culture, qui a confondu dans les mêmes couches les restes de civilisations successives, les instruments paléolithiques et néolithiques se trouvent souvent mêlés, presque à fleur de terre, à ceux de l'époque des métaux et des temps modernes. Ils portent souvent des traces de rouille, dues au contact des instruments aratoires.

PIERRES TAILLÉES PALÉOLITHIQUES.

Nous réunissons ici quelques indications générales relatives aux pierres taillées paléolithiques.

I. *Matières employées*. — On trouve des variétés de quartz et de quartzites[1], plus rarement le jaspe, le grès lustré, le calcaire siliceux[2], etc., mais surtout, et en très grande abondance, le silex marin de la craie et le silex d'eau douce, non seulement dans les régions où se rencontrent les rognons de silex, mais aussi dans celles où le silex n'existe point[3]. Dès l'époque la plus ancienne, il paraît que le silex (tantôt à l'état travaillé, tantôt à l'état de rognons?) faisait l'objet d'un commerce dont le bassin de Paris était l'un des principaux centres[4].

Les ouvriers quaternaires taillaient souvent les cailloux roulés, d'autres fois ils attaquaient la roche à ciel ouvert; à l'époque néolithique, ils ont pratiqué des puits avec des galeries pour l'exploitation du silex[5].

II. *Nature du silex*[6]. — « Les rognons de silex, qui abondent dans certains massifs crayeux, paraissent résulter d'un phénomène de concentration moléculaire par suite duquel la silice, répandue dans la masse de la craie, est venue se réunir autour de certains centres d'attraction et, de préférence, autour des corps organiques en décomposition[7]. » — « Le silex se présente rarement en couches régulières, plus habituellement en rognons; il peut être d'origine marine, lacustre ou hydrothermale, mais les terrains sédimentaires sont les seuls qui contiennent des silex suscepti-

---

1. Cf. Mortillet, *le Préhistorique*, p. 141, 142, 259; *Matériaux*, t. XIX, p. 361; *Rev. d'anthrop.*, 1888, p. 401.

2. Mortillet, *le Préhistorique*, p. 142, 259, 393.

3. *Ibid.*, p. 141.

4. Cf. *Congrès de Paris*, 1867, p. 153; *Congrès de Bruxelles*, 1872, p. 220, 451, 466 (Dupont); *Revue scientifique*, mars 1888, p. 278; Bleicher, *Bulletin de la Soc. des Sciences naturelles de Colmar*, 1886-88; Nadaillac, *Premiers hommes*, t. II, p. 183. Le commerce des roches servant à la fabrication des outils néolithiques a déjà été signalé par Helwing en 1717 (*Matériaux*, t. X, p. 299).

5. Cf. *Matériaux*, t. VII, p. 126; t. XVIII, p. 64; t. XIX, p. 384; t. XXI, p. 1; *Congrès de Bruxelles*, 1872, p. 283; Evans, *Ages de la pierre*, trad. franç., p. 34.

6. Voir Rupert-Jones, dans les *Reliquiae Aquitanicae*, p. 202 et suiv., avec bibliographie du sujet à la p. 205; Stevens, *Flint Chips*, 1870; Evans, *Ages de la pierre*, trad. franç., 1878, p. 19.

7. Lapparent, *Traité de géologie*, 2e éd., p. 1065.

bles d'être taillés [1]. » — « On peut partager les silex en deux classes : 1° ceux de formation marine, souvent caractérisés par la présence de débris d'animaux marins engagés dans la pâte de la pierre ; 2° ceux de formation d'eau douce, où l'on peut reconnaître des graines, des empreintes de végétaux et de mollusques vivant dans les eaux douces [2]. »

Le mot *silex*, caillou, est parent du sanscrit *cila*, pierre. Le silex (*lapis silex, saxum silex*) était employé dans les cérémonies religieuses des anciens, notamment dans les sacrifices, peut-être par une survivance des usages néolithiques [3].

III. *Procédés de taille* [4]. — Les procédés de taille des silex ont présenté des variétés que l'on peut encore constater, de nos jours, chez les peuplades sauvages qui se servent d'outils en pierre [5]. Ces procédés peuvent cependant se réduire à deux modes principaux, correspondant au *dégrossissement* et à la *retouche*, et qui pouvaient être employés successivement dans la fabrication d'un même objet. Ce sont : 1° *La percussion* : le coup est donné sur une surface naturellement plane ou préalablement aplanie, dite *plan de percussion* ou *plan de frappe*. Un silex, dit *percuteur*, fait office de marteau ; l'autre, dit *nucleus*, est la matrice ; 2° *La pression*, employée surtout pour les instruments plus délicats : *les parties minces* du silex sont appuyées contre un corps dur (l'os ou le bois, par exemple), qui fait partir des esquilles successives [6]. Les produits des actions de pression sur les parties latérales sont désignés sous le nom de retouches [7].

1. Bleicher, *Bull. de la Soc. d'Hist. Nat. de Colmar*, 1886-88 (*étude sur les silex d'Alsace-Lorraine*).

2. Damour, *Revue archéologique*, 1866, t. I, p. 193.

3. Exemples dans Cartailhac, *L'âge de la pierre dans les souvenirs et superstitions*, p. 58 et suiv.; cf. Evans, *Ages de la pierre*, trad. franç., p. 10, 11.

4. Boucher de Perthes, *Antiquités celtiques*, t. III, p. 427 ; Nilsson, *Les habitants primitifs de la Scandinavie*, trad. franç., p. 22 et suiv.; Lartet et Christy, *Reliquiae Aquitanicae*, p. 16 et suiv., p. 205 ; Wilde, *Catalogue of the antiquities in the Museum of the Irish Academy*, t. I, p. 6 et suiv.; Evans, *Ages de la pierre*, trad. franç., p. 15 et suiv. (cf. *Congrès de Norwich*, p. 191 et suiv.) ; Daleau, *Sur la taille du silex à l'époque préhistorique*, in *Association Française*, 1874, p. 509 ; Leguay, *Revue d'anthropologie*, t. XIII (1884), p. 126 ; Mortillet, *le Préhistorique*, p. 79 et suiv.; *Musée Préhistorique*, pl. XXXII; Cognac, *Quelques mots sur la fabrication des instruments de l'âge de la pierre*, Amiens, 1887 ; Cels et de Pauw, *Matériaux*, t. XXI, p. 133 et suiv.

5. Voir les références aux récits des voyageurs modernes dans les *Reliquiae Aquitanicae*, p. 16, et dans Evans, *Ages de la pierre*, trad. franç., p. 15.

6. Les Esquimaux et les Mexicains obtiennent des retouches extrêmement fines par une forte pression exécutée à l'aide d'un outil en bois ; cf. Virchow, *Verh. Berl. Ges.* 1873, p. 168.

7. Mortillet, *le Préhist.*, p. 84.

On mentionne encore [1] le procédé « à soulèvement », consistant à soulever des éclats en se servant des aspérités laissées sur la pierre par les tailles précédentes [2].

IV. *Caractères de la taille intentionnelle* [3]. — On s'est préoccupé de recon-

1. Leguay, *Revue d'anthropologie*, t. XIII. (1884), p. 126.

2. Sur la fabrication des pierres à feu modernes (une série complète d'instruments pour cette fabrication existe au Musée), voir Salmon, *Matériaux*, t. XIX, p. 319 ; Lottin, *Association Française*, 1884, p. 683, et *Matériaux*, t. XIX, p. 61 ; Wyatt *apud* E. Stevens, *Flint Chips*, Londres, 1870, p. 578-590 ; Evans, *Ages de la pierre*, trad. fr., p. 19 et les notes ; Mortillet, *Promenades au Musée de Saint-Germain*, p. 69 ; Lovett, *Gun-flint manufactory at Brandon, with reference to flint working in prehistoric times*, extrait des *Proceedings of the Soc. of Antiq. of Scotland*, 1887 ; *Verh. Berl. Ges.*, 1871, p. 54.

3. La question des influences atmosphériques et des chocs accidentels, dans leurs rapports avec la taille apparente des silex, a été très longuement discutée, non seulement à propos de l'homme tertiaire (voir plus bas), mais au cours de la longue polémique internationale provoquée par la découverte des vestiges d'un âge de la pierre en Égypte et dans le désert de Libye *. MM. Arcelin (*L'âge de la pierre*, Paris, 1873 ; *Matériaux*, t. V, p. 186, 399), Hamy et F. Lenormant (*Bull. Soc. Anthrop.*, 1869, p. 658, 711 ; *Matériaux*, t. VI, p. 27) avaient signalé en 1869 des silex d'Égypte portant des marques de travail ; Lepsius prétendit que ces silex étaient des éclats naturels, dus en particulier à l'action de la chaleur qui succède brusquement aux nuits fraîches (*Zeitschr. f. ägypt. Spr.*, 1870 ; *Bull. Inst. Égypt.*, 1869-71 [*Matériaux*, t. IX, p. 16] ; *Zeitschr. f. Ethnol.*, 1870, p. 449 ; *Verh. Berl. Ges.*, 1871, p. 46, 54, 55 ; Fraas, *Aus dem Orient*, t. I, p. 38 ; Nadaillac, *Premiers hommes*, t. I, p. 31, où sont cités des faits à l'appui de l'observation de Lepsius). L'égyptologue allemand fit aussi valoir l'absence d'une faune quaternaire en Égypte et celle de cavernes habitées datant de l'âge de la pierre. La discussion soulevée par M. Arcelin a duré jusqu'à nos jours et a fini à l'avantage du savant français. On a reconnu que l'opinion de Lepsius ne pouvait pas rendre compte de tous les silex taillés recueillis en Égypte et dont un très grand nombre sont évidemment dus à l'industrie de l'homme. Au cours de la discussion, on a rappelé 1° le texte d'Hérodote (II, 85, 86) sur la pierre (αἰθιοπικὸς λίθος) dont les anciens Égyptiens se servaient pour ouvrir les cadavres avant l'embaumement (cf. Sayce, *The ancient Empires of the East*, 1883, p. 171 ; Virchow, *Verh. Berl. Ges.*, 1888, p. 366) ; 2° le texte d'Hérodote sur les flèches à pointe de silex employées par les Éthiopiens de l'armée de Xerxès (VII, 69) ; 3° l'usage de pratiquer la circoncision avec des couteaux en

* Voir à ce sujet, outre les articles cités dans la note, Ebers, *Zeitschrift für ägypt. Sprache*, 1871 (t. IX), janv. fév. ; Mook, *Aegyptens vormetallische Zeit*, Würzbourg, 1880 ; Dawson, *Notes on prehist. man in Egypt and the Libanon*, Londres, 1884 ; Haynes, *Discovery of palaeolithic stone implements in Egypt*, dans *Mem. of the Americ. Acad. of arts and sciences*, vol. X, 1881, p. 358 et suiv. ; Burton, *Journ. anthrop. Instit.*, 1878, p. 323 ; Virchow, *Verh. Berl. Ges.*, 1885, p. 131 ; 1888, p. 344-393 (travail très complet sur le préhistorique en Égypte, reposant sur des observations personnelles) ; Schweinfurth, *ibid.*, 1885, p. 302. Cf. encore *Verh. Berl. Ges.*, 1870, p. 64 ; 1876, p. 155 ; 1879, p. 351 ; 1882, p. 278 ; 1884, p. 610 ; 1885, p. 128, 302 ; 1886, p. 646 ; 1888, p. 209 ; *Congrès de Bruxelles*, p. 313 (collection de silex d'Égypte donnée au Musée de Saint-Germain par M. Delanoue) ; *Matériaux*, t. X, p. 550 ; t. XIV, p. 43. Spécimens gravés : *Journ. anthrop. Institute*, 1875, t. IV, pl. XIII-XVII (art. de Lubbock) ; 1878, VII, pl. VIII-IX (art. de Browne) ; 1882, XI, p. 387 et suiv. (art. de Pitt Rivers) ; Hayne, *op. laud.*, pl. I-VII ; *Matériaux*, t. V, pl. XXVII ; t. XXII, p. 211 ; *Verh. Berl. Ges.*, 1885, p. 133 (silex dits *pieds d'âne* par les Arabes) ; 1888, p. 353, 355 et suiv. On peut aussi consulter le résumé clair et sensé donné par Nadaillac, *Premiers hommes*, t. I, p. 30.

naître ces caractères afin de distinguer les silex taillés par la main de l'homme de ceux qui n'en ont que l'apparence (*pseudotaille*). M. de Mortillet a fait valoir les critériums suivants [1] :

1° L'existence du *plan de percussion* ou *plan de frappe;*

2° Le *conchoïde de percussion* [2], dit aussi, mais moins exactement, *bulbe de percussion.* « Le silex et toutes les pierres propres à donner des éclats tranchants ont une tendance à la cassure conchoïdale, c'est-à-dire

pierre (Wilkinson, *Manners and customs of the ancient Egyptians*, t. I, p. 183 ; t. III, p. 385). On a encore allégué que les silex ont pu servir à graver les hiéroglyphes (*Verh. Berl. Ges.*, 1888, p. 379) ou aux machines à dépiquer le blé, les *tribula* des Romains, encore usitées aujourd'hui en Orient (*ibid.*, p. 379 ; 1873, p. 8, 167 ; *Zeitschr. f. Ethnol.*, 1873, p. 270 ; Lucas, *Voyage dans la Turquie*, t. II, p. 231, avec gravures ; *Rev. Arch.*, 1872, I, p. 189 ; *Bonn. Jahrb.*, t. LXVIII, p. 182 ; *Matériaux*, t. XXII, p. 214 ; *Assoc. Française*, 1888, p. 207). Mais tous les efforts pour représenter les silex taillés égyptiens comme exclusivement historiques se heurtent au nombre très considérable de ces silex, qui forment parfois de véritables gisements. D'autre part, Dümichen a fait observer (*Verh. Berl. Ges.*, 1871, p. 66) que le déterminatif hiéroglyphique de *ba* = pierre, a bien la forme d'un couteau en silex, argument d'une importance incontestable. Il reste cependant douteux que ces silex, presque tous trouvés sur les plateaux et non dans les alluvions, et qu'aucune faune caractéristique ne vient dater, appartiennent exclusivement ou même dans leur ensemble à une époque où l'usage des métaux était inconnu en Égypte. Le fait qu'on a trouvé des silex dans des tombes d'époque historique (*Verh. Berl. Ges.*, 1888, p. 377) se prête à des interprétations contradictoires; le même usage a été constaté dans différents pays, mais il est toujours difficile de décider si le dépôt de silex dans les tombes s'explique par une idée symbolique ou par la survivance d'une industrie. La première hypothèse paraît la plus vraisemblable. C'est par l'usage de battre le briquet sur le silex que M. Virchow (*Verh. Berl. Ges.*, 1871, p. 53) explique la présence souvent constatée des silex dans les tombes de l'époque mérovingienne*; le mort, dit-il, dans sa demeure souterraine, avait besoin de feu et de lumière non moins que des aliments qu'on plaçait auprès de lui (cf. *Verh. Berl. Ges.*, 1872, p. 290). Si les silex en question, tant en Égypte qu'au temps des nécropoles franques, avaient remplacé, comme des succédanés à vil prix, les outils en métal, on en trouverait parfois de polis, ce qui n'est point. En Égypte, l'absence presque absolue de silex polis (*Verh. Berl. Ges.*, 1888, p. 371) est un fait d'autant plus remarquable qu'on en a recueilli sur le haut Nil et en Éthiopie (*ibid.*, 1884, p. 294 ; 1886, p. 87).

1. Mortillet, *Le Préhistorique*, p. 79-84.

2. *Ibid.*, p. 81. C'est Leguay qui, en 1859, a le premier reconnu l'importance du bulbe ou conchoïde de percussion comme caractère de la taille intentionnelle du silex ; cf. sa *Note sur les silex taillés*, Senlis, 1864, p. 4, et *Bull. de la Soc. d'Anthropologie*, 1877, p. 296.

* Une des plus anciennes mentions de silex dans des tombes chrétiennes se trouve dans *Hamlet*, acte V, sc. 1. Cf. *Congrès de Norwich*, p. 177 ; *Congrès de Stockholm*, p. 650 ; *Bull. Soc. Anthrop.*, 1879, p. 743 ; *Rev. Arch.*, 1876, I, p. 367 ; 1877, II, p. 183 ; 1880, II, p. 261 ; 1888, I, p. 71, note 2 (bibliographie) ; *Matériaux*, t. XXI, p. 267 ; Beaulieu, *Archéol. de la Lorraine*, t. II (1843), p. 78 ; Baudot, *Sépultures de Charnay* (1860), p. 77. Le caractère votif de ces silex a été soutenu dès 1858 par Leguay (cf. *Bull. Soc. Anthrop.*, 1877, p. 296).

présentant soit une convexité, soit une concavité irrégulièrement arrondies. Le conchoïde de percussion se développe régulièrement à partir du point de frappe et va en s'élargissant et en s'affaiblissant jusqu'à une certaine distance où la cassure devient plus ou moins plane. »

Des recherches récentes ont prouvé, contrairement à l'opinion de M. de Mortillet, que le conchoïde de percussion n'est pas un caractère *nécessaire et suffisant* de la taille intentionnelle [1].

3° *L'esquillement de percussion*, sorte d'écrasement qui se produit au point frappé et altère plus ou moins la régularité des conchoïdes en relief [2].

V. *Caractères d'authenticité* [3]. — Ces caractères, qui peuvent servir à

1. Arcelin, *Revue des Questions Scientifiques*, janv. 1885, dit avoir recueilli à tous les niveaux des argiles à silex du Mâconnais (éocènes) « des silex éclatés dont quelques-uns portent des cônes de percussion et même des apparences de retouches telles qu'on n'hésiterait pas à les attribuer à l'homme si l'on ramassait ces silex dans un gisement quaternaire ». M. Arcelin a traité la même question avec détail dans un mémoire sur les silex tertiaires publié par les *Matériaux*, t. XIX, p. 193-204. Cf. Virchow, *Verh. Berl. Ges.*, 1871, p. 49; 1888, p. 374; *Congrès de Lisbonne*, p. 106 (*Matériaux*, t. XV, p. 522) : « Il y a des percussions qui se font naturellement dans un courant d'eau, sur des pentes. *Il faut renoncer au bulbe de percussion.* » M. Virchow attribue une tout autre valeur à l'existence de *nuclei* polygonaux, qui, suivant lui, attestent d'une manière formelle l'existence d'un atelier de silex (*Verh. Berl. Ges.*, 1888, p. 374). Le même savant admet la brisure des silex, sans l'intervention de l'homme, par la chute de blocs erratiques, leur dislocation sous l'influence de la température et des propriétés chimiques du sol ambiant (*Ueber natürliche und künstliche Feuersteinsplitter*, dans les *Verh. Berl. Ges.*, 1871, p. 45 et suiv.). — Voir aussi Cazalis de Fondouce, *Matériaux*, t. XV, p. 524, qui distingue les caractères de la *percussion* de ceux de l'*intention*. M. Hardy a établi que les bulbes de percussion et même « de fines retailles » pouvaient être produits par le simple choc des vagues déferlant sur les galets (cf. *Matériaux*, t. XVI, p. 475). Nous résumerons plus loin les discussions provoquées par les silex crus travaillés des gisements tertiaires (Thenay, Otta, etc.). M. Evans a dit spirituellement (*Congrès de Lisbonne*, p. 97) : « Je suis bien fier de l'antiquité de ma famille, mais il faut que cette antiquité s'appuie sur des fondements plus solides qu'un seul bulbe de percussion. »

2. Mortillet, *le Préhist.*, p. 82. Nous pensons, avec M. Arcelin (*Matériaux*, t. XIX, p. 195), que l'esquillement n'est pas nécessairement l'indice d'un acte intentionnel, mais seulement d'une percussion. — Sur la taille apparente et l'éclatement des silex produits par les phénomènes atmosphériques, les chocs accidentels, etc., cf. *Matériaux*, t. XXI, p. 158; t. XXII, p. 251; *Association Française*, 1887, p. 360; *Congrès de Lisbonne*, p. 106, 111; Petrino, *Mittheilungen der anthropologischen Gesellschaft in Wien*, t. II, p. 94; d'Acy, *le Limon des Plateaux*, p. 13; Chabas, *Études sur l'antiquité historique*, 1873, p. 397; Arcelin, *L'âge de pierre et les classifications préhistoriques*, 1873, p. 17. Voir aussi les discussions relatives aux silex de Thenay, citées plus bas, p. 97 et suiv.

3. Cf. Boucher de Perthes, *Antiquités celtiques*, t. III, p. 395; Mortillet, *Le Préhistorique*, p. 152 et suiv.

démasquer les contrefaçons modernes [1], ont été très bien étudiés par M. de Mortillet. Les principaux sont :

1° Le *vernis* ou *lustre*, résultat de frottements multiples et prolongés ;

2° La *patine*, altération de la surface par les actions atmosphériques ou le dépôt de matières minérales. Les teintes peuvent varier du brun foncé au jaune, suivant le milieu et le niveau où le silex est conservé [2]. La patine blanche ou *cacholong* résulte généralement de l'exposition à l'air [3] ;

3° Les *incrustations* calcaires ou ferrugineuses ;

4° Les *dendrites*, petits cristaux bruns qui se déposent à la surface de la pierre [4].

Aucun de ces caractères ne peut inspirer une confiance absolue ; ils peuvent tous faire défaut, d'ailleurs, sur une pièce parfaitement authentique. La méfiance est donc toujours de mise, mais certaines personnes font preuve d'inexpérience en l'exagérant.

VI. *Question de l'emmanchement* [5]. — Nous possédons des spécimens d'outils néolithiques emmanchés et les voyageurs ont observé, chez les sauvages modernes, de nombreux procédés pour l'emmanchement des instruments de pierre. Comme ces outils de sauvages appartiennent presque exclusivement aux types néolithiques, on a pu se demander si les outils

1. Boucher de Perthes a été lui-même, et plus souvent qu'il ne voulait l'admettre, victime des fabricants de silex faux (cf. *Antiquités celtiques*, t. III, p. 666, et Mortillet, *le Préhist.*, p. 244). — Faussaires de silex : Evans, *On the forgery of antiquities*, in *Royal Institute*, 24 février 1865. Faussaires à Beauvais, *Matériaux*, t. XVI, p. 151 ; dans l'Yonne, *Congrès de Bruxelles*, p. 351 ; de Spiennes, *Bull. de la Soc. d'Anthropol. de Bruxelles*, 1886-87, p. 27 ; dans la Charente, *Matériaux*, t. XVIII, p. 62 ; dans la Somme et dans l'Oise, *ibid.*, t. XX, p. 463. Voir encore *Matériaux*, t. XVI, p. 430, 486, etc. ; Stevens, *Flint Chips*, London, 1870, p. 591 ; *Dictionnaire archéol. de la Gaule*, t. I, p. 54.

2. Boucher de Perthes, *Antiquités celtiques*, t. III, p. 369 et suiv. Voir surtout d'Acy, *Les patines des silex taillés des alluvions de Saint-Acheul*, extrait du *Compte rendu du Congrès des sciences anthropologiques*, 1878, et *Matériaux*, t. X, p. 282 ; cf. *Bull. de la Soc. d'Anthropologie*, 1887, p. 228.

3. Meillet, *Recherches chimiques sur la patine des silex taillés*, Montauban, 1866 ; Ch. des Moulins, *La patine des silex taillés*, extrait des *Actes de la Société linnéenne de Bordeaux*, 1864 ; Rutot, *Sur l'origine de la patine des silex*, in *Bulletin de la Société d'Anthropologie de Belgique*, t. V, p. 376. M. Damour (*Revue Archéologique*, 1866, I, p. 193) fait observer que certaines variétés de silex se patinent très rapidement à l'air et que, par suite, il ne faut pas attacher trop d'importance à ce caractère d'authenticité ; cf. Mortillet, *Le Préhistorique*, p. 157 : « J'ai vu des silex de Charbonnières commencer à se patiner en dix ou douze ans de conservation à l'air, au musée de Saint-Germain. »

4. Cf. Lyell, *Ancienneté*, trad. franç., p. 127.

5. Boucher de Perthes, *Antiquités celtiques*, t. II, p. 177 ; t. III, p. 74, 471. Le savant abbevillois a étudié de fort près cette question ; ses recherches n'ont pas toujours été citées par ceux qui s'en sont inspirés depuis.

amygdaloïdes du type de Saint-Acheul avaient été emmanchés ou maniés à la main [1]. La question n'est pas de celles qui peuvent se résoudre par une affirmation générale : chaque outil doit être considéré et même essayé à part. Lorsqu'il est pourvu d'un talon bien accusé, il est évident qu'il a dû servir à la main [2]; lorsque ce talon fait défaut ou paraît trop petit, lorsque la hache est taillée sur tout le pourtour, *il est probable* qu'elle a été emmanchée. L'idée de l'emmanchement est une des premières qui devaient venir à l'homme ; elle est sans doute contemporaine du premier outil, puisqu'elle est suggérée par le bras humain, *qui est un manche naturel*. Les caractères de torsion que l'on a cru observer sur les haches du type de Saint-Acheul, la place ménagée pour le pouce droit, les points restés bruts sur le côté ou à la base, ne paraissent pas assez régulièrement pour qu'il soit prudent de les considérer comme intentionnels [3].

Le mode d'emmanchement devait varier suivant l'usage auquel l'outil était destiné et rien n'empêche d'admettre à l'époque paléolithique, comme chez les sauvages modernes, des modes d'emmanchement divers, avec ou sans l'intervention d'une substance résineuse [4].

VII. *Question de l'usage.* — On ne peut deviner l'emploi des outils quaternaires en silex que par la comparaison avec des outils actuels, méthode dont la précision laisse naturellement à désirer, et par l'examen soigneux des pierres elles-mêmes dont la forme est nécessairement en rapport avec la destination. Il n'est pas exact de considérer l'outil de Saint-Acheul

1. Boucher de Perthes (*Antiquités celtiques*, t. III, pl. IV-VII) et Mortillet (*le Préhistorique*, p. 142 et suiv.) ont pensé que l'outil de Chelles (acheuléen) se maniait à la main. Cependant Boucher admettait que certaines haches, tranchantes sur toute leur circonférence, n'avaient pu servir à la main (t. III, p. 74), concession que M. de Mortillet retire, en alléguant les points restés bruts sur le côté ou à la base. Voir la discussion entre MM. d'Acy et de Mortillet, *Bulletin de la Société d'Anthropologie*, 1887, p. 158, 219, 232.

2. Les outils chelléens en quartzite roulé sont assez souvent munis d'un talon d'empoignure (Mortillet, *Bull. Soc. Anthrop.*, 1888, p. 172).

3. Voir la figure donnée par Boucher de Perthes, *Antiquités celtiques*, t. III, pl. IV (cf. p. 471) et reproduite par M. de Mortillet, *Le Préhist.*, p. 143 (*Musée Préhist.*, pl. IX, n° 48). A la suite de Boucher de Perthes, M. de Mortillet a insisté sur ces caractères, auxquels il paraît attribuer trop d'importance. Cf. d'Acy, *Bull. Soc. Anthropol.*, 1887, p. 164, 176, 219, 332. M. Bellucci partage le sentiment de M. de Mortillet (*Contribuzione allo studio della paletnologia italiana*, I, Pérouse, 1884; cf. *Matériaux*, t. XIX, p. 78).

4. Le silex est introduit dans le creux d'une tige de bois et fixé par des boyaux d'animaux en guise de cordes ; cf. Evans, *Ages de la pierre*, trad. franç., p. 148 et suiv., p. 176 et suiv.; *Reliquiae Aquitanicae*, p. 14, 15 ; *Revue d'Ethnographie*, 1886, p. 340, 348 (types d'emmanchements divers); *Bull. Soc. Anthropol.*, 1887, p. 168, 180, 226 (grav.); Lepic,

comme « un instrument à tout faire [1] » ; il y a déjà, tant à Saint-Acheul qu'à Chelles, des instruments de types différents répondant à différents besoins [2]. La hache amygdaloïde est certainement un outil (en particulier un coin), peut-être aussi une arme de chasse et de guerre [3]. L'étude directe de chaque spécimen peut seule permettre de préciser le nom moderne de l'outil ou de l'arme dont il a *pu* tenir lieu.

Il est inutile d'insister ici sur quelques hypothèses absurdes dont l'usage des haches amygdaloïdes a été l'objet [4]. Ajoutons seulement que certaines

Armes et outils préhistoriques reconstitués, Paris, 1872, pl. I et suiv. ; *Congrès de Copenhague*, p. 316, 455, 477, 478 ; *Congrès de Bruxelles*, p. 279 ; Reboux, *Congrès international des Orientalistes*, 1873, pl. LVII ; *Revue Archéol.*, 1868, II, p. 266 ; *Matériaux*, t. XVII, p. 311 ; t. XVIII, p. 112 (haches insérées par les Hurons dans une tige d'arbre en croissance). — Gommes, résines et mastics employés pour les emmanchements : *Matériaux*, t. XXII, p. 144 ; *Bull. Soc. Anthropol.*, 1887, p. 168 ; Troyon, *Habitations lacustres*, p. 461 ; Gross, *Protohelvètes*, p. 14 ; Nilsson, *Habitants primitifs de la Scandinavie*, p. 67.

1. Expression de M. de Mortillet, *Bull. Soc. Anthropol.*, 1887, p. 173. Il y a aussi quelque excès dans ce qu'a écrit à ce sujet M. de Saporta (*Revue des Deux-Mondes*, 1er mai 1883) : « La hache chelléenne, toujours la même (?), a cependant dû servir à plus d'un usage. La division du travail, cet indice certain de la supériorité industrielle, est ici réduite à son plus bas degré. »

2. Ce commencement de spécialisation des outils a été mis en évidence par M. d'Acy. « Je me crois en droit d'affirmer que l'outil chelléen est loin d'être *un* ; qu'il y a, au contraire, à Chelles et à Saint-Acheul, une grande variété d'outils ou d'armes... Un très grand nombre de silex taillés sont loin d'être tranchants sur tout leur pourtour et affectent des formes très diverses, très caractérisées, évidemment voulues... Ce sont des couperets, des racloirs, des couteaux, des poignards... » (*Bull. Soc. Anthropol.*, 1887, p. 163, 222.) La démonstration de cette opinion ne sera faite que par la publication de la grande collection chelléenne et acheuléenne de M. d'Acy, plus considérable et surtout plus variée que celle du Musée de Saint-Germain.

3. M. de Mortillet pense, non sans vraisemblance, que l'arme par excellence de l'homme primitif devait être le casse-tête de bois (*Bull. Soc. Anthropol.*, 1887, p. 173). Les outils en silex de Saint-Acheul paraissent avoir été destinés surtout au travail du bois. Les légendes des Hottentots mentionnent le temps où leurs ancêtres coupaient les arbres avec des outils de pierre (*Congrès de Norwich*, p. 14). On peut rapprocher de cette tradition le vers bien connu (Virgile, *Géorgiques*, I, 143) : *Nam primi cuneis scindebant fissile lignum.* M. Tyler dit avoir vu une hache moderne de Tasmanie, servant à entailler les arbres pour y grimper, qui serait identique en forme aux instruments du *diluvium* (*Congr. de Norwich*, p. 25). Les Aïnos d'Otaru, il y a une vingtaine d'années, se servaient encore d'outils de pierre pour couper les arbres et creuser leurs canots (*Revue d'ethnographie*, t. IV, p. 468). Reboux a raconté (*Congrès de Bruxelles*, p. 279) qu'il avait écorché un bœuf avec des silex recueillis à Levallois ; cf. *Bull. Soc. Anthrop.*, 1887, p. 188 ; Lepic, *Les armes et les outils préhistoriques*, Paris, 1872. M. de Mortillet dit avoir scié, entaillé et creusé du bois avec un outil chelléen manié à la main, ce qui ne laisse pas de surprendre (*Bull. Soc. Anthropol.*, 1887, p. 172) ; le plus sûr résultat de cette expérience sera de blesser celui qui la répétera.

4. Les haches de Saint-Acheul auraient servi pendant l'hiver à faire des trous dans la

pierres d'une régularité parfaite, taillées avec un soin minutieux, provenant tant de Saint-Acheul et de Chelles [1] que de Solutré et de Volgu, éveillent moins l'idée d'outils que celle de pièces d'apparat, peut-être même de symboles ou de fétiches. Ainsi le *culte de la hache*, dont on trouve des vestiges chez tant de peuples, est peut-être antérieur à l'époque néolithique et remonterait à la plus haute antiquité [2].

VIII. *Terminologie.* — Les armes et outils quaternaires sont désignés, suivant leurs formes, par des termes applicables aux outils analogues dans les temps modernes : coins, haches, scies, lissoirs, racloirs, grattoirs, couteaux, couperets, hachoirs, perçoirs, etc. Les termes généraux *hache* et *coin*, employés de préférence par Boucher de Perthes, peuvent être conservés sans inconvénient ; il en est de même de quelques désignations populaires [3]. L'appellation de *coup de poing*, proposée par M. de Mortillet pour l'instrument typique de Saint-Acheul [4], est à écarter, car elle préjuge la question de l'emmanchement dans le sens négatif. Il est désirable que l'on renonce absolument à l'expression de *celt,* qui, employée d'abord pour désigner toutes sortes d'outils préhistoriques en forme de haches ou de coins, a fini par être appliquée de préférence aux haches de bronze [5]. Ce mot, sans étymo-

glace pour capturer les poissons (*Congrès de Stockholm,* 1874, t. I, p. 56). — Elles seraient des armes de jet (*Revue scientifique,* octobre 1886, p. 551), absurdité déjà écartée par Boucher de Perthes (*Antiquités celtiques,* t. 1, p. 119 ; cf. d'Acy, *Bull. Soc. Anthropol.,* 1887, p. 160). On peut lire, dans les *Antiquités celtiques* (t. II, p. 170 ; t. III, p. 335, 461), ce qui est relatif à l'emploi des pierres taillées ; il y a de bonnes réflexions sur la multiplicité des usages auxquels ces pierres pouvaient servir. En revanche, le chapitre intitulé : *De la destination des instruments de pierre* (*Antiq. celt.,* t. I, p. 117-134) fourmille d'idées fausses et même d'extravagances, comme trop de pages écrites par le même auteur.

1. Collection d'Acy.

2. Voir Longpérier, *Œuvres complètes,* t. I, p. 170, 220. Les exemples d'armes et d'outils considérés comme fétiches ne sont pas rares ; il suffit de rappeler l'épée qu'adoraient les Scythes (Hérodote, IV, 62).

3. Les ouvriers des sablières appellent *langues de chat* les haches amygdaloïdes, *livres de beurre* les grands *nuclei,* etc.

4. Mortillet, *Le Préhistorique,* p. 133.

5. Cf. Evans, *Ages de la pierre,* trad. franç., p. 56 ; *Ancient bronze implements,* p. 27 et suiv. Le latin *celtis* ne se trouve que dans un passage de la Vulgate (Job, XIX, v. 24), d'où il a passé dans l'*Epist. ad Pammachium* de saint Jérôme et dans le glossaire de Labbe (cf. l'article *Celtis* dans le *Lexicon* de Forcellini et l'article *Celt* dans le grand dictionnaire anglais de Murray). Une inscription de Pola, où le mot *celte* se rencontre, est un faux du quinzième siècle (*Corp. Inscr. Lat.,* t. V, 1, n° 1 ; cf. *Proceed. Soc. Antiq.,* 2e sér., vol. VII, p. 396). Dans le texte même de la Vulgate, il est probable que l'on doit lire *caelo* au lieu de *celte* ; le mot *celtis* serait alors un néologisme né d'une erreur paléographique, comme les VNCIALES *litterae* (saint Jérôme, *Prol. in Job. extr.*) nées d'une mauvaise

logie bien assurée, a le tort grave de suggérer une connexion inadmissible, ou du moins non démontrée, entre les outils préhistoriques et les Celtes.

IX. *Question de la classification* [1]. — La classification par types des outils paléolithiques a été esquissée par Édouard Lartet [2], qui a distingué le type de Saint-Acheul (acheuléen, puis chelléen de M. de Mortillet), celui du Moustier (moustérien), celui de Laugerie-Haute (identique au solutréen de M. de Mortillet) et celui des Eyzies (magdalénien). M. de Mortillet [3] a systématisé cette classification en admettant avec Lartet les types suivants : *chelléen* (ou *acheuléen*) [4], *moustérien, solutréen, magdalénien ;* mais il a proposé, en outre, de considérer chacun de ces types d'outils comme caractéristique d'une époque, s'étendant sur un très grand nombre de siècles, avec actions géologiques, flore et faune correspondants. Ainsi, le chelléen serait l'époque de *l'elephas antiquus*, du *rhinoceros Merckii*, de l'hippopotame ; le moustérien, celle de *l'elephas primigenius* et du *rhinoceros tichorhinus,* etc. Dans les termes où M. de Mortillet a d'abord proposé cette classification [5], elle est parfaitement admissible, surtout comme principe d'arrangement d'une collection ; mais elle cesse de le devenir et peut donner lieu à de graves malentendus lorsqu'on affirme, comme des vérités d'expérience : 1° Que les silex du type moustérien sont superposés aux silex du type chelléen dans tous les gisements non remaniés ; 2° Que les outils des mêmes types se rencontrent

lecture du mot INITIALES. La ressemblance du latin *celtis* avec le gallois *celt,* signifiant *pierre,* ne peut être attribuée qu'au hasard (Evans, *Ages de la pierre,* p. 38). Dans le sens de hache préhistorique, le mot *celtis* est déjà employé par Beger, *Thesaurus Brandenburgicus,* 1696.

1. Voir, outre les articles cités dans les notes suivantes : Arcelin, *Revue des Questions scientifiques,* avril et octobre 1880 ; Nadaillac, *Premiers hommes,* t. I, p. 70 et suiv. ; d'Acy, *Matériaux,* t. X, p. 281-287 ; Mortillet, *ibid.,* p. 342-344.

2. Lartet, *Revue archéologique,* 1864, I, p. 238, 245, 253, 255.

3. Mortillet, *Revue d'anthropologie,* 1872, t. I, p. 432 ; *Congrès de Bruxelles,* 1872, p. 432 et suiv. ; *Le Préhistorique,* p. 131 (tableau synoptique des climats, des actions géologiques, de la paléontologie et des industries crus synchroniques).

4. M. de Mortillet a pris pour type le gisement de Chelles après avoir reconnu que celui de Saint-Acheul présentait des mélanges ; cf. *Le Préhist.,* p. 132.

5. M. de Mortillet (*Congrès de Bruxelles,* 1872, p. 447) répondit aux objections de l'abbé Bourgeois et de M. Franks que sa classification ne s'applique pas dans tous ses détails à l'univers entier, mais qu'elle est exacte pour la Gaule et pour l'Angleterre. Il ajouta d'ailleurs (p. 448) : « Ma classification n'est pas un cadre fixe et rigide dans lequel doivent forcément s'encastrer toutes les données de la science. Elle n'a pas de si hautes prétentions, qui, du reste, ne sauraient se justifier. Il faut simplement la considérer comme un meuble à tiroirs, dans lequel se placent facilement et commodément, à des niveaux différents, tous les faits et toutes les observations. Éprouvée au Musée de Saint-Germain, j'ai reconnu que ma classification offrait ce grand avantage. »

toujours aux mêmes niveaux géologiques et en compagnie de la même
faune [1]. — Déjà contestables pour la Gaule, de pareilles propositions deviennent tout à fait inacceptables lorsqu'on essaye de les étendre au reste de
l'Europe [2] ou même du monde. La chronologie relative des gisements paléolithiques doit être établie par la considération de leur faune, de leur
flore et de leur constitution géologique ; les types des outils de pierre ne
peuvent entrer en ligne de compte qu'à titre accessoire [3]. Les variétés
constatées entre ces types s'expliquent tantôt par la différence des matériaux mis en œuvre, tantôt et surtout par l'inégalité de civilisation, par
la diversité des habitudes et des besoins propres aux tribus ou aux clans
qui les fabriquaient, et qui pouvaient se trouver à des étapes de progrès ma-
tériel très éloignées tout en étant contemporaines dans le temps et voisines
dans l'espace [4]. Vouloir tirer de là des indices chronologiques, c'est ad-

1. L'abbé Bourgeois a fait valoir, sitôt après avoir pris connaissance de la théorie de
M. de Mortillet, la multiplicité des formes de silex taillés appartenant à l'époque de
Saint-Acheul (*Congrès de Bruxelles*, 1872, p. 444). Il est vraiment trop commode d'invoquer l'hypothèse de remaniements toutes les fois que la théorie est en défaut. — Instruments moustériens dans les couches inférieures de Saint-Acheul et de Chelles (d'Acy,
Bull. Soc. Anthrop., 1887, p. 222, 239 ; *Matériaux*, t. X, p. 281 ; *Le limon des plateaux*,
p. 68). Instruments moustériens dans le gisement du Mont-Dol, appartenant au quaternaire le plus ancien (*Congrès de Stockholm*, 1874, t. I, p. 128). Cf. *Congrès de Pesth*,
p. 67, 71. A Gafsa en Tunisie, le Dr Collignon conclut à la contemporanéité du moustérien
et du chelléen (*Matériaux*, t. XXI, p. 187 ; cf. *Association française*, 1886, p. 165). Au
même endroit, types moustériens, magdaléniens, et solutréens (?) mélangés dans une
couche non remaniée (Hamy, *Revue d'ethnographie*, t. VI, p. 164). A Palikao près d'Oran,
dans un gisement quaternaire, on a trouvé les types chelléens mêlés à ceux du Moustier (*Matériaux*, t. XXII, p. 224).
2. « In tanto non cade dubbio, e i paletnologi italiani saranno meco tutti d'accordo, che
l'età archeolitica del nostro paese non comprende i varii periodi ammesi nella classifica-
zione stabilita dal De Mortillet pel mondo intero. » (Pigorini, *Bullett. di Paletnol.
italiana*, 1886, p. 79.) Cf. *Revue d'anthropologie*, 1888, p. 371, 677.
3. M. de Mortillet a dit lui-même autrefois (*Congrès de Paris*, 1867, p. 108) : « Pour
fixer l'âge d'un silex, il faut faire plus attention à la faune qui l'accompagne qu'à la
forme même de l'objet. »
4. Les Peaux de Lièvre dans l'Amérique du Nord fabriquent des instruments de pierre
très grossiers, alors que leurs voisins les Esquimaux et les Chippewayans savent parfaitement polir la pierre (*Matériaux*, t. IX, p. 401). Cf. la comparaison instituée par
M. Dupont entre les silex de Mesvin et ceux des cavernes de la province de Liège, *Congrès
de Bruxelles*, p. 266, 271, 445, 469 ; *Rev. Archéol.*, 1872, II, p. 248. Il n'est pas même certain
que les instruments cunéiformes et amygdaloïdes soient plus nombreux à Saint-Acheul
et à Chelles que les types moustériens ; l'apparence contraire peut tenir, comme on l'a
pensé, à ce que les ouvriers ont plutôt recherché les premiers que les seconds. Il n'est
pas moins vrai, d'autre part, que des haches du type de Saint-Acheul ne se trouvent pas
associées aux fines lames en feuille de laurier de Solutré ou de Laugerie-Haute. La va-

mettre, *à priori* et sans preuves, l'uniformité du progrès industriel ; c'est appliquer, par un véritable paralogisme, la méthode géologique à l'histoire des premières civilisations [1].

QUESTION DE L'HOMME TERTIAIRE.

L'hypothèse de l'homme tertiaire [2] n'est pas en désaccord avec ce que l'on sait touchant les conditions climatériques et biologiques de cette époque. On a objecté il est vrai, d'une façon générale, que l'homme serait, dans l'hypothèse dont il s'agit, l'unique survivant d'une faune mammalogique disparue [3]. A cela deux réponses différentes ont été faites : 1° l'homme, par cela même qu'il est *homo sapiens*, a pu échapper aux cataclysmes (?) qui ont anéanti la faune tertiaire [4] : c'est, on le voit, sous une forme plus scientifique, la théorie de l'arche de Noé ; 2° l'homme qua-

riété des industries quaternaires est incontestable ; c'est leur superposition ou leur succession chronologique constante qui n'est pas prouvée.

1. M. d'Acy écrit fort nettement à ce propos (*Bull. Soc. Anthropol.*, 1887, p. 227) : « Je n'ai jamais contesté que les admirables pierres de Volgu, celles de Solutré et même quelques très beaux échantillons du *vrai* moustérien, ne montrent un progrès plus ou moins notable sur l'industrie de Saint-Acheul ou de Chelles. Ce que je maintiens, c'est qu'il n'y a aucun progrès entre les couches inférieures et les couches supérieures du diluvium près de Saint-Acheul. » Cf. A. Bertrand, *Archéologie celtique et gauloise*, p. 46 : « Il peut y avoir en géologie une loi immuable de la succession des terrains... Il n'existe point de loi semblable applicable aux agglomérations humaines, à la succession des couches de la civilisation. »

2. Hamy, *Précis*, p. 89 et suiv.; Mortillet, *Le Préhistorique*, p. 30 et suiv.; Bertrand, *La Gaule avant les Gaulois*, p. 30 et suiv.; Nadaillac, *L'homme tertiaire*, Paris, 1885; Saporta, *Revue des Deux-Mondes*, 1er mai 1883. Cf. les notes suivantes.

3. Voir Gaudry, *Mammifères tertiaires*, p. 240 ; O. Heer, *Le climat et la végétation du pays tertiaire*, p. 218. M. Boule n'admet pas la valeur de cette objection (*Revue d'Anthrop.*, 1889, p. 217) : « Les genres de mammifères actuels sont, pour la plupart, bien anciens. Dès le miocène supérieur, nous avons de vrais chats, de vraies hyènes, de vrais cerfs, de vrais rhinocéros, etc., c'est-à-dire des genres actuels. Même certaines espèces sont bien voisines d'espèces actuelles. Ces cas deviennent fréquents pendant le pliocène et je ne vois pas pourquoi le genre *homo*, avec tous ses caractères, n'aurait pas été le contemporain des genres que je viens d'énumérer. Je suis parfaitement convaincu que les paléontologistes trouveront quelque jour les restes osseux de notre ancêtre tertiaire. »

4. Quatrefages, *Congrès de Lisbonne*, 1880, p. 114 ; *Introd. à l'étude des races humaines*, p. 90.

ternaire aurait eu pour ancêtre tertiaire un précurseur pithécoïde, plus petit que l'homme actuel : ce précurseur a été dénommé *anthropopithèque*, nom déjà donné par Blainville, en 1839, au genre chimpanzé [1].

En écartant les spéculations *à priori* sur l'origine de l'espèce humaine et le transformisme, la question se pose maintenant en ces termes : a-t-on signalé des vestiges certains de l'existence d'un être intelligent à l'époque tertiaire? Nous pensons que l'on doit répondre par la négative, malgré la multiplicité des découvertes alléguées depuis 1863 [2]. Ces découvertes peuvent se répartir comme il suit en trois catégories distinctes :

1° *Crânes ou autres ossements humains recueillis dans des gisements tertiaires.* — Dans aucun cas il n'a pu être établi avec certitude : 1° qu'il ne s'agit pas d'une inhumation relativement récente; 2° que le gisement fût effectivement tertiaire.

Faits allégués : Squelette de Savone, dans une marne pliocène (inhumation?) [3]; squelettes de Castenedolo près de Brescia, découverts en

---

1. Mortillet, *Le Préhistorique*, p. 102 et suiv.; *Association française*, 1878, p. 607 (cf. Hovelacque, *ibid.*, p. 613, *La linguistique et le précurseur* [!]); *ibid.*, 1878, p. 824; *La science politique*, mars 1879, p. 205; *Revue scientifique*, 29 mai 1880; *Bull. Soc. Anthrop.*, 1878, p. 375; *Revue d'Anthropol.*, 1879, p. 117. — Avant M. de Mortillet, on avait déjà attribué les outils quaternaires à des anthropopithèques (Vogt, *Lectures on man*, 1864, 16ᵉ leçon; *Congrès de Norwich*, p. 24). Haeckel avait émis l'hypothèse d'un *pithecanthropus* muet (*homo ferus* de Linné) dans son *Hist. de la Création*, trad. franç., p. 615 (cf. Mortillet, *Le Préhist.*, p. 250). Darwin (*Descend. de l'homme*, trad. franç., 1881, p. 175) et Huxley (*Place de l'homme dans la nature*) ont admis un précurseur miocène de l'homme. Gaudry a été tenté d'attribuer les silex de Thenay à quelque dryopithèque (*Enchaînements du monde animal*, p. 240; *Matériaux*, t. XIII, p. 71). Les idées sur le « précurseur » sont d'ailleurs fort anciennes; voir l'article *Préadamites* dans le *Dictionnaire de la Bible* de Dom Calmet; Pozzy, *La Terre*, p. 396, et Valroger, *Matériaux*, t. XX, p. 123. La Pereyre, qui a développé au dix-septième siècle cette théorie d'origine rabbinique, soutenait qu'il avait existé avant Adam une population humaine créée, comme les animaux, le 6ᵉ jour, dont les *Gentils* seraient les descendants. C'est dans cette population que Caïn aurait pris sa femme, c'est avec elle qu'il aurait bâti et peuplé la ville que la Bible lui fait construire (*Genèse*, IV, 17). — En 1789, un abbé Ray publia une *Zoologie universelle* avec un intéressant chapitre sur l'orang-outang. Il se demande si c'est un homme dégradé ou un homme en voie de formation, intermédiaire entre le singe et l'homme dans la grande échelle de la création qui s'élève du minéral jusqu'à l'ange.

2. La première communication à ce sujet est due à Desnoyers, *Comptes rendus de l'Acad. des Sciences*, 8 juin 1863 (os incisés des sablières de Saint-Prest).

3. Issel, *Congrès de Paris*, 1867, p. 75; *Congrès de Bologne*, p. 416; *Congrès de Pesth*, p. 51; Rivière, *De l'antiquité de l'homme dans les Alpes-Maritimes*, p. 21.

1860, 1865, 1879, 1880 (inhumations) [1] ; crâne du Camp des Anges ou de Calaveras en Californie (mystification ?) [2].

On a observé en Amérique, dans la Nevada, des empreintes de pas humains dans des couches réputées tertiaires, mais dont la haute antiquité n'est pas démontrée [3].

2° Os d'animaux présentant des rayures, des incisions, des cassures, des perforations, etc., qui seraient dues à l'homme tertiaire [4]. — Il n'a jamais été démontré que ces incisions, cassures, etc., ne fussent pas dues à des actions géologiques (frottements, plissements, courants d'eau) ou aux dents d'autres animaux carnassiers, notamment des squaloïdes tertiaires.

Faits allégués : Os des sablières de Saint-Prest [5] ; os des alluvions tertiaires du val d'Arno [6] ; os du pliocène de San-Giovanni près de Sienne

---

1. *Matériaux*, t. XIX, p. 437 ; t. XXI, p. 392 ; *Revue Scientifique*, 3 octobre 1885, 10 septembre 1887 ; *Revue d'Anthropologie*, t. XIV, p. 535, t. XV, p. 563, t. XVIII, p. 216 ; Quatrefages, *Introd. à l'étude des races*, p. 60, 100. MM. Ragazzoni en Italie et de Quatrefages en France soutiennent encore que les ossements de Castenedolo remontent au pliocène.

2. *Congrès de Bruxelles*, p. 107, 511 ; Whitney, *The auriferous gravels of Sierra Nevada* (*Memoirs of the Mus. at Harvard College*, vol. VI, Cambridge, 1880, avec gravure du crâne en grandeur naturelle) ; *Human remains and works of art in the auriferous gravel of California* (*Contributions to american geology*, t. I, p. 258-288 ; cf. *Arch. f. Anthrop.*, 1886, p. 530) ; Kollmann, *Zeitschrift für Ethnologie*, 1884, p. 185 ; Whitney, Wyman et Desor, *Bull. Soc. Anthrop.*, 1880, p. 425 ; Ayres, *The ancient man of Calaveras*, in *Naturalist*, t. XVI, p. 845 ; Desor, *L'homme pliocène en Californie*, Nice, 1879 ; Nadaillac, *L'homme tertiaire*, p. 50 et *L'Amérique préhistorique*, fig. 14, p. 41 et suiv. ; Quatrefages, *Introd. à l'étude des races humaines*, p. 86 et suiv. (avec gravures). C'est à 130 pieds de profondeur que Whitney a signalé la découverte d'un crâne à peu près complet dans une couche de gravier aurifère située sur le versant occidental de la Sierra-Nevada (comté de Calaveras) ; le gisement reposait sur un lit de lave et était recouvert de plusieurs couches soit de lave, soit de dépôts volcaniques succédant à des couches de gravier (Nadaillac, *L'Amérique préhist.*, p. 42). M. Whitney, tout en maintenant l'authenticité du crâne, a dû avouer, en 1878, qu'il avait été découvert par des ouvriers ignorants et qu'aucun homme compétent ne l'avait vu dans sa position primitive. Mais, alors même qu'il n'y aurait pas eu mystification, il n'est nullement prouvé que l'activité des volcans de la Sierra-Nevada n'ait pas duré bien au delà de l'époque tertiaire.

3. Cf. Harkness, *Footprints found at the Carson state prison*, dans *Proc. of the Calif. Acad. of sciences*, 17 avril 1882, 4 sept. 1882 (cf *Arch. f. Anthrop.*, 1886, p. 533) ; Topinard, *Revue d'anthrop.*, 1883, p. 309 ; 1887, p. 490 ; Boule, *ibid.*, 1888, p. 655.

4. Cf. Garrigou, *Importance des ossements cassés des gisements paléo-archéologiques et du mode de cassure*, in *Bull. Soc. Anthrop.*, 1867, p. 284.

5. Desnoyers, *Comptes rendus de l'Académie des Sciences*, 8 juin 1863 (cf. *ibid.*, 22 et 29 juin) ; Lyell, *Ancienneté*, appendice, p. 6 ; Hamy, *Précis*, p. 89 ; *Matériaux*, t. I, p. 186 ; t. II, p. 37 ; t. III, p. 17.

6. Desnoyers *apud* Lyell, *Ancienneté*, appendice, p. 9.

(incisions récentes dues aux outils qui avaient servi à l'extraction des os [1]); os trouvé à Neuville dans les sables miocènes de l'Orléanais [2]; mâchoire de rhinocéros tertiaire de Billy (Allier) [3]; côte d'halithérium incisé des faluns de Pouancé (Maine-et-Loire) [4]. — Os perforés et sciés du pliocène de San-Valentino et de San-Ruffino [5]; os de cétacé balaenotus recueillis à Poggiorone près de Monte Aperto (entailles dues à un squale) [6]; os brisés de cervidés tertiaires, recueillis dans la colline de Sansan [7]; os brisés du gisement tertiaire de Pikermi (cassures absolument accidentelles) [8]; dents percées d'un squaloïde tertiaire du Suffolk [9]; os de mastodonte gravé, trouvé par Frank Calvert dans le miocène des Dardanelles (erreur grossière ou supercherie) [10].

3° *Silex et autres objets tertiaires, taillés ou brûlés, présentant des traces prétendues de travail humain.* — Parmi ces silex, les uns ne proviennent pas de gisements tertiaires bien caractérisés, les autres sont des spécimens plus ou moins singuliers de *pseudo-taille*, dus à l'action des eaux, à des frot-

---

1. Ramorino, *Atti della Soc. Italiana d. scienz. natur.*, 20 sept. 1865, t. VIII, p. 286 ; Mortillet, *Le Préhist.*, p. 48.

2. *Matériaux*, t. IV, p. 145 ; Mortillet, *Le Préhist.*, p. 48.

3. Laussedat, *Comptes rendus de l'Académie des sciences*, 13 avril 1868 ; *Bull. Soc. Géol.*, 20 avril 1868 ; *Matériaux*, t. IV, p. 141 ; *Bull. Soc. Anthrop.*, 1868, p. 406 ; Mortillet, *Le Préhist.*, p. 48 (impressions géologiques).

4. Mortillet, *Mus. Préhist.*, fig. 17, 18 ; *Le Préhist.*, p. 54 (fig.) ; Hamy, *Précis*, p. 58 (fig.) ; Bertrand, *Gaule avant les Gaulois*, p. 33 (fig.) ; *Congrès de Paris*, 1867, p. 74 (fig.) ; *Congrès de Bruxelles*, p. 91, 92 ; cf. *Bull. Soc. Géol.*, 7 septembre 1871, 5 mai 1879, os d'halithérium incisés d'une manière analogue par des squaloïdes. La même explication convient pour les stries et entailles observées par Delfortrie sur les ossements des faluns de Léognan près de Bordeaux (*Actes de la Société linnéenne de Bordeaux*, t. XXVII, 1856 ; Pozzy, *La Terre*, p. 231).

5. Ferretti, *Bullett. geolog. d'Italia*, mai-juin 1876, sept.-oct. 1877 ; Mortillet, *Le Préhist.*, p. 77.

6. Capellini, *L'uomo pliocenico in Toscana*, 1875 (*Atti d. R. Accad. d. Lincei*, 7 mai 1876) ; *Bull. Instit. Bologn.*, 25 novembre 1875 ; *Revue d'Anthropologie*, t. VI, p. 433 ; *Congrès d'Anthropol. de Paris*, 1878, p. 224, 228 ; *Congrès de Pesth*, t. I, p. 46, 56, 62 ; *Congrès de Lisbonne*, p. 108, 116, 138 ; *Bullett. di Paletnol. italiana*, 1876, p. 108 ; 1877, p. 152 ; *Bull. Soc. Anthrop.*, 16 nov. 1876, p. 523 ; *Mém. Soc. Anthrop.*, 2ᵉ série, t. I (Magitot) ; *Matériaux*, t. XVIII, p. 157 ; Bertrand, *La Gaule avant les Gaulois*, p. 34.

7. Garrigou et Filhol, *Comptes rendus de l'Acad. des sciences*, 16 mai 1864 ; *Congrès de Bologne*, p. 136 ; Hamy, *Précis*, p. 40.

8. Dücker, *Congrès de Bruxelles*, p. 104 ; Schaaffhausen, *Bonner Jahrbücher*, t. LXXVIII, p. 224 ; Mortillet, *Le Préhist.*, p. 65.

9. *Geolog. magazine*, juin 1872 ; *Revue scientifique*, 25 octobre 1873, p. 407 ; *Congrès de Bruxelles*, p. 109.

10. *Matériaux*, t. VIII, p. 96 ; Mortillet, *Le Préhist.*, p. 68 ; Southall, *Recent origin of man*, p. 582.

tements, des glissements ou d'autres causes d'ordre géologique. Les silex brûlés (*étonnés par le feu*) comportent une explication analogue. Enfin la presque totalité des silex allégués comme portant des marques de travail humain ne pourraient être d'aucun usage à aucun être intelligent [1].

FAITS ALLÉGUÉS : Silex de Saint-Prest [2]; silex des sables tertiaires de Cow's Creek et des bords de la rivière South-Platte dans l'Amérique du Nord [3]; boule de craie crue travaillée de la lignite de Montaigu près de Laon [4]; bois silicifiés avec prétendues intailles, à Autry-Issard et dans l'Inde [5]; silex de Thenay (voir plus loin); silex du Puy-Courny [6]; silex

1. Il n'en est pas de même des mortiers, pilons, etc., signalés dans les graviers aurifères de la Californie, mais l'époque à laquelle appartiennent ces graviers, et par suite les instruments en question, reste douteuse; il n'est nullement établi qu'ils soient pliocènes. Quand même ils le seraient, on pourrait se demander si le pliocène américain est contemporain du pliocène européen ; cf. Nadaillac, *L'Amérique préhistorique*, p. 38 et suiv.; Blake, *Congrès de Paris*, p. 101 ; Desor, *L'Homme pliocène en Californie*, Nice, 1879, p. 12 ; Mortillet, *Le Préhist.*, p. 74; Skertchly, *Journ. Anthrop. Inst.*, 1888, p. 332; Henshaw, *Perforated stones from California*, Washington, 1887 ; Quatrefages, *Introd. à l'étude des races humaines*, p. 102; Boule, *Revue d'Anthropologie*, t. XVII, 1888, p. 654.

2. Bourgeois. *Comptes rendus de l'Académie des sciences*, 7 janvier 1867 (spécimens à l'École d'Anthropologie de Paris).

3. Nadaillac, *L'Amérique préhist.*, p. 41. Le gisement est insuffisamment déterminé.

4. *Revue Archéol.*, 1862, I, p. 181 et pl. IV; Mortillet, *Le Préhist.*, p. 76.

5. *Bull. Soc. Anthropol.*, 1873, p. 227; *Bull. di Paletnol. Italiana*, 1876, p. 115, 161; Mortillet, *Le Préhist.*, p. 78.

6. Ces silex, découverts dans des alluvions tortoniennes (miocène supérieur) par M. Rames, sont peut-être les documents les plus sérieux qu'on ait invoqués pour démontrer l'existence de l'homme tertiaire. Non seulement l'époque du gisement est établie, mais on a fait observer que les fragments de silex *paraissant* taillés appartiennent tous aux deux plus belles variétés, le silex corné et le silex pyromaque, alors que d'autres variétés de silex abondent à l'entour (*Matériaux*, t. XVIII, p. 399). Nous ne pouvons toutefois admettre que les silex du Puy-Courny portent les caractères irrécusables de la taille intentionnelle. Quant au triage des silex, voici comment s'exprime à ce sujet M. Boule (*Revue d'anthrop.*, 1889, p. 217) : « L'observation m'a démontré qu'à Puy-Courny et ailleurs, la dénudation du terrain aquitanien par le fleuve tortonien a été peu considérable ; les bancs supérieurs de silex ont été seuls disloqués et entraînés par les eaux. Or, les silex sont distribués, quant à leur nature, suivant un ordre constant dans l'épaisseur de la formation aquitanienne. Dans les couches inférieures se trouvent les silex ménilites aux variétés multiples ; en haut sont localisés les silex cornés, pyromaques, c'est-à-dire les silex qui ont fourni les éclats présentant des caractères dits de taille intentionnelle. Le triage merveilleux est donc un simple effet de la marche graduelle des érosions qui ont démantelé les bancs supérieurs et n'ont pas atteint les bancs inférieurs. Je dois ajouter que M. Rames partage aujourd'hui cette manière de voir. » — Cf. Mortillet, *Revue d'Anthropologie*, t. VIII, p. 118; *Le Préhist.*, p. 95, fig. 9 *bis* et 9 *ter*; *L'homme*, 1884, p. 14-15 (*Matériaux*, t. XVIII, p. 267); Rames, *Matériaux*, t. XVIII, p. 385 (coupe

provenant du conglomérat trachytique d'Aurillac[1] ; silex de quartzite de la vallée du Tage, découverts par C. Ribeiro à Otta (pseudo-taille)[2] ; silex tertiaires de Perreux (Loire)[3].

Le temps employé à la discussion de ces prétendues découvertes n'a pas été absolument perdu, puisqu'il en est résulté une connaissance plus exacte des phénomènes complexes d'où résultent les *pseudo-tailles*. La question reste d'ailleurs ouverte, car les recherches dans les terrains tertiaires n'ont encore été poursuivies que sur un petit nombre de points. Peut-être sera-t-on plus heureux quand on explorera la partie septentrionale de l'Asie[4]. Tout ce qu'il faut retenir pour l'instant, c'est que les traces de l'homme tertiaire n'ont pas encore été découvertes en Europe ; cela ne veut pas dire que le genre *homo* n'ait apparu sur la terre qu'à l'époque suivante.

VITRINE I.

A. Gisement de Thenay (I)[5].

(20738) Faluns supérieurs aux marnes à silex[6] , avec coquilles marines ;

du terrain, p. 387 ; silex gravé, p. 400) ; t. XIX, p. 91 ; t. XX, p. 60 ; M. Boule, *Association française*, 1887, p. 292 ; Nadaillac, *L'Homme tertiaire*, p. 35.

1. Tardy, *Bull. Soc. Anthropol.*, 16 décembre 1869 ; *Bull. Soc. Géol.*, 10 janvier 1870 ; Mortillet, *Le Préhist.*, p. 98 (où *Aurignac* est une faute d'impression pour *Aurillac*) ; *Congrès de Pesth*, p. 91 (M. Tardy affirme, contrairement à M. de Mortillet, que le terrain d'où il a extrait ce silex est tertiaire). Pour une gravure de ce silex, cf. *Matériaux* t. VI, p. 94.

2. Ribeiro, *Descripção de alguns silex*, 1871 ; Choffat, *Archives des sciences physiques et naturelles*, Genève, décembre 1880, p. 537 ; *Congrès de Bruxelles*, p. 95, pl. 3-5 ; *Congrès de Lisbonne*, p. 61, pl. à la p. 64, p. 92 et suiv. (conclusions sceptiques d'une commission d'examen), p. 94 et suiv. (discussion) ; Bellucci, *Archivio per l'Anthropol. e la Etnolog.*, t. XI, p. 12 (1881) ; *Matériaux*, t. XIV, p. 433 et pl. VIII ; t. XV, p. 512 ; Mortillet, *Le Préhist.*, p. 98 (coupe à la p. 101) et *Mus. Préhist.*, pl. III ; *Bull. Soc. Anthropol.*, 21 nov. 1878 ; *Revue d'Anthropol.*, 1879, p. 116 ; Cartailhac, *Ages préhistoriques de l'Espagne et du Portugal*, p. 10 et suiv. (avec figures et coupes) ; Cazalis de Fondouce, *Revue des sciences naturelles*, 3e série, Montpellier, 1881.

3. *Association française*, 1886, p. 187.

4. Cf. Boule, *Revue d'Anthropologie*, 1888, t. XVII, p. 678, note 1.

5. Dons Bourgeois et Mortillet.

6. « On désigne sous le nom de *faluns* des dépôts marins composés de coquilles brisées de polypiers, de bryozoaires, etc., mélangés d'une certaine quantité de sable siliceux

(11801) calcaire d'eau douce (lacustre de Beauce), percé par les pholades[1] ; (11802) marnes blanches d'eau douce avec silex ; (20739) portion de phalange d'acérothérium[2], provenant des argiles vertes ; (11801) marnes verdâtres à silex brûlés et taillés (?) ; (9456) silex naturel de la craie.

Coupe du puits de l'abbé Bourgeois à Thenay, relevée par M. de Mortillet au mois de septembre 1869[3].

Collection de 85 silex de Thenay ; ne pas oublier que les étiquettes ont été rédigées par le donateur, l'abbé Bourgeois, qui croyait au travail intentionnel. Quelques silex sont « décortiqués »[4], d'autres paraissent craquelés par l'action du feu, d'autres portent de prétendues *retailles*. Signalons les n°s 11803 (fig. 12), spécimen de silex craquelé ; 21104 (fig. 14), curieux spécimen de pseudo-taille ; 17760 (fig. 13), pointe paraissant retaillée sur un bord (effet d'un courant d'eau ou d'une pression) et présentant l'aspect d'un double perçoir[5].

I. Silex de Thenay [6]. — Les marnes aquitaniennes de Thenay, à la

plus ou moins grossier. » (Lapparent, *Traité de Géol.*, 2ᵉ éd., p. 1195 ; cf. *ibid.*, à la p. 1196, l'énumération des mollusques des faluns de Pontlevoy.)

1. Mollusque qui creuse des trous dans les roches du bord de la mer (φωλάς).

2. Rhinocéros tertiaire à quatre doigts et sans corne (Pictet, *Traité de Paléontol.*, t. I, p. 296).

3. Voir la gravure et l'explication de cette coupe dans le *Musée Préhistorique*, pl. I, fig. 1.

4. « Silex décortiqué par l'étonnement au feu. » (Mortillet, *Musée Préhist.*, pl. I, n° 2.)

5. Cf. *Musée Préhist.*, pl. I, fig. 5 (n° 20890), 6 (n° 9450), 7 (n° 17761), où l'on observe des apparences de retouche analogues.

6. Nous ne donnons qu'une bibliographie choisie, le nombre de petits écrits touchant ces silex étant hors de toute proportion avec leur importance. — Bourgeois, *Question de l'Homme tertiaire*, dans *Rev. Quest. scientif.*, Louvain, 1877 ; Nadaillac, *L'homme tertiaire*, 1885 (cf. *Matériaux*, t. XIX, p. 308) et *Premiers hommes*, t. II, p. 424 et suiv.; Arcelin, *L'homme tertiaire* (extrait de la *Revue des Questions scientifiques*, t. XIII ; cf. Boule, *Revue d'Anthrop.*, 1889, p. 216) ; Gaudry, *Enchaînements du monde animal*, p. 240 ; Quatrefages, *Introduction à l'étude des races humaines*, p. 93 ; Hamy, *Précis*, p. 45 ; Mortillet, *Le Préhistorique*, p. 85 et suiv.; Bertrand, *Gaule avant les Gaulois*, p. 35 et suiv.; Saporta, *Revue des Deux-Mondes*, 1ᵉʳ mai 1883, p. 103 ; *Congrès de Paris*, 1867, p. 70 (*Matériaux*, t. III, p. 374) ; *Congrès de Bruxelles*, p. 81 et suiv., p. 92 (nomination de la commission), p. 93 (rapport de la commission) ; *Congrès de Grenoble* (*Matériaux*, t. XIX, p. 385) ; *Congrès de Blois* (*Matériaux*, t. XVIII, p. 483) ; Cartailhac, *Association française*, 1873, p. 615 ; Damour, *Rev. Archéol.*, 1882, II, p. 359 ; Maître, *ibid.*, 1883, II, p. 136 ; Cartailhac, *Matériaux*, t. XIV, p. 433 ; Quatrefages, *ibid.*, t. XIX, p. 97 ; d'Ault-Dumesnil, *ibid.*, t. XIX, p. 241 ; Arcelin, *ibid.*, t. XIX, p. 193 ; Mortillet, *ibid.*, t. XIX, p. 252 ; Mortillet, *L'homme*, 25 septembre 1884, 10 février 1885 ; *Bulletin de la Soc. d'Anthropologie*, 5 mars 1885 (d'Acy) ; *Revue d'Anthropol.*, t. XIV, p. 377 ; *Bull. Soc. géol.*, 2 déc. 1867 (Hébert, Gaudry, Mortillet), 24 mai 1869 (Bourgeois), 4 avril 1870 (Raulin) ; *Bull. Soc. Arch. du Vendômois*, 1883, p. 250 (*Matériaux*, t. XVIII ; p. 265). — Pour des coupes de Thenay, voir les gravures publiées dans Mortillet, *Mus.*

base du calcaire de Beauce, appartenant à l'étage éocène ou miocène inférieur [1], ont fourni à l'abbé Bourgeois (de Pontlevoy) [2] un nombre immense de silex dont quelques-uns lui ont paru taillés ou craquelés intentionnellement par le feu. Présentés en 1867 au Congrès de Paris, qui se

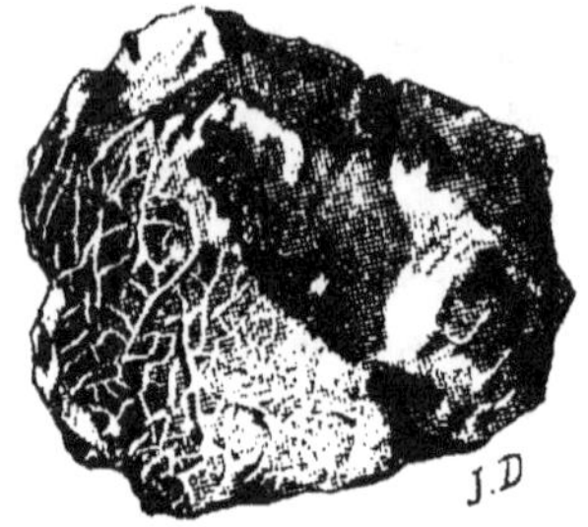
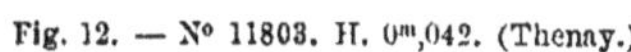

Fig. 12. — N° 11803. H. 0^m,042. (Thenay.)

Fig. 13. — N° 17760. H. 0^m,077. (Thenay.)

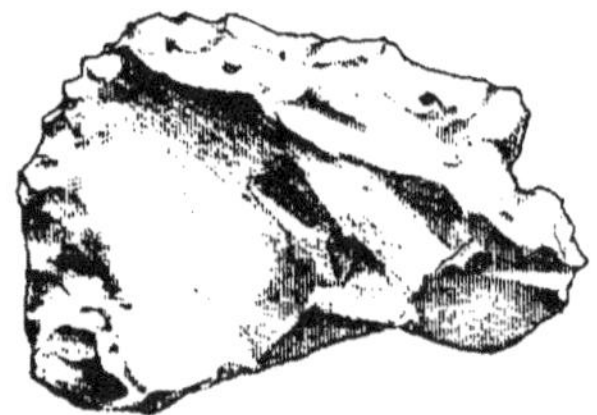

Fig. 14. — N° 21104. H. 0^m,059. (Thenay.)

montra sceptique, ils reparurent en 1872 au Congrès de Bruxelles : une commission de quinze membres les examina et exprima des avis divergents sur la question de la taille [3]. En 1873, M. Maître se rendit à Thenay au

Préhist., pl. I, fig. 1 (avec notice) ; Le Préhistorique, p. 94 ; Hamy, Précis, p. 47 ; Congrès de Bruxelles, p. 84 ; Revue Archéol., 1883, II, pl. XVIII, XIX. — Pour des gravures d'après les silex de l'abbé Bourgeois, voir Mortillet, Mus. Préhist., pl. I, fig. 2-6 ; le Préhist., p. 89, 92 ; Congrès de Bruxelles, pl. I et II ; Bertrand, La Gaule avant les Gaulois, p. 37 ; Hamy, Précis, p. 49 ; Quatrefages, Introd. à l'étude des races humaines, p. 92 ; Nadaillac, Premiers hommes, t. II, p. 425.

1. Mortillet, L'homme, 25 sept. 1884, 10 février 1885.

2. Bourgeois est mort en 1878 ; cf. Matériaux, t. XIII, p. 332, 387. Sa collection, exposée au Trocadéro en 1878, a été achetée par le musée de Vendôme ; mais, de son vivant, il avait donné de nombreux spécimens au musée de Saint-Germain et à l'École d'Anthropologie de Paris.

3. Ceux mêmes qui se déclarèrent convaincus n'admirent qu'un très petit nombre de pièces ; cf. Bertrand, La Gaule avant les Gaulois, p. 35.

nom du Musée de Saint-Germain et pratiqua des recherches dont les conclusions furent négatives, après examen de près de six mille silex [1]. En 1883, plusieurs membres de la Société d'anthropologie de Paris procédèrent à des fouilles dont le résultat ne fut pas non plus encourageant [2]. Enfin, en 1884, l'*Association française,* réunie à Blois, institua de nouvelles recherches à Thenay [3] ; on reconnut que le terrain était bien éocène ou miocène inférieur, mais, en revanche, on abandonna à la presque unanimité des suffrages l'hypothèse de la taille des silex.

M. de Mortillet, qui n'a pas cessé de soutenir la réalité de la découverte de Bourgeois, admet que les silex taillés ou *étonnés au feu* sont l'œuvre de l'anthropopithèque (cf. plus haut, p. 97) ; l'étonnement au feu aurait eu pour objet de produire l'éclatement [4], hypothèse à l'appui de laquelle M. de Quatrefages a cru pouvoir alléguer des usages analogues constatés chez les Mincopies des îles Andaman [5].

Les objections faites à ces vues nous paraissent écrasantes :

1° Les silex de Thenay sont enfouis dans une couche de silex roulés et il est à peu près impossible, si l'on en juxtapose un grand nombre, d'établir une limite entre les silex qu'on regarde comme taillés et ceux qui ne le sont pas [6].

2° Un silex éclaté par le feu devient impropre à tout usage ; supposer que l'homme tertiaire ait su modérer l'action du feu, c'est lui prêter une intelligence que ces prétendus outils ne justifient pas.

3° Les changements brusques de température [7], les alternatives de gel et

---

1. Cf. *Rev. Arch.*, 1883, II, p. 136 et suiv. — « J'ai recherché en vain la trace d'un seul bulbe sur une masse de 5789 silex qui ont passé un à un par mes mains (p. 140). » Ces silex sont déposés au musée de Saint-Germain.

2. *Bull. Soc. Anthropol.*, 1883, p. 853.

3. Cf. *Revue d'Anthropologie*, t. XIV, p. 377.

4. « Pendant l'époque thenaisienne, l'éclatement du silex ne se faisait pas habituellement, comme plus tard, par percussion, mais bien par l'étonnement au feu. » (Mortillet. *Le Préhist.*, p. 91.)

5. Quatrefages, *Matériaux*, t. XIX, p. 99, 104, 261, 337 ; *Hommes fossiles et hommes sauvages*, 1884, chap. IV ; *Revue d'Anthropol.*, t. I, p. 37 et suiv.

6. Gaudry, *Enchaînements du monde animal*, p. 240.

7. M. de Nadaillac dit avoir vu, dans le désert syrien, des silex se fendre sous l'influence des variations de température (*L'homme tertiaire*, p. 32). Beaucoup de voyageurs ont porté le même témoignage (cf. la note 3 de la page 87). On a récemment observé des faits analogues en Belgique, notamment à Renaix, dans le Hainaut (*Revue des Questions scientifiques*, 1887, p. 258 ; *Matériaux*, t. XXI, p. 158, 162). Cf. Maître, *Rev. Archéol.*, 1883, II, p. 136 : « J'ai fait des expériences avec le feu sur les silex, afin de me rendre un compte exact de l'effet que produirait la chaleur... Je les ai chauffés à diffé-

de dégel, les actions chimiques, thermales, météorologiques ou géologiques, la pression des terres, l'embrasement de forêts ou d'herbes par la foudre [1], le choc des eaux courantes, peut-être même le mouvement des vagues de la mer des faluns [2], suffiraient à expliquer toutes les apparences de taille, de craquèlement et de calcination des silex de Thenay. Si ces silex avaient été brûlés volontairement, on rencontrerait des traces de foyers et de charbon : or, il ne s'en trouve aucun vestige [3].

4° Les prétendus outils de Thenay n'ont pu servir de rien à qui que ce soit [4].

B. Pierres striées, os entaillés [5].

(29684) Caillou de quartzite des Alpes avec nombreuses impressions, recueilli à la surface du sol à Tavel [6]. — (18665) Rognon de silex écorci par

rents degrés, puis saisis par le froid, qui les a fait éclater. Les éclats obtenus ainsi étaient en tout semblables à ceux de nos fouilles de Thenay. »

1. Cf. Maître, *Rev. Archéol.*, 1883, II, p. 142, et les exemples cités en note. M. Damour n'admet pas l'action du feu sur les silex de Thenay et explique le craquelage par les modifications chimiques de la silice (*ibid.*, p. 144, et 1882, II, p. 359 sqq.). On a récemment montré à l'*Association française* (1887, p. 300) des silex craquelés et étonnés par l'air, provenant des environs de Sainte-Foy (Gironde) et d'aspect identique à ceux de Thenay. Au Congrès catholique de 1888, M. Arcelin a fait voir des silex recueillis par lui dans l'argile éocène du Mâconnais qui présentent toutes les particularités observées à Thenay, éclats avec conchoïdes de percussion, retouches unilatérales, etc. Dans les mêmes terrains, à une profondeur de 8 mètres, M. Arcelin a trouvé deux *nuclei* encore entourés des lames qui en avaient été détachées par la pression des terres (cf. Nadaillac, *L'origine de la Vie*, extrait du *Correspondant* de 1888, p. 51). Tout cela, d'ailleurs, n'est pas nouveau : on a étudié ces phénomènes il y a longtemps, lors de la discussion sur l'âge de la pierre en Égypte. Cf. plus haut, p. 87.

2. Hardy, *Matériaux*, t. XVI, p. 475.

3. *Rev. Archéol.*, 1883, II, p. 142.

4. A la *Société d'Anthropologie*, séance du 5 mai 1885 (*Matériaux*, t. XIX, p. 283), M. d'Acy objecta que les silex de Thenay sont si petits qu'ils n'ont pu servir qu'à préparer des peaux et à les coudre. M. de Mortillet répondit : « L'animal de Thenay devait être beaucoup plus velu que l'homme ; il n'avait pas besoin de vêtements, puisque le climat était assez chaud. Mais le précurseur de l'homme ne devait pas être dépourvu de vermine, et ces instruments pouvaient lui servir à se gratter. » — M. d'Acy exprima l'opinion que les ongles et les griffes de l'anthropopithèque auraient parfaitement suffi à ce travail, sans faire intervenir les *silex-grattoirs* aquitaniens.

5. Cf. plus haut, p. 98. — Donateurs : Mortillet, Delanoue, Bourgeois, Lartet, Roujou, Capellini.

6. Mortillet, *Matériaux*, t. IV, p. 145 ; *Le Préhist.*, p. 51.

les actions atmosphériques et présentant l'aspect d'un percuteur ; atelier du Djebel Kélabié près de Cheraoua, au S.-E. d'Esneh (Égypte)[1]. — (10480) Silex strié par frottement, recueilli dans les sablières quaternaires près de la gare du Pecq[2]. — (22139) Nodule de silex avec pseudo-retaille latérale ; Thenay. — (22138) Silex tertiaire cru taillé, avec encroûtement calcaire ; Thenay.

(9472)[*] Fragment de mâchoire inférieure de rhinocéros pleurocéros du calcaire lacustre miocène de Billy (Allier), avec entailles ; moulage de la pièce présentée par Laussedat à l'Académie des sciences, le 13 avril 1868[3]. — (12216)[*] Lame de silex, pseudo-taille ; trouvée à Billy près de la couche qui a fourni la mâchoire, mais dans un gisement différent. — (9468) Os entaillé par suite de frottements, recueilli dans les sablières quaternaires du Pecq[4]. — (9210) Fragment de côte d'halithérium, avec entailles, découvert dans les faluns de Pouancé[5].

(8512, 8513) Treize fragments d'os et de bois de *dicrocerus elegans*[6], provenant du miocène de la colline de Sansan, semblables à ceux sur lesquels Garrigou et Filhol ont cru reconnaître des cassures d'origine humaine[7].

(21003) Calcaire strié des alluvions quaternaires de Paris. — (23368)[*] Entailles sur un fragment d'humérus de cétacé ; Toscane ; musée de Bologne[8]. — (23369)[*] Entailles sur un fragment de cubitus de cétacé ; Toscane ; musée de Bologne[9]. — (23371)[*] Fragment d'apophyse dorsale d'une vertèbre lombaire de cétacé, avec entaille ; Monte Aperto ; musée de Bologne.[10] — (23370)[*] Entaille sur apophyse de vertèbre de cétacé ; Pieve di Santa Luce ; musée de Bologne[11]. — (23378) Fragment de poterie (néolithique?) trouvé avec des ossements de cétacé près de Monte Catini. — (23377) Entailles sur une côte de cétacé ; Monte Catini. — (23372)[*] Entailles sur une côte de cétacé ; Monte Catini ; musée de Bologne. — (23373)[*] Entaille sur

1. Cf. Mortillet, *Musée préhistorique*, fig. 231, 278 ; Delanoue, *Congrès de Bruxelles*, 1872, p. 313.

2. Sur cette station, cf. d'Acy, *Matériaux*, t. X, p. 285 ; Mortillet, *Le Préhist.*, p. 46 (silex et os striés), p. 144, 156, 161, 270. — Le silex exposé dans la vitrine a été montré à la *Société géologique* de Paris le 27 juin 1870 (*Bulletin*, p. 697).

3. Cf. plus haut, p. 99, note 3.

4. Cf. plus haut, note 2.

5. Cf. *Congrès de Bruxelles*, p. 91, 92 ; plus haut, p. 99, note 4.

6. Sur les dicrocères, genre établi par Lartet, cf. Pictet, *Traité de Paléontol.*, t. I, p. 352.

7. *Comptes rendus de l'Académie des Sciences*, 20 avril 1868. Cf. plus haut, p. 98.

8. Capellini, *L'uomo pliocenico*, 1876, pl. III, fig. 3 et 4.

9. Capellini, *ibid.*, pl. III, fig. 1, 2, 5.

10. Capellini, *ibid.*, pl. I, fig. 8.

11. Capellini, *ibid.*, pl. I, fig. 5.

l'apophyse dorsale d'une vertèbre lombaire de cétacé ; près de Pieve di Santa-Luce ; musée de Bologne[1]. — (23374)* Entailles sur l'extrémité d'une côte de cétacé ; Monte Aperto ; musée de Bologne[2]. — (23376)* Entailles sur côte de cétacé avec encroûtement gypseux ; musée de Bologne.

(15084) Deux spécimens de la couche volcanique de Denise près du Puy. Aymard, en 1844, recueillit des ossements humains dans cette couche et les présenta comme antérieurs aux dernières éruptions volcaniques du Velay ; cette découverte donne naissance à de longues polémiques qui tournèrent à l'avantage d'Aymard[3]. L'authenticité des ossements est incontestable, mais l'on n'a actuellement aucun moyen de dater la formation des tufs qui ont englobé l'homme de Denise[4].

(9440) Silex strié avec petit appendice cru intentionnel ; Saint-Prest[5]. — (9442) Silex avec appendice en pointe ; angles rabattus par le roulement ; Saint-Prest[6]. — (9439, 9443) Deux pointes en silex, voisines du type du Moustier ; Saint-Prest (pseudo-taille).

(23845) Dent de mégalodon[7] des faluns de Chazé, près de Pouancé ; ce sont des dents de carnassiers marins d'espèces analogues (squaloïdes) qui ont strié les os de la même vitrine.

(15188)* Lame de silex avec conchoïde de percussion, provenant des alluvions tertiaires (?) d'Aurillac ; collection Tardy[8]. — (9441) Silex de Saint-Prest ; pseudo-taille.

C, D. Paléontologie quaternaire [9].

(22080) Crâne de megaceros hibernicus ; sablières de Poissy ; (22082, 26209) cornes de bos primigenius (?) ; Abbeville et Corbeil (dans la Seine). — (17026) Atlas de bos primigenius (?) ; sablières de Grenelle ; (6980) tibia de mam-

1. Capellini, *ibid.*, pl. I, fig. 1 et 2.

2. Capellini, *ibid.*, pl. II, fig. 1 et 2.

3. Aymard, *Bull. Soc. Géol.*, sér. II, vol. I, p. 107-110 ; *Congrès scientif. de France*, 1855 (Le Puy), p. 290 et suiv. (avec gravures, p. 313) ; Pascal, *Comptes rendus de l'Acad. des Sciences*, 11 juin 1866 ; Sauvage, *Association française*, 1872, p. 780 et *Revue d'Anthropologie*, t. I, p. 289 et suiv. ; Lyell, *Ancienneté*, trad. fr., p. 214-220 ; Quatrefages et Hamy, *Crania ethnica*, p. 6 (notes) et p. 15 ; Mortillet, *Le Préhist.*, p. 11. La Denise est un des volcans les moins anciens du Velay.

4. Boule, *Revue d'Anthropologie*, 1888, t. XVII, p. 411.

5. Hamy, *Précis*, p. 99, fig. 25.

6. Hamy, *Précis*, p. 98.

7. Dent de charcarodon mégalodon des faluns de Touraine gravée dans Mortillet, *Mus. préhistorique*, fig. 19 ; Bertrand, *La Gaule avant les Gaulois*, p. 32.

8. *Matériaux*, t. VI, p. 94, gravure inexacte. Cf. plus haut, p. 101, note 1.

9. Dons Boucher de Perthes et Beaune ; cf. plus haut, p. 40-70.

mouth; Abbeville: (22082) corne de bos primigenius; Abbeville: (22083) moitié inférieure d'humérus de bos primigenius; Abbeville; (22084) radius de bos primigenius; Abbeville; (22085) radius de rhinocéros; Abbeville.

(22087) Humérus de rhinocéros; Abbeville; (22088) atlas de rhinocéros: Menchecourt; (22090) humérus de rhinocéros; Menchecourt; (22089) os iliaque de rhinocéros; Menchecourt; (22092) atlas de mammouth; Menchecourt; (22091) métatarse de mammouth; Menchecourt.

E. Dents d'éléphants [1].

(23259) Molaire inférieure gauche d'un mammouth (variété à lames écartées); musée de Bordeaux; (26222) molaire de mammouth; Bois-Colombes; (26207) idem; Nogent-sur-Marne; (26208) molaire supérieure de mammouth: Corbeil.

(6949) Dent d'éléphant; porte Mercadé, à Abbeville; (22086) molaire supérieure droite de mammouth; Abbeville; (26222) autre fragment de dent de mammouth; Bois-Colombes; (6953) dent de mammouth; le Pecq; (6949) idem; Abbeville; (3594) molaire supérieure de mammouth; Cœuvres; (17030) molaire inférieure d'éléphant antique; Chelles (?); (26632, 26634) trois molaires d'éléphant antique; Chelles.

1. Dons Boucher de Perthes, Maître, Lartet, Chouquet, Compagnie de l'Est. — Pour des gravures de dents d'éléphants quaternaires et de mastodontes, voir Cuvier, *Ossements fossiles*, t. I, planches; Lyell, *Ancienneté*, p. 143 (comparaison des molaires de l'eleph. prim.. de l'eleph. antiq. et de l'eleph. merid.); Heer, *Monde primitif de la Suisse*, p. 611 (molaires d'eleph. antiq. et d'eleph. prim.); Mortillet, *Mus. préhist.*, pl. XV (comparaison des mêmes types); Gaudry et Boule, *Matériaux pour l'histoire des temps quaternaires*, pl. XVIII, fig. 9-10. « De même que les proboscidiens et les ruminants, écrivent ces auteurs (p. 99), les pachydermes nous présentent un type qui a pris de nouvelles formes de dentition lorsqu'il a dû passer du régime de la végétation forestière (préglaciaire) au régime des simples herbages (postglaciaire). Les molaires plus ou moins coupantes sont devenues triturantes; l'émail s'est développé afin de donner une plus grande surface de trituration; en même temps, les creux se sont garnis de ciment et l'ensemble a produit une râpe aussi parfaite que possible. » Le mammouth présente le type le plus parfait de la dentition herbivore chez les proboscidiens, par l'augmentation du nombre des lamelles. les plis multipliés de l'émail, enfin la hauteur des dents qui s'est accrue, parce qu'elles sont exposées à s'user plus rapidement (*ibid.*, p. 93). — « Par la détrition ou effet de la mastication, le sommet des lamelles d'éléphant s'use assez rapidement et la surface plane, plus ou moins oblique, laisse voir, au milieu du cément, la coupe des lames de dentine entourée d'un cordon d'émail. D'après la forme de cette coupe, Cuvier a divisé les éléphants en deux groupes: les *élasmodontes*, dont l'émail est en ruban diversement festonné, et les *loxodontes*, dont l'émail est en losange. L'éléphant actuel d'Asie appartient au premier groupe : celui d'Afrique au second. Dans le pliocène supérieur et dans le quaternaire d'Europe, existent trois espèces d'éléphants fossiles, qui toutes les trois appartiennent au groupe des élasmodontes. » L'épaisseur du cément et la forme du cordon suffisent en général pour déterminer l'espèce (Mortillet, *Le Préhist.*, p. 190-191).

F. Gisement de Chelles[1].

(26761-26786) Silex de Chelles, la plupart de forme ovoïde; remarquez les nos 26763 et 26585 (en grès lustré), dont les formes sont très régulières. Parmi les spécimens réunis dans cette vitrine, il y en a où la taille intentionnelle n'est pas évidente. — Plus bas, quatre spécimens de choix de la collection d'Acy, provenant des couches inférieures du gisement (29724· —

  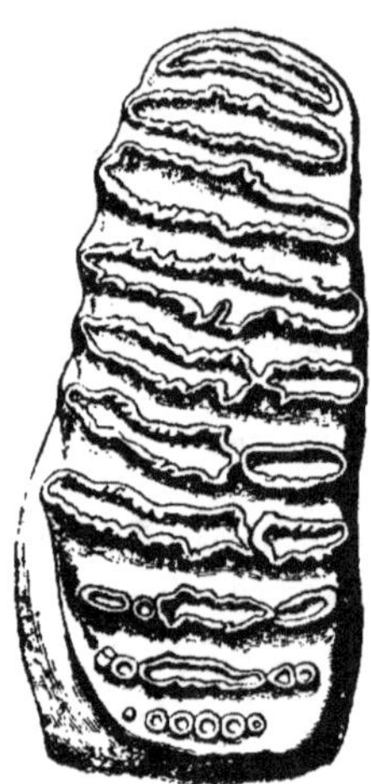

Fig. 15. — *Elephas primigenius.*   Fig. 16. — *Elephas antiquus.*   Fig. 17. — *Elephas meridionalis* (2).

29727·); ils montrent déjà une remarquable préoccupation de l'élégance. Si haut qu'on puisse remonter dans l'histoire de l'homme européen, on trouve chez lui un sentiment de l'art qui est comme le présage de ses destinées.

En bas (26760), incisive de cheval; (26634, 26759) dents d'éléphant antique et de rhinocéros.

Gisement de Chelles (fouilles et recherches de Chouquet, Le Roy, Ameghino, d'Acy)[3]. C'est un grand dépôt de diluvium, épais de 12 à

1. Dons Chouquet et Compagnie de l'Est.
2. Les trois figures 15, 16, 17 sont empruntées à Lyell, *Antiquity of Man*, London, 1863, p. 133.
3. Chouquet, *Matériaux*, t. XIII, p. 22, 162; t. XVI, p. 329, 495; *Bull. Soc. Anthrop.*, 1881, p. 204; 1884, p. 392; *L'homme*, 1884, p. 217; *Les silex de Chelles*, 1883; d'Acy, *Bull. Soc. Anthrop.*, 1884, p. 189; Ameghino, *Bull. Soc. Anthrop.*, 1880, p. 643; 1881, p. 97, 192 (coupes, p. 196, 197, 200); *Bull. Soc. Géolog.*, 3e sér., t. IX, p. 242; Lapparent, *Traité de Géolog.*, 2e éd., p. 1240; Mortillet, *Le Préhist.*, p. 133 et *pass.*; *Musée Préhistorique*, fig. 25, 49-51. La collection recueillie par Chouquet appartient aujourd'hui à M. d'Acy.

14 mètres, qui se trouve auprès du village de Chelles, à quelques mètres seulement au-dessus de la Marne; il a surtout été exploité comme ballastière par la Compagnie du chemin de fer de l'Est. La faune comprend *elephas antiquus, rhinoceros Merckii, trogontherium, hippopotame, ursus spelaeus, cervus Belgrandi*(?), *equus, bos* (deux variétés); à côté des représen-

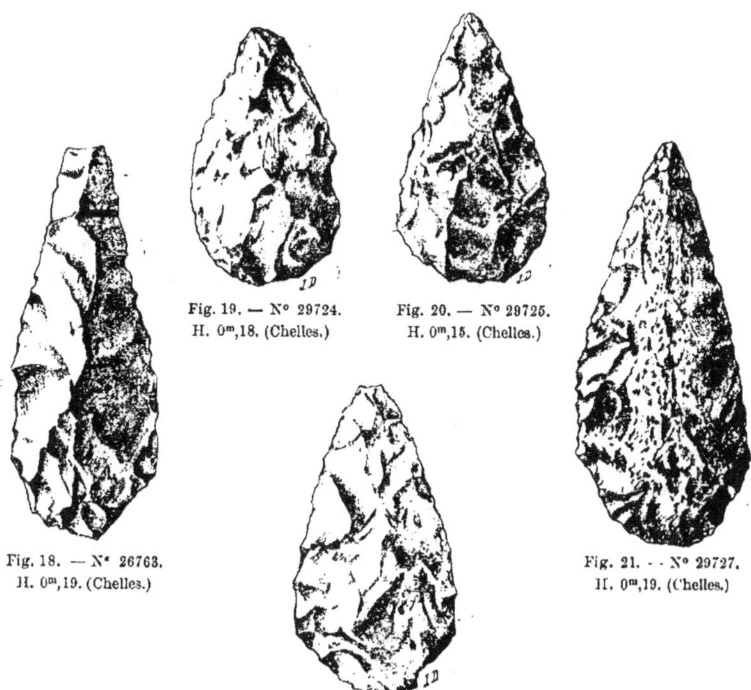

Fig. 18. — N° 26763.
H. 0^m,19. (Chelles.)

Fig. 19. — N° 29724.
H. 0^m,18. (Chelles.)

Fig. 20. — N° 29725.
H. 0^m,15. (Chelles.)

Fig. 21. — N° 29727.
H. 0^m,19. (Chelles.)

Fig. 22. — N° 26585. H. 0^m,16. (Chelles.)

tants de la faune chaude, on trouve cependant une espèce froide, le mammouth[1]. Le travail des silex, qu'on recueille surtout dans la couche inférieure (diluvium aggloméré), présente déjà, comme l'ont fait observer MM. Chouquet et d'Acy[2], une intéressante variété; les types du Moustier

1. D'Acy, *Bull. Soc. Anthrop.*, 1884, p. 189; cf. Chouquet, *ibid.*, p. 392. La coexistence du mammouth avec l'elephas antiquus a été nettement constatée dans le Forest-bed de Cromer et ailleurs (cf. d'Acy, *loc. laud.*, p. 191 et p. 452 sqq.; Boule, *Revue d'Anthropol.*, 1888, t. XVII, p. 663).

2. Voir surtout d'Acy, *Bull. Soc. Anthropol.*, 1884, p. 411.

se rencontrent *même dans les couches inférieures*; il y a des racloirs [1] et des perçoirs, à côté de haches amygdaloïdes et ovoïdes. Quelques silex n'ont aucune patine [2]; la plupart ne sont pas roulés et ont conservé leurs angles vifs.

Le gisement de Chelles se trouve à la base d'un dépôt de diluvium qui occupe lui-même la partie *moyenne* de la vallée [3]. Cette circonstance, jointe au caractère de la faune, à laquelle manque l'*elephas meridionalis,* mais où figure l'hippopotame, semble indiquer que les silex chelléens ne sont pas, comme on l'a cru [4], préglaciaires, mais appartiennent à une phase interglaciaire [5], antérieure à la crise produite par l'extension la plus récente des glaciers.

Au-dessus de la vitrine I, on a placé un cadre contenant des coupes (à l'échelle d'1 : 4) des alluvions quaternaires de Menchecourt près d'Abbeville et de Saint-Acheul près d'Amiens. Ces coupes montrent la profondeur où l'on a recueilli les outils en silex taillés et la composition géologique des alluvions. En voici les légendes :

MENCHECOURT (I).	**SAINT-ACHEUL (II).**
Terre végétale.	*Terre végétale.*

MENCHECOURT (I).

Terre argilo-sableuse brune à graviers anguleux.

Terre très fine, rouge clair, à graviers roulés.

Mammouth . . . .⎫
Rhinocéros. . . . . ⎬ Sable gras ou argileux.
Grand bœuf . . . . ⎭ Sable aigre ou pur.
Cerf, cheval, etc. . . . .
Silex taillés à éclats. ⎱ Graviers à cailloux.

Craie.

SAINT-ACHEUL (II).

Terre argilo-sableuse avec tombes gallo-romaines.

Sable gras ou argileux avec graviers.

Sable aigre ou pur . . ⎰ Mammouth.
Éléphant antique.
Rhinocéros.

Graviers avec lentilles de sable . . . . . . ⎰ Grand bœuf, etc.
Nombreux silex taillés à éclats.

Craie.

1. Cf. Chouquet, *Matériaux,* t. XVI, p. 343 et fig. 145 (racloir dit concave, avec encoche); *ibid.,* p. 496 (n° 26654 de notre vitrine). Les mêmes encoches (intentionnelles?) existeraient dans les outils du type d'Imola, le chelléen d'Italie (*Matériaux,* t. XIX, p. 78). Cf. d'Acy, *Limon des plateaux,* 1878, p. 67 (racloir concave). Un grattoir ou racloir concave a été figuré par Reboux, *Chronologie de la pierre,* Paris, 1874, p. 228, n° 6 et pl. XVIII, n° 6 (extrait des *Mém. de la Soc. d'Ethnographie,* t. XII).

2. Sur la patine des silex de Chelles, cf. Ameghino, *Bull. Soc. Anthropol.,* 1881, p. 201.

3. Chouquet, *Matériaux,* t. XIII, p. 25.

4. Mortillet, *Le Préhistorique,* p. 131.

5. Cf. Boule, *Revue d'Anthropologie,* 1888, t. XVII, p. 142 et suiv., p. 661 et suiv., p. 664

I. **Menchecourt** est un faubourg situé au N.-N.-O. d'Abbeville, dont
les sablières ont fourni des silex ouvrés quaternaires associés à des ossements
d'*elephas primigenius*, *rhinoceros tichorhinus*, *equus fossilis*, *bos primigenius*, *cervus tarandus*, *felis spelaea*, *hyaena spelaea*[1]. Des ossements fossiles
de Menchecourt avaient déjà été étudiés et décrits par Cuvier. — « Les
carrières de Menchecourt se composent, au-dessous de la terre superficielle,
d'un amas de terre généralement rougeâtre, contenant des éléments très
divers. Vient ensuite une puissante assise de terre rouge plus ou moins
sableuse, espèce de lehm ; puis un sable blanc encore terreux, ou *sable gras ;*
enfin du sable pur, rude au toucher, *sable aigre* des carrières ; au-dessous de
tout cela, du gravier reposant sur la craie[2]... La simple inspection du dépôt, qui est régulier, porte à penser que le terrain est vierge et que les
haches n'ont pu y être introduites postérieurement. La présence, dans le
sable gras, et surtout dans le sable aigre, d'un grand nombre de coquilles
terrestres et fluviatiles, très fragiles, très délicates, et pourtant en parfait
état de conservation, rend cette hypothèse très improbable[3]. »

II. **Saint-Acheul**[4] occupe auprès d'Amiens le plateau qui domine le
chemin de fer du côté de Paris, peu avant d'arriver à la gare. Un faubourg
de la ville s'est élevé depuis peu en cet endroit. Les coupes du terrain sont
analogues à celles d'Abbeville et l'existence dans les sables de nombreuses
coquilles intactes prouve qu'il n'y a pas eu de remaniements. C'est surtout

et suiv. M. Boule conclut également, avec Geikie, que « l'homme chelléen » anglais est
interglaciaire (*ibid.*, p. 666). L'idée que l'homme de Chelles est interglaciaire a été exprimée d'abord par M. d'Acy.

1. Coupes : Prestwich, *Philosophical Transactions*, 1860, p. 277 ; Lyell, *Ancienneté*,
trad. fr., p. 132, fig. 18 ; Boucher de Perthes, *Antiquités celtiques et gauloises*, t. I, p. 234 ;
Dictionnaire de la Gaule, terrains quaternaires, fig. 3 ; Mortillet, *Revue Archéol.*, 1866,
t. I, p. 450, fig. 1 ; *Promenades au musée de Saint-Germain*, p. 85. — Cf. Lyell, *Ancienneté*,
trad. franç., p. 136 ; Ravin, *Mém. de la Soc. d'Émul. d'Abbeville*, 1834, p. 197 ; Buteux,
Esquisse géologique du département de la Somme, Abbeville, 1864, p. 69 ; Mortillet, *Le
Préhistorique*, p. 137, 159, 211, 212 ; *Dictionnaire archéologique de la Gaule*, t. I, p. 3. —
Prarond, *Sur la date des premières recherches préhist. à Abbeville*, extrait des *Mém. de la
Soc. d'Émul. d'Abbeville*, 1877 ; Louandre, *La vallée de la Somme, Abbeville*, dans la *Revue
des Deux-Mondes* du 15 juillet 1873.

2. « C'est dans les lits inférieurs de sable et de gravier, au contact de la craie, qu'ont
été trouvées les hachettes, quelques-unes en parfait état, d'autres plus roulées. » (Lyell,
Ancienneté, trad. fr., p. 133.)

3. *Dictionnaire archéol. de la Gaule*, t. I, p. 3. Sur les terrains de transport du nord de
la France, voir Dollfus, *Bull. Soc. Géol.*, 3ᵉ sér., t. VII, p. 319, qui donne une longue
bibliographie. Cf. M. Boule, *Revue d'Anthropologie*, 1888, p. 660 et suiv.

4. *Dictionnaire de la Gaule, terrains quaternaires*, fig. 1 et 2, p. 54 ; d'Acy, *Le limon
des plateaux*, pl. I (photographie de la coupe), p. 16 ; Prestwich, *Philosophical Transac-*

dans les graviers, au-dessous des sables à coquilles, qu'on trouve les silex taillés associés à l'*elephas antiquus*, à l'*elephas primigenius*, au *rhinoceros tichorhinus*, au *bos primigenius,* etc. Après Boucher de Perthes et Rigollot, le gisement de Saint-Acheul a été étudié en avril et juin 1859 par Evans, Prestwich, Godwin-Austen, Flower et Milne, puis par Albert Gaudry et Desnoyers. Des milliers de silex ont été recueillis à Saint-Acheul : le type

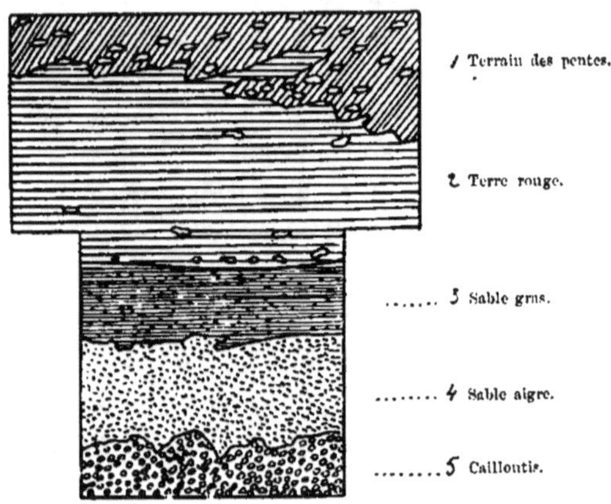

Fig. 23. — Coupe de Menchecourt dessinée par E. Collomb (cf. p. 112.) [1]

de la hache en coin (souvent avec une face aplatie et l'autre très convexe), est fréquent, mais on trouve aussi des scies, des couteaux, des grattoirs, etc [2].

tions, 1861 ; *Quarterly journal of the geol. soc.,* nov. 1863 ; Lyell, *Ancienneté,* trad. franç., p. 145 et suiv.; Rigollot, *Mém. sur les instruments en silex trouvés à Saint-Acheul,* dans les *Mém. de la Soc. des Antiq. de Picardie,* 2e sér., t. IV (1854), avec plan et coupes ; *Congrès de Paris,* 1867, p. 223 et suiv. ; Mortillet, *Promenades,* p. 85 ; *Le Préhist.,* p. 132 ; *Musée Préhistorique,* fig. 52 (coupe) ; Figuier, *L'homme primitif,* 1870, p. 48 (coupe) ; d'Acy, *Matériaux,* t. X, p. 281 ; Tylor, *Das Amiens-Geröll,* dans *Neues Jahrbuch für Mineralogie,* 1869, 2e cahier (avec carte et profils d'Amiens, pl. IV ; même travail en anglais dans le *Quarterly journal of the geolog. society,* vol. XXIV, mai 1868, p. 103 et suiv.). Pour l'historique des découvertes, cf. plus haut, p. 15 et Ferguson, *Notice sur les objets d'art trouvés dans le diluvium,* Amiens, 1860 ; Lubbock, *Natural history review,* juillet 1862 ; Garrigou, *L'homme fossile,* Paris et Toulouse, 1863 ; J. Evans, *Instruments de silex dans le diluvium,* Amiens, 1864 ; d'Archiac, *Du terrain quaternaire et de l'ancienneté de l'homme,* Paris, 1863.

1. *Revue Archéologique,* 1866, I, p. 450 (grav.)

2. *Dict. archéol. de la Gaule,* t. I, p. 54. Cf. d'Acy, *Matériaux,* t. X, p. 282 : « J'affirme que tous les types se trouvent à tous les niveaux, depuis les couches qui reposent sur la craie jusqu'à la base du limon grossier... La superposition d'un type à l'autre n'existe pas, et les silex de la forme du Moustier sont tout aussi abondants dans les cou-

L'assise de terre rouge est parsemée de tombes gallo-romaines, preuve que le sol du plateau n'a guère varié depuis dix-huit siècles.

Les haches amygdaloïdes du type de Saint-Acheul se sont rencontrées dans un grand nombre de localités, tant en Europe que dans les autres continents [1]; bien que les recherches faites à l'étranger soient encore in-

ches inférieures que dans les couches supérieures... Ma collection renferme 385 échantillons du type acheuléen et 230 pièces du type du Moustier, ce qui est déjà une certaine preuve que ce dernier n'est pas si rare qu'on le pense. » Cf. d'Acy, *Lettre à M. Arcelin*, dans la *Revue des Questions scientifiques*, avril 1880. — On trouve des spécimens bien gravés de haches de Saint-Acheul dans les ouvrages suivants : *Dictionnaire archéologique de la Gaule, allurions; Congrès de Copenhague*, p. 484-487 ; *Congrès de Bruxelles*, pl. XVII-XVIII; Evans, *Ages de la pierre*, trad. franç., pl. à la fin du volume ; Lyell, *Ancienneté*, trad. franç. p. 124, 125 ; d'Acy, *Le Limon des Plateaux*, pl. II-V (types chelléens); Mortillet, *Musée préhist.*, pl. VI-VIII ; Osborne, *Das Beil*, Dresde, 1887, pl. II ; Rau, *Prehistoric fishing*, Washington, 1884, p. 3 ; Figuier, *L'homme primitif*, 1870, p. 49 ; Nadaillac, *Premiers hommes*, t. I, p. 65. De très belles planches en héliogravure, encore inédites, ont été exécutées pour l'ouvrage que M. d'Acy promet de publier sur Saint-Acheul. Les gravures données dans les *Antiquités* de Boucher de Perthes sont tout à fait insuffisantes.

1. Cf. les renseignements réunis par M. de Mortillet, *Le Préhist.*, p. 175 et suiv. (France, Angleterre, Italie, Espagne, Portugal, Afrique, Asie, Amérique). Pour l'Angleterre (vallées de la Tamise, de l'Ouse, de l'Avon, etc.) on trouvera les indications les plus précises dans l'ouvrage de J. Evans, *Les âges de la pierre de la Grande-Bretagne* (trad. Barbier, 1878, avec nombreuses gravures.) En Italie, environs d'Imola et vallée de la Vibrata (haches trouvées à la surface du sol) ; cf. Mortillet, *le Préhist.*, p. 174; *Congrès de Bologne*, p. 9, 19, 36 ; Pigorini, *Bull. di paletnol. Ital.*, 1876, p. 121 (environs de Venafro) ; Capellini, *L'età della pietra nella valle della Vibrata* ; Concesio Rosa, *Ricerche di archeol. preist. nella valle della Vibrata*, Florence, 1871 ; en Grèce, instrument paléolithique signalé par Lenormant, mais sous réserves, dans les sables quaternaires de Mégalopolis (*Rev. Arch.*, 1867, I, p. 18) ; en Espagne et en Portugal (San Isidro, alluvions du Manzanarès, grotte de Furninha); cf. Cartailhac, *Ages préhist. de l'Espagne et du Portugal*, Paris, 1886, avec spécimens gravés, p. 26-31 ; *Congrès de Lisbonne*, p. 237, 256 ; en Algérie (grotte d'Ousidan, *Matériaux*, t. X, p. 196 et grav. aux p. 197-199 ; Palikao, près d'Oran, alluvions quaternaires, *Matériaux*, t. XXII, p. 224) ; en Tunisie, à Gafsa (*Matériaux*, t. XXI, p. 176, pl. VII, VIII); en Égypte (*Le Préhist.*, p. 177 ; *Rev. d'Anthrop.*, 1879, t. VIII, p. 116) ; en Palestine (?) (*Congrès de Paris*, p. 113)*; en Babylonie (?) (*Congrès de Paris*, p. 118) ; en Inde (Cockburn, *Journ. Anthrop. Instit.*, t. XVI, n° 4 ; *Matériaux*, t. XV, p. 263 et suiv.) ; dans l'Amérique du Nord (vallée du Delaware près de Trenton, New-Jersey; cf. Abbott, *Primitive industry*, Salem, 1881 ; *Proceedings Boston Soc.*, t. XXI, 1882; Nadaillac, *L'Amérique préhistorique*, p. 22 et suiv. ; Boule, *Revue d'Anthropol.*, t. XVII, 1888, p. 77 avec les références). — Acheuléen (?) récent en Australie, *Matériaux*, t. XXII, p. 144; aux îles Canaries, *Rev. d'ethnographie*, 1887, p. 372. Excepté en Gaule, en Grande-Bretagne et dans la vallée du Manzanarès près de Madrid, la présence du type de

* M. de Mortillet signale à ce propos (*Le Préhist.*, p. 178) un certain nombre de localités palestiniennes, mais *aucune* d'elles n'a donné des outils chelléens. On y trouve seulement des ébauches plus ou moins grossières de haches polies ; cf. Arcelin, *Matériaux*, t. V, p. 240; t. IX, p. 19 (réfutation des erreurs de L. Lartet, qui admettait l'existence, à Beth-Saour, d'une station analogue à celles de l'époque du renne dans le Périgord).

suffisantes, il est d'ores et déjà certain que le type de ces haches n'appartient pas exclusivement à l'époque quaternaire la plus ancienne.

VITRINE II [1].

(26571) Ébauche de grande hache en silex; gravelières de Bois-Colombes [2]. — (23488) Une grande hache à talon d'Hesdigneul [3] (fig. 25) et 26 silex de la

Fig. 24. — N° 23072.
H. 0^m,075. — Saint-Acheul.

Fig. 25. — N° 23488.
H. 0^m,19. — Hesdigneul.

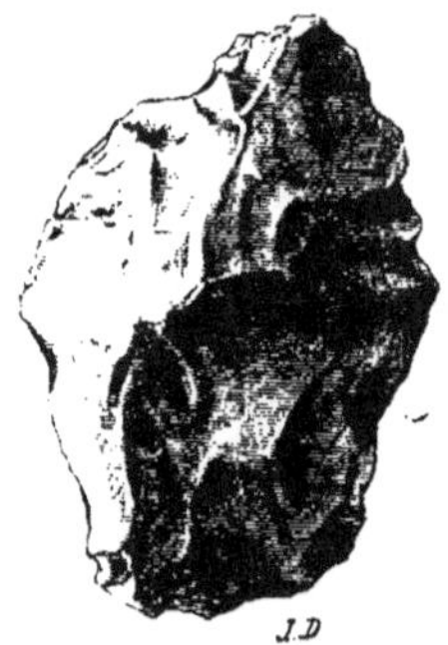

Fig. 26. — N° 23351.
H. 0^m,10. — Hargicourt.

sablière d'Hargicourt [4], affectant les formes du Moustier (lames et éclats). Voir en particulier le n° 23351 (fig. 26). — (31480) Grande hache chelléenne, trouvée dans une carrière au Perreux; l'original appartient à M. Maître [5]. — (28807) Trois haches en silex des sablières du Buissonnet (forêt de Compiègne); types de Saint-Acheul. — 14 silex taillés des sablières du Pecq [6], lames et éclats. Une pièce (22509) a l'aspect d'une grossière hache de Saint-Acheul. Les outils du Pecq sont très roulés; les types du Moustier y parais-

Saint-Acheul n'a pas été régulièrement constatée en compagnie de la faune caractéristique des temps quaternaires.

1. Dons Dumoutier, Lecocq, d'Acy, Guégan, Chantre.
2. Cf. Mortillet, *Le Préhist.*, p. 161, 270.
3. Mortillet, *Le Préhist.*, p. 136.
4. Cf. Pilloy, *L'atelier de Cologne, commune d'Hargicourt*, travail résumé dans les *Materiaux*, t. XI, p. 364; Fleury, *Antiquités du département de l'Aisne*, t. I (1877), p. 24.
5. Sur ce gisement, cf. *Matériaux*, t. XIX, p. 576; *Revue d'anthrop.*, t. XV, p. 688. On y trouve surtout des types moustériens.
6. Cf. Mortillet, *Le Préhist.*, p. 46, 144.

sent relativement plus nombreux qu'à Saint-Acheul [1]. — 18 specimens de silex provenant de Thennes[2], Montières[3] et Saint-Acheul; remarquez trois haches acheuléennes de Montières et de Thennes; un nucléus de Saint-Acheul (22257); plusieurs lames ou éclats de Saint-Acheul; un silex de même provenance (fig. 24), intermédiaire entre la hache et le racloir (23072); une pointe du type du Moustier trouvée à Saint-Acheul (22919).

VITRINE III [4].

Au-dessus (22093), cubitus de mammouth; Menchecourt.

Silex de Saint-Acheul, classés d'après les niveaux où ils ont été recueillis et présentant des patines variées[5].

1° Lames et éclats de couleurs claires trouvés près de la terre végétale:

2° Haches, pointes et éclats de couleurs claires (cacholonnés), recueillis vers le sommet des assises inférieures. Remarquez (9473, 17128) deux haches fendillées par le gel.

3° (29685) Polypiers fossiles de la craie troués naturellement et roulés, ayant pu servir de grains de colliers [6]. — On ne peut attribuer que sous réserves le goût de la parure aux fabricants des outils de Saint-Acheul, mais il est certain que des coquillages troués naturellement ou à dessein ont été très anciennement et sont encore employés comme pendeloques et comme ornements .[7]

1. D'Acy, *Matériaux*, t. X, p. 285.

2. D'Acy, *Matériaux*, t. XIV, p. 182. Le type dit acheuléen y paraît plus prépondérant qu'à Saint-Acheul même et les pièces à manche naturel ou talon y sont plus nombreuses; cf. *Bull. Soc. Anthropol.*, 1887, p. 178.

3. Cf. *Dictionnaire archéol. de la Gaule*, art. *Amiens*, p. 55 ; Mortillet, *Le Préhist.*, p. 160, 264; Evans, *Ages de la pierre*, trad. fr., p. 594; Lyell, *Ancienneté*, trad. fr., p. 144.

4. Dons Boucher de Perthes, Mortillet, d'Acy.

5. Cf. plus haut, p. 90.

6. L'hypothèse est due à Rigollot, *Mémoire sur les instruments en silex*, Amiens, 1854. p. 16 ; elle a été acceptée par Lyell (*Ancienneté*, trad. franç., p. 130) et par Hamy (*ibid.*, note 1), qui dit avoir trouvé quelques échantillons perforés analogues dans une sépulture néolithique à Equihen près de Boulogne-sur-Mer.

7. Voy. en général L. Marchand, *Notice sur une parure en coquillages*, Dijon, 1865; Mougeolle, *Rev. d'anthropol.*, t. XIV, p. 79 ; Rochebrune, *Rev. d'ethnogr.*, t. I, p. 465; Sebillot, *ibid.*, t. V, p. 499 ; Evans, *Ages de la pierre*, trad. franç., p. 465; *Congrès de Paris*, p. 42, 113 ; *Congrès de Bruxelles*, p. 168 ; *Congrès de Bologne*, p. 128, 129 ; *Congrès de Stockholm*, p. 626, 798; *Congrès de Pesth*, p. 446; Martens, *Ueber verschiedene Verwendungen von*

4° Haches acheuléennes à patines plus ou moins sombres ; l'une d'elles présente des incrustations, une autre des dendrites. Dans quelques exemplaires, les deux faces sont diversement patinées.

5° Haches de Saint-Acheul, beaux spécimens avec incrustations, dendrites, patines multiples. Remarquez à gauche deux exemplaires percés de trous naturels, qui ont pu suggérer l'idée d'un emmanchement, et une hache avec creux latéral naturel.

Tout en bas, cinq spécimens de rognons de silex, qu'il est instructif de comparer avec les outils travaillés par l'homme.

VITRINE IV[1].

Au-dessus, front de grand bœuf trouvé près de Corlée (Haute-Marne), dans les travaux du canal de la Marne à la Saône.

Très belle collection de haches et autres outils en silex provenant des alluvions de la Somme :

1° (7000) Hache à talon ; Saint-Acheul ; (29889) petite hache ou perçoir à talon ; Saint-Acheul ; (18919) hache à talon cacholonnée ; Menchecourt ; (7005) petite hache à talon ; Saint-Acheul ; (7007) taraud ou perçoir (fig. 27) ; Saint-Acheul ; (18870) disque en silex (fig. 30) ; Abbeville (terrain de l'Hôpital) ; (18871) racloir (fig. 29) ; Moulin-Quignon ; (30458) collier de polypiers de la craie troués naturellement ; Saint-Acheul ; (30098) hache ; Saint Acheul ; (18872) hache-ciseau à talon ; Abbeville. — (18917, 18918)[2] Deux très petites haches ovoïdes ; Abbeville, Menchecourt. — (7006) Petite hache lancéolée ; Saint-Acheul. — (18916) Très grande hache lancéolée, régulière ; Abbeville. — (29342) Grande hache (?) cacholonnée, mince, à retailles fines ; Saint-Acheul. — (18915) Grande hache (?) ovoïde, irrégulière, cacholonnée (fig. 28) ; Mautort.

2° (7080) Hache ovale à belle patine (fig. 31) ; Moulin-Quignon [3] ; (7003) hache ovale à tranchants latéraux aigus ; Saint-Acheul [4] ; (18874) belle hache ovale cacholonnée ; Saint-Riquier ; (23071) hache torse de Saint-

Conchylien, dans la *Zeitschrift für Ethnologie*, 1872, p. 21, 65 (cf. *ibid.*, 1878, p. 191) ; *Verh. Berl. Ges.*, 1873, p. 19 ; 1884, p. 400 ; 1886, p. 38, 43 ; *Matériaux*, t. XXII, p. 53, 57. Les faits analogues constatés de nos jours chez les populations sauvages et demi-sauvages sont extrêmement nombreux.

1. Donateurs : ministère des Travaux Publics, Boucher de Perthes, Danicourt, d'Acy, Mortillet, Damour.

2. *Musée Préhistorique*, pl. VII, fig. 35.

3. *Dictionnaire archéologique de la Gaule, alluvions quaternaires*, fig. 7.

4. *Musée Préhistorique*, fig. 28.

Acheul[1]; (18875) grande hache ovale (fig. 35); Champ de Mars d'Abbeville[2];
(23071) hache à deux pointes; Saint-Acheul; (7001) grande hache lancéolée;
Saint-Acheul[3]; (18876) grande hache lancéolée, très régulière (fig. 32); Abbe-

Fig. 27.— N° 7007.
H. 0,065.—St-Acheul.

Fig. 28. — N° 18915.
H. 0,24. — Mautort.

Fig. 29. — N° 18871.
H. 0,11. — Moulin-Quignon.

Fig. 30. — N° 18870.
H. 0,06. — Abbeville.

Fig. 31. — N° 7080.
H. 0,095. — Moulin-
Quignon.

Fig. 32. — N° 18876.
H. 0,16. — Abbeville.

Fig. 33. — N° 7002.
H. 0,16.—Saint-Acheul.

Fig. 34. — N° 18877.
H. 0,13. — Porte Mercadé.

ville[4]; (23071) hache ciseau; Saint-Acheul; (7002) hache lancéolée (fig. 33);
Saint-Acheul; (18877) hache cacholonnée, affectant la forme d'une pointe

1. *Musée Préhistorique*, fig. 37. Cf. plus haut, p. 91.
2. *Musée Préhistorique*, fig. 30; *Dictionnaire archéol. de la Gaule, alluvions quaternaires*, fig. 9.
3. *Musée Préhistorique*, fig. 29.
4. *Musée Préhistorique*, fig. 48; *Dict. de la Gaule, alluvions quaternaires*, fig. 8.

de lance (fig. 34) ; Porte Mercadé[1] ; (18878) belle hache lancéolée, pointue : Mautort[2] ; (18879) hache lancéolée à talon (fig. 36) ; Saint-Acheul[3].

3° Haches discoïdes, ovoïdes et roulées ; Saint-Acheul. — (18922) Hache cacholonnée ; Menchecourt ; (7018) hache en silex avec un éclat laissant voir l'épaisseur de la patine ; Saint-Acheul ; (23071) hache acheuléenne à talon ; Saint-Acheul ; (18924) hache évasée montrant l'épaisseur de la patine jaunâtre ; Menchecourt ; (18923) hache avec patine brune (Abbeville) ; (7012) hache avec patine brune d'un côté et jaunâtre de l'autre ; Saint-Acheul.

4° Éclats discoïdes, éclats divers et lames du type moustérien ; Saint-Acheul.

VITRINE V[4].

En haut, atlas de mammouth ; Abbeville.

1° Silex cacholonnés de Cœuvres[5] : remarquez les lames ou éclats, la pointe moustérienne (8599), le racloir (3598), les deux éclats avec conchoïdes de percussion très marqués (8600, 17165), le disque (3599), les deux haches acheuléennes (17168', 17167')[6].

Deux haches acheuléennnes en silex des sablières de Pressigny le Grand (la première, de très grande dimension, est un moulage).

Haches de type acheuléen provenant de Vaudricourt. Remarquez à droite la célèbre hache (29686')[7] dont l'original appartient à M. de Beaulaincourt (fig. 37). C'est une des pièces les plus parfaites que l'on connaisse : malheureusement, l'extrémité supérieure est brisée.

---

1. *Dictionnaire de la Gaule, alluvions quaternaires*, fig. 6.
2. *Dict. de la Gaule, alluvions quaternaires*, fig. 5 ; *Musée préhistorique*, fig. 27.
3. *Musée Préhistorique*, fig. 82.
4. Donateurs : Watelet, Lartet, Terninck, Léveillé, G. Lecocq, Jollivet, d'Acy.
5. Watelet, *L'âge de pierre dans le département de l'Aisne*, Vervins, 1866, avec six planches de silex taillés et d'autres objets ; Fleury, *Antiquités du département de l'Aisne*, t. I, p. 22 ; Wimy, *Association Française*, 1880, p. 852-864 ; Mortillet, *le Préhistorique*, p. 263, 267.
6. Watelet, *op. laud.*, pl. I, n° 5.
7. Sur le gisement de Vaudricourt, voir A. de Beaulaincourt, *Note sur quelques découvertes faites à Vaudricourt*, dans la *Soc. des Antiquaires de Morinie*, St-Omer, 1876, p. 501 ; *Congrès de Bruxelles*, 1872, p. 276 ; *Matériaux*, t. I, p. 187 ; t. II, p. 216 ; *Bull. Soc. Géolog.*, 2° sér. t. XXIII, p. 244 (5 fév. 1866). Sur la hache, voir en particulier *Matériaux*, t. III, p. 185 ; Mortillet, *Le Préhistorique*, p. 136, 138

2º Silex cacholonnés et autres des sablières d'Hargicourt [1] ; nombreux éclats du type moustérien.

Haches acheuléennes provenant de plusieurs gisements situés dans les communes de Bossay et de Boussay, canton de Preuilly (Indre-et-Loire) [2].

3º Haches acheuléennes de Thennes [3] ; un certain nombre d'entre elles

Fig. 35. — Nº 18875.
H. 0ᵐ, 19. Abbeville.

Fig. 36. — Nº 18879.
H. 0ᵐ, 17. St-Acheul.

Fig. 37.— Nº 29686.
H. 0, 25. Vaudricourt.

sont munis de talons ; il semble même que ce dernier caractère soit plus fréquent à Thennes qu'à Saint-Acheul.

VITRINE VI [4].

Cette vitrine plate contient une très belle série de 96 haches de Saint-Acheul disposées sur quatre rangs. Quelques-unes semblent munies d'un talon, ménagé intentionnellement dans le rognon de silex, mais la plupart sont retaillées sur tout le pourtour et ont dû être emmanchées [5].

A. (12095) Hache à talon ; (15232) hache à base tronquée [6].

---

1. Cf. plus haut, p. 115, note 4.
2. Jollivet, *Notice sur les armes et instruments en silex travaillé, découverts dans les environs de Preuilly*, Paris, 1870.
3. *Matériaux*, t. XIV, p. 182.
4. Donateurs : Boucher de Perthes, Rigollot, Société des Antiquaires, d'Acy, Gaudry.
5. Cf. plus haut, p. 90.
6. *Musée Préhist.*, fig. 31.

B. (11903) Très belle hache recueillie par le Dr Rigollot, le premier disciple de Boucher de Perthes (fig. 38). — (6822) Hache trouvée par M. Gaudry dans la fouille dont il a rendu compte à l'Académie des Sciences le 3 octobre 1859 [1] (fig. 39). — (22642) Hache à petites retailles; (12095) hache à pointe arrondie; (17121, 10639) haches façonnées en poinçons;

Fig. 38. — N° 11903. — H. 0,22.
St-Acheul.

Fig. 39. — N° 6822. — H. 0,155.
St-Acheul.

(17121) hache façonnée en scie et spécimens *torses;* (12095) petite hache torse; (23071, 7008, 10638) spécimens de haches torses.

VITRINE VII [2].

Série de 71 haches de la collection de Boucher de Perthes, provenant des alluvions de la Somme.

Sur la tranche, dents de rhinocéros tichorhinus et de mammouth; Menchecourt.

A. Haches de la Porte-Mercadé, Moulin-Quignon, Mautort, Menchecourt, Drucat, les carrières de Philebeaucourt près de Port-le-Grand, Thuison, Saint-Gilles, Saint-Riquier.

B. Pièces importantes pour l'histoire de l'archéologie préhistorique, parce qu'elles sont les premières où Boucher de Perthes ait reconnu des traces

1. *Musée Préhist.*, fig. 26; *Dict. de la Gaule, alluvions quaternaires*, fig. 2.
2. Donateur : Boucher de Perthes.

de travail humain. — (7061) Hache de St-Gilles, recueillie par Boucher avant 1840: (7063) hache de Thuison, recueillie en 1832 [1]; (18883) hache d'Abbeville, trouvée en 1840; (7062) hache d'Abbeville, trouvée avant 1840.

(18884) Hache à grands éclats trouvée près de l'Hôpital à Abbeville; haches de la Porte-Mercadé, de Moulin-Quignon, de Menchecourt; (18891) très grande hache triangulaire de Thuison; (18880) autre de même provenance; (7081, 18886), petites haches cacholonnées de Moulin-Quignon et de Menchecourt; (7076) petite hache de Mautort.

VITRINE VIII [2].

Sur la tranche, extrémité inférieure d'une défense d'éléphant; Porte-Mercadé.

A. Haches de la collection Boucher de Perthes, types de Saint-Acheul et

Fig. 40. — N° 18882.   Fig. 41. — N° 18773.   Fig. 42. — N° 22653.   Fig. 43. — N° 22654
H. 0,138. Abbeville.   H. 0,075. Montguillain.   H. 0,157. Bracheux.   H. 0, 12. Bracheux..

du Moustier. Éclats, lames, couteaux, pointes, *nuclei* provenant des alluvions de la Somme près d'Abbeville. — (18895, 18901) Spécimens cacholonnés; le dernier (18901) est un grand éclat avec conchoïde de percussion. — (18900) Disque en silex; Abbeville; (18904) lame ou couteau; Abbeville; (18908) pointe retaillée; Moulin-Quignon; (18909) pointe à arête dorsale; Abbeville; (18910) pointe du type moustérien; Menchecourt; (18913) pointe fine avec retailles; environs d'Abbeville; (18882) pointe à bords vifs, type

---

1. Hamy, *Précis*, p. 34; Mortillet, *Le Préhist.*, p. 159. C'est la première trouvaille de Boucher de Perthes.
2. Donateurs : Boucher de Perthes (A), Fenet et Baudon (B.).

moustérien, trouvée dans les murs du *Carré des Six* à Abbeville (fig. 40) [1].

B. Collection d'outils en silex des types de Saint-Acheul et du Moustier, recueillis dans les alluvions quaternaires à Bracheux (La Justice) [2], Goincourt (ballastière de Montguillain) [3], Grand Bruneval (vallée du Thérain près de Beauvais, commune de Warluy) [4]. Remarquez (18773, fig. 41), deux pointes moustériennes de Montguillain; (22646, 22647) deux grandes haches acheuléennes de même provenance; (22654, fig. 43) scie en silex de Bracheux: (22653, fig. 42), pointe moustérienne de même provenance. — A droite, une série de lames ou éclats de Montguillain, deux racloirs de Montguillain et de Bracheux, plusieurs grands éclats moustériens des mêmes provenances; (22645) petit grattoir de Montguillain; (26269) instrument chelléen à talon de Bruneval, avec belle patine sombre.

VITRINE IX [5].

Sur la tranche, dent de rhinoceros Merckii des sablières de Poissy; dent d'hippopotame des sablières de Levallois.

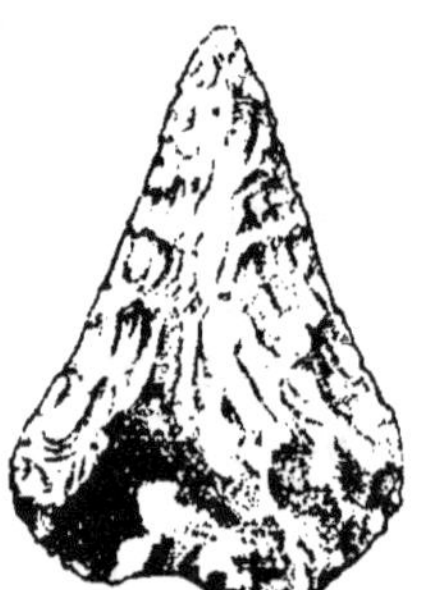

Fig. 44. — N° 25891. — H. 0,135.
Montmartre.

A. Série d'outils acheuléens et moustériens, ces derniers beaucoup plus nombreux, provenant des sablières du Pecq. Haches acheuléennes roulées

1. Mortillet, *Musée Préhist.*, fig. 62.
2. Mortillet, *Le Préhist.*, p. 266; *Mus. Préhist.*, fig. 79.
3. Mortillet, *Le Préhist.*, p. 138; *Musée Préhist.*, fig. 65; Baudon, *Matériaux*, t. VII, p. 365, 384; *Congrès de Senlis*, 1877, p. 302. Les types moustériens dominent à Montguillain; les silex y sont généralement revêtus d'une belle patine sombre.
4. Cf. Mortillet, *Mus. Préhist.*, fig. 61.
5. Donateurs : Beaune, Mortillet, Jumé, Levasseur (A); Lartet, Gaillardot, Reboux (B).

et brisées : racloir, *nuclei*, grattoirs ; nombreuses lames ou scies ; petits éclats taillés en perçoirs ; au-dessus, grande lame provenant de Sartrouville.

Sur la droite, polypiers fossiles de la craie troués naturellement [1], découverts dans les sablières du Pecq : tout à droite, couteaux en silex des sablières de Poissy (l'un d'eux, en bas, est cacholonné).

B. A droite, outils en silex de Bois-Colombes, parmi lesquels deux belles haches acheuléennes (21767) ; silex moustériens, lames, pointes, racloirs.

A gauche, série d'outils moustériens (éclats, lames, *nuclei*), accompagnés de quelques haches acheuléennes, le tout découvert dans les sablières de Paris : Clichy, Levallois, Neuilly, Gentilly, Batignolles.

Remarquez quelques ébauches de haches acheuléennes (11133, Levallois ; 7178, Batignolles) ; de beaux éclats à pointe arquée (11135, Clichy ; 7204, Neuilly ; 7203, Levallois) ; un racloir de Neuilly (7181) ; deux cailloux en silex percés naturellement, de Levallois et de Neuilly (7183, 7184).

Dans le haut, au milieu, magnifique hache triangulaire à fines retailles découverte en 1836 à Montmartre (25891, fig. 44).

Sablières de Paris. — Sur une indication de Boucher de Perthes [2], M. H. Gosse (de Genève) commença, en 1859, l'étude des sablières de Paris et y reconnut l'existence de silex taillés mêlés aux restes de la faune quaternaire [3]. Ses recherches furent continuées par Reboux, Martin, Roujou, Julien, etc. [4]. Les couteaux et les lames sont relativement abondants dans ces dépôts, mais les outils de forme ovale et lancéolée y sont rares.

1. Cf. plus haut p. 116, notes 6 et 7.
2. *Antiquités celtiques*, t. II, p. 123.
3. Gosse, *Comptes rendus de l'Académie des Sciences*, 30 avril 1860 ; cf. *Mém. Soc. Anthrop.*, I, p. 145 ; *Bull. Soc. Anthrop.*, I, p. 514, 534, 561.
4. Ouvrage capital : Belgrand, *La Seine et le bassin parisien aux âges antéhistoriques*, Paris, 3 vol., 1869 ; l'édition originale a été brûlée en 1871 et les exemplaires en sont devenus rares. C'est un tableau de la géologie, de la paléontologie et de l'archéologie préhistorique du bassin de Paris, accompagné de vignettes, de cartes et de planches en photolithographie. Voir surtout la carte générale du bassin, t. I, pl. I ; le plan de Paris indiquant les dépôts quaternaires et les anciens lits de la Seine, *ibid.*, pl. 3 ; le tableau comparatif des découvertes faites dans les sablières, t. I, p. 190. — Autres sources : Lyell, *Ancienneté*, trad. franç., p. 164 ; Hamy, *Précis*, p. 188, 196 ; Mortillet, *Le Préhist.*, p. 161 ; Gaudry, *Bull. Soc. Géol.*, 17 déc. 1866 (Neuilly, Levallois, Clichy, Batignolles ; cf. *Matériaux*, t. III, p. 409) ; Reboux et Roujou, *Congrès de Paris*, p. 103 et suiv., p. 364 ; Reboux, *Congrès de Stockholm*, t. I, p. 65 (faune, p. 66 ; cf. Belgrand, t. II, p. 7 et suiv.) ; *Congrès de Pesth*, p. 85 ; Roujou, *Étude sur les terrains quaternaires du bassin de la Seine*, Paris, 1873 ; le même, *Les phénomènes et les terrains quaternaires et postquaternaires dans le bassin de la Seine*, in *Revue d'anthropologie*, t. II, p. 455 (cf. Roujou et Julien, *Congrès de Bologne*, p. 73 ; Belgrand, *Congrès de Bruxelles*, p. 132.) — Pour

VITRINE X.

(VOIR LA VITRINE XXVII.)

VITRINE XI [1].

SILEX DES PLATEAUX [2].

En haut, tête de grand cerf d'Irlande (*megaceros hibernicus.*)

1º Silex de l'atelier de Fumerault (Saint-Aubin Châteauneuf). [3] — (11711) Grand nucleus; (11712) conchoïde de percussion sur grand éclat; (11713) grandes lames.

2º Silex recueillis par l'abbé Bourgeois sur le plateau de Pontlevoy [4]; la plupart sont de petites dimensions; il y a des grattoirs discoïdes (7497); des grattoirs avec encoches latérales (7418, 7422, 7414); des lames à encoches latérales, des pointes diverses, quelques-unes avec retailles latérales. — (7434) Racloir; (7367, 7409) scies; (7450, 7508) ébauches de pointes de flèche; (7405, 7406) haches polies recueillies sur le même plateau, montrant la confusion qui règne dans ces gisements superficiels.

3º Série de silex recueillis sur le plateau de Pontlevoy : percuteurs, *nuclei*, disque, tranchet, éclats, lames, scies, nombreux grattoirs.

les silex de Levallois-Clichy : *Congrès de Paris*, p. 104, fig. 17 ; p. 105, fig. 18 ; *Congrès de Bruxelles*, p. 479; *Congrès de Pesth*, p. 85 (fig.); Reboux, *Mém. Soc. Ethnogr.*, t. XII (avec planches); Belgrand, *op. laud.*, t. II, pl. 49-52; Hamy, *Précis*, p. 188, fig. 31 ; Mortillet, *Musée Préhist.*, fig. 64, 66. — Coupes de sablières : Belgrand, t. I, p. 105 (sablière Tarsieux); p. 107 (Dehaynin); pl. 10 (Jumentier); pl. 13 (Doucet); Reboux *Bull. Soc. de Numismatique*, 1871 (Préault); *Congrès de Pesth*, p. 88 (Crétu).

1. Donateurs : Bazin, abbé Bourgeois.

2. Cf. plus haut p. 84.

3. *Congrès de Paris*, p. 158; *Matériaux*, t. VI, p. 87 ; Bazin, *Note sur deux ateliers de silex taillés à Fumerault et aux Fleys*, extrait du *Bulletin de la Soc. des Sciences de l'Yonne*, 1869 (avec 7 planches.)

4. L'abbé Bourgeois était professeur au collège de Pontlevoy. Cf. sur ces silex, *Matériaux*, t. III, p. 187, 215, Mortillet, *Musée Préhist.*, p. 157, 166, 274.

VITRINE XII [1].

SILEX CLASSÉS MÉTHODIQUEMENT.

En haut, humérus' d'éléphant antique trouvé à Montreuil; original au Muséum [2].

Choix d'outils en silex de diverses provenances, indiquant les variétés de formes et de patines.

1° Trois rangées de silex de petites dimensions, à savoir : grattoirs allongés et triangulaires, racloirs du type du Moustier (bel exemplaire du Moustier même, n° 22021); haches acheuléennes passant au racloir (18116, 18117, Beaumont; 18415, Pontlevoy; 18404, Saint-Acheul). — Grande hache acheuléenne' ayant pu servir de ciseau; Thennes.

Les autres provenances sont Menton (fouilles Rivière, cf. plus bas la vitrine XXXII), Soyons (Ardèche) [3], Chez Pouré (Corrèze), [4] Vic-de-Chassenay (Côte-d'Or) [5]; dans le département des Landes [6] : Le Paloumet [7], Seyresse, Tercis [8], Arzet, Saugnac; dans la Dordogne : Tayac, Badegols; Solutré et Bois du Rocher en Saône-et-Loire et dans les Côtes-du-Nord [9].

2° Disques ou palets en silex [10] du département de la Vienne, de Bois du Rocher, de Bossay et de la Monrotière (commune de Sargé.) — 27 haches acheuléennes, la plupart de petite dimension, sauf les n°s 16716' (Chez Pouré, fig 46) [11] et 18867' (Ressaulier près Brives.) Remarquez les n°s 18138

---

1. Donateurs : Gervais, ministère de l'instruction publique, Massénat, R. Pottier, Lepic, Lubac, Lalande, Reverdit, Brouillet, Marlot, Cazalis de Fondouce, Lartet, Christy, Arcelin, Commission des Gaules, Mortillet, Fornier, Bouvet, d'Acy, Legrand, Jollivet, Léveillé, Boucher de Perthes, Coutant, Nansouty, Nadaillac.

2. Belgrand, *La Seine, le bassin parisien*, t. II, pl. 14; cf. *ibid.*, t. I, p. 85, 175 et suiv.; Hamy, *Précis*, p. 111; Amgehino, *Bull. Soc. Anthropol.*, 1881, p. 98; *Association française*, 1886, p. 172.

3. Cf. plus bas, vitrine XXXIII.

4. Cf. plus bas, vitrine XVI.

5. *Matériaux*, t. III, p. 112 (gisement de Fontaine-Sauve.)

6. R. Pottier, *Étude préhistorique des environs de Dax*, analysée dans les *Matériaux*, t. VII, p. 236 ; H. du Boucher, *Catalogue des stations préhistoriques landaises*, dans les *Matériaux*, t. XIV, p. 258.

7. *Matériaux*, t. VII, p. 239.

8. *Matériaux*, t. VII, p. 240.

9. Il sera question de ces localités dans la description des vitrines suivantes.

10. Cf. *Matériaux*, t. I, p. 469; t. II, p. 43, 114; t. III, p. 71 ; t. XI, p. 90; t. XVI, p. 431; *Congrès de Paris*, p. 320; *Congrès de Bologne*, p. 253.

11. *Musée Préhistorique*, pl. X, fig. 59.

(Les Héraudières, commune de Leugny, fig. 45), 18132 (Leugny); [1] 16714, hache avec talon (Tilliol près de Brives); 18150, 18416, deux haches avec talon (La Citière près de Vendeuvre, Oyré).

Autres provenances :

VIENNE : Civray, Beaumont, Marigny-Brisay, Vendeuvre [2].

CÔTE-D'OR : Vic-de-Chassenay.

3° Soixante et une haches amygdaloïdes et ovoïdes provenant de la Vienne (Leugny, Saint-Rémy, Beaumont, Oyré, Marigny-Brisay, Ouzilles), d'Indre-et-Loire (le Grand Pressigny), de la Somme (Saint-Acheul, Saint-Roch près Amiens, Thennes, Boves), de Loir-et-Cher (Vendôme [3], Sargé, Saint-Jean-Froidmantel), de la Côte-d'Or (Vic-de-Chassenay, les sources

Fig. 45. — N° 18138. — H 0,092.
Les Héraudières.

Fig. 46. — N° 16716. — H. 0,145.
Chez-Pouré.

de la Seine), de la Corrèze (Chez Pouré), de l'Yonne et du Gers. Remarquez le n° 11606, hache provenant des plateaux de la Vienne, cacholonnée sur un côté et non sur l'autre [4]; (20108) grande hache acheuléenne de Pressigny-le-Grand; (14643) grande hache à belle patine de Châtillon-sur-Seine [5]. — (18112, 1600, 18925, 18404) Quatre grandes haches à talon de la Vienne et de la Somme.

Ateliers de la Vienne. — Le département de la Vienne renferme un grand nombre d'ateliers de silex, tant paléothiques que néolithiques, qui ont été principalement étudiés par Brouillet et Meillet [6]. Voir : 1°

1. Cf. *Matériaux*, t. VIII, p. 268.
2. Cf. *Musée Préhist.*, fig. 58.
3. Cf. Maricourt, *Matériaux*, t. IX, p. 209.
4. Cf. Brouillet, *Époques antéhistoriques du Poitou*, p. 125.
5. Cette hache provient de la collection de M. L. Coutant, qui l'a donnée comme découverte dans les environs de Châtillon-sur-Seine.
6. Cf. *Matériaux*, t. I, p. 246.

Brouillet et Meillet, *Époques antédiluvienne et celtique du Poitou*, Poitiers et Paris, 1864, avec 50 planches; 2° Brouillet, *Époques antéhistoriques du Poitou*, 1865, avec 10 planches [1]. Le premier de ces ouvrages est tristement célèbre par les fraudes archéologiques de Meillet [2], qui décrivit et fit graver, en prétendant les avoir découverts lui-même, des os ornés de dessins fantastiques et ridicules (cf. surtout pl. 20 *bis*, os avec inscription en caractères sanscrits *dévanagaris,* que Meillet eut le front de communiquer à l'illustre indianiste Pictet de Genève!) Le second, par Brouillet seul, est plus sérieusement fait, bien que contenant encore quelques objets faux : on y trouve, à la p. 118, la liste de 31 localités de la Vienne où l'on a constaté l'existence d'ateliers préhistoriques. Des outils quaternaires du même département sont gravés dans le *Musée préhistorique* de M. de Mortillet, n°ˢ 41, 53-57, 71, 90, 150.

CRANIOLOGIE PRÉHISTORIQUE [3].

(INTRODUCTION A LA VITRINE XIII.)

La crâniologie, dans ses rapports avec l'anthropologie préhistorique, est une science jeune encore qui a déjà passé par plusieurs phases :

---

1. Cf. *Matériaux*, t. II, p. 203.

2. Il fut immédiatement désavoué par son collaborateur Brouillet ; cf. *Matériaux*, t. I, p. 272-276, 298, 331, 394.

3. Voir l'historique de l'anthropologie dans les *Eléments d'anthropologie générale* de Topinard, Paris, 1885, p. 1-148, complété par le même dans la *Revue d'Anthropologie,* t. XVII, p. 197 sq. ; cf. *Bull. Soc. Anthrop.,* 1877, p. 310 et Zaborowski, article *Anthropologie* dans la *Grande Encyclopédie* en cours de publication. On trouvera les résultats généraux et les points de doctrine exposés dans les écrits suivants : Pruner-Bey, *Congrès de Paris,* p. 345 ; Huxley, *Congrès de Norwich,* p. 92 ; Quatrefages, *Congrès de Bologne,* p. 519 ; *Congrès de Bruxelles,* p. 580 ; G. Retzius, *Congrès de Stockholm,* t. II, p. 693 ; Broca, *Revue d'anthropologie,* t. I, p. 385, t. VII, p. 158, 193 ; *Congrès de Paris,* p. 367 ; Hamy, *Matériaux,* t. XVIII, p. 35 ; cf. Ranke, *der Mensch,* t. I, p. 374 et suiv., t. II, p. 181 et suiv., 436 et suiv.; Virchow, dans Neumeyer, *Anleitung zu wiss. Beobachtungen auf Reisen,* Berlin, 1888, t. II, p. 316-327. La Société d'anthropologie de Paris, fondée en 1859, publie des mémoires et des bulletins; la *Revue d'Anthropologie* (Broca, Topinard) paraît depuis 1872. Il existe des sociétés d'anthropologie à Berlin, Vienne, Moscou, Stockholm, Florence, Madrid, Bruxelles, Lyon, Bordeaux, New-York, Washington, etc. L'*Archiv für Anthropologie* d'Ecker et Ranke paraît depuis 1870 (avec le *Correspondenz-*

1° *Synthèse et dogmatisme prématuré* (Retzius, Pruner-Bey). — L'anatomiste suédois André Retzius [1], prenant pour point de départ les différences, constatées par S. Nilsson, entre les crânes courts des Lapons et les crânes allongés des Suédois, admit, sur des données insuffisantes ou inexactes, que les crânes les plus anciens étaient tous brachycéphales et que la dolichocéphalie constituait un des apports des tribus aryennes à l'époque néolithique. Les Finno-Lapons et les Basques étaient, pour Retzius, les restes de populations brachycéphales que les dolichocéphales envahisseurs avaient refoulées [2]. La répartition des crânes en brachycépales et dolichocéphales [3] est assurément une idée heureuse, mais la thèse historique de

blatt); la *Zeitschrift für Ethnologie* de Virchow, Bastian, Voss et Hartmann, depuis 1869 ; le *Journal of the anthropological Institute* depuis 1871. — *Précis d'anthropologie* par P. Topinard, 2ᵉ éd., Paris, 1877 ; M. Alsberg, *Anthropologie,* Stuttgart, 1888, p. 66 et suiv. — Catalogue des crânes préhistoriques de France, dans la *Rev. d'Anthropol.,* t. XV, p. 360 et suiv., t. XVI, p. 240, 527 ; cf. *Matériaux,* t. XX, p. 482 (liste assez complète d'ossements réputés quaternaires); *Revue d'Anthropol.,* t. XVIII, p. 202. En général, voir Cartailhac, *Ossements et squelettes humains dans les cavernes et les stations quaternaires,* dans la *Revue d'Anthropologie,* t. XV, p. 448 et suiv. — Sur la craniologie ethnographique dans les œuvres de l'antiquité (textes et monuments), voir quelques pages de M. Hamy, *Crania Ethnica,* p. 147 et suiv.; Longpérier, *Œuvres,* t. II, p. 452.

1. A. Retzius, *Sur la forme du crâne des habitants du Nord,* 1842, réimprimé dans ses *Ethnologische Schriften* (ouvrage posthume), Stockholm, 1864. Alors que Blumenbach, le fondateur de la craniologie, avait rapporté tous les crânes européens au type *caucasique,* Retzius eut le mérite de signaler des variétés crâniennes dans les populations actuelles et anciennes de l'Europe.

2. L'idée que la capacité crânienne donne la mesure des facultés psychiques est elle-même un préjugé tout à fait gratuit; cf. Virchow, *Congrès de Bruxelles,* p. 564, qui considère même le type brachycéphale comme plus favorable au développement du cerveau.

3. A. Retzius appelait crânes *dolichocéphales* ceux dont le diamètre antéro-postérieur D est plus grand que le diamètre transversal *d, brachycéphales* ceux où les deux diamètres tendent à se rapprocher, comme cela se voit surtout chez les Finnois et les Mongols. L'indice céphalique est le rapport $\frac{100\,d}{D}$; un crâne tartare peut avoir pour indice 97,7, un crâne néo-calédonien 62, 9. Complétant et précisant la terminologie de Retzius, Broca a établi les distinctions suivantes (cf. *Revue d'Anthropologie,* t. I, p. 385 et suiv.; t. VII, p. 164) :

1° Dolichocéphales...............	indice	75 ou au-dessous.
2° Subdolichocéphales.............	—	75,01 — 77,77.
3° Mésaticéphales ou mésocéphales.	—	77,78 — 80.
4° Subbrachycéphales.............	—	80,01 — 83,33.
5° Brachycéphales...............	—	83,34 ou au dessus.

Depuis, sur l'initiative de M. Topinard, on a modifié les chiffres des indices et adopté la nomenclature *quinaire* de l'indice céphalique : *Dolichocéphales* (divisés en *ultra, hyper,*

Retzius, très séduisante par sa simplicité, repose sur des erreurs matérielles et des généralisations téméraires dont il était réservé à Broca de faire justice [1].

Sous l'influence de cette idée préconçue, que les races les plus anciennes et les plus arriérées en civilisation devaient présenter des caractères analogues à ceux des races moins civilisées de l'époque actuelle, on crut successivement retrouver dans les hommes quaternaires des caractères éthiopiens, négroïdes, australiens, esquimoïdes, laponoïdes, mongoloïdes, etc.[2]. Le paralogisme était tentant : on concluait de l'infériorité de la civilisation à celle de la race. Tel fut surtout le cas de Pruner-Bey, héritier de la science de Retzius et de ses erreurs [3].

dolicho vrais et *sous-dolicho*), 55-75 ; *Mésaticéphales*, 75-80 ; *Brachycéphales* (divisés en *sous-brachy., brachy. vrais, hyperbrachy.* et *ultrabrachy.*), 80-100 (Topinard, *Rev. d'Anthrop.*, 1885, t. XIV, p. 210). On trouvera dans le même travail l'indication des autres nomenclatures proposées. Suivant l'indice de la hauteur (100 *hauteurs* divisées par la *longueur*), on répartît les crânes en *hypsicéphales* (au-dessus de 75), *chamæcéphales* ou *platycéphales* (au-dessous de 70) et en formes intermédiaires dites *orthocéphales*.

On doit aussi à Retzius la distinction des profils de la face en *orthognathes* et *prognathes,* suivant que l'angle facial (de Camper) se rapproche plus ou moins de l'angle droit. Ranke a montré que la prognathie accompagne, en général, la *brachyprosopie* ou *chamæprosopie* (face courte ou basse), comme l'orthognathie se trouve associée à la *dolichoprosopie* ou *leptoprosopie* (face longue ou mince). L'indice facial est égal à cent fois la hauteur divisée par la largeur mesurée aux arcades zygomatiques. Entre les *brachyprosopes* et les *dolichoprosopes,* il existe un grand nombre de formes intermédiaires (*mésoprosopes*), comme entre les *brachycéphales* et les *dolichocéphales*. On n'a pas pu encore établir de corrélation entre la forme du crâne et celle de la face (Ranke, *Der Mensch,* t. II, p. 220).

1. Retzius avait fondé sa théorie sur *deux* crânes (*Congrès de Copenhague,* p. 244) ; elle n'est même pas vraie en Scandinavie (*Congrès de Paris*, p. 380). La brachycéphalie des Basques, affirmée par Retzius, est, comme l'a démontré Broca, le contre-pied de la vérité (*Congrès de Paris,* p. 370). — Les observations de Thurnam dans les *barrows* ou *tumuli* anglais (*Memoirs Anthrop. Soc. of London,* t. I, p. 120, 459 ; t. III, p. 41; cf. Penka, *Die Herkunft der Aryer,* p. 13), paraissent montrer que, parmi les envahisseurs ou immigrants qui apportèrent les métaux en Europe, le type brachycéphale était richement représenté : c'est encore absolument contraire à l'hypothèse de Retzius (*Congrès de Paris,* p. 377, 378). — Pour l'historique de cette thèse, cf. *Crania Ethnica,* p. 98 et suiv.

2. Cf. Kollmann *apud* Ranke, *Der Mensch,* t. II, p. 445.

3. Pruner-Bey (mort en 1882, cf. *Matériaux,* t. XVII, p. 408; t. XVIII, p. 44 ; *Verh. Berl. Ges.,* 1872, p. 76) fut l'ardent propagateur de la théorie des *mongoloïdes* européens, dont la première idée appartient à Serres (cf. *Crania Ethnica,* p. 134) ; il soutint aussi que l'arrivée des Aryens en Europe coïncidait avec le début de l'époque néolithique (cf. *Congrès de Paris,* p. 381, 382). Sur les mongoloïdes, cf. *Congrès de Paris,* p. 347, 354 ; *Congrès de Bruxelles,* p. 550, 557 ; *Crania Ethnica,* p. 135 et suiv. ; pour la théorie laponoïde, cf. *ibid.,* p. 142. — Les auteurs des *Crania Ethnica* rapprochent, — sous réserve, il est vrai, — la race européenne fossile de Cannstadt de la population indigène du continent australien (Quatrefages et Hamy, *op. laud.,* p. 43). Voir à ce

Enfin, sous l'influence des théories transformistes, on attribua à l'humanité quaternaire des caractères bestiaux et pithécoïdes[1]; l'on exagéra ces caractères jusqu'à présenter l'homme du Néanderthal comme le précurseur simien de l'homme actuel. Un des représentants les plus enthousiastes de cette manière de voir encore trop répandue est le professeur Schaaffhausen, de Bonn[2].

2° *Analyses et classifications* (Broca[3], Welcker, Virchow, Kollmann, Huxley, Thurnam, Quatrefages, Hamy, Topinard, etc.). — Broca commença par montrer, à l'encontre de Retzius, que la brachycéphalie n'était nullement le caractère des crânes les plus anciens et que la proposition contraire était plus conforme à la vérité. Puis, par la mensuration d'un grand nombre de crânes anciens et modernes, facilitée par la méthode des indices, il mit en lumière ces deux faits importants : 1° que les types craniologiques quaternaires, même ceux que l'on qualifie de pithécoïdes, se retrouvent jusqu'à notre époque et dans nos climats; par suite, que les populations de l'Europe actuelle se rattachent physiquement aux populations quaternaires des mêmes régions[4]; 2° que les hommes quaternaires

sujet les observations de M. Virchow (*Congrès de Bruxelles*, p. 562), sur le crâne d'une femme athénienne, Ἐλυπίχα, ayant vécu à l'époque macédonienne; ce crâne présente une capacité si faible (1150 c. c.) qu'on pourrait le rapprocher, à cet égard, de ceux des sauvages actuels de la Nouvelle-Hollande. Les ossements de la même femme offrent plusieurs caractères considérés par Pruner-Bey comme « mongoloïdes ». « En généralisant d'après ces données, on devrait conclure que le peuple grec de l'époque macédonienne était de petite taille et d'un développement inférieur. » (Cf. *Verh. Berl. Ges.*, 1872, p. 147.) Les épithètes de *mongoloïde, laponoïde, négroïde*, etc., présentent, en effet, ce grand inconvénient qu'elles semblent impliquer une théorie ethnographique, alors même qu'elles ne font que marquer des ressemblances dues à des influences de milieu analogues et dont l'explication ne peut pas encore être abordée.

1. Virchow a montré que ces caractères d'infériorité se retrouvent sporadiquement chez toutes les races et à toutes les époques; cf. son travail *Ueber einige Merkmale niederer Menschenrassen im Schædel*, Berlin, 1875; *Zeitschr. für Ethnol.*, 1880, p. 1 et suiv.; *Arch. für Anthrop.*, 1879, t. XI. p. 395; 1883, t. XIV, p. 73.

2. Cf. Hölder, *Die menschlichen Skelette der Bockstein Höhle und Herr Professor Schaaffhausen's Beurteilung derselben*, dans l'*Ausland*, 1885, n° 15, p. 285-295. On trouvera dans cet article de polémique les références essentielles aux très nombreuses publications de M. Schaaffhausen.

3. Sur Broca. cf. *Revue d'Anthropologie*, t. IX, p. 577 (avec bibliographie complète de ses œuvres); *Matériaux*, t. XV, p. 489. Broca a publié en 1875 des *Instructions craniologiques et craniométriques* dans les *Mémoires de la Société d'Anthropologie* (et à part).

4. Cf. à ce sujet Quatrefages, *Congrès de Stockholm*, p. 223. Les Aryens (si tant est qu'on puisse parler d'une *race aryenne*) n'ont été qu'une minorité civilisatrice; suivant le mot si juste de Sanson « nous sommes les fils intellectuels des Aryas, non leurs fils charnels ». Ce qui est vrai des hommes européens civilisés l'est aussi de nos animaux domestiques;

étaient loin d'appartenir à un type ou à une race unique et que, si haut que l'on remonte dans le passé, on constate une variété de caractères ostéologiques et craniologiques qui atteste des mélanges et des croisements.

D'accord avec Broca[1], MM. de Quatrefages et Hamy proposèrent une classification des races quaternaires qui ont habité l'Europe et distinguèrent trois races fossiles principales, celles de Cannstadt, de Cro-Magnon et de Furfooz[2]. Cette classification, commode peut-être pour l'étude, se fonde sur des matériaux trop peu nombreux encore pour prétendre à être autre chose qu'un essai ; c'est ainsi, du reste, que l'ont entendue et présentée ses auteurs.

3° Depuis la mort de Broca, il semble que la science soit entrée dans une troisième phase, sous l'influence des critiques formulées par Ihering et d'autres savants contre les procédés et les résultats de la craniométrie[3]. « La craniologie dans sa phase actuelle, écrit M. Topinard, est une science d'analyse et de patience et non encore une science de synthèse[4]. » On s'est demandé : 1° si le petit nombre de crânes quaternaires connus autorise la division si précise en plusieurs races fossiles qu'ont proposée MM. de Quatrefages et Hamy dans les *Crania Ethnica* (1873-1882)[5] ; 2° si la craniologie est en état, plus que la linguistique ou la psychologie comparée, de fournir le principe fondamental d'une classification ethnographique[6], étant donné que les races, considérées d'abord et *a priori* comme homo-

---

cf. plus haut, p. 68. — Si l'homme n'a pas changé physiquement depuis l'époque quaternaire (on peut en dire autant de son compagnon le renne), c'est, dit-on, qu'il faut chercher bien au delà de cette époque les traces de l'évolution prétendue qui rattache l'homme à son précurseur pithécoïde ; autant convenir que ce précurseur reste une hypothèse que n'autorisent en rien nos données les plus anciennes sur l'humanité. Cf. Kollmann *apud* Ranke, *Der Mensch*, t. II, p. 444, et surtout Quatrefages, *L'Espèce humaine*, p. 220.

1. Cf. Broca, *Association française*, 1877, p. 18 et suiv., lumineux exposé de l'état de la science vers la fin de la vie de l'auteur.

2. 1° Races de Cannstadt (Bohême, Wurtemberg, Neanderthal, la Naulette, Spy, Eguisheim, Clichy, Jourdan, l'Olmo) : dolichocéphalie, platycéphalie, taille moyenne, caractères esquimoïdes et australoïdes ; 2° races de Cro-Magnon : dolichocéphalie, grande taille, caractères Guanches et Kabyles (sud-ouest de la France, Afrique, Engis, Engihoul); 3° races de Furfooz, de Grenelle et de la Truchère : mésaticéphalie ou brachycéphalie, petite taille, caractères laponoïdes (vivait en Belgique à la fin de l'époque du renne).

3. Cf. Ihering. *Zur Reform der Craniometrie*, dans la *Zeitschrift für Ethnologie*, 1873, p. 121-169 ; G. Retzius, *Congrès de Stockholm*, t. II, p. 719 et suiv.

4. La craniologie actuelle est à la craniologie d'il y a trente ans, comme la géologie moderne aux cosmogonies de l'antiquité (Ranke, *Der Mensch*, t. II, p. 223).

5. Cf. Virchow, *Congrès de Stockholm*, p. 217 ; *Congrès de Bruxelles*, p. 563.

6. Cf. *Congrès de Stockholm*, t. II, p. 722.

gènes, ont toutes montré à l'observation des variétés craniologiques d'une
grande amplitude [1] ; 3° si le concept physiologique de la race elle-même [2]
n'est pas plutôt une abstraction mal définie qu'une réalité, et si l'uniformité
des types craniologiques et ostéologiques n'est pas plutôt le terme que le
point de départ d'une évolution historique et sociale [3].

1. Cf. Ranke, *Der Mensch*, t. II, p. 220 et suiv. « Depuis Blumenbach et Retzius, dit
Ihering (*loc. laud.*, p. 165), on a cru que chaque race avait sa forme crânienne propre
comme sa langue : c'est une opinion qui n'est plus scientifiquement soutenable. » — « La
structure du crâne ne permet jamais de reconnaître la race à laquelle appartenait un individu. » (*Ibid.*, p. 169.)

2. Cf. l'article *Races*, par Quatrefages, dans l'*Encyclopédie des sciences médicales* ; Topinard, *De la notion de race*, dans la *Revue d'Anthropologie*, t. VIII, p. 589 ; t. XV, p. 124 ;
Faidherbe, *Congrès de Bruxelles*, p. 419.

3. On a remarqué que dans certaines régions, celle des Alpes par exemple, le type craniologique tend à s'uniformiser, malgré la grande diversité des éléments ethniques (Ranke,
Der Mensch, t. II, p. 222). C. von Baer a pensé que dans les régions montagneuses, celles de
la Bavière et de l'Auvergne par exemple, une influence physique indéterminée fait prédominer les types brachycéphales (Ranke, *ibid.*, p. 207). Il est vrai qu'on pourrait alléguer
la persistance, dans ces pays d'accès difficile, d'anciens types brachycéphales (celtiques?)
restés purs de tout mélange. Mais une observation analogue à celle de Baer s'impose aux
États-Unis, où, suivant l'expression de E. Reclus, « nègre ou blanc, tout tourne au Peau-
Rouge ». L'action des milieux sur le squelette est indiscutable, mais elle reste encore tout
à fait obscure tant dans ses causes que dans ses effets. Les grands bœufs de la Frise
ayant péri dans l'épidémie de 1769 à 1771, on les remplaça par de petits bœufs du Jutland
qui refirent la grande race après quatre générations. De même, les femmes des Boers, après
quelques générations, montrent la même tendance à la stéatopygie que leurs voisines les
Hottentotes (*Zeitschrift für Ethnol.*, 1869, p. 11, 15 ; 1872, p. 16 ; cf. Schaaffhausen, *Die
Lehre Darwins,* Bonn, 1885, p. 455). — On a fait aussi valoir l'influence du genre de vie
sur le développement et la conformation du crâne : « Je crois, dit Virchow, que le crâne
se développe davantage chez ceux qui cultivent leur esprit, et que c'est surtout dans les
parties temporales que se produit ce développement... On ne peut espérer trouver des
caractères sûrs par lesquels on pourrait rapprocher des races vivantes les crânes d'individus qui ont vécu des milliers d'années auparavant dans des conditions climatériques
et dans des conditions de civilisation entièrement différentes, par ex. qui ont mangé peut-
être d'une autre manière que les tribus qui existent aujourd'hui, et qui ont par là une
conformation fort différente de l'appareil masticateur[*]. » (Virchow, *Congrès de Stockholm*,
p. 319, 217 ; cf. Schaaffhausen, *Congrès de Copenhague*, p. 273.) L'opinion de M. Virchow
est conforme à une observation antérieure de Broca, d'après lequel la capacité moyenne
des crânes parisiens aurait notablement augmenté depuis le moyen âge. Mais il est bon
de noter que la capacité crânienne moyenne n'est aucunement en rapport avec le degré
de civilisation (cf. les preuves énumérées par Nadaillac, *Les premiers hommes*, t. II, p. 270
et suiv.). L'influence du genre de vie sur l'appareil masticateur et de celui-ci sur toute la
conformation faciale (grâce au plus ou moins de plasticité des os) a été brillamment mise
en lumière par Engel et Langer ; cette manière de voir tend à substituer l'idée du type
individuel à celle de la race et à faire prédominer l'influence du milieu sur celle de la
descendance (cf. Ranke, *Der Mensch,* t. II, p. 209).

[*] « Dis-moi ce que tu manges, je te dirai ce que tu es. » (Brillat-Savarin.)

Enfin, on a soumis à un examen critique les crânes prétendus quaternaires et l'on a révoqué en doute, par des motifs que nous résumerons plus loin, l'antiquité de la plupart de ceux sur lesquels se fonde la craniologie préhistorique [1]. Il ne suffit pas, en effet, qu'un squelette ait été découvert dans le limon d'une caverne pour qu'il appartienne à l'époque quaternaire : on peut admettre un ensevelissement datant d'une époque postérieure, et cette hypothèse est particulièrement à considérer quand il s'agit de découvertes faites dans les cavernes, puisque nous savons que la sépulture dans les abris naturels était pratiquée à l'époque néolithique [2].

En résumé l'on peut dire, sans crainte d'être démenti, que la craniologie n'a pas encore éclairé les origines obscures de l'histoire et que la méthode même de cette science est loin d'être définitivement fixée à l'heure actuelle.

<hr>

VITRINE XIII [3].

CRANES ET OSSEMENTS ATTRIBUÉS A L'HOMME QUATERNAIRE.

Au-dessus, front de cerf commun ; tourbières de la Somme.

N. B. — Le classement de cette vitrine n'est pas méthodique, mais les chiffres romains placés entre parenthèses, renvoyant aux éclaircissements qui font suite, rétablissent l'ordre systématique dans lequel ces ossements doivent être étudiés.

(9216*, 9217*) Crâne féminin et crâne viril de Solutré ; ancienne collection Ferry (XIV) — (9219*, 9218*) Crâne d'une femme de trente ans environ et

---

1. Cf. Boyd Dawkins, *Die Hœhlen Europas*, p. 186 et suiv. Ranke (*Der Mensch*, t. II. p. 448) déclare qu'à son avis les critiques de Boyd Dawkins n'ont pas encore été sérieusement réfutées.

2. Les hommes de l'époque du renne ensevelissaient-ils leurs morts? On a répondu par la négative et l'on a affirmé, d'une manière générale, que les idées religieuses étaient étrangères aux hommes de cette époque (Mortillet, *Le Préhistorique*, p. 475, 476). Ces négations sont tout au moins prématurées et l'on peut y objecter : 1° que le sentiment religieux est naturel à l'homme (cf. Tyler, *Civilisation primitive*, trad. franç., t. I, p. 483 et suiv.); 2° que les pratiques funéraires ont pu exister dans telle tribu et ne pas exister dans telle autre, rien ne nous autorisant à poser en principe l'uniformité de la civilisation à l'époque du renne; 3° que l'habitude de la sépulture dans les cavernes, à proximité du foyer familial, remonte très probablement à l'époque du renne. Cf. Cartailhac, *Revue d'Anthropologie*, t. XV, p. 470, et l'intéressante discussion entre MM. de Mortillet et d'Acy au sujet des grottes de Menton et de Spy, *Bulletin de la Soc. d'Anthropologie*, 2 février 1888.

3. Donateurs : Ferry, Arcelin, Dupont, Mortillet, Vibraye, Gervais; Musées de Bruxelles, de Florence, de Liège, de Colmar, de Bonn, de Stuttgart.

crâne d'un jeune homme, découverts par M. Dupont au Trou-du-Frontal ;
musée de Bruxelles (XIII) — (18738') Crâne de l'Olmo, découvert dans une
argile bleue quaternaire (tranchée de l'Olmo près d'Arezzo) ; musée de Florence (VI) — (9218 *bis'*) Crâne d'Engis, découvert par Schmerling ; musée
de Liège (XII) — (18737') Crâne du Néanderthal près de Düsseldorf ; musée
de Bonn (II) — (18 677') Crâne d'Eguisheim ; musée de Colmar (V) —
(8297') Moulage intérieur du crâne du Néanderthal, donnant la forme approximative du cerveau (III) — (29466') Crâne de Marcilly-sur-Eure ; collection Doré (VII) — (21386') Crâne trouvé en 1700 dans le lehm de Cannstadt ;
musée de Stuttgart (I) — (11232') Calotte crânienne de gorille, à rapprocher
du crâne du Néanderthal (IV) — (11233') Mâchoire inférieure d'un individu
de 18 à 20 ans, trouvée à Solutré (XV) — (2970*) Mâchoire inférieure trouvée dans la caverne de la Naulette ; musée de Bruxelles (VIII) — (11080')
Mâchoire inférieure trouvée dans la grotte d'Arcy-sur-Cure ; ancienne collection Vibraye (IX) — (17043') Mâchoire inférieure découverte à Moulin-Quignon ; original au Muséum à Paris (X).

I. Des fouilles ayant été exécutées en 1700 sur l'emplacement d'un oppidum romain (?) à Cannstadt près de Stuttgart, par ordre du duc Eberhard
Ludwig de Wurtemberg, on découvrit dans le lehm des quantités d'ossements d'animaux quaternaires, entre autres, *assure-t-on*, un fragment de
crâne qui, longtemps négligé, fut retrouvé et signalé par Jaeger en 1835 [1].
Les circonstances de la découverte de ce crâne sont loin d'être élucidées [2],
et comme il existe à Cannstadt une nécropole mérovingienne, où les squelettes sont enfouis dans du lehm empâtant des ossements de mammouth,
MM. Fraas et Hölder ont exprimé l'opinion que le crâne de Cannstadt,
loin d'être quaternaire, avait appartenu à quelque guerrier allemand [3].

1. Jaeger, *Ueber die fossilen Saügethiere welche in Wurtemberg aufgefunden worden sind*,
Stuttgart, 1836, p. 126, pl. XIV, fig. 1 ; Quatrefages et Hamy, *Crania Ethnica*, p. 5, pl. 1,
fig. 1 ; Mortillet, *Le Préhistorique*, p. 236. Le crâne de Cannstadt, prêté à M. de Quatrefages
au mois de juin 1870, fut endommagé dans son laboratoire du Muséum par une bombe prussienne (*Congrès de Bruxelles*, p. 544).

2. Le narrateur de la découverte de 1700 affirme qu'aucun des os recueillis « ne pouvait être comparé aux os humains ». Cf. Cartailhac, *Matériaux*, t. XVIII, p. 28.

3. Hœlder, *Correspondenzblatt der anthropologischen Gesellschaft*, 1873, n° 12, et *Das Ausland*, 1887, p. 291 (*ein Schœdelbruchstück aus den allemannischen Reihengræbern bei der
Uffkirch in der Nœhe von Cannstadt*). En 1886-87, on a fouillé dans la nécropole de Cannstadt et l'on y a découvert cinq tombes, creusées dans le lehm à mammouth, qui contenaient des couteaux en silex néolithiques et, à côté des ossements humains, des restes de
cervus megaceros, de renne et de bos priscus (lettre de M. Fraas à M. d'Acy, datée du 15 juillet 1887). Schaaffhausen pense aussi que les débris de mammouth de Cannstadt ne sont
pas du même âge que les débris humains, parce qu'ils ne se comportent pas de même en
présence de l'acide chlorhydrique (*Congrès de Bruxelles*, p. 545).

Le frontal de Cannstadt est remarquable par la proéminence des bosses sourcilières, par son aplatissement et par sa longueur ; quaternaire ou non, il appartient à la même série craniologique que les crânes du Néanderthal et de Spy. A ce point de vue, le nom de *type de Cannstadt* peut être conservé sans inconvénient (*type* et non *race*) [1].

Le tissu osseux du crâne de Cannstadt est très grossier et fort dense [2], caractère que présentent encore les crânes des Esquimaux, des Australiens et de quelques tribus de nègres [3]. M. Virchow a toutefois fait observer que l'épaississement des os peut être dû à un gonflement lent ou à une imbibition graduelle par l'humidité du sol [4].

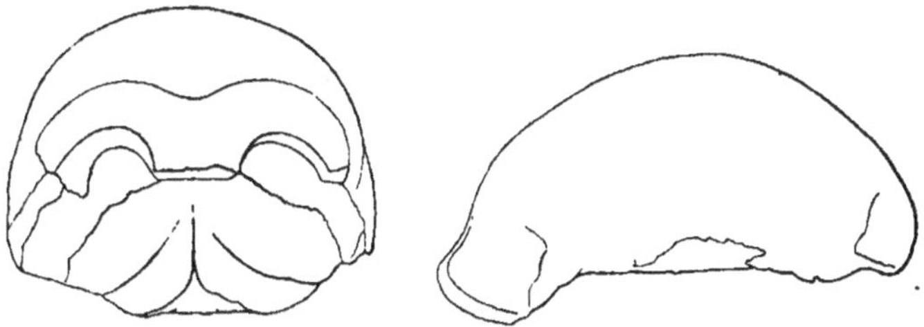

Fig. 47, 48. — Crâne du Néanderthal, vu de face et de côté.

II. Dans une partie resserrée de la vallée de la Düssel qui porte le nom de *Neanderthal*, entre Düsseldorf et Elberfeld, la petite grotte de Feld-

1. Sans entrer ici dans une discussion à ce sujet, nous nous contenterons de faire observer que le mot de *race* ne représente à l'esprit aucune idée claire, si ce n'est celle d'hommes ayant en commun une même langue ; si l'on parle souvent (trop souvent !) de la race aryenne, c'est que la linguistique nous a appris l'existence d'une famille de langues dites aryennes comprenant le sanscrit, le perse, le grec, le latin, le celtique, etc. Or, comme on l'a montré bien des fois par des exemples contemporains (les États-Unis et l'Inde par exemple), la langue n'est pas un criterium absolu de la nationalité d'origine (cf. Freeman, *Contemporary Review,* mars 1877 ; Sayce, *Principes de philologie comparée,* trad. Jovy, p. 133 et suiv., Crawfurd, *Transact. of the Ethnol. Soc. of London,* n. sér., t. III, 4). Néanmoins, à une époque très ancienne, lorsque des conquêtes du genre de celles des Romains ou des Anglais sont peu admissibles, on peut dire que l'identité de langage constitue une présomption en faveur de l'identité d'origine, ou du moins d'un groupement antérieur et d'un rayonnement par lequel le groupe primitif s'est dispersé. Mais quand il s'agit de l'époque quaternaire, où les hommes parlaient des langues dont nous ne connaissons pas un seul mot, le criterium du langage ou de la toponymie nous fait absolument défaut ; il est donc bien préférable de ne jamais employer pour cette époque le mot *race,* qui ne peut donner lieu qu'à des malentendus et à des controverses stériles.

2. *Crania Ethnica,* p. 8.

3. *Congrès de Paris,* p. 411.

4. *Congrès de Paris,* p. 403.

hofen s'ouvre à 18 mètres au-dessus du niveau de la rivière et à 30 mètres au-dessous du sommet de l'escarpement[1].

En août 1856, dans le limon qui couvrait le fond de la caverne, on trouva près de l'entrée un crâne humain et d'autres ossements ayant appartenu au même individu[2]. Ces découvertes ne furent pas faites par des savants, mais par des ouvriers ; Fuhlrott ne put sauver qu'une partie des os du squelette. Le limon de la grotte de Feldhofen est bien quaternaire, mais on n'a pas recueilli, au même endroit que les ossements humains, de faune caractéristique de l'époque. Fuhlrott dit même avoir trouvé dans le même limon deux fragments de haches en pierre qui, suivant Virchow, sont incontestablement néolithiques. Aussi la haute antiquité du squelette du Néanderthal est-elle seulement possible, mais non prouvée[3].

Le crâne du Néanderthal, avec sa dolichocéphalie prononcée (indice 72), sa platycéphalie, la grosseur singulière de sa charpente osseuse, son front bas et fuyant, l'énorme développement de ses arcs sourciliers et de ses tissus frontaux, reproduit, en les exagérant, les caractères du crâne de Cannstadt, tels qu'on les a constatés en particulier sur les crânes d'Eguisheim, de Brüx[4] et de Spy[5]. La découverte récente de ces deux derniers

1. Lyell, *Ancienneté*, trad. franç., p. 84 et fig. 3 (coupe) ; Hamy, *Précis*, p. 237.

2. Fuhlrott, *Der fossile Mensch aus dem Neanderthal*, Duisbourg, 1865 ; Davis, *Bull. Soc. Anthrop. de Paris*, t. V (1864), p. 708 ; Pruner-Bey, *ibid.*, t. IV, p. 319 ; t. V, p. 776 ; King, *Quarterly journal of science*, 1er janvier 1864, p. 95, et 2 pl. ; *British Association for the advancement of science*, 1862, p. 81 ; Blake, *Journal of the anthropological society*, 1864 ; Schaaffhausen, *Kœlnische Zeitung*, 1er avril 1866 ; *Archiv für Anatomie* (de Müller), 1858, p. 453-477 et pl. XVII (en anglais, *Natural History Review*, 1861, p. 155) ; *Correspondenzblatt d. d. Ges. f. Anthrop.*, 1878, p. 116 ; *Der Neanderthalerfund*, Bonn, 1878 (avec 3 pl.) ; Mayer, *Archiv für Anatomie*, 1864, p. 1, 707 ; Huxley, *De la place de l'homme dans la nature*, trad. franç., 1868, p. 270 ; *Natural History Review*, 1864, p. 429 ; le même, *apud* Lyell, *Ancienneté*, trad. franç., p. 89 ; Vogt, *Leçons sur l'homme*, trad. franç., p. 392 ; Broca, *Congrès de Paris*, p. 387 (avec grav.) ; Pruner-Bey, *ibid.*, p. 358 ; Lyell, *Ancienneté*, trad. franç., p. 84 et suiv. ; Hamy, *Précis*, p. 236 ; Dawkins, *Die Hœhlen Europas*, p. 192 et suiv. ; Quatrefages et Hamy, *Crania Ethnica*, p. 11, fig. 5-8, fig. 13 ; Virchow, *Verhandlungen der Berliner Gesellschaft für Anthropologie*, 1872, p. 157-165, pl. XV ; Mortillet, *Le Préhistorique*, p. 232 ; *Musée Préhistorique*, fig. 221, 221 *bis* ; Ranke, *Der Mensch*, t. II, p. 438 et suiv. ; Alsberg, *Anthropologie*, p. 69, 82.

3. Dawkins, *apud* Ranke, *Der Mensch*, t. II, p. 449 ; Pruner-Bey, *Congrès de Paris*, p. 358 ; Broca, *ibid.*, p. 387.

4. *Crania Ethnica*, p. 9 ; *Revue d'Anthropologie*, t. I, p. 667, pl. VI ; *Congrès de Bruxelles*, p. 543 ; *Mittheil. der anthrop. Ges. in Wien*, 1873, n° 2 ; Woldrich, *ibid.*, nos 3 et 4.

5. Voir sur les découvertes de Spy les travaux de Lohest, Fraipont, M. de Puydt, etc., dans les recueils suivants : *Matériaux*, t. XX, p. 201, 491, 600 ; t. XXI, p. 242 ; t. XXII, p. 17, fig. aux p. 24-27 (très important) ; *Revue d'Anthropologie*, t. XV, p. 744 ; t. XVI, p. 400, 632 ; *Bull. de l'Acad. Royale de Belgique*, 1886, t. XII, n° 12 ; *Archives de biologie belges*, 1887.

crânes, dont le type *néanderthaloïde* est très accusé, semble bien prouver qu'il s'agit, comme l'ont cru les premiers auteurs, d'un type craniologique, et non pas, comme l'a souvent affirmé Virchow, d'un cas pathologique individuel ayant affecté la structure du crâne [1]. On a fait observer, du reste, que des crânes conformés d'une manière analogue se sont rencontrés au moyen âge et se rencontrent encore aujourd'hui, en particulier dans la ré-

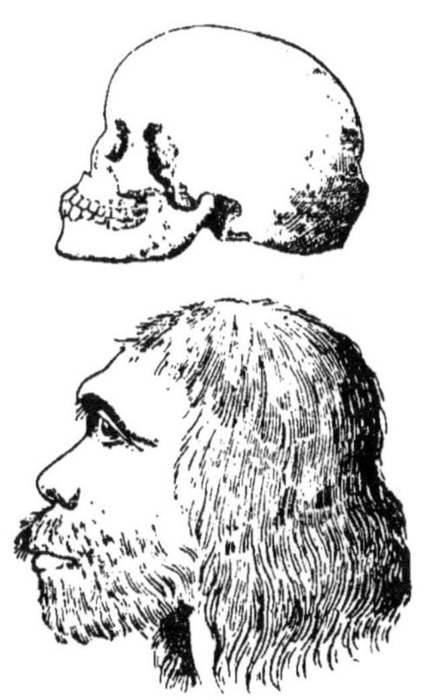

Fig. 49. — Crâne prognathe moderne et restitution, par M. Schaaffhausen, de l'homme du Néanderthal.

gion de l'Europe centrale qui comprend le Néanderthal et la grotte de Spy (Namur)[2]. Quant aux caractères pithécoïdes de ce crâne, sur lesquels a

1. Voir le résumé des arguments de Virchow (*Verhandlungen der Berliner Gesellschaft*, 1872, p. 157-165) dans le livre de Ranke, *Der Mensch*, t. II, p. 440.

2. Virchow, *Ueber eine niedrige Schædelform in Norddeutschland*, dans les *Verh. Berl. Ges.*, 1874, p. 239 ; le même, *Beitræge zur phys. Anthropologie der Deutschen*, Berlin, 1876, p. 235 ; *Zeitschr. f. Ethnol.*, 1888, p. 250 (types néanderthaloïdes en Allemagne); Spengel, *Archiv für Anthropologie*, t. VIII, p. 49 ; Gildemeister, *Verhandlungen Bremer naturwiss. Vereins*, 1875, p. 513; Pruner-Bey, *Congrès de Paris*, p. 359; Vogt, *ibid.*, p. 362 ; Hamy, *Congrès de Bruxelles*, p. 555 (types analogues dans le Hainaut actuel); Quatrefages, *Congrès de Stockholm*, p. 324 (ces analogies sont contestées par Schaaffhausen, *Congrès de Paris*, p. 416; *Congrès de Stockholm*, p. 843). M. de Quatrefages a signalé la ressemblance du crâne du Néanderthal avec celui de St Mansuy, évêque de Toul (gravé *Crania Ethnica*, fig. 28; Nadaillac, *Premiers hommes*, t. I, p. 151), celui du roi écossais Robert Bruce et d'autres personnages historiquement connus; cf. à ce sujet *Crania Ethnica*, p. 28 et suiv.

tant insisté M. Schaaffhausen[1], un simple coup d'œil sur la calotte crânienne d'un gorille (notre n° 11232) prouve à quel point ils ont été exagérés. C'est là, du reste, une discussion anatomique qui sort de notre propos[2].

III. Le moule interne du crâne du Néanderthal a été reproduit sous deux aspects dans les *Crania Ethnica* (p. 41, fig. 44, 45) et rapproché du moule intra-crânien d'un Australien de Port-Adélaïde. Il va sans dire que ce rapprochement, institué d'abord par Huxley[3], ne saurait autoriser, dans l'état actuel de la science, aucune conclusion ethnographique.

IV. « Le crâne du Néanderthal, dit Huxley[4], se trouve, par sa capacité, être à peu près une moyenne entre les extrêmes humains et dépasse de

Fig. 50. — Crâne de gorille vu de face.

beaucoup le maximum connu chez le singe. Le plus grand crâne de gorille mesuré ne cube, en effet, que 539 centimètres[5]. »

1. *Natural history Review*, 1861, n° 2 ; *Congrès de Paris*, p. 416 ; *Congrès de Bruxelles*, p. 545 ; *Congrès de Lisbonne*, p. 143. Nous reproduisons ici (fig. 49), mais à titre de simple curiosité, la restitution bizarre que M. Schaaffhausen a proposée du profil de l'*homo Neanderthalensis* à l'aide d'un crâne prognathe moderne (*Congrès de Pesth*, pl. à la p. 385 et p. 387; M. Alsberg, *Anthropologie*, p. 82).

2. Cf. *Crania Ethnica*, p. 14 et les renvois indiqués dans la note 2. La capacité du crâne du Néanderthal peut encore avoir dépassé 1200 c. c., ce qui est plus du double de la capacité crânienne *maxima* du gorille. Les os des membres du squelette ne s'écartent pas du type européen (Hamy, *Précis*, p. 242; cf. *Rev. d'Anthrop.*, 1888, p. 265), bien que présentant quelques particularités de développement que Virchow attribue à une cause pathologique, l'arthrite des vieillards (cf. Ranke, *Der Mensch*, t. II, p. 441). Huxley a comparé les profils du crâne d'un chimpanzé adulte, de l'homme du Néanderthal et d'un Européen actuel, *apud* Lyell, *Ancienneté*, trad. franç., p. 92, 100, fig. 6. Comparaison du crâne du Néanderthal et d'un crâne australien, *ibid.*, p. 97, fig. 8, et *Crania Ethnica*, p. 319.

3. Huxley, *La place de l'homme dans la nature*, trad. franç., 1868, p. 308.

4. *Apud* Lyell, *Ancienneté*, trad. franç., p. 93.

5. On a signalé un crâne humain microcéphale qui cubait seulement 401 c. c. (*Zeitschrift für Ethnol.*, 1889, p. 31.) — Sur le gorille (découvert en 1847, décrit d'abord en 1851 par R. Owen), voir Hartmann, *Der Gorilla*, Leipzig, 1880 (cf. *Revue d'Anthropol.*, t. X, p. 327); Virchow, *Ueber den Schædel des jungen Gorilla*, dans les *Monatsberichte der Berliner Akademie*, 1880 (*Revue d'Anthropol.*, t. X, p. 352) ; Broca, *Le cerveau du gorille*, *Assoc. française*, 1877, p. 706; Bischoff, *Ueber das Gehirn eines Gorilla*, dans les *Sitzungsber. der Akad. zu München*, 1877, p. 96-137 (*Arch. f. Anthrop.*, 1879, t. XI, p. 355); Tœrœck, *Ueber den*

V. Le fragment d'Eguisheim[1] (frontal et pariétal droit) ressemble beaucoup à celui de Cannstadt. Il a été découvert en 1865 par M. Faudel dans le lehm près de Colmar. Une molaire de mammouth et un métatarsien de *bos priscus* ont été trouvés dans le même dépôt, dont la haute antiquité n'est pas contestable.

VI. MM. de Quatrefages et Hamy ont émis l'hypothèse que le crâne de l'Olmo[2], ainsi que ceux de Stængenæs[3] et de Clichy[4], représente le type féminin de la race de Cannstadt[5]. Le crâne de l'Olmo, découvert en 1863, gisait à 15 mètres de profondeur dans une argile lacustre com-

---

Schædel eines jungen Gorilla, dans *Internationale Monatsschrift für Anatomie und Physiologie,* 1887, fasc. 4 (*Revue d'Anthropol.,* t. XVI, p. 743) ; cf. *Bull. Soc. Anthrop.,* 1888, p. 181, 295; *Revue d'Anthrop.,* 1889, p. 103 (crâne); *Verh. Berl. Ges.,* 1875, p. 250, 283; *Zeitschrift für Ethnol.,* 1876, p. 60 ; 1889, p. 31 ; Virchow, *Menschen und Affenschædel,* Berlin, 1870.

1. Faudel, *Bull. Soc. Hist. Nat. de Colmar,* 1867 ; *Comptes rendus de l'Académie des sciences,* 22 octobre 1866 ; Scheurer-Kestner, *Recherches chimiques sur les ossements humains trouvés dans le lehm d'Eguisheim,* dans les *Annales des Sciences naturelles,* t. VII (1867), p. 165 ; Pruner-Bey, *Congrès de Paris,* p. 359 ; Broca, *ibid.,* p. 389 et 395, fig. 84 (superposition des crânes d'Eguisheim et du Néanderthal); Quatrefages et Hamy, *Crania Ethnica,* p. 8, pl. I, fig. 2 et fig. 4 dans le texte ; Mortillet, *Le Préhistorique,* p. 238.

2. *Crania Ethnica,* p. 16, fig. 12, 14, 15 ; Cocchi, *L'Uomo fossile nell' Italia centrale,* Milan, 1867 ; Vogt, *Su alcuni antichi cranii,* Turin, 1866, et *Bull. Soc. Anthropol.,* 1866, p. 82; Hamy, *Précis,* p. 208 ; *Bull. Soc. Anthropol.,* 1868, p. 112 ; Mortillet, *Le Préhist.,* p. 350 ; le même, dans le *Dictionnaire des sciences anthropologiques,* p. 828. L'antiquité du crâne de l'Olmo a été récemment contestée par Pigorini (*Rev. d'Anthrop.,* 1889, p. 203).

3. Nilsson, *Habitants primitifs de la Scandinavie,* trad. franç., p. 153, pl. XV ; Quatrefages et Hamy, *Crania Ethnica,* p. 16, fig. 15 ; *Congrès de Stockholm,* p. 866. L'antiquité de ce crâne est très contestable.

4. E. Bertrand, *Bull. Soc. Anthropol.,* 1868, p. 329, 409 ; *Crania Ethnica,* p. 17, fig. 17; Mortillet, *Le Préhistorique,* p. 346. Même observation que pour le crâne de Stængenæs.

5. A la même série appartiennent peut-être, outre les crânes du Néanderthal, d'Eguisheim et de Spy, qui ont été mentionnés plus haut, ceux de Forbes Quarry à Gibraltar (*Crania Ethnica,* p. 21 ; *Bull. Soc. Anthrop.,* 1869, p. 154; *Congrès de Bruxelles,* p. 544), de la Denise (cf. plus haut, p. 107), de Brux (p. 137, n. 4), du Larzac (*Crania Ethnica,* p. 23), de Marcilly-sur-Eure (p. 141), de Podbaba près de Prague (Schaaffhausen, *Verh. des nat. Vereins,* 1884, t. XLI, p. 364; Fritsch, *Mittheil. der Kœn. Bæhm. Ges. der Wiss.,* 1877; *Bonner Jahrb.,* t. LXXVIII, p. 225), du lit de la Liane (Hamy, *Rev. d'Anthropol.,* XVII, p. 265); on y rapporte aussi les mâchoires de Moulin-Quignon (p. 142), de la Naulette (p. 141), d'Arcy-sur-Cure (p. 142), de Clichy (*Crania Ethnica,* p. 25), de Goyet (*Crania Ethnica,* p. 26; cf. *Rev. d'Anthropol.,* t. XV, p. 429), de Predmost en Moravie (*Correspondenzblatt,* 1886, p. 148) et de Schipka, la plus intéressante avec celle de la Naulette. Virchow (*Zeitschrift für Ethnologie,* 1882, t. XIV, p. 277) croit le caractère de cette mâchoire pathologique (retention dentaire) et non pithécoïde ; pour l'opinion contraire, cf. *Bonner Jahrbücher,* t. LXVIII, p. 156 ; t. LXXII, p. 184) ; voir encore Mas'ka, *Der diluviale Mensch in Mæhren,* Neutischein, 1886, p. 80; Steinthal, *Der Ursprung der Sprache,* 4ᵉ éd., 1888, p. 264; Alsberg, *Anthropologie,* p. 77; *Verl. Berl. Ges.,* 1886, p. 311; 1887, p. 203; Ranke, *Der Mensch,* t. II, p. 455. Cf. p. 142, note 3.

pacte, non loin d'une pointe de lance en silex (type du Moustier), d'un peu de charbon, d'une défense d'éléphant et d'une mâchoire inférieure d'*equus Larteti*. Les arcs sourciliers et autres caractères des os frontaux, qui sont très accusés dans le crâne du Néanderthal, le sont beaucoup moins dans celui de l'Olmo [1], que l'on a proposé, pour cette raison, de rapporter à un type différent [2]; mais il faut dire que l'épaisseur des os ($0^m,009$ à $0^m,011$) rappelle un des caractères les plus marqués des crânes néanderthaloïdes (cf. plus haut, p. 136).

VII. Le crâne de Marcilly était, paraît-il, intact au moment de la découverte, faite à Marcilly-sur-Eure au cours de travaux pour la construction d'un chemin de fer (1884), mais il fut jeté dans les déblais et brisé; on n'a pu en retrouver que le frontal [3]. Ce crâne n'ayant été vu en place par aucun homme compétent, il convient de faire des réserves sur sa haute antiquité.

VIII. Le maxillaire inférieur de la Naulette [4] a été découvert en 1865 par M. Dupont dans une caverne de la rive gauche de la Lesse, associé aux ossements du mammouth, du rhinocéros et du renne [5]; incomplet et édenté, il paraît provenir d'une femme âgée de moins de 30 ans. Ses caractères, qualifiés à tort de pithécoïdes [6], sont, outre certaines anomalies de dentition qui paraissent accidentelles, son menton très fuyant, plus

1. Les différences dans la région frontale sont attribuées par M. Hamy à l'influence sexuelle (*Crania Ethnica*, p. 18 et note 4), en quoi il a été combattu par M. de Mortillet (*Le Préhistorique*, p. 353).

2. Vogt et Mortillet, *loc. laud.* M. de Quatrefages dit que le crâne de Castenedolo, cru par lui tertiaire, présente une grande analogie de forme avec celui de l'Olmo (*Introduction à l'étude des races humaines*, p. 60, fig. 48, 49; cf. plus haut, p. 140).

3. Mortillet, *Société d'Anthropologie de Lyon*, 1er mai 1884 (*Matériaux*, t. XIX, p. 91); cf. *Matériaux*, t. XXI, p. 288; *Bulletin de la Soc. d'Anthropol.*, 1884, p. 10; Mortillet, *L'Homme*, 25 janvier 1884; *Le Préhistorique*, 2e éd., p. VIII.

4. Topinard, *Revue d'Anthropologie*, t. XV, p. 385 et suiv.; Quatrefages et Hamy, *Crania Ethnica*, pl. II, fig. 1, 2; dans le texte, fig. 20, 23, 46; Pruner-Bey, *Bull. Soc. Anthropol.*, 1866, p. 584, 593; Virchow, *Der Kiefer aus der Schipkahöhle und der Kiefer von La Naulette*, dans la *Zeitschrift für Ethnol.*, 1882, t. XIV, p. 277; Blake, *Anthropological Review*, t. V (1867), p. 296; *Congrès de Paris*, p. 352 (Pruner-Bey), p. 396 (Broca); Hamy, *Précis*, p. 231; Hartmann, *Les singes anthropoïdes*, 1886, p. 93; Albrecht, *Bull. du Mus. roy. d'hist. nat. de Belgique*, 3e fasc., 1884; R. Baume, *Der Kieferfragment von La Naulette*, 1883; Alsberg, *Antropologie*, p. 75; Mortillet, *Matériaux*, t. II, p. 486; *Le Préhist.*, p. 244; *Musée Préhistorique*, fig. 220.

5. Dupont, *Bull. Acad. Royale de Belgique*, 1866, t. XXII; *l'Homme pendant les âges de la pierre*, 2e éd., p. 100; Topinard, *Revue d'Anthropologie*, t. XV, p. 387; Mortillet, *Le Préhist.*, p. 244. Le gisement est incontestablement quaternaire; cf. *Congrès de Bruxelles*, pl. 34.

6. L'idée fausse que les apophyses geni feraient défaut à ce maxillaire (erreur de fait réfutée par Topinard, *Rev. d'Anthropologie*, t. XV, p. 416 et suiv., p. 423 et suiv.) a con-

fuyant que celui de la généralité des nègres, quoique « presque droit et très caractérisé par rapport à tous les anthropoïdes sans exception » [1].

IX. Le maxillaire inférieur découvert dans la couche profonde de la grotte d'Arcy-sur-Cure [2] présente des caractères analogues à ceux du maxillaire de la Naulette, mais à un degré bien moindre. Le prognathisme est plus faible et la saillie mentonnière plus forte [3].

X. La mâchoire de Moulin-Quignon fut découverte le 28 mars 1863 par des ouvriers de Boucher de Perthes à 4[m],52 de la surface dans une carrière d'Abbeville [4]. Comme Boucher venait de proposer une forte récompense à ses ouvriers s'ils découvraient un fossile humain, on put croire,

---

duit plusieurs anthropologistes à l'affirmation singulière que l'homme de la Naulette ne possédait pas encore la parole ; cf. Mortillet, *Musée Préhistorique*, texte de la fig. 220 et *Le Préhistorique*, p. 250. « La parole est une excellente caractéristique du genre homme. Mais en a-t-il toujours été ainsi? la mâchoire de La Naulette répond : Non ! » Cette mâchoire de muet qui *répond* a été définitivement réduite au silence par Topinard, *loc. laud.* (cf. Steinthal, *Der Ursprung der Sprache*, Berlin, 1888, p. 264). Broca avait déjà fort exagéré les caractères pithécoïdes de la mâchoire de la Naulette, sans aller pourtant jusqu'à l'hypothèse du *Mutum ac turpe pecus* (cf. *Congrès de Paris*, p. 396, 401 ; *Revue d'Anthropologie*, t. XV, p. 390). L'hypothèse de l'*homo alalus*, qui a été proposée par Haeckel (*Histoire de la création naturelle*, p. 591), est une témérité à joindre aux autres dont le même savant porte la responsabilité. Il est d'ailleurs absolument chimérique d'essayer, comme on l'a fait encore récemment (Brinton, *The language of palæolithic man*, Philadelphia, 1888) de se faire une idée du langage de l'homme paléolithique (!) par les idiomes des sauvages contemporains. — On a rapproché ce maxillaire de deux maxillaires inférieurs des alluvions des bas niveaux de Clichy (*Crania Ethnica*, p. 24). Voir deux planches comparatives de mâchoires, *Congrès de Paris*, p. 399, et *Revue d'Anthropologie*, t. XV, p. 414. Sur le prognathisme, dont il est souvent question au sujet des maxillaires fossiles, cf. Schaaffhausen, *Congrès de Paris*, p. 414 ; Topinard, *Revue d'Anthropologie*, t. II, p. 71, 250 ; Manouvrier, *Matériaux*, t. XXI, p. 487 ; Quatrefages, *Congrès de Bruxelles*, p. 584 ; *Congrès de Stockholm*, p. 330 (le prognathisme considéré comme caractère féminin) ; Ihering, *Ueber das Wesen der Prognathie und ihr Verhæltniss zur Schædelbasis*, dans l'*Archiv für Anthrop.*, t. V, p. 405 ; Ranke, *Der Mensch*, t. II, p. 216 (influence des habitudes de mastication).

1. Topinard, *Revue d'Anthropol.*, t. XV, p. 415.

2. *Crania Ethnica*, p. 24, pl. II, fig. 3 et 4 ; dans le texte, fig. 24 ; Vibraye, *Bull. Soc. Géolog.*, 1860, p. 462 ; cf. *Matériaux*, t. III, p. 81 ; *Congrès de Paris*, p. 852.

3. On vient d'annoncer la découverte, à Malarnau près de Montseron dans l'Ariège, d'un mandibule recueilli par M. Filhol dans la couche quaternaire inférieure d'une grotte à *ursus spelaeus*. Cette mâchoire serait caractérisée par l'absence presque absolue de menton; elle serait par conséquent, à cet égard, plus simienne encore que la mâchoire de la Naulette. Cf. *Société philomathique de Paris*, séance du 23 février 1889; *Rev. d'Anthropol.*, 1889, p. 251.

4. On objectait alors à Boucher que les ossements humains ne se trouvent pas dans les alluvions en compagnie des outils de silex. La réponse à faire était simple : on ne recueille pas dans les alluvions des ossements aussi petits et aussi fragiles que ceux de l'homme. Cf. Mortillet, *Le Préhist.*, p. 242.

dès le principe, à une mystification. La polémique commença entre M. de Quatrefages, qui croyait à l'authenticité, et le Dr Falconer, qui la niait [1] ; puis une commission anglo-française se forma et se rendit sur les lieux, où elle conclut en faveur de l'authenticité. Cependant les doutes subsistèrent et ils se sont encore fortifiés avec le temps ; Ch. Louandre a prétendu que la mâchoire était celle d'une victime de la peste noire de 1346 [2] ; M. de Mortillet a fait valoir que les silex trouvés avec la mâchoire sont apocryphes [3]. L'hypothèse de Louandre est gratuite et l'argument de M. de Mortillet n'est pas décisif ; mais on a versé assez d'encre sur ce sujet [4] et il vaut mieux que la discussion reste close. *Requiescat in pace*, comme a dit M. Evans. Quant au type de la mâchoire, il a d'abord été qualifié de *laponoïde* et de *basque* par Pruner-Bey ; MM. de Quatrefages et Hamy inclinent plutôt à le rapporter au type de Furfooz.

XI. Comparer ce maxillaire inférieur de gorille [5] avec celui de la Naulette.

1. Sur l'historique de cette querelle, cf. A. Ledieu, *Boucher de Perthes*, Abbeville, 1885, p. 72 et suiv. ; Quatrefages, *Rapports sur les progrès de l'Anthropologie*, 1867 ; Mortillet, *Le Préhistorique*, p. 242. Le rapport de Milne Edwards, à la suite des travaux de la commission anglo-française, est inséré dans les *Comptes rendus de l'Académie des sciences*, 18 mai 1863, p. 927 (cf. *Revue archéologique*, 1863, II, p. 84). Voir encore Boucher de Perthes, *Antiquités celtiques et antédiluviennes*, t. III, p. 127 ; *Bull. Soc. Anthrop.* et *Comptes rendus de l'Acad. des Sciences*, 1863, *passim* ; Delesse, *Mém. Soc. Anthropol.*, t. II, p. 37 ; Lyell, *Ancienneté*, *Appendice*, p. 14 ; Hamy, *Précis*, p. 217 ; *Crania Ethnica*, p. 111, fig. 114 ; *Matériaux*, t. I, p. 352 ; *Revue archéologique*, 1863, I, p. 351, 423 ; 1863, II, p. 84 ; Figuier, *L'Homme primitif*, 1870, p. 19 (grav.) ; Pozzy, *La Terre*, p. 225 (grav.).

2. Ch. Louandre, *La vallée de la Somme, Abbeville*, dans la *Revue des Deux-Mondes* du 15 juillet 1873.

3. Mortillet, *Le Préhistorique*, p. 244.

4. Voir les inepties à peine croyables reproduites dans le troisième volume des *Antiquités* de Boucher de Perthes, p. 663 et suiv. C'est le procès-verbal d'une séance de spiritisme, tenue à Paris en avril 1863 « en présence de quelques-unes de nos célébrités scientifiques » où « l'homme de la mâchoire de Moulin-Quignon » a été évoqué. — D. Veux-tu dire ton nom ? — R. l'oa. — D. As-tu été victime du grand cataclysme ? — R. Oui. — D. L'inondation était-elle d'eau salée ? — R. Oui. — D. Venait-elle du nord ? — R. Oui... — D. Ta race a-t-elle disparu de la terre ? — R. Oui. — D. Quelles sont celles qui lui ressemblent le plus ? — R. Celles du Nord. — D. Les Lapons ? — R. Oui... — D. Combien y a-t-il de temps de cela ? — R. Vingt mille ans à peu près... — D. Peux-tu dire où l'on pourrait trouver ton crâne ou d'autres crânes ? — R. En fouillant le sol des mines déjà ouvertes... — D. Étiez-vous plus grands ou plus petits que nous ? — R. Nous avions un mètre soixante à peu près, etc.

Dans une autre séance (*Antiquités*, t. III, p. 665), on évoqua Georges Cuvier ; deux médiums écrivirent sous la dictée du grand naturaliste et « plusieurs mots rappelaient l'écriture de l'illustre savant ».

5. Cf. la note 5 de la page 139 et les mâchoires de gorilles publiées par Virchow, *Monats-*

XII. Le crâne d'Engis[1] a été découvert par Schmerling dans le dépôt ossifère d'une grotte de la province de Liège, avec des débris de rhinocéros, de cheval, d'hyène et d'ours. Sa haute antiquité a pourtant été révoquée en doute[2]. Ce crâne (masculin?) est dolichocéphale, mais d'une dolichocéphalie différente de celle du crâne de Cannstadt[3]; il a été rapporté par les auteurs des *Crania Ethnica* au type de Cro-Magnon, dont il sera question plus loin. Malgré les caractères d'infériorité qu'on s'est plu à y découvrir, M. Huxley a reconnu dans le crâne d'Engis « un crâne humain d'une bonne moyenne, qui peut avoir appartenu à un philosophe ou peut aussi avoir contenu le cerveau inculte d'un sauvage[4] ».

XIII. Le Trou-du-Frontal à Furfooz[5] a servi aux funérailles d'une tribu vers la fin de l'époque du renne ou au début de l'époque néolithique. Il n'est donc pas certain que les ossements recueillis dans cet abri par M. Dupont appartiennent à l'époque quaternaire. Les formes crâniennes de Furfooz[6] sont absolument différentes de celle d'Engis, de Cro-Magnon

berichte der Berliner Akademie, 1880, juin, pl. I, fig. 2 ; pl. II, fig. 5 ; *Sitzungsberichte*, 1882, juin, pl. XII, fig. 6 ; pour la comparaison avec les mâchoires humaines, le même, *Zeitschrift für Ethnologie*, 1882, p. 299.

1. *Crania Ethnica*, p. 44, 70 et suiv., fig. 63, 76, 77 ; Schmerling, *Recherches sur les ossements fossiles découverts dans les cavernes de la province de Liège*, t. I, p. 60-66 ; Geoffroy Saint-Hilaire, *Comptes rendus de l'Académie des sciences*, 1838, p. 13 ; Spring, *Bulletin de l'Académie de Bruxelles*, 1864, p. 488 ; Huxley, *De la place de l'homme dans la nature*, trad. franç., p. 310 ; Virchow, *Archiv für Anthropologie*, 1873, p. 89 ; Mortillet, *Le Préhistorique*, p. 339 ; *Musée Préhistorique*, fig. 222 et 222 *bis*. Le crâne d'Engis a été qualifié d'abord d'éthiopien (Schmerling, *Recherches sur les ossements fossiles*, t. I, p. 60-66), puis d'intermédiaire entre l'Australien et l'Esquimau (Vogt, *Leçons sur l'homme*, p. 390) ; on a fini par reconnaître, non sans résistance, qu'il était à peu près normal.

2. Mortillet, *Le Préhistorique*, p. 34. L'auteur considère la grotte d'Engihoul et celle d'Engis comme des grottes sépulcrales de l'époque néolithique, ayant précédemment servi de repaires ; cf. Topinard, *Revue d'Anthropologie*, t. XIII, p. 126.

3. *Crania Ethnica*, p. 46.

4. Huxley, *op. laud.*, p. 310 ; cf. Lucæ, *Bonner Jahrbücher*, t. LXXIII, p. 175 (dit que le crâne d'Engis ressemble à un crâne grec) ; Topinard, *Revue d'Anthropologie*, t. XVII, p. 105.

5. Dupont, *L'homme pendant les âges de la pierre*, 2ᵉ éd., p. 132 et suiv., 196 et suiv., pl. IV ; *Congrès de Bruxelles*, p. 113, pl. 31 ; Dawkins, *Die Hœhlen Europas*, p. 189 et suiv.

6. Crâne masculin, *Crania Ethnica*, pl. VIII, IX ; crâne féminin, *ibid.*, pl. X, XI ; texte, p. 104 et suiv., 131 et suiv., fig. 111-113. Cf. Dupont, *Mém. Acad. Roy. de Belgique*, 1867 ; *L'homme pendant les âges de la pierre*, 2ᵉ éd., p. 141 ; Pruner-Bey, *Congrès de Paris*, 1867, p. 347 ; *Bull. Soc. Anthrop.*, 1865, p. 523 ; 1866, p. 589 ; *Congrès de Bruxelles*, p. 549 ; Dupont, *ibid.*, p. 555, pl. 74, 75 ; Van Beneden, *Bull. Acad. de Belgique*, 1865 ; Virchow, *Archiv für Anthropologie*, t. VI, 1873, p. 85-118 (étude d'ensemble sur les crânes belges anciens et modernes, résumée dans la *Revue d'Anthropologie*, 1873, p. 730-738); Dawkins, *Die Hœhlen Europas*, p. 190 ; Mortillet, *Le Préhist.*, p. 472.

et de Cannstadt ; les deux crânes que nous figurons présentent à leur tour
d'assez sensibles différences pour que Van Beneden, suivi par les auteurs des *Crania Ethnica* (p. 108), ait été tenté d'admettre la dualité des
types qu'ils représentent. Le crâne masculin (fig. 52) est mésaticéphale,
le crâne féminin sous-brachycéphale (fig. 51) [1]. L'un et l'autre ont été
qualifiés de mongoloïdes ou laponoïdes par Pruner-Bey, Nilsson et
M. Dupont [2] et ont été cités comme preuves de l'antériorité des brachycéphales en Europe [3]. Si, comme on l'a pensé, ils appartiennent à l'époque
néolithique, ils viendraient plutôt à l'appui de la thèse contraire, généralement admise aujourd'hui.

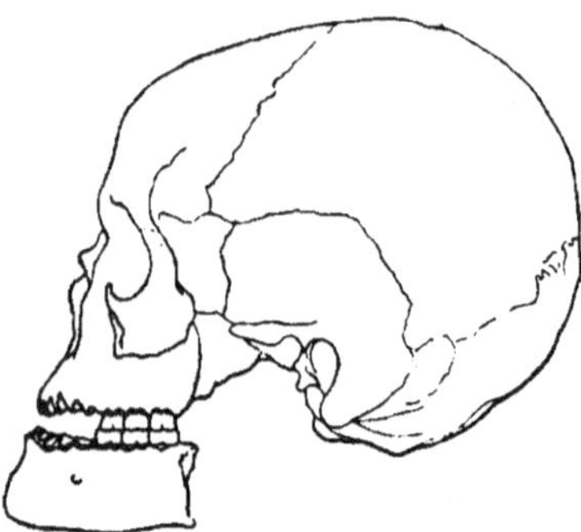
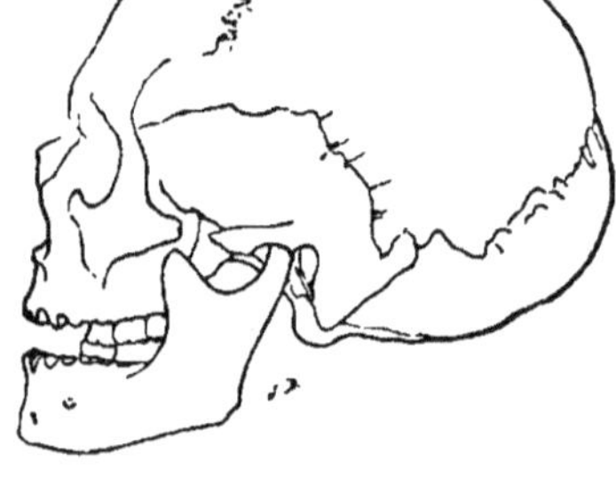

<table>
<tr><td>Fig. 51. — Crâne féminin (Furfooz).</td><td>Fig. 52. — Crâne masculin (Furfooz).</td></tr>
</table>

XIV. Nous parlerons plus loin du gisement ou plutôt de la station de
Solutré (vitrine XXI). Les crânes, au nombre d'une vingtaine, qui ont été
découverts dans cette localité et rapportés à l'époque quaternaire [4], soulèvent tous, du fait de leur gisement, des objections contre la haute anti-

1. Il faut ajouter qu'on a également recueilli au Trou-du-Frontal un fragment de
crâne dolichocéphale (*Congrès de Bruxelles*, p. 549).
2. *Crania Ethnica*, p. 139, 142 ; Pruner-Bey, *Congrès de Paris*, p. 315 ; Nilsson, *Habitants primitifs de la Scandinavie*, p. 155, etc.
3. Pour les crânes brachycéphales analogues (Grenelle supérieur, Nagy-Sap, la Truchère), nous renvoyons aux *Crania Ethnica*, p. 102 et suiv. M. de Quatrefages a remarqué que les types de Furfooz se sont maintenus dans la vallée de la Lesse ; ils sont rares
ailleurs (*op. laud.*, p. 129). Broca était tenté de considérer les hommes de Furfooz comme
résultant d'un premier croisement entre les brachycéphales purs du type de Grenelle et les
anciens dolichocéphales de la Belgique (*Association française*, 1877, p. 24).
4. *Crania Ethnica*, p. 64 et suiv., avec bibliographie ; cf. Mortillet, *le Préhist.*, p. 388
et suiv. ; Cartailhac, *Revue d'Anthropol.*, t. XV, p. 448, qui nient absolument, par des
motifs que nous discuterons plus bas, la haute antiquité des inhumations de Solutré.

quité qu'on leur attribue. Ceux dont les moulages figurent dans notre vitrine[1] ont été recueillis dans des sépultures en dalles brutes[2] qui ne sont vraisemblablement pas quaternaires ; nous nous contentons de les signaler ici à cause de l'importance qu'on y attachait naguère dans l'entourage de H. de Ferry et de Pruner-Bey[3].

XV. Mâchoire inférieure découverte sur les foyers de Solutré, rapportée par Pruner-Bey au type mongoloïde.

VITRINE XIV.

SILEX DES PLATEAUX. TYPES DE SAINT-ACHEUL ET DU MOUSTIER.

A[4]. — Petites haches de forme triangulaire ou ovoïde en quartzite[5], provenant du Bois-du-Rocher (communes de Pleudihen et Saint-Hélen)[6]. Remarquez dans un godet (19447) les débris de taille des quartzites ; (21465) percuteur en quartzite ; (21759) grande hache du type de Saint-Acheul ; (21455, 21461) trois disques ou palets.

Plus loin, pointes en quartzite du type moustérien ; racloirs et lames de couteaux. — (21760) Hache du type de Saint-Acheul, en quartz blanc de filon ; (21762) deux haches en quartzite éclaté par le gel.

Sur la tranche, deux belles haches en quartzite, de même provenance,

---

1. Ferry, *Le Mâconnais préhistorique*, 2e partie, supplément anthropologique par le Dr Pruner-Bey, Mâcon, 1869, pl. I ; *Crania Ethnica*, p. 116 et suiv., fig. 121 ; *Matériaux*, t. V, p. 480, pl. 32, nos 1 et 2. Cf. Broca, *Association Française*, 1873, p. 651 ; Pruner-Bey, *Congrès de Paris*, 1867, p. 350.

2. *Congrès de Paris*, p. 350.

3. Pruner-Bey s'imaginait reconnaître dans le crâne féminin un type finnois et dans le crâne masculin un type lapon. Ce sont, en vérité, des crânes sous-brachycéphales assez voisins du type de Furfooz ; d'autres crânes recueillis à Solutré se rapportent au type de Cro-Magnon (*Crania Ethnica*, p. 64).

4. Donateurs : ctesse de Guéhéneuc, Fornier, Robinot, Mortillet.

5. Le silex naturel fait défaut en Bretagne ; cf. sur l'emploi de la quartzite, Mortillet, *le Préh.*, p. 164 ; *Matériaux*, t. XIX, p. 361. « La région sous-pyrénéenne nous montre aussi des échantillons chelléens en quartz opaque ou de filon, roche qui, loin de valoir le silex, ne vaut pas même la quartzite. » (Mortillet, *Le Préhist.*, p. 142.) Il y a pourtant, comme l'a fait observer M. Cartailhac, des gisements de silex près des Pyrénées (*Matériaux*, t. XVII, p. 556).

6. Fornier et Micaut, *L'Atelier préhistorique du Bois-du-Rocher*, dans les *Matériaux*. t. VIII, p. 163 et suiv., 245 et suiv., pl. XVIII. Cf. *Matériaux*, t. X, p. 129 ; Mortillet, *Le Préhistorique*, p. 164 ; *Musée Préhistorique*, fig. 44-46.

la 2° de forme presque circulaire (26273, 26275) ; deux petites haches triangulaires bien taillées (26272) ; un instrument de forme ovoïde en quartzite à gros grains, provenant de Lanvallay, dans les Côtes-du-Nord (26271).

La section suivante[1] contient des cailloux de quartzite provenant des Landes[2] (Saussaye-Tercis, Saint-Pandelon, Benarruc-Pouillon, Arzet, Sordes) ; ils sont taillés en forme de haches de Saint-Acheul, mais très irrégulièrement ; les formes en sont tout à fait grossières. En haut à droite, trois haches de silex mal taillées provenant de Benarruc et d'Arzet ; sur la tranche, un gros silex de Tercis.

B[3]. — La première section contient des haches du type de Saint-Acheul en quartz de filon roulé et en quartzite[4], provenant des vallées de la Sausse et de la Ceillonne[5]. Ces instruments sont fort grands, quelques-uns munis d'un talon et tenant bien en main ; la taille en est très grossière, généralement inférieure à celle des pièces les moins soignées des alluvions de la Somme.

Sur la droite[6], (17171*) hache triangulaire en grès lustré de Chavignon ; collection Watelet[7] ; (19100) hache acheuléenne en grès lustré du Pecq ; (23998*) hache acheuléenne en jaspe ; environs de Niort ; 18168, 18169) deux pointes et une petite hache triangulaire en jaspe de Sommières (Vienne)[8].

<hr>

VITRINE XV.

SILEX DES PLATEAUX. TYPES DE SAINT-ACHEUL ET DU MOUSTIER.

A[9]. — 1re section à gauche : pointes, dont plusieurs cacholonnées, provenant du plateau de Pontlevoy[10].

1. R. Pottier, donateur.
2. Cf. R. Pottier, *Étude préhistorique sur les environs de Dax*, analysée dans les *Matériaux*, t. VII, p. 236 ; H. du Boucher, *Catalogue des stations préhistoriques landaises*, dans les *Matériaux*, t. XIV, p. 258 ; Mortillet, *Musée Préhistorique*, fig. 77, 224, 246, 252.
3. Donateurs : Adhémar, Cortat.
4. Ces cailloux ne se trouvent pas sur place ; il fallait aller les chercher dans le lit des grands cours d'eau voisins, la Garonne et le Tarn. Cf. Mortillet, *Le Préhist.*, p. 169.
5. Adhémar, *Revue archéologique du Midi*, 1868, t. II, p. 63-70 ; *Matériaux*, t. IV, p. 223 ; Cartailhac, *Bull. Soc. Hist. Nat. de Toulouse*, 1876-77, p. 81 ; Boule, *Revue d'anthropologie*, t. XVII, p. 401 ; Mortillet, *Le Préhistorique*, p. 168 ; *Musée Préhistorique*, fig. 42, 43. Cf. p. 146, n. 5.
6. Donateurs : Watelet, Bataillard, Lalande, Babert de Juillé, Brouillet.
7. Gravée dans Watelet, *L'âge de pierre dans le département de l'Aisne*, pl. IV, fig. 6.
8. Gravée dans le *Musée Préhistorique*, fig. 41.
9. Donateurs : A. Maître, Bouvet, Bourgeois, L. Lartet, Bailleau (pour Saligny), Jacquinot (pour Sauvigny), Subert.
10. Cf. *Matériaux*, t. III, p. 187, 215, et plus haut, p. 125.

Remarquez : (18401) petite hache de Thenay ; (7509, 18407, 18408) quatre racloirs de Pontlevoy ; (7501, 7509, 7510) quatre disques de Pontlevoy ; en bas, une série de petites haches du type de Saint-Acheul, provenant du plateau de Pontlevoy.

2e section : haches du type de Saint-Acheul provenant de Tilly, commune de Saligny [1]. Dans le nombre, deux instruments grossiers en forme de disques (8581).

3e section : haches du type de Saint-Acheul, en général fort grossières, trouvées à Sauvigny-les-Bois [2]. Remarquez (22530) une hache avec talon ; (22532) un disque ; (22533) une espèce de grattoir de grande dimension.

B [3]. — Collection de quarante-six belles haches du type de Saint-Acheul, provenant des plateaux de la Vienne [4]. A côté de ces haches figurent quelques disques (11614, 11615, 11617) et un certain nombre de pointes du type du Moustier. Remarquez (11607, 11609) deux belles haches patinées sur une face seulement ; (11605) une belle hache ovale ; (11618) une hache du type dit *torse* [5] ; (11603) hache ovoïde avec une face lisse.

1. Bailleau, *De l'âge de la pierre dans le Bourbonnais*, Moulins, 1867 ; *L'homme quaternaire dans le Bourbonnais*, Moulins, 1872 ; *Matériaux*, t. VIII, p. 384 ; Mortillet, *Le Préhistorique*, p. 165.

2. Jacquinot, *Les temps préhistoriques dans la Nièvre*, Nevers, 1875 ; *Congrès de Pesth*, p. 63, 76 (M. Franks et M. Dupont nient que la plupart de ces outils soient paléolithiques ; suivant M. Dupont, ils appartiennent à l'époque de la pierre polie) ; Jacquinot, *Réponse aux objections faites au Congrès de Budapest*, dans le *Congrès Archéologique* de Senlis, 1877 (Tours, 1878), p. 185-197 (importante communication sur la transition entre l'époque quaternaire et la pierre polie) ; Mortillet, *Le Préhist.*, p. 165 (attribue la grossièreté des formes à la mauvaise qualité de la matière première, un silex d'eau douce tertiaire) ; *Musée Préhistorique*, fig. 47.

3. Donateur : Brouillet fils.

4. Leugny, Beaumont, Ouzilly, Larnay, Vendeuvre, Biard, La Pénaudière, etc. Cf. plus haut, p. 127.

5. Cf. plus haut, p. 91.

II. ÉPOQUE DES CAVERNES.

(TYPES DU MOUSTIER, DE SOLUTRÉ ET DE LA MADELAINE.)

Les cavernes ou abris ont été habitées de tout temps, mais l'on entend spécialement par *époque des cavernes* la seconde phase de l'âge de la pierre taillée, lorsque l'homme, contemporain du mammouth et du renne, élut domicile sous les abris naturels. L'industrie, à l'époque des cavernes, nous est mieux connue que celle des peuplades dont on a trouvé les outils dans les alluvions des rivières. Les habitants des cavernes étaient plus avancés que les riverains de la Somme dont les haches de Saint-Acheul font connaître l'industrie; l'animal dont ils se nourrissaient principalement, qui semble avoir joué le plus grand rôle dans leur civilisation matérielle, était le renne, et bientôt (vitrine XXI) ils commencèrent à se servir d'os de renne pour se façonner des outils. La présence de nombreuses aiguilles, de perçoirs et de racloirs prouve que l'homme des cavernes savait préparer les peaux et les faire servir à son vêtement.

GÉNÉRALITÉS SUR LES CAVERNES.

I. *Formation des cavernes* [1]. — Les cavernes doivent leur origine à des causes différentes suivant les époques et les localités : les unes proviennent simplement du mouvement et de la dislocation des couches terrestres ; d'autres sont dues à des érosions produites par l'infiltration des eaux pluviales ; enfin il en est qui ont pris naissance par l'effet combiné de ces deux phénomènes. C'est pour avoir voulu trop simplifier cette question complexe que les géologues n'ont pu s'entendre, à tel point que,

---

1. Cf. Dawkins, *Die Hœhlen**, p. 18 et suiv.; Desnoyers, art. *Grottes* du *Dictionnaire universel d'Histoire naturelle* (tiré à part); Lapparent, *Traité de géologie*, 2ᵉ éd., p. 251, 1250 sqq. — Le livre de Badin, *Grottes et cavernes* (Paris, 1870), n'est qu'un résumé sans valeur scientifique.

* C'est la traduction allemande de l'ouvrage anglais intitulé *Care Hunting*; nous citons à titre exclusif cette traduction, qui est encore dans le commerce, au lieu de l'édition originale, qui est complètement épuisée et fort rare.

suivant Omalius d'Halloy, il n'y a pas deux géologues qui professent la même opinion touchant l'origine des cavernes [1].

On a longtemps admis que les vallées avaient été creusées par les courants d'eau quaternaires [2] et que les mêmes courants avaient ouvert dans les flancs des collines les poches latérales appelées cavernes [3]. On en concluait que les cavernes étaient d'autant plus anciennes qu'elles étaient à un niveau plus élevé au-dessus des cours d'eau qui coulent aujourd'hui à leur pied [4]. Des recherches ultérieures ont apporté quelques modifications à ces vues ; on attribue aujourd'hui la formation, ou du moins l'ouverture latérale de la plupart des cavernes, à l'action des eaux pluviales qui, s'infiltrant dans les roches calcaires et donnant ainsi naissance à des cours d'eau, se sont frayé une issue vers les vallées. Les vallées sont donc chronologiquement antérieures à l'ouverture des cavernes [5] et la hauteur de celles-ci au-dessus de l'étiage actuel des rivières perd ainsi l'importance qu'on a quelquefois voulu lui attribuer [6].

L'appellation de *cavernes* et de *grottes* est souvent impropre ; celle *d'abri sous roche* convient seule quand il n'y a pas de couloir souterrain plus ou moins horizontal [7].

---

1. Ce qui précède a été dit en 1872 par M. Capellini au *Congrès de Bruxelles* (p. 160), à la suite d'une brillante discussion sur les cavernes ; cf. Mortillet, *Le Préhist.*, p. 423 et suiv.

2. Cf. Belgrand, *Congrès de Bruxelles*, p. 132 et suiv. ; Omalius d'Halloy, *ibid.*, p. 157 ; Capellini, *ibid.*, p. 160 ; Lapparent, *Traité de géologie*, 2ᵉ éd., p. 1283.

3. Dupont, *L'homme pendant les âges de la pierre*, 2ᵉ éd., p. 37, 38.

4. Dupont, *loc. laud.*, p. 37-38 ; *Congrès de Bruxelles*, p. 110, 123, 127 ; *Bulletin de la Société d'Anthropologie de Bruxelles*, t. IV, p. 162. On a objecté à cette théorie que les mêmes dépôts de l'âge du mammouth, caractérisés par la même faune et les mêmes outils de silex, ont été rencontrés à 60 mètres d'altitude au Trou-de-l'Erable, à 13ᵐ,50 à Spy, et à 2 mètres à la grotte du Petit-Modane. M. Fraipont, qui a développé cette objection (*La Race humaine de Néanderthal en Belgique*, Bruxelles, 1886, p. 34), conclut que « l'étude des dépôts des grottes doit être faite indépendamment de la considération de la hauteur de ces dépôts au-dessus du niveau actuel des cours d'eau ».

5. « Le creusement des vallées du nord de la France était à peu près effectué à l'époque marquée par la faune qui accompagne l'*elephas antiquus*... Le travail du creusement des vallées a dû s'accomplir [principalement] pendant l'époque pliocène. » (M. Boule, *Revue d'Anthropologie*, t. XVII, p. 661.)

6. Fraipont, *op. laud.*, p. 34. L'ouverture des cavernes *existant aujourd'hui* ne peut guère être antérieure à l'époque quaternaire, puisque les débris de la faune tertiaire y font défaut. Cf. Dawkins, *Die Hœhlen*, p. 47.

7. Voir dans le *Musée Préhistorique*, fig. 155 et 156, la vue des abris de Bruniquel et celle de la grotte de Gourdan (Montréjeau). Sur les abris formés par les roches en surplomb, cf. L. Lartet, *Bull. Soc. Anthrop.*, 1868, p. 337, et Hamy, *Précis*, p. 265.

II. *Remplissage des cavernes* [1]. — Le problème du remplissage des cavernes est une question complexe qui ne peut être résolue une fois pour toutes par une formule : chaque caverne doit être étudiée à part en vue de la détermination des agents divers qui ont contribué à la remplir.

D'une manière générale, on peut attribuer le remplissage des cavernes à cinq causes, qui apparaissent tantôt isolément, tantôt réunies :

1° L'action physique et chimique [2] des eaux intérieures ou des eaux d'infiltration ; de là les sédiments de transport, le limon argileux des cavernes [3], les cailloux roulés et fragments de roches, les cônes de déjection [4], enfin les stalactites et les stalagmites [5]. L'action torrentielle extérieure, c'est-à-dire les crues des rivières, dont on a autrefois exagéré l'importance et qui n'a pu s'exercer que dans certains cas, a fait aussi pénétrer à l'intérieur des cavernes des lits de graviers et des limons analogues à ceux des plateaux voisins [6]. Les nappes de stalagmite alternent souvent avec les nappes de limon et de gravier [7], dénotant la succession de périodes de calme et de périodes où l'action des eaux s'est fait sentir avec violence sous différentes formes, celle de l'invasion latérale et celle de l'infiltration [8].

2° Les éboulements de la paroi supérieure ou des parois latérales, phénomènes auxquels on peut rattacher l'entrée des terrains meubles qui recouvraient les parois désagrégées [9]. C'est aux éboulis que l'on attribue la

---

1. Voir en général Dawkins, *Die Hœhlen*, p. 49 et suiv.; Desnoyers, *art. cité*, p. 28 et suiv.

2. Tantôt l'eau n'est qu'un agent de transport, tantôt elle possède des propriétés chimiques qui lui permettent de dissoudre les roches calcaires; cf. Omalius d'Halloy, *Congrès de Bruxelles*, p. 158.

3. *Argile d'éjaculation* (d'Omalius, *Congrès de Bruxelles*, p. 111).

4. *Congrès de Bruxelles*, p. 128.

5. Sur les stalactites et stalagmites, cf. Dawkins, *Die Hœhlen*, p. 30, 49. Les unes et les autres sont des concrétions de chaux carbonatée; cf. Desnoyers, *art. cit.*, p. 29 (voir à la p. 30 de ce mémoire la description de la grotte d'Antiparos, empruntée à Tournefort, *Voyage*, t. I, p. 187).

6. Voir Lyell, *Principes de géologie*, trad. franç., t. II, p. 660 et suiv.

7. Cf. Dupont, *Congrès de Bruxelles*, p. 127.

8. Cf. Lapparent, *Traité de géologie*, 2e éd., p. 1250. « Il n'est pas impossible, écrit M. de Lapparent (*ibid.*, p. 1247), qu'avant l'établissement du froid sec, la fonte des glaces ait coïncidé avec un redoublement des pluies, produisant un ruissellement universel et des inondations générales. » Dans l'hypothèse que le creusement des vallées serait l'œuvre des grands fleuves quaternaires, M. Dupont attribue aux sédiments de transport des cavernes une origine presque exclusivement fluviatile ; cf. *Congrès de Bruxelles*, p. 125, 127 ; *L'homme pendant les âges de la pierre*, 2e éd., p. 71, 88, 96.

9. *Congrès de Bruxelles*, p. 156.

formation de l'*argile à blocaux*, qui, dans beaucoup de cavernes belges, forme la couche supérieure des dépôts [1].

3° Les apports des courants atmosphériques (feuilles, branches, poussières, etc.) [2].

4° Les apports et les ossements des animaux, principalement des carnassiers qui choisissent les cavernes comme repaires et viennent souvent y mourir [3]. Parmi ces animaux, il faut surtout nommer l'ours des cavernes, qui est très fréquent [4], et l'hyène, dont la présence est attestée par les *coprolithes*, excréments fossilisés où domine le phosphate de chaux provenant des os que l'hyène a triturés [5]. Parfois ces carnassiers peuvent avoir été surpris par une inondation subite ou écrasés par un éboulement ; d'autres fois ils peuvent être tombés dans la caverne par quelques fissure ; enfin l'hypothèse de Prévost, qui admettait l'introduction des ossements dans les cavernes par l'action des eaux, se vérifie dans un certain nombre de cas [6]. En général, une caverne-demeure se distingue d'une caverne-repaire à quelques indices qui ont été constatés en Belgique par M. Dupont [7] et dans le Périgord par MM. Lartet et Christy : 1° le choix intelligent des parties du squelette des animaux qui ont servi de nourriture (surtout la tête et les os des membres, où les Troglodytes trouvaient la cervelle et la moelle) [8] ; 2° la présence d'os intentionnellement taillés, intelligemment brisés ou entaillés, quelquefois carbonisés. Il faut ajouter, naturellement, les outils et les traces de foyers. Les cavernes qui ont été des repaires de bêtes féroces sont généralement de longs et étroits couloirs dont l'extrémité est obscure ; les ossements entraînés par les fauves ne sont

1. Cf. *Congrès de Bruxelles*, p. 116, 128, 152, 156, et Cartailhac, *Matériaux*, t. XXII, p. 74 : « Cette argile à blocaux n'est nullement d'origine fluviatile : c'est un simple éboulis sur les pentes, une formation subaérienne, bien plus récente que l'âge du renne dont elle peut empâter les vestiges. »

2. Cf. Cazalis de Fondouce, *Les temps préhistoriques dans le sud-est de la France*, Montpellier, 1872, p. 21.

3. C'est le mode de remplissage qui a été particulièrement mis en lumière par Buckland dans ses *Reliquiae diluvianae* (cf. *Reliquiae Aquitanicae*, p. 7 ; Cuvier, *Ossements fossiles*, t. IV, p. 306 ; Hartmann, *Zeitschrift für Ethnol.*, 1872, p. 94). Pour Constantin Prévost (*Mémoire sur les submersions élévatives des continents*, 1827), c'est, au contraire, l'action torrentielle qui aurait eu la plus grande part dans la formation des couches ossifères des cavernes.

4. Cf. Mortillet, *Le Préhist.*, p. 427.

5. *Ibid.*, p. 428 ; Dawkins, *Die Hœhlen*, p. 251 et suiv.

6. Hartmann, *Zeitschr. für Ethnol.*, 1872, p. 94-95.

7. *Congrès de Bruxelles*, p. 116 ; *L'homme*, 2ᵉ éd., p. 73 ; *Reliquiae Aquitanicae*, p. 6.

8. Cf. Vibraye, *Comptes rendus de l'Académie des Sciences*, 4 septembre 1865.

pas seulement ceux de la tête et des membres ; les os ne sont pas brisés, mais les épiphyses sont souvent mâchées. Un grand nombre de cavernes ont été alternativement des habitations humaines et des repaires de bêtes fauves [1].

5° Les apports de l'homme, en particulier de l'homme contemporain du renne et de l'homme néolithique. Ces apports consistent surtout en débris de cuisine, ossements d'animaux (généralement fendus par le milieu pour en extraire la moelle, dont les Troglodytes étaient très friands, comme le sont encore les Esquimaux [2]), restes de foyers, détritus divers qui se sont amalgamés, sous l'action de la pression et de l'humidité, de manière à former des planchers ossifères (vitrines X et XXVII). Il y a ensuite les outils dont l'homme seul fait usage [3] et enfin des ossements humains [4]. Ceux-ci peuvent être attribués quelquefois à un ensevelissement d'époque quaternaire (Menton, Cro-Magnon, Spy, Sordes) [5] ; d'autres cavernes, contenant des ossements humains, paraissent avoir

1. « D'ordinaire, pendant l'âge du mammouth, le souterrain fut d'abord occupé par l'hyène, puis par l'ours et enfin par l'homme. » (Dupont, *Congrès de Bruxelles*, p. 116 ; cf. le même, *L'homme*, 2ᵉ éd., p. 97.)

2. Cf. *Congrès de Bologne*, p. 140, 142, 305 ; *Congrès de Bruxelles*, p. 206. Le Troglodyte de l'*Odyssée*, qui est le Cyclope, dévore les compagnons d'Ulysse, « ne laissant rien, ni chair, ni entrailles, ni os à moelle » (*Odyssée*, IX, v. 292-3).

3. On a trouvé, à 100 mètres au-dessus du fond de quelques vallées, des cailloux roulés du cours d'eau qui coule au bas de la montagne ; la présence de ces galets ne peut évidemment s'expliquer que par l'intervention de l'homme. (Desnoyers, *Congrès de Paris*, p. 135.)

4. Cf. en général, Dawkins, *Die Hœhlen*, p. 186 et suiv.

5. Au contraire, suivant M. Dupont (*L'homme*, 2ᵉ éd., p. 193), une station complète de Troglodytes belges se compose d'une caverne d'habitation et d'une caverne sépulcrale ; le type de ces dernières serait le Trou-du-Frontal, où la chambre funéraire est bouchée par une dalle et contient les restes de repas funèbres (cf. plus haut, p. 144). La plupart des archéologues considèrent aujourd'hui les cavernes sépulcrales comme néolithiques ; les spécimens les plus célèbres d'ossuaires incontestablement néolithiques sont les grottes de la vallée du Petit-Morin. M. A. Maury (*Congrès de Paris*, p. 143) a proposé de distinguer deux phases dans l'histoire des cavernes, celle où elles ont servi de demeures, puis celle où, abandonnées des vivants, elles ont été converties en sépultures. Broca a nié qu'une même caverne ait pu servir à ces deux usages ; il pensait que les cavernes sépulcrales différaient complètement de celles qui ont servi d'habitation. « La grotte d'Orrouy n'a jamais pu servir à autre chose qu'à l'ensevelissement. » (*Congrès de Paris*, p. 145.) Cf. en général, sur les grottes sépulcrales, Mortillet, *Le Préhist.*, p. 429 ; *Congrès de Bruxelles*, p. 182, 198, 199 ; *Congrès de Stockholm*, p. 316 ; *Congrès de Pesth*, p. 626 ; *Matériaux*, t. XVIII, p. 75 ; *Revue Archéol.*, 1883, t. I, p. 124 ; sur les grottes de la Marne, *Matériaux*, t. VII, p. 146 ; *Congrès de Bruxelles*, p. 393 ; *Congrès de Stockholm*, p. 273 ; *Association française*, 1874, p. 635 ; *Revue Archéol.*, 1874, I, p. 403 ; Baye, *L'archéologie préhistorique*, Paris, 1880, p. 131 et suiv. Il sera question de la grotte d'Aurignac dans la note suivante.

servi d'ossuaires à l'époque néolithique (Aurignac[1], Furfooz); dans un cas, à Laugerie-Basse, on a découvert le squelette d'un homme quaternaire écrasé par un éboulement de la grotte[2].

Le rôle de l'homme et des animaux dans le phénomène du remplissage des cavernes, encore méconnu par Schmerling[3], n'a été établi définitivement que par Lartet dans son mémoire sur la grotte d'Aurignac (1860).

III. *Mœurs des Troglodytes.* — Les caractères généraux de la *civilisation des cavernes* à l'époque quaternaire, — en prenant pour types les hommes de la Madelaine et ceux des cavernes de la Lesse, — peuvent se résumer brièvement comme il suit, sous la réserve des différences considérables qui devaient exister d'une station à l'autre, suivant les aptitudes des tribus qui les habitaient :

1° Rudiments d'organisation sociale ; loisirs ; développement de l'art ; rapports généralement pacifiques[4] ; quelques relations commerciales[5].

---

1. Lartet (*Mémoire sur la station humaine d'Aurignac*, 1860) avait supposé que les ossements humains et les débris de repas étudiés par lui étaient contemporains du foyer avec silex taillés et os de mammifères quaternaires. On admet aujourd'hui que la caverne d'Aurignac a été habitée par l'homme quaternaire, qu'elle a ensuite servi de repaire à des carnassiers et qu'elle n'a été transformée en grotte sépulcrale qu'à l'époque néolithique. Cf. Trutat et Cartailhac, *Comptes rendus de l'Académie des Sciences*, 1873, p. 853 ; Zaborowski, article *Aurignac* dans la *Grande Encyclopédie* ; Mortillet, *Le Préhist.*, p. 471 ; Dawkins, *Die Hœhlen*, p. 194 ; Lartet, *Annales des Sciences Naturelles*, 4ᵉ série, t. XV, p. 177 ; Lyell, *Ancienneté*, trad. franç., p. 200 ; Hamy, *Précis*, p. 257 ; Lubbock, *l'Homme avant l'histoire*, trad. franç., p. 263 ; *Matériaux*, t. III, p. 193 ; t. VII, p. 207.

2. Sur Laugerie-Basse, cf. *Reliq. Aquitanicae*, p. 169 ; *Congrès de Bruxelles*, p. 182 ; *Revue d'Anthropologie*, t. XV, p. 463 ; *Association française*, 1872, p. 767 ; *Revue Archéol.*, 1872, I, p. 269 ; *Matériaux*, t. VII, p. 224, pl. IX. L'exemple le plus anciennement constaté d'un ensevelissement néolithique dans les couches quaternaires d'une grotte est celui de la caverne de la Chèvre près de Paviland, explorée par Buckland en 1823 (cf. Dawkins, *Die Hœhlen*, p. 186).

3. Schmerling croyait que les débris d'hommes et d'animaux recueillis par lui dans les cavernes belges y avaient été introduits par les eaux torrentielles, suivant les idées, alors en faveur, de Constantin Prévost. Cf. Dupont, *L'homme*, 2ᵉ éd., p. 12 et suiv.

4. M. Dupont rappelle à ce propos (*L'homme*, 2ᵉ éd., p. 187) que, d'après Lubbock (*L'homme avant l'histoire*, p. 418), les Esquimaux de la baie de Baffin ne pouvaient comprendre ce qu'on entendait par la guerre.

5. Cf. Dupont, *op. laud.*, p. 162 ; les Troglodytes belges étaient en rapport avec la Champagne et la Touraine qui leur fournissaient du silex. En l'absence de bêtes de somme, il faut admettre un trafic exercé peut-être par quelque tribu voyageuse et commerçante (Dupont, p. 167). Il est également certain que les coquilles servant d'ornements étaient transportées à de grandes distances : ainsi l'on a trouvé des coquilles océaniennes dans les grottes de Menton et des coquilles méditerranéennes à Laugerie-Basse. On a pensé que les Troglodytes étaient nomades et voyageurs, à la façon des Peaux-Rouges, qui parcourent chaque année des espaces plus étendus que la France, à la recherche de bisons et

Les occupations principales des hommes sont la chasse et la pêche [1] ; il n'y a pas d'animaux domestiques ; le renne supplée à la plupart des besoins. A côté des quadrupèdes tués à la chasse, parmi lesquels on trouve beaucoup de chevaux, les oiseaux [2] et les poissons [3] servent aussi à l'alimentation [4]. Les habitudes d'anthropophagie restent encore douteuses, bien qu'on ait souvent prétendu en fournir la preuve.

d'autre gibier. Le phoque gravé sur os à Gourdan suffirait à prouver les déplacements des Troglodytes (*Congrès de Stockholm*, p. 59). Cf. *Congrès de Paris*, p. 153, où il est dit que les silex taillés de Schussenried viennent d'une distance d'au moins 100 kilomètres ; *Congrès de Bruxelles*, p. 174, 220, 451, 466 ; *Congrès de Stockholm*, t. I, p. 59 ; Mortillet, *Le Préhist.*, p. 898. On peut élever des doutes sur la trouvaille des fragments d'ambre rouge dans une couche paléolithique de la grotte d'Aurensan (*Congrès de Stockholm*, p. 810).

1. Rau, *Prehistoric fishing in Europe and in N. America*, 1886 (cf. *Matériaux*, t. XXI, p. 93 ; *Revue d'Anthropologie*, t. XVI, p. 201) ; H. E. Sauvage, *Matériaux*, t. X, p. 308 ; *Reliquiae Aquitanicae*, p. 219 et suiv., notice de la planche B, VI ; *Congrès de Stockholm*, t. I, p. 55 ; *Revue Archéol.*, 1866, II, p. 269 ; *Zeitschr. f. Ethnol.*, 1885, p. 153 ; Salmon, *l'Ichthyophagie et la pêche préhistoriques*, 1887. Voir aussi Hyades, *La chasse et la pêche chez les Fuégiens*, dans la *Revue d'Ethnographie*, t. IV, p. 514 et suiv., article qui fournit des points de comparaison fort intéressants.

2. Milne Edwards, *Matériaux*, t. X, p. 473.

3. Cf. Sauvage, *Matériaux*, t. X, p. 308 ; cf. t. XXI, p. 94 ; *Congrès de Stockholm*, p. 55.

4. Cf. Dupont, *op. laud.*, p. 224. Sur l'anthropophagie préhistorique et les indices qu'on a cru en découvrir, il y a déjà toute une collection d'écrits ; l'anthropophagie chez les sauvages actuels n'a pas été moins souvent étudiée. Voir, entre autres, les articles *Anthropophagie* dans l'*Encyclopédie générale* (1871), dans le *Dictionnaire des sciences médicales* et dans la *Grande Encyclopédie* ; R. Andrée, *Die Anthropophagie*, Leipzig, 1887 (cf. *Matériaux*, t. XXI, p. 346) ; Nadaillac, *Revue des Deux-Mondes* du 15 novembre 1885 (cf. *Matériaux*, t. XIX, p. 132) ; Dawkins, *Die Hœhlen*, p. 111, 207 ; Schaaffhausen, *Archiv für Anthropologie*, t. IV (1870), p. 245 et suiv. ; *Das Ausland*, 1870, n° 7 ; *Revue Scientifique*, 8 sept. 1877 ; Broca, *Association française*, 1872, p. 1222 ; Girard de Rialle, *ibid.*, 1874, p. 648 ; *Congrès de Paris*, p. 159, 161 ; *Congrès de Copenhague*, p. 83, 84, 87, 314 ; *Congrès de Bologne*, p. 391, 414 ; *Congrès de Bruxelles*, p. 383 ; *Congrès de Lisbonne*, p. 215, 266, 269, 270, 277 (témoignages des auteurs anciens sur l'anthropophagie, cf. *Congrès de Copenhague*, p. 176) ; *Matériaux*, t. V, p. 495, 501, 514, 532 ; t. VI, p. 111 ; t. XV, p. 535 ; t. XIX, p. 132 ; t. XXI, p. 346 ; t. XXII, p. 291 ; *Bulletins de la Société d'Anthropologie*, 1881, p. 280 ; 1883, p. 34 ; 1884, p. 207, 497, 516 ; 1885, p. 37, 363 ; 1886, p. 357, 522 ; 1887, p. 778 ; 1888, p. 27, 62, 73, 231, etc. ; *Revue d'Ethnographie*, 1887, p. 474 ; 1888, p. 322, 391 ; *Verh. Berl. Ges.*, 1876, p. 75 ; 1879, p. 237 ; 1884, p. 90, 95. « Je crois pouvoir affirmer une fois de plus, écrit M. Cartailhac (*Matériaux*, t. XIX, p. 133), qu'il n'y a pas en Europe une seule preuve de cannibalisme préhistorique. » M. Virchow est arrivé à la même conclusion (*Verh. Berl. Ges.*, 1884, p. 95, importante communication). Sous le titre « Anthropophagie et sacrifices humains », M. Carl Vogt a fait au Congrès de Bologne (p. 294 et suiv.) une communication aussi spirituelle que paradoxale, avec l'intention évidente de s'amuser de ses auditeurs. Ses théories ont pourtant trouvé de l'écho (cf. Mortillet, *Le Préhist.*, p. 605, où l'anthropophagie est qualifiée d' « aberration religieuse »). Voir une discussion à ce sujet entre MM. de Mortillet et de Nadaillac, *Bull. Soc. Anthrop.*,

On produit le feu en battant le briquet sur un rognon de pyrite au moyen d'un silex ; les petites parcelles ainsi détachées s'enflamment à l'air. Le même procédé est usité chez les Esquimaux [1]. Comme les Esquimaux, les hommes des cavernes ne paraissent avoir cuit leur viande qu'exceptionnellement [2].

Aucun souci de la propreté ni du confort, mais un goût prononcé pour le luxe personnel, consistant en pendeloques [3], tatouages [4], etc. C'est un des caractères du sauvage de passer immédiatement de l'indispensable au superflu ; le bien-être ne préoccupe que l'homme civilisé, et pour trop d'hommes civilisés, aujourd'hui encore, la propreté ne fait point partie du bien-être [5].

Aucun usage des métaux ; on emploie le silex et d'autres roches taillées par éclats [6], l'os, la corne, les boyaux, nerfs et tendons d'animaux [7], sou-

1887, p. 778 ; 1888, p. 27 et suiv. — Il est remarquable que les Cyclopes d'Homère sont à la fois troglodytes et anthropophages (*Odyssée*, IX, 287-297).

1. Dupont, *op. laud.*, p. 153.

2. *Ibid.*, p. 179. Sur les procédés primitifs de cuisson, voir Virchow, *Zur Geschichte des Kochens,* dans la *Deutsche Rundschau* de 1877, p. 72, et Bastian, *Zeitschrift für Ethnol.,* 1872, p. 386.

3. Pendeloques de fluorine, Dupont, *op. laud.*, p. 156, fig. 30 ; dents perforées, plaques d'ivoire trouées au centre, ornements de jayet et d'ardoise, coquilles fossiles trouées, *ibid.*, p. 158. Cf. plus haut, p. 116, et Mortillet, *Le Préhist.*, p. 396-398.

4. Boules de fer oligiste, Dupont, *op. laud.*, p. 155. Autres exemples dans Mortillet, *Le Préhist.*, p. 394 ; *Congrès de Paris*, p. 151 ; *Congrès de Copenhague*, p. 267 ; *Revue d'Anthropologie*, t. VIII, p. 350 ; *Bonner Jahrb.*, t. LXI, p. 166. Cf. en général, sur le tatouage, Magitot et Lacassagne, art. *Tatouage* du *Dictionnaire des sciences médicales* ; Berchon, *Association française*, 1872, p. 741 ; Magitot, *ibid.*, 1881, p. 765 ; le même, *Congrès de Lisbonne*, p. 552 ; Lacassagne, *Revue d'Anthropologie*, t. XI, p. 346 ; Variot et Moran, *Bull. Soc. Anthrop.*, 1887, p. 730 ; Wuttke, *Geschichte der Schrift*, t. I, p. 70 ; Lubbock, *L'homme avant l'histoire*, trad. franç., p. 363 ; Joest, *Tætowiren, Narbenzeichnen und Kœrperbemalen*, Berlin, 1887 (publication de luxe avec gravures en couleur) ; cf. encore *Zeitschrift für Ethnol.*, 1872, p. 251 ; 1880, p. 309 ; 1885, p. 10 ; *Verh. Berl. Ges.*, 1872, p. 201 ; 1876, p. 195 ; 1878, p. 107 ; 1884, p. 609 ; 1887, p. 146, 626 ; 1888, p. 319 ; *Bull. Soc. Anthrop.*, 1877, p. 333 ; *Rev. d'Ethnogr.*, 1880, p. 97 ; 1887, p. 375 ; 1888, p. 343 ; *Rev. Archéol.*, 1875, t. I, p. 323 ; *Revue Scientifique*, mai 1888, p. 593 ; *Archivio per l'Anthropologia*, 1888, p. 43, etc· On a signalé des mortiers quaternaires à broyer le fard (cf. *Musée Préhistorique*, fig. 151) et un pot à teinture découvert dans le lehm (*Rev. d'Anthrop.*, t. VIII, p. 350), mais l'attribution de ces objets n'est pas certaine.

5. Cf. Dupont, *op. laud.*, p. 155. Jordanes (*De rebus Geticis*, c. I) dit, en parlant de la population des Suéthans : *Hi cum inopes vivunt, ditissime restiuntur.*

6. Toutes les fois qu'il n'y a pas eu remaniement dans une caverne, on ne trouve pas de pierres polies avec les restes de la faune quaternaire ; l'industrie néolithique est d'ailleurs représentée dans les couches supérieures d'un grand nombre de cavernes.

7. Les tendons fendus et divisés donnent le fil qui sert à coudre (*Reliq. Aquitanicae*, p. 127).

vent aussi les crins de chevaux [1]. Les plantes textiles sont inconnues. Les vêtements sont des peaux d'animaux épilées à l'aide du grattoir ; les poinçons servent à faire des trous pour la couture [2]. On sait fabriquer avec de l'os des aiguilles à chas [3].

La connaissance de la poterie est douteuse ; tout au plus a-t-elle été le privilège de quelques rares tribus. Les fragments de poterie découverts dans les couches quaternaires peuvent presque toujours s'y être introduits par cheminement ou par l'action des animaux fouisseurs [4].

Comme armes offensives, on emploie des javelots plutôt que des flèches [5]. On connaît les harpons barbelés [6], peut-être aussi les traits empoi-

1. Dupont, *op. laud.*, p. 173 ; *Congrès de Bruxelles*, 1872, p. 233. Dans le Trou-du-Chaleux, on a trouvé 157 vertèbres caudales, mais ce sont les vertèbres 5-10, où le crin est le plus dru, qui formaient la grande majorité.

2. Dupont, *L'homme*, 2ᵉ éd., p. 148.

3. Lartet, *Reliquiae Aquitanicae*, p. 121 (*Matériaux*, t. VI, p. 349) ; *Congrès de Paris*, p. 118 ; *Matériaux*, t. XXII, p. 46, 427 ; *Bulletin monumental*, 1878, p. 43 (étui à aiguilles du Placard) ; Brouillet, *Époques antéhist. du Poitou*, p. 10.

4. Cf. sur cette difficile question de la poterie quaternaire (on peut toujours invoquer des remaniements, et c'est ce que font MM. de Mortillet et Cartailhac, qui nient formellement l'existence de poteries à l'époque du renne) : *Matériaux*, t. VII, p. 210 ; t. IX, p. 422 ; t. X, p. 330 ; t. XVI, p. 124 ; t. XX, p. 167 ; t. XXI, p. 374, 509 ; t. XXII, p. 23, 63 ; Zaborowski, dans la *Grande Encyclopédie*, art. *Belgique*, p. 6 ; *Congrès de Norwich*, p. 14, 16 ; *Congrès de Paris*, p. 238 ; *Congrès de Bruxelles*, p. 455 (où Fraas affirme que la poterie est quaternaire) ; *Congrès de Bologne*, p. 376 ; *Revue d'Anthropologie*, 1887, p. 385 ; *Comptes rendus de l'Acad. des Sciences*, 9 et 23 nov. 1885 (*Matériaux*, t. XX, p. 167) ; Salmon, *La poterie préhistorique*, Paris, 1887 (*Matériaux*, t. XXI, p. 509) ; Quatrefages, *Introduction à l'étude des races humaines*, p. 75 (admet, avec M. Dupont, que la poterie découverte au Trou-du-Chaleux est paléolithique) ; Nadaillac, *Premiers hommes*, t. I, p. 97 (avec nombreux renvois) et *Mœurs et monuments des peuples préhistoriques*, p. 80 et suiv. ; Mazard, *La Céramique*, Saint-Germain, 1873, p. 7 ; Joly, *L'Homme avant les métaux*, p. 281 (affirme avoir découvert à Nabrigas des tessons mêlés à des ossements d'*ursus spelaeus*). Lubbock a fait observer (*l'Homme avant l'histoire*, p. 487) que les Esquimaux n'ont pas de poterie ; chez eux, les pierres creuses en tiennent lieu ; ils les perfectionnent quelquefois en y ajoutant un bord en argile. D'ailleurs, comme on l'a remarqué, l'existence de la poterie n'est pas un criterium de civilisation : ainsi les Mélanésiens savent fabriquer des vases soignés, tandis que cet art est inconnu aux Polynésiens, qui leur sont supérieurs à d'autres égards (Quatrefages, *Congrès de Paris*, p. 238).

5. Dupont, *op. laud.*, p. 150.

6. Broca, *Association française*, 1872, p. 121 ; cf. *Reliquiae Aquitanicae*, B, pl. I, VI, XIV, XXII, XXVII ; Lartet, *Ann. des Sc. nat.*, 4ᵉ sér., *Zoologie*, pl. XV, p. 210. Il n'est pas aisé de distinguer les flèches barbelées des harpons ; voir à cet égard *Reliq. Aquit.*, 2ᵉ partie, p. 50 et suiv. ; p. 161, 179 ; Hamy, *Précis*, p. 314, et les excellentes observations de M. Cazalis de Fondouce, *Les temps préhistoriques dans le sud-est de la France*, notice de la planche VIII. Des instruments en bois de renne fort analogues aux harpons du Périgord servent aujourd'hui de pointes de flèche aux Esquimaux de l'Amérique du Nord (*Reliq. Aquit.*, 2ᵉ partie, p. 50, 51).

sonnés [1]. Les bois de renne utilisés sont en grande partie des bois de mue perdus chaque année par ces animaux [2].

Nous ne savons rien touchant les croyances religieuses des Troglodytes ; aucune des hypothèses émises à ce sujet n'a de fondement [3].

IV. *Climat et chronologie relative.* — On a remarqué que les cavernes habitées par l'homme quaternaire avaient généralement leur ouverture au midi [4], d'où l'on a conclu que le climat devait être assez froid ; la même conclusion paraît autorisée par le caractère de la faune et par cette circonstance que les Troglodytes, n'ayant aucune notion de propreté, auraient été empoisonnés par leurs propres miasmes, s'ils avaient vécu dans un climat chaud [5]. Ce dernier argument, toutefois, n'est pas concluant, car les nègres de l'Afrique et de l'Océanie ne sont pas moins malpropres que les Esquimaux actuels.

On s'est demandé si les Troglodytes habitaient toute l'année dans les cavernes, ou seulement pendant l'hiver ; le fait que l'on trouve des bois de renne appartenant à toutes les saisons est en faveur de la première manière de voir, mais les couches stériles qui se rencontrent dans la plupart des cavernes prouvent que l'habitat de l'homme n'y était pas continu. On peut dire seulement que les chasseurs de rennes cherchèrent un abri sous les cavernes *à tous les moments de l'année indifféremment.*

A l'époque de l'*ursus spelaeus* et du renne, qui est proprement celle des cavernes, le mammouth devient rare [6], le rhinocéros semble aussi dispa-

----

1. Cf. *Matériaux*, t. VI, p. 242 ; t. XVI, p. 90 ; *Reliq. Aquitan.*, p. 10, 53 ; Lagneau, *Comptes rendus de l'Acad. des inscriptions*, 2 novembre 1877 ; *Rev. Archéol.*, 1864, II, p. 124.

2. On a trouvé dans le Trou-des-Nutons près de 150 bois en réserve (Dupont, *op. laud.*, p. 151).

3. M. Dupont a cru (*op. laud.*, p. 205) trouver quelques traces de fétichisme dans les cavernes belges et il a cité comme preuve un cubitus de mammouth découvert par lui dans le Trou-du-Chaleux, en rappelant que les Indiens des bords de l'Ohio plaçaient dans leurs cabanes, à titre de fétiche, les os du grand mastodonte. Ce rapprochement, joint à ce que nous savons sur l'emploi des pendeloques, ne suffit pas à autoriser la conclusion de M. Dupont. — Hypothèses de M. Piette sur les rondelles *mystiques* en os découvertes dans les cavernes (Mortillet, *Le Préhist.*, p. 475).

4. *Reliquiae Aquitanicae*, p. 24 ; Brouillet, *Époques antéhist. du Poitou*, p. 8. Diodore nous apprend, au contraire, que les Troglodytes du golfe Arabique exposaient leurs cavernes au nord, celles qui sont tournées vers le midi étant aussi chaudes que des fours (*Bibl. hist.*, III, c. 19).

5. Même saleté chez les Esquimaux actuels, qui vivent au milieu de morses et de veaux marins en putréfaction ; cf. *Reliq. Aquitan.*, p. 24 ; Dupont, *op. laud.*, p. 81.

6. Cependant il ne faut pas oublier que le mammouth, habitant naturel des plaines, devait toujours être rare dans la région des cavernes (cf. *Reliquiae Aquitanicae*, p. 25).

raître ; d'autre part, il y a des grottes, celle d'Arcy-sur-Cure, par exemple,
qui sont au niveau des cours d'eau actuels [1], d'où il résulte que le régime des eaux était à peu près le même qu'aujourd'hui [2]. Nous avons
déjà parlé de cette période de froid sec (p. 35) qui se place sur les confins de l'époque glaciaire, au moment du recul définitif des glaciers. Il est
possible que les grandes rivières, celles qui descendent des glaciers, fussent
encore à cette époque beaucoup plus puissantes qu'aujourd'hui.

En général, on peut considérer comme probable que les outils en pierre
taillée découverts dans les alluvions des rivières sont plus anciens que
les outils analogues découverts dans les cavernes [3]. Mais cette conclusion
ne s'impose plus lorsque l'on compare des outils de mêmes types provenant
les uns des cavernes et les autres des plateaux. Rien n'autorise, non plus,
à croire que les contemporains des riverains de la Somme n'aient pas déjà
songé à chercher un asile sous les abris naturels, comme le faisaient de tout
temps les animaux. L'humidité de l'âge du mammouth devait les y pous-
ser autant que le froid sec de l'époque du renne. S'il est certain que la civilisation caractérisée par la station de la Madelaine est plus récente que celle
dont on trouve les vestiges à Saint-Acheul, il n'en résulte pas nécessairement
que les outils en silex du Moustier, pour prendre un exemple, ne puissent
être contemporains des quartzites taillées de la Ceillonne, dont le gisement
domine de 7-8 mètres seulement le cours d'eau actuel [4]. La civilisation de

Rien ne prouve que le mammouth, qui n'a pas survécu à l'époque quaternaire *en Gaule*,
n'ait pas existé jusqu'à une époque plus récente dans d'autres régions, par exemple
dans le Turkestan et en Sibérie.

1. En Belgique, la caverne dite Trou-Philippe n'est qu'à une dizaine de mètres au-dessus
de la Molignée (Dupont, *op. laud.,* p. 71). La station de Germoles n'est qu'à 5 mètres
au-dessus de l'Orbize et à 20 mètres au-dessus de la Saône, où se jette l'Orbize : aucun
dépôt d'alluvions fluviatiles n'a recouvert le gisement préhistorique (Arcelin, *Congrès de
Lisbonne,* p. 199). Cf. *Revue d'Anthropologie,* t. XVII, p. 402; *Bull. Soc. Géol.,* 2ᵉ série,
t. XXIV, p. 577; *Comptes rendus de l'Acad. des Sciences,* 28 décembre 1885; *Matériaux,*
t. XXI, p. 145.

2. Cf. Cazalis de Fondouce, *Revue d'Anthropologie,* t. III, p. 619, et *Les Temps préhist.
dans le sud-est de la France,* 1872, p. 9 et suiv.

3. M. Dupont a affirmé que les silex paléolithiques du Hainaut ont appartenu à des
populations contemporaines de celles qui ont habité les grottes des provinces de Liège et
de Namur pendant l'âge du mammouth (*Bull. Soc. Anthropol. de Bruxelles,* t. IV, p. 159,
164). On lui a objecté que le régime hydrographique était voisin du régime actuel à
l'époque des Troglodytes de la Lesse, tandis que les silex de Mesvin ont été recouverts par
des alluvions situées à 30 mètres au-dessus du niveau actuel des cours d'eau (Fraipont.
La race de Néanderthal en Belgique, p. 86). La force de cette objection est incontestable.

4. *Revue d'Anthropologie,* t. XVII, p. 401. Cf. Cazalis de Fondouce, *ibid.,* t. III,

Saint-Acheul a duré et s'est développée en Gaule, sans se confondre avec la civilisation des cavernes, alors que les rivières étaient rentrées dans leur lit, pendant la seconde phase de l'époque paléolithique [1].

V. *Affinités ethniques.* — Les affinités ethniques des Troglodytes de la Belgique et du Périgord ont donné lieu à diverses hypothèses dont il a déjà été question plus haut (p. 130). MM. Boyd Dawkins [2], Dupont, Lubbock et Bertrand ont pensé que les pasteurs ou chasseurs de rennes étaient retournés vers le nord avec leur gibier favori, par suite d'un changement de climat ou de l'arrivée des tribus néolithiques avec leurs bestiaux. Les Lapons et les Esquimaux seraient les descendants des Troglodytes quaternaires, dont les mœurs, comme nous l'avons montré plus haut, peuvent être rapprochées à bien des égards de celles des peuples hyperboréens actuels [3]. Cette hypothèse, séduisante au premier abord, se heurte à trois graves difficultés : 1° l'art des Esquimaux, Lapons, etc. [4], n'a qu'une analogie très lointaine avec l'art des Troglodytes quaternaires, qui lui est infiniment supérieur et dont la disparition subite reste inexpliquée ; 2° le renne paraît s'être retiré lentement dans la direction de l'est, et non pas d'une manière brusque vers le nord ; 3° comment admettre qu'une civilisation comme celle des Troglodytes du Périgord ou de la Lesse, où les éléments de progrès rapide sont si nombreux, se soit comme stéréotypée depuis des milliers d'années dans des régions inhospitalières et sauvages ? M. Dawkins et ceux qui partagent son opinion concluent de l'analogie des civilisations à la parenté des races, alors que la seule conclusion légitime est celle de l'analogie des civilisations à celle des milieux.

VI. *Troglodytisme aux temps historiques* [5]. — Le troglodytisme n'est

p. 625 et suiv., qui pense que l'industrie de Saint-Acheul est contemporaine en Bretagne de celle du Moustier. C'est une théorie due à M. Dupont.

1. Voir plus loin la conclusion de notre notice sur Solutré.

2. Boyd Dawkins, *Eskimos in the south of Gaul,* dans la *Saturday Review,* 8 décembre 1866 ; cf. *Edinburgh Review,* octobre 1870.

3. « Leurs mœurs furent si analogues à celles des Esquimaux actuels qu'on peut dire que l'état social d'une des époques de notre âge de la pierre persiste encore de nos jours dans les régions glacées du pôle. » (Dupont, *L'homme,* 2ᵉ éd., p. 10 ; cf. p. 211). M. Dupont rattache les Troglodytes belges au rameau hyperboréen et ouralien (*op. laud.,* p. 112).

4. Voir des spécimens de l'*art hyperboréen récent,* gravures ou sculptures sur bois de renne ou sur ivoire de morse, dans Hamy, *Précis,* p. 362 ; *Matériaux,* t. XI, p. 69 ; Bertrand, *Gaule avant les Gaulois,* p. 78 et suiv. ; Dawkins, *Die Höhlen,* p. 281, 283 ; Lubbock, *Les origines de la civilisation* (éd. franç.), p. 37 et suiv. avec les notes ; *Verh. Berl. Ges.,* 1884, p. 223 ; *Zeitschrift für Ethnol.,* 1871, p. 158.

5. Il n'existe pas de travail sur ce sujet ; les indications données par Desnoyers dans son article *Grottes* sont nombreuses, mais en partie inexactes.

pas un fait particulier à l'époque quaternaire et aux temps néolithiques [1] ;
de tout temps les cavernes ont servi d'habitations et, là où les abris naturels
faisaient défaut, on a creusé des cavernes artificielles ou des souterrains.
Les textes classiques ne sont pas muets à cet égard [2], bien qu'ils n'indiquent pas toujours avec précision si les demeures des Troglodytes sont
naturelles ou creusées de main d'homme. Les Cyclopes de l'Odyssée
sont Troglodytes [3] ; Prométhée, dans Eschyle [4], dit que les hommes vivaient sous la terre comme des fourmis avant qu'il leur enseignât la
construction des maisons et le labourage, l'usage des chevaux et des navi-
res [5]. Xénophon [6] mentionne des Troglodytes en Perse, Virgile et Méla en
Scythie[7], Strabon au nord du Caucase[8], en Éthiopie[9], en Maurétanie[10], en
Dardanie[11], dans le Pont[12], en Sardaigne[13]. Les Troglodytes les plus connus

1. « L'idée de chercher un abri dans une caverne est tellement simple qu'elle ne saurait
caractériser ni une race ni une époque, et, lorsqu'on la voit reparaître à des époques différentes, on n'a pas le droit d'en conclure que ce soit l'effet d'une transmission quelconque. » (Broca, *Congrès de Bruxelles*, p. 195.)

2. Cf. d'Arbois de Jubainville, *Premiers habitants de l'Europe,* 2e édit., p. 3-15 ; Bertrand, *Gaule avant les Gaulois*, p. 84 ; l'article *Troglodytae* dans le *Dictionary of greek and
roman geography* de Smith, t. II.

3. *Odyssée*, IX, 113 ; cf. Thucyd., VI, 2 ; Platon, *Lois,* III (t. II, p. 298 et suiv. de
l'éd. Didot) ; Strabon, p. 592. Il n'y a cependant aucune vraisemblance que les Cyclopes
soient une population *paléolithique* dont la tradition aurait conservé le souvenir (cf. d'Arbois, *op. laud.,* p. 4). Les Cyclopes ont des chèvres et des brebis, mais point de vaisseaux
(*Odyssée*, IX, v. 124, 160) ; leur religion n'est pas la même que celle des Grecs (*Odyssée*, IX, 270-276). Platon ajoute qu'ils ignorent les métaux, mais connaissent l'art du potier
et celui de tisser les vêtements (voir d'autres textes dans les *Premiers habitants de l'Europe*, p. 9). M. d'Arbois pense que les traits caractéristiques de ces populations primitives
se retrouvent à la fin du premier siècle de notre ère chez les Finnois (*ibid.*, p. 12) ; ils
avaient cessé d'habiter les cavernes, mais ne connaissaient pas encore l'art de bâtir
(Tacite, *Germania*, c. XLVI).

4. Eschyle, *Prométhée enchaîné,* v. 450-453, 462-468. Cf. Pline, VII, 56, 3 (éd. Jan) :
« Antea specus erant pro domibus, » et, pour des textes anciens qui mentionnent les
Troglodytes en général, Lucrèce, V, v. 953 ; Diodore, I, 8. Il faut peut-être ajouter Job,
XXX, 6, où il est question d'hommes qui cherchent refuge dans les cavernes.

5. Eschyle fait peut-être allusion aux souterrains de la « ville cranaenne », encore visibles à Athènes dans les environs du Pnyx. Cf. E. Burnouf, *Archives des Missions*, t. V,
p. 64 et suiv.; Le Bas, *Voyage archéol., Itinéraire,* pl. 4 et p. 27 de mon édition.

6. Xénophon, *Anabase,* IV, 5 ; cf. Quinte-Curce, V, 6.

7. Virgile, *Géorg.,* III, 376 ; Mela, II, 1 (*Satarchae*).

8. Strabon, p. 506.

9. *Ibid.,* p. 130, 775, 769, 786 ; cf. Diod., III, 32.

10. *Ibid.,* p. 828 ; cf. Hérod., IV, 183 ; Pline, V, 5.

11. *Ibid.,* p. 316.

12. *Ibid.,* p. 489 ; cf. Pline, IV, 25.

13. *Ibid.,* p. 225 ; cf. Pausanias, X, 17.

ANTIQUITÉS.   11

des anciens étaient ceux de l'Arabie et de l'Éthiopie[1], riverains de la mer
Rouge et du golfe Arabique, qui s'étendaient vers le sud-ouest dans la
Nubie, pays où Bruce croit avoir reconnu leurs habitations rupestres près
de Gojam[2]. Ces Troglodytes étaient si agiles qu'ils pouvaient forcer le
gibier à la course. Aristote les décrit comme des pygmées qui, montés sur
de petits chevaux, faisaient la guerre aux grues des marais éthiopiens[3].
Diodore insiste sur les Troglodytes ichtyopages des côtes de Caramanie et
de Gédrosie[4]; il en signale également aux Baléares[5] et, à une époque très
reculée, en Crète[6]. Florus[7] raconte que César fit enfermer dans les cavernes
les Aquitains qui s'y étaient réfugiés; Pépin, au huitième siècle, agit de
même contre les mêmes populations[8]. Tacite signale des mœurs troglodytiques en Germanie[9]; Juvénal[10], après Lucrèce[11] et Virgile[12], fait allusion
aux cavernes habitées par les premiers peuples du Latium. Tous ces témoignages sont confirmés, dans une certaine mesure, par les découvertes archéologiques, qui prouvent que les cavernes ont été habitées de loin en loin
à l'âge des métaux[13].

Ce qui est vrai de l'antiquité ne l'est pas moins du moyen âge et
des temps modernes. Les grottes servirent de refuge à des moines qui
renonçaient à la vie, comme à des fugitifs qui voulaient sauver la

1. Agatharchide cité par Photius, dans les *Fragmenta historicorum graecorum* de Müller,
t. III, p. 190; Diodore, I, 30; II, 15; Ptolémée, III, 10, 9; IV, 7, 27; Strabon, p. 775,
769, 786; Pline, V, 8; VI, 34; VIII, 8, etc. (cf. l'index de Jan, p. 429).

2. Cité par Smith, *Dict. of Geogr.*, t. II, p. 1236. On s'est demandé s'il n'existait pas
une parenté entre les Troglodytes signalés par Strabon sur la mer Rouge et les Hottentots actuels, dont les coutumes seraient analogues (Merensky, *Verh. Berl. Gesellsch. f. Anthrop.*, 1875, p. 19).

3. Aristote, *Histoire des Animaux*, VIII, 12.

4. Diodore, III, c. 15-19.

5. *Ibid.*, V, c. 17.

6. *Ibid.*, V, c. 65.

7. Florus, III, 10.

8. Dom Bouquet, *Recueil des Historiens de la Gaule*, t. V, p. 201, cité par Desnoyers,
op. laud., p. 75.

9. Tacite, *Germania*, c. XVI.

10. Juvénal, VI, v. 3.

11. Lucrèce, V, v. 930-1004.

12. Virgile, *Æn.*, VIII, 314-318.

13. Cf. Dawkins, *Die Höhlen*, p. 107 et suiv. Dans de nombreuses cavernes belges, par
exemple au Trou-des-Nutons, on recueille successivement des pierres éclatées, des pierres
polies, des antiquités romaines et franques (Dupont, *L'homme*, 2ᵉ éd., p. 131). On a même
signalé des sépultures romaines dans des grottes gauloises (Mortillet, *Le Préhist.*,
p. 429). — Monnaies recueillies dans les cavernes. *Zeitschrift f. Ethnol.*, 1870, p. 241.

leur [1]. Les Espagnols qui abordèrent aux Canaries vers la fin du quinzième siècle y trouvèrent des populations troglodytiques ignorant encore l'usage des métaux [2]; d'autres faits de troglodytisme, habituel ou sporadique, ont été signalés, à une époque récente, au Maroc[3], en Algérie, en Tunisie, en Tripolitaine[4], dans l'Afrique centrale[5] et méridionale[6], la Russie asiatique[7], la Palestine[8], la Galatie et la Cappadoce[9], etc. Nombre de grottes, en France même, sont encore habitées ou utilisées comme magasins [10].

VII. *Superstitions.* — De tout temps on a attaché aux cavernes des idées superstitieuses [11], provoquées non seulement par leur aspect mystérieux, mais par la découverte d'ossements humains, l'exhalaison de gaz délétères, etc. Les Grecs et les Romains y placèrent des oracles [12], de très anciens sanctuai-

1. Les cavernes en Angleterre ont été fréquentées vers la fin de l'occupation romaine ; on croit que les Bretons romanisés s'y sont réfugiés au moment de l'invasion saxonne (Franks, *Congrès de Bruxelles,* p. 199 ; cf. Dawkins, *Die Höhlen,* p. 5 et suiv., p. 75 et suiv.) Les cavernes de la Gaule ont été habitées à la même époque (Mortillet, *Le Préhist.,* p. 431) ; au moyen âge, pendant la guerre de Cent Ans et à l'époque des guerres de religion, les faits de troglodytisme sporadique sont nombreux (cf. *Reliquiae Aquitanicae,* p. 4, 62 ; Badin, *Grottes et cavernes,* p. 134). Quelques abris, refuges d'hérétiques contre les dragons de Louis XIV, portent encore le nom de *Grotte des Camisards* (Mortillet, *op. laud.,* p. 431).

2. Sabin Berthelot, *Mém. Soc. Ethnol.,* t. I, p. 129 ; t. II, p. 77 ; *Hist. nat. des Canaries,* Paris, 1842 ; L. v. Buch, *Description physique des îles Canaries,* Paris, 1836 ; Verneau, *Rapport sur une mission dans l'archipel canarien,* Paris, 1887 ; cf. *Journal of the Ethnol. Society,* nouv. sér., t. VII, p. 107 ; Dawkins, *Die Hœhlen,* p. 169 ; Bertrand, *Archéol. celtique et gauloise,* p. 76 ; Hamy, *Revue d'ethnographie,* t. VI, p. 156.

3. Thevet, *Cosmographie universelle,* p. 15.

4. Tissot, *Géographie comparée de la province romaine d'Afrique,* t. I, p. 497 ; t. II, p. 713. On connaît l'épisode des cavernes du Dahra en 1845, où Pélissier suivit l'exemple donné par César (cf. Florus, III, 10).

5. Dawkins, *Die Hœhlen,* p. 5 ; *Mitth. d. Wiener geogr. Ges.,* 1870, p. 334. Cf. *Zeitschrift für Ethnologie,* t. X (1879), Supplém., p. 63, 372, 500.

6. *Matériaux,* t. VI, p. 511.

7. Pallas, *Voyages,* t. II, p. 452, 464 ; cf. Bertrand, *la Gaule avant les Gaulois,* p. 76. Le tableau des mœurs des Tchouktches, emprunté par M. Bertrand à la *Description de toutes les nations de l'empire de Russie* (1776), conviendrait presque aux Troglodytes du Périgord ; les Tchouktches ne connaissaient pas d'autre animal domestique que le renne.

8. Botta, *Mém. Soc. Géol.,* t. I, p. 148 ; cf. *Congrès de Paris,* p. 216.

9. Lucas, *Voyage,* t. II, p. 159 ; Hamilton, *Researches in Asia Minor,* t. II, p. 286.

10. Exemples dans Mortillet, *Le Préhist.,* p. 432. Bohémiens troglodytes en Espagne, *Tour du Monde,* 1864, p. 405 ; *Zeitschrift für Ethnol.,* 1870, p. 479.

11. Boyd Dawkins, *Die Hœhlen,* p. 1 et suiv.

12. Sur l'antre de la Pythie à Delphes, voir Urlichs, *Reisen,* t. I ; cf. Virgile, *Aen.,* VI, 11, 98. Sur les oracles telluriques en général, cf. Bouché-Leclercq, *Histoire de la divination dans l'antiquité,* t. II, p. 251 et suiv.

res [1], quelquefois l'entrée du monde infernal [2]. Des légendes plus modernes en font les ateliers des *Nutons*, métallurgistes nains analogues aux *trolls* des sagas scandinaves[3]. A cette superstition s'associe l'idée très répandue de trésors cachés dans les cavernes. D'autres fois, on y place le séjour d'esprits malins, fées, gnomes, démons, qui attirent les passants crédules ou avides dans des abîmes d'où ils ne sortiront plus [4].

VIII. *Historique des recherches dans les cavernes* [5]. — L'exploration scientifique des cavernes commence en 1774 avec Esper[6], qui étudia la grotte à *ursus spelaeus* de Gailenreuth en Franconie[7]. Il fut bientôt suivi, sur le même terrain, par les paléontologistes Rosenmüller (1804) et Goldfuss (1810). Buckland, en 1821, fouilla la grotte de Kirkdale en Angleterre ; il y trouva plus de 300 canines d'hyène[8]. La découverte de Kent's hole, près de Torquay, date de 1825 ; le prêtre Mac Enery en commença l'exploration en 1832 et la continua jusqu'en 1841[9]. La grotte de Brixham, découverte en 1858, fournit des preuves de la contemporanéité des hommes et des ani-

---

1. Cf. Porphyre, *De Antro nymph.*, XX, et le *Museo Italiano* de 1888 (cavernes de la Crète). Les temples souterrains sont particulièrement nombreux dans l'Inde ; cf Badin, *Grottes et cavernes*, p. 26 et suiv.

2. Virgile, *Aen.*, VI, 237. Les Persans célèbrent dans les grottes les mystères mithriaques, les Indiens y précipitent des troupeaux entiers en guise d'holocaustes expiatoires (Élien, *De nat. anim.*, XVI, 16).

3. Dupont, *l'Homme*, 2ᵉ éd., p. 241. Plusieurs grottes s'appellent aujourd'hui *Trou des Nutons*. Légendes analogues en Bavière, *Revue d'Anthrop.*, 1889, p. 103.

4. Les noms donnés aux grottes sont significatifs et trahissent les croyances superstitieuses dont elles sont l'objet : *Caune de las Encantadas* (grottes des Sorcières), dans les Pyrénées-Orientales (*Le Préhist.*, p. 430) ; grotte des Fadets, grotte des Fées, grotte d'Enfer, grotte du Diable, grotte du Dragon, grotte des Morts, etc.

5. Cuvier, *Ossements fossiles*, t. IV, p. 291 et suiv. ; Dawkins, *Die Hœhlen*, p. 9.

6. Dès le seizième siècle on avait bouleversé beaucoup de cavernes en Allemagne à la recherche de *l'ebur fossile* ou « licorne fossile », dont les propriétés médicales étaient très vantées. La Baumannshœhle dans le Harz a été décrite en 1662 dans les *Philosophical Transactions*, puis par Leibnitz dans sa *Protogaea* (p. 97), qui s'est aussi occupé de la Einhornshœhle (*Verh. Berl. Ges.*, 1872, p. 254) ; cf. Cuvier, *Ossements fossiles*, t. IV, p. 292. Les cavernes de Hongrie furent explorées après celles du Harz, mais toujours sans méthode (année 1672 et suiv. ; cf. Cuvier, *op. laud.*, t. IV, p. 294).

7. Cuvier, *op. laud.*, t. IV, p. 294-95.

8. Cuvier, *op. laud.*, t. IV, p. 302. Le grand ouvrage de Buckland, *Reliquiae diluvianae*, fut publié en 1823. Voir à ce sujet Evans, *Ages de la pierre*, trad. Barbier, p. 486 et suiv.

9. Les recherches de Mac Enery furent reprises par Godwin Austen (1840), puis par la Société d'histoire naturelle de Torquay (1846, 1863 et suiv.). Cf. Pengelly, *Literature of Kents cavern*, dans les Mémoires de la *Devonshire Association*, 1868-69, 1871, et la bibliographie donnée par Evans, *Ages de la pierre*, trad. franç., p. 488 ; Nadaillac, *Premiers hommes*, t. II, p. 310.

maux quaternaires, déjà affirmée onze ans plus tôt par Boucher de Perthes[1].

En 1829 avaient commencé les beaux travaux de Schmerling dans les cavernes de la province de Liège[2]; il eut pour successeurs Spring, Van Beneden et surtout M. Dupont. Ce dernier explora en sept ans (1864-1871) 60 cavernes ou abris, où il recueillit plus de 40,000 ossements et 80,000 pierres taillées[3].

Les cavernes suisses ont été étudiées par Desor, Favre, Gosse, Heim, Joos, Merk, Rütimeyer, Saussure, Taillefer, Thioly; celles de l'Allemagne[4], par Clessin, Cohausen, Fraas, Fuhlrott, Jæger, Liebe, Nehring, Schaaff-hausen, Schlotheim, Virchow, Zittel; celles de l'Autriche-Hongrie[5], par Loczy, Wankel, Wurmbrand[6]; celles de la Pologne, par Ossowski et Za-wiscza[7]; celles de l'Italie continentale[8], par Botti, Capellini, Catullo, Chie-rici, Gastaldi, Issel, Ponzi, Regnoli, Rivière, Scarabelli, Stoppani; celles de la Sicile[9], par Anca, Andrian, dalla Rosa, Falconer, Hoffmann, Pré-vost; celles de Malte, par Adams[10]; celles de l'Espagne et du Portu-

1. Cf. Evans, *Ages de la pierre*, trad. franç., p. 515 et suiv. Les cavernes anglaises de Victoria près Settle (1838, Dawkins, *Die Hœhlen*, p. 63 et *pass.*), de Wookey près de Wells (1859, Evans, p. 521), de Gower (1861, *ibid.*, p. 524), d'Oyle (*ibid.*, p. 525), etc., ont été l'objet d'explorations méthodiques dues à MM. Boyd Dawkins, Williamson, Wood, Falco-ner, Symonds, etc. En général, cf. Dawkins, *op. laud.*, p. 222 et suiv.; *Matériaux*, t. XIII, p. 194. La première caverne irlandaise où l'on ait recueilli des ossements quaternaires est celle de Shandon (*Transact. of the Royal Irish Academy*, vol. XXVI, 1876).

2. Schmerling, *Recherches sur les ossements fossiles de la province de Liège*, 1833-1840.

3. Dupont, *L'homme*, 2ᵉ éd., p. 22-23. Outre ce bel ouvrage, qui se termine par un ta-bleau synoptique des gisements de l'âge du renne en Belgique, voy. les rapports par-tiels insérés par M. Dupont dans les *Bulletins de l'Acad. royale de Belgique*, 1864-1866 (réunis en un vol., nᵒ 109, à la Bibliothèque du musée de Saint-Germain).

4. Schussenried, Hohlefels, Hohlestein, Wildscheuer, Etterzhausen, Breitenwein, Bils-tein, Bockstein, Balve, Gera, etc. Cf. Rauber, *Urgeschichte des Menschen*, t. I, p. 181-189; Dawkins, *Die Hœhlen*, p. 218; Fuhlrott, *Die Hœhlen und Grotten im Rheinlande und West-falen*, Iserlohn, 1869; Virchow, *Ueber bewohnte Hœhlen der Vorzeit, namentlich der Ein-hornshœhle im Harz*, dans les *Verh. Berl. Ges.*, 1872, p. 25; Schaaffhausen et Cohausen, dans les *Annalen des Vereins für nassauische Alterthumskunde*, t. XV (1879), p. 305 et suiv., t. XVII (1882), p. 73 et suiv. (cavernes de Wildscheuer et de Wildhaus à Steeten); Fraas, *Correspondenzblatt*, 1886, p. 33 (cavernes du Wurtemberg).

5. Cf. *Congrès de Pesth*, p. 33; *Zeitschrift für Ethnol.*, 1881, p. 96.

6. Cf. Rauber, *op. laud.*, t. I, p. 189-192.

7. Cf. *Congrès de Bologne*, p. 121; *Congrès de Lisbonne*, p. 201; *Matériaux*, t. XVII, p. 1; t. XVIII, p. 476.

8. Voir un résumé par Gozzadini, *Congrès de Bologne*, p. 3; cf. *Matériaux*, t. VIII, p. 113, et A. Issel, *Le Caverne ossifere e i loro antichi abitanti*, dans la *Nuova Antologia*, 2ᵉ sér., t. X, XI (1877-1878).

9. Cf. Andrian, *Prœhistorische Studien auf Sicilien*, 1877 (*Verh. Berl. Ges.*, 1877, p. 477); *Matériaux*, t. XIV, p. 255.

10. Dawkins, *op. laud.*, p. 300; cf. *Matériaux*, t. II, p. 242.

gal[1], par Delgado, Santuola, Mac-Pherson, Harlé, Gongora y Martinez ; celles de Gibraltar[2], par Brome, Falconer, Busk ; celles d'Algérie[3], par Milne Edwards, Renou, Bleicher, Bourguignat, etc.[4].

En France[5], les recherches systématiques dans les cavernes commencèrent sous l'impulsion de Cuvier. Les trouvailles des grottes de Fouvent (Haute-Saône)[6] et de Gondenans (Doubs)[7] furent décrites dans les *Ossements fossiles*. Dans la Gironde, Billaudel explora la grotte de Lavison (1826 et 1827) ; dans l'Hérault, Marcel de Serres, Dubreuil et Jeanjean firent des fouilles mémorables dans la grotte de Lunel-Viel[8]. Il faut surtout rappeler ici les recherches de Christol et de Tournal à Pondres, à Souvignargues et à Bize (1829, 1833), celles de Marcel de Serres à Villefranche (Pyrénées-Orientales), Mialet (Gard), Nabrigas (Lozère), Carcassonne (1839-1842), Pontil (1847), etc.[9]. En 1860 se place la publication capitale d'Édouard Lartet sur la grotte d'Aurignac[10] ; en 1863 le même savant commença, avec Henry Christy, la mémorable exploration des grottes du Périgord[11]. Parmi les émules et les successeurs de Lartet, MM. Piette[12], Massénat[13], Frossard[14], Vibraye[15], Peccadeau de

1. Cartailhac, *Âges préhistoriques de l'Espagne et du Portugal*, Paris, 1886 ; cf. *Matériaux*, t. XV, p. 241 ; t. XIX, p. 1 ; Dawkins, *op. laud.*, p. 167.

2. *Congrès de Norwich*, p. 106.

3. Cf. *Matériaux*, t. IV, p. 213, 303 ; t. V, p. 422 ; t. X, p. 193 ; t. XXII, p. 209.

4. Pour les cavernes ossifères des autres parties du monde, on trouvera un aperçu des premières recherches dans Desnoyers, *op. laud.*, p. 46 et suiv. ; cf. Pictet, *Traité*, t. I, p. 140. Un ouvrage d'ensemble fait encore défaut, la partie statistique étant tout à fait insuffisante dans celui de M. Boyd Dawkins.

5. Cf. Dawkins, *Die Hœhlen*, p. 14 ; Desnoyers, art. *Grottes* ; Gervais, *Paléontologie française*, 1859 ; *Nouvelles recherches sur les animaux vertébrés*, 1868-70.

6. Cf. Suchaux, *La Haute-Saône*, t. I, p. 271.

7. Cf. Mortillet, *Le Préhist.*, p. 281 ; Falsan, *Période glaciaire*, p. 260.

8. *Recherches sur les ossements humatiles des cavernes de Lunel-Viel*, 1834.

9. Voir surtout le célèbre ouvrage de Marcel de Serres, *Notice sur les cavernes à ossements du département de l'Aude*, Montpellier, 1839 ; Paul Gervais et Brinckmann, *La caverne de Bize*, 1864.

10. Cf. plus haut, p. 155, note 1. La même année, l'abbé Audierne avait publié : *L'Origine et l'enfance de l'art en Périgord*, Périgueux, 1863 ; en 1864, il donna son utile *Indication générale des grottes du département de la Dordogne*.

11. Cf. plus haut, p. 17.

12. Piette, *La grotte de Gourdan*, dans le *Bull. de la Soc. d'Anthrop.*, 18 avril 1873. M. Piette annonce depuis bien longtemps une publication d'ensemble sur l'art des Troglodytes (*Matériaux*, t. XIX, p. 572).

13. Massénat, *Objets gravés et sculptés de Laugerie-Basse*, Toulouse, 1869.

14. Frossard, *Étude sur une grotte à Bagnères-de-Bigorre*, 2ᵉ éd., Paris, 1880.

15. Cf. plus haut, p. 142 (grotte d'Arcy-sur-Cure). Voir aussi l'importante communication de M. de Vibraye à l'Académie des sciences, le 4 septembre 1865.

l'Isle[1] et Cazalis de Fondouce[2] occupent peut-être les premiers rangs par la variété et l'importance de leurs découvertes : nous donnons en note une liste nombreuse, bien qu'encore incomplète, des autres explorateurs de nos cavernes rangés suivant l'ordre alphabétique[3].

Un catalogue des cavernes habitées ou sépulcrales de la France a été publié en appendice du volume de M. Bertrand, *Archéologie celtique et gauloise* (2e éd., 1889, p. 426)[4]. La présence de *l'homme du renne* a été constatée avec certitude dans les cavernes de 29 départements : l'Allier, les Alpes-Maritimes, l'Ariège, l'Aude, les Bouches-du-Rhône, la Charente, la Côte-d'Or, la Corrèze, la Dordogne, le Finistère, le Gard, la Haute-Garonne, la Gironde, l'Hérault, l'Isère, les Landes, le Loir-et-Cher, le Lot, le Lot-et-Garonne, le Maine-et-Loire, la Mayenne, le Pas-de-Calais, les Hautes-Pyrénées, les Basses-Pyrénées, la Savoie, la Haute-Savoie, le Tarn-et-Garonne, la Vienne, l'Yonne ; une soixantaine de cavernes, dans ces mêmes départements, ont été explorées avec plus ou moins de méthode[5]. Ce qui manque le plus aujourd'hui, c'est un ouvrage d'ensemble sur les cavernes fouillées en France ; malheureusement, les riches collections particulières de l'âge du renne sont encore presque entièrement inédites et soustraites à l'étude[6].

1. Cf. *Matériaux*, t. XIX, p. 63 et suiv. La collection Peccadeau a été achetée en 1887 par le British Museum (*Matériaux*, t. XXII, p. 47).

2. Cazalis de Fondouce, *Les temps préhistoriques dans le sud-est de la France*, Montpellier, 1872.

3. Arcelin, Audierne, Babert de Juillé, Bailleau, Baye, Boule, Bourgeois, Bourguignat, Breuvery, Brinckmann, Brouillet, Brun, Cartailhac, Cérès, Chaplain-Duparc, Cotteau, Dalleau, Delanoue, Delaunay, Desnoyers, Ducrost, Falconet, Ferry, Filhol, Fouquet, Garrigou, Gervais, Grad, Guillabert, Jeanjean, Jouannait, Lalande, L. Lartet, Lastic, Lepic, Longuemar, Lubac, Maillard, L. Martin, A. Milne Edwards, Ollier de Marichard, Noulet, J. et Ph. Parrot, Prévost, Prunières, Rames, Rivière, Rochebrune, Sauvage, Thioly, Toussaint, Trutat, Verneau, Verneuil.

4. C'est la liste rédigée pour le *Dictionnaire archéologique de la Gaule*. Cf. *Revue Archéol.*, 1866, t. I, p. 264 ; *Matériaux*, t. XI, p. 128.

5. Bertrand, *La Gaule avant les Gaulois*, p. 72 ; cf. plus loin, p. 174. Ces listes sont sujettes à de continuelles revisions.

6. Les deux ouvrages capitaux sont toujours les *Reliquiae Aquitanicae* et le volume de Boyd Dawkins intitulé *Cave Hunting* (traduit en allemand sous le titre *Die Hœhlen Europas*, 1876, traduction que nous citons à titre exclusif, parce que l'original anglais est épuisé en librairie). Les *Reliquiae*, réunion confuse de bons matériaux, sont plutôt un magasin qu'un livre ; celui de Boyd Dawkins est très inégal. Il y a d'utiles indications bibliographiques dans le travail, d'ailleurs fort incomplet, de M. Lucante, *Essai géographique sur les cavernes de France et de l'Étranger*, 1880-1882 (cf. *Matériaux*, t. XVII, p. 300). — Voir, en général, Lartet, *Congrès de Paris*, p. 131 et suiv. ; Lartet et Christy, *Revue Archéol.*, 1864, t. I, p. 233 ; Desnoyers, article *Grottes* dans le *Dictionnaire d'histoire naturelle*. La *Géographie universelle* d'Élisée Reclus contient (t. II) une carte de la France

Les conclusions tirées de l'étude des cavernes, en ce qui concerne la succession des couches (faune et industrie), doivent toujours être présentées avec réserve, car ces dépôts sont sujets à de nombreux et profonds remaniements, dus non seulement à l'action des eaux, mais à celle des animaux fouisseurs comme le blaireau et le renard[1]. En outre, l'homme a souvent bouleversé l'intérieur des grottes pour en extraire du salpêtre et des engrais ou, simplement, pour y chercher un asile. Enfin, la superposition de couches distinctes, trop nettement marquée sur les coupes que l'on publie, est souvent, en réalité, beaucoup moins sensible, surtout là où les planchers stalagmitiques font défaut[2].

IX. *Classification adoptée.* — M. de Mortillet a proposé en 1869 une classification chronologique des cavernes-demeures, fondée principalement sur le caractère des outils en pierre et en os qu'on y découvre[3]. Il l'a modifiée depuis en renonçant à l'*époque d'Aurignac,* qu'il avait d'abord admise après celles du Moustier et de Solutré et immédiatement avant celle de la Madelaine[4]. La classification ainsi présentée est commode pour l'étude : elle a été adoptée dans la salle I du musée de Saint-Germain, sauf que le mot *époque*, qui prête à des objections sérieuses[5], a partout été remplacé par le mot *type*.

L'ART DES CHASSEURS DE RENNES[6].

I. Le caractère qui frappe tout d'abord quand on étudie cet art, c'est son isolement dans la suite des temps. On ne voit point de tradition plus ancienne d'où il dérive, ni de tradition plus récente qui lui doive son origine. *Proles sine matre creata, mater sine prole defuncta.* Ce fait est de ceux

préhistorique dressée par M. de Mortillet; on y trouve l'indication des cavernes les plus importantes ainsi que celle des grottes sépulcrales néolithiques.

1. Cf. Mortillet, *Le Préhist.,* p. 432 et suiv.

2. Des instructions détaillées pour l'exploration scientifique des cavernes sont données à la fin de l'ouvrage cité de Dawkins, *Die Hœhlen,* p. 343 et suiv.

3. Mortillet, *Congrès de Copenhague,* p. 190.

4. Mortillet, *Congrès de Bruxelles,* p. 440.

5. Dawkins a fait observer, à l'encontre de la classification chronologique de M. de Mortillet, qu'il n'y a pas plus de différence entre les outils recueillis dans deux grottes paléolithiques qu'entre ceux de deux tribus contemporaines d'Esquimaux actuels (*Die Hœhlen,* p. 280). Voir aussi Quatrefages, *l'Espèce humaine,* p. 237; Cazalis de Fondouce, *Revue d'Anthropologie,* t. III, p. 628.

6. Il n'y a pas de travail d'ensemble sur ce sujet et il serait impossible d'en écrire un aujourd'hui, parce qu'un très grand nombre de documents précieux sont encore inédits dans des collections privées presque inaccessibles. M. Piette annonce depuis quinze ans,

qui s'imposent à l'observation, mais qu'il est encore impossible d'expliquer. Une civilisation où le renne tenait une grande place a paru dans l'Europe occidentale et a disparu ; sa disparition a *peut-être* eu les mêmes causes que l'émigration du renne ; pour l'instant, nous n'en savons pas davantage [1].

A l'époque de la pierre polie, qui fait suite à celle du renne, les arts du dessin sont presque entièrement ignorés dans l'Europe centrale [2] ; ils n'y reparaissent qu'à l'époque des métaux, portés cette fois par des courants civilisateurs venus de l'est dont on retrouve la source en Égypte, en Phénicie, en Chaldée. Nous sommes alors en pleine période historique : depuis longtemps la faune quaternaire s'est effacée en Gaule devant la faune actuelle et le mammouth n'a même pas laissé un souvenir.

II. Quelques auteurs ont essayé, avec plus ou moins de réserves [3], d'expliquer la curieuse floraison de l'*art des cavernes* par des relations

mais n'a pas encore publié, un recueil général des monuments de l'art à cette époque ; M. Massénat a commencé, en 1888, la publication de sa riche collection de Malemort près Brive. Voir Bertrand, *Archéologie celtique et gauloise*, 2ᵉ éd., p. 72 et suiv.; *La Gaule avant les Gaulois*, p. 60 et suiv.; Mortillet, *Revue scientifique*, mars 1877, p. 888, article reproduit dans le *Préhistorique*, p. 411 sqq; *Musée préhistorique*, fig. 93-212; Cartailhac, *Matériaux*, t. XIX, p. 63, 295 ; Nadaillac, *Mœurs et monuments des peuples préhistoriques*, p. 92 ; Ecker, dans l'*Allgemeine Zeitung* de Munich, 30 et 31 oct. 1877, article réédité avec corrections dans l'*Archiv für Anthropologie*, 1879, t. XI, p. 133, résumé et discuté par Schaaffhausen dans les *Bonner Jahrbücher*, t. LXII, p. 140; Chauvet, *Les débuts de la gravure et de la sculpture*, Melle, 1887 (extrait de la *Revue poitevine et saintongeoise*) ; O. Fraas, *Die prähistorischen Bildschnitzereien*, dans la *Zeitschrift für Ethnologie*, 1878, p. 241 ; Wurmbrand, *Anfænge der Kunst*, dans les *Mittheilungen des naturw. Vereins für Steiermark*, 1878. Pour la comparaison de cet art avec celui des sauvages modernes, voir l'ouvrage allemand de R. Andrée, *Les arts du dessin chez les sauvages* (1887), résumé dans les *Matériaux*, t. XXI, p. 98, 395. Le sujet n'a pas été traité dans son ensemble par les auteurs des *Reliquiae Aquitanicae*; il y a pourtant un bon article de Lartet et Christy dans la *Revue Archéologique*, 1864, I, p. 254-267.

1. Cf. Bertrand, *Gaule avant les Gaulois*, p. 75 ; Mortillet, *Rev. scientif.*, 1877, p. 892; Schaaffhausen, *Bonner Jahrbücher*, t. LXII, p. 145.

2. L'hypothèse d'une interdiction fondée sur des idées religieuses (Bertrand, *Revue Archéol.*, 1874, II, p. 157; cf. Plutarque, *Numa*, c. XI) peut être acceptée provisoirement, mais faute seulement d'une explication meilleure. On a signalé d'ailleurs de grossiers bas-reliefs sculptés sur les parois des grottes néolithiques de la Marne (Baye, *L'Archéologie préhistorique*, 1880, pl. I-V) ; deux figures d'un style très analogue ont été découvertes récemment près d'Uzès, sur des dalles de sépultures mégalithiques (*Matériaux*, t. XXII, p. 9, 12, 219, 297) et deux autres ont été signalées dans l'allée couverte de Boury dans l'Oise (Pulligny, *L'Art préhistorique dans l'ouest et notamment en haute Normandie*, Évreux, 1880, pl. III).

3. Ecker, *op. cit.*; Schaaffhausen, *Bonn. Jahrb.*, t. LXII, p. 143, qui revendique pour lui la priorité de cette hypothèse; elle se retrouve, mais très atténuée, dans le livre de M. Bertrand, *La Gaule avant les Gaulois*, p. 86 (la comparaison entre la « Vénus de Vibraye » [*ibid.*, p. 87] et les statuettes égyptiennes ne me semble pas s'imposer) et

très anciennes de la Gaule méridionale avec les peuples méditerranéens. Mais cette hypothèse est de tous points inadmissible ; en effet : 1° un commerce avec les peuples de l'Orient aurait laissé quelques traces dans les cavernes ; 2° les motifs gravés ou sculptés sur bois de renne sont exclusivement locaux et indigènes ; il n'y a rien d'analogue dans le bassin de la Méditerranée ; 3° le style de cet art ne trahit aucunement une inspiration ou une initiation étrangère ; il dérive évidemment, et à titre exclusif, de l'imitation de la nature.

On s'est demandé comment un art si développé pouvait exister dans une société encore sauvage [1]. Mais, d'abord, nous n'avons pas le droit de juger cette société d'après ses vestiges recueillis dans les cavernes ; ceux qui s'y réfugiaient à certains moments pouvaient avoir des cabanes, des maisons de bois ; leur vie en plein air nous est inconnue [2]. En second lieu, on peut faire observer que l'instinct des arts du dessin n'est pas seulement un fruit de la civilisation ; on le trouve, même aujourd'hui, chez des peuplades presque sauvages [3], alors que leurs voisines, non moins sauvages qu'elles, en sont totalement dépourvues.

III. C'est l'imitation naïve, parfois même adroite de la nature, un réalisme sincère, éloigné de toute interprétation symbolique et conventionnelle, qui caractérise *l'art des cavernes* et le fait contraster si vivement avec tous les arts barbares *dérivés* d'arts supérieurs, comme celui des

dans l'*Archéologie celtique et gauloise* du même auteur, 2ᵉ éd., p. 87. Un anonyme (*Bericht über Urgeschichte*, dans la *Vierteljahres-revue der Fortschritte der Naturwissenschaften,* t. III, 1875, p. 7) a « prophétisé » que l'on découvrirait un jour dans quelque caverne du Périgord un objet portant des caractères grecs. La prédiction ne s'est naturellement pas réalisée.

1. Lindenschmit, *Archiv für Anthropologie,* t. III, p. 109 ; Schaaffhausen, *Bonn. Jahrb.,* t. LXII, p. 145.

2. Cf. les justes observations de Cartailhac, *Matériaux,* t. XIX, p. 64, et celles de Leguay, *Bull. de la Société d'Anthropologie,* 1877, p. 293. Leguay va jusqu'à émettre l'idée que les cavernes n'étaient pas, en général du moins, des lieux d'habitation, mais des ateliers où se fabriquaient les ustensiles en os qui étaient échangés et transportés au loin.

3. Par exemple chez les Australiens de la Nouvelle-Guinée (Wallace, cité dans les *Bonner Jahrb.,* t. LXII, p. 146 ; cf. *Verh. Berl. Ges.,* 1885, p. 410). On peut encore alléguer les peintures des Boschimans (Fritsch, *Die Eingeborenen Südafrikas,* Berlin, 1872, p. 126, pl. 50 ; *The Academy,* 1878, n° 316 ; *Verh. Berl. Ges.,* 1879, p. 307) ; leurs sculptures sur rochers (*Matériaux,* t. XIII, pl. VII, p. 446 ; t. XXII, p. 144 ; *Bonn. Jahrb.,* t. LXXII, p. 184) ; les sculptures en bois des nègres (Schweinfurth, *Artes Africanæ,* Leipzig, 1875, pl. VIII, XIV) ; l'hyène sculptée sur un roc du Transvaal (Baer, *Der vorgeschichtliche Mensch,* Leipzig, 1874, p. 147 ; *Zeitschrift für Ethnol.,* 1871, p. I) ; les gravures sur rochers de l'Afrique du Nord (Hadji Mimoun, *Revue d'ethnographie,* t. I, p. 129). Enfin, on a signalé les analogies entre l'art des Troglodytes et celui des Esquimaux actuels

bronzes italo-celtes ou des monnaies gauloises[1]. D'autre part, les qualités de précision et de sobriété qu'on y voit paraître le mettent à une grande hauteur au-dessus des gribouillages d'écoliers, des graffites tracés par des oisifs ignorants ou par des sauvages[2]. C'est déjà de l'art proprement dit, parce que c'est un luxe, et ce luxe s'affirme par la décoration d'objets dont la décoration n'augmente pas l'utilité[3]. Un autre caractère de l'art, que

(cf. Bertrand, *Archéol. celtique et gauloise*, 2ᵉ éd., p. 87 ; *La Gaule avant les Gaulois*, p. 76-82 ; Ecker, *Congrès de Constance*, 1877 et *Archiv für Anthropol.*, t. XI, 1879, p. 133, pl. VII (photographies d'après des gravures sur os des Esquimaux). Les Tchouktches établis le long du détroit de Behring gravent encore des animaux sur bois de renne (*Matériaux*, t. XI, p. 69). Ces rapprochements ont leur prix, bien qu'aucune œuvre d'art hyperboréenne ne soit comparable au renne de Thayngen.

1. Cf. Franks, *Archæologia*, 1880, p. 265 ; *Congrès de Bruxelles*, 1872, p. 518. — Pour apprécier à sa valeur l'art des cavernes, il faut comparer ses productions aux œuvres de peuples moins doués, qui n'ont point su regarder ou n'ont point su voir, tels que les Celtes, les populations préromaines de l'Europe centrale, les conquérants germaniques du cinquième siècle. Sur les monnaies gauloises, sur les plaques historiées de Hallstatt, comme sur les fibules et les boucles franques ou saxonnes, les animaux ne sont souvent que des ornements plus ou moins bizarres, copies de copies où l'étude de la nature vivante n'est pour rien. C'est que le don de l'observation et la volonté de reproduire ce que l'on observe sont loin d'être des qualités banales. L'art est sans doute parti de là, mais il n'est pas resté fidèle à son principe et il n'y revient qu'après une évolution plus ou moins longue. Chez beaucoup de peuples, chez tous même à certaines époques, on dirait que la nature n'est qu'un souvenir ou qu'il n'est pas permis de la regarder en face ; c'est le règne du style de convention, avec ses invraisemblances, sa monotonie et sa raideur, avec sa tendance à la décoration où toutes les formes dégénèrent en fioritures. Ce style domine dans l'Europe du moyen âge et il caractérise encore, à peu d'exceptions près, l'art plutôt barbare que naïf des races pauvrement douées et des enfants.

Dans la sculpture et la gravure des Troglodytes, il n'y a pas trace de convention : c'est un art sincère, primesautier, né, pour ainsi dire, au contact et sous l'impression immédiate de la nature. Une fois cette naïveté dans l'observation disparue, avec l'antique civilisation où elle a fleuri, il faudra de longs siècles pour que l'homme retrouve, cette fois par des efforts accumulés et par une sorte d'émancipation progressive, le sentiment de la réalité plastique et le talent de la faire revivre dans ses œuvres. C'est là un exemple remarquable d'une vicissitude déjà signalée dans d'autres domaines, l'homme revenant par la volonté là où il a d'abord été conduit par l'instinct. — Les réflexions qui précèdent ont été communiquées à l'Académie des Inscriptions lors de la présentation de beaux graffites du deuxième siècle avant notre ère, découverts à Délos par l'auteur de cette *Description* (cf. le *Bulletin de Correspondance Hellénique* de 1889).

2. M. de Mortillet a remarqué avec raison que, « si c'est l'enfance de l'art, ce n'est pas l'art de l'enfant » ; les dessins *à la sauvage* qu'on a présentés comme provenant des cavernes du Poitou (Brouillet et Meillet, *Époques antédiluvienne et celtique du Poitou*, 1864, pl. 20, 21 *bis* ; Berthoud, *L'homme depuis cinq mille ans*, p. 54) sont des supercheries, d'ailleurs très reconnaissables, de Meillet (cf. plus haut, p. 128). Pour des dessins de ce genre, dus à des écoliers, voir le trop célèbre *Manuscrit pictographique américain* ou *Livre des sauvages*, publié par l'abbé Domenech, Paris, 1860.

3. Cf. Perrot et Chipiez, *Histoire de l'art*, t. I, pl. XLIX.

présentent les gravures des cavernes, c'est l'adaptation des accidents de la matière première à l'imitation des êtres vivants et aux nécessités du maniement usuel des objets ornés [1] : on peut citer comme exemple le célèbre « poignard » de Laugerie-Basse [2], dont le manche est ingénieusement sculpté dans un bois de renne à l'imitation de la forme de cet animal.

III. Les œuvres de la série que nous étudions se répartissent en trois classes : gravures ou graffites, bas-reliefs, rondes bosses. Ces dernières sont de beaucoup les moins nombreuses. La matière est la pierre (cailloux de serpentine tendre, plaques schisteuses), les bois de renne, plus rarement les os (omoplates et côtes), très rarement les dents [3], et les bois de cerf. La pierre ne reçoit guère que des graffites ; on a pourtant recueilli trois rennes en ronde bosse et en pierre dans la station de Solutré dont il sera question plus bas. Les sujets représentés sont, en première ligne, les mammifères, notamment le renne et le cheval ; puis les poissons, plus rarement les reptiles et les oiseaux, très rarement les hommes [4]. Le dessin des hommes est beaucoup moins habile que celui des animaux, caractère commun à tous les arts primitifs [5]. On trouve quelquefois des mains rangées à la file et qui sont figurées avec quatre doigts seulement [6]. Les ornements végétaux, feuilles, fleurs, tiges, ne se rencontrent pas souvent, mais on voit en abondance des ornements divers, zigzags, chevrons, lignes se croisant en X, ondulations [7]. La croix, le triangle et le cercle à point central font défaut [8].

1. Lartet et Christy, *Revue Archéol.*, 1864, I, p. 261.

2. *Musée Préhistorique*, fig. 191.

3. *Revue Archéol.*, 1874, I, p. 332 (Sordes) ; *Matériaux*, t. XXII, p. 378 (Mas d'Azil).

4. Cf. *Matériaux*, t. XXII, p. 379. De bons juges croient à l'authenticité d'un bâton de commandement, découvert récemment à la Gorge d'Enfer, qui est décoré de deux phallus divergents réunis par la base (*Revue scientifique*, janvier 1889, p. 57 ; Girod et Massénat, *Les stations de l'âge du renne*, Paris, 1888, pl. I, fig. 3 *a*, 3 *b*). Ce sujet est tellement exceptionnel que le doute reste permis, sinon sur l'authenticité de l'objet, du moins sur l'interprétation des sculptures qu'il porte.

5. Cf. Hartmann, *Thierdarstellungen bei den Natur-Vœlkern* dans les *Verh. Berl. Ges.*, 1877, p. 457.

6. Cf. plus bas, vitrine XXV.

7. *Matériaux*, t. XIX, p. 296.

8. M. Fraas observe avec raison (*Zeischrift für Ethnologie*, 1878, p. 244) que le *style* propre aux artistes des cavernes se montre encore mieux dans leur ornementation que dans la reproduction des formes vivantes. C'est parce que leur burin était un silex que leur décoration se bornait à des lignes très simples ; on pouvait les tracer d'un mouvement continu sans risquer que l'instrument ne glissât sur la surface osseuse. On trouve des trous circulaires, que l'on forait aisément avec un silex, mais les cercles gravés sont rares ; les nervures et les chevrons, qui dominent, sont très faciles à tracer avec une pierre pointue.

Les compositions à plusieurs figures sont en général d'une grande naïveté ; tantôt elles s'enchevêtrent d'une manière presque inintelligible, tantôt elles sont rangées à la file ou superposées avec une monotonie puérile. Il arrive que le même morceau de bois ou d'os a reçu des dessins tout à fait indépendants les uns des autres, mais dont la juxtaposition accidentelle produit des effets bizarres (voir la femme et le renne dans la vitrine XXVI).

Il est tout à fait chimérique, dans l'état actuel de nos connaissances, d'essayer de distinguer plusieurs *écoles* dans l'art des cavernes et il n'est pas exact de poser en principe, comme on l'a fait, la supériorité artistique des Troglodytes des Pyrénées sur ceux du Périgord [1].

IV. La technique de la gravure sur bois de renne a donné lieu à des recherches expérimentales [2]. Il semble que les Troglodytes employaient, en guise de burins, des lames de silex terminées au sommet par un taillant en biseau oblique, c'est-à-dire des couteaux paraissant avoir été cassés ; ils se servaient aussi du grattoir pour creuser avec lenteur le sillon qu'une pointe de silex avait d'abord indiqué [3]. On a pu graver quelquefois avec le grattoir seul, soit tenu directement à la main, soit emmanché à la manière du ciseau néo-zélandais [4]. Il faut renoncer à considérer comme des

---

1. Piette, *Matériaux*, t. IX, p. 75 ; cf. Cartailhac, *ibid.*, t. XIX, p. 73. Ce que l'on peut d'autre part affirmer, c'est l'analogie générale de style entre les produits de l'art des cavernes depuis les Pyrénées jusqu'à la Belgique ; cette considération seule aurait dû retenir les savants qui ont attribué toutes ces œuvres à des faussaires (cf. Fraas, *Zeitschrift für Ethnologie*, 1878, p. 242).

2. Leguay, *Bull. de la Soc. d'Anthropologie*, 19 avril 1877 ; *Association française*, 1882, p. 677 ; Chauvet, *Bull. de la Soc. d'Anthropologie*, 21 mars 1878 ; le même, *Les débuts de la gravure et de la sculpture*, p. 11 ; Mortillet, *Le Préhistorique*, p. 414. Leguay et Chauvet ont fait de nombreux essais de gravure sur os avec des silex. Il est question des expériences de Lartet à ce sujet dans une communication de Leguay, *Assoc. française*, 1882, p. 678. En 1877, au Congrès de Constance, le comte Wurmbrand réussit, dit-on, à copier le renne de Thayngen sur un os frais en se servant d'une pointe en pierre à fusil, réfutant ainsi l'opinion de ceux qui croyaient cette gravure exécutée avec une pointe en métal. Lartet avait d'abord songé à des burins en cristal de roche (*Revue Archéol.*, 1864, I, p. 249). Ajoutons qu'on ne peut graver que sur des os frais ; il est de toute impossibilité, même pour le faussaire le plus habile, de tracer une figure quelconque sur un vieux bois de renne. Cf. Fraas, *Zeitschrift für Ethnologie*, 1878, p. 245. — Une ingénieuse composition d'E. Bayard, intitulée « Les précurseurs de Raphaël et de Michel-Ange, ou la naissance des arts du dessin et de la sculpture à l'époque du renne », a été gravée dans l'ouvrage de Figuier, *L'homme primitif*, Paris, 1870, p. 131.

3. Leguay, *Bull. de la Soc. d'Anthropologie*, 1877, p. 287 ; cf. Mortillet, *Le Préhist.*, p. 414 ; *Musée Préhistorique*, n°* 144-150.

4. Cf. *Association française*, 1882, p. 679. Pour l'emmanchement du ciseau néo-zélandais, voir Evans, *Les âges de la pierre*, trad. franç., fig. à la p. 171.

burins les petits silex pointus ; les expériences de Leguay ont prouvé que leurs pointes se brisaient sans rayer la surface de l'os ou ne donnaient qu'un *sciage* insuffisant[1].

V. La liste suivante contient l'indication des cavernes où l'on a recueilli jusqu'à présent[2] des os façonnés, sculptés ou gravés[3] ; on remarquera combien les stations sont nombreuses dans le Périgord et dans les départements voisins des Pyrénées. Très rares en Belgique, les gravures sur os ne sont encore représentées en Angleterre que par un seul spécimen. Il faut observer aussi que certains instruments, comme les harpons et les « bâtons de commandement », sont très fréquents dans le Périgord et très rares en Belgique[4] ; la civilisation des chasseurs de rennes a varié considérablement suivant les lieux et l'instinct artistique a été très inégalement répandu.

ALLIER. Châtelperron (les Fées)[5].

ARIÈGE. Alliat (la Vache). — Biert (Massat-Inférieure)[6]. — Mas d'Azil[7].

AUDE. Bize. — Gruissan (la Crouzade)[8].

CHARENTE. Vilhonneur (le Placard[9], Rochebertier[10]). — Vouthon (la Chaise[11], Montgaudier[12]).

DORDOGNE. Corgnac[13], Saint-Martin d'Excideuil[14]. — Tayac (Cro-Magnon[15],

1. Chauvet, *Bull. Soc. Anthropol.*, 1878, p. 112.

2. Voir les *addenda* du présent volume.

3. Cf. Bertrand, *Archéol. celtique et gauloise*, 2ᵉ éd., p. 429 ; G. Chauvet, *Les débuts de la gravure et de la sculpture*, Melle, 1887.

4. Cf. Dupont, *L'homme pendant les âges de la pierre*, 2ᵉ éd., p. 117, 120.

5. *Matériaux*, t. V, p. 384 ; Hamy, *Précis*, p. 263.

6. Lartet, *Anuales des sciences nat.*, 4ᵉ sér., t. XV, p. 205 ; *Comptes rendus de l'Acad. des Sciences*, t. XLVI, p. 900 ; *Matériaux*, t. IV, p. 467 ; t. XVII, p. 348.

7. *Matériaux*, t. XXII, p. 378. Beaucoup d'objets de cette provenance, appartenant à M. Piette, sont inédits.

8. Cartailhac, *les Grottes de Bize et de la Crouzade*, dans les *Matériaux*, t. XII, p. 319 et suiv. M. Chauvet, *op. laud.*, p. 14, mentionne la grotte de Larzac dans l'Aveyron ; mais la statuette en jais qu'on y a découverte n'est pas de l'époque du renne (*Matériaux*, t. III, p. 483 ; *Rev. Archéol. du midi de la France*, 1867, fig. 1-4).

9. *Matériaux*, t. XIII, p. 17 ; t. XIV, p. 33 ; t. XVI, p. 229.

10. *Matériaux*, t. IX, p. 6 ; t. X, p. 191.

11. *Revue archéol.*, 1865, II, p. 90, pl. XVII ; *Matériaux*, t. II, p. 156 ; t. III, p. 192 ; t. IV, p. 460 ; Hamy, *Précis*, p. 286.

12. *Comptes rendus de l'Acad. des Sciences*, 29 juillet 1886 ; *Revue archéol.*, 1886, II, p. 924, 363 ; *Revue d'anthropologie*, t. XVII, p. 355 ; Nadaillac, *Mœurs et monuments des peuples préhistoriques*, p. 96, fig. 35.

13. *Matériaux*, t. XXII, p. 47.

14. *Matériaux*, t. VI, p. 472.

15. *Reliquiae Aquitanicae*, B, pl. XII, p. 95.

les Eyzies[1], Gorge d'Enfer[2], Laugerie-Basse[3]). — Tursac (la Madelaine)[4].
— Saint-Cyprien (Pageyral)[5]. — Chancelade (Raymonden)[6].

Le département de la Dordogne a donné le tiers des os gravés et sculptés que l'on possède[7].

Gard. Remoulens (Pont-du-Gard)[8].

Garonne (Haute-). Gourdan[9], Marsoulas[10], Aurignac[11].

Gironde. Marchamps (Grotte des Fées, Jolias)[12].

Isère. Crémieu (Bethnas supérieure)[13].

Landes. Sordes (Duruthy)[14]. — Chalosse, Brassempouy[15].

Lot. Rueyre (Cambous)[16]; grotte de la gare de Conduché (près de Bouziès); grotte de Reilhac (dite de Roussignol).

Mayenne. Thorigné (Cave à Margot)[17].

Puy-de-Dôme. Blanzat[18].

Pyrénées (Basses-). Arudy (Espalungue)[19].

Pyrénées (Hautes-). Bagnères de Bigorre (Aurensan inférieure)[20]. — Lorthet (Lourdes)[21].

Savoie (Haute-). Bossey (Pied-du-Salève[22], Veyrier[23]).

1. *Reliq. Aquitanic.*, p. 170, 248 et *passim*.
2. *Ibid.*, p. 97; B, pl. XIII.
3. *Matériaux*, t. V, p. 348; t. VIII, p. 395; t. XII, p. 1; t. XV, p. 247; t. XIX, p. 64, 297, etc.
4. *Reliquiae Aquitanicae*, p. 168 et *passim*.
5. *Association française*, 1888, p. 239.
6. *Revue scientifique*, janvier 1889, p. 57.
7. Mortillet, *Le Préhistorique*, p. 412.
8. *Matériaux*, t. VII, p. 282; t. XXI, p. 359.
9. *Matériaux*, t. VIII, p. 270; t. IX, p. 53; t. XXI, p. 361. La plupart des découvertes qu'y a faites M. Piette sont encore inédites.
10. *Matériaux*, t. XVIII, p. 477; t. XIX, p. 341.
11. Cf. plus haut, p. 155.
12. *Revue d'anthropol.*, t. III, p. 471; *Matériaux*, t. X, p. 506.
13. *Matériaux*, t. XIX, p. 394.
14. *Matériaux*, t. IX, p. 120, 139 et suiv.
15. *Matériaux*, t. XVI, p. 284.
16. *Revue scientifique*, mars 1888, p. 311; *Matériaux*, t. XXII, p. 390, 428.
17. *Matériaux*, t. X, p. 513; t. XIV, p. 166.
18. *Association française*, 1888, p. 205 (sagaies en corne de renne ornées de quelques hachures).
19. *Matériaux*, t. VIII, p. 446; t. XXI, p. 363.
20. *Matériaux*, t. VI, p. 205; *Congrès de Stockholm*, t. I, p. 20.
21. *Matériaux*, t. XXI, p. 362; *Revue archéol.*, 1874, I, p. 334.
22. *Bulletin de l'Institut génevois*, t. XV; *Matériaux*, t. IV, p. 4, 33, 91; t. XIX, p. 396; *Revue archéol.*, 1868, II, p. 139.
23. *Matériaux*, t. VIII, p. 352; *Association française*, 1873, p. 674.

Tarn-et-Garonne. Bruniquel [1].

Vienne. Savigné (Chaffaud) [2]. — Les Cottes [3].

Yonne. Arcy-sur-Cure (les Fées) [4].

BELGIQUE. Dans la province de Namur : le Trou-du-Sureau [5], Chaleux [6], Goyet [7], le Trou-Magrite [8].

SUISSE. Schaffhouse (Thayngen) [9].

ANGLETERRE. Creswell, dans le Derbyshire [10].

ESPAGNE. Quelques os incisés dans la grotte d'Altamira, avec des aiguilles en os et des harpons [11]. Ces objets sont en bois de cervidés, le renne faisant défaut en Espagne.

VI. *Question de l'authenticité* [12]. — L'autorité qui s'attachait au nom de Lartet ne permit guère de révoquer en doute l'authenticité des os gravés du Périgord ; pourtant, M. Schaaffhausen a plusieurs fois nié celle du mammouth sur ivoire de la Madelaine [13], bien qu'elle soit absolument incontestable [14]. Les premières supercheries de Meillet [15] furent promptement démasquées et ne fournirent point d'arguments au scepticisme des savants de bonne foi. Il n'en fut pas de même de deux pièces fausses, un ours et un renard gravés [16], qui furent communiquées au public [17] comme provenant

1. *Revue Archéol.*, 1868, I, p. 213 ; *Matériaux*, t. XIX, p. 66 et suiv. ; t. XXI, p. 366 ; Owen, *Philos. Transactions*, vol. CLIX, p. 517, 535 ; *Proceedings of the Roy. Soc.*, 9 juin 1864.

2. Cf. plus bas, p. 178.

3. *Matériaux*, t. XVI, p. 102.

4. *Matériaux*, t. III, p. 81, 194 ; t. XX, p. 440. Cf. plus haut, p. 142.

5. Dupont, *L'homme*, 2e éd., p. 77.

6. *Ibid.*, p. 149.

7. *Ibid.*, p. 117 (bâton de commandement).

8. *Ibid.*, p. 93.

9. *Matériaux*, t. XI, p. 96 et suiv.

10. On y a recueilli, en présence de M. Boyd Dawkins, un os gravé portant l'avant-train d'un cheval ; ce dessin a été reproduit dans le *Correspondenzblatt*, 1877, pl. III, fig. 20 ; cf. *Quart. Journ. Geol. Soc.*, août 1877 ; *Bonner Jahrb.*, t. LXII, p. 152 ; *Matériaux*, t. XIII, p. 195, 208 ; *Rev. d'anthropologie*, t. XIII, p. 318 ; *Association française*, 1880, p. 815.

11. Cartailhac, *Ages préhistoriques de l'Espagne*, p. 41 et suiv.

12. Cf. Schaaffhausen et Worsaae, *Congrès de Copenhague*, p. 106, 114.

13. *Musée Préhistorique*, fig. 212.

14. Schaaffhausen, *Congrès de Constance*, septembre 1877 (*Bonner Jahrbücher*, t. LXII, p. 144) ; *Congrès de Pesth*, p. 389, où l'auteur paraît confondre le mammouth en question avec la plaque fausse portant deux mammouths dont il a été question ci-dessus (p. 44, note 1) et dont on peut voir une gravure dans les *Matériaux*, t. IX, p. 34.

15. Cf. plus haut, p. 128, 171.

16. Gravés dans les *Matériaux*, t. XI, p. 112.

17. Merk, *Der Hœhlefund im Kesserloch bei Thayngen*, Zurich, 1875.

de la grotte de Thayngen, peu de temps après la découverte du fameux renne (5 janvier 1874). M. Lindenschmit ayant démontré que ces gravures étaient copiées sur les images d'un album d'histoire naturelle (*Menagerie*) fort répandu en Allemagne[1], il partit de là pour nier l'authenticité de tous les monuments analogues, y compris le célèbre renne broutant[2]. C'est en vain que M. Merk annonça bientôt l'arrestation du faussaire, auteur des deux pièces supposées, qui fut traduit devant les tribunaux suisses et condamné[3]; en vain M. Fraas observa que les deux pièces fausses étaient seules gravées sur os, et non pas incisées sur bois de renne[4]. M. Lindenschmit se retrancha dans son scepticisme et riposta vivement aux attaques de la Société des Antiquaires de Zurich[5]. La question fut portée devant un congrès d'anthropologistes allemands à Constance (septembre 1877)[6]; les auteurs des découvertes de Thayngen vinrent y donner d'excellentes explications, qui impressionnèrent favorablement l'assistance. M. de Bonstetten, qui s'était associé à M. Lindenschmit, affirma que le renne n'avait pu être gravé qu'à l'aide d'outils métalliques[7]; ce à quoi le comte Wurmbrand répliqua victorieusement en copiant le renne de Thayngen sur un os frais à l'aide d'une pierre à fusil. L'assemblée ne crut pas devoir procéder à un vote, et M. Lindenschmit persévéra dans un scepticisme où il a trouvé depuis peu d'imitateurs[8].

1. Lindenschmit, *Archiv für Anthropologie*, t. IX, p. 173. Zittel exprima la même opinion au Congrès des anthropologistes allemands tenu à Iéna (1876). Cf. *Matériaux*, t. XII, p. 140.

2. M. de Cohausen, à l'exemple de M. Lindenschmit, contesta l'authenticité des gravures découvertes à Laugerie-Basse par l'abbé Landesque, et communiquées au *Congrès archéologique* de France en 1874 (*Congrès des anthropologistes allemands* à Wiesbaden, 26 septembre 1876). M. Voss a fait de même en 1881 (*Zeitschrift für Ethnologie*, 1881, p. 116), prouvant ainsi qu'il connaissait mal les objets qu'il déclarait apocryphes.

3. *Archiv für Anthropologie*, t. IX, p. 269.

4. *Bonner Jahrbücher*, t. LXII, p. 150.

5. *Antiq. Gesellschaft in Zurich*, mai 1877; Lindenschmit, *Archiv für Anthropologie*, t. X, p. 323.

6. Cf. *Correspondenzblatt*, 1877, p. 77 et suiv.; *Bonner Jahrbücher*, t. LXI, p. 164; *Matériaux*, t. XIII, p. 115; *Revue d'Anthropologie*, t. VIII, p. 346.

7. Cf. *Bonner Jahrbücher*, t. LXII, p. 142.

8. M. Fraas a dit que les objections mêmes de M. Ecker avaient contribué à l'affermir dans sa croyance à l'authenticité des gravures de l'âge du renne (*Zeitschrift für Ethnologie*, 1878, p. 242). Au Congrès de Hambourg, en 1878, M. Fraas démontra, contre M. Ecker, l'authenticité du dessin d'ovibos trouvé à Thayngen (*Matériaux*, t. XIV, p. 55; voir la gravure dans les *Matériaux*, t. XI, p. 111). M. Virchow a de même admis l'authenticité de tous les dessins, sauf, bien entendu, de l'ours et du renard (*Bonner Jahrbücher*, t. LXI, p. 160; cf. *ibid.*, t. LXII, p. 164).

Pour trancher en principe, dans le sens de l'affirmative, cette question de l'authenticité qui a soulevé des polémiques si violentes[1], il suffirait de rappeler l'os gravé de la vitrine XXII (n° 30361), découvert dans la grotte du Chaffaud, entre 1834 et 1845[2], par Brouillet père, alors notaire à Charroux. Personne, à cette époque, ne soupçonnait l'existence d'un art contemporain du renne, puisque la contemporanéité du renne et de l'homme n'était pas encore établie. Aussi l'os en question ne fut-il guère remarqué ; on le prit pour un morceau de corne ou de côte, alors que c'est la partie supérieure externe du canon droit de derrière d'un renne adulte. Longuemar vit cet os à Charroux en 1845[3] ; en 1851, l'architecte Joly-Leterme le déposa au musée de Cluny, sur la demande de Brouillet père[4]. Les catalogues successifs de ce musée décrivent l'os gravé du Chaffaud d'une manière confuse et très inexacte. Ce n'est qu'en 1869, au congrès de Copenhague, que Worsaae appela l'attention des savants sur cet objet, dont il avait reçu en 1853 un croquis de Mérimée ; il a été de nouveau signalé et étudié lors de la translation au musée de Saint-Germain des objets préhistoriques possédés par le musée de Cluny[5].

En résumé, on peut encore contester l'authenticité de telle ou telle gravure ou sculpture sur bois de renne, mais l'antiquité de l'art des cavernes et l'existence même de cet art sont désormais des faits hors de doute aux yeux des gens informés et impartiaux.

---

1. Polémiques où la gallophobie eut sa part ; ainsi M. Schaaffhausen, l'avocat de l'influence grecque et orientale, dénonça la vanité de nos compatriotes, coupables d'attribuer aux *Rennthierfranzosen* un instinct de l'art déjà si développé (*Bonner Jahrbücher*, t. LXII, p. 143).

2. La date est incertaine ; Brouillet fils indique plutôt 1845 (*Époques antéhist. du Poitou*, p. 31).

3. Cf. Longuemar, *Rapport présenté à la Société des antiquaires de l'Ouest sur une exploration méthodique des grottes du Chaffaud*, p. 2 du tirage à part.

4. C'est par erreur que la découverte de cet objet a été souvent attribuée à Joly-Leterme, qui n'y a contribué en aucune manière.

5. Cf. Brouillet, *Époques antéhistoriques du Poitou*, p. 31 ; Longuemar, *Exploration méthodique des grottes du Chaffaud*, Paris, 1868 (extrait du *Compte rendu de la Réunion des Soc. savantes*), p. 10 du tirage à part et pl. IX ; du même, *Rapport présenté à la Société des antiquaires de l'Ouest*, p. 2 du tirage à part et pl. V, fig. 31 ; Leguay, *Bulletin de la Société d'Anthropologie*, 1877, p. 283 ; Chauvet, *Les débuts de la gravure et de la sculpture*, p. 8 ; *Congrès de Copenhague*, p. 114, 133 ; *Association française*, 1882, p. 679 ; *L'Homme*, 25 novembre 1885 ; Bertrand, *Comptes rendus de l'Académie des Inscriptions*, 1887 p. 221-225.

VITRINE XVI.

Cavernes. Types du Moustier.

Parmi les silex taillés des cavernes, on rencontre quelques haches du type de Saint-Acheul, mais on trouve aussi, et en bien plus grand nombre, des pointes retaillées finement d'un seul côté[1], des lames et des racloirs qui caractérisent l'industrie dite *du Moustier*.

A[2]. — Silex de petites dimensions, taillés en pointes diverses, couteaux, lames, scies, disques, racloirs[3], provenant de la station de Chez-Pouré près de Brive[4]. Remarquez (15125, 15126, 17135) quatre racloirs en jaspe, du type du Moustier; à droite, quelques belles pointes en quartz laiteux ou de filon et en quartz hyalin (cristal de roche), qui ont probablement été recherchées

1. Pour ces pointes, cf. Broca, *Association française,* 1872, p. 1207 : « Cet instrument, qu'on fixait au bout d'une grosse lance [?], présente un contour extérieur peu différent de celui de la hache de Saint-Acheul, si ce n'est qu'il est généralement un peu plus pointu; mais ce qui le distingue tout à fait, c'est qu'il n'est taillé que sur une de ses faces; l'autre face a été enlevée d'un seul éclat et n'a pas été retouchée. Il n'est donc pas biconvexe, comme le précédent [type de Saint-Acheul], mais plano-convexe et par conséquent deux fois moins épais. » Les pointes moustériennes se rencontrent déjà dans les alluvions (cf. plus haut, p. 95, note 1); on les a signalées dans presque toute l'Europe, en Syrie, dans l'Afrique du Nord, etc. Cf. Mortillet, *Le Préhist.,* p. 252 et suiv. — M. de Mortillet a nié, contrairement à Broca, que les instruments moustériens fussent emmanchés (*ibid.,* p. 257).

2. Donateurs : Lalande, Massénat.

3. Instrument « dont la partie restée brute peut être aisément tenue en main, » dont « le tranchant allongé en courbe peu sensible est soigneusement taillé en biseau, tantôt simple, tantôt double. » (Lartet et Christy, dans l'*Appendice* à l'*Ancienneté* de Lyell, p. 142.) Cf. Mortillet, *Le Préhist.,* p. 258, 260.

4. Ph. Lalande, *Monographie des grottes à silex des environs de Brive,* Montauban, 1867 ; *Mémoire sur les grottes des environs de Brive,* dans le *Moniteur de l'Archéologue,* Montauban, 1er mars 1867, p. 261-274 ; *Matériaux,* t. IV, p. 185, 456 ; t. V, p. 458 et pl. 29 (excellente réunion de spécimens), p. 459 (fig. 41) ; Hamy, *Précis,* p. 227 ; Mortillet, *Le Préhistorique,* p. 259 et suiv., *Musée Préhistorique,* fig. 59, 68, 69, 75 ; *Dictionnaire archéol. de la Gaule,* t. I, p. 202. « Les silex de Chez-Pouré offrent une intéressante analogie avec ceux du Moustier, et cette identité peut seule aider à établir la contemporanéité [?] de ces deux stations, celle de Chez-Pouré n'ayant point fourni d'ossements. Ses premiers possesseurs s'étaient installés sur un point assez élevé, à l'extrémité supérieure d'un vallon

comme ornements[1]. Les pièces de la station de Chez-Pouré sont généralement de petites dimensions, parce que le silex de la région ne se présente pas en gros morceaux[2].

II[3]. — Objets provenant de la grotte du Moustier (I). Sur la tranche, molaire de cheval, dent de renne, lamelle d'une molaire de mammouth, dent de *bos primigenius.*

A gauche, deux fragments de brèche empâtant des silex et des ossements. Les outils en os et en corne font absolument défaut; les ossements d'animaux sont eux-mêmes assez rares (II).

Quelques-unes des pointes sont très habilement taillées, p. ex. 3320

Fig. 53. — N° 7052.
H. 0ᵐ,065. — Moustier.

Fig. 54. — N° 20083.
H. 0ᵐ,10. — Moustier.

Fig. 55. — N° 3320.
H. 0ᵐ,075. — Moustier.

Fig. 56. — N° 7057. —H. 0ᵐ,065. — Moustier.

(fig. 55[4]), 3323, 7047, 7052 (fig. 53), 20083 (fig. 54); il y a aussi des haches du type de Saint-Acheul[5] (3307, grand spécimen avec talon; 3314, 11305,

s'ouvrant sur la rive droite de la Corrèze; des rochers les mettaient à l'abri du côté du nord. Là, dans un terrain meuble formé de la désagrégation des grès sous-jacents, nous avons trouvé, M. Élie Massénat et moi, des pointes de lance en silex à base arrondie et parfois rectiligne (une seule avait vraiment la forme d'une feuille); elles sont taillées avec soin, mais toujours sur une seule face; les racloirs, en partie bruts, ont été recourbés suivant un arc de cercle plus ou moins ouvert. Nous possédons des pointes et des racloirs, venant du Moustier, qu'il serait facile de confondre avec ceux de Chez-Pouré. »
(Ph. Lalande, *Congrès de Copenhague,* p. 35.) Les couteaux sont rares dans cette station.

1. Sur le quartz hyalin, cf. *Musée Fol*, Genève, 2ᵉ partie, p. 18 et suiv.

2. Mortillet, *Le Préhist.,* p. 260, 261.

3. Donateurs : Lartet, Christy, Reverdit, Peccadeau.

4. *Dict. de la Gaule, Moustier,* fig. 3.

5. Cf. Lartet et Christy, *Revue Archéol.,* 1864, I, p. 238.

7055; 22024, petite hache avec pointe finement taillée, ayant pu servir de perçoir), de nombreux racloirs (3308, très grand spécimen; 3309, 3312, 7057 (fig. 55[1]), 7058, 7060, 7164, 20085[2], 22021), des lames ou couteaux, tantôt retaillés en scies, tantôt pointus, quelques disques (22023), *nuclei* (3310, 3311), percuteurs (cailloux roulés de quartz, 8145, 22018).

Sur la droite de la vitrine, os de renne, de cerf, de cheval, de *bos primigenius* trouvés dans la caverne.

I. La station du Moustier est située sur la rive droite de la Vézère, à 200 mètres de la rivière et à 24 mètres au-dessus de son niveau. Fouillée en 1863 par Lartet et Christy, elle a été explorée depuis par MM. Massénat, Peccadeau de l'Isle, Reverdit, Hardy, etc.[3]

II. Le renne est assez rare au Moustier[4]; il y a quelques restes d'hyène des cavernes et, à la surface, un assez grand nombre d'os de lapin[5]. On n'a trouvé aucun os de poisson ni d'oiseau, mais il est téméraire de conclure de là, comme l'a fait Broca[6], que les habitants du Moustier s'attaquassent exclusivement aux grands animaux.

VITRINE XVII.

OSSEMENTS D'ANIMAUX D'ESPÈCES ÉTEINTES OU ÉMIGRÉES, ASSOCIÉS A DES SILEX TRAVAILLÉS DANS LES ALLUVIONS QUATERNAIRES ET LES CAVERNES.

En haut, magnifique tête de grand cerf d'Irlande[7] (6517); provenance irlandaise.

1. *Dict. de la Gaule, Moustier,* fig. 4.

2. *Musée Préhist.,* fig. 82.

3. Voir la carte des stations de la Vézère dans Hamy, *Précis,* p. 224; Broca, *Association française,* 1872, p. 1212. Plan de la caverne, *Reliquiae Aquitanicae,* p. 3, 166, pl. I (vue). Riche série d'instruments en pierre gravés dans le même ouvrage, A, pl. III, p. 6, pl. V, p. 17; pl. XII, p. 39, pl. XVII, p. 78, pl. XXV, p. 114, pl. XXVII, p. 117, pl. XXVIII, p. 119; pl. XXXVIII, XXXIV, p. 171; pl. XL, p. 173; Mortillet, *Musée Préhist.,* fig. 67, 74, 78, 81-84; *Congrès de Bruxelles,* pl. 19, 20 (spécimens choisis, bien gravés). Cf. Lartet et Christy, *Revue Archéol.,* 1864, I, p. 238 (réimprimé dans l'*Appendice* à l'*Ancienneté* de Lyell, p. 141); Broca, *Assoc. française,* p. 1211, 1213 (description brillante où la fantaisie tient trop de place); Hamy, *Précis,* p. 225.

4. « La principale nourriture de l'homme, à cette époque, c'était le cheval, puis l'aurochs; le renne ne venait qu'en troisième ligne. » (Broca, *Assoc. française,* 1872, p. 1214.)

5. Lartet et Christy, *Revue Archéol.,* 1864, t. I, p. 238.

6. Broca, *Assoc. française,* 1872, p. 1214.

7. Cf. p. 51. Hauteur de la tête, 0^m,55; largeur, 0^m,25; longueur des ramures, 2^m,60.

A. — Tête de bos primigenius[*]; Stradella, dans le Piémont; musée de Turin. — Têtes de grand ours et de felis spelaea[*]; grotte de Lherm [1]; collection Filhol [2]. — Tête de rhinoceros tichorhinus[*]; Sibérie[3]; collection du Muséum.

B. — Mâchoire inférieure d'elephas intermedius[*] [4]; montée de Choulans à Lyon. — Défense de mammouth; grotte des Fées à Châtelperron [5]. — Molaires supérieures de mammouth[*], provenant l'une du lit de la Seille, l'autre du ruisseau de Rochecardon (Rhône). — Mâchoire inférieure de mammouth[*]; Pont-de-Vaux (Ain).

VITRINE XVIII.

CAVERNES, TYPES DU MOUSTIER. REPAIRES D'ANIMAUX FÉROCES.

A. [6] — 5 boules en calcaire provenant du Ménieux, commune d'Edon [7], et de la Quina (Charente) [8].

Racloirs et lames en silex des mêmes provenances. Pointes moustériennes de la Quina, éclats en silex du type dit de Levallois, provenant des ballastières de Montières près d'Amiens. Remarquez le conchoïde de percussion du n° 27056 (Montières).

B. [9] — Silex taillés et ossements provenant du Trou-du-Renard (grotte de Soyons. A gauche, pointes et racloirs en quartz laiteux; (18310) silex taillé engagé dans la stalactite; disques, lames, racloirs, scies à encoche (18322,

1. Noulet, *Étude sur la caverne de l'Herm*, Toulouse, 1874 ; Garrigou, *Bull. Soc. Géol.*, 13 avril 1863; cf. *Matériaux*, t. X, p. 1; *Bull. de la Société des Sciences physiques et naturelles de Toulouse*, 1879.

2. Cf. p. 46 et 47.

3. Cf. p. 45.

4. Type créé par Jourdan de Lyon ; c'est une variété de l'*elephas antiquus*. Cf. Mortillet, *Le Préhist.*, p. 200, et plus haut, p. 41.

5. Don de MM. Collas et Bailleau. — Cf. *Matériaux*, t. III, p. 192; t. V, p. 384; Hamy, *Précis*, p. 263.

6. Donateurs : Chauvet et Lecoq.

7. Station dite *Caves de Gavechon*. Cf. Chauvet, *Association française*, 1872, p. 734, qui se demande si les boules en calcaire seraient des « boules de jeu »; le même, *Boules et pierres de jet dans les dépôts quaternaires*, Angoulême, 1887; *Bulletin de la Société archéologique et historique de la Charente*, t. VI, 1883; Mortillet, *Le Préhist.*, p. 371.

8. *Matériaux*, t. XVII, p. 536; t. XXII, p. 145, 512; *Association française*, 1882, p. 601 (Chauvet); *ibid.*, 1887, p. 501; *Revue scientifique*, 3 mars 1888, p. 272 (E. Rivière).

9. Donateurs : Lepic et Lubac.

18323); (18326) racloir-scie en silex opalin. Tous ces objets sont de petites dimensions, sauf quelques racloirs et un disque (18320).

A droite, fragment d'omoplate de bœuf; molaire de rhinocéros; phalange de renne; molaires supérieures de grand cerf; molaires de cheval; fragment de mâchoire de cochon; fragment de défense de sanglier; moitié de mâchoire et canine de renard; incisive d'ours.

Collection d'os brisés pour en extraire la moelle, suivant un usage encore répandu chez les Esquimaux [1].

Tout à droite, débris d'une poterie épaisse et grossière faite à la main; elle appartient à l'époque néolithique [2].

I. Les grottes de Soyons [3] sont au nombre de cinq et portent les noms suivants : *Néron, les Enfants, la Double-Borne* (n°s 3 et 4), *Trou-Roland.* Les ouvertures des deux grottes appelées *la Double-Borne* sont dites *Trou-du-Mouton* et *Trou-du-Renard.* L'intérieur de cette dernière grotte présente les marques d'un profond remaniement ; la faune comprend le rhinocéros, le mammouth, le cheval (un spécimen d'une race très petite), le renne, le cerf, le bœuf, le tigre, le sanglier, l'hyène, l'ours, etc. [4]. Habitée par l'homme à l'époque du renne, elle l'a été également à l'époque de la pierre polie et des métaux ; les animaux carnassiers n'ont pas cessé de la fréquenter jusqu'à nos jours. L'industrie est celle du Moustier, sans mélange des types de Saint-Acheul; on ne rencontre pas d'os travaillés.

Sur un piédestal de bois, géode naturelle en grès quartzeux, paraissant avoir subi l'action du feu sur un côté, comme si elle avait servi de vase culinaire (la Madelaine; don Lartet) [5].

1. *Congrès de Bruxelles,* p. 206 ; *Congrès de Bologne,* p. 305, etc.

2. Cf. Lepic et Lubac, *Stations préhistoriques,* p. 10, 22.

3. Lepic et Lubac, *Stations préhistoriques de la vallée du Rhône, en Vivarais, à Châteaubourg et à Soyons,* Chambéry, 1872 ; cf. *Matériaux,* t. VII, p. 148, 430 ; *Association française,* 1873, p. 663 ; *Congrès de Lisbonne,* p. 195 ; Mortillet, *Le Préhistorique,* p. 255. 280 ; *Musée Préhistorique,* fig. 70, 72, 76, 85, 86, 448.

4. *Congrès de Lisbonne,* p. 195 ; Lepic et Lubac, *op. laud.,* p. 22.

5. Mortillet, *Promenades,* p. 120 ; L. Figuier, *L'homme primitif,* 1870, p. 125, fig. 62 ; cf. Lartet et Christy, *Reliquiae Aquitanicae,* p. 23, 59 (pierres creuses analogues ayant pu servir de mortiers); *Congrès de Paris,* p. 151 (spongites ayant servi de vases); *Revue archéol.,* 1867, II, p. 143 (vases en pierre volcanique, à Amorgos).

VITRINE XIX [1].

Collection de petits silex, lames, pointes et éclats, avec quelques *nuclei*, provenant de Saint-Quay-Portrieux [2] et de Badegols [3] (23858, 23859, 23360). — 5 haches acheuléennes de Saint-Mards-en-Othe [4]; éclats moustériens, dont un très grand (23861), de même provenance. — (26562) Silex taillé de forme ovoïde provenant de Crécy-Couvé (Eure-et-Loir) [5]; type Levallois [6]. — Lames et pointes moustériennes de même provenance. — (36268) Hache chelléenne d'Allonne près Beauvais. — (23828, 23820) Haches acheuléennes de Wailly, dans le Pas-de-Calais. — Pointes, scies, racloirs et éclats des stations de Chez-Pouré [7], Lussac-les-Châteaux [8], Sauvigny-les-Bois [9]. — (22797) Pointe en jaspe de Chez-Pouré. — (22856) *Nucleus* de Saint-Antoine d'Auberoche [10]; autre *nucleus* de l'abri de la Chèvre à Thorigné [11]. — Six pointes et racloirs en quartz laiteux provenant de Chez-Pouré; (22618) petite hache chelléenne de même provenance. — Petit os à deux pointes de Lussac-les-Châteaux.

VITRINE XX [12].

ABRI DE CRO-MAGNON.

En haut, front de cerf ordinaire provenant des tourbières de la Somme près d'Abbeville.

---

1. Donateurs : Haret, Guégan, Fenet, Linas, Massénat, Mortillet, Jacquinot, Lamberterie, Demaire.

2. Silex recueillis sur la plage du Portrieux à Saint-Quay par M. Tilly-Henaf; ils sont battus par les vagues et très altérés. Cf. Mortillet, *Le Préhist.*, p. 271.

3. Audierne, *De l'origine et de l'enfance des arts en Périgord*, 1863, p. 18; *Reliquiae Aquitanicae*, p. 164; *Congrès de Copenhague*, p. 87; Mortillet, *Le Préhist.*, p. 365.

4. Salmon, *Dictionnaire paléontologique de l'Aube*, p. 157; *Musée Préhist.*, n° 304.

5. Station dite *de la Hutte*; cf. Mortillet, *Le Préhist.*, p. 271; Guégan, *Manuscrit à la Bibliothèque du Musée de Saint-Germain*.

6. Nom donné aux grands éclats de ce genre par Reboux; cf. Mortillet, *Le Préhist.*, p. 256.

7. Cf. plus haut, p. 179, note 4.

8. Brouillet, *Époques antéhistoriques du Poitou*, p. 45.

9. *Congrès de Pesth*, p. 63, 76, 77; *Bull. Soc. Anthrop.*, 1877, p. 369.

10. Gisement du plateau du Cros (Dordogne). Cf. Bosredon, *Nomenclature des monuments et gisements dans la Dordogne*, Périgueux, 1877, p. 22.

11. *Matériaux*, t. XI, p. 164, 284, 289; t. XIV, p. 166.

12. Dons du ministère de l'Instruction publique.

1° et 2° Silex divers (lames, éclats, pointes, perçoirs, grattoirs), trouvés dans l'abri de Cro-Magnon [1] (I).

3° Crâne de femme* portant la trace d'une large blessure à droite [2]; crâne de vieillard* (fig. 58), remarquable par sa vigoureuse conformation [3]; crâne d'homme mur* [4]. Les originaux appartiennent au Muséum (II).

4° Fémur*, tibia*, péroné*, humérus* et cubitus* du vieillard de Cro-

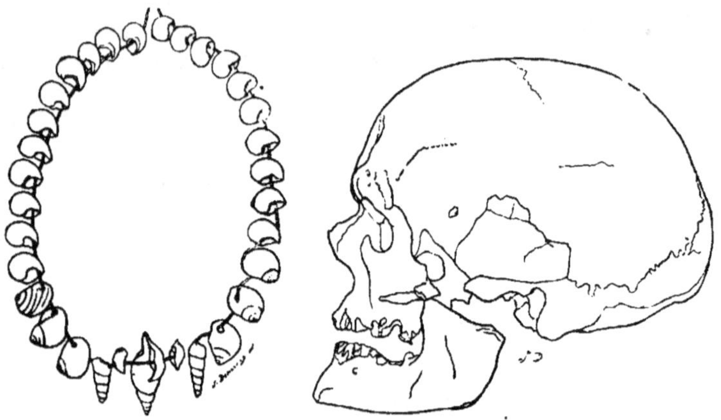

Fig. 57. — N° 8682.
H. 0ᵐ,23. — Cro-Magnon.

Fig. 58. — N° 9184.
H. 0ᵐ,194. — Cro-Magnon.

Magnon. L'un des fémurs du vieillard présente une ancienne dépression due, selon Broca, à l'action d'un projectile [5]. Originaux au Muséum [6] (III).

1. Cf. *Reliquiae Aquitanicae,* A, pl. XIX, XX, p. 82, 85. Les types ressemblent à ceux de la Madelaine ; postérieurement aux premières fouilles, on a trouvé une pointe de lance du type de Solutré (*Rev. d'Anthropologie,* t. XV, p. 461).

2. Gravures : *Reliquiae Aquitanicae,* C, pl. V ; *Revue d'Anthropologie,* t. II, p. 16 ; *Association française,* 1872, p. 1234 ; Quatrefages et Hamy, *Crania Ethnica,* p. 81. D'après Broca (*Bull. de la Soc. d'Anthrop.,* 1868, p. 326), la femme aurait survécu quinze ou vingt jours à sa blessure, produite vraisemblablement par une arme en silex. — Indice céphalique, 71, 72.

3. Gravures : *Reliquiae Aquitanicae,* C, pl. I ; *Revue d'Anthropologie,* t. II, p. 16 : *Association française,* 1872, p. 1235, 1236 ; Quatrefages et Hamy, *Crania Ethnica,* pl. III, IV, V, fig. 48, 49 ; Quatrefages, *Introduction à l'étude des races humaines,* p. 67, fig. 53 ; p. 68, fig. 54 ; Mortillet, *Musée Préhistorique,* fig. 223, 223 *bis* ; Nadaillac, *Premiers hommes,* t. I, p. 179, fig. 70 ; Alsberg, *Anthropologie,* p. 73, etc. La capacité de ce crâne a été évaluée par Broca à 1,590 c. c. (*Bull. de la Soc. d'Anthropologie,* 1868, p. 372). — Indice céphalique, 73, 76.

4. *Reliquiae Aquitanicae,* C, pl. III, IV ; Quatrefages et Hamy, *Crania Ethnica,* p. 50. — Indice céphalique, 74, 75.

5. Broca, *Bull. de la Soc. d'Anthrop.,* 1868, p. 354.

6. Voir *Reliquiae Aquitanicae,* C, pl. VI, p. 80 et suiv., p. 101 et suiv.; Broca, *Bull. de la*

5º Lissoir en os, bout d'andouiller de renne; poinçons en os, dont l'un est muni d'un trou de suspension [1]; os avec entailles régulières en haut et en bas [2]; collier de coquilles marines [3] perforées (fig. 57), trouvé au cou de l'un des squelettes [4]. — Pointe de flèche en bois de renne, à base fendue; trois poinçons ou pointes de flèche [5].

6º Bases de bois de cerf et de renne; andouiller d'un bois de renne; fragment de mâchoire et calcanéum d'un renne; défense de sanglier; phalange d'ours; dents d'aurochs et de cheval.

I. Abri de Cro-Magnon (Tayac, Dordogne). — Cette station [6], située à 880 mètres au nord-ouest du village des Eyzies et à 177 mètres de la

Soc. d'Anthrop., 1868, p. 387; le même, *Association française*, 1872, p. 1283; Hamy, *Précis*, p. 278.

1. Cf. *Reliquiae Aquitanicae*, p. 70. On a signalé à Cro-Magnon trois pendeloques de ce genre, avec des dents perforées. Les objets en os de Cro-Magnon sont gravés dans les *Reliquiae*, B, pl. XII; cf. *Matériaux*, t. V, p. 104, pl. 4.

2. *Reliquiae*, B, pl. XII, nº 10; *Matériaux*, t. V, pl. 4, nº 7.

3. *Littorina littorea*, coquille de l'Atlantique. Ces littorines, ainsi placées auprès des morts, se retrouvent à Laugerie-Basse, à Gourdan, à Bize, aux Baoussé-Roussé, dans les Kjoekkenmœddings danois et dans les *tumuli* de l'Irlande (*Revue d'Anthropologie*, t. XV, p. 462). Cf. *Reliquiae Aquitanicae*, p. 70; Fischer, *Bull. Soc. Anthrop.*, 1876, p. 181; Toussaint et Ducrost, *Association française*, 1873, p. 599; *Matériaux*, t. III, p. 196; t. VII, p. 233; t. XI, p. 482; t. XXII, p. 53, 57; *Congrès de Norwich*, p. 208, 211; *Congrès de Bruxelles*, p. 168, 174; *Congrès de Stockholm*, p. 626, 798; *Congrès de Pesth*, p. 446; *Verh. Berl. Ges.*, 1884, p. 400, 401, 581; *Zeitschrift für Ethnol.*, 1872, p. 21; 1873, p. 191; *Bull. Paletnol. ital.*, 1888, fasc. VII-VIII. On s'est demandé si ces coquilles ont été transportées pour servir seulement de parures ou si elles ont aussi été employées comme monnaies. — Plus de trois cents coquilles marines perforées, appartenant presque exclusivement à la variété des littorines, gisaient au milieu des débris humains sous le rocher de Cro-Magnon (*Bull. Soc. Anthrop.*, 1868, p. 346).

4. Gravures du collier : *Reliquiae Aquitanicae*, B, pl. XI; *Matériaux*, t. V, pl. 4; Nadaillac, *Premiers hommes*, t. I, p. 177, fig. 68.

5. *Reliquiae*, B, pl. XII.

6. Pruner-Bey, L. Lartet, Broca, Quatrefages, E. Lartet, dans les *Reliquiae aquitanicae*, p. 62-72, 72-93, 93-96, 97-127; L. Lartet, Broca, etc., dans le *Bulletin de la Société d'Anthropologie*, 1868, p. 335 et suiv.; L. Lartet, *Annales des sciences naturelles*, 5e série, t. X, p. 132-145; Broca, *Association française*, 1872, p. 1282-1237; Ecker, *Die Hœhlenbewohner der Rennthierzeit von les Eyzies (Hœhle von Cro-Magnon)*, dans l'*Archiv für Anthropologie*, t. IV, p. 109-125 (avec fig.); M. Alsberg, *Anthropologie*, Stuttgart, 1888, p. 73 et suiv.; Dawkins, *Die Hœhlen*, p. 138, 199-203; Cartailhac, *Revue d'Anthropologie*, t. XV, p. 460 et suiv.; Hamy, *Précis*, p. 265; Mortillet, *Le Préhist.*, p. 472; Nadaillac, *Premiers hommes*, t. I, p. 175; t. II, p. 186, 200, 238, 284; *Matériaux*, t. IV, p. 150; t. V, p. 97-105, 105-108, pl. 4. — Silex trouvés sous l'abri, *Reliquiae*, A, pl. XIX, XX, p. 82,

Vézère [1], fut découverte en 1868 par des ouvriers travaillant à la construction du chemin de fer de Limoges à Agen. Ils rencontrèrent cinq squelettes [2] dont M. Louis Lartet, envoyé sur les lieux par le ministre de l'Instruction publique, M. V. Duruy, ne put sauver partiellement que quatre, comprenant deux crânes d'homme, un crâne de femme et quelques débris d'un quatrième individu [3]. Ces squelettes n'avaient pas été ensevelis : ils reposaient sur la terre nue à l'abri du rocher [4] et avaient été recouverts par des éboulis. D'après la coupe publiée par M. L. Lartet [5], on trouva, au-dessous du niveau des ossements humains, plusieurs couches de cendres ou foyers, mêlées d'os et de silex, attestant des habitations successives séparées par des intervalles pendant lesquels la désagrégation de la roche donna naissance à des couches d'éboulis stériles. Le sol s'était ainsi progressivement exhaussé et le surplomb n'était plus qu'à $1^m,20$ de hauteur lorsque la station fut convertie en sépulture et abandonnée.

M. Dawkins d'abord [6], puis MM. de Mortillet [7] et Cartailhac [8], ont révoqué en doute la haute antiquité des squelettes de Cro-Magnon, découverts, comme nous l'avons dit, *au sommet* d'un gisement quaternaire. M. Cartailhac admet pourtant que ces squelettes peuvent appartenir à la dernière époque paléolithique; nous ne voyons pas de motif suffisant, en l'absence de toute trouvaille d'objets néolithiques au même niveau, pour les rapporter, avec MM. Dawkins et de Mortillet, à l'époque de la pierre polie.

85; objets en os, *ibid.*, B, pl. XII, p. 95. Crânes et ossements, *Reliquiae*, C, pl. I-VI, p. 89; Pruner-Bey, *ibid.*, p. 73-92; Broca, *ibid.*, p. 97-122; *Bull. Soc. d'Anthropol.*, 1868, p. 350 et suiv.; *Congrès de Norwich*, p. 168-175; *Revue d'Anthropol.*, t. II, p. 16; *Association française*, 1872, p. 1234; Quatrefages et Hamy, *Crania Ethnica*, p. 44, 45, 79, 81, 138; Hamy, *Précis*, p. 272-280.

1. Coupe et profils dans les *Reliquiae*, p. 64, 65; *Bull. Soc. Anthrop.*, 1868, p. 338; Dawkins, *Die Hœhlen*, p. 199; Hamy, *Précis*, p. 267; *Matériaux*, t. V, p. 88 sq.

2. Ce chiffre n'est pas tout à fait certain; cf. *Reliquiae Aquitanicae*, p. 99.

3. *Crania Ethnica*, p. 51. L'un des squelettes était celui d'un tout jeune enfant, peut-être d'un fœtus.

4. Le crâne du vieillard porte les traces d'une incrustation stalagmitique (*Reliquiae*, p. 70).

5. *Reliquiae*, p. 67; cf. *ibid.*, p. 69, fig. 42, 43; *Bull. Soc. Anthrop.*, 1868, p. 338 sq; Dawkins, *Die Hœhlen*, p. 201; *Matériaux*, t. V, p. 98; Hamy, *Précis*, p. 269 sq.

6. Dawkins, *Die Hœhlen*, p. 204.

7. Mortillet, *Bull. de la Soc. d'Anthrop.*, 1876, p. 185; *le Préhistorique*, p. 472. M. de Mortillet insiste sur le fait que ces coquilles ont conservé leur couleur, mais M. de Quatrefages a fait observer que cela pouvait s'expliquer par la nature du milieu où elles ont été ensevelies.

8. Cartailhac, *Revue d'Anthropologie*, t. XV, p. 460.

La faune de Cro-Magnon comprend les animaux suivants : mammouth, *felis spelaea*, *ursus spelaeus*, renne (assez rare), loup, cheval, spermophile, etc. [1]. Le cheval est plus nombreux que le renne et il n'y a pas de gravures sur os, circonstances qui, jointes à d'autres analogies, autorisent à rapprocher Cro-Magnon de Solutré. Il faut encore remarquer l'absence presque complète d'os d'oiseaux et l'absence de poissons, coïncidant avec le manque de flèches barbelées ; en revanche, là où les flèches barbelées sont abondantes, comme à la Madelaine, à Bruniquel et à Massat, les os d'oiseaux se trouvent aussi en grand nombre [2].

MM. de Quatrefages et Hamy ont pris les squelettes de Cro-Magnon pour types de leur deuxième race fossile dolichocéphale [3], race dont la dolichocéphalie n'est pas accompagnée, comme dans le type du Néanderthal, par l'étroitesse de la boîte crânienne [4]. La vallée de la Vézère aurait été le centre de dispersion de cette race, dont on retrouve les représentants préhistoriques sur une aire géographique très étendue [5]. On a constaté la présence du même type, avec plus ou moins de certitude, à Paviland en Angleterre (?) [6] ; à Engis [7], Engihoul [8] et Furfooz [9] en Belgique ; à Smeermass (?) [10] en Hollande ; à Grenelle [11], près Paris ; à la Madelaine (?) [12], Laugerie Basse [13], Raymonden [14], Aurignac [15], Bruniquel [16], Gourdan-Montréjeau [17], Solutré [18], dans la caverne de l'Homme-Mort (Lozère) [19], à Sordes [20],

1. Énumération détaillée dans les *Reliquiae Aquitanicae*, p. 63 et suiv., p. 182 ; *Annales des sciences naturelles*, 5° série, t. X, p. 156 ; *Matériaux*, t. V, p. 105.
2. *Reliquiae Aquitanicae*, p. 94, 95.
3. *Crania Ethnica*, p. 44.
4. Cf. Broca, *Bull. Soc. Anthrop.*, 1868, p. 358, auquel appartient la priorité de cette observation.
5. Arcelin, *Les sépultures de l'âge du renne de Solutré*, Louvain, 1878, p. 51.
6. Buckland, *Reliquiae diluvianœ*, 1823, p. 82, pl. XXI.
7. *Crania Ethnica*, p. 70.
8. *Ibid.*, p. 73.
9. *Ibid.*, p. 77.
10. *Ibid.*, p. 77.
11. *Ibid.*, p. 69, 85.
12. *Ibid.*, p. 54.
13. *Ibid.*, p. 45, 53, 82, 83 ; *Matériaux*, t. V, p. 355.
14. *Rev. scientif.*, janv. 1889, p. 57.
15. *Crania Ethnica*, p. 59.
16. *Ibid.*, p. 55, 83, 84.
17. *Ibid.*, p. 60.
18. *Ibid.*, p. 64, 87.
19. *Ibid.*, p. 93 ; Broca, *Revue d'Anthropol.*, t. II, p. 1-53.
20. *Ibid.*, p. 94 ; *Matériaux*, t. IX, p. 116, 120 et suiv., 155 ; Lartet et Chaplain-Duparc *Sépultures des anciens Troglodytes des Pyrénées*, Paris, 1874.

Aurensan (?)[1], les grottes de Baoussé-Roussé[2] (près de Menton) en France ; à Cantalupo (campagne romaine) et à Isola del Liri (terre de Labour) en Italie[3] ; dans le sud de l'Espagne[4], etc. D'autres indices, en très petit nombre, il est vrai, permettent de suivre les traces du type de Cro-Magnon en Picardie, en Normandie, dans la Champagne, le Jura, le Dauphiné, etc.[5]. Disparu de nos régions, il subsisterait encore en Afrique, comme d'autres représentants de la faune quaternaire, tels que le lion, l'hyène tachetée, etc.[6]. M. Hamy, développant une observation de Broca[7], a proposé[8] d'assimiler la race de Cro-Magnon aux Basques-Ibères, aux Kabyles et aux Guanches de Ténériffe[9], théorie qui a fait fortune[10], malgré des protestations isolées, et qui s'appuie sur des analogies ostéologiques remarquables. M. Hamy croit encore avoir retrouvé le même type chez les Dalécarliens actuels en Scandinavie[11].

II. Les caractères anatomiques des squelettes de Cro-Magnon ont été particulièrement étudiés par Broca[12]. Les hommes de cette tribu, à en juger par le vieillard[13], étaient de haute stature[14] et d'une conformation presque athlétique ; ces caractères se retrouvent chez les femmes, quoique bien moins accusés. Les crânes présentent, suivant Broca, à côté de certains indices d'infériorité[15], des signes certains d'une puis-

1. *Crania Ethnica,* p. 60.

2. *Ibid.,* p. 61.

3. *Crania Ethnica,* p. 62, 64.

4. *Matériaux,* t. XXII, p. 182 ; *Congrès de Lisbonne,* p. 304.

5. *Crania Ethnica,* p. 89-92.

6. Cf. *Comptes rendus de l'Académie des Sciences,* 30 mars 1874.

7. Broca, *Bull. Soc. Anthrop.,* 1868, p. 378-380.

8. *Crania Ethnica,* p. 94.

9. Ce sont les populations réunies par les anthropologistes sous le nom d'Atlantes (*Crania Ethnica,* p. 98). Cf. Penka, *Herkunft der Aryer,* p. 87.

10. Cf. *Congrès de Lisbonne,* p. 304 ; Verneau, *La race de Cro-Magnon* [aux Canaries], dans la *Revue d'Anthropologie,* t. XV, p. 10 ; *Archives des Missions,* t. XIII (1887), p. 808.

11. *Congrès de Stockholm,* p. 313 ; *Crania Ethnica,* p. 91. M. Virchow a dit que les hommes de Cro-Magnon « présentent, quant à la conformation du crâne, beaucoup plus d'affinité avec les Esquimaux qu'avec aucune des autres races qui habitent aujourd'hui l'Europe ». (*Congrès de Stockholm,* t. I, p. 217.)

12. Pour la bibliographie de ce sujet, voir plus haut, p. 186, note 6.

13. Broca admettait que cet individu pouvait présenter des caractères exceptionnels, mais qui seraient seulement l'exagération des caractères propres de sa race.

14. La taille du vieillard de Cro-Magnon devait dépasser 1^m,80.

15. Largeur de la face, prognathisme alvéolaire, largeur énorme de la branche montante de la mâchoire, etc. Cf. *Reliquiae Aquitanicae,* p. 120.

sante organisation cérébrale [1]; d'où la conclusion que les Troglodytes de la Vézère n'étaient pas des sauvages, mais des barbares, et que, si leurs mœurs étaient violentes [2], leur intelligence était capable de progrès. Cette thèse de psychologie craniologique et préhistorique a été développée par Broca, avec infiniment d'esprit et trop d'imagination, au Congrès tenu à Bordeaux en 1872 [3].

III. Le tibia du vieillard de Cro-Magnon est très aplati en forme de lame de sabre. Ce caractère, dit *platycnémie* [4], se retrouve à l'époque néolithique, à l'époque historique et de nos jours [5]; on l'a même signalé chez une femme athénienne de l'époque macédonienne [6]. Il a été mis en rapport avec la faiblesse des muscles postérieurs de la jambe [7], mais on l'explique plus vraisemblablement comme un caractère individuel dû à l'habitude de la course et des exercices violents [8]. Broca a d'ailleurs montré, contre Pruner-Bey, que la platycnémie des hommes de Cro-Magnon n'est nullement un effet du rachitisme [9]; ce n'est pas davantage, comme Broca l'avait d'abord admis [10], un caractère *simien* [11].

1. Grand volume du cerveau, ouverture de l'angle de Camper, développement de la région frontale, etc. Cf. *Association française*, 1872, p. 1234.

2. Broca, faisant allusion au crâne de la femme de Cro-Magnon, a écrit cette phrase singulière (*Association française*, 1872, p. 1233) : « Ce meurtre inglorieux d'une femme ne fait guère honneur aux gens de Cro-Magnon. » Mais qui donc a fait connaître à Broca l'auteur de la blessure que la femme de Cro-Magnon porte à la tête? Voir la note suivante.

3. *Association française*, 1872 (Bordeaux), p. 1199-1237. Broca faisait une conférence à un public d'amateurs; de là, dans ses affirmations, une certaine intempérance qui ne lui était pas habituelle.

4. Broca, *Bull. Soc. Anthropol.*, 1868, p. 454 ; *Association française*, 1873, p. 682 ; *Reliquiae Aquitanicae*, p. 103 ; Virchow, *Matériaux*, t. XVII, p. 234 ; Dawkins, *Die Höhlen*, p. 136 et suiv.; Manouvrier, *Bull. Soc. Anthropol.*, 1887, p. 128 sq. et *Mémoires de la Société d'Anthropol.* t. III (1888), p. 469-548 ; cf. *Revue d'Anthropologie*, 1889, p. 207 ; *Verh. Berl. Ges.*, 1885, p. 253 (Virchow); *Journal Anthrop. Institute*, t. VI (1876), p. 196 (Rupert Jones).

5. *Reliquiae*, p. 84, 103 ; *Bull. Soc. Anthrop.*, 1887, p. 136 ; *Matériaux*, t. XVII, p. 235 ; Nadaillac, *Premiers hommes*, t. I, p. 178 (avec références). La platycnémie est particulièrement fréquente en Amérique (*Bull. Soc. Anthrop.*, 1887, p. 137).

6. *Congrès de Bruxelles*, p. 563.

7. Broca, *Bull. Soc. Anthrop.*, 1868, p. 446 ; 1887, p. 131 ; Ranke, *der Mensch.*, t. I, p. 426.

8. Virchow, *Matériaux*, t. XVII, p. 235 ; Manouvrier, *Bull. Soc. Anthrop.*, 1887, p. 133. Ce dernier savant a fait observer que la platycnémie n'existe pas chez les enfants, qu'elle est rare chez les femmes et ne se constate pas chez tous les hommes d'une même population. C'est donc un caractère acquis et individuel.

9. *Reliquiae*, p. 84, 106 ; Hamy, *Précis*, p. 278.

10. Broca, *Reliquiae*, p. 120. Il a fait observer ailleurs (*Association française*, 1872, p. 1232) que la conformation du fémur, chez le vieillard de Cro-Magnon, diffère du type simien plus que dans les races humaines actuelles.

11. Cf. Virchow, *loc. laud.*; Manouvrier, *Bull. Soc. Anthrop.*, 1887, p. 134, qui explique

VITRINE XXI [1].

OS TRAVAILLÉS ET OUTILS EN SILEX DE L'ÉPOQUE DES CAVERNES.

1° Bois de renne sciés avec des silex; grotte de Gourdan [2] et grotte de la Salpêtrière [3]. — Os longs cassés de Solutré, Soyons, Beaulieu près Ville-franche [4]; fragments d'os carbonisés de Solutré et de Soyons; bois de renne avec entailles provenant de Solutré.

Poinçons, spatules ou lissoirs [5] en bois de renne, provenant de Laugerie-Basse [6]; (22825) bois de renne taillé en poignard, de même provenance.

(22826, 20976) Lissoirs-spatules en bois de cerf et en os; Gourdan et Lau-

Fig. 59. — N° 18193. — H. 0ᵐ,125. — Gourdan.

gerie-Basse. — Deux aiguilles en os de Laugerie-Basse. — (16952) Poi-gnard [*] (?) taillé dans une côte d'aurochs; grotte de Bize [7]; original au Mu-

---

la nature particulière de la platycnémie chez le gorille, tout à fait différente de la platyc-némie chez l'homme.

1. Donateurs : 1° Piette, Mortillet, Massénat, Lenoir, Garrigou, Lalande, Cazalis, Lepic, Gervais, Arcelin, Commission des Gaules, Douliot; 2° Lartet, Christy, Gervais, Rivière, Lepic, Massénat, Chantre, Arcelin, Reverdit, Peccadeau de l'Isle, Saulcy; 3° Chantre, Commission des Gaules, Mortillet, Massénat, Arcelin, de Ferry, Lepic, Lubac, Marlot, Broullot, R. Pottier, Legrand, Reverdit, Lartet, Christy, Jollivet.

2. Sur la grotte de Gourdan près Montréjeau (Haute-Garonne), fouillée avec grand succès par M. Piette, voir *Matériaux*, t. VI, p. 494; t. VIII, p. 270; t. IX, p. 53; t. XIX, pl. X; t. XXI, p. 361; *Bull. Soc. Géolog.*, 15 juin 1874; *Bull. Soc. Anthrop.*, 1873, p. 384; 1875, p. 279.

3. Cazalis de Fondouce, *Le Gardon à l'époque quaternaire*, Montpellier, 1872; cf. *Maté-riaux*, t. II, p. 225.

4. Station découverte en construisant la route de Nice à Monaco et étudiée par M. Ri-vière; cf. *Archives des Missions*, 3ᵉ série, t. I (1873), p. 295 et suiv.; *Comptes rendus de l'Académie des sciences*, 17 février 1873.

5. « Pour les uns, on les employait à lisser les coutures des vêtements; pour les au-tres, c'étaient des spatules servant à dépouiller les animaux de leur peau. » (Mortillet *Le Préhist.*, p. 410.)

6. La bibliographie relative à Laugerie-Basse sera donnée plus loin.

7. Cf. *Bull. des Sc. natur.*, oct. 1829; *Bull. de la Soc. de géol.*, 1830, 1831; Tournal, *Ca-tal. du Musée de Narbonne*, p. 2; *Matériaux*, t. I, p. 236; t. V, p. 30, 64; t. XII, p. 319; t. XVII, p. 499; t. XVIII, p. 29; t. XXI, p. 388; Gervais, *Ancienneté de l'homme*, p. 52 et suiv., pl. X-XII; Jullien, *Bull. Soc. Anthrop.*, 1867, p. 695.

séum [1]. — (22831) Grand instrument (lissoir, spatule ?) en bois de renne; Laugerie-Basse. — Série de pointes de flèche en bois de renne; Laugerie-Basse. — Base d'une pointe de sagaie en bois de renne et poinçon en os de même provenance. — Deux hameçons en os des Eyzies. — (18193) Trois pointes de trait en bois de renne, à base bifurquée; Gourdan (fig. 59)[2]. — (20185) Quatre harpons* en bois de renne de la Salpêtrière [3]; collection Cazalis de Fondouce; deux fragments de bâton de commandement en bois de renne; Laugerie-Basse.

(20842) Incisive de cervidé aiguisée en tranchant; Laugerie-Basse; (20200) demi-mâchoire inférieure d'*ursus spelaeus;* caverne de l'Herm; M. Garrigou la croyait cassée intentionnellement pour servir d'arme.

Collection de onze os gravés ou sculptés, savoir :

(20120) Lissoir en bois de renne, orné de stries parallèles en creux d'un côté, en relief de l'autre; bords de la Vézère;

Fig. 60. — N° 21563. — H. 0^m,034. — Corgnac.

(20187)* Sapin (?) gravé sur un fragment de côte; la Salpêtrière; collection Cazalis[4];

(14866)* Fragment d'os long avec traces de gravure (un quadrupède?) Laugerie-Basse; collection Lalande; '

(21563) Renne mâle gravé sur un fragment de côte de bœuf; grotte de Corgnac (fig. 60)[5];

(20188)* Tête d'antilope ou de bouquetin gravée sur un fragment d'os d'oiseau; la Salpêtrière; collection Cazalis [6];

(20186)* Cheval gravé sur bois de renne, sujet peu distinct; la Salpêtrière; collection Cazalis [7];

<hr>

1. Gravé dans Gervais, *op. laud.*, p. 63, pl. X, fig. 1.

2. Mortillet, *Musée Préhist.*, fig. 190.

3. Cazalis de Fondouce, *L'homme dans la vallée du Gardon*, pl. VIII, n°s 2, 7, 10; pl. IX, n° 5. Les objets dits *harpons* ont aussi servi de pointes de flèche et de dard; il est même probable que ce dernier usage est de beaucoup le plus fréquent. Cf. Cazalis, *op. laud.*, p. 71 et suiv.

4. Cazalis de Fondouce, *op. laud.*, pl. X, n° 4.

5. *Musée préhistorique*, fig. 205. Sur la station de Corgnac, cf. *Matériaux*, t. XXII, p. 47.

6. Cazalis de Fondouce, *op. laud.*, pl. X, n° 3.

7. *Ibid.*, pl. X, n° 2.

(22617)ˑ Quatre têtes de ruminants (veaux?) gravés sur bois de renne, avec ornements ondulés en haut et en bas; manche de poignard, suivant M. de Mortillet; Laugerie-Basse; collection Massénat[1].

(22613)ˑ Deux têtes de ruminants et poissons; Laugerie-Basse; collection Massénat[2]; (22616)ˑ tête de loup (?) ou d'ours (?) en ronde bosse, bois de renne; Laugerie-Basse; collection Massénat[3]; (22615)ˑ poisson gravé sur bois de renne; Laugerie-Basse; collection Massénat[4];(22614)ˑ poisson gravé sur bois de renne; Laugerie-Basse; collection Massénat[5].

I. Laugerie-Basse[6]. — L'abri de Laugerie-Basse, sur la rive droite et à 70 mètres de la Lozère (altitude 8 m.), a été exploré par Lartet, Christy, Massénat, l'abbé Landesque, etc. Peu de stations ont donné un plus grand nombre de beaux spécimens d'art et d'industrie quaternaires. Le caractère du gisement est le même qu'à la Madelaine, mais les silex de style solutréen font défaut, alors qu'ils sont nombreux dans la station voisine de Laugerie-Haute[7]. Les bois de renne, presque tous sciés, sont fort abondants, ainsi que les aiguilles, les pendeloques, etc. La faune

1. *Musée Préhistorique*, fig. 209; *Matériaux*, t. XII, pl. II, fig. 2 *b* (revers du même objet avec deux têtes gravées, *ibid.*, fig. 2 *a*).

2. *Matériaux*, t. XII. pl. I, fig. 5 *a*, 5 *b*.

3. *Ibid.*, pl. II, fig. 3 *a*, 3 *b*; Girod et Massénat, *Les stations de l'âge du renne*, pl. I, 1 *a*, 1 *b*.

4. *Ibid.*, pl. I, fig. 2.

5. *Ibid.*, pl. II, fig. 1 *a*, 1 *b*.

6. *Reliquiae Aquitanicae*, p. 169; *Rev. Arch.*, 1864, I, p. 256; *Comptes rendus de l'Académie des Sciences*, 29 février 1864; Mortillet, *Promenades*, p. 116; Hamy, *Précis*, p. 307, 319; *Matériaux*, t. III, p. 196; Landesque, *Congrès archéologique de France*, XLIᵉ session, Toulouse (1874), p. 17-21. — Instruments en silex : *Reliquiae*, A, pl. II; XXXI, 6; XXXIV, 1, 5, 8; XLI, 12; *Musée préhist.*, fig. 136, 145, 148. — Os gravés et sculptés : *Reliquiae*, p. 169, 288; B, pl. XVII, 4, XVIII, 1, 2, 4, 5, 6 *a*, 6 *b*; XXXI, 2, 5, 8, 9; XIX, XX, XXI, XXIII; XXVI, 8; XXX, XXXI, 3; C, pl. VII, VIII, 8, 9; Girod et Massénat, *Les stations de l'âge du renne*, pl. I et suiv. (en cours de publication); *Rev. Archéol.*, 1864, I, p. 258-261; *Musée préhist.*, fig. 158, 161, 165, 166, 178, 184, 191, 195, 197, 202, 203, 206, 207-209; *Matériaux*, t. V, p. 348, 356, pl. XX-XXII; t. VIII, p. 395, 396, pl. XXIV; t. IX, p. 276, 285 sq., pl. IV; t. XII, p. 1, pl. I, II; t. XV, p. 247; t. XIX, p. 64, 69, 71, 297. — Squelettes, *Bull. Soc. Anthrop.*, 1872, p. 489; 1873, p. 217; *Bull. Soc. Hist. Nat. de Toulouse*, 1872, p. 18; *Reliquiae*, p. 256, fig. 89; *Crania Ethnica*, p. 45, 52, 82; *Revue d'Anthropologie*, t. XV, p. 463; *Association française*, 1872, p. 767; *Matériaux*, t. VII, p. 224, pl. IX; *Revue Archéol.*, 1872, I, p. 268; *Congrès de Bruxelles*, p. 182; Mortillet, *le Préhist*, p. 469.

7. *Revue Archéol.*, 1864, I, p. 255, 257.

comprend, comme aux Eyzies [1], le cheval, le porc, le renne, le cerf, le mégacéros, l'antilope, l'ibex, le bœuf, le bison, le spermophile ; on a aussi rencontré quelques débris de mammouth, entre autres une portion d'un bassin. M. Massénat y a découvert quatre squelettes humains, dont le plus célèbre, enseveli au milieu d'anciens foyers recouverts par les éboulis du surplomb, est « l'homme écrasé » de Laugerie, exhumé en 1872. Il est douteux qu'il s'agisse d'une inhumation ; cependant on a observé sur le corps des coquilles marines de la Méditerranée, comme sur les squelettes (vraisemblablement ensevelis) de Menton et de Cro-Magnon. D'autres ossements humains épars ont été découverts au même endroit [2].

SUITE DE LA VITRINE XXI.

2° Pointes, tarauds, grattoirs, perçoirs, scies et lames diverses en silex, toutes de petites dimensions, provenant du Chaffaud, de Nassé-Leugny, la

Fig. 61. — N° 20080.
H. 0ᵐ,08. — Eyzies.

Fig. 62. — N° 20387.
H. 0ᵐ,058. — Beaulieu.

Grotte d'Enfer [3], les Eyzies [4], Puy de Lacan [5], Beaulieu, Solutré, le Moustier, Soyons, la grotte des Fées à Châtelperron [6], les Baoussé-Roussé près

1. *Reliquiae Aquitanicae*, p. 172.

2. *Matériaux*, t. V, p. 356 ; *Comptes rendus de l'Acad. des Sciences*, 15 avril 1872.

3. Lartet, *Rev. Arch.*, 1864, I, p. 240.

4. Lartet, *Rev. Arch.*, 1864, I, p. 241 ; *Reliquiae Aquitanicae*, p. 170, 248, pl. A, I, etc.; Hamy, *Précis*, p. 297.

5. Grotte voisine de Brive ; cf. p. 179.

6. Bailleau, *Grotte des Fées de Châtelperron*, Moulins, 1868, avec 3 planches ; *Matériaux*, t. V, p. 384 ; Hamy, *Précis*, p. 263 ; *Dict. archéol. de la Gaule*, t. I, p. 277.

Menton, Bruniquel. A remarquer : (18129) Grand perçoir en silex ; Nassé-
Leugny ; (20095) taraud à base retaillée, Gorge d'Enfer[1] ; (20077,20080) ta-
raud-grattoir et taraud à double pointe ; les Eyzies[2] ; (17145) scie en jaspe ;
Puy de Lacan ; (20080, fig. 61) scie avec fines retailles sur le bord arqué ;
Tayac[3] ; (20387) pointe en silex calcédonieux (fig. 62) ; Beaulieu ; série de
pointes de flèche très fines en silex de diverses couleurs ; Beaulieu ; (18846)

Fig. 63. — N° 21610. — H. 0^m,35. — Volgu.

Fig. 64. — N° 16993.
H. 0^m,12. — Bossay.

Fig. 65. — N° 3324.
H. 0^m,08. — Moustier.

série de petites lames à un tranchant abattu, en silex de diverses couleurs ;
Beaulieu et Baoussé-Roussé ; (8450)[4] silex à retailles d'un côté et à dentelures de l'autre ; Bruniquel.

3° Fragments et ébauches de pointes en feuilles de laurier provenant de
Solutré (I) et de Badegols[5] ; quatre très belles pointes de Solutré ; collection Ferry ; série de onze magnifiques pointes de lance trouvées à Volgu
(21610, fig. 63) ; musée de Chalon-sur-Saône (II).

1. Mortillet, *Musée Préhistorique*, fig. 147.

2. *Musée Préhistorique*, fig. 149.

3. *Musée Préhistorique*, fig. 143. Le silex retaillé en arc de cercle est assez fréquent aux
Eyzies.

4. Cf. *Musée Préhistorique*, fig. 117.

5. Badegols ou Badegoule, à Beauregard (Dordogne), gisement où l'on rencontre de belles
feuilles de Solutré et, en même temps, des pointes analogues à celles du Moustier et de
pointes à cran. Cf. Lalande, *Congrès de Copenhague*, p. 37 ; *Reliquiae Aquitanicae*, p. 164 ;
Mortillet, *le Préhist.*, p. 364, 365, 372.

A droite, pointes moustériennes de types divers provenant de la Celle-sous-Moret[1], Oyré, Beaumont, Biard, Leugny (les Douris, les Gougons), Marigny, Brisay, Civray, Saint-Rémy[2], Soyons, Cernois à Vic-de-Chassenay, Chez-Pouré, Benesse et Tircis dans les Landes, la Monrotière (Loir-et-Cher), Preuilly, Bossay (fig. 64), les travaux de l'aqueduc de la Vanne (Yonne), le Moustier (fig. 65).

I. Gisement de Solutré. — La haute importance archéologique de cette station et la multiplicité des travaux contradictoires dont elle a été l'objet[3] motivent les développements que nous lui consacrons ici.

Solutré n'est pas un gisement d'une nature homogène ; des objets d'é-

---

1. Mortillet, *le Préhist.*, p. 363 ; *Musée Préhist.*, fig. 80.

2. Pour les stations de la Vienne, cf. plus haut, p. 127.

3. MM. Arcelin et Ducrost promettent depuis longtemps une monographie complète sur Solutré. Omettant quelques écrits de pure polémique ou de vulgarisation, nous signalerons les travaux suivants : Pruner-Bey, *Congrès de Paris*, 1867, p. 350 ; Ferry et Arcelin, *Congrès de Norwich*, 1868, p. 319 (exposé très remarquable auquel nous avons fait des emprunts textuels); H. de Ferry, *L'ancienneté de l'homme dans le Mâconnais*, 1867 ; *L'homme préhistorique en Mâconnais*, 1868 ; *Discours à l'Académie de Mâcon*, 1868; Arcelin, *La station préhistorique de Solutré*, 1868 ; *La station de l'âge du renne de Solutré*, extrait de la *Revue du Lyonnais*, 1868 ; le *Mâconnais préhistorique* (avec de Ferry et Pruner-Bey), 1870 ; *la Station préhistorique de Solutré, lettre à M. Ducrost*, 1873 ; *Les fouilles de Solutré, lettre à M. Chabas* (avec M. Ducrost), 1875 ; *Les Sépultures de l'âge du renne de Solutré*, 1878 (important mémoire extrait de la *Revue des Questions scientifiques* de Louvain) ; Chabas, *Les Fouilleurs de Solutré*, 1875 ; Ducrost et Lartet, *Archives du Muséum d'histoire naturelle de Lyon*, t. I, 1872 (cf. *Matériaux*, t. VIII, p. 69); Ducrost, *Dépôt de lehm avec ossements et silex quaternaires à Solutré*, dans les *Annales de l'Académie de Mâcon*, t. XIII, p. 8 ; le même, *Bulletin de la Société d'Anthropologie* de Lyon, 5 mai 1888, p. 90 (réponse à une communication de M. de Mortillet, en date du 14 avril de la même année) ; Mortillet, *ibid.*, 7 juillet 1888 (réponse à Ducrost); *Matériaux*, t. III, p. 115; t. IV, p. 33, 35, 38, 100, 102, 108, 154, 155, 274, 317; t. V, p. 469; t. VIII, p. 69; t. IX, p. 332, 373; t. XI, p. 370, 496; t. XIII, p. 15, 527 ; t. XVI, p. 223 ; *Bull. Soc. Anthrop. de Paris*, 1868, p. 819 ; 1874, p. 116 ; 1876, p. 486; 1879, p. 453; *Revue Archéol.*, 1868, I, p. 207; 1874, II, p. 288, 353 ; *Revue d'Anthropol.*, t. III, p. 117 ; t. XV, p. 448. Une intéressante discussion sur Solutré a eu lieu en 1873 au Congrès de l'*Association française* (Lyon, p. 589-600, 629-651, 651-662); il en a été question également au *Congrès scientifique* d'Autun (XLIIe session, t. I, p. 254, 411 et suiv.) et dans de nombreuses séances de l'*Académie de Mâcon* (*Annales de l'Académie*, 1870 et suiv.). Pour des résumés, cf. Hamy, *Précis*, p. 338 ; Mortillet, *le Préhist.*, p. 355 (*Musée Préhistorique*, fig. 94-95, 118, 122, 125, 126); Nadaillac, *Premiers hommes*, t. I, p. 158 ; Southall, *Recent origin of man*, p. 231. — Plans et coupes du Cros du Charnier : *Congrès de Norwich*, pl. I ; *Arch. du Mus. de Lyon*, t. I, pl. II ; *Assoc. française*, 1873, p. 634, fig. 16 ; coupe de l'éboulis, *Matériaux*, t. XI, p. 498, fig. 165 ; vues de la station, Mortillet, *Musée Préhist.*, fig. 94 ; Adrien Cranille, *Solutré* (roman), Paris, 1872, pl. I ; sépultures, *Congrès de Norwich*, pl. II ; *Arch. du Mus. de Lyon*, t. I, pl. VII, etc.

poques différentes s'y rencontrent sur un petit espace; aussi peut-on
regretter que la désignation de « type de Solutré » ait prévalu sur celle
de « type de Laugerie-Haute », autrefois recommandée par Édouard
Lartet [1]. /

Historique. — La station en plein air de Solutré a été explorée, depuis
le mois de septembre 1866, par MM. de Ferry [2], Arcelin et Ducrost (curé de
Solutré), auxquels on peut ajouter, bien que leurs recherches n'aient été que
passagères, MM. Lortet, Fréminville, de Mortillet et Chantre. Les objets
découverts sont entrés dans des collections particulières ainsi qu'aux
musées de Mâcon et de Lyon. L'Association française a fait une excur-
sion mémorable à Solutré le 23 août 1873 [3]; MM. Broca et Quatrefages
ont pu alors enlever pièce à pièce les os d'un squelette reposant directement dans les couches supérieures d'un épais foyer. Ce squelette avait
exceptionnellement les pieds tournés vers l'orient; les mains étaient
croisées sur l'abdomen. Il a été constaté, d'un commun accord, que le
foyer n'avait pas subi de remaniements [4].

Description. — Le gisement s'appelle *Crot* ou *Clos du Charnier* (*Creux du
Charnier* dans le patois local) [5]. C'est un tertre inculte, naturellement ga-
zonné, situé sur le talus d'éboulement qui s'incline en pente douce à la
base d'un rocher escarpé qu'un château fort couronnait au moyen âge [6].

---

1. Acceptée d'abord par M. de Mortillet (*Matériaux*, t. IV, p. 37), qui y a renoncé pour
éviter toute confusion entre Laugerie-Haute et Laugerie-Basse (*Le Préhist.*, p. 355).

2. Mort en 1869; cf. *Matériaux*, t. V, p. 468.

3. *Association française*, 1873, p. 1069.

4. *Association française*, 1873, p. 636, avec coupe de la fouille, fig. 17, p. 637. — Un
mauvais plaisant essaya de faire croire, peu de temps après, que le squelette examiné
par Broca portait au doigt un anneau de bronze, resté inaperçu des premiers fouilleurs;
cette mystification, dont il a été fait prompte justice, ne serait même pas à signaler ici
si on ne l'avait récemment invoquée comme une preuve contre l'ancienneté des sépultures
sur foyer. Cf. la réponse de M. Ducrost à M. de Mortillet, *Bull. Soc. Anthrop. de Lyon*,
1888, p. 104; *Annales de l'Académie de Mâcon*, 18 décembre 1873; *Bull. Soc. Anthrop. de
Paris*, 1873, p. 793, 841. Broca a parfaitement défini l'affaire, *ibid.*, p. 813 : « Toute cette
histoire me paraît se résumer en trois mots : supercherie, ignorance et maladresse, et il
y en a un quatrième que je n'ajouterai pas. »

5. *Congrès de Norwich*, p. 319. M. Arcelin écrit *Crot du Charnier*.

6. Cf. Ducrost, *Bull. Soc. Anthrop. de Lyon*, 1888, p. 94. Le roi Raoul avait des posses-
sions à Solutré, qu'il fit fortifier; le château ne fut démoli qu'en 1434. Étienne de Bour-
bon ou de Belleville, dominicain qui écrivait en 1250, raconte que, le comte de Mâcon
ayant enlevé à l'évêque de la ville le château de Solutré et placé dans ses murs, pour le
garder, une garnison de juifs, les gens de l'évêque, dans la nuit qui suivit le jour de
Pâques, montèrent au château, tuèrent les juifs et les précipitèrent du haut du rocher
(Arcelin, *Les Sépultures de Solutré*, 1878, p. 41). De ce fait, allégué au Congrès de 1877

Il est exposé au midi et abrité du nord par le rocher même ; une source abondante jaillit dans le voisinage. Au point de vue géologique, il est exclusivement formé de détritus dus à la désagrégation des roches bajociennes dévalées des escarpements supérieurs ; ce terrain détritique repose sur les marnes du lias supérieur [1]. Tout le versant nord du vallon de Solutré, occupé en partie par le village actuel, est jonché de silex taillés ; ceux-ci sont particulièrement nombreux au Clos du Charnier. Sur le sol, on remarque quelques éclats de pierres dures étrangères à la localité et des tessons de poterie plus ou moins récents. La partie supérieure du sous-sol, qui a été bouleversée à plusieurs reprises, présente également un mélange confus d'ossements, de silex et de débris divers [2]. Ces remaniements ne sont pas dus seulement aux eaux pluviales, mais aux glissements des terrains sur les marnes sous-jacentes du lias. Un sondage fait à Solutré a montré un lit de ces marnes pris entre deux assises de terrain détritique avec silex et ossements. D'ailleurs, les textes nous apprennent que le 12 octobre 1768 un fort mouvement du sol changea le relief du Clos en ensevelissant quatre maisons [3]. Un autre glissement aurait eu lieu en 1806 [4]. Cependant, comme l'a formellement constaté M. Ducrost, les couches n'ont pas été dérangées par ces accidents et ont conservé leur position relative ; les foyers ont suivi le mouvement ondulatoire sans se disloquer. Aussi ne doit-on pas, comme on l'a fait, abuser des faits de glissement pour rendre compte des anomalies apparentes de cette station, ou plutôt pour refuser d'en tenir compte [5].)

Dans la portion ouest du tertre, on voit les traces d'un mur formé de blocs équarris qui coupe en plusieurs points les amas de débris et d'ossements [6] ; la construction de ce mur, dont on ne peut déterminer l'époque, a été une cause nouvelle de remaniements.

Sur cette même partie ouest du monticule, se trouvent concentrés des

à Autun, on a voulu conclure que les ossements de Solutré étaient ceux de juifs du treizième siècle, comme s'ils avaient nécessairement été enterrés sur place, comme s'ils n'avaient pu être précipités de tout autre côté du rocher ! Pourquoi, d'ailleurs, les aurait-on enseveli sur d'anciens foyers ? Cette hypothèse ne supporte même pas l'examen.

1. *Congrès de Norwich*, p. 321 ; *Matériaux*, t. VIII, p. 71 ; t. XI, p. 496.

2. Cf. *Matériaux*, t. VIII, p. 72 ; Arcelin, *Les Sépultures de l'âge du renne*, p. 5.

3. Ducrost, *Bull. Soc. Anthrop. de Lyon*, 1888, p. 95.

4. Malte-Brun, *Géographie universelle*, éd. Th. Lavallée, t. I, p. 222 (passage signalé par M. P. Masson).

5. Mortillet, *le Préhist.*, p. 390.

6. *Congrès de Norwich*, p. 323.

amas très considérables de rebuts de cuisine ou d'habitation, cendres, os de renne, silex, formant un trapèze allongé [1], qu'encadre une large et épaisse bordure d'ossements de chevaux [2]. Ceux-ci, agglutinés par l'eau pluviale, présentent l'aspect d'une sorte de magma ou de béton très dur [3]. Outre ces accumulations, on trouve des os de chevaux autour et au-dessous des anciens foyers [4]; ils sont alors accumulés en couches plus ou moins épaisses, où chaque fragment d'os demeure à l'état libre. Il est remarquable que les *murailles de chevaux*, dont la profondeur et l'épaisseur sont très variables [5], contiennent presque exclusivement [6] des os de chevaux calcinés [7], confondus dans le plus grand désordre, et qu'on n'y trouve qu'un petit nombre de silex [8], couteaux, grattoirs et percuteurs [9], alors que ces outils, mêlés avec les restes d'autres animaux, sont très fréquents dans les foyers où domine le renne [10]. Il n'est pas moins remarquable que les amas de débris de cuisine ou foyers, caractérisés par le grand nombre des os de rennes, reposent d'ordinaire sur des dalles brutes et sont recouverts par d'autres dalles protectrices; ces dalles ont été nommées *pierres de foyer* par MM. Arcelin et Ducrost [11].

Les sépultures de Solutré sont groupées sur l'espace occupé tant par

1. La partie explorée en 1868 atteignait déjà 462 mètres de superficie.

2. *Congrès de Norwich*, p. 324, 328, 332, 338; *Association française*, 1873, p. 593.

3. *Association française*, 1873, p. 635.

4. Ils se rencontrent depuis la fleur du sol jusqu'à la profondeur de $2^m,40$. Dans certains endroits, les amas de chevaux descendent au-dessous des foyers (cf. *Congrès de Norwich*, p. 332, 338; *Association française*, 1873, p. 638); ils sont, en effet, antérieurs aux foyers de l'âge du renne et leur sont réellement sous-jacents dans l'ordre stratigraphique naturel (Arcelin, *Les sépultures de l'âge du renne*, p. 35).

5. La *muraille* atteint la largeur de 4 mètres et la hauteur de 3 mètres (*Arch. du Mus. de Lyon*, t. I, p. 15; *Matériaux*, t. VIII, p. 73).

6. Cette réserve a été reconnue nécessaire; cf. *Association française*, 1873, p. 595.

7. Tous les os des magmas ont subi l'action du feu; très souvent ils sont brisés comme les os de renne. Cf. *Association française*, 1873, p. 595, 631.

8. On avait même commencé par prétendre qu'on n'en trouvait point du tout (*Congrès de Norwich*, p. 329; *Congrès de Paris*, p. 350).

9. *Association française*, 1873, p. 595, 596; *Archives du Mus. de Lyon*, t. I, p. 15.

10. *Congrès de Norwich*, p. 329, 335, 338; *Congrès de Paris*, p. 350; *Matériaux*, t. XI. p. 499.

11. *Bulletin de la Soc. d'Anthrop. de Lyon*, 1888, p. 99. « Nos foyers non remaniés de l'âge du renne consistent en amas circulaires, d'épaisseur et de diamètre variables, composés de cendres d'os d'animaux brûlés et fragmentés, de silex taillés de toute espèce, lances, flèches, couteaux, grattoirs, etc. Quand on opère une coupe dans un de ces amas, on remarque que les couches cendreuses reposent sur des dalles en pierre qui ont dû servir d'âtre. Parfois aussi le foyer est recouvert par des dalles semblables. » (Arcelin, *Sépultures de l'âge du renne*, p. 9.)

les foyers que par les amas de chevaux : on ne les trouve pas sur la partie orientale du monticule, où cessent ces différents amas [1]. Elles sont de deux sortes : 1° les sépultures en dalles brutes [2] ; 2° les sépultures dans la terre libre, qui se divisent à leur tour en deux catégories : sépultures sans rapport avec les foyers et sépultures juxtaposées à des foyers. La rencontre de tombes presque vides et d'os humains épars prouve qu'un certain nombre de sépultures ont été anciennement violées. Les sépultures en dalles brutes sont orientées de l'est à l'ouest [3] ; l'une d'elles, trouvée intacte, se composait d'un caisson rectangulaire bien joint et bien fermé, formé de dalles non équarries, établi sur le *magma* de cheval. Le squelette reposait étendu sur des os brûlés et pilés ; il avait à ses côtés des os de cheval et de renne et trois couteaux de silex [4]. Ces sépultures en dalles sont rares [5] et peuvent être moins anciennes que les autres, bien que rien n'autorise à les qualifier de gallo-romaines ou de burgondes. Un plus grand intérêt s'attache aux sépultures dans la terre libre, établies sur ou sous les foyers ; elles sont réunies en grand nombre et de manière à se toucher presque sur l'emplacement même des accumulations et débris de cuisine. Une des plus remarquables, découverte en 1869 par M. Ducrost [6], se composait d'un foyer entouré de dalles formant une ellipse peu allongée ; sur le foyer était couché le squelette, ayant auprès de lui deux pointes de lance en silex parfaitement intactes, un grand nombre de flèches, une valve perforée de *pecten jacobeus* et une figure de renne (sans tête) sculptée dans un fragment de molasse. Tout autour de ce foyer gisaient 70 à 80 bois de renne non travaillés [7].

La plupart des foyers supportent un ou plusieurs squelettes, *placés à une profondeur qui est en relation avec celle des foyers* [8] ; quelquefois même les

---

1. *Congrès de Norwich*, p. 334.

2. Ces dalles ne portent aucune trace de travail, sinon parfois d'un grossier équarrissage (*Matériaux*, t. IV, p. 155).

3. *Congrès de Paris*, p. 350 ; *Congrès de Norwich*, p. 334 ; *Matériaux*, t. IV, p. 35. Les squelettes découverts dans la terre libre sont aussi quelquefois orientés (*Assoc. française*, 1873, p. 631).

4. *Congrès de Norwich*, p. 334.

5. On n'en a rencontré que deux intactes ; cf. Arcelin, *Les sépultures de l'âge du renne*, p. 7.

6. *Archives du Muséum de Lyon*, t. I, p. 10, pl. VII, 8.

7. Cf. *Bull. Soc. Anthrop. de Lyon*, 1888, p. 98.

8. La profondeur des foyers est très variable ; on en trouve à 0^{m},50, et à plus de 2 mètres de profondeur (Arcelin, *Sépultures de l'âge du renne*, p. 17).

squelettes sont simplement dans les foyers [1]. La plupart sont bien conservés ; quelques-uns portent, dit-on, des traces de brûlure, comme s'ils avaient été déposés sur des foyers mal éteints [2]. On a fait l'observation que la grandeur et l'importance des amas de débris de cuisine ou des foyers sont en rapport avec le nombre de débris humains qui les couvrent et avec l'âge des individus enfouis. Ainsi aux grands foyers correspondent les vieillards, les hommes faits ou les femmes ; aux petits foyers, les enfants [3]. Le métal est complètement étranger à cette nécrople. On s'est demandé naturellement si la tribu de Solutré n'avait pas enterré ses morts, comme beaucoup d'autres peuplades primitives, dans leurs huttes mêmes et sur leurs foyers domestiques, et l'on a fait remarquer que des foyers funéraires analogues se sont rencontrés aux Eyzies et à Bruniquel [4].

Stratigraphie et faune de l'éboulis. — Un fait très important, qui n'a été établi qu'en 1875 [5], est la stratigraphie de l'éboulis de Solutré. On reconnaît, en effet, les niveaux suivants : 1º petits foyers avec ossements de cheval et de renne ; lames grossières en silex, grattoirs de tous les types, racloirs courbes du type commun au Moustier, hachettes amygdaloïdes grossières, pointes moustériennes, quelques rares os travaillés ; 2º énorme accumulation d'ossements de chevaux, qui finissent par former une couche continue ; très exceptionnellement, on trouve des fragments de renne et même d'éléphant ; quelques beaux éclats de silex ayant pu servir de couteaux ; 3º couche presque stérile, avec quelques débris du type de la couche inférieure [6] ; 4º débris de cuisine accumulés où le cheval domine ; mammouth et *ursus spelaeus ;* foyers situés autour de ces amoncellements, où les chevaux sont beaucoup plus nombreux que les

1. *Congrès de Norwich,* p. 335.

2. *Congrès de Norwich,* p. 342 ; cela est contesté par M. Cartailhac, *Revue d'Anthropol.,* t. XV, p. 452. De la présence d'un certain nombre d'ossements humains brisés on a voulu conclure à l'anthropophagie des chasseurs de Solutré (*Matériaux,* t. IV, p. 84); d'autres ont affirmé, se fondant sur les nombreux crânes de vieillards édentés, que les Solutréens étaient au contraire de *bons sauvages,* puisqu'ils nourrissaient les vieilles bouches inutiles (*Matériaux,* t. V, p. 489). Toutes ces spéculations-là sont bien vaines, comme l'a fait observer avec raison M. Cartailhac.

3. *Congrès de Norwich,* p. 336; *Association française,* 1873, p. 635.

4. *Congrès de Norwich,* p. 345, 346.

5. Ducrost et Arcelin, *La stratigraphie de l'éboulis de Solutré,* dans les *Matériaux,* t. XI, p. 496-500 ; Ducrost, *Bull. Soc. Anthrop. de Lyon,* 1888, p. 91. Voir aussi les observations de M. Ducrost, *Association française,* 1873, p. 630, 642, qui signale l'ancienneté plus grande des foyers à chevaux.

6. Cette couche n'est pas distinguée de la suivante dans le premier travail de MM. Ducrost et Arcelin, *Matériaux,* t. XI, p. 499.

rennes; lames et grattoirs, mais pas encore de pointes de lance; 5° petite couche stérile; 6° foyers solutréens proprement dits, avec débris de cuisine où le renne domine; on voit apparaître à ce niveau les belles pointes de lance et de flèche, mêlées à quantité de lames, de grattoirs, de *nuclei*, de percuteurs, d'outils en os, même à des essais rudimentaires de sculpture; sépultures humaines établies sur, dans ou sous les foyers; 7° à la partie supérieure de l'éboulis, toute stratification cesse; on trouve des flèches à ailerons, des hachettes en pierre polie, des objets en poterie, en métal, etc. On voit par ce qui précède que le gisement de Solutré ne peut pas être considéré comme un tout synchronique; les dépôts inférieurs sont franchement quaternaires et le passage à l'époque néolithique semble s'y opérer graduellement./

Outre le renne, le cheval et le mammouth [1], la faune de Solutré [2] comprend le cerf commun [3], le grand bœuf, le renard, l'antilope saïga, le loup, le grand tigre, etc.; le rhinocéros et le sanglier font complètement défaut [4]. Les grands carnassiers des couches inférieures ne se trouvent plus dans les foyers de l'âge du renne [5].

D'où proviennent les os de chevaux, dont le nombre est si considérable qu'on a parlé de 40,000 et même de 120,000 squelettes de cet animal [6] ? Suivant la tradition populaire, une bataille aurait été livrée au pied de la roche; d'autres allèguent qu'on y enterrait les chevaux de la garnison du château fort [7]. Tout cela est inadmissible, car les os ne se suivent jamais, comme ceux d'animaux qui auraient été enfouis tout entiers [8] :

1. Les dents de mammouth ne sont pas rares à Solutré; cf. *Archives du Mus. de Lyon*, t. I, p. 17.

2. *Arch. du Mus. de Lyon*, t. I, pl. III, IV; *ibid.*, p. 12 et suiv.; *Congrès de Norwich*, p. 329, 330; *Matériaux*, t. IV, p. 36; t. XI, p. 498, 499; *Revue d'Anthropologie*, t. XV, p. 450; *Association française*, 1873, p. 630, 633.

3. Pas de mégacéros (*Matériaux*, t. IV, p. 101, 318); on a cru reconnaître le *cervus canadensis* (*Arch. du Mus. de Lyon*, I, p. 17).

4. On a signalé une fois la marmotte, dont la présence concorde avec celle du renne pour caractériser l'époque du froid sec; *Mus. de Lyon*, t. I, p. 18; *Association française*, 1873, p. 639.

5. *Matériaux*, t. XI, p. 500.

6. Les évaluations à cet égard varient presque du double au centuple; cf. *Matériaux*, t. VIII, p. 79; t. IX, p. 338; t. XI, p. 499; *Revue d'Anthropologie*, t. XV, p. 449; Ferry et Arcelin, *Âge du renne*, p. 21; *Association française*, 1873, p. 595; *Archives du Mus. de Lyon*, t. I, p. 15. L'ossuaire des chevaux de Solutré a été exploité jusqu'à une époque récente pour la fabrication des phosphates de chaux.

7. *Congrès de Norwich*, p. 322; *Association française*, 1873, p. 594.

8. *Congrès de Norwich*, p. 321.

il sont calcinés et brisés en menus fragments. Faut-il voir dans les murailles de chevaux l'accomplissement de quelque rite religieux ou funéraire? Ç'a été l'opinion de MM. Arcelin et de Ferry, qui rappelaient à ce propos les sacrifices de chevaux sur les tombes des morts, dont il est question dans les anciens textes [1]. Mais M. Arcelin a retiré son opinion en 1873 [2] pour se rallier à l'autre hypothèse, déjà soutenue par MM. Ducrost et Lortet et adoptée par M. Cartailhac, d'après laquelle les *murailles de chevaux* seraient des restes de cuisine analogues aux *Kjækkenmœddings* danois. Cette opinion avait été formellement rejetée au début par MM. de Ferry et Arcelin, à cause de l'absence de débris étrangers dans ces « murailles de chevaux »[3]; elle a été également déclarée inadmissible par M. Cazalis de Fondouce [4]. Peut-être faut-il adopter une opinion moyenne, à savoir que les débris de chevaux proviennent de repas, et qu'ils ont été accumulés en murailles pour obéir à quelque préoccupation superstitieuse ou utilitaire. On a rappelé fort à propos que les Esquimaux du détroit de Behring construisent autour de leurs huttes de véritables murs avec les os des bisons qu'ils ont dépecés [5].

M. Toussaint a développé l'idée que le cheval de Solutré était domestique [6]; appuyé par H. Gosse, il a été combattu sur ce point par MM. Sanson, Piétrement, de Mortillet et Arcelin, qui objectent surtout, comme aux partisans de la domestication du renne, l'absence du chien [7]. M. Toussaint a fait valoir qu'on trouve surtout de jeunes chevaux à Solutré et qu'un tel choix eût été difficile à faire pour les chasseurs ; en second lieu, qu'on y rencontre toutes les parties du cheval indistinctement, et non pas seulement les parties charnues avec les os contenant la moelle et la cervelle, ce qui a

---

1. *Congrès de Norwich*, p. 346. On trouve aussi de fréquents sacrifices de chevaux à l'époque néolithique, *Revue Archéol.*, 1864, I, p. 127; *Congrès de Copenhague*, p. 389; *Congrès de Stockholm*, p. 682. On a aussi cité les hécatombes de chevaux qui se font encore sur les tombes des Kirghiz et qui servent à des repas funéraires (*Association française*, 1873, p. 641).

2. *Association française*, 1873, p. 638.

3. *Congrès de Norwich*, p. 345. Cette absence n'est pas aussi complète que les premiers explorateurs l'avaient pensé.

4. *Matériaux*, t. VIII, p. 79.

5. *Association française*, 1873, p. 638.

6. *Association française*, 1873, p. 586 et suiv.

7. Cf. plus haut, p. 62, et *Matériaux*, t. VIII, p. 326; t. IX, p. 326, 331, 373; Piétrement, *Les chevaux dans les temps préhistoriques et historiques*, p. 85 et suiv.; *Association française*, 1873, p. 596, 640; *Revue Archéol.*, 1874, II, p. 288, 353; *Bull. Soc. Anthrop.*, 1874, p. 642, 689; *Bonner Jahrbücher*, t. LXII, p. 152; Mortillet, *Le Préhist.*, p. 385.

lieu, par exemple, pour le renne, tué et dépecé sur le terrain de chasse [1]. Il a ajouté que le cheval se domestique en quelques heures sans le secours du chien, qui effraie le cheval et le met en fuite au lieu de le ramener [2]. À cela M. de Mortillet répond [3] que le cheval, pris au lasso, tombe et se soumet : il a pu ainsi être conduit au campement pour y être abattu, ce qui ne pouvait se faire pour le renne, dont la résistance se prolonge pendant plusieurs jours. Quant à l'argument des jeunes chevaux, il faut dire que la constatation de l'âge des individus se fonde sur l'évolution du système dentaire, *telle que nous la connaissons aujourd'hui* : cette évolution a peut-être varié dans des proportions notables [4]. Nous n'avons donc que des indications assez vagues sur l'âge des chevaux exhumés à Solutré et la question de la domestication de ces animaux doit rester en suspens.

Le cheval de Solutré avait une grosse tête ; il était assez petit ($1^m,36$-$1^m,40$) et trapu [5]. C'est la variété dite *ardennaise* du cheval belge [6], dont l'aire actuelle est le nord-est de la France.

M. Toussaint a remarqué que, chez le cheval domestique adulte, le métatarsien et le métacarpien rudimentaires sont soudés avec le canon ; cette soudure, qui n'existe pas chez le cheval tertiaire ou hipparion [7], fait aussi généralement défaut chez le cheval de Solutré. On a toutefois fait observer qu'il peut s'agir d'un simple retard de la soudure due à l'alimentation particulière du cheval solutréen [8].

Industrie. — Les silex de Solutré [9], tantôt neufs, tantôt endommagés par l'usage [10], sont, en général, taillés à petits coups dans le silex de la craie, dont les gisements les plus rapprochés sont à 8-10 kilomètres de la

1. *Association française*, 1873, p. 597.

2. *Ibid.*, p. 599, 640.

3. *Ibid.*, p. 640 ; *Le Préhist.*, p. 387.

4. Sanson, *Matériaux*, t. IX, p. 335. M. de Mortillet allègue encore (*Le Préhist.*, p. 387) que, dans les troupeaux de chevaux sauvages, ce sont toujours les adultes les plus vigoureux qui protègent la troupe et favorisent la retraite.

5. Toussaint, *Association française*, 1873, p. 588 ; *Matériaux*, t. VIII, p. 327 ; t. IX, p. 334. M. Ducrost représente au contraire le cheval de Solutré comme haut sur jambes et assez grand (*Arch. du Mus. de Lyon*, t. I, p. 16).

6. *Matériaux*, t. IX, p. 341.

7. Cf. *Revue d'Anthropologie*, t. XI, p. 102 et suiv.

8. *Association française*, 1873, p. 591, 640 ; *Matériaux*, t. VIII, p. 327 ; t. IX, p. 337.

9. Spécimens gravés : *Matériaux*, t. V, pl. 30, 31 ; Hamy, *Précis*, fig. 85 ; *Arch. du Mus. de Lyon*, t. I, pl. V, VI ; *Congrès de Bruxelles*, pl. 21 ; Mortillet ; *Musée Préhistorique*, fig. 95-99, 118, 122, 125, 126 ; *Association française*, 1873, p. 642 ; *Dictionnaire de la Gaule, Cavernes*, 2e type.

10. *Congrès de Norwich*, p. 324.

station [1]. Il est possible que les pièces arrivassent dégrossies des grands ateliers voisins que l'on a trouvés à Charbonnières [2]. La forme caractéristique de Solutré est la pointe de lance, d'épieu ou de flèche [3] (peut-être aussi de poignard) [4], en feuille de laurier, de noyer ou de ronce, généralement très plate et très effilée aux deux extrémités, quelquefois arrondie à la base [5], presque toujours fortement cacholonnée [6]. La longueur de ces pointes varie dans la proportion de 1 à 20 [7]. Bien que caractéristiques de la station, les pointes d'un travail soigné sont toujours rares [8] ; en revanche, les grattoirs, les perçoirs et les scies sont en grand nombre. Les racloirs du type du Moustier ne se trouvent pas dans la couche inférieure. Dès le début de ces études, on a comparé les pointes de Solutré aux armes néolithiques du Danemark [9], dont elles ont l'élégance et la perfection technique. Outre les silex taillés, on rencote à Solutré des cailloux roulés de la Saône ou de la Bresse, des fragments de porphyre ou de granit et des rognons de peroxyde de manganèse ayant pu servir de percuteurs, des morceaux de sanguine employés pour la teinture ou le tatouage, et des fragments de cristal de roche poli [10].

Les produits artistiques sont rares : on cite trois rennes sculptés dans

1. *Matériaux*, t. IV, p. 34 ; *Arch. du Mus. de Lyon*, t. I, p. 20.

2. Ducrost, *Arch. du Mus. de Lyon*, t. I, p. 21 ; *Assoc. française*, 1873, p. 645 ; *Matériaux*, t. V, p. 425 et pl. 28 ; *Revue Archéol.*, 1867, I, p. 434, pl. XII.

3. L'arc devait être très employé à Solutré (Ducrost, *Arch. du Mus. de Lyon*, t. I. p. 21).

4. M. de Ferry pensait que quelques-unes de ces pointes avaient pu servir d'armes de jet, comme les sagaies à longue hampe des Hottentots et des Cafres (*Matériaux*, t. V, p. 472). Il n'est pas douteux que les pointes de Solutré ne fussent emmanchées ; cf. une hache mexicaine emmanchée, gravée dans le *Musée Préhistorique*, n° 93.

5. *Matériaux*, t. IV, p. 34.

6. Voir Arcelin, *Études d'archéologie préhistorique*, Paris, 1875, p. 78 et suiv.

7. Mortillet, *Le Préhist.*, p. 356. Parmi les pointes qui ont dû servir de flèches, on trouve le type à rudiments d'ailerons (Ducrost, *Arch. du Mus. de Lyon*, t. I, p. 29 ; *Bull. Soc. Anthrop. de Lyon*, 1888, p. 94).

8. Cf. Mortillet, *Musée Préhist.*, notice de la planche XII. La pointe à cran ne se trouve pas à Solutré même, mais dans quelques gisements où l'on rencontre aussi la pointe de lance solutréenne (Mortillet, *Le Préhist.*, p. 357, 360) ; on ne peut donc pas considérer cette forme comme caractéristique du type de Solutré.

9. *Congrès de Norwich*, p. 326, note.; *Matériaux*, t. V, p. 470, 472. Une très belle scie, analogue à celles du Danemark, a été signalée et figurée par M. Ducrost (*Arch. du Mus. de Lyon*, t. I, pl. V, fig. 6, p. 22), mais M. Arcelin a fait observer (*Lettre à M. Ducrost*, 1873, p. 17) qu'il fallait peut-être n'y voir qu'une ébauche de lance.

10. *Congrès de Norwich*, p. 326, 327 ; Ducrost, *Arch. du Mus. de Lyon*, t. I, p. 23, qui signale aussi (p. 25), mais sans en préciser le gisement, une perle de jadéite.

la pierre tendre[1], une gravure à la pointe représentant un animal dont la tête manque[2], des canines de loup et de renard percées de trous de suspension[3], des poinçons, des os polis, striés ou munis d'encoches. On n'a pas rencontré d'aiguilles, mais quelques phalanges de renne percées qui ont pu servir de sifflets[4]. Les rares fragments de poterie, recueillis dans les foyers et en dehors, sont fort analogues aux types néolithiques des bords de la Saône[5] et ont pu s'introduire par cheminement lent dans les couches quaternaires où on les a recueillis[6].

Date des sépultures. — Déjà Ferry hésitait à attribuer à l'époque du renne les tombes à dalles, parce qu'il en avait trouvé d'identiques, avec une hache polie et une gourde en terre, à quatre lieues de Solutré[7]. Le fait que ces tombes à dalles contenaient des os brûlés et des silex[8] n'est pas une preuve en faveur de leur ancienneté, puisque le sol où ces tombes étaient établies est rempli lui-même de silex et d'ossements[9]; on peut en dire autant de l'argument tiré de la condition des squelettes dans ces tombes, parce que les os peuvent parvenir assez rapidement à un degré de décomposition qui ne varie plus. Aussi a-t-on généralement renoncé à considérer les tombes à dalles comme remontant à l'âge du renne; mais c'est par une conjecture tout à fait gratuite qu'on a voulu les faire passer pour gallo-romaines[10]. En vérité, nous n'en savons rien du tout, et aucune trouvaille, aucun indice, n'empêche d'attribuer ces tombes à la période de transition entre la pierre éclatée et la pierre polie.

La question de la date des tombes à dalles ne préjuge nullement celle de l'ancienneté des sépultures sur foyer. Le fait que la position et la dimension des squelettes sont en relation avec la position et la di-

---

1. *Musée Préhist.*, fig. 125, 126 ; *Revue Archéol.*, 1868, I, p. 207-212, pl. VII ; *Congrès de Norwich*, p. 331 ; *Matériaux*, t. IV, p. 100 ; t. VIII, p. 77 ; *Arch. du Mus. de Lyon*, t. I, p. 11.

2. *Association française*, 1873, p. 630, 646.

3. *Congrès de Norwich*, p. 331.

4. *Matériaux*, t. IV, p. 34.

5. *Congrès de Norwich*, p. 331 ; *Rev. Arch.*, 1868, I, p. 211.

6. Arcelin, *Assoc. française*, 1873, p. 646 ; *Les sépultures de l'âge du renne*, p. 25.

7. *Congrès de Paris*, p. 351 ; *Matériaux*, t. IV, p. 106. Cependant, au *Congrès de Norwich*, Ferry et Arcelin maintinrent encore l'homogénéité de la nécropole; cf. *Matériaux*, t. IV, p. 102 ; *Assoc. française*, 1873, p. 636.

8. *Congrès de Norwich*, p. 334.

9. *Matériaux*, t. IV, p. 35.

10. Ducrost et Lartet, *Matériaux*, t. VIII, p. 78 ; *Arch. du Mus. de Lyon*, p. 10 ; *Bull. Soc. Anthrop. de Lyon*, 1888, p. 97.

mension des foyers ou fonds de huttes, fait attesté par des chercheurs consciencieux, tranche la question, à notre avis, dans le sens des premiers explorateurs [1]. Il n'en est pas moins prouvé que les couches *supérieures* du gisement de Solutré ont subi de nombreux remaniements; on a signalé des tombes récentes, une sépulture néolithique bien caractérisée, un squelette portant une bague chrétienne et un collier en verroterie, un fragment d'épitaphe romaine [2]. La constatation de ces mélanges a fort ému les archéologues. Malgré l'opinion formelle exprimée en 1873 par Broca, que les sépultures solutréennes étaient quaternaires, beaucoup de spécialistes ont peu à peu retiré l'adhésion qu'ils avaient donnée au début pour se retrancher, les uns dans un scepticisme commode, les autres derrière des négations systématiques qui nous paraissent insuffisamment motivées [3]. S'il est difficile, à certains égards, et pénible pour quelques préjugés trop répandus, d'admettre la contemporanéité des sépultures sur foyer avec le renne, il serait plus difficile encore, ou même impossible, d'expliquer ces sépultures en les rapportant à une époque postérieure. Bizarres occupants de Solutré, qui, à l'époque néolithique, celtique, gallo-romaine ou burgonde, auraient creusé la terre jusqu'à la rencontre des anciens foyers pour y déposer leurs morts [4]! « Il serait étrange, disait

1. M. Cartailhac fait observer, il est vrai, que, les foyers étant presque contigus, d'après l'expression même de Ferry, il était impossible que le corps ne coïncidât pas souvent avec les amas de cendres, que l'on aurait peut-être même recherchés pour y déposer les morts (*Revue d'Anthropologie*, t. XV, p. 452). Mais comment expliquer, dans l'hypothèse de ces remaniements, que les foyers profonds soient restés parfaitement intacts, comme l'attestent les fouilleurs les plus dignes de foi? (*Arch. du Mus. de Lyon*, t. 1, p. 8.)

2. *Association française*, 1873, p. 632, 635; *Matériaux*, t. IV, p. 105; t. XIII. p. 528; t. XVI, p. 227; *Revue d'Anthropologie*, t. XV, p. 452; *Bull. Soc. Anthrop. de Lyon*, 1888, p. 97; Arcelin, *les Sépultures de Solutré*, 1878, p. 27. Le fragment d'épitaphe est inédit.

3. Ainsi M. Cartailhac, convaincu en 1872, doute en 1878 (*Matériaux*, t. XIII, p. 530) et nie formellement en 1886 (*Revue d'Anthropologie*, t. XV, p. 448). M. de Mortillet, convaincu sans réserves en 1868 (*Matériaux*, t. IV, p. 324), après avoir douté tout d'abord (*Matériaux*, t. IV, p. 36, 107), nie en 1883 dans le *Préhistorique* (p. 390), et plus énergiquement encore en 1888 (*Bull. Soc. Anthrop. de Lyon*, 14 avril 1888). Voici la conclusion de M. Cartailhac : « En résumé, le cimetière de Solutré comprend des sépultures d'époques très diverses... Il est possible que çà et là soient des ossements de chasseurs de rennes, mais nous n'avons pas le moyen de les reconnaître et de les distinguer. » (Cf. *Matériaux*, t. XVI. p. 223.) M. Cartailhac était mieux inspiré, croyons-nous, quand il disait à Lyon en 1873 : « Ce qui est certain, c'est que plus de dix fois un squelette humain s'est trouvé sur un foyer quaternaire et pas un fait ne vient s'opposer à ce qu'on admette la contemporanéité. »

4. Ducrost, *Bull. Soc. Anthrop. de Lyon*, p. 99. On insistait autrefois sur le diagnostic de Pruner-Bey qui, au Congrès de Paris (1867, p. 350), avait reconnu le type mongoloïde

M. Arcelin dès 1868, qu'à une époque postérieure et après l'enfouissement des foyers, on se soit fait en quelque sorte une loi d'enterrer par-dessus ces foyers et de creuser les fosses d'inhumation jusqu'à leur rencontre, de façon que, certains corps reposant presque à la surface, d'autres se trouvassent enfouis à 2 mètres de profondeur [1]. » Ces arguments n'ont pas encore été réfutés. /

Position archéologique du type de Solutré. — L'industrie du silex, telle qu'on la constate à Solutré, est assez peu répandue [2] ; elle n'a été exercée en Gaule que par des tribus peu nombreuses. Il ne paraît donc pas admissible de faire du *Solutréen* un âge, une étape dans l'époque de la pierre éclatée, intermédiaire entre le Moustérien et le Magdalénien [3]. Si l'on a pu quelquefois constater la superposition du Magdalénien au Solutréen [4], cela prouve seulement que, dans certaines cavernes, des tribus à industrie solutréenne en ont précédé d'autres à qui l'industrie de la Madelaine était familière [5]. C'est un fait local, et rien de plus. A Solutré même, si l'on a pu observer la superposition du Solutréen au Moustérien [6], les types magdaléniens font défaut et la transition aux outils néolithiques paraît s'opérer sans intermédiaire.

Alors que, dans les cavernes magdaléniennes, le travail du silex est

dans les crânes des tombes de Solutré ; mais l'on sait aujourd'hui combien l'hypothèse mongoloïde est vaine et quel cercle vicieux Pruner-Bey et ses élèves ont commis en l'adoptant (cf. *Matériaux*, t. IV, p. 107). Broca s'est occupé en détail des crânes de Solutré (*Association française*, 1873, p. 651-662) ; il a étudié 25 crânes, dont sept sont franchement dolichocéphales et six brachycéphales. Il n'y a aucune conclusion à tirer de là. Voir aussi Arcelin, *La Question anthropologique à Solutré*, dans ses *Études d'Archéol. préhist.*, Paris, 1875, p. 57 ; Hamy, *Sur les ossements de Solutré*, dans le *Bull. Soc. Anthrop.*, 1873, p. 842.

1. Cf. Arcelin, *Les sépultures de l'âge du renne*, p. 22.

2. Voir la distribution du Solutréen indiquée dans le *Préhistorique* de M. de Mortillet, p. 367 et suiv.

3. « Il semble que le Solutréen réponde plutôt à un cantonnement régional qu'à une époque. » (Saporta, *Revue des Deux-Mondes*, 1er mai 1883.)

4. Cf. Mortillet, *Détermination de la position du Solutréen*, dans les *Matériaux*, t. XIII, p. 15. La superposition du Magdalénien au Solutréen a été signalée à Laugerie-Haute et au Placard (Vilhonneur) ; cf. *Matériaux*, t. XIV, p. 33 ; t. XVI, p. 229 ; *Bulletin Monumental*, 1878, p. 46 (A. de Maret) ; *Bull. Soc. Anthrop.*, 1878, p. 32 (Mortillet). Lartet a d'abord considéré Laugerie-Haute comme plus ancienne que la Madelaine, opinion qui a été reprise par M. Dupont (cf. *Matériaux*, t. III, p. 470), puis par M. de Mortillet (*ibid.*, t. IV, p. 38).

5. Cf. Cazalis de Fondouce, *Matériaux*, t. VIII, p. 31. On ne peut partir de là pour affirmer la disparition des types solutréens à l'époque de la Madelaine.

6. *Association française*, 1873, p. 642 ; *Matériaux*, t. XI, p. 500. On a cru reconnaître la même superposition à Thorigné (Mayenne) ; cf. *Matériaux*, t. XI, p. 284, 289.

négligé, tandis que la gravure et la sculpture sur os sont en honneur, à
Solutré, comme à Laugerie-Haute et à Badegols, c'est le contraire qui a
lieu. Le travail des pointes en feuille de laurier de Solutré est, au point
de vue de l'art, aussi digne d'admiration que les os sculptés de la Madelaine. Deux tribus différentes peuvent, à la même époque et dans la
même région, avoir présenté cette différence dans leurs aptitudes et dans
leurs goûts ; on citerait aujourd'hui même beaucoup de faits analogues.
Ed. Lartet exprimait l'avis, dès 1867, que le type de Laugerie-Haute
devait être considéré comme intermédiaire entre ceux de la pierre éclatée
et de la pierre polie[1] ; son opinion sur ce point, souvent combattue, a été
reprise et développée par M. Dupont[2]. Avec le savant belge, nous inclinons
à croire que l'industrie de Solutré se rattache, par les procédés techniques
qu'elle met en œuvre, à celles de Saint-Acheul[3], comme celle de la Madelaine continue celle du Moustier. Les types du Moustier et de la Madelaine ont disparu ; ceux de Solutré auraient donné naissance, sous l'influence
de modèles venus d'ailleurs, à l'industrie de la pierre polie ou néolithique. Voici comment M. Dupont a résumé sa manière de voir, qui nous
paraît encore la plus plausible dans l'état actuel de la science[4] : « Les
Troglodytes et les populations dont on trouve les débris dans les alluvions
des vallées des bassins de Paris, de Londres, etc., se sont développés isolément, mais parallèlement et simultanément. Seulement, tandis que les Troglodytes disparaissaient à l'époque où apparaissait l'âge néolithique dans
leur région, les populations des vallées de la Somme, de la Tamise, etc.,
arrivaient, par l'évolution régulière de leur industrie, à produire l'industrie qui caractérise notre âge de la pierre polie. Nous devons nous attendre dès lors à trouver dans les gisements néolithiques, surtout dans les

1. Lartet, *Congrès de Paris*, p. 361. C'était aussi l'opinion de Ferry (*Rev. Archéol.*, 1868,
I, p. 212), Franks (*Congrès de Paris*, p. 37), Evans (*ibid.*, p. 360 ; *Congrès de Bruxelles*,
p. 183, 471).

2. Cf. *Congrès de Bruxelles*, p. 459 ; *Congrès de Stockholm*, p. 315 ; *Congrès de Pesth*,
p. 78 ; *Revue d'Anthropologie*, t. III, p. 118 ; *Matériaux*, t. VIII, p. 75.

3. M. Arcelin pense que les hachettes grossières du type de Saint-Acheul, découvertes
à Solutré, sont des pointes de lance à l'état de préparation (*Lettre à M. Ducrost*, p. 17).
L'abbé Ducrost a signalé à Solutré des « survivances » des types de Saint-Acheul et des
acheminements vers la pierre polie (*Association française*, 1873, p. 648). On ne peut faire
grand fond sur « l'instrument discoïdal en pierre verdâtre présentant sur une de ses surfaces un poli obtenu artificiellement » (Ferry, *Revue Archéol.*, 1868, I, p. 211) ; cf. Arcelin, *Association française*, 1873, p. 645.

4. *Congrès de Pesth*, p. 78.

ateliers, beaucoup de formes qui rappellent les formes paléolithiques de ces vallées, puisqu'elles dérivent de celles-ci [1]. »

II. Silex de Volgu [2]. — Le 24 février 1873, des terrassiers, occupés au creusement de la rigole de l'Arroux à Volgu (commune de Rigny), mirent à découvert un paquet serré de lames en silex pyromaque, taillées à grands éclats sur les deux faces, à petites retouches sur le tranchant, sans aucune patine et n'ayant évidemment jamais servi. Onze de ces lames ont été déposées au musée de Chalon [3]. Le type est à peu près uniforme : la plus longue mesurait $0^m,35$ de long, $0^m,088$ de large et $0^m,009$ d'épaisseur, alors que les plus longues pointes connues de Solutré ne dépassent pas $0^m,30$ [4]. Le terrain avoisinant contenait des débris gallo-romains. Il n'est pas douteux qu'il ne s'agisse d'une cachette [5], mais on ignore absolument à quelle époque elle remonte. La délicatesse et le fini du travail sont merveilleux, et il semble bien que ces lames n'étaient pas destinées à l'usage; mais faut-il y voir des armes d'apparat ou des symboles religieux ? L'origine du silex où elles sont taillées n'est pas moins obscure ; on a supposé, mais sans preuves, qu'il venait de Charbonnières (voir plus haut, p. 205).

1. Le nom de *Podionomites*, proposé par M. Dupont pour les habitants des plaines, est d'autant plus mal choisi que l'on a déjà celui de *Pédiéens*, bien connu par l'histoire primitive de l'Attique (Plutarque, *Solon*, XIII, 29).

2. Arcelin, *Études d'Archéologie préhistorique*, Paris, 1875, p. 75 ; Chabas, *Les silex de Volgu*, Chalon, 1874; cf. *Association française*, 1873, p. 625 ; Mortillet, *Le Préhist.*, p. 366 ; *Mus. Préhist.*, n° 105. La meilleure publication est celle de Chabas (héliogravures Dujardin en grandeur naturelle).

3. Les trois premières ont été brisées en morceaux; la plus grande des onze autres a perdu sa partie supérieure.

4. La plus courte lame de Volgu a $0^m,232$ de long.

5. Une collection de lames de silex de 25 à 38 centimètres de longueur a été recueillie dans un champ de la commune de Barrou (Indre-et-Loire) ; cf. *Association française*, 1884, p. 201 ; *Matériaux*, t. XVIII, p. 62. — On a signalé récemment en Transcaucasie la découverte d'une quarantaine de très grands couteaux en pierre hauts d'environ 22 centimètres, qui ont été trouvés ensemble et constituaient évidemment une cachette (*Verh. Berl. Ges.*, 1884, p. 195-196, pl. III). M. Virchow, qui a appelé l'attention sur ces objets, n'a pas osé affirmer qu'ils remontassent à l'époque paléolithique; quoi qu'il en soit, cette trouvaille lointaine présente une analogie intéressante avec celle de Volgu.

VITRINE XXII[1].

Au-dessus (10899), vase* provenant du Trou-du-Frontal; original au musée de Bruxelles (I).

1° Silex provenant de la grotte du Placard, à Rochebertier (c^ne de Vilhonneur)[2] : *nuclei*, éclats et lames, dont quelques-uns en jaspe; couteaux,

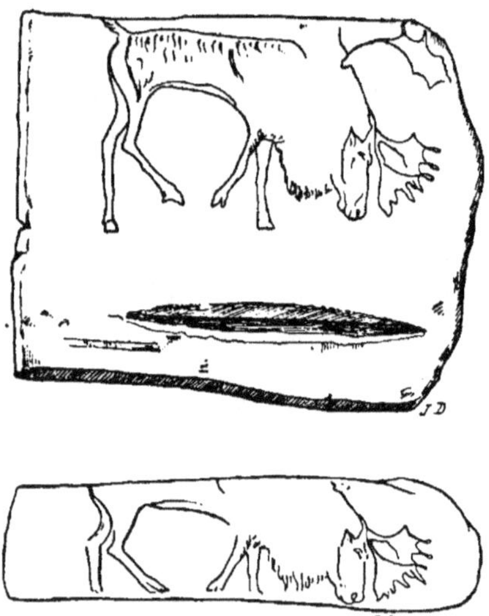

Fig. 66. — N° 21394. — Long., 0^m,112. — Thayngen.

plaques fragmentées de grès ferrugineux, de gneiss micacé, de schiste argilo-calcaire et de micaschiste; fragment de granite.

---

1. Donateurs : Dupont, Fermond, Cournault, Keller, E. Arnaud. — D'autres silex magdaléniens provenant du Placard ont été récemment donnés au Musée par M. Harlé (1889).

2. On écrit parfois à tort *Villehonneur*. La grotte du Placard a été fouillée par MM. Fermond et du Maret ; voir une vue d'ensemble dans le *Musée Préhistorique*, fig. 213. Cf. Fermond, *Notice sur les différents âges dans la vallée de la Tardoire*, Angoulême, 1873 ; A. du Maret, *Fouilles de la grotte du Placard*, dans le *Bulletin Monumental* de 1878, et à part, Tours, 1879 ; *Matériaux*, t. IX, p. 6, 11 ; t. X, p. 191 ; t. XII, p. 150 ; t. XIII, p. 17, 49, 299, 305 ; t. XIV, p. 33 ; t. XVI, p. 229 ; t. XX, p. 125 ; Gaudry et Boule, *Matériaux pour l'hist. des temps quaternaires*, 2e fasc., 1880 (Montgaudier, le Placard, la Chaise); *Musée Préhistorique*, fig. 111, 195, 213-218.

2º Objets de même provenance; éclats d'os à moelle; os brûlés; débris de poterie grossière, provenant des couches supérieures[1]; lames, couteaux, grattoirs, scies, tarauds en silex; grattoirs, taraud et scie en jaspe.

3º A droite, objets en os provenant de la grotte du Placard. — (14906) Fragment d'un bâton de commandement (?). — Pointes et poinçons en bois de renne et en os; fragments de pointes de sagaie; pointe taillée dans une côte de bœuf; pointes de flèche en bois de renne avec base en biseau; baguette de bois de renne avec sillon longitudinal. — Incisive de cerf polie et trouée; aiguilles en bois de renne; fragments de coquilles marines (pétoncles).

Dans le compartiment du milieu, objets en silex de la *Baoumo dei Peyrards* (grotte des Pierres à feu) à Buoux (Vaucluse)[2] : racloirs et pointes de types moustériens; lame et scie (22173).

Fig. 67. — Nº 30361. — Long., 0ᵐ,135. — Chaffaud.

A gauche, objets provenant de la célèbre grotte de Thayngen près Schaffhouse (II) : fragment de brèche avec ossements et silex empâtés; grattoirs, lames, pointes, scie, *nucleus* discoïde en silex; (21394) renne broutant (fig. 66), gravé sur bois de renne, la plus belle gravure de ce genre que l'on connaisse, étonnante par l'élégance du dessin et la sûreté du tracé; original au musée de Constance (Rosgarten Museum)[3].

On a placé dans deux cadres, à gauche de la vitrine, une image développée du renne de Thayngen et des dessins représentant le renne actuel d'a-

1. Cf. *Matériaux*, t. XIII, p. 305.

2. Émile Arnaud, *Matériaux*, t. V, p. 225.

3. Parmi les très nombreuses reproductions de cette gravure, nous citerons seulement : Bertrand, *Archéologie celtique et gauloise*, pl. I (*Revue Archéol.*, 1874, t. I, pl. X); c'est de beaucoup la meilleure publication, bien qu'un peu molle; Bertrand, *La Gaule avant les Gaulois*, p. 60; *Reliquiae Aquitanicae*, p. 279; *Correspondenzblatt*, 1877, pl. sans légende, nº 4 (photographie); *Archiv für Anthropologie*, t. VIII, p. 128; Merk, *Der Hoehlenfund im Kesserloch*, pl. VIII, nº 68 (médiocre); Heim, *Ueber einen Fund aus der Rennthierzeit*, 1874; Nadaillac, *Premiers hommes*, t. I, p. 132; *Mœurs et monuments des peuples préhistoriques*, p. 101; Southall, *Recent origin of man*, frontispice; *Matériaux*, t. IX, p. 176; Duruy, *Histoire des Romains*, éd. in-4º, t. III, p. 78. Notre vignette (fig. 66) a été dessinée à la chambre claire d'après le moulage.

près les publications de Cuvier [1], Richardson [2] et Schreber [3]. Le dessin du Troglodyte de Thayngen n'est pas inférieur à ces derniers en exactitude et leur est fort supérieur par le sentiment.

Au-dessus de la 3ᵉ section de la vitrine XXII, figurent trois os conservés

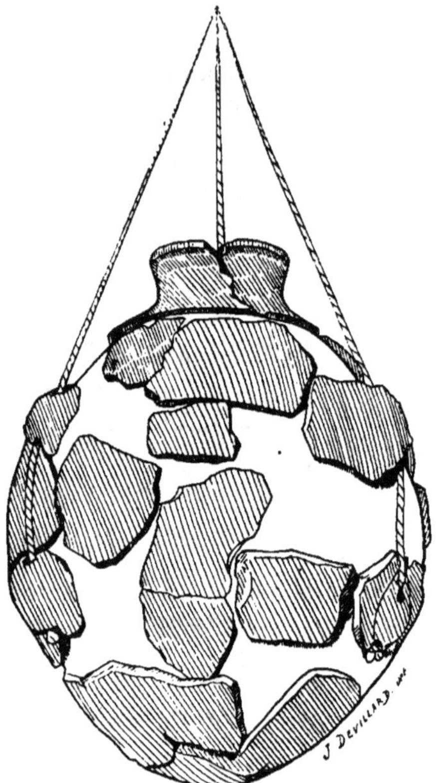

Fig. 68. — Nº 10899. — H. 0ᵐ,32. — Furfooz.

autrefois au musée de Cluny (30361,30467,31008). Ce sont : 1º le canon de renne portant des rennes femelles gravés (fig. 67), découvert par Brouillet père dans la caverne du Chaffaud (voir plus haut, page 178); 2º un os de

1. F. Cuvier, *Mammifères du Muséum*, t. IV, *le Renne*, p. 2, pl. I.
2. Richardson, *Fauna Borealis Americana*, p. 941.
3. Schreber, *Zoologie*, pl. CCXLVIII.

renne de même provenance, portant des incisions et encore recouvert d'un
dépôt terreux ; 3° une pointe de harpon barbelé de même provenance. Dans
un cadre vis-à-vis, à gauche de la fenêtre, on a exposé un fac-similé du
dessin assez inexact de Prosper Mérimée, d'après l'os gravé du Chaffaud (voir
plus haut, p. 178).

I. **Vase du Frontal.** — Ce vase [1] (fig. 68), restitué à l'aide de nombreux fragments, a été découvert par M. Dupont à l'entrée du caveau funéraire dit Trou-du-Frontal (Furfooz) [2] ; tout auprès étaient des silex taillés, des
ornements en fluorine, des coquilles perforées et une plaque de grès avec une
gravure au trait figurant un animal. La pâte du vase est noirâtre, mêlée de
petits morceaux de spath calcaire ; elle est modelée à la main, puis simplement séchée au soleil [3]. L'aspect de ce vase est bien celui de la poterie néolithique, et la plupart des archéologues pensent qu'il n'est pas contemporain du renne [4] ; on affirme aussi, mais en commettant un cercle vicieux,
que la sépulture du Frontal est néolithique. Nous ne pensons pas que l'art
du potier soit resté inconnu à *toutes* les tribus contemporaines du renne,
mais cette industrie doit avoir été peu répandue et très rudimentaire.
Peut-être n'appartient-elle qu'à la fin de l'époque quaternaire, où se place-
raient aussi les premières sépultures dans les cavernes.

II. **Caverne de Thayngen** [5]. — La grotte de Thayngen, — appelée

1. Gravé dans Dupont, *L'homme pendant les âges de la pierre*, 2° éd., p. 198 ; le même,
Étude sur l'ethnographie de l'homme de l'âge du renne, 1867, pl. IX ; Quatrefages, *Introduction à l'étude des races humaines*, p. 74 et dans beaucoup d'autres ouvrages.

2. Sur cette grotte, voir Dupont, *op. laud.*, p. 195-204, avec figures. C'est moins une
caverne qu'un abri sous roche.

3. Nadaillac, *Premiers hommes*, t. I, p. 98.

4. Voir plus haut, p. 158, et Cartailhac, *Matériaux*, t. X, p. 332.

5. Heim, *Ueber einen Fund aus der Renntierzeit in der Schweiz*, dans les *Mittheilungen der
antiquarischen Gesellschaft in Zurich*, t. XVIII, 5° fasc., avec planche (à part, Zurich,
1874) ; K. Merk, *Der Hœhlenfund im Kesslerloch bei Thayngen, Originalbericht des Ent-
deckers, ibid.*, t. XIX, 1er fasc., avec 8 planches (à part, Zurich, 1875 ; traduit en anglais
par Lee) ; J. J. Müller, *Oeffentliche Erklaerung über die bei den Thaynger Hœhlenfunden
vorgekommene Fælschung*, Zurich, 1877 ; Lindenschmit, *Entgegnung auf die im Namen der
antiq. Gesellschaft in Zurich herausgegebene Erklærung*, dans l'*Archiv für Anthropol.*, t. X
(1877), p. 323 ; Rütimeyer, *Die Verænderungen der Thierwelt in der Schweiz*, Bâle, 1875 ;
je même, *Die Knochenhœhle von Thayngen*, dans l'*Archiv für Anthropologie*, t. VIII
(1875), p. 123 ; Bertrand, *Archéologie celtique et gauloise*, 1re éd., p. 56, 2e éd., p. 72 ;
Matériaux, t. IX, p. 176 ; t. XI, p. 97 et suiv. (article de Mlle Mestorf, avec nombreuses

Kesslerloch parce qu'elle a servi de refuge à des chaudronniers ambulants, — est située dans le canton de Schaffhouse, à l'ouest de Thayngen, sur la frontière du grand-duché de Bade et tout près de la tranchée du chemin de fer qui conduit de Constance à Schaffhouse [1]. Elle a été explorée au commencement de 1874 par M. Heim, de Zurich, qui a commencé les recherches et découvert le renne [2], puis par M. Merk, de Thayngen, qui a conduit son exploration avec négligence et sans admettre le contrôle de gens compétents ; enfin, dans l'été de 1874, la grotte a été de nouveau fouillée par le marchand antiquaire Messikommer, qui eut le faussaire Stamm au nombre de ses ouvriers.

La caverne s'ouvre sur deux côtés ; elle est assez claire et spacieuse. La brèche ossifère se trouve sous une épaisse couche d'éboulis et de stalagmites. On a reconnu dans l'intérieur plusieurs foyers entourés de pierres plates. Le poids total des ossements extraits de la grotte atteint 1,500 kilogrammes ; tous les os à moelle sont cassés. Rütimeyer a déterminé la faune, qui comprend vingt-quatre espèces de mammifères [3], huit espèces d'oiseaux et quelques reptiles ; il n'y a pas d'animaux domestiques. Les éclats de silex, au nombre de 12,000, représentent un poids de 350 kilogrammes et appartiennent surtout aux types couteau, grattoir et perçoir. Les bois de renne, ouvragés ou non, sont en très grand nombre. Parmi les instruments en bois de renne, il faut citer les lissoirs [4], les harpons barbelés ou lisses [5], les aiguilles à chas et les poinçons ; on a encore recueilli des os de cygne

figures) ; t. XII, p. 140 ; t. XIII, p. 117 ; t. XIV, p. 55 ; t. XXI, p. 364 ; Virchow, *Verh. Berl. Ges.*, 1877, p. 364 ; *Bonner Jahrbücher*, t. LXI, p. 162, 164 ; t. LXII, p. 141 ; *Revue d'Anthropologie*, t. VIII, p. 346 ; *Globus*, t. XXIX, n° 12 ; *Correspondenzblatt*, 1877, p. 164 ; 1878, p. 157 et suiv. ; *Ausland*, 1878, n° 4 ; Jansson, *Der Thaynger Knochenfund oder Schwindel auf dem Gebiete der Urgeschichte*, dans le recueil *Natur und Offenbarung*, t. XXV, 2ᵉ cahier. Voir plus haut, p. 176-177, la bibliographie et le résumé des polémiques (Ecker, Fraas, Lindenschmit, etc.) auxquelles la question de l'authenticité des découvertes de Thayngen a donné lieu en Allemagne. — Autre grotte de l'âge du renne à Thayngen, *Verhandlungen der Berliner Gesellschaft für Anthropologie*, 1874, p. 257.

1. *Matériaux*, t. XI, p. 98. Une carte préhistorique des environs du lac de Constance a été publiée dans le *Correspondenzblatt* de 1877, pl. à la p. 164.

2. Voir, sur les circonstances de cette découverte, la relation citée de Heim et Bertrand, *Archéol. celtique et gauloise*, p. 58.

3. Loup, chat sauvage, renard ; ours brun, lynx, marmotte, chamois, bouquetin, lièvre alpin; hamster, cheval sauvage; cerf canadien (?), renne, ovibos, renard polaire, glouton, *bos primigenius, bison priscus, felis spelaea, elephas primigenius, rhinoceros tichorhinus*. Le renne (250 individus), le cheval et le renard sont les animaux les plus nombreux. Cf. *Matériaux*, t. XI, p. 105.

4. *Matériaux*, t. XI, p. 108, fig. 44.

5. *Ibid.*, fig. 45-48.

transformés en sifflets [1], des dents percées [2], des rondelles en os ornementées et des pendeloques en lignite [3], des coquillages perforés, une plaque en os poli et couverte d'une matière rouge avec des morceaux de sanguine [4]. Les *bâtons de commandement* sont nombreux ; 23 sont percés d'un trou, 4 de deux trous. Voici la liste des objets gravés ou sculptés :

Renne broutant (plus haut, p. 211, 212) ;

Trois chevaux gravés sur un bâton de commandement [5] ;

Cheval gravé sur bois de renne et tête de cheval fragmentée sculptée dans un os [6] ;

Tête d'*ovibos moschatus* sculptée dans un os [7] ;

Tête de renne gravée sur bois de renne [8] ;

Deux têtes de chevaux gravées sur lignite [9] ;

Arrière-train d'un suidé (?) gravé sur os de renne [10].

C'est après la conclusion des fouilles entreprises à l'instigation de Messikommer, au mois de mai 1875, que l'ouvrier Stamm envoya à Rütimeyer deux os, qu'il prétendait avoir découverts à l'entrée de la caverne [11], portant un renard et un ours gravés [12]. Après avoir inspiré des doutes aux savants suisses, Rütimeyer, Keller, Merk, Mandach, ainsi qu'aux archéologues anglais Franks et Lee, les gravures en question furent étudiées par M. Lindenschmit, à Mayence. Celui-ci reconnut qu'elles avaient été co-

<hr>

1. *Matériaux*, t. XI, p. 109.

2. *Ibid.*, p. 110.

3. *Ibid.*, p. 109, fig. 49-52. Cf. Fraas, *Zeitschrift für Ethnologie*, 1878, p. 251.

4. *Ibid.*, p. 111.

5. Merk, *op. laud.*, pl. VII, fig. 63 ; *Matériaux*, t. XI, p. 106, fig. 43 ; *Correspondenzblatt*, 1877, pl. sans légende, fig. 1 ; Nadaillac, *Mœurs et monuments*, p. 95. L'authenticité de cette gravure a été suspectée à tort par M. Schaaffhausen. Le type du cheval de Thayngen est élancé, très différent de celui du cheval de Solutré et du Périgord.

6. Merk, pl. VIII, n° 67, pl. V, n° 51 ; *Matériaux*, t. XI, p. 110, fig. 53 et 54. La tête du cheval est *peut-être* fausse; cf. J. J. Müller, *op. laud.*, p. 11.

7. *Matériaux*, t. XI, p. 111, fig. 55 et 56. Cf. plus haut, p. 64. Ecker a prétendu que cette tête avait été sculptée d'après un crâne d'*ovibos* (cf. *Bonner Jahrbücher*, t. LXII, p. 151).

8. Merk, pl. VIII, fig. 69, p. 33.

9. *Ibid.*, p. 103, fig. 41 et 42 ; Nadaillac, *Mœurs et monuments*, p. 100.

10. Le dessin donné par Merck, *op. laud.*, pl. VII, fig. 64, et reproduit par les *Matériaux* t. XI, fig. 40, est inexact : la queue relevée *en trompette* est une invention du graveur (cf. la photographie publiée par le *Correspondenzblatt*, 1877, pl. sans légende, n° 6). L'animal représenté n'est donc pas le cochon domestique ; cf. J. J. Müller, *op. laud.*, p. 9. Il n'est pas même certain que ce soit un suidé ; voir la gravure dans les *Reliquiae Aquitanicae*, 2ᵉ partie, p. 146, fig. 29.

11. Merk, pl. II, fig. 98, 99 ; *Matériaux*, t. XI, p. 112, fig. 57-58.

12. Heim, *op. laud.*, p. II, n°ˢ 98 et 99 ; Nadaillac, *Mœurs et monuments*, p. 100, fig. 42.

piées sur un ouvrage populaire édité par Spamer, *Die Thiergarten und Menagerien mit ihren Insassen,* Leipzig, 1868. Une enquête judiciaire ouverte par les autorités suisses confirma les soupçons de M. Lindenschmit : Martin Stamm, l'ouvrier filateur employé par Messikommer, avoua qu'il avait fait exécuter les dessins par un jeune étudiant, K. Bollinger, sans l'instruire de la supercherie qu'il méditait. Les deux gravures fausses ont été acquises en 1875 par M. Franks. M. Lindenschmit, suivi par Ecker, s'efforça vainement, en se fondant sur la constatation de cette fraude, de discréditer toute la série des gravures sur os, y compris les spécimens découverts par Lartet et Christy dans le Périgord (cf. plus haut, p. 177).

VITRINE XXIII[1].

A. — A droite, silex de type solutréen provenant de la station de Saussaye, c[ne] de Tercis (Landes)[2]. Pointes et ébauches de pointes, dont quelques-

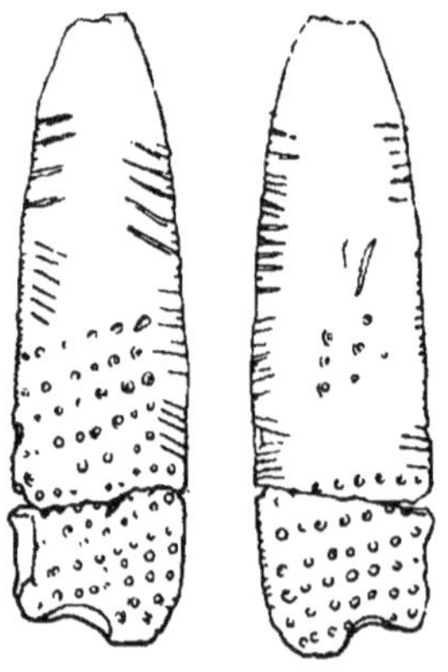

Fig. — N° 15206. — H. 0^m,10. — Gorge d'Enfer.

unes à pédoncule ; instruments arqués ayant pu servir de scies ; lames avec deux encoches ; grattoirs, disques, perçoirs, *nuclei.*

Plus à gauche, silex et os travaillés recueillis dans la Gorge d'Enfer (c[ne] de Tayac)[3]. Pointes du type de Solutré, grattoirs, lames ou éclats ; grattoirs

1. Donateurs : **A** : J. et P. Parrot, Lartet et Christy, R. Pottier ; **B** : J. et P. Parrot.
2. *Matériaux,* t. VII, p. 240.
3. *Reliquiae Aquitanicae,* A, pl. IX, p. 84 ; pl. X, p. 85 ; pl. XXXV, p. 151 ; pl. XXXVI, p. 153 ; B, pl. XII, XIII, XXV, XXVI ; p. 170 ; Lartet et Christy, *Revue Archéol.,* 1864,

avec scie et avec perçoir; grattoir-racloir, scie-racloir, doubles grattoirs; poinçon à graver (?) et à percer; cailloux quartzeux ayant servi de mortiers[1]. — (15206) Os avec encoches et semis de points, peut-être une *marque de chasse* ou *de propriété*[2]; à l'exemple de Lartet, on a vu aussi, dans les objets entaillés ou marqués de points, des aide-mémoire ou registres de comptes primitifs. Ces explications se fondent sur la constatation d'usages analogues chez les Africains du Sud, les Néo-Zélandais, les Esquimaux, etc.[3]. — Pointes de flèche en os[4]. — (15207) Deux instruments pointus en os, dont l'un est recourbé[5]. — Pointe de lance en os[6]. — Os · taillé avec encoches; original au Musée Britannique[7]. — Lissoir en bois de renne.

A gauche, pointes de flèche en silex d'un travail très délicat provenant de la grotte de l'Église, à Excideuil[8]. Remarquez la pointe à cran (19846, fig. 71)[9] et deux pointes de flèches réappointées (19875)[10]. — Pointe en jaspe, en bas à gauche (19875)[11]; très belle pointe à cran latéral (fig. 70)[12].

I, p. 240; *Matériaux*, t. IV, p. 459; Hamy, *Précis*, p. 264; Mortillet, *Musée Préhist.*, nᵒˢ 147, 189.

1. Cf. *Reliquiae Aquitanicae*, A, pl. XIII, XXIII, et p. 59.

2. Hamy, *Précis*, p. 259; *Reliquiae*, B, pl. XIII, nᵒ 13 a; Joly, *L'homme avant les métaux*, p. 214, fig. 103; Broca, *Association française*, 1872, p. 1223, fig. 46, p. 1228; cf. *Matériaux*, t. II, p. 49 (marques semblables sur ivoire signalées par Vibraye à Arcy-sur-Cure); Girod et Massénat, *Stations de l'âge du renne*, pl. II, VII, VIII, IX, X (Laugerie-Basse); Rivière, *De l'antiquité de l'homme*, p. 238 (Baoussé-Roussé). M. de Mortillet (*Le Préhist.*, p. 408) pense que les incisions et entailles « sont tout simplement des points d'arrêt pour la main, afin qu'elle ne glisse pas le long de l'outil pendant l'emploi ».

3. *Reliquiae Aquitanicae*, p. 189-201, p. 288-291, avec de nombreuses références à des travaux d'ethnographie récents. On a très justement fait ressortir, d'un autre côté, l'analogie de ces marques avec les caractères oghamiques (*Congrès de Norwich*, 1868, p. 314). Cf. Wetzstein, *Eigenthumszeichen nomadischer Vœlker*, dans le *Globus*, 1877, p. 255; *Verh. Berl. Ges.*, 1877, p. 14; 1878, p. 192; 1879, p. 33.

4. *Reliquiae*, B, pl. XIII, 3 a.

5. *Reliquiae*, B, pl. XIII, nᵒˢ 9, 14.

6. *Reliquiae*, B, pl. XIII, nᵒ 2.

7. *Reliquiae*, B, pl. XIII, nᵒ 1.

8. Cette grotte, fouillée par les frères Parrot, est un des plus importants gisements du type solutréen; le renne et le cheval y abondent; il n'y a ni sculptures ni gravures. La forme du silex qui caractérise cette station est la flèche dite *pointe à cran* (Mortillet, *Le Préhist.*, p. 359, fig. 38; *Mus. Préhist.*, nᵒˢ 107-111), dont le travail est souvent aussi parfait que celui des pointes de lance solutréennes. Voir, sur Excideuil, Parrot, *Association française*, 1872, p. 705 et suiv. (capital); *Revue d'Anthropologie*, t. III, p. 223 et suiv., pl. III et IV; *Matériaux*, t. VI, p. 472-490 et pl. XVIII; Mortillet, *Le Préhist.*, p. 359, 364, 365; *Musée Préhistorique*, nᵒˢ 101-103, 106, 108-110, 112, 113, 119, 120, 123, 124, 153; Hamy, *Précis*, p. 343.

9. *Musée Préhist.*, fig. 108.

10. *Ibid.*, fig. 110.

11. Cf. *Le Préhist.*, p. 359.

12. *Matériaux*, t. VI, pl. XVIII, nᵒ 5; *Musée Préhist.*, nᵒ 109.

— En haut (19851), morceau de schiste avec encoche sur le bord supérieur.
— Instruments en os; poinçon avec encoches [1]; petit os pendeloque avec
encoches; deux os, dont l'un de forme courbe, portant des encoches latérales
(marques de propriété ou de chasse? registres de comptes?) [2]. — Canines
de renard percées; poinçons et pointes de flèche en os; pointe de flèche
avec encoche et pointe de lance en bois de renne; fragments de harpons
barbelés en bois de renne analogues à ceux de la Madelaine; base de lance en
biseau en bois de renne. — (19855) Pointe à cran en bois de cervidé, analogue
aux pointes en silex de la même station [3]; pointe de dard en os [4].

B. — Sur la tranche, deux canines d'*ursus spelaeus*, molaires de cheval, molaires d'aurochs et mâchoire de renne provenant de la grotte de l'Église, à
Excideuil.

Fig. 70. — N° 19846.   Fig. 71. — N° 19846.   Fig. 72. — N° 19871.
H. 0^m,09. — Excideuil.   H. 0^m,08. — Excideuil.   H. 0^m,065. — Excideuil.

Collection d'instruments en silex et en jaspe de la même provenance;
on peut signaler les types suivants :

Nuclei en jaspe et en silex (19826,19828); pointes et éclats moustériens en
jaspe et en silex (19834); disque en silex (19840); tranchet ou hache à main
en silex (19839); grandes et petites lames en silex, dont quelques-unes ap-
pointées à un bout (19844,19865) ou aux deux bouts (19868); grandes lames
en jaspe (19823, 19827, 19874); petite lame en jaspe sanguin (19874); petites
lames en silex avec tranchant retaillé (19874-19876); poinçons en silex et en
jaspe [5] (19868,19872); grattoir en jaspe et en silex; grattoirs et pointes en
quartz hyalin (19861); double grattoir (19843,19863) et grattoirs à dos retaillé
(19843,19866); perçoirs en silex (19872-19874); double perçoir en silex [6]

1. *Musée Préhist.*, fig. 153.
2. Cf. plus haut, p. 218, note 2.
3. *Musée Préhist.*, fig. 123.
4. *Ibid.*, fig. 124.
5. *Musée Préhist.*, fig. 112.
6. *Musée Préhist.*, fig. 113.

(19871, fig. 72) ; racloir ou scie en silex (19841) ; pointes solutréennes (19845, 19868) ; ébauches et fragment de pointes et de flèches à cran (19846, 19875) ; percuteurs (cailloux quartzeux, rognons de silex) ; géode de silex agathisé ayant peut-être servi d'écrasoir (19878).

VITRINE XXIV[1].

Types de Solutré.

A. — 1º Objets provenant du gisement de Solutré [2] : pointes cacholonnées, dont deux [*] très grandes (collection Ferry, 18271 (fig. 73[3]), 18272) ; un grand [*]

Fig. 73. — Nº 18271. — H. 0ᵐ,187. — Solutré.

Fig. 74. — Nº 18581. — H. 0ᵐ,08. — Solutré.

et un petit [*] renne femelle sans tête, sculptés dans des pierres tendres [4] (collection Ferry, 18581 (fig. 74), 18582). — Os travaillés, à savoir : pointe de flèche, pointe en bois de renne à base en biseau, sifflet [5] en phalange de renne ;

1. Donateurs : **A** : 1º Ministère de l'Instruction publique, Commission des Gaules, Arcelin, Ferry ; 2º Lalande, Massénat, Lartet, Christy ; 3º Vibraye, Lartet, Christy. — **B** : Ministère de l'Instruction publique (fouilles Mortillet), Commission des Gaules (fouilles Chantre), Arcelin, Ferry.
2. Plus haut, p. 196-210.
3. *Dictionnaire archéol. de la Gaule, Solutré*, fig. 11.
4. Plus haut, p. 206, note 1.
5. C'est Lartet qui a le premier reconnu des sifflets dans les phalanges perforées ; quelquefois la perforation peut n'être pas intentionnelle et la désignation de *sifflet* ne doit être acceptée que sous réserves. On connaît aujourd'hui un assez grand nombre d'objets semblables. Cf. *Congrès de Paris*, p. 150 (Schussenried) ; *Reliquiae Aquitanicae*, B, pl. V,

bois de renne avec coupure, bois sciés et taillés. — (20145) Morceau de quartz hyalin taillé. — Morceaux de peroxyde de fer et de manganèse. — Fragments de foyers avec des amas de petits os éclatés.

2° Objets de l'abri de Badegols[1] : spécimens de brèche, avec os de renne, charbon, silex taillés et un morceau de sanguine. — Hache triangulaire grossière rappelant, mais de très loin, les types de Saint-Acheul. — Lames, racloirs, grattoirs doubles, perçoirs, pointes du type de Solutré et ébauches de pointes en silex.

3° Objets en silex de l'abri de Laugerie-Haute[2] : lames, éclats, tarauds, grattoirs, petits disques, pointes, bases et ébauches de pointes du type de Solutré, ces dernières en assez grande abondance.

A droite (3533), pointe de flèche en silex à pédoncule, du type d'Excideuil[3].

Fig. 75. — N° 20144. — H. 0^m,105. — Solutré.

B. — Objets provenant de Solutré.

Sur la tranche, base de bois de renne ayant servi de percuteur ; *magma* d'os de cheval ; fragment de mâchoire de mammouth ; morceau de peroxyde de fer ; bois de renne entaillé.

A gauche, spécimen du gisement de Solutré (Cros du Charnier) : dalle des foyers, avec os brûlés, magma des foyers avec phalange de renne ; lame de silex et bois de renne dans le magma des foyers ; grattoirs en silex dans un foyer.

fig. 21 (Aurignac, Laugerie-Basse) ; *Revue Archéol.*, 1864, I, pl. IX, fig. 12, p. 248 (les Eyzies) ; *ibid.*, p. 249 (Chaffaud, dans une phalange de chamois) ; Dupont, *L'homme pendant les âges de la pierre*, 2° éd., p. 78 (Montaigle), p. 115 (Goyet) ; *Congrès de Bruxelles*, p. 366 (Reggio, exemplaire très douteux). Cf. Mortillet, *Le Préhist.*, p. 411 ; *Musée Préhist.*, fig. 219 ; Nadaillac, *Premiers hommes*, t. I, p. 117. On a signalé dans les stations néolithiques d'Espagne des coquilles perforées ayant servi de sifflets (*Matériaux*, t. XXII, p. 58). Il est curieux de rappeler à ce propos ce que Strabon (p. 316) dit des Dardaniens : ἄγριοι δ'ὄντες οἱ Δαρδάνιοι τελέως, ὥσθ' ὑπὸ ταῖς κοπρίαις ὀρύξαντες σπήλαια ἐνταῦθα δίαιτας ποιεῖσθαι, μουσικῆς δ'ὅμως ἐπεμελήθησαν μουσικοῖς ἀεὶ χρώμενοι καὶ αὐλοῖς καὶ τοῖς ἐντατοῖς ὀργάνοις. Ces Troglodytes de Dardanie étaient musiciens.

1. Cf. plus haut, p. 195, note 5.

2. Lartet et Christy, *Revue Archéol.*, 1864, I, p. 251 ; Evans, *Ages de la pierre*, trad. franç., p. 481 ; Mortillet, *Le Préhist.*, p. 365, 371. Silex lancéolés et types solutréens de cette provenance, *Reliq. Aquitanicae*, A, pl. IV, VI, XXI ; Mortillet, *Musée Préhist.*, fig. 100, 107. Laugerie-Haute a été exploitée par Lartet, Christy, Vibraye et Massénat.

3. *Musée Préhist.*, fig. 107.

Grande collection de silex de Solutré, presque tous cacholonnés. Les types sont les suivants : casse-tête (?) et *nucleus*; disques; petits éclats de fabrication; éclats latéraux; lames ou couteaux, dont quelques-uns très grands, d'autres très petits; scies et racloirs de types moustériens; belles lames (20143, 20144, fig. 75) à bord retaillé; lames retaillées à extrémité arquée; lames à pointes et à grattoirs; nombreux grattoirs et doubles grattoirs; tarauds, perçoirs, pointes diverses. Remarquez (18273 [1] et 18274 [*]) deux pointes en feuille de laurier d'un très beau dessin; collection de Ferry.

VITRINE XXV [2].

TYPES DE LA MADELAINE (I).

Sur la tranche, mâchoire de renne cassée pour sucer la pulpe.
A. — Objets de la Madelaine : (20067, fig. 76), os d'oiseau avec série d'en-

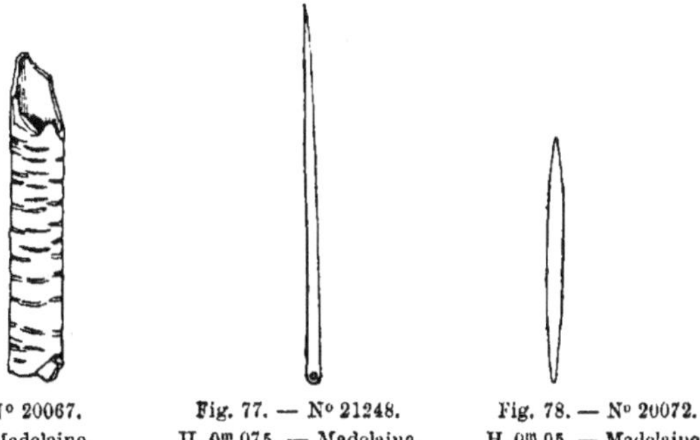

Fig. 76. — N° 20067.	Fig. 77. — N° 21248.	Fig. 78. — N° 20072.
H. 0^m,08. — Madelaine.	H. 0^m,075. — Madelaine.	H. 0^m,05. — Madelaine.

tailles, qu'on a parfois interprétées comme des marques de comptabilité [3]; peut-être ces rainures n'avaient-elles pour but que d'empêcher l'os de glisser entre les doigts. — Silex pointu pour forer le trou des aiguilles [4]. — (20072) Trois hameçons à deux pointes, en os de renne [5] (fig. 78). — Très belle série

1. *Dictionnaire archéol. de la Gaule, Solutré,* fig. 10.
2. Donateurs : Lartet et Christy (cf. p. 17).
3. Mortillet, *Le Préhistorique,* p. 408. Cf. plus haut, p. 218, 219.
4. Cf. *Reliquiae aquitanicae,* p. 134; Nadaillac, *Premiers hommes,* t. I, p. 96.
5. *Reliquiae,* B, pl. VI, n° 10; *Mus. Préhist.,* fig. 176; Rau, *Prehistoric Fishing,* p. 13.

de douze aiguilles en os, dont huit ont conservé leurs chas (rem. le n° 21248,
fig. 77) ; trois présentent des retouches et ont été refaites après accidents [1].
—Dents perforées ayant servi de pendeloques, suivant un usage encore très

Fig. 79. — N° 3418. — Long., 0m,38. — Madelaine.

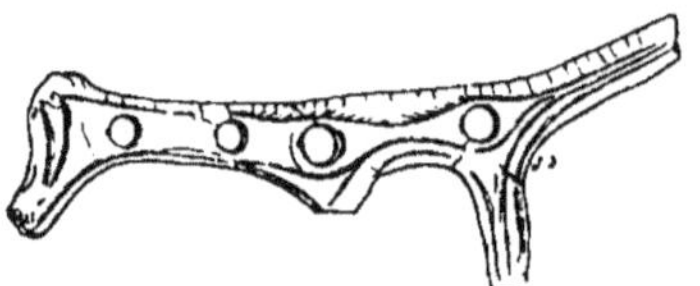

Fig. 80. — N° 8160. — Long., 0m,23. — Madelaine.

répandu [2]; incisives de cheval, de bœuf; canines de cervidé (?), de renard,
de renne, de loup. — (8172) Défense de sanglier [3]. — (15194) Fragment de

1. *Reliquiae*, B, pl. XVII ; *Mus. Préhist.*, pl. XXIV. Cf. Lartet, *Reliquiae*, p. 127 et
suiv. (étude de la couture chez les Lapons, analogue à celle des Troglodytes quaternaires) ;
le même, *Matériaux*, t. VI, p. 349 sq. ; Piette, *Matériaux*, t. XXII, p. 46 ; aiguilles de la
grotte de Conduché (Lot), *Matériaux*, t. XXII, p. 427 ; aiguilles en os égyptiennes, de
forme analogue, *Reliquiae*, p. 128 ; aiguille en os de Beth-Saour (Palestine), analogue à
celles du Périgord, *Congrès de Paris*, p. 118 ; étui contenant trois aiguilles, trouvé dans
la grotte du Placard, *Bull. Monumental*, 1878, p. 43 ; étui d'aiguilles lacustres, *Verh. Berl.
Ges.*, 1883, p. 264 ; aiguille en os de la grotte d'Altamira en Espagne, Cartailhac, *Ages
Préhistoriques*, p. 41, fig. 36 ; aiguille à chas dans une grotte néolithique de la Marne, *Congrès de Bruxelles*, p. 405 ; aiguilles dans la grotte du Chaffaud, Brouillet, *Époques antéhist.
du Poitou*, p. 10 ; aiguilles en os des stations lacustres, Troyon, *Habitations lacustres*,
pl. VI, VII. Pour des spécimens appartenant aux civilisations classiques, voir l'article
Acus dans le *Dict. des Antiquités* de Saglio.

2. *Reliquiae*, B, pl. V, 2-13 ; *Mus. Préhist.*, pl. XXIII. — Dents portées comme amulettes,
reliques ou objets de parure, usage subsistant encore même dans certaines parties de
l'Europe, par exemple au Tyrol : *Congrès de Bologne*, p. 40 ; *Congrès de Stockholm*, p. 304,
314 ; *Congrès de Pesth*, p. 444 ; *Congrès de Lisbonne*, p. 234 ; *Association française*, 1875,
p. 902 ; 1876, p. 570 ; *Revue d'Anthropologie*, t. V, p. 584 ; *Revue d'Ethnographie*, 1888,
p. 344, 345 ; *Revue archéologique*, 1874, I, p. 332 ; *Matériaux*, t. VIII, p. 449 ; t. IX,
p. 139-143 ; *Zeitschrift für Ethnologie*, 1869, p. 471 ; 1879 (t. X supplém.), p. 149 ; *Verh.
Berl. Ges.*, 1870, p. 33 ; 1872, p. 146 ; 1884, p. 118 ; 1886, p. 37, 41 ; 1887, p. 137 ; 1888,
p. 445 (travail sur l'utilisation des défenses de sanglier) ; *Reliquiæ Aquitanicæ*, p. 223 ;
Lindenschmit, *Alterthümer unsrer heidnischen Vorzeit*, II, 8, 1 ; Mortillet, *Musée Préhistorique*, n° 617 ; Rivière, *Antiquité de l'homme*, p. 304, 321 ; Schliemann, *Mykenæ*, p. 312
(éd. allem.) ; Troyon, *Habitations lacustres*, pl. VII, 18, etc., etc.

3. *Reliquiae*, B, pl. V, 14.

calcaire strié annulairement, analogue aux prétendues *marques de chasse*[1].
— (8173, 8174, 21240) Coquilles de pétoncles perforées; les deux dernières
ont deux trous[2]. — (8175) Tête de renne gravée sur un caillou serpentineux
qui est percé d'un trou de suspension[3].

Très nombreuse série de bâtons de commandement (II), plus ou moins
mutilés, et d'os de renne portant des gravures. Nous les énumérons de
gauche à droite et de haut en bas, et, vu l'importance du sujet, nous signalons chaque pièce.

(3418) Bâton à un trou, sans figures (fig. 79).

(20056) Bâton orné de lignes se croisant en X et de chevrons.

(8160)[4] Bâton percé de quatre trous, encadrés de lignes gravées en
creux (fig. 80). Il est évident qu'un bâton ainsi affaibli ne pouvait servir
que d'ornement.

(8165)[5] Bâton à quatre trous parfaitement circulaires encadrés par des
saillies ovales ménagées dans le bois (fig. 81).

Fig. 81. — N° 8165. — Long., 0^m,14. — Madelaine.

(31502)[6] Base de bâton avec trois trous et encadrements circulaires;
original au Musée Britannique.

(20058) Bâton portant la figure d'un renard (?) marchant à droite.

(21243)[7] Silhouette de trois renards (?) marchant à gauche, sur une pointe
de sagaie en bois de renne.

(20055)[8] Quatre renards (?) marchant à gauche, sur une pointe de sagaie.
D'autres ont pris ces animaux pour des volatiles, tellement le dessin en est
vague.

(20065) Fragment de petit bâton à un trou, où l'on croit distinguer l'arrière-train d'un animal.

1. *Reliquiae*, A, pl. XXIX, 4.
2. *Reliquiae*, B, pl. V, 17-19 ; *Mus. Préhist.*, fig. 163 ; *Dictionnaire de la Gaule, Cavernes du Périgord*, fig. 17.
3. *Reliquiae*, B, pl. V, I et p. 45 (vignette) ; *Mus. Préhist.*, fig. 157.
4. *Reliquiae*, B, pl. XV-XVI, 1 ; *Mus. Préhist.*, fig. 193.
5. *Reliquiae*, B, pl. III, 5.
6. *Reliquiae*, B, pl. III, 6 *a*.
7. *Reliquiae*, B, pl. VII, 2.
8. *Reliquiae*, B, pl. XXIV, 5.

(29762)* Bâton à deux trous avec encadrements à peu près carrés, portant deux poissons et un cheval d'un côté, quatre poissons de l'autre (fig. 82) [1]; original au Musée Britannique.

Sur ce spécimen et sur les suivants, on peut étudier la conformation du cheval périgourdin quaternaire, espèce de poney à grosse tête qui ressemble à certains chevaux sauvages actuels. On trouve cependant, à la même époque, des chevaux de proportions plus élancées et à petite tête, comme celui qui est gravé sur un os de la grotte de Thayngen [2].

Fig. 82. — N° 29762. — Long., 0^m,30. — La Madelaine.

Fig. 83. — N° 20054. — Long., 0^m,15. — La Madelaine.

Fig. 84. — N° 8167. — Long., 0^m,13. — La Madelaine.

(20054) [3] Pointe de lance (?) avec deux rosaces et un lézard (?) sur un côté, deux têtes de cheval et un lézard (?) sur l'autre (fig. 83).

(20066) Base de pointe de lance ornée des deux côtés de gravures linéaires en forme d'X.

(20066 *bis*) Base analogue ornée de nervures ; on croit y distinguer aussi deux poissons.

(31503)* Fragment de bâton; on distingue un renne marchant à droite, suivi et précédé d'un autre animal. Original au Musée Britannique.

(21255) Bois de renne portant des stries [4].

(20053) Bâton orné de quatre poissons d'un côté et de trois chevaux de l'autre.

1. *Reliquiae*, B, pl. III, 1.
2. Cf. plus haut, p. 69, et sur les dessins d'équidés quaternaires en général, *Reliquiae Aquitanicae*, p. 181, 301 ; Piette, *Matériaux*, t. XXI, p. 359.
3. *Reliquiae*, B, pl. IX, 4; *Dictionnaire des Gaules, Objets travaillés*, fig. 23.
4. *Reliquiae*, B, pl. XXIII, 4.

(8167) [1] Pointe de lance portant sur deux faces huit grouins disposés nez à nez (fig. 84).

(21265) [2] Tête de bovidé (?) et poissons (?) sur bois de renne.

(31504)· [3] Trois rennes et cinq chevaux (incomplets) marchant, gravés sur un bâton à deux trous; les rennes ont l'air de galoper le nez en l'air. Original au Musée Britannique.

(29765)· [4] Bâton portant deux rennes et deux chevaux. Original au Musée Britannique (fig. 85).

(20057) [5] Renne et son faon, gravés sur bâton.

(31505)· Pointe de lance avec un poisson sur chaque face.

(8161) [6] Bâton en bois de cerf (?) avec partie antérieure d'un cerf bondissant à droite; de l'autre côté, gravures entremêlées, parmi lesquelles on distingue deux jambes de quadrupède d'un remarquable dessin.

Fig. 85. — N° 29765. — Long., 0ᵐ,21. — La Madelaine.

Fig. 86. — N° 29764.
Long., 0ᵐ,07. — La Madelaine.

Fig. 87. — N° 21268.
Long., 0ᵐ,16. — La Madelaine.

(14865)· Deux rennes marchant à gauche, gravés sur une côte; original dans la collection Lalande.

(31506)· Avant-train de bovidé, gravé des deux côtés d'un bâton; original au Musée Britannique.

(29764)·· Deux vaches ou rennes marchant à droite, gravés sur un canon de renne; original au Musée Britannique (fig. 86).

(8176) [8] Quatre chevaux, disposés par couples sur chaque face d'une pointe de lance à base en biseau garnie de sillons parallèles.

1. *Reliquiae,* B, pl. X, 7.
2. *Reliquiae,* B, pl. XXX-XXXI, 1.
3. *Reliquiae,* B, pl. II, 7.
4. *Reliquiae,* B, pl. VII-VIII, 6 (gravure et développement des figures).
5. *Reliquiae,* B, pl. XXIV, 1.
6. *Reliquiae,* B, pl. II, 3 ; *Dictionnaire archéologique de la Gaule, Objets travaillés,* fig. 21.
7. *Reliquiae,* B, pl. II, 5 ; *Dictionnaire de la Gaule, Objets travaillés,* fig. 26.
8. *Musée Préhistorique,* fig. 182.

(21268)[1] Quatre chevaux, disposés par couples sur chaque côté d'une pointe de lance (fig. 87).

(30095)' Quatre chevaux disposés par couples de chaque côté d'une pointe de lance; original au Musée Britannique.

8162*[2] Grand bâton à un trou portant quatre chevaux d'un côté et trois de l'autre; original au Musée Britannique (fig. 88).

(21266)[3] Pointe de lance en bois de renne portant trois chevaux négligemment gravés. — (31482)*[4] Bâton de commandement portant trois che-

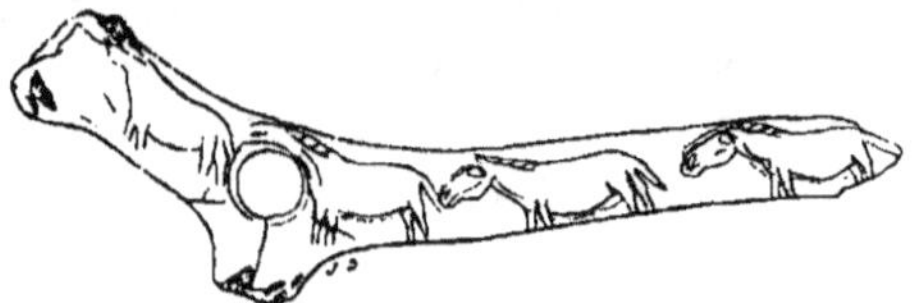

Fig. 88. — N° 8162. — Long., 0m,31. — La Madelaine.

Fig. 89. — N° 8163.
Long., 0m,16. — La Madelaine.

Fig. 90. — N° 8163.
Long., 0m,16. — La Madelaine.

Fig. 91. — N° 8166. — Long., 0m,19. — La Madelaine.

vaux d'un côté, une tête de cheval et des poissons gravés de l'autre; original au Musée Britannique. — (31507)' Bâton avec cheval gravé d'un côté et poisson (?) de l'autre; original au Musée Britannique. — (8164) Deux têtes de bœuf, une de chaque côté d'un fragment de bâton. — (31508)*[5] Bâton avec un cheval gravé sur chaque face; original au Musée Britannique.

(31509)'[6] Corps d'un quadrupède (renne, bovidé?) gravé sur un os d'oiseau (cygne?); original au Musée Britannique. — (20064) Main et bras humains gravés sur bois de renne; il n'y a d'indiqués que les quatre doigts.

1. *Reliquiae*, B, pl. X, 5.
2. *Reliquiae*, B, pl. XXX, 2; *Musée Préhist.*, fig. 192. Le trou coupe de chaque côté la tête d'un cheval; il est donc postérieur aux gravures. Cf. plus bas, p. 233.
3. *Reliquiae*, B, pl. XXIV, 2.
4. *Reliquiae*, B, pl. XXX-XXXI, 4.
5. *Reliquiae*, B, pl. XXIV, 7.
6. *Reliquiae*, B, pl. II, 2.

— (11082)·[1] Fragment d'un petit bâton où l'on a cru reconnaître une tête et une trompe de mammouth; original dans la collection Vibraye, à Cheverny. — (8163)[2] Deux têtes de bovidés (?), homme portant un bâton sur le dos (?), deux têtes de cheval et grand serpent, gravés sur bois de renne (fig. 89, 90). — (8166)[3] Douze mains humaines distribuées par six de chaque côté d'un bois de renne brisé à un bout et taillé en biseau à l'autre. Les mains n'ont que quatre doigts, c'est-à-dire que le pouce n'est pas indiqué[4] (fig. 91). — (15191)[5]

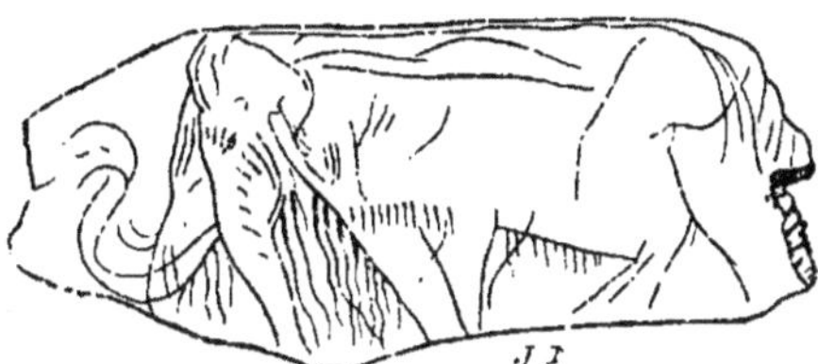

Fig. 92. — N° 29763. — Long., 0ᵐ,25. — La Madelaine.

Main humaine et bras décorés d'incisions en X, peut-être des tatouages. — (30091)·[6] Main et bras humains analogues aux précédents (fig. 93), gravés de chaque côté d'un bois de renne. Original au Musée Britannique. — (29763)·[7] Mammouth gravé à la pointe sur un fragment de défense (fig. 92), pièce célè-

1. *Musée Préhistorique*, n° 196.

2. *Reliquiae*, B, pl. II, 8; *Musée Préhist.*, fig. 198; *Dictionnaire arch. de la Gaule, Objets travaillés*, fig. 20-28.

3. *Reliquiae*, B, pl. X, 8.

4. On a pensé que les mains gravées sur os représentent des gantelets de fourrure analogues à ceux dont usent encore les populations arctiques (*Congrès de Stockholm*, p. 307; *Bonner Jahrbücher*, t. LXII, p. 149). M. de Mortillet a écrit, au sujet de l'indication des doigts (*Revue Scientifique*, 1877, I, p. 891) : « Cela prouve que les populations magdaléniennes avaient l'habitude de conserver le pouce dans l'intérieur de la main ; c'est une habitude encore en usage chez certains sauvages. » Il ne semble pas que cette hypothèse soit nécessaire ; la maladresse du graveur est une explication suffisante.

5. *Reliquiae*, B, pl. XVII, 6.

6. *Reliquiae*, B, pl. IX, 1 *b*.

7. *Dictionnaire archéol. de la Gaule, Objets travaillés*, fig. 25 (gravure d'une belle exécution, mais un peu *arrangée*, comme l'a dit avec raison M. Lindenschmit); *Reliquiae Aquitanicae*, B, pl. XXVIII, 1, p. 168, 206 et suiv.; *Comptes rendus de l'Académie des sciences*, 21 août 1865; *Annales des Sciences naturelles*, 5ᵉ série, t. IV, pl. XVI (1865); *Association française*, 1872, p. 1219; Hamy, *Précis*, p. 318; Pozzy, *La Terre*, p. 227; Dawkins, *Die Hœhlen*, p. 275; Mortillet, *Musée Préhistorique*, fig. 212 (bonne gravure); Le Hon, *L'homme fossile*, 2ᵉ éd., pl. à la p. 84; Lubbock, *Origine de la civilisation*, trad. franç., pl. à la p. 84; Southall, *Recent origin of man*, p. 202; Joly, *L'Homme avant les métaux*, p. 265; Daniel Wilson, *Prehistoric man*, t. I, p. 107; Nadaillac, *Mœurs et monuments des peuples préhistoriques*, p. 98; *Premiers hommes*, t. I, p. 127; Zittel, *Aus der Urzeit*, t. II, p. 524; H. du Cleuziou, *L'art national*, p. 29 (très mauvaise figure), etc. De toutes ces reproductions, il

bre découverte au mois de mai 1864[1], en présence de Falconer et de Lartet (original au Muséum à Paris). Les lignes du dos et celles de la trompe montrent des tâtonnements assez difficiles à expliquer[2], mais l'authenticité de la gravure est hors de doute, ainsi que l'interprétation qu'elle a reçue. — (3431) Astragale de renne avec trace de coupure des tendons. C'est avec des tendons de renne que les Esquimaux font le fil qui sert à la couture de leurs vêtements[3]. — (20061)[4] Lissoir ou coin en bois de cerf. — (3426, 3427) Deux os de renne, cassés pour avoir la moelle. — (20059) Bâton en bois de renne décoré d'incisions. — (6685) Grande plaque de grès à polir, avec stries et encoches.

B. — (15197) Caillou granitique avec indice de travail, sans doute un

Fig. 93. — N° 30091.
Long., 0^m,10. — La Madelaine.

Fig. 94. — N° 20071.
Long., 0^m,062. — La Madelaine.

mortier ébauché. — (15199) Trois cailloux granitiques ayant servi de triturateurs. — (3413) Caillou quartzeux avec traces de percussion. — (15198) Molette à triturer. — (3411, 3412, 15195[5], 15196) Cailloux granitiques avec cavités ayant servi de mortiers[6]. — (22709)[7] Limonite en sanguine grattée en long avec du silex pour produire de la poudre rouge; grotte de Montgaudier (don de l'abbé Bourgeois).

Silex divers de la Madelaine, à savoir : *nuclei*, lames, éclats, couteaux, pointes diverses (quelques-unes ont pu servir de burins pour graver[8]), scies, grattoirs, parmi lesquels quelques spécimens de grande dimension.

Objets divers en os de la Madelaine, à savoir : (3415) Baguette en bois de

n'y en a guère que *trois* qui aient été faites d'après l'original ou un moulage; les autres sont des copies, de plus en plus inexactes et molles, de la gravure publiée par Lartet ou de celle du *Dictionnaire de la Gaule.*

1. *Revue Archéol.*, 1865, II, p. 245.

2. On a prétendu que l'artiste quaternaire avait voulu représenter plusieurs mammouths, mais cette opinion est peu vraisemblable.

3. Lartet, *Matériaux*, t. VI, p. 353-4.

4. *Reliquiae*, B, pl. XV-XVI, 4. On connaît des instruments analogues provenant des stations lacustres suisses.

5. *Musée Préhist.*, fig. 151.

6. Cf. *Reliq. Aquit.*, p. 59, A, pl. XIII, XXIII; *Rev. Archéol.*, 1864, I, p. 249.

7. *Musée Préhist.*, fig. 152.

8. Cf. plus haut, p. 173. On a fait observer que les outils appelés *burins* se rencontrent souvent dans les stations magdaléniennes où il n'y a pas de gravures; il faut donc admet-

renne; (20060) poinçon ou poignard en bois de renne, légèrement courbe:
(21241, 21242)[1] pointes en bois de renne. — (20070, 20071)[2] Pointe de flèche
réappointée et pointes de flèche avec entailles (fig. 94), destinées peut-être à
recevoir un poison [3]. — (3417) Lissoir en bois de renne. — (8169) [4] Pointe
de lance ou de flèche à base taillée en biseau et portant six sillons trans-
versaux. — (3416) Base de pointe de lance avec entailles. — (31510)[5] Pointe
de lance en bois de renne; original au Musée Britannique. — (20069) Pointe
quadrangulaire de harpon en bois de renne. — (21263)[6] Base de harpon. —

Fig. 95. — N° 20063.　　　Fig. 96. — N° 21245.　　　Fig. 97. — N° 20062.
H. 0ᵐ,15. — Madelaine.　　H. 0ᵐ,135. — Madelaine.　　H. 0ᵐ,145. — Madelaine.

(8177) [7] Très petite pointe de flèche avec trois barbelures d'un seul côté. —
(15193) Pointe à encoches latérales. — (31511) Harpon barbelé d'un seul
côté; original au Musée Britannique. — (21239, 21269) Ébauches de harpons
barbelés.

Collection de 26 harpons [8] ou fragments de harpons, barbelés d'un seul
côté ou des deux côtés à la fois, tous en bois de renne. Remarquez les ma-

tre qu'ils servaient non seulement à graver, mais à refendre la corne, l'os et le bois (*Association française,* 1886, p. 179).

1. *Reliquiae,* B, pl. VI, 13, 15.
2. *Reliquiae,* B, pl. VI, 12.
3. Cf. plus haut, p. 158.
4. *Reliquiae,* B, pl. IX, 2 ; *Musée Préhistorique,* fig. 181.
5. *Reliquiae,* B, pl. IX, 7.
6. *Reliquiae,* B, pl. XXIX, 5.
7. *Dict. archéol. de la Gaule, Cavernes du Périgord,* fig. 7 ; *Musée Préhistorique,* fig. 186.
8. Voir plus haut, p. 157, note 6.

gnifiques spécimens 20063 [1] (fig. 95), 21245 [2] (fig. 96), 8178 [3], 8170, 20062 [4] (fig. 97), où des sillons sont creusés dans les barbelures. Les harpons barbelés d'un seul côté sont moins nombreux que les autres : on a supposé qu'ils pouvaient être la moitié de l'instrument de pêche appelé *fouine* ou *fichure*, dont on fait encore usage dans l'Amérique du Nord [5].

I. **Station de la Madelaine** [6]. — Cette station, qui a surtout été explorée par Lartet et Christy, a donné son nom au type dit *de la Madelaine* ou *Magdalénien* [7], caractérisé par l'importance du travail industriel et artistique en os, en bois de renne ou en corne, ainsi que par la fabrication d'un grand nombre de silex, généralement de petite taille, ayant pu servir de couteaux, de perçoirs, de grattoirs, etc. Le travail du silex y est incontestablement moins habile qu'à Laugerie-Haute ou à Solutré. L'absence de grands instruments en pierre propres à fendre les arbres, à tuer ou à dépecer les gros animaux, oblige à croire que les silex dits magdaléniens ne représentent qu'une partie de l'outillage des Troglodytes de la

1. *Reliquiae*, B, pl. XIV, 1.

2. *Ibid.*, B, pl. XIV, 2.

3. *Ibid.*, B, pl. I, 8.

4. *Dictionnaire archéol. de la Gaule, Cavernes du Périgord*, fig. 11.

5. Ces instruments sont représentés dans l'édition française du livre de Nilsson, *Les habitants primitifs de la Scandinavie*, pl. IV, fig. 75-79 ; cf. *ibid.*, p. 52-55 ; Hamy, *Précis*, p. 315.

6. On écrit aussi, mais moins correctement, *Madeleine*. — BIBLIOGRAPHIE. En général , *Revue Archéol.*, 1864, I, p. 253 ; *Reliquiae Aquitanicae*, p. 168, 245 ; Hamy, *Précis*, p. 313 ; Le Hon, *L'Homme fossile*, 2e éd., p. 80 ; Nadaillac, *Premiers hommes*, t. I, p. 174 ; Evans, *Âges de la pierre*, trad. franç., p. 483 ; Mortillet, *Le Préhist.*, p. 392. — Gravures de silex magdaléniens : *Reliquiae Aquitanicae*, p. 22, 45, 128 ; A, pl. VII, 10 ; B, pl. V, 1 ; A, pl. XV, 8-9 ; XVI, 9, 12 ; XXIII, 2, 3 ; XXIX, 4 ; XXX, 2-5 ; XXXIV, 4 ; XLI, 9, 10, 17-20 ; XLII, 3, 5-10 ; *Congrès de Bruxelles*, pl. 22, 23 ; *Musée Préhistorique*, fig. 134, 137, 139, 140, 146, 151, 157, 169. — Os gravés et travaillés : *Reliquiae Aquitanicae*, B, pl. I, II, III, IV, 1, 4-6 *b* ; V, 3, 5, 8, 11-20 ; VI, 1-15 ; X-XII, XIV-XVI, XVII, 2, 3, 6, 7-25 ; XVIII, 3 ; XXI, 5 ; XXII ; XXIII, 8 ; XXIV, 1, 3, 5, 9 ; XXV, 1, 3, 4, 6, 7 ; XXVI, 1, 3-7, 9-11 ; XXVII, XXVIII, XXIX, XXX-XXXI, 1, 2, 4 ; C, VII, VIII ; 2e partie, p. 6, 30 ; *Association française*, 1872, p. 1219 ; *Matériaux*, t. XXI, p. 363 ; Hamy, *Précis*, p. 315, 316 ; *Musée Préhistorique*, fig. 154, 159, 160, 163, 170, 172, 173, 175, 176, 181, 182, 186, 192-4, 196, 198, 200, 201, 212. Il est inutile d'énumérer tous les livres de seconde main qui ont reproduit, plus ou moins inexactement, les célèbres gravures sur os de la Madelaine.

7. Hamy, *Précis*, p. 313 ; Mortillet, *Le Préhist.*, p. 392. La désignation de « Madeleinien », adoptée par M. Cartailhac (*Âges préhist. de l'Espagne*, p. 85), doit être rejetée comme anomale (cf. *Revue Archéol.*, 1888, I, p. 404).

Madelaine et des stations analogues. Les besognes qui nécessitaient un déploiement considérable de force physique se faisaient en dehors de la caverne, peut-être à l'aide de pierres grossièrement taillées ou de cailloux naturels ; nous sommes très mal renseignés à cet égard. L'intérieur de l'abri servait à la fois de demeure et d'atelier pour les travaux plus délicats, qui s'exécutaient souvent aussi en rase campagne, témoins les stations magdaléniennes qu'on a signalées à ciel ouvert [1].

La station de la Madelaine est située sur la rive droite de la Vézère, au pied d'un escarpement à peu près vertical des calcaires du terrain crétacé, à 25 mètres du cours d'eau et à 6 mètres au-dessus de son niveau. Le dépôt ossifère s'étend de 15 mètres environ le long des rochers ; il a 7 mètres de large ; son épaisseur moyenne est de $2^m,50$, mais dans certains endroits elle dépasse 3 mètres [2]. La faune est la même que celle des Eyzies [3], c'est-à-dire que le renne y est plus abondant que le cheval ; le mammouth est extrêmement rare, les ossements d'oiseaux et de poissons très nombreux [4], comme aussi les instruments en os, flèches et harpons, qui servaient à leur donner la chasse. Au milieu du dépôt ossifère et à une certaine profondeur, on a trouvé un fragment de crâne humain, une moitié de mâchoire et plusieurs os longs [5].

II. Bâtons de commandement [6]. — On appelle ainsi des objets de destination encore obscure formés d'un bois de renne coupé à une petite

---

1. Sur ces stations, cf. Mortillet, *Le Préhistorique,* p. 423.

2. Lartet et Christy, *Revue Archéol.,* 1864, I, p. 253 ; *Ancienneté de l'homme, Appendice,* p. 160 ; Hamy, *Précis,* p. 314.

3. *Revue Archéol.,* 1864, I, p. 251.

4. Liste dans les *Reliquiae,* p. 245.

5. Hamy, *Reliquiae,* p. 255 ; C, pl. IX et X ; *Crania Ethnica,* p. 44, 54.

6. *Reliquiae,* p. 34, 40 et suiv., 189 ; 2ᵉ partie, p. 30, 32, 102, 180 ; B, pl. II, III-IV, VII-VIII, XV-XVI, XIX-XX, XXX-XXXI ; Broca, *Association française,* 1872, p. 592, 1226 ; Dawkins, *Die Hœhlen,* p. 282 ; Hamy, *Précis,* p. 360 ; Joly, *L'Homme avant les métaux,* p. 212 ; Nadaillac, *Premiers hommes,* t. I, p. 118 ; *Mœurs et monuments des peuples préhistoriques,* p. 93 et suiv. ; Pigorini, *Matériaux,* t. XII, p. 53 ; Des Ormeaux, *Revue d'Ethnographie,* t. VII, p. 39 ; Mortillet, *Le Préhist.,* p. 406 ; *Mus. Préhist.,* fig. 192-196, 218. On a trouvé des bâtons de commandement au Placard et à Montgaudier (Charente), à Laugerie-Basse, Raymonden et la Madelaine (Dordogne), à Marchamps (Gironde), Bruniquel (Tarn-et-Garonne), Gourdan (Haute-Garonne), Bouziès (Lot), au Salève (Haute-Savoie), à Schussenried, à Thayngen, à Goyet en Belgique. Le bâton de commandement péruvien signalé au *Congrès de Copenhague* (p. 456) est un vrai sceptre, sans rapports avec les objets dont il s'agit ; un autre, bois d'élan percé d'un trou et décoré de la figure d'un animal, provenant de Scandinavie, ne ressemble guère non plus aux bâtons du Périgord (Nilsson, *Habitants primitifs de la Scandinavie,* éd. franç., pl. XV,

distance au-dessus et au-dessous de la naissance d'un andouiller[1]. Au point de convergence des trois cylindres osseux ainsi isolés du reste du bois, on trouve généralement un trou, mais parfois aussi le même bâton en porte jusqu'à quatre. Dans l'intervalle des trous se voient souvent des gravures ou des sculptures représentant des animaux, des scènes de chasse, etc. On ne connaît *aucun bâton* dont les deux extrémités soient intactes.

Pour expliquer la destination de ces objets, on a eu recours aux hypothèses suivantes :

1° Le bâton serait l'équivalent du *pogamogan* (*puck-â-maugan*)[2], arme des Indiens riverains du fleuve Mackenzie, c'est-à-dire un casse-tête pour abattre le gibier. Mais le pogamogan américain n'est pas percé de trous, lesquels sont inadmissibles dans une arme de chasse ou de guerre qu'ils auraient pour résultat d'affaiblir.

2° Le bâton serait un instrument pour redresser les flèches, hypothèse à laquelle a donné lieu un instrument destiné à cet usage, fabriqué par les Esquimaux actuels et parfois couvert de dessins[3]. Seulement, cet *arrow-straightener* ne ressemble pas aux bâtons de commandement.

3° Pour Lartet, Broca et d'autres savants, les bâtons seraient des sceptres où le nombre des trous indiquerait la dignité des chefs. On cite, comme termes de comparaison, les pachas turcs à deux ou trois queues, les mandarins à boutons variés, les galons de nos officiers, etc. « La dignité de maréchal, remarque Broca[4], est encore aujourd'hui caractérisée par un bâton... L'ornementation et les dessins contournent en général les trous, montrant ainsi que le bâton a été fabriqué pour un personnage déjà revêtu de la dignité. Mais quelquefois aussi le trou a été évidemment ajouté après coup. Il traverse les lignes et mutile les dessins[5]... L'heureux possesseur de ce bâton avait obtenu de l'avancement. » On a encore rappelé, d'après M. Schweinfurth, que les Monbouttous d'Afrique possèdent des armes de

---

fig. 256 ; Hamy, *Précis*, p. 367) ; il en est de même du prétendu « bâton » en os de cheval découvert dans une grotte de Menton (Rivière, *Antiq. de l'homme dans les Alpes-Maritimes*, pl. IX, n° 1).

1. Hamy, *Précis*, p. 315.

2. Anderson, *Reliquiae Aquitanicae*, p. 37, 40, 51 et suiv. ; Joly, *L'Homme avant les métaux*, p. 212, fig. 101 ; Hamy, *Précis*, p. 360.

3. Spécimen du Musée Britannique publié par Boyd Dawkins, *Die Hœhlen*, fig. 123, p. 281 ; cf. *Reliquiæ Aquitanicæ*, 2e partie, p. 180 ; *Verhandlungen der Berliner Gesellschaft*, 1878, p. 190 ; 1884, p. 223. Un modèle américain et tout différent d'un *redresseur de flèches* est donné dans l'*Archiv für Anthropologie*, t. IX (1876), p. 250.

4. Broca. *Association française*, 1872, p. 1226, 1227 ; cf. *Musée Préhist.*, fig. 192.

5. Cf. *Musée Préhistorique*, fig. 192, et plus haut, p. 227, note 2.

fer percées de trous en nombre variable suivant l'autorité du porteur [1].

Malgré l'esprit que Broca a mis à la défendre, cette hypothèse ne paraît pas recevable ; elle implique, en effet, dans la société des Troglodytes, l'existence d'une hiérarchie savante qu'aucun indice ne nous dispose à admettre.

4° Pigorini a émis l'hypothèse que les bâtons servaient pour l'attelage ou pour la monture et qu'on fabriquait avec eux des chevêtres pareils à ceux que les habitants de la Sardaigne emploient aujourd'hui [2]. La même supposition a été reprise par M. Des Ormeaux [3], qui a signalé certaines analogies de forme entre les bâtons et les pièces de harnachement des rennes actuels en Laponie. Mais cette hypothèse, outre qu'elle implique la domestication du renne quaternaire, ne rend compte ni de la pluralité des trous, qui ont pour effet d'affaiblir la résistance du bois, ni des très fortes inégalités de grandeur entre les bâtons [4]. Nous n'hésitons donc pas à la rejeter.

L'explication à laquelle nous nous rallions est suggérée par un texte classique. Les bâtons sont des trophées de chasse, pareils aux cornes d'urus ornementées que César signale chez les Germains [5]. Les trous, dont le nombre importe peu, sont des ornements, puisque l'expérience nous montre que l'art des enfants se complaît au forage de trous plus ou moins circulaires dans des matières dures qu'il croit ainsi décorer ; c'est l'origine du *travail ajouré*, que tous les peuples primitifs ont pratiqué avec prédilection et qui est encore aujourd'hui un des systèmes décoratifs les plus répandus. Il est impossible de dire si ces trophées ont été ou non l'objet de pratiques superstitieuses, mais cette hypothèse n'aurait rien d'invraisemblable. En tous les cas, ce ne sont ni des armes ni des outils, mais des objets de luxe et d'apparat [6].

1. *Revue d'Ethnographie*, t. VII, p. 42 ; sur les *sceptres* des sauvages, cf. *Verh. Berl. Ges.*, 1876, p. 20.

2. *Matériaux*, t. XII, p. 53 ; cf. Joly, *L'Homme avant les métaux*, p. 211 et fig. 102 (chevêtre en bois de cerf).

3. *Revue d'Ethnographie*, t. VII, p. 39 et suiv., avec fig.

4. Cf. *Musée Préhist.*, fig. 193.

5. César, *Bell. Gall.*, VI, 28 : « Hoc se labore durant adolescentes atque hoc genere venationis exercent, et qui plurimos ex his interfecerunt, relatis in publicum cornibus, quae sint testimonio, magnam ferunt laudem... Amplitudo cornuum et figura et species multum a nostrorum boum cornibus differt. Haec studiose conquisita ab labris argento circumcludunt atque in amplissimis epulis pro poculis utuntur. » Cf. *Reliquiae Aquitanicae*, p. 40.

6. Parmi les objets actuellement en usage chez les populations peu civilisées ou dans les milieux rustiques et qui rappellent, par certaines particularités, les « bâtons de commandement », il faut signaler les *bâtons de message* des Australiens et des Slaves méridionaux

VITRINE XXVI[1].

TYPES DE LA MADELAINE.

A. *Objets de Laugerie-Basse* [2]. — Sur la tranchée, astragale de grand bœuf.

Os coupé; deux bois de renne incisés; poinçon en os; deux métacarpes de cheval avec coupures; deux lissoirs en bois de renne; sifflet formé d'une phalange de renne trouée [3]; (15112) côte ayant servi de lissoir ou de spatule; bases de pointes de flèche en bois de renne taillées en biseau.

Fig. 98. — N° 8154. — Long., 0ᵐ,23. — Laugerie-Basse.

Fig. 99. — N° 8151. — Long., 0ᵐ,195. — Laugerie-Basse.

(8152) Pointe de flèche ou harpon à barbelures doublement sillonnées; (8154) [4] grande pointe à barbelures sillonnées (fig. 98), en bois de renne; (20044) [5] grande pointe en bois de renne avec rainures; (8151) [6] pointe en bois de renne (fig. 99), appointée aux deux bouts, avec sillons ondulés; (8148) base en bois de renne avec coupures et gravures.

(21253) [7] Baguette en bois de renne avec stries parallèles incisées; (8159) [8] incisive de cervidé percée d'un trou; (8156) [9] incisive de bœuf avec deux

(allemand *Botenstœcke*), les *bâtons magiques* des Australiens (*Zauberhœlzer*), les *bâtons de magistrat* de l'ancienne Prusse (*Schulzenstæbe*), etc. Cf. *Verhandlungen der Berliner Gesellschaft*, 1879, p. 105; 1880, p. 240; 1881, p. 192, 295; 1882, p. 11, 13, pl. X, p. 313. 370; 1884, p. 17, 74; 1885, p. 391; 1886, p. 384; 1887, p. 75.

1. Donateurs : A : Lartet et Christy, Massénat. Hardy. — B : Lartet et Christy, Bazin. Hardy, Massénat, de Bégouën. de Breuvery, de Vibraye.

2. Cf. plus haut, p. 193.

3. Plus haut, p. 220, note 5.

4. *Dictionnaire archéol. de la Gaule, Cavernes du Périgord*, fig. 6; Mortillet. *Musée Préhist.*, fig. 184.

5. *Reliquiae*, B, pl. XXI, 4.

6. *Reliquiae*, B, pl. XVIII, 5 a; *Dictionnaire archéol. de la Gaule, Cavernes du Périgord*, fig. 13; Mortillet, *Musée Préhist.*, fig. 178.

7. *Reliquiae*, B, pl. XXIII, 2.

8. *Musée Préhist.*, fig. 162.

9. *Dictionnaire archéol. de la Gaule, Cavernes du Périgord*, fig. 18; *Musée Préhist.*, fig. 161.

trous de suspension et des encoches. — (14871)[·][1] Os avec museau de cheval gravé, percé d'un trou de suspension; collection Massénat. —(21254[2], 21257[3]) Deux fragments de poinçons (?) ornés de chevrons, en bois de renne; provenance incertaine. — (15108) Trois aiguilles en os, dont deux avec chas[4].

(15113) Fragment de grand os scié et orné d'un quadrillé; (16711)[·] fragment de côte avec l'arrière-train d'un renne gravé et trou de suspension; collection Hardy. — (8153) Fragment de plaque d'os avec encoches latérales sur les deux bords longitudinaux et quadrillé au-dessous.

Poinçon[·] (?)[5] en bois de renne avec mamelons sculptés; original au Musée Britannique; (21256, 21258)[6] fragments de bois de renne avec nervures et chevrons; (14878, 14891)[·][7] deux pièces plates en bois de renne avec branches gravées; collection Massénat; fragment d'os[·] orné d'un quadrillé; même collection.

(8147)[8] Fragment de bois de renne formant une tige ornée de gravures en creux et de deux lignes de losanges en relief, terminé d'un côté par un évidement, peut-être une cuiller à moelle; (21259)[9] fragment de bois de renne où sont gravés des ornements géométriques et une tête d'oiseau (?).

(14887)[·][10] Os avec ondulations gravées et représentation d'un poisson (requin nageant?); original dans la collection Massénat; (14888)[·] fragment de pointe en bois de renne avec gravures indistinctes; collection Massénat; (15209)[11] fragment de bois de renne coupé et gravé; (14886)[·] bas d'une pointe de lance barbelée avec gravures de reptiles (?) ou de poissons (?); collection Massénat; (14885)[·] fragment de bois de renne, rongé au bout par une hyène, portant des gravures indistinctes; collection Massénat; (14873)[·] fragment d'os avec gravure indistincte (animal broutant?); collection Massénat; (14866)[·][12] éclat d'os long portant deux têtes d'équidés; même collection; (14876)[·] palme de bois de renne avec gravure d'un quadrupède (cheval?); même collection.

1. Cf. *Matériaux*, t. V, pl. 20, fig. 7.
2. *Reliquiae*, B, pl. XXIII, 3.
3. *Reliquiae*, B, pl. XXIII, 7.
4. Cf. plus haut, p. 83, 157.
5. *Reliquiae*, B, pl. XVIII, 2; *Revue Archéol.*, 1864, I, pl. IX, n° 8.
6. *Reliquiae*, B, pl. XXIII, 6 et 9. La provenance du second objet est incertaine.
7. *Matériaux*, t. VIII, p. 396; Girod et Massénat, *Stations de l'âge du renne*, pl. VII, 5 et 7.
8. *Reliquiae*, B, pl. XVIII, 4; *Dictionnaire archéol. de la Gaule, Cavernes du Périgord*, fig. 1; *Revue Archéol.*, 1864, I, pl. IX, n° 5; Lyell, *Ancienneté*, appendice, pl. II, n° 5; Joly, *L'homme avant les métaux*, p. 187, fig. 73.
9. *Reliquiae*, B, pl. XXIV, 10.
10. *Matériaux*, t. V, pl. 21, fig. 2.
11. *Reliquiae*, B, pl. XVIII, 6 a.
12. *Matériaux*, t. XII, pl. I, fig. 4.

Sur la tranche de la vitrine, omoplate de renne portant d'un côté une tête de cheval, de l'autre la célèbre représentation dite *la femme au renne* (24624, fig. 100)[1]. On a cru reconnaître que la femme (enceinte ?) portait des bracelets et un collier et que son système pileux était très développé, détail dont il n'y a pas trace sur le moulage. Il est évident que le renne a été sculpté le premier, puisqu'une de ses jambes de derrière passe au-dessus des jambes de la femme, et il n'est pas moins évident pour nous que la femme

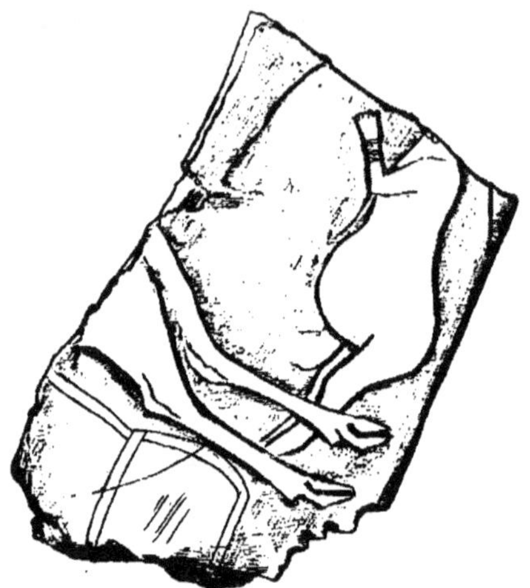

Fig. 100. — N° 24624. — Larg., 0ᵐ,10. — Laugerie-Basse.

et le renne n'ont rien de commun, qu'il y a là une juxtaposition de figures et non un groupe, malgré les extravagances qu'on a débitées à ce sujet[2]. Le dessin de l'animal est très supérieur à celui de la figure féminine. Découvert par l'abbé Landesque, cet objet a passé dans la collection Piette, où il est conservé aujourd'hui.

On voit encore, sur la tranche de cette vitrine, un fragment de mâchoire inférieure de renne et deux molaires supérieures de grand bœuf.

1. *Matériaux*, t. IX, p. 276 et 286 ; *Musée Préhist.*, fig. 202 ; Joly, *L'homme avant les métaux*, p. 273 ; Du Cleuziou, *L'art national*, p. 29 (avec une grossière erreur dans la note) ; Landesque, *Congrès archéologique de France*, XLIᵉ session (Agen et Toulouse). 1874, p. 18. L'authenticité de cette gravure a été contestée à la légère par M. de Cohausen (plus haut, p. 177) et plus récemment par M. Voss.

2. L'abbé Landesque a prétendu que la femme retenait le renne par une sorte de bride (*Congrès cité*, p. 18) et que la tête du cheval, sur l'autre face, présentait aussi des traces de harnachement. C'est avoir de bons yeux que de voir cela. Nous avons déjà fait allusion plus haut (p. 61) à l'explication étrange et vraiment difficile à répéter qui a été proposée par M. Piette. M. Cartailhac a pensé (*Matériaux*, t. IX, p. 287) que les lignes

Reprenant la vitrine XXVI, A, de gauche à droite : (15114) fragment de bois de renne orné de chevrons; (16720)·[1] base de bois de cerf avec la gravure extrêmement grossière et *enfantine* d'un cheval. Cette pièce a passé pour fausse, mais on assure que les traits de la gravure sont recouverts d'anciennes incrustations; je n'ai pas vu l'original, qui appartient à la collection Massénat; (16719)· cheval (?) gravé sur bois de cerf; collection Massénat; (14890)·[2] tête de cheval d'un joli caractère, gravée sur un frag-

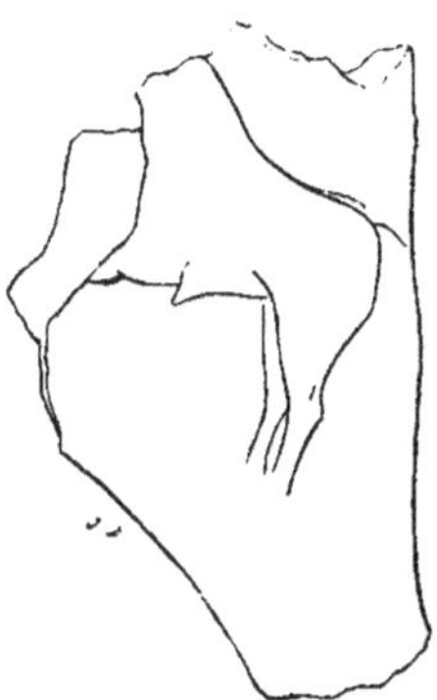

Fig. 101. — N° 29766. — H. 0ᵐ,15. — Laugerie-Basse.

ment de côte d'aurochs; collection Massénat; (16721)· deux têtes de cheval gravées de part et d'autre d'un fragment de côte; collection Massénat; (16709)· gravure d'un cervidé (?) sur un fragment de canon: collection Massénat; (14869)·[3] cheval gravé à la pointe sur un os taillé en queue de poisson; collection Massénat; (14870)·[4] cheval grossièrement gravé sur une palme de renne; même collection; (18097)· tête de cheval gravée sur bois de renne; même collection.

(14880)·[5] Loutre chassant un poisson, gravure sur os; de l'autre côté, un poisson; collection Massénat; (14872)·[6] trois rennes (?) gravés très grossièrement sur un éclat d'os; collection Massénat; (29766, fig. 101)·[7] arrière-train

géométriques visibles à gauche du renne seraient « la silhouette d'une construction légère »; cette supposition ne paraît nullement fondée.

1. *Musée Préhist.*, fig. 197; cf. Mortillet, *Le Préhist.*, p. 417.
2. *Matériaux*, t. VIII, p. 396.
3. *Matériaux*, t. V, pl. 20, fig. 3.
4. *Matériaux*, t. V, pl. 20, fig. 4.
5. *Matériaux*, t. VIII, p. 395.
6. *Matériaux*, t. VIII p. 395.
7. *Reliquiae*, B, pl. XIX-XX, 4; Hamy, *Précis*, p. 320; *Rev. Archéol.*, 1864, I, p. 258; Lyell, *Ancienneté*, appendice, trad. franç., p. 166; Bertrand, *Archéol. celtique et gauloise*, p. 78; *Gaule avant les Gaulois*, p. 65.!

d'un aurochs ou d'un bison gravé sur une palme de renne, pièce célèbre et d'une remarquable exécution; original au Musée Britannique; (14892)[*] ébauche grossière de cheval sur éclat d'os; collection Massénat; (22612)[*1] renne gravé sur bois de renne; même collection; (16717)[*2] partie supérieure d'un renne courant, très finement gravée sur bois de renne; même collection; (14874)[*3] tête de bœuf gravée sur un fragment de côte; même collection; (14877)[*4] deux bouquetins gravés sur bois de renne, pièce remarquable; même collection; (8146)[5] bouquetin gravé sur palme de renne (fig. 102);

Fig. 102. — N° 8146. — Long., 0ᵐ,14. — Laugerie-Basse.

les jambes de derrière sont repliées de manière que les pieds viennent toucher le ventre.

(14875)[*] Ébauche d'une tête de cheval gravée sur un éclat d'os; collection Massénat; (16718)[*] tête de bouquetin gravée sur bois de renne; même

Fig. 103. — N° 14881. — Long., 0ᵐ,26. — Laugerie-Basse.

collection; (22609)[*] tête d'homme extrêmement grossière, sculptée dans un bois de renne; même collection[6].

(14881, fig. 103)[*7] Pièce célèbre dite *le chasseur d'aurochs*. Un homme s'approche en rampant d'un aurochs auquel il semble décocher un trait. Les poils de l'animal sont indiqués par des hachures comme ceux de l'homme, dont

1. *Matériaux,* t. XII, pl. 2, fig. 5.
2. *Matériaux,* t. XII, pl. 2, n° 6.
3. *Matériaux,* t. VIII, p. 395.
4. *Matériaux,* t. XII, pl. 2, fig. 4.
5. *Reliquiae,* B, pl. XIX, 2; Hamy, *Précis,* p. 321; Lyell, *Ancienneté,* appendice, trad. franç., p. 167; *Revue Archéol.,* 1864, I, p. 259; Bertrand, *Gaule avant les Gaulois,* p. 64; Le Hon, *L'homme fossile,* 2ᵉ éd., p. 86.
6. Girod et Massénat, *Stations de l'âge du renne,* pl. I, 2. Cf. la tête de Rochebertier, *Musée Préhist.,* fig. 199; Nadaillac, *Premiers hommes,* t. I, p. 185, et la sculpture informe de Pont-à-Lesse, *apud* Dupont, *L'homme pendant les âges de la pierre,* 2ᵉ éd., p. 92, fig. 8.
7. *Matériaux,* t. V, pl. 21, fig. 1, p. 353; *Musée Préhist.,* fig. 203; Hamy, *Précis,* p. 321; Nadaillac, *Mœurs et monuments,* p. 103.

l'αἰδοῖον est très fortement accusé. On a supposé que le chasseur est nu et que l'artiste a voulu indiquer son système pileux, mais comme nous savons que les Troglodytes du Périgord portaient des vêtements, il se peut que les villosités en question appartiennent à quelque peau d'animal. Il n'y a aucune conclusion à tirer de la forme singulière de la tête de l'homme, très pointue, avec une barbiche apparente et les cheveux relevés en touffe[1], car elle est évidemment due à la maladresse du graveur, habile seulement à dessiner les animaux. Le bras droit de l'homme, dont le dessin est très mauvais, se termine par cinq doigts, et non point par quatre, comme dans quelques représentations analogues[2]. Au revers de

Fig. 104. — N° 8150. — Long., 0ᵐ,39. — Laugerie-Basse.

cette composition, on voit un grand quadrupède, peut-être un bovidé femelle; original dans la collection Massénat.

(22611)[3] Tête de sanglier (?) ou de saïga femelle, en relief sur un bâton de commandement; au revers, un poisson; collection Massénat; (14867) fragment de côte avec l'arrière-train d'un animal; collection Massénat: (14882)[4] gravure encore inexpliquée (homme à grands bras, tout auprès une queue de poisson?) sur un fragment d'omoplate de bœuf; même collection.

(8150, fig. 104)[5] Célèbre manche de poignard en bois de renne, dont la poignée est formée par une figure de renne sculptée en ronde bosse (cf. plus haut, p. 172). C'est un des chefs-d'œuvre de l'art des Troglodytes.

(8149)[6] Harpon ou crochet en bois de renne avec gravure d'une tête d'équidé à longues oreilles[7] et d'une tête de renne; on distingue aussi un

1. M. de Mortillet lui trouve une « expression sardonique » (*Musée Préhist.*, fig. 203) et M. Massénat une « expression de joie » (*Matériaux*, t. V, p. 353).

2. Cf. plus haut, p. 228, note 2.

3. *Matériaux*, t. XII, pl. I, fig. 1, p. 4; Girod et Massénat, *Stations de l'âge du renne*, pl. II, 1 *a*, 1 *b*.

4. Hamy, *Précis*, p. 332 (homme et baleine); *Matériaux*, t. V, pl. 22, fig. 1.

5. *Reliquiae*, B, pl. XIX, 5; Mortillet, *Musée Préhist.*, fig. 191; *Le Préhist.*, p. 418, fig. 48; Bertrand, *Gaule avant les Gaulois*, p. 61; Joly, *l'Homme avant les métaux*, p. 276; Lyell, *Ancienneté*, appendice, trad. franç., p. 169; Hamy, *Précis*, p. 324; Nadaillac, *Mœurs et monuments*, p. 97; *Revue Archéol.*, 1864, t. I, p. 261.

6. *Reliquiae*, B, pl. XIX, 1; *Revue Archéol.*, 1864, I, pl. IX, fig. 10 (très mauvaise gravure); Lyell, *Ancienneté*, appendice, trad. franç., p. 168, et pl. II, fig. 10; *Annales des Sciences naturelles*, 1864, 5ᵉ série, *Zoologie*, t. I, p. 237.

7. Il est fort douteux que ce soit un âne, animal qui n'a pas encore été signalé avec certitude dans la faune des cavernes quaternaires; cf. Mortillet, *Le Préhist.*, p. 462.

poisson; (22610) [1] lièvre ou lapin [2] (?) sculpté dans un bois de renne en ronde bosse; collection Massénat; (14879) fragment d'un animal en ivoire, peut-être une tortue (?); collection Massénat; (14868) [3] animal indéterminé (truite ou saumon?) sculpté en ronde bosse; même collection; (14883) [4] protomé de taureau adossée à une protomé de vache, fragment d'un bâton de commandement (fig. 105), objet d'un type exceptionnel à cause de la tendance à la symétrie décorative qui s'y fait jour; collection Massénat; (14889) [5] fragment de bâton de commandement en bois de renne, affectant la forme d'un avant-train d'animal (hippopotame??); collection Massénat.

B. Nous commençons par la droite de la vitrine, pour ne pas quitter la station de Laugerie-Basse.

Poignard taillé dans une base de bois de renne; deux bois de renne cou-

Fig. 105. — N° 14883. — Long., 0ᵐ,13. — Laugerie-Basse.

pés en long; quatre baguettes de bois de renne avec sillons longitudinaux: bois de renne ayant fourni des baguettes; autre bois de renne scié de tous côtés; métatarse de renne cassé pour en extraire la moelle; bois de renne ayant fourni des esquilles pour la fabrication des aiguilles; baguettes de bois de renne avec sillons.

(15106) Trois lames de quartz hyalin; (15102) pointe en silex à retailles latérales; (11073, 11077) scies en silex; autres instruments en silex provenant de Laugerie-Basse et appartenant aux types suivants : grattoirs et

1. *Matériaux*, t. XII, pl. 2, fig. 7 *b*; Girod et Massénat, *Stations de l'âge du renne*, pl. II, fig. 3.

2. Cette détermination est incertaine, l'introduction du lapin en Europe passant pour être relativement récente (cf. l'article *Cuniculus* dans le *Dictionnaire des Antiquités* de Saglio), cependant Pictet a signalé des ossements quaternaires de lapin (Mortillet, *Le Préhist.*, p. 458).

3. *Matériaux*, t. XII, pl. 2, fig. 8.

4. *Matériaux*, t. V, pl. 20, fig. 2; *Musée Préhist.*, fig. 195; Girod et Massénat, *Stations de l'âge du renne*, pl. IV, fig. 1.

5. *Matériaux*, t. V, pl. 20, fig. 1; Girod et Massénat, *Stations de l'âge du renne*, pl. IV, fig. 2 (animal indéterminable).

perçoirs, grattoirs doubles, lames, pointes, scies. Ce sont les grattoirs et les perçoirs qui dominent. Remarquez (3537) une grande lame en silex; (3539) un nucléus en silex; (20048) un double perçoir et un grattoir muni d'une espèce de manche ménagé dans le silex.

(20046) Instrument en bois de renne recourbé, orné de cannelures; (20045) fragment de bois de renne orné de chevrons; (20047) double pointe et double hameçon [1] en bois de renne; (18866) deux coquilles percées du genre *cyprea* [2].

Autres os gravés provenant de Laugerie-Basse :

(16711 A)· [3] Rondelle d'os perforée au milieu, avec une biche gravée de chaque côté et un encadrement de dents de loup (fig. 106); collection Hardy: (18493)· bois de renne, avec la partie supérieure d'une tête de renne; collection Bazin; (18494)· spatule en os avec gravure d'un cheval (?); collection Bazin.

Fig. 106. — N° 16711 A. — Diam., 0^m,032. — Laugerie-Basse.

Les deux moulages placés au-dessous sont des doublets; ils ont déjà été décrits plus haut.

(18096)·· Poignée d'instrument figurant peut-être un sciuroptère, espèce de rongeur; collection Massénat; (18095)·· tête de mammouth (?) sculptée en ronde bosse dans un bois de renne; même collection; (17233)· cheval et jambes de derrière d'un renne gravés sur une omoplate; collection de Bégouën.

Objets de la **Grotte de Massat** (Ariège) [6] : canons, humérus et phalange de cerf brisés pour extraire la moelle; bois de renne et andouiller de cerf sciés avec du silex.

---

1. Cf. plus haut, p. 157.
2. *Musée Préhist.*, fig. 164.
3. *Matériaux*, t. XV, p. 247; *Musée Préhist.*, fig. 158.
4. Girod et Massénat, *Stations de l'âge du renne*, pl. III, 1.
5. Girod et Massénat, *Stations de l'âge du renne*, pl. II, fig. 4. « Cette tête, séparée du tronc et brisée à l'extrémité du museau, est rapportée par nous au mammouth. Notre détermination est basée sur la concordance complète qui existe entre les grandes lignes de la pièce que nous représentons et celles du mammouth de la collection Peccadeau de l'Isle, provenant de Bruniquel. » (Girod.)
6. Lartet, *Annales des sciences naturelles*, 4e série, t. XV, p. 218; Fontan, *apud* Lyell, *Ancienneté*, appendice, trad. franç., p. 219; Garrigou, *Bulletin de la Société d'Anthropologie*, 1866, p. 439; Hamy, *Précis*, p. 305; *Matériaux*, t. IV, p. 467, t. XVII, p. 318; *Comptes*

(20086) [1] Grès à polir et à aiguiser les aiguilles; (20087) [2] épingle ou aiguille à tête, en os; (20088) pointe de harpon en bois de renne et outil (lissoir?) en bois de renne; (3574) harpon en bois de renne, barbelé d'un seul côté; (3575) harpon en bois de cerf, barbelé d'un seul côté; (3576, 3578) base et sommet de harpons barbelés en bois de cerf; (3582) [3] tête d'ours très bien gravée sur un andouiller de cerf; (3573, 3577) bases de pointes de lance en bois de cerf.

VITRINE XXVII (cf. vitrine X).

LES EYZIES.

Plaque de brèche ou conglomérat ossifère de la caverne des Eyzies [4]. On voit les outils en pierre, les os de renne et d'autres animaux, encore engagés dans la couche terreuse qui formait le sol de la caverne. Tout autour sont des morceaux d'os ou de pierre qui se sont détachés pendant le transport. Sur un os long qui affleure du côté de la vitrine XXII, on aperçoit la gravure à la pointe d'un cervidé marchant à gauche. — Une plaque de brèche des Eyzies est au musée de Périgueux; il y en a deux, données par Lartet et Christy, au Muséum à Paris, d'autres dans divers musées de l'Europe, notamment au Musée Britannique et à l'Institut géologique de Vienne [5].

VITRINE XXVIII [6].

CAVERNES DIVERSES.

Au-dessus, fragment de mâchoire de mammouth trouvé dans les fossés du bastion du *Carré des Six*, à Abbeville; don de Boucher de Perthes.

rendus de l'*Académie des sciences*, t. XLVI, p. 900; Cartailhac, *Ages préhist. de l'Espagne et du Portugal*, p. 37; Mortillet, *Musée Préhistorique*, fig. 168, 174, 210.

1. *Reliquiae*, p. 133; *Musée Préhist.*, fig. 168.

2. *Musée Préhist.*, fig. 174.

3. Lartet, *Annales des sciences naturelles*, t. XIV, pl. XIII; Lyell, *Ancienneté*, appendice, trad. franç., p. 225; Hamy, *Précis*, p. 307; Nadaillac, *Premiers hommes*, t. I, p. 126, fig. 43.

4. Plus haut, p. 186. Des spécimens de brèche sont gravés dans la *Revue Archéol.*, 1864, I, p. 246, 247 (cf. *ibid.*, p. 245); Hamy, *Précis*, p. 299, 303; Bertrand, *Gaule avant les Gaulois*, p. 69.

5. *Rev. Archéol.*, 1864, I, p. 245.

6. Donateurs : 1° Massénat et Lalande, Gervais, Lartet, Tournal; 2° Le Hir, Bailleau Lartet et Christy, Al. Bertrand, Détroyat; 3° Mortillet, E. Perrault, Bourgeois, Lartet et Christy.

1° A gauche, silex de Puy-Jarige (c⁰ de Brive)[1]. Lame de silex dans sa gangue; lames diverses, perçoirs, grattoirs. — Fragments de poterie grise très grossière provenant des niveaux supérieurs (types néolithiques).

A droite, objets provenant de la grotte de Bize[2]. Les fragments de poterie, dont quelques-uns présentent des saillies et d'autres des mamelons troués, appartiennent à un type néolithique bien caractérisé et ne sont pas contemporains de la faune quaternaire dont les débris ont été recueillis dans la même station[3].

Remarquer (21860)' deux fragments de bois de renne sculptés' et (20103) un poinçon en bois de renne; caillou quartzeux ayant servi de polissoir; taraud en silex; nombre de lames et d'éclats; (13563) belle pointe. — A droite, fragment de brèche avec mâchoire, dents et phalange de renne, petits ossements, os brûlés, cendres, etc.

2° A gauche, silex taillés de la grotte de Roch'Toul (Finistère)[5]. Les types sont ceux de la Madelaine, rares dans la partie la plus occidentale de la Gaule.

A droite, silex d'eau douce magdaléniens de la grotte de Châtel-Perron (Allier)[6]; lames, couteaux, gros grattoirs, scie en jaspe; pointe de flèche' en os du type d'Aurignac (collection Poirier) et os travaillé' analogue à un spécimen de la Gorge-d'Enfer.

Plus à droite, spécimens de la grotte de Lourdes[7] : lames, scies, couteaux en silex, os cassé en pointe, poinçon et lissoir en os.

Tout à droite, nucléus, pointe, perçoir et grattoir en silex de Saint-Pierre-d'Irube, près Bayonne. C'est un des points les plus méridionaux où l'on ait encore rencontré le renne[8].

3° Spécimens de la grotte de l'Ermitage à Lussac-les-Châteaux[9] : belles pointes[10] et racloirs du type du Moustier, grattoirs et lames des types de la Madelaine; os rongés par l'hyène. Au-dessous, esquille d'os cassé et débris d'os pointus.

---

1. Cf. plus haut, p. 179.
2. Cf. plus haut, p. 81.
3. Sur la question de la poterie quaternaire, cf. p. 157.
4. Cf. *Matériaux*, t. XII, p. 320.
5. Cette grotte a été fouillée par Le Hir; cf. *Le Préhist.*, p. 435.
6. Plus haut, p. 174.
7. Milne-Edwards, *Annales des sciences naturelles*, 4ᵉ série, t. XVII; Lartet, *ibid.*, t. XV; Lyell, *Ancienneté*, appendice, trad. franç., p. 256; Hamy, *Précis*, p. 344; Mortillet, *Le Préhist.*, p. 441; *Matériaux*, t. I, p. 155; cf. Frossard, dans le *Bulletin Ramond*, 1886, et *Revue Archéol.*, 1886, t. I, p. 304.
8. *Matériaux*, t. III, p. 200; Mortillet, *Le Préhist.*, p. 280.
9. *Matériaux*, t. V, p. 174; Brouillet, *Époques antéhistoriques et celtiques du Poitou*, p. 51; Mortillet, *Le Préhist.*, p. 432; *Musée Préhist.*, fig. 71, 90.
10. *Musée Préhistorique*, fig. 71.

A droite, objets de la grotte de la Mère-Grand, à Rully[1] : brèche empâtant un os brûlé et des silex taillés ; racloirs de types moustériens ; lames, éclats et pointes en calcaire siliceux. Les types du Moustier dominent dans cette station, où les instruments magdaléniens sont rares.

Plus à droite, objets provenant de la grotte de la Chaise, à Vouthon[2] : (20319)·[3] deux rennes gravés de chaque côté d'une base de pointe de lance en bois de renne ; ancienne collection Bourgeois. — (15151)·[4] Deux chevaux grossièrement gravés sur une base de pointe de lance en bois de renne ; collection Delaunay. — (15130)· Pointe de flèche en os à base fendue ; collection Bourgeois[5]. — (20315) Éclat d'os taillé en pointe. — (20314) Deux fragments d'os taillés pour l'extraction de la moelle. — Grattoirs simples et doubles en silex, lames en silex et en jaspe.

Tout à droite, objets de la grotte de Lacombe, à Tayac[6] : types de la Madelaine et du Moustier, lames, taraud, grand grattoir ; (20100) remarquable grattoir moustérien, de grande dimension ; (11329, 11330) nucléus et racloir.

<hr>

VITRINE XXIX.

CAVERNES DU PÉRIGORD.

Les objets contenus dans cette vitrine ont été donnés par M. de Breuvery, qui était maire de Saint-Germain au moment de l'organisation du Musée (1865). C'est une série de silex et d'ossements recueillis par le donateur dans les cavernes de la Madelaine, des Eyzies, du Moustier et de Laugerie ; les objets ont été disposés par types et sont entrés au Musée *sans indications exactes des provenances,* circonstance qui nous dispense d'y insister.

Au-dessus, front de grand bœuf· trouvé à Laugerie-Basse ; collection et don Massénat.

<hr>

1. Lartet et Chantre, *Archives du Muséum de Lyon*, t. I, p. 91 ; *Congrès de Lisbonne*, p. 196 ; Mortillet, *Le Préhist.,* p. 281.

2. Fouilles de Bourgeois et de Delaunay en 1865. Cf. *Revue archéol.*, 1865, t. II, p. 76, 90, pl. XVII ; Rochebrune, *Mémoire sur les restes d'industrie appartenant aux temps primordiaux de la race humaine, recueillis dans le département de la Charente*, Paris, 1860, p. 29 et suiv. ; *Matériaux*, t. II, p. 156 ; t. III, p. 192 ; t. IV, p. 460 ; Hamy, *Précis*, p. 286 ; Le Hon, *L'Homme fossile*, 2e éd., p. 61 ; Mortillet, *Promenades*, p. 110.

3. *Revue archéol.*, 1865, t. II, pl. XVII, fig. 8 ; Rochebrune, *Mémoire*, pl. V, fig. 16.

4. *Revue archéol.*, 1865, t. II, pl. XVII, fig. 7.

5. *Revue archéol.*, 1865, t. II, pl. XVII, fig. 2.

6. Mortillet, *Le Préhist.,* p. 438.

1° En haut, débris de faune et d'ossements travaillés ; remarquez deux harpons barbelés, deux os portant des incisions transversales, une baguette d'os avec la silhouette d'un cheval, un fragment de bâton de commandement avec incisions parallèles, une riche série de poinçons et de lissoirs. Débris d'os et de bois de renne ; os longs cassés pour en extraire la moelle ; os sciés avec des outils en silex.

2° et 3° Choix de silex classés par types ; pointes et poinçons, lames, couteaux, deux très jolies séries de petits couteaux finement retaillés (en bas, à droite et à gauche). Au milieu, (3711) moitié d'une gangue ferrugineuse de 0^m,09 de diamètre, qui peut avoir servi de vase culinaire[1].

VITRINE XXX[2].

CAVERNES DIVERSES.

Au-dessus, atlas, pied de derrière et *axis* de grand cerf d'Irlande.

1° *Puy-de-Lacan*[3]. A gauche, objets recueillis dans la grotte même ; à droite, objets du dépôt extérieur formé au-dessous de l'ouverture. — *Nuclei*, éclats minces, grandes et petites lames, grattoirs, pointes et perçoirs, scies (types magdaléniens) ; trois fragments de poterie grossière, recueillis dans la grotte, sont probablement néolithiques[4]. Tout à droite, (8118) morceau de sanguine provenant du dépôt extérieur.

2° *Grotte de Pouzet*[5] : (6501) Brèche avec *nucleus* et dents ; silex magdaléniens ; poinçons en bois de renne. Remarquez (8038) un double grattoir et une scie en silex.

A droite, silex de la *Grotte des Morts* près de Brive[6] : lames, grattoirs,

1. Cf. des objets analogues en grès, *apud* Rochebrune, *Mémoire* (1866), pl. V, fig. 25 ; en stalagmite, *apud* Nadaillac, *Premiers hommes*, t. I, p. 103, fig. 28 ; voir aussi Evans, *Ages de la pierre*, trad. franç., p. 446, et plus haut, p. 183.

2. Donateurs : 1° et 2°, Massénat, Lalande ; 3° Thioly, Lartet et Christy, Castagné, Massénat et Lalande.

3. *Matériaux*, t. IV, p. 185 ; *Congrès de Copenhague*, p. 37, 39 ; Ph. Lalande, *Monographie des grottes à silex des environs de Brive*, Montauban, 1867 (extrait du *Moniteur de l'Archéologue*), p. 10-14 ; *Dictionnaire archéol. de la Gaule*, article *Brive*.

4. Lalande, *op. laud.*, p. 13. La grotte a certainement été remaniée.

5. Ph. Lalande, *Notice sur la grotte de Pouzet*, Montauban, 1868 (extrait du *Moniteur de l'Archéologue*) ; *Revue Archéol.*, 1867, I, p. 66 ; *Matériaux*, t. III, p. 63 ; t. IV, p. 110 ; *Congrès de Copenhague*, p. 36 ; Mortillet, *Le Préhist.*, p. 438.

6. Lalande, *Monographie des grottes à silex taillés des environs de Brive*, Montauban, 1867, p. 7-10.

perçoirs et petits éclats du type magdalénien ; dent de renne et os brisés (débris de repas).

3° A gauche, silex de la station du *Pied-du-Salève* (Veyrier) [1]. Remarquez (8807) les petits éclats à extrémité recourbée.

Plus à droite, gisement magdalénien de *Rébenac* (Basses-Pyrénées) [2], avec une molaire d'ours et une côte de grand bœuf.

Silex magdaléniens de *Murceint* [3], entre autres de belles lames (15462) [4], quelques-unes en silex calcédonieux. Un grattoir (15463) paraît pourvu d'une espèce de poignée.

Silex magdaléniens de *Champ* [5] et de *Coumba-Negra* [6] près de Brive. Remarquez de cette dernière provenance un morceau de jaspe taillé et des grattoirs circulaires en silex.

VITRINE XXXI [7].

BRUNIQUEL, LES EYZIES, AURENSAN, TYPES DE LA MADELAINE.

A. Bruniquel (I). — Sur la tranche, molaires supérieures de cheval, astragale de renne, fragment de mâchoire inférieure de renne, phalanges unguales de grand bœuf. Nous décrirons plus loin les deux rennes formant manches de poignard qui se trouvent placés sur la tranche parmi les objets précédents.

Brèche empâtant des silex et des ossements ; *nuclei*, lames, couteaux, éclats, grattoirs, pointes, perçoirs, lames en silex (ordinaire, jaspoïde, calcédonieux) et en jaspe moucheté.

1. Lartet, *Annales des sciences naturelles*, 4e série, vol. XV, p. 227; Troyon, *Indicateur d'hist. et d'antiq. suisses*, 1855-1861; Favre, *Bibliothèque universelle*, mars 1863; Perrin, *Études préhist. sur la Savoie*, 1870; Thioly, *Revue Savoisienne*, 20 janvier et 25 mars 1868; *Matériaux*, t. IV, p. 4, 33, 91-94, 136 (planche); t. VIII, p. 352 (planche XXII); t. XIX, p. 386; *Revue archéol.*, 1868, t. II, p. 139; *Association française*, 1873, p. 674.

2. Grotte remaniée par un cours d'eau; cf. *Le Préhist.*, p. 441.

3. Castagné, *Congrès archéologique*, XLIe session (Agen et Toulouse, 1874), p. 434, 521 ; Mortillet, *Le Préhist.*, p. 440.

4. *Musée Préhist.*, fig. 135.

5. Lalande, *Monographie*, 1867, p. 6-7; *Congrès de Copenhague*, p. 39.

6. Lalande, *Monographie*, p. 5-6; *Matériaux*, t. II, p. 177; *Congrès de Copenhague*, p. 39.

7. Donateurs : A : Duruy, ministre de l'Instruction publique (fouilles Brun); Saulcy, Archiac, Lartet et Christy. — B : Duruy, Lartet et Christy, Frossard.

Remarquez (4236) grattoirs à sommet ovale ; (4309) perçoir ; (4381, fig. 107)[1] trois lames retaillées sur un des tranchants ; (4381 *bis*)[2] pointes retaillées sur les deux côtés ; (4377) éclats à pointe recourbée[3] ; (4386, fig. 108 et 109) lames dentées d'un côté, éclats ou lames à un rang de dentelures, lames dentées des deux côtés. Ces dernières[4] caractérisent le gisement de Lafaye à Bruniquel ; elles sont rares à la Plantade et à Montastruc (même station).

Objets en os : bois de renne d'où l'on a détaché des esquilles pour fabriquer des aiguilles ; bois de renne coupés ; deux hameçons à double pointe ; deux aiguilles à chas complètes et fragments d'autres semblables[5] ; poinçon et pointes en os ; petit silex pointu pour forer les aiguilles à chas.

Os longs d'aurochs, mâchoires et tête d'humérus de renne, brisées pour l'extraction de la moelle. Manches d'outils, lissoirs, poinçons et pointes

Fig. 107. — N° 4381.   Fig. 108. — N° 4386.   Fig. 109. — N° 4386 *bis.*
H. 0ᵐ,04. — Bruniquel.   H. 0ᵐ,04. — Bruniquel.   H. 0ᵐ,045. — Bruniquel.

diverses en bois de renne ; plusieurs poinçons portent des stries ou une rainure médiane ; il y a des pointes avec la base en biseau (4417, 4418).

Les deux objets les plus importants de Bruniquel (Montastruc) sont les deux rennes en ivoire (8290 (fig. 110), 8291)[6], formant manches de poignard, sculptures en ronde bosse d'un excellent travail et remarquables par l'accommodation du sujet au but pratique de l'instrument qu'ils décorent (plus haut, p. 172). Autrefois dans la collection Peccadeau de l'Isle, ils ont passé,

1. *Musée Préhist.*, fig. 142.

2. *Musée Préhist.*, fig. 141.

3. Cf. Brun, *Notice sur les fouilles exécutées à Bruniquel*, Montauban, 1867, pl. V, fig. 7 et 8.

4. Brun, *Notice*, pl. V ; Mortillet, *Musée Préhist.*, fig. 167 ; Nadaillac, *Mœurs et monuments*, p. 69. On en a rencontré d'analogues à Chaleux (Mortillet, *Le Préhist.*, p. 400 ; Dupont, *L'homme pendant les âges de la pierre*, 2e éd., p. 151) ; elles ont pu servir à la fabrication des petits instruments en os, par exemple des aiguilles.

5. Brun, *Notice*, pl. II.

6. *Revue archéol.*, 1868, I, p. 219 ; *Matériaux*, t. IV, p. 96 ; Hamy, *Précis*, p. 331 ; Brehm, *Mammifères*, trad. française, p. 706. Nouveaux dessins plus exacts dans les *Matériaux*, t. XIX, p. 72 ; t. XXI, p. 366.

en 1886, au Musée Britannique, avec toute la collection formée par cet amateur [1].

B. Suite des trouvailles de Bruniquel : fragments de flèches et de harpons barbelés [2], avec sillons dans les barbelures (4439) [3]; très belle pointe de flèche (cf. p. 157) barbelée d'un seul côté, intacte; trois pointes de flèche à base en biseau [4]; incisives de renne et de bœuf, canine de renne, petites dents [5] et vertèbre de poisson, percés de trous pour la suspension (pendeloques) [6]; (4450) phalange de renne percée pour servir de sifflet [7].

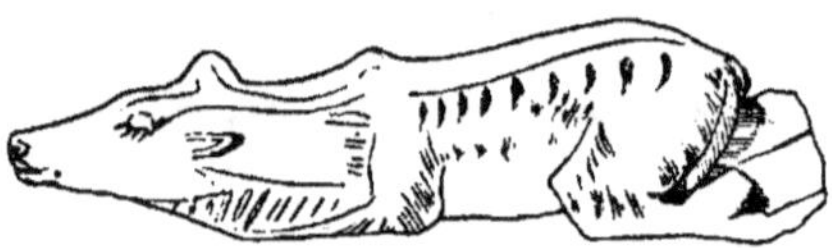

Fig. 110. — N° 8290. — Long., 0ᵐ, 11. — Bruniquel.

Fig. 111. — N° 8292. — H. 0ᵐ,06. — Bruniquel.

(8292)· [8] Célèbre mammouth de l'ancienne collection Peccadeau (Musée Britannique), taillé dans une palme de bois de renne et ayant peut-être servi de manche à un poignard (fig. 111). La trompe du pachyderme s'appuie entre ses deux jambes de devant. L'authenticité de cet objet est incontesta-

1. *The Athenaeum*, 21 janvier et 3 mars 1887; *Matériaux*, t. XXII, p. 47.

2. On a trouvé à Plantade, sous un foyer, 8 flèches barbelées d'un seul côté, parfaitement intactes (*Dict. archéol. de la Gaule*, article *Bruniquel*, p. 205). Les flèches barbelées manquent à Lafaye.

3. *Musée Préhist.*, fig. 183.

4. *Musée Préhist.*, fig. 180.

5. Brun, *Notice*, pl. V.

6. Les dents percées, très nombreuses à Lafaye, manquent à Plantade.

7. *Musée Préhist.*, fig. 219. Cf. plus haut, p. 220.

8. *Revue archéol.*, 1868, t. I, p. 219; Hamy, *Précis*, p. 326; *Matériaux*, t. IV, p. 97; t. XIX, p. 74; Brehm, *Mammifères*, trad. franç., p. 706; Mortillet, *Musée Préhistorique*, fig. 211; *Le Préhist.*, p. 421.

ble, ainsi que l'interprétation du sujet représenté. La queue retroussée[1] s'étant
brisée au bout, l'artiste l'a complétée par un morceau postiche inséré dans
un trou creusé sur le dos; c'est le plus ancien exemple que l'on possède
de la restauration d'une œuvre d'art.

(29767)[2] Animal gravé sur fragment de bâton de commandement (fig. 112);
on a cru y reconnaitre le chat-tigre des cavernes (*felis spelaea*). Original
au musée de Montauban.

Fragment d'un bâton de commandement et talon d'un grand bâton
analogue en bois de renne; fragment de bâton orné de chevrons gravés
sur les deux faces aplanies.

Les Eyzies (voir plus haut, p. 243). — Brèche avec ossements, silex taillés, dents de renne; triturateur et mortier en granit: trois grands *nuclei*
en silex. Rognon de pyrite; limonite raclée; espèce de racloir; (20080) très

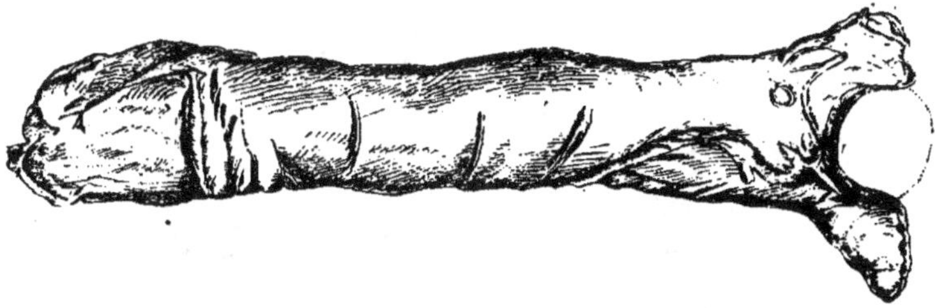

Fig. 112. — N° 29767. — Long., 0^m,205.
Bruniquel.

belle lame à pointe (fig. 113); grands et petits grattoirs; (3479, fig. 114),
beau spécimen de grattoir double; (3457, 3481), grattoirs-perçoirs et perçoirs.

Os long d'oiseau avec incisions; pointes de traits et aiguilles à chas[3],
dont trois complètes, en bois de renne; (8159)[4] canine de renne avec trou
de suspension. — (21237)[5] Tête de cheval gravée sur un caillou; (8158)[6]
avant-train et tête de bœuf (fig. 115), gravés sur un fragment d'os; (31512)[7]
plaque de schiste portant un bouquetin gravé (fig. 116); original au Musée
Britannique.

1. Ce détail, qui distinguerait le mammouth de l'éléphant actuel, ne nous est connu que
par cette sculpture.
2. Brun, *Notice*, pl. IV; *Matériaux*, t. III, p. 209; Nadaillac, *Premiers hommes*, t. I.
p. 121.
3. *Musée Préhist.*, fig. 170-171.
4. *Ibid.*, fig. 162.
5. *Reliquiae*, A. pl. XXIX, fig. 3.
6. *Reliquiae*, B, pl. II, fig. 4; *Musée Préhist.*, fig. 204.
7. *Reliquiae*, A, pl. XXIX, fig. 1; Hamy, *Précis*, p. 304; *Revue Archéol.*, 1864, t. I,
p. 250; Bertrand, *Gaule avant les Gaulois*, p. 71.

Aurensan Inférieure [1]. — Silex de types magdaléniens, *nuclei*, percuteurs, lames ou éclats de petite taille, lame retaillée sur un tranchant

Fig. 113. — N° 20080. — H. 0m,035.
Les Eyzies.

Fig. 114. — N° 3479. — H. 0m,065.
Les Eyzies.

Fig. 115. — N° 8158. — H. 0m,023.
Les Eyzies.

Fig. 116. — N° 31512. — H. 0m,043.
Les Eyzies.

Fig. 117. — N° 14651. — Long., 0m,063.
Aurensan Inférieure.

(analogue à celles de Bruniquel), pointes retaillées, petits éclats aigus [2], perçoirs, petits grattoirs. — (14648) [3] Pointe de harpon barbelée; collection

1. Frossard, *Restes d'industrie humaine trouvés dans la grotte d'Aurensan*, Bagnères, 1870; *Matériaux*, t. VI, p. 205, pl. XI; *Congrès de Stockholm*, t. I, p. 20. Le rocher a été dénommé Aurensan d'après le nom de son propriétaire, M. d'Aurensan de Lustar. Pour la faune d'Aurensan, voir les listes dressées par Frossard, *Matériaux*, t. VI, p. 210; le renne est assez rare, il n'y a ni mammouth ni rhinocéros. — « Dans certaines de nos grottes, à Gourdan, par exemple, dans les couches superposées, prédomine tantôt le cerf, tantôt le renne. A Lourdes, au contraire, ce dernier domine. Ces gisements sont peut-être, en partie du moins, les plus récents de l'époque madeleinienne, lorsque le renne ne vit plus guère dans les Pyrénées et les atteint de moins en moins dans ses migrations. » (Cartailhac, *Ages préhistoriques de l'Espagne et du Portugal*, p. 46.)

2. *Musée Préhistorique*, fig. 138.

3. *Matériaux*, t. VI, pl. XI.

Frossard; (14651)· [1] deux têtes de bouc sur bois de renne (fig. 117); collection Frossard; (14646, 14650)· [2] baguette ornée et instrument à base bifide en bois de renne; collection Frossard.

(14644)· Éclat d'os avec stries; même collection; (14647, 14649)· [3] base d'une pointe de lance et base d'un bout de harpon à barbelures cannelées; même collection; (14652) fragment d'un bois de·renne, coupé avec un outil en silex.

I. **Stations de Bruniquel** (commune de Montclar, arrondissement de Montauban) [1].

Il y a plusieurs stations magdaléniennes [5] à Bruniquel : 1° la grotte de Combet, vis-à-vis des forges, exploitée plutôt qu'explorée par M. de Lastic [6]; une partie de la collection Lastic a passé au Musée Britannique; le reste est encore à Paris (juin 1889), entre les mains de la famille de l'inventeur; 2° et 3° les abris sous roche de Lafaye et de Plantade [7], fouillés par M. Brun au profit des musées de Montauban et de Saint-Germain; 4° l'abri de Montastruc, fouillé par M. Peccadeau de l'Isle, dont la collec-

1. Dessin peu fidèle dans les *Matériaux*, t. VI, pl. XI.

2. *Matériaux*, t. VI, pl. XI.

3. *Matériaux*, t. VI, pl. XI.

4. Caraven, *Mémoire sur une ancienne station humaine découverte le 14 octobre 1862 dans la caverne de Bruniquel*, Castres, 1865; Brun, *Notice sur les fouilles paléontologiques de l'âge de pierre exécutées à Bruniquel et à Saint-Antonin*, Montauban, 1867; Trutat, *Revue archéologique du midi de la France*, 1866, p. 1-5 et 24, fig.; Peccadeau de l'Isle, *Comptes rendus de l'Académie des Sciences*, 1867, t. LXIV, p. 628; le même, *Revue archéologique*, 1868, t. I, p. 213; *Dictionnaire archéologique de la Gaule*, article *Bruniquel*; Owen, *Philosophical Transactions*, vol. CLIX, p. 517, 535; *Proceedings of the Royal Society*, 9 juin 1864, 7 janvier 1869; Lastic, *Congrès de Paris*, p. 119; *Matériaux*, t. I, p. 456; t. II, p. 545; t. III, p. 201; t. IV, p. 98, 467; t. XIX, p. 66, 67, 69, 70, 72, 74, 297, 298 (gravures de la collection Peccadeau, bœufs, isards (?), chevaux, rennes, mammouth, objets ornés, pendeloques); Mortillet, *Le Préhistorique*, p. 440; *Musée Préhistorique*, nᵒˢ 141, 142, 155, 167, 180, 183, 211, 219; Le Hon, *L'homme fossile*, p. 94; Hamy, *Précis*, p. 329; Nadaillac, *Premiers hommes*, t. I, p. 68, 115, 132, 169; *Mœurs et monuments*, p. 55, 69. Vue *pittoresque* des abris de Bruniquel dans *L'homme primitif* de L. Figuier, p. 103; une vue des rocs de Plantade, dessinée d'après une photographie, a paru dans le *Musée Préhistorique*, fig. 155; cf. notre fig. 118. La première collection Lastic et la collection Peccadeau sont entrées au Musée Britannique (cf. *Matériaux*, t. XXII, p. 47).

5. On a aussi recueilli à Bruniquel une pointe à cran et une pointe en feuille de laurier des types de Solutré (Mortillet, *Le Préhistorique*, p. 372).

6. Cf. Hamy, *Précis*, p. 332.

7. Noms des propriétaires de ces abris.

tion a passé au Musée Britannique en 1887. La roche de Montastruc, haute de 29 m., forme un surplomb qui atteint 14 à 15 m. et couvre une superficie d'environ 250 m. carrés. Cette station est caractérisée par une extrême abondance de très petites lames ou pointes en silex. Les quatre gisements de Bruniquel, dont on est loin d'avoir encore publié

Fig. 118. — Abri du roc de Plantade à Bruniquel, côté occidental.

toutes les richesses, marquent peut-être, avec la station de Thayngen, le degré le plus élevé auquel ait atteint la civilisation des cavernes [1].

Des ossements humains ont été recueillis à Bruniquel par MM. de Lastic et Brun [2].

1. Cf. Hamy, *Précis*, p. 329.
2. Cf. *Reliquiae Aquitanicae*, p. 88; *Congrès de Paris*, p. 386; *Crania Ethnica*, p. 58, 84.

VITRINE XXXII [1].

GROTTES DITES DE MENTON. — CAVERNES BELGES. — EXEMPLES
DE STRATIGRAPHIE.

A. Collection de silex et autres objets provenant des grottes dites *Baoussé-Roussé*, près de Menton (I).

Brèche à ossements et à silex; deux grands cailloux ovoïdes en serpentine ayant servi de percuteurs; os cassé et grattoir en silex soudés par la brèche. — Petits silex de couleurs diverses appartenant aux types suivants : lames ou couteaux (remarquez le n° 18840, fig. 119); éclats pointus (18841, fig. 120); pointes du type du Moustier (18839, fig. 121, 122); pointes diverses, pointes de flèche, série de pointes de silex très finement retaillées (18855, fig. 123-125) ; silex à deux pointes ressemblant aux pointes à cran d'Excideuil; 18846, fig. 126, pointe de flèche à pédoncule; 18842, taraud en silex); scies ou racloirs (remarquez le n° 18838, fig. 128, scie en jaspe); grattoirs simples et doubles (très nombreux; remarquez le n° 18852, fig. 129, grattoir à entailles arquées; 18831, fig. 130, grattoir en jaspe; 18836, fig. 127, grattoir à pointe en silex).

Objets en os de même provenance : éclats d'os pointus, petits poinçons en os, double pointe en os, fragment d'os avec deux séries de trois encoches transversales (19796, original au Muséum à Paris) [2]. Le grand poinçon taillé dans un radius de cerf (19795, fig. 131, original au Muséum) [3], qui était posé sur le front d'un squelette dans la quatrième grotte [4], a été considéré par M. de Mortillet comme néolithique, mais sans motif convaincant [5]. — (19794) [6] Canon de cheval percé d'un trou (fig. 132), objet qu'on a rapproché des bâtons de commandement [7]; original au Muséum; (18812) coquilles percées de *nassa neritea* [8]; (18828) canine de cerf percée; (18827) [9] anneaux d'encrine; (18826) fragment d'un anneau ou bra-

1. Donateurs : **A** : Jules Simon, ministre de l'Instruction publique (fouilles Rivière); famille Damour (fouilles Damour); Gervais. — **B** : Musée de Bruxelles (fouilles Dupont); Longuemar, Lartet.

2. Rivière, *L'antiquité de l'homme*, pl. IX, n° 15.

3. Rivière, *op. laud.*, pl. IX, n° 6.

4. Rivière, *op. laud.*, p. 189 et pl. XI.

5. Cf. *Bulletin de la Société d'Anthropologie*, 2 février 1888.

6. Rivière, *op. laud.*, pl. IX, n° 1.

7. En particulier du bâton de Goyet, en Belgique (Dupont, *L'homme pendant les âges de la pierre*, 2e éd., p. 117, fig. 15).

8. Rivière, *op. laud.*, p. 119.

9. Rivière, *op. laud.*, pl. IX, n° 12.

Fig. 119. — N° 18840.
H. 0ᵐ,06.

Fig. 120. — N° 18841.
H. 0ᵐ,065.

Fig. 121. — N° 18839.
H. 0ᵐ,055.

Fig. 122. — N° 18839 *bis.*
H. 0ᵐ,04.

Fig. 123. — N° 18555.
H. 0ᵐ,062.

Fig. 124. — N° 18555.
H. 0ᵐ,041.

Fig. 125. — N° 18555.
H. 0ᵐ,04.

Fig. 126. — N° 18846.
H. 0ᵐ,06.

Fig. 127. — N° 18836.
H. 0ᵐ,065.

Fig. 128. — N° 18838.
H. 0ᵐ,042.

Fig. 129. — N° 18852.
H. 0ᵐ,043.

Fig. 130. — N° 18831.
H. 0ᵐ,04.

Fig. 131. — N° 19795. — Long., 0ᵐ,11.

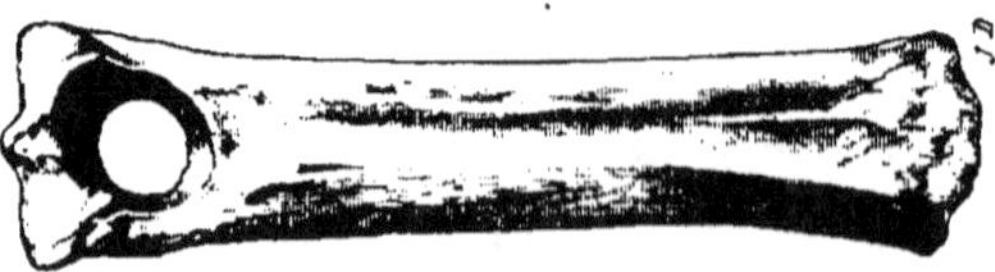

Fig. 132. — N° 19794. — Long., 0ᵐ,21.

Fig. 119 à 132. — GROTTES DES BAOUSSÉ-ROUSSÉ PRÈS DE MENTON.

celet (?) en jayet, probablement néolithique [1]; (18797) fragment de hache polie en calcaire, provenant de la surface [2]; (18825) bois de cerf taillé.

I. Grottes dites de Menton [3]. — Les cavernes des *Baoussé-Roussé*, *Balzi Rossi* ou *Baussi Rossi* (rochers rouges dans le patois mentonnais),

1. Cf. cependant Dupont, *L'homme pendant les âges de la pierre*, 2e éd., p. 157, qui signale dans une caverne belge une lame de jayet de l'époque du renne.

2. Rivière, *op. laud.*, pl. IX, nº 18.

3. E. Rivière, *De l'antiquité de l'homme dans les Alpes-Maritimes*, Paris, 1878-1887, 1 vol. in-4º de 338 pages avec 24 planches en couleur (ouvrage capital sur la matière, mais auquel on peut reprocher des défauts graves : luxe inutile et précision insuffisante dans l'illustration, prolixité et décousu dans le texte, absence d'index). M. Rivière n'a été investi d'une mission officielle qu'en juillet 1871, mais il a commencé ses recherches dès 1870 et les a poursuivies avec quelques interruptions jusqu'en 1875 (historique de ces fouilles, *op. laud.*, p. 7 et suiv., 83 et suiv.). Avant M. Rivière, des fouilles avaient été pratiquées dans ces grottes par le prince de Monaco, Florestan Ier, par Ant. Grand, Fournet, Chantre, Forel, Pérez, Gény, Bonfils, Moggridge et Beauregard; cf. Forel, *Notice sur les instruments en silex et les ossements trouvés en 1858 dans les grottes de Menton*, Menton, 1860; Gény, *Congrès scientifique de France*, 33e session, Nice, 1867; Issel, *Congrès de Paris*, 1867, p. 81 (avec des erreurs). La troisième caverne et la quatrième ont été fouillées de nouveau en 1881 et en 1882 par M. Schultze de Berlin (cf. Virchow, *Verh. Berl. Gesellschaft*, 1882, p. 510 et fig.; *ibid.*, 1883, p. 401 et fig.), qui dit avoir aussi exploré une 10e grotte, inconnue avant lui, et plus voisine que les autres de Menton. Ces explorations ont fourni des objets en os de types nouveaux, manquant à l'album de M. Rivière, entre autres un racloir (*Verh. Berl. Ges.*, 1883, p. 405, fig. 3), un os poli taillé en forme d'S (peut-être un objet de parure, *ibid.*, fig. 7), des espèces de cuillers (*ibid.*, p. 406, fig. 9), un vase (?) creusé dans un os (*ibid.*, fig. 11). M. Virchow a remarqué que quelques objets en os de formes singulières (*Verh. Berl. Gesellschaft*, 1882, p. 511, fig. 4, 6, 7) rappellent les silex dentelés de Breonio près de Vérone, dont l'authenticité, vivement contestée par M. de Mortillet, n'est pas encore sérieusement établie (*Verh. Berl. Gesellschaft*, 1888, p. 532; *Matériaux*, t. XVIII, p. 601; t. XIX, p. 230; t. XX, p. 462, 508; *Revue d'Anthrop.*, 1888, p. 371; *Association française*, 1886, p. 180; *Bull. di Paletn. italiana*, 1888, p. 47, pl. VI-VII; p. 81, 141, pl. VIII, IX; *Rendiconti Accad. dei Lincei*, 1887, p. 66). Le rapprochement institué par M. Virchow n'est pas très frappant et les silex étranges de Breonio n'en conservent pas moins leur étrangeté. Les spécimens recueillis à Menton par M. Schultze sont aujourd'hui à Berlin. — Pendant tout le temps qu'ont duré ses fouilles, M. Rivière a publié dans diverses *Revues* un très grand nombre d'articles que son ouvrage d'ensemble rend à peu près inutiles aujourd'hui; cf. entre autres *Comptes rendus de l'Académie des Sciences*, 31 juillet 1871; *Matériaux*, t. VII, p. 228, pl. X; t. VIII, p. 132; t. IX, p. 94; t. XX, p. 525; *Revue archéologique*, 1872, t. I, p. 268; *Revue d'Anthropologie*, t. XV, p. 455; *Congrès de Bologne*, p. 103; *Congrès de Bruxelles*, p. 164, 536. Voir encore Mortillet, *Le Préhistorique*, p. 391; *Musée Préhistorique*, p. 114-117; Wilson, *Nature*, 15 octobre 1885, p. 588; Cartailhac, *Matériaux*, t. XXII, p. 445 (important compte rendu du livre de M. Rivière), et surtout la très intéressante discussion entre MM. d'Acy et de Mortillet, dans le *Bulletin de la Société d'Anthropologie*, 2 février 1888 (*Matériaux*, t. XXII, p. 437 et suiv.).

sont situées à Grimaldi, tout près de la frontière française. On les appelle à tort *grottes de Menton,* car, depuis 1860, elles appartiennent au hameau de Grimaldi et à la commune de Ventimiglia.

Ces grottes, signalées dès 1786 par H.-B. de Saussure, sont au nombre de 9 [1]; elles font face à la mer et sont largement exposées aux rayons solaires. L'entrée de chaque grotte est précédée d'une sorte de plateau formé par une accumulation de débris de cuisine où les coquilles sont extrêmement nombreuses. La faune [2], où le renne fait défaut [3], comprend l'*ursus spelaeus,* l'hyène, plusieurs félidés, le rhinocéros et le glouton (spécimens très rares), le cheval (rare), le *sus scrofa fossilis* [4], le cerf et la chèvre (très fréquents), des oiseaux [5], des poissons [6], etc. Les coquilles [7] sont en très grande quantité ; on en a trouvé 7,868 dans un seul dépôt de la quatrième caverne, recouvertes pour la plupart d'une couche de peroxyde de fer ; 857 avaient été perforées pour servir de parures [8]. Quelques coquilles marines viennent de l'Atlantique et doivent avoir été l'objet d'un commerce [9] ou apportées par les chasseurs nomades qui fréquentaient ces grottes.

Parmi les objets en pierre [10], qui sont en très grand nombre et de nuances variées (silex agates, rubannés, jaspés, etc.) [11], on trouve quelques pointes à cran du type d'Excideuil ; les grattoirs du type de la Madelaine sont les outils les plus répandus. En général, les silex taillés sont petits, comme les silex d'origine eux-mêmes [12]. Une couche profonde de la sixième caverne (3^m,75) contenait beaucoup d'outils en grès et en

---

1. Plan dans Rivière, *op. laud.,* pl. XXIV; cf. p. 26. Vue des quatre premières cavernes, *ibid.,* pl. I.

2. Rivière, *op. laud.,* p. 146, 164, 255, 259, 265; Mortillet, *Le Préhistorique,* p. 379-80; *Matériaux,* t. XX, p. 525.

3. Rivière, *op. laud.,* p. 265.

4. Rivière, *op. laud.,* p. 181.

5. *Ibid.,* p. 266.

6. *Ibid.,* p. 271.

7. *Ibid.,* p. 277; Fischer, *Matériaux,* t. XI, p. 485.

8. *Ibid.,* p. 170, 304.

9. *Ibid.,* p. 305; cf. *Congrès de Bruxelles,* p. 431, et plus haut, p. 154.

10. Grattoirs simples ou doubles (Rivière, p. 293), racloirs (p. 296), pointes et perçoirs (p. 297), disques (p. 296), percuteurs (p. 299), lames ou couteaux rares (p. 298); ajouter un galet en serpentine ovoïde pour broyer le fer oligiste et un galet plat de jadéite (? p. 163), un disque plat en jayet (p. 94) et une pendeloque en lamelle de schiste talqueux (pl. IX, fig. 13, p. 176; cf. *Bulletin de la Société d'Anthropologie,* 1877, p. 285-300).

11. Rivière, *op. laud.,* p. 160. Il est évident, comme l'a remarqué Issel, que l'ouvrier a donné la préférence aux silex de couleur brillante ; ces matériaux proviennent, d'ailleurs, de localités assez voisines de Menton (*ibid.,* p. 283, 291).

12. Rivière, *ibid.,* p. 161.

calcaire [1] ; à 10 mètres de profondeur, dans la quatrième caverne, M. Rivière a rencontré des grès et des calcaires taillés affectant les formes dites moustériennes [2]. Les instruments en os ne sont pas rares, mais il n'y a pas de gravures [3], si ce n'est quelques fragments d'os avec encoches [4]; on a trouvé plusieurs lissoirs, trois aiguilles brisées [5], un poinçon fait avec un os pénien d'ours [6] et quelques sifflets fabriqués avec des phalanges de cerf [7].

Ainsi il n'y a ni pointes en feuille de laurier, comme à Solutré, ni œuvres d'art comme à la Madelaine; ces grottes ne se rangent donc pas dans une des classes étudiées jusqu'à présent, fait que leur position géographique, en dehors de l'habitat du renne, rendait d'ailleurs vraisemblable *à priori*. M. de Mortillet qualifie ainsi le dépôt archéologique des Baoussé-Roussé : « A la base, une assise moustérienne, et, dans l'ensemble, du solutreen contenant des sépultures robenhausiennes [8]. » Cette détermination paraît inadmissible de tous points, car les types moustériens et solutréens sont fort rares, sans relations stratigraphiques constantes, et les sépultures, dont il nous reste à parler, ne sont pas néolithiques [9]. C'est par erreur que M. Issel, en 1867, a attribué aux grottes de Menton beaucoup d'objets certainement néolithiques [10]; les vestiges de cette époque sont en vérité fort rares aux Baoussé-Roussé, et les seuls que M. Rivière ait signalés sont une hache polie, découverte à la surface [11], et un fragment de disque plat en jayet [12]; l'un et l'autre sont au Musée de Saint-Germain.

Hommes fossiles de Menton [13]. — Au mois de mars 1872, M. Rivière a découvert un squelette viril dans la quatrième caverne, dite *grotte du Ca-*

1. Rivière, *ibid.*, p. 246.

2 *Ibid.*, p. 175.

3. *Ibid.*, p. 153.

4. *Ibid.*, p. 154, 238, 240; pl. IX, fig. 15.

5. *Ibid.*, p. 301.

6. *Ibid.*, p. 189; cf. *Congrès de Bruxelles*, 1872, p. 230; Nadaillac, *Mœurs et monuments*, p. 77.

7. Rivière, *ibid.*, p. 192, 214, 302.

8. Mortillet, *L. Préhist.*, p. 380.

9. Broca a déjà signalé (*Bulletin de la Société d'Anthropologie*, 1865, p. 221; Rivière, *op. laud.*, p. 266) l'analogie des dépôts des Baoussé-Roussé avec les kjökkenmöddings danois; dans les uns comme dans les autres, ce sont les espèces comestibles qui prédominent. Mais le chien, animal caractéristique des kjökkenmöddings, n'a pas été rencontré dans les grottes de Menton.

10. Rivière, *op. laud.*, p. 93.

11. *Ibid.*, p. 299.

12. *Ibid.*, p. 94. Cf. plus haut, p. 256 et note 1.

13. Cf., outre les ouvrages cités dans les notes suivantes : *Revue d'Anthropologie*, t. XV, p. 452; *Matériaux*, t. VII, p. 228, pl. X; *Congrès de Bruxelles*, p. 164, 586; *Crania Eth-*

villon [1]. Ce squelette, actuellement au Muséum à Paris, avait la tête couverte d'une sorte de résille formée de plus de 200 *nassa neritea*, petites coquilles méditerranéennes à patine brillante [2]. Sur le visage était répandu du fer oligiste en poudre, que l'on a également trouvé sur d'autres ossements et sur des objets de parure [3]. Un instrument pointu en os de cerf, long de 0^m,173 [4], était appliqué en travers du front; rien n'autorise, comme le voudrait M. de Mortillet [5], à y voir un outil néolithique. En arrière du crâne étaient placées deux lames en silex. L'homme inhumé avait 1^m,85 à 1^m,90 de haut [6]; ce caractère, joint à la platycnémie et à quelques autres, le rapproche du vieillard enseveli dans la caverne de Cro-Magnon [7]. Plusieurs autres squelettes ou fragments humains ont été découverts dans les mêmes grottes [8]. Deux squelettes d'enfants [9], appartenant aujourd'hui à l'Université catholique de Paris, portaient des ceintures ou pagnes de *nassa neritea*. M. L. Jullien a trouvé en 1884, dans la cinquième caverne, à 8^m,40 de profondeur, un squelette incomplet [10]; la tête était recouverte de peroxyde de fer. Dans la sixième caverne, à 3^m,75 de profondeur, M. Rivière a découvert un squelette d'adulte, avec parure de coquillages perforés [11] : ce mort devait avoir au moins 2 mètres de haut [12]. Un autre squelette et des os d'enfant ont été rencontrés à 3^m,90 de profondeur [13]; la tête était environnée de coquilles percées et de dents canines de cerf perforées également [14]. On se rappelle que des coquillages perforés se sont trouvés aussi sur le squelette écrasé de Laugerie-Basse [15].

---

nica, p. 61; Mortillet, *Le Préhist.*, p. 391; Nadaillac, *Premiers hommes*, t. I, p. 136, fig. 72.

1. Rivière, *op. laud.*, p. 129, avec la photographie du squelette prise au moment de la découverte, pl. XI et XII.

2. Rivière, p. 139.

3. *Ibid.*, p. 131.

4. *Ibid.*, pl. IX, fig. 2.

5. Cf. *Bulletin de la Société d'Anthropologie*, 2 février 1888.

6. Quatrefages et Hamy, *Crania Ethnica*, p. 61.

7. Cf. plus haut, p. 186.

8. Cuvier avait déjà décrit, au tome VI des *Ossements fossiles*, une mâchoire humaine provenant d'une grotte de Nice.

9. Rivière, p. 115, 119.

10. Rivière, p. 196; *L'homme*, 1884, p. 186; *Nature* (Londres), 1885, p. 588; d'Acy, *Bull. Soc. Anthrop.*, 2 février 1888.

11. Rivière, p. 208.

12. *Ibid.*, p. 217.

13. *Ibid.*, p. 219, 232.

14. *Ibid.*, p. 228.

15. *Comptes rendus de l'Acad'mie des sciences*, 15 avril 1872; cf. plus haut, p. 154 note 2, p. 193, 194. « Les cyprées de Laugerie-Basse sont perforées suivant le système en

Comme les os des squelettes des Baoussé-Roussé étaient dans leur connexion naturelle et accompagnés de mobiliers funéraires, tout le monde a reconnu qu'on était en présence d'inhumations, mais M. de Mortillet a soutenu, contre MM. Rivière et d'Acy, que ces inhumations ne remontaient qu'à l'époque néolithique [1]. « Pour qu'il puisse en être ainsi, observe M. d'Acy, il faut admettre que les hommes néolithiques ont creusé des fosses dont l'une atteint jusqu'à 8^m,40 de profondeur (le squelette de la cinquième caverne)... puis, que ce travail considérable n'a laissé aucune trace. » On n'observe, en effet, aucun vestige des remaniements que ces ensevelissements postérieurs auraient produits.

Les deux hypothèses combattues par M. d'Acy sont aussi inacceptables l'une que l'autre. Il faut admettre que les dépôts des Baoussé-Roussé appartiennent à la fin de l'époque quaternaire et que ces grottes, comme un assez grand nombre d'autres, ont été des lieux de retraite pour les vivants et pour les morts, — tour à tour, et peut-être simultanément, des foyers et des tombeaux [2].

Ainsi, à l'encontre de la théorie gratuite qui refuse entièrement aux hommes de la pierre éclatée les pratiques funéraires et les sentiments qu'elles

usage à Menton (par une entaille transversale et non par un trou rond), ce qui vient encore à l'appui de la contemporanéité des squelettes des deux localités. » (Cartailhac, *Matériaux*, t. XXII, p. 455.)

1. Mortillet, *Le Préhist.*, p. 391; *Bull. Soc. Anthrop.*, 2 février 1888 (Mortillet, d'Acy); Rivière, *op. laud.*, p. 308. M. Pigorini a souvent affirmé, en se fondant sur l'analogie entre le mobilier des grottes de Menton et celui des cavernes liguriennes (en particulier de la grotte ossifère des *Arene Candide*, Issel, *Mem. dell. R. Accad. d. Lincei*, 2 déc. 1877, 3 fév. 1878; *Bull. Paletn. Ital.*, 1886, p. 112, 217; 1887, p. 173), que les squelettes et les objets découverts par M. Rivière appartenaient les uns et les autres à l'époque néolithique (*Bull. Paletn. Ital.*, 1880, p. 36; 1881, p. 192; 1884, p. 18, 166, 167; 1886, p. 102; 1888, p. 5, 192).

2. Resterait à expliquer, ce qui ne laisse pas d'être embarrassant, la rareté relative des squelettes, alors que la quantité des silex semble témoigner d'une population assez nombreuse. — On peut admettre, comme l'ont supposé MM. Pigorini (*Bull. Paletn. Ital.*, 1880, p. 36; 1886, p. 104) et Cartailhac (*Revue d'Anthropologie*, t. XV, p. 460; *Matériaux*, t. XXII, p. 451), que les corps ont été préalablement décharnés par une assez longue exposition à l'air ou par une opération spéciale; l'inhumation de squelettes dans une grotte habitée se comprendrait alors plus facilement. « Il est évident, écrit Cartailhac (*Matériaux*, t. XXII, p. 454), que les ossements en général étaient restés en connexion naturelle, unis par leurs tendons et leurs ligaments, ce qui semble indiquer que la chair avait été enlevée par quelque procédé artificiel et rapide. Le squelette ainsi préparé avait été l'objet de la mystérieuse sollicitude des vivants, revêtu de parure, couvert de poudre rouge et probablement enfoui dans un léger linceul de terres et de cendres ossifiées, dans ces demeures naturelles, ouvertes sur la mer, exposées au soleil, où les hommes avaient depuis si longtemps l'habitude de stationner ou de passer leur vie. »

expriment [1], nous voyons que l'on peut, avec une vraisemblance voisine
de la certitude, rapporter à cette époque un certain nombre d'ensevelissements, en particulier ceux de Solutré, de Laugerie-Basse, de Cro-Magnon,
de Menton, peut-être aussi de Spy, de Gourdan, etc. Un caractère commun
à ces antiques sépultures, c'est qu'elles reposent sur des foyers, fait d'autant
plus intéressant à constater chez des peuples sans histoire qu'il paraît avoir
été général dans la civilisation primitive des races dites *aryennes*. C'est ce
qu'a montré admirablement M. Fustel de Coulanges dans la *Cité antique*,
où il a démêlé l'idée directrice de la vie politique et sociale des Grecs
et des Romains en partant de cette donnée que les morts furent anciennement ensevelis dans les maisons et que le culte du foyer n'a été à l'origine
que le symbole du culte des morts. *Apud majores*, dit Servius (*ad Aen.*,
VI, v. 154) *omnes in suis domibus sepeliebantur. Unde ortum est, ut lares
colerentur in domibus, unde etiam umbras* larvas *vocamus*. Il est assurément fort curieux d'en arriver par l'archéologie dite préhistorique, et pour
des races qui n'ont rien de commun avec celles de l'Italie et de la Grèce, à
un résultat que l'étude des textes classiques rend à peu près incontestable
pour celles-ci. .

B [2]. — Silex de Montaigle (Trou-du-Sureau) [3], de Hastière [4], de Goyet (troisième caverne) [5], du Trou-Magrite [6] et de Chaleux [7], obtenus par échange avec
le Musée de Bruxelles (fouilles Dupont). De Montaigle, il y a des racloirs
et des pointes du type du Moustier; de Goyet, station où l'on trouve aussi
des silex moustériens, des couteaux et des éclats du type de la Madelaine;
du Trou-Magrite, un racloir moustérien, des lames et une ébauche douteuse de pointe rappelant le type de Solutré; de Chaleux enfin, des grattoirs, des lames et des couteaux du type magdalénien.

1. Mortillet, *Le Préhist.*, p. 476, 501.
2. Voir en général Dupont, *op. laud.*, et la collection des rapports du même savant
réunis en un volume à la Bibliothèque du Musée (n° 1424).
3. Dupont, *op. laud.*, p. 71; *Congrès de Bruxelles*, p. 463, pl. 35-38; *Bulletin de l'Académie de Belgique*, 1868, p. 199; *Matériaux*, t. IV, p. 170.
4. Dupont, tableau synoptique à la fin de *L'homme pendant les âges de la pierre*, 2e éd.;
cf. Mortillet, *Le Préhist.*, p. 282; *Matériaux*, t. XII, p. 42.
5. Dupont, *op. laud.*, p. 186 et suiv., avec fig.; *Congrès de Bruxelles*, p. 463, pl. 45-48;
Hamy, *Précis*, p. 335; *Matériaux*, t. V, p. 140, 318.
6. Dupont, *op. laud.*, 2e éd., p. 87; *Bulletin de l'Académie de Belgique*, 3 août 1867;
Matériaux, t. III, p. 425; *Congrès de Bruxelles*, pl. 42-44; Hamy, *Précis*, p. 334.
7. Dupont, *op. laud.*, p. 143; *Mémoires de l'Académie de Belgique*, 1867; *Congrès de
Bruxelles*, pl. 33, 49, 50; Hamy, *Précis*, p. 345.

Plus à droite, objets de la grotte du Chaffaud (Vienne), recueillis aux différents niveaux de la caverne et montrant la continuité de l'habitation humaine sur ce point (fouilles de Longuemar) [1]. Au niveau inférieur appartiennent des cailloux de quartz et de granit roulés ; une molaire, une prémolaire et une canine d'hyène [2]; des coprolithes d'hyène, une canine de grand ours, un morceau de stalagmite cristallisée. Le niveau moyen est représenté par un *nucleus*, des lames et un grattoir en silex, un couteau en jaspe, de petits instruments en os et en bois de renne. Le niveau supérieur a fourni un os de poulet, une dent de mouton, une mâchoire de blaireau, des tessons de poterie grossière, deux silex de type néolithique, enfin un petit bronze de l'empereur Gallien (253 après J.-C.), une monnaie frappée en 1574 [3] et une pièce de deux liards à l'effigie de Louis XVI.

Plus loin, objets provenant de la grotte d'Aurignac, célèbre par les recherches de Lartet [4]. Ils sont répartis en trois groupes, correspondant aux différents caractères qu'a revêtus la station, gisement paléolithique, repaire d'hyènes et gisement néolithique [5].

1° *Couche paléolithique :* percuteurs en dolérite ; *nucleus*, casse-tête, grattoirs et scie en silex ; os brisés pour l'extraction de la moelle : bois de cerf préparé pour servir d'emmanchure ; fragment de bâton de commandement en bois de renne ; deux pointes de flèche fendues à la base et grande pointe de flèche avec base en biseau (type dit d'Aurignac)[6]; os avec une série d'encoches, analogue aux prétendues *marques de chasse;* deux lissoirs, l'un en ivoire, l'autre en côte de bœuf; sifflet formé d'une phalange de renne perforée [7], et deux pendeloques (canine de grand ours[8], rocher d'oreille de cheval perforé [9]).

2° *Repaire d'hyènes :* deux bois de renne, un débris d'os de rhinocéros et une esquille d'os de bœuf rongés par les hyènes [10].

3° *Couche néolithique :* deux rondelles percées de cardium, un poinçon en os, deux fragments de poterie grossière analogue à celle des dolmens [11].

1. Cf. plus haut, p. 178.
2. Longuemar, *Rapport sur une exploration méthodique des grottes de Chaffaud*, pl. V.
3. Liard delphinal de Charles IX, frappé à Grenoble. Au droit, dauphin couronné; croix fleurdelisée au revers (Hoffmann, *Monnaies royales de France*, p. 131, n° 57).
4. Voir plus haut, p. 154, note 1.
5. Voir *Comptes rendus de l'Académie des sciences*, 1871, p. 354.
6. Cf. Mortillet, *Musée Préhistorique*, fig. 179, 180. 188; *Le Préhistorique*, p. 402, 403.
7. Cf. plus haut, p. 220.
8. Lartet, *apud* Lyell. *Ancienneté*, appendice, trad. franç., p. 206.
9. La perforation peut n'être pas intentionnelle; cf. Mortillet, *Le Préhistorique*, p. 397.
10. Lartet, *loc. laud.*, p. 204.
11. Cf. les *Comptes rendus de l'Académie des sciences*, 1871, p. 354; Lartet. *loc. laud.*, p. 200.

VITRINE XXXIII [1].

FAUNE DES CAVERNES. GROTTE DE NÉRON [2].

(Classement et installation provisoires.)

A, B, C, D. Ossements de renard, de loup, d'hyène (avec coprolithes), de grand ours, de cheval, de bœuf, de cerf, de *megaceros hibernicus*. Beaucoup d'ossements ont été rongés par les hyènes.

E, F. Compartiments vides.

G. H. Silex provenant de la grotte de Néron ; percuteurs, pointes moustériennes[3], lames, couteaux, perçoirs, racloirs ; cinq éclats de quartz hyalin.

I, J. Ossements de mammouth (quelques fragments), de rhinocéros, de bouquetin, de renne (riche série de dents, phalanges, métacarpes, métatarses, calcanéums, etc.).

K, L. Compartiments vides.

VITRINE XXXIV [4].

Le classement de cette vitrine n'est encore que provisoire. Au 2° rang, silex et poinçons en os de la grotte de Corgnac[5] ; au 3°, collection de silex magdaléniens provenant de la station de Villéo, près du Mont-Ventoux[6]. A droite (30100), belle pointe de lance en silex provenant des Eyzies[7] ; hache en silex de forme ovoïde provenant de la Fourtonie, près de Bergerac[8].

---

1. Donateurs : Lepic et Lubac, auteurs des fouilles de Soyons. Cf. plus haut, p. 183.
2. Commune de Soyons.
3. Cf. *Musée Préhistorique,* fig. 70, 72, 76.
4. Donateurs : MM. Imbert, Morel, Damour.
5. Cf. *Matériaux,* t. XXII, p. 47.
6. Cf. E. Arnaud, *L'âge du renne dans le sud-est de Vaucluse,* Paris, 1869 (*Matériaux,* t. V, p. 225).
7. Même type que dans les *Reliquiae Aquitanicae,* A, pl. VI, 3.
8. Pour la forme, cf. *Reliquiae,* A, pl. III. Pour les silex des environs de Bergerac, voir le *Dictionnaire archéol. de la Gaule,* article *Bergerac:* Mortillet, *Le Préhist.,* p. 142, 167 ; Daleau, *Association française,* 1882, p. 583.

VITRINE XXXV [1].

Cette vitrine, qui n'est pas encore organisée, contient : 1º une collection de silex et d'os des grottes de Brive [2] (les Cottes, Sous-Champs, les Morts, Coumba-Negra, Ressaulier, Puy-de-Lacan); 2º des silex divers de Laugerie-Basse [3]; remarquez (22810) une scie en silex d'un travail très délicat; 3º des silex des abris de la Balutie, à Montignac (types du Moustier et de la Madelaine) [4]; 4º des fragments de pointes solutréennes de la station sur plateau de Gargas [5].

Sur les murs de la salle, en commençant par les bustes de Lartet et de Boucher de Perthes (p. 14, 16), on remarque, en faisant le tour, les objets suivants :

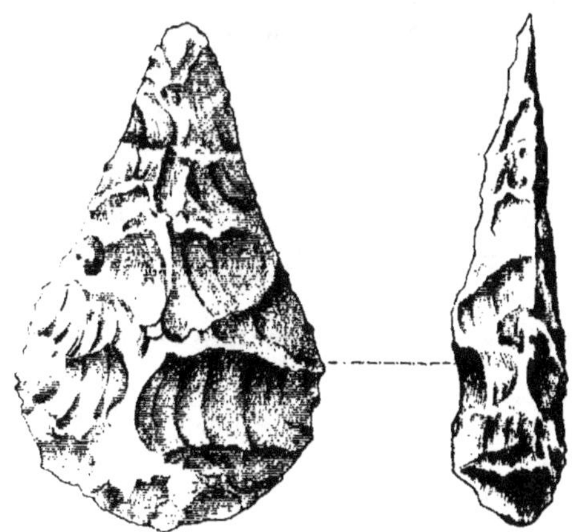

Fig. 133, 134. — H. 0ᵐ,13. — Silex de Hoxne.

1º Cadre contenant la photographie des haches du type de Saint-Acheul découvertes en 1799 par John Frere à Hoxne (plus haut, p. 81).

1. Donateurs : Soulingeas, Mortillet, Massénat, R. Pottier.
2. Cf. plus haut, p. 179.
3. Cf. plus haut, p. 154, 193.
4. Reverdit, *Stations préhistoriques de Saint-Léon, la Balutie et la Milière*, dans les *Matériaux*, t. X, p. 325; le même, *Stations des temps préhistoriques dans le canton de Montignac*, dans le même recueil, t. XIV, p. 526; Mortillet, *Le Préhistorique*, p. 277, 365, 366, 372.
5. *Matériaux*, t. V, p. 225; t. XIII, p. 183; Mortillet, *Le Préhistorique*, p. 356, 366; *Musée Préhistorique*, fig. 104.

2° Cadre contenant la vue photographique d'une coupe prise dans une sablière de Saint-Acheul par M. d'Acy (cf. p. 113).

3° Cadre contenant la reproduction de silex de Saint-Acheul par les procédés de la photochromie et indiquant les couches d'où proviennent les silex taillés; le n° I (silex cacholonné) appartient à la couche supérieure (recherches et don de M. d'Acy; cf. plus haut, p. 90, 114).

4° Cadre contenant la reproduction lithographique d'une belle hache acheuléenne trouvée en 1882 dans le quaternaire de la vallée de l'Ain, à Bohan (extrait d'une publication de la *Société des sciences naturelles de Saône-et-Loire*)[1].

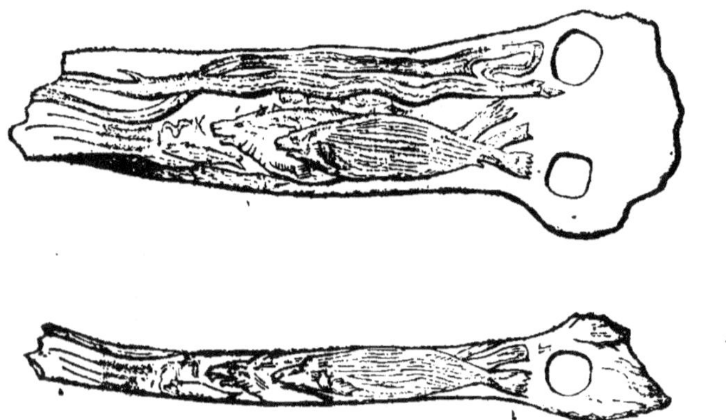

Fig. 135, 136. — Long., 0ᵐ,39. — Montgaudier.

5° Contre le mur, gros fragment de la brèche osseuse de Solutré (cf. plus haut, p. 196 et suiv.).

6° Cadre contenant la reproduction en couleurs de silex moustériens trouvés dans la brèche osseuse de Genay, près de Semur[2];

7° Cadre contenant des vues photographiques de Bruniquel données par M. Brun[3] : vue du château, prise du chemin de la gare; abri du roc de Plantade, côté occidental (fig. 118, p. 253) et côté oriental; abri du roc de Lafaye, côté oriental.

8° Cadre contenant un dessin du bâton de commandement trouvé en

1. Tardy, *L'homme quaternaire dans la vallée de l'Ain*, pl. I; cf. *Matériaux*, t. XVIII, p. 344.

2. *Matériaux*, t. VI, p. 99; Mortillet, *Le Préhist.*, p. 263, 268. Le gisement est à la fontaine Saint-Côme, sur le versant sud de la montagne de Cras.

3. Photographies présentées au *Congrès de Paris* en 1867 (p. 427 du *Compte rendu*).

1886 par M. E. Paignon sous l'abri de Montgaudier[1], un des plus beaux que l'on connaisse (fig. 135, 136). Ce bâton, percé d'un large trou, porte la représentation de deux phoques[2] et d'un poisson (saumon ou truite?)[3], de trois tiges de plantes et de deux serpents ou anguilles. Original au Muséum; dessin donné par M. Gaudry[4].

9° Grande carte de la Gaule au 320,000°, dressée en 1867 par Erhard, indiquant les cavernes, les gisements quaternaires des alluvions et des plateaux et les gisements tertiaires (cf. plus haut, p. 97) où l'on a cru reconnaitre des vestiges de travail humain. Mêmes indications dans la partie sud de l'Angleterre qui figure en haut de cette carte. Une réduction au 1,600,000° en a été publiée en 1875 par la Commission de la topographie des Gaules, parmi les planches du *Dictionnaire archéologique* resté inachevé.

10° Cadre contenant une peinture à l'huile du vicomte Lepic, donateur : c'est la restitution du *cervus megaceros* ou grand cerf d'Irlande (voir plus haut, p. 51).

11° Au fond de la salle, coupe des sablières de Menchecourt et de Saint-Acheul (voir plus haut, p. 112, 113).

1. Cette station, située sur la Tardoire, est voisine des grottes de la Chaise, de Rochebertier et de Vilhonneur (le Placard), dont il a été question plus haut.

2. Phoque gravé sur une dent d'ours à Sordes, *Revue Archéol.,* 1874, t. I, p. 332; Nadaillac, *Mœurs et monuments*, p. 99, fig. 39.

3. Poissons gravés sur des os, liste dans les *Matériaux*, t. XXI, p. 94. — Saumons pêchés par les Troglodytes, *Congrès de Stockholm*, t. I, p. 58.

4. Voir Gaudry, *Comptes rendus de l'Académie des Sciences*, 29 juillet 1886; Nadaillac, *Comptes rendus de l'Académie des Inscriptions*, 14 janvier 1887; *Revue Archéologique*, 1886. t. II, p. 249, 363; *Matériaux*, t. XX, p. 407; *Revue d'Anthropologie*, t. XVII, p. 355; Chauvet, *Les débuts de la gravure et de la sculpture*, p. 9; Nadaillac, *Mœurs et monuments*, p. 96. Pour les recherches antérieures faites à Montgaudier, voir Rochebrune, *Mémoire sur les restes d'industrie appartenant aux temps primordiaux de la race humaine recueillis dans le département de la Charente*, Paris, 1866, p. 31 et suiv. On attend encore une exploration méthodique de cette caverne, qui paraît d'une richesse extraordinaire.

PASSAGE DE LA PIERRE ÉCLATÉE A LA PIERRE POLIE

(QUESTION DE L'HIATUS) [1].

I. Position de la question. — L'archéologie, à défaut de l'histoire, permet de saisir une transition lente et graduelle entre les deux âges de la pierre polie et des métaux. Les objets en bronze et en fer paraissent dans les sépultures néolithiques et dans les cités lacustres, d'abord en petit nombre, puis en quantités plus considérables ; on les rencontre toujours en compagnie des instruments en pierre, en os et en corne qui caractérisent l'époque néolithique. Ce n'est pas une civilisation nouvelle qui se substitue brusquement à une civilisation plus ancienne, mais bien une ancienne civilisation qui se développe, s'enrichit et se transforme au contact d'immigrants peu nombreux, probablement venus du Sud [2], qui lui apportent la connaissance du métal. Non seulement il n'y a pas de solution de continuité apparente entre l'époque néolithique et celle qui la suit, mais il est de plus en plus difficile de tracer entre elles une ligne bien définie de démarcation, à tel point que certains archéologues ont été jusqu'à nier, pour l'Europe du moins, l'existence d'un âge purement néolithique.

Les choses se présentent sous un tout autre aspect quand on considère l'époque paléolithique dans ses rapports avec celle de la pierre polie. Le premier fait qui appelle l'attention, c'est l'absence à peu près complète de stations mixtes [3]. On ne connaît pas de gisements *non remaniés* où les silex éclatés, taillés et polis soient juxtaposés aux mêmes niveaux, où des instruments en bois de renne se rencontrent, dans une même couche intacte, avec des haches ou des pointes de flèche néolithiques [4]. Même

---

1. La bibliographie de cette question sera donnée au fur et à mesure dans les notes suivantes. On en trouvera de bons exposés généraux dans les *Premiers hommes* de M. de Nadaillac (t. I, p. 215) et dans l'ouvrage de Penka, *Die Herkunft der Aryer* (p. 69).

2. Cf. *Matériaux*, t. IX, p. 108.

3. Les rares exemples cités par M. de Mortillet (*Le Préhist.*, p. 484) ne présentent pas des caractères suffisamment nets ; il faut pourtant signaler le gisement de Bellerive, étudié par M. Quiquerez, où les outils en silex et en jaspe ressemblent à ceux de la Madelaine, mais où le cerf ordinaire a remplacé le renne, tandis que le chevreuil a pris la place du bouquetin (*Anzeiger f. schweiz. Alterthumskunde*, 1874, p. 551). Cf. plus haut, p. 251, note 1 (substitution du cerf au renne dans les Pyrénées).

4. C'est ce que Lartet affirmait dès 1864 pour les cavernes du Périgord (*Appendice de Lyell*, p. 133). Il est vrai qu'on a cité depuis quelques gisements où des haches polies

dans les stations paléolithiques qui semblent dater d'une époque relativement récente, comme celles des Baoussé-Roussé près de Menton, la pierre polie et la pierre éclatée appartiennent à des niveaux archéologiques tout différents.

D'autre part, l'exploration des cavernes où une couche néolithique est superposée à la couche paléolithique, a prouvé, dans un grand nombre de cas, que ces niveaux sont séparés par une couche d'éboulis stériles ou de stalagmites, témoins d'une époque assez longue où la caverne avait cessé d'être habitée.

Envisagée dans ses caractères généraux, la période néolithique, à ses débuts, se distingue de l'âge qui la précède par les caractères suivants : 1° un climat tempéré, plutôt humide, succédant au climat froid et sec de l'âge du renne; 2° une industrie nouvelle du silex, en particulier la pratique du polissage [1] et l'emploi de roches très dures non représentées dans les gisements quaternaires; 3° la fabrication (sinon l'usage) de la poterie [2]; 4° l'érection des palafittes et des monuments mégalithiques; 5° la possession des animaux domestiques, la culture des plantes textiles et des céréales; 6° l'oubli absolu de la gravure et de la sculpture sur os, si florissantes à l'époque dite magdalénienne; 7° la disparition de la faune proprement quaternaire, en particulier du renne : le cheval, si nombreux à Solutré, manque presque absolument dans les stations néolithiques les plus anciennes [3].

On a ajouté [4] que l'époque néolithique se distinguait encore de l'âge de la pierre taillée par la pratique de l'ensevelissement et par l'apparition d'idées religieuses; mais rien ne prouve qu'on n'ait pas déjà enseveli les

se seraient trouvées en compagnie d'ossements de renne, mais si l'on examine avec soin les faits allégués (par exemple dans les *Études critiques d'archéologie préhistorique* de l'abbé Hamard, Paris, 1880, p. 133 et suiv.), on se convaincra facilement qu'il ne peut s'agir en aucun cas d'*un même niveau archéologique non remanié*. D'ailleurs, la presque totalité des fouilles auxquelles l'on emprunte ces exemples de mélanges ont été faites par des amateurs sans autorité. — Ce n'est pas sans étonnement que l'on voit un savant de la valeur de M. Pigorini affirmer que les types chelléens se trouvent mêlés aux haches néolithiques dans des gisements italiens non remaniés (*Bull. di Paletn. ital.*, 1886, p. 97). Cette opinion n'est pas acceptée par d'autres archéologues de la péninsule.

1. Il ne s'agit naturellement pas d'un polissage de *tous* les silex, et aucun archéologue n'a contesté qu'à l'époque néolithique les lances, éclats et pointes de flèche non polies n'aient été d'un usage général. Ce que M. l'abbé Hamard écrit à ce sujet est le résultat d'une confusion et les « vues systématiques » qu'il combat n'ont été professées par personne (*Études critiques*, Paris, 1880, p. 131).

2. En présence du nombre assez considérable de faits allégués, il n'est pas prudent de refuser à l'époque du renne en Gaule toute connaissance des produits de la céramique; cf. plus haut, p. 157.

3. Cf. plus haut, p. 69.

4. Mortillet, *le Préhistorique*, p. 480.

morts à l'époque du renne[1] et l'on est encore moins fondé à prétendre que les idées religieuses fissent défaut aux hommes de ce temps-là. Il est cependant certain qu'à l'époque néolithique l'expression de ces idées devient plus significative et plus précise, en conséquence sans doute de la substitution de la vie agricole et pastorale à l'existence nomade que menaient les chasseurs de l'âge du renne.

En résumé, il semble que la civilisation qui s'est développée autour des cavernes des Pyrénées, du Périgord et de la Belgique, ait disparu d'une manière assez brusque avec les troupeaux de rennes, et que beaucoup de cavernes aient alors cessé d'être fréquentées pendant un temps assez long. Ce laps de temps a été dénommé *hiatus;* il constitue la transition, encore très obscure pour nous, entre les âges de la pierre taillée et de la pierre polie.

II. **Historique et hypothèses diverses.** — Édouard Lartet a le premier signalé une solution de continuité entre l'âge de la pierre taillée et l'époque néolithique[2]; il rendit cette lacune sensible dans l'exposition préhistorique du Champ-de-Mars, organisée par lui en 1867. Au Congrès de Paris, la même année, Lartet et Franks se demandèrent si l'époque de Laugerie-Haute (le *Solutréen* de M. de Mortillet), caractérisée par l'absence presque complète de l'art et le progrès industriel dans la taille du silex, ne serait pas la transition entre les deux âges de la pierre[3]. En 1868, M. Arcelin[4] fit observer que, dans la coupe des alluvions de la Saône étudiée par lui, un « espace énorme[5] » sépare les couches correspondant à l'apogée de la pierre polie des marnes bleues correspondant à l'époque du renne. « Les intermédiai-

---

1. Cf. plus haut, p. 260. Si les inhumations des Baoussé-Roussé sont quaternaires, comme nous avons tout lieu de le croire, et si les cadavres inhumés ont été préalablement dépouillés de leur chair, il y a là matière à un rapprochement nouveau avec les coutumes de l'époque néolithique, où la pratique du décharnement a été fort nettement constatée (Cartailhac, *Association française*, 1886, p. 169; *Matériaux*, t. XX, p. 400, 441 ; t. XXII, p. 454).

2. Lartet, dans l'*Appendice* de l'*Ancienneté* de Lyell, 1864, p. 133, 134.

3. *Congrès de Paris,* p. 360. M. Arcelin écrit à ce propos ces lignes bonnes à retenir (*Matériaux*, t. IV, 1868, p. 109) : « Peut-on considérer les types nouveaux de Solutré, et même quelques fragments de roches dures polies par frottement, comme des transitions et des acheminements vers l'époque de la pierre polie? Je ne le pense pas; ce qui caractérise pour moi l'industrie néolithique, *c'est la pierre aiguisée par le frottement, la hachette.* Sa présence seule, à ce qu'il semble, peut nous révéler une transition entre le passé et l'avenir. A son défaut, je ne vois de certains que les rapports avec le passé. »

4. *Matériaux*, t. IV, p. 109.

5. Revenant sur la même question au Congrès de Lyon (*Association française*, 1873, p. 650), M. Arcelin dit que les marnes quaternaires sont séparées des couches néolithiques par *trois mètres* d'alluvions stériles : « Il y a donc là une lacune, un hiatus, représentant un espace de temps assez considérable, plus grand que celui qui nous sépare de l'époque de la pierre polie et pendant lequel l'homme ne fréquentait pas les bords de la Saône. On peut mesurer par là l'intervalle qui sépare l'âge solutréen de l'âge néolithique. Il est

res à la pierre polie font défaut, la hachette apparaît tout à coup, toute constituée... Je suis obligé de considérer, dans nos contrées du moins, la hachette polie comme une importation étrangère. » Ces idées n'avaient pas été exprimées encore avec autant de précision et de netteté.

En 1869, au Congrès de Copenhague, Roujou disait [1] : « Entre l'âge de la pierre éclatée et celui de la pierre polie, l'hiatus est énorme et pour expliquer l'apparition d'une civilisation si profondément différente, il a fallu supposer l'arrivée d'une race nouvelle et plus intelligente. »

Forel, en 1870 [2], constatait la même lacune entre l'âge du renne et l'âge de la pierre polie, mais affirmait « qu'elle n'est pas énormément grande ».

M. de Mortillet reprit la question au Congrès de Bruxelles en 1872 [3] : « Il y a là, dit-il (entre le Magdalénien et le Robenhausien), une large et profonde lacune, un grand hiatus; il y a une transformation complète. » M. Dupont, au même Congrès, constata l'existence de l'hiatus en Belgique [4] : « Il est absolument impossible de faire procéder, par voie de perfectionnement, les instruments de cet âge (de la pierre polie) des produits des Troglodytes. L'art de polir les silex... paraît avoir évidemment pris naissance dans l'Europe occidentale, sous une influence tout autre que les progrès des peuplades qui choisissaient les cavernes pour demeures [5]. » Il ajoutait que les silex de l'âge de la pierre polie en Belgique proviennent du Hainaut, tandis que les peuplades des cavernes employaient exclusivement le silex des régions situées au sud, principalement de la Champagne [6]. Nous avons dit plus haut (p. 209) que M. Dupont considère l'industrie néolithique comme continuant celle des habitants des plaines et s'étant substituée à celle des Troglodytes vers la fin de l'époque du renne en Belgique.

« En résumé, poursuit M. Dupont, ces considérations tendent à établir que, pendant l'époque quaternaire, deux populations dont les mœurs étaient entièrement différentes et qui n'entretenaient entre elles aucune relation, coexistaient en Belgique. L'une, dans les provinces de Namur et de Liège, n'habitait que les cavernes, employait le silex du sud de la Champagne pour fabriquer ses instruments et subit un développement propre et régulier, dont

certainement trop considérable pour conclure qu'il y ait continuité de l'une à l'autre des deux industries. Si cette continuité existe, c'est ailleurs qu'il faut aller chercher les traces de l'évolution qui transforma l'industrie paléolithique. » M. Arcelin évaluait à 3 ou 4,000 ans l'intervalle entre l'âge du renne et les temps néolithiques, mais sans attribuer à ces chiffres une précision qu'ils ne peuvent pas comporter (cf. plus haut, p. 75).

1. *Congrès de Copenhague*, p. 63.
2. *Bulletin de la Société Vaudoise des sciences naturelles*, t. X, p. 559 et suiv.
3. *Congrès de Bruxelles*, p. 440.
4. *Congrès de Bruxelles*, p. 464.
5. *Ibid.*, p. 472.
6. *Ibid.*, p. 473.

on peut suivre l'évolution. L'autre, dont les instruments étaient tout différents de ceux-là et fabriqués avec le silex des environs de Mons, habitait à la même époque le Hainaut; elle serait arrivée par des progrès successifs à l'industrie de la pierre polie. C'est durant ce dernier âge que des peuplades qui étaient en relations directes avec la tribu de Spiennes et qui donnaient à leurs instruments la même forme que celle-ci, ont occupé les provinces de Namur et de Liège, et les positions défensives où elles s'établirent, indiquent qu'elles ont eu à y soutenir des luttes. [1] »

M. Hébert, au même Congrès, affirma l'existence d'un autre hiatus, *au milieu de l'époque quaternaire*, entre l'âge du mammouth et celui du renne [2]. Broca présenta la *grotte de l'Homme-mort*, près de Saint-Pierre les Tripiés, dans la Lozère, comme une station néolithique se rattachant, par plusieurs caractères, à l'époque de la pierre taillée. « Les races humaines de l'époque quaternaire n'ont donc pas subitement disparu. Vaincues, exterminées même peut-être sur certains points par la race qui possédait la hache polie, elles ont pu se maintenir longtemps encore en d'autres lieux mieux défendus par la nature ou mal appropriés au genre de vie des nouveaux venus, et l'on conçoit très bien que ces survivants d'un autre âge aient conservé les mœurs de leurs ancêtres, tout en adoptant par imitation l'industrie des silex polis [3]. » Suivant Broca, la race très dolichocéphale de l'*Homme-mort* a disparu devant celle qui a élevé les dolmens de la Lozère, mais elle continua à représenter quelque temps encore, pendant la période de la pierre polie, les populations de l'époque de la pierre taillée [4].

A la suite de Broca, M. Cazalis de Fondouce rappela plusieurs grottes funéraires néolithiques (Saint-Jean-d'Alcas, Durfort, Vallon) qui attesteraient, par analogie avec les cavernes quaternaires servant de sépultures, la continuité des traditions plus anciennes en pleine époque de la pierre polie [5].

M. Cartailhac, dès 1870, s'était rangé parmi les partisans les plus convaincus de l'hiatus, entendu au sens le plus rigoureux [6]. Il revint sur ce sujet en 1872, tant dans les *Matériaux* [7] qu'au Congrès de Bruxelles [8]. « Certes, dit M. Cartailhac, un poinçon est toujours un poinçon, des couteaux de

1. *Ibid.*, p. 476; cf. *Congrès de Pesth*, p. 78 ; *Revue d'Anthropologie*, t. III, p. 118 ; *Matériaux*, t. VIII, p. 75.

2. *Congrès de Bruxelles*, p. 476.

3. *Congrès de Bruxelles*, p. 195 ; sur la même question, cf. Broca, *Revue d'Anthropologie*, t. II, p. 1 et suiv. ; Prunières, *Association française*, 1872, p. 748.

4. *Congrès de Bruxelles*, p. 198.

5. *Ibid.*, p. 198.

6. *Société archéologique du midi de la France*, mémoire lu le 4 janvier 1870 (cf. *Matériaux*, t. VII, p. 327).

7. *Matériaux*, t. VII, p. 327.

8. *Congrès de Bruxelles*, p. 452.

silex se ressemblent toujours; mais en dehors de quelques pièces qui naturellement doivent être identiques, les autres sont totalement différentes. Toutes les parties du monde ont donné la pointe en langue de chat, les formes de la Somme [1]; la hache en pierre polie s'est retrouvée partout; voilà, les deux industries les plus générales, et certainement elles procèdent l'une de l'autre, et on devra trouver le pays où sont les transitions régulières entre la plus ancienne civilisation quaternaire et la civilisation néolithique. L'âge de la pierre taillée dans notre Occident a donc été contemporain d'un type de la pierre polie né ailleurs et qui lui a succédé [2]. »

M. Cartailhac a d'ailleurs modifié, avec le temps, son opinion au sujet de l'hiatus. En 1874, il protestait contre la concession de M. de Mortillet, pour lequel l'hiatus n'était plus « que dans le résultat de nos études et recherches actuelles [3] ». Huit ans après, M. de Mortillet ayant reproduit la même opinion sous la même forme, dans son ouvrage *le Préhistorique*, M. Cartailhac écrivait [4] : « Avec une vraie satisfaction, j'ai vu mon cher maitre devenir le plus ferme défenseur de cet hiatus dans nos connaissances, que j'ai longtemps soutenu plus vivement que personne. » Enfin, en 1886, dans *les Ages préhistoriques de l'Espagne et du Portugal* [5], le même auteur s'exprime ainsi : « Après l'époque de la Madelaine, il y a, — dans nos connaissances, — une solution de continuité, une période de transition très longue et encore fort obscure. Et lorsque nous revenons à la lumière, de grands changements se sont accomplis, des progrès de premier ordre se sont réalisés, la somme des importations parait considérable. » C'est l'opinion même que M. de Mortillet a professée dès 1874, après avoir admis, lui aussi, pendant quelque temps, un hiatus qui ne serait pas seulement « dans nos connaissances. »

En 1872, dans l'édition originale de son livre sur les âges de la pierre de la Grande-Bretagne, M. Evans affirmait qu'il y avait un abime, en Angleterre, entre l'époque du *diluvium* et l'époque néolithique, en ce qui concerne du moins les formes intermédiaires d'instruments. « Il en résulte que la race d'hommes qui a fabriqué les instruments paléolithiques les plus récents avait, selon toute probabilité, disparu depuis un temps très reculé,

1. Cette assertion n'est pas tout à fait exacte; cf. plus haut, p. 114.
2. *Matériaux,* t. VII, p. 329.
3. *Matériaux,* t. IX, p. 413.
4. *Matériaux,* t. XVII, p. 556.
5. Cartailhac, *les Ages préhistoriques de l'Espagne et du Portugal*, Paris, 1886, p. 47. Cf. ce que dit M. Cartailhac dans l'opuscule qu'il a publié en 1889 avec M. Boule (*La grotte de Reilhac*, p. 67) : « Il nous a paru que l'hiatus séparant l'âge de la pierre taillée de l'âge de la pierre polie avait été ici de très courte durée. » Cette grotte ne présente, en effet, rien d'analogue aux couches stériles signalées ailleurs, si ce n'est une sorte de brèche formée des ossements des lapins qui ont occupé la caverne après l'homme du renne (*ibid.*, p. 27).

alors que le pays a été peuplé de nouveau par une autre race qui polissait les instruments[1]. » C'est la théorie la plus radicale de l'hiatus.

Au Congrès de Lyon, en 1873, M. Cartailhac disait encore : « Il n'y a pas de transition chez nous entre les deux grandes périodes de la pierre : il y a un intervalle. Tout le monde admet que le commencement de la période néolithique coïncide avec l'arrivée de populations nouvelles. Nulle part on ne voit, entre les deux industries, cette fusion que l'on devrait constater s'il y avait eu le moindre mélange entre les deux populations[2]. »

Au même Congrès[3], Mme Clémence Royer a affirmé l'existence de deux hiatus, dus l'un et l'autre à des modifications profondes dans le régime des bassins fluviaux de la France; le premier se placerait entre l'époque de l'*elephas meridionalis* et celle du mammouth, le second entre l'époque du renne et celle de la pierre polie. « Les hommes de l'époque du renne ayant été chassés par l'envahissement de leurs campements par les eaux, ont dû émigrer, pendant qu'autre part, sans doute, se préparait la civilisation de la pierre polie qui, lorsque nos plaines et nos rivages redevinrent habitables, se répandit soudain, paraissant y apporter, avec une race peut-être en effet différente, une industrie, des arts, des coutumes que rien ne semble avoir préparés. Mais dans quelques cavernes situées à des altitudes supérieures, en certains massifs montagneux isolés, dans les plus hautes vallées de nos affluents secondaires, l'ancienne race du renne avait pu se perpétuer. Elle dut en conséquence lutter contre l'invasion de la race nouvelle et se mélanger avec elle en s'absorbant en elle peu à peu. »

Broca répondit[4] qu'il ne croyait pas la lacune très considérable, que les types humains de la période de la pierre taillée s'étaient perpétués au delà de l'époque de la Madelaine, et que l'on constatait en particulier, à l'époque néolithique, la persistance de quelques caractères indélébiles du squelette, tels que l'accentuation de la ligne âpre des fémurs, la platycnémie, les deux gouttières du péroné. « En conséquence, disait-il, nous devons admettre que, parmi les races de la période quaternaire, une au moins, pourvue de caractères distinctifs dans son ossature, a persisté jusqu'à la période de la pierre polie, jusqu'à nos jours même. Le changement s'est fait lentement; le climat, devenu peu à peu plus doux dans nos contrées, y a attiré de nouvelles races d'hommes, qui s'y sont insensiblement substituées aux anciennes en les absorbant, ainsi que le démontre le retour des caractères particuliers à celles-ci au milieu des restes des nouvelles collectivités ethniques[5]. »

1. Evans, *Les âges de la pierre dans la Grande-Bretagne,* trad. Barbier, p. 685.
2. *Association Française,* 1873, p. 648.
3. *Ibid.,* p. 680.
4. *Association Française,* 1873, p. 681.
5. *Association Française,* 1873, p. 682.

M. Cazalis de Fondouce, en 1874, essaya de montrer qu'il s'agissait de changements lents et graduels là où d'autres avaient vu des modifications brusques et radicales[1]. Les conclusions de son mémoire, le plus important qui ait paru sur la matière, sont presque textuellement conformes à celles de Broca, que nous venons de reproduire. M. Cazalis a allégué : 1° la persistance, mise en lumière par Broca[2], des types anthropologiques quaternaires; 2° l'absence de la couche stérile dans de nombreuses grottes, comme celles de Gourdan, d'Arudi, de Bize, de Massat, de Laugerie-Basse[3]; 3° la disparition graduelle et non subite des mammifères caractéristiques de la faune quaternaire. Avec Steenstrup, M. Cazalis pense que nos animaux domestiques descendent directement des animaux non domestiques de l'époque quaternaire et qu'ils ont été domestiqués au contact et sur le modèle d'individus domestiqués introduits par des tribus immigrantes[4]. Le même archéologue a encore essayé de montrer que la fabrication de la poterie remonterait jusqu'à l'époque quaternaire; enfin, pour expliquer la transition, il s'est rallié à l'hypothèse de M. Dupont, que nous avons rappelée plus haut (p. 270).

La même année (1874), MM. L. Lartet et Chaplain Duparc avaient fouillé la grotte dite *de Duruthy*, à Sordes dans les Pyrénées[5]. Cette grotte présente deux étages distincts : 1° de nombreux ossements humains accompagnés d'objets en silex de types néolithiques; 2° un foyer sous-jacent à la base duquel on a rencontré un crâne humain écrasé, des flèches barbelées, des outils en os semblables à ceux du Périgord et un collier de dents d'ours et de lion portant des gravures. Il n'y avait entre ces deux niveaux aucune couche stérile. Les auteurs de l'exploration concluent ainsi[6] : « Entre l'âge du renne et l'arrivée de la race des dolmens, il y a encore eu place, dans les Pyrénées, pour une nouvelle série de Troglodytes, descendant en ligne directe de la première et utilisant les premiers perfectionnements d'outillage que l'on regarde comme caractéristiques de l'âge de la pierre polie. »

1. Cazalis de Fondouce, *Revue d'Anthropologie*, 1874, p. 613-632; article résumé dans les *Matériaux*, t. IX, p. 413 et suiv., avec des notes de M. Cartailhac. M. Cazalis répondit à son tour dans les *Matériaux* (t. X, 1875, p. 224). Déjà, au Congrès de Bruxelles, en 1872 (p. 199), et au Congrès de Lyon en 1873 (p. 680), M. Cazalis s'était joint à Broca pour combattre la théorie de l'hiatus. « Ma conviction, disait-il à Bruxelles, est que le peuple des dolmens, en venant dans nos pays, s'est uni avec les vieux habitants du sol en présence desquels il s'est trouvé et qu'il a fini par absorber. » Voir aussi *Congrès de Stockholm*, t. I, p. 112, où est reproduit (fort inutilement, d'ailleurs) le mémoire de M. Cazalis.

2. Cf. Quatrefages, *Congrès de Bruxelles*, p. 582; Hamy, *ibid.*, p. 555.

3. *Matériaux*, t. IX, p. 417.

4. *Congrès de Bruxelles*, p. 212, 239; *Congrès de Stockholm*, t. II, p. 824.

5. *Matériaux*, t. IX (1874), p. 101 et suiv.

6. *Matériaux*, t. IX, p. 167.

Dans une séance de la Société d'Anthropologie de Paris, qui eut lieu à la même époque (16 avril 1874), une discussion assez confuse s'éleva au sujet de l'hiatus entre MM. Piette et Garrigou[1]. M. Piette ayant prétendu, comme il devait le faire avec plus de précision par la suite[2], que l'âge de la pierre polie avait continué, dans les Pyrénées, l'époque du renne, M. Garrigou protesta au nom de sa longue expérience[3], mais il n'affirma pas, comme on le lui a fait dire ailleurs[4], l'existence de la couche stérile dans les deux cent soixante-quinze cavernes pyrénéennes fouillées par lui. Ce serait là un fait très grave, qui ne doit pas être admis à la légère. M. Garrigou s'est contenté de dire, après avoir cité l'exemple classique de la *Grotte de la Vache* dans l'Ariège : « Si, sur quelques points, les hommes contemporains du renne ont pu se rencontrer avec ceux qui ont poli la pierre et fait de la poterie, les marques de la cohabitation de ces peuples et les mélanges des débris de leur industrie manquent d'une manière complète. Au contraire, on retrouve *souvent* les preuves physiques de l'hiatus qui existe entre les deux civilisations. »

M. Bertrand admit à son tour, mais avec d'importantes réserves, un véritable hiatus entre les deux âges[5]. « Il y a là, dit-il, deux couches de civilisations superposées, et s'il y a progrès de l'une à l'autre, progrès évident, c'est un progrès subit et à un certain moment pour ainsi dire instantané. Pourtant les deux époques se touchent sans qu'il soit possible de placer entre elles aucune période intermédiaire. Des faits prouvent que toutes les fois qu'il y a coïncidence dans les stations des deux époques, la pierre

1. *Bull. Soc. Anthrop.*, 1874, p. 298 et suiv.

2. Voir le mémoire présenté par M. Piette à l'*Association Française*, 1875, p. 919. L'auteur, étudiant surtout les types industriels, s'est efforcé de prouver que de nombreux instruments néolithiques dérivent des formes moustériennes et solutréennes, que 17 espèces de pointes de lance ou de flèche ont été empruntées par les hommes de la pierre polie à leurs prédécesseurs, alors qu'ils ont créé seulement sept formes nouvelles, issues des anciens types et dûs à des perfectionnements successifs. M. Piette admet cependant l'invasion d'une race nouvelle, invasion violente et non pacifique : « Lorsqu'au changement d'habitudes et à l'introduction d'industries nouvelles, on voit se joindre l'abandon des arts dans lesquels une société a excellé, on peut être sûr que la transformation a été le résultat de la force, que la nation a été subjuguée par une invasion étrangère et en quelque sorte absorbée dans la masse des nouveaux venus. Si l'industrie néolithique dérive des industries quaternaires, c'est moins parce que les envahisseurs ont trouvé en Gaule les formes moustériennes et solutréennes que parce qu'ils les avaient déjà chez eux avant leur immigration. » (*Association Française*, 1875, p. 912.)

3. *Bull. Soc. Anthrop.*, 1874, p. 306.

4. Nadaillac, *Premiers hommes*, t. I, page 225; Penka, *Die Herkunft der Aryer*, p. 86.

5. *Revue archéologique*, 1874, t. I. p. 301. Dans *La Gaule avant les Gaulois*, publiée en 1884, M. Bertrand n'a pas traité spécialement la question de l'hiatus.

polie se trouve directement et sans intermédiaire surperposée aux débris de l'âge du renne. »

La question qui nous occupe a été fort peu étudiée en Allemagne, où l'époque quaternaire tout entière est très pauvrement représentée; cependant M. Virchow disait en 1877, au Congrès des anthropologistes allemands à Constance[1] : « Les palafittes appartiennent elles-mêmes en grande partie à l'âge de la pierre, mais l'âge des palafittes est séparé par un espace immense (*durch einen unendlichen Zeitraum*) de celui des cavernes. Les hommes de Thayngen et de Schussenried vivaient à une époque où peut-être une grande partie de ce sol était encore couverte de glaciers. D'autre part, les constructeurs de palafittes ne se sont avancés dans les lacs que lorsque les glaciers se furent retirés au loin vers les Alpes d'où ils étaient descendus. Tandis qu'à l'époque du renne il n'était pas encore question d'agriculture, nous trouvons les habitants des palafittes en pleine possession de cet art, richement pourvus de champs fertiles, dont les produits ont été découverts par nous dans les restes carbonisés déposés au fond des lacs. » M. Virchow posait ainsi la question de l'hiatus, mais il ne faisait aucune tentative pour la résoudre.

M. de Nadaillac[2] accepte l'hypothèse d'une immigration à l'époque néolithique, se range aussi à l'opinion exprimée par MM. Louis Lartet et Chaplain Duparc, mais ne se prononce pas sur la question principale, celle de la persistance des races quaternaires dans les mêmes régions : « Que ces races conquérantes soient venues s'établir dans des terres désolées et abandonnées également par les hommes et par les animaux, ou qu'elles aient rencontré devant elles les vieilles races du pays, il n'en est pas moins certain que ce sont des étrangers qui ont apporté avec eux des mœurs nouvelles, des conditions de vie nouvelle, tous les éléments, en un mot, de la civilisation plus avancée que confirme chacune de nos découvertes. »

M. de Mortillet, en 1883[3], fit ressortir les oppositions entre l'époque de la Madelaine et celle de Robenhausen (débuts de la pierre polie); il insista sur l'influence des modifications climatériques : « Une des actions les plus immédiates de ces changements a été de faire émigrer vers le nord les animaux des régions froides, le renne entre autres[4]... C'était l'animal le

---

1. *Correspondenzblatt,* 1877, p. 80.
2. Nadaillac, *Premiers hommes,* 1881, t. I, p. 327.
3. *Le Préhistorique,* 1re éd., p. 479.
4. M. Cartailhac a cependant fait remarquer que, dans les débris de cuisine des cavernes des Pyrénées, il y avait autant d'os de cerf que de renne; or, le cerf n'a pas disparu après l'époque paléolithique. On peut donc se demander si l'émigration du renne explique suffisamment celle des tribus qui le chassaient (*Matériaux,* t. VII. p. 330). Au sujet de la disparition ou de l'émigration du renne, cf. plus haut p. 58.

plus recherché par les populations magdaléniennes. Il est tout naturel de penser que la population en majeure partie a dû suivre son gibier favori. De là, grande diminution d'habitants dans le centre de l'Europe et par suite dans les traces d'habitations humaines. » M. de Mortillet signale, dans la grotte du Placard, un dépôt d'éboulis stérile haut de 70 centimètres entre le quaternaire et le néolithique, une assise stérile de 1ᵐ,30 à Laugerie-Haute, une couche de stalagmites de 45 centimètres à la *Grotte de la Vache* (Ariège) [1]. Il conclut en plaçant aux débuts de l'époque néolithique une invasion analogue à celle des Espagnols en Amérique au quinzième siècle, invasion qui n'aurait rien laissé subsister des mœurs et de l'industrie précédentes. Mais les populations quaternaires n'ont pas été anéanties, témoin les types humains quaternaires reparaissant par *atavisme* à l'époque néolithique. « Cela suffit pour établir clairement le contact des deux populations magdalénienne et robenhausienne, et pour montrer que l'hiatus qui existe entre ces deux époques n'est pas un hiatus réel, mais bien une lacune dans nos connaissances, dans nos observations [2]. »

Cette formule de la « lacune dans nos connaissances » a fait fortune et M. Cartailhac lui-même, le partisan autrefois si décidé de l'hiatus *réel*, a semblé s'y rallier dans son dernier livre [3]; mais il faut avouer qu'elle ne contribue pas à éclaircir le problème et que, prise à la lettre, elle le supprimerait sans le résoudre. Quelles sont donc les périodes qu'étudie l'archéologie préhistorique entre lesquelles il n'y ait pas une « lacune dans nos connaissances » ? Savons-nous, par exemple, comment les métaux se sont substitués à la pierre polie, quelles sont les tribus qui ont apporté les métaux, si elles ont d'abord apporté le cuivre, ou le bronze, ou bien le bronze et le fer simultanément? A vouloir ainsi simplifier la question, on méconnaît les caractères particuliers par lesquels elle se distingue des questions analogues, caractères que M. de Mortillet lui-même a parfaitement compris et fait valoir. Il faut donc conclure que la « lacune dans nos connaissan-

---

1. Cf. *Bull. Soc. Anthrop.*, 1874, p. 307 (Garrigou). L'exactitude de ce fait local a pourtant été contestée (*ibid.* p. 310).

2. M. de Mortillet avait tenu le même langage dès 1874; cf. *Matériaux*, t. IX, p. 413. Je citerai encore les lignes suivantes qu'il a imprimées dans les *Matériaux* en 1881 (t. XVI, p. 125), en rendant compte des *Premiers hommes* de M. de Nadaillac : « Entre la dernière station paléolithique connue et la plus ancienne station néolithique, il y a une somme assez considérable d'inconnu, comme si au milieu d'un livre un certain nombre de pages manquaient. La fin de l'histoire est bien la suite du commencement; on est dans le même pays, on y retrouve peut-être les mêmes personnages, mais d'autres aussi qui sortent on ne sait d'où; on trouve les premiers changés, et on ignore ce qu'il leur est survenu. Les pères sont morts on ne sait quand ni comment. Certes, nous pourrons un jour retrouver les pages égarées, mais actuellement nous ne les avons pas. »

3. *Ages préhistoriques de l'Espagne et du Portugal*, Paris, 1886, p. 47.

ces » est une formule insuffisante et vague, qui, loin de résumer l'exposé des faits qui la précède, est plutôt en contradiction avec lui.

On voit qu'il existe au sujet de l'hiatus trois manières de voir principales, qu'il est parfois assez difficile de distinguer à cause des concessions réciproques qu'elles se sont faites :

1° Disparition radicale des Troglodytes et de leur civilisation ; période où l'Europe occidentale est inhabitée et qui se termine par l'arrivée des tribus néolithiques ;

2° Émigration partielle des Troglodytes à la suite du renne ; disparition de leur civilisation (mais non de leur race), remplacée par celle des immigrants néolithiques qui s'assimilent rapidement les descendants des hommes des cavernes qu'ils trouvent en possession du sol ;

3° Transformation graduelle de la civilisation de l'époque du renne au contact des immigrants néolithiques.

M. de Quatrefages incline vers la seconde opinion [1] ; il fait remarquer, à la suite de L. Lartet et de Chaplain Duparc, que le type de Cro-Magnon est représenté dans la grotte Duruthy, tant à la base des foyers, où il est associé à l'ours et au lion, qu'à la partie supérieure, où il accompagne des outils néolithiques. Il en conclut que la même race [2] a constamment fréquenté cette grotte et a survécu aux cataclysmes prétendus qui constitueraient l'hiatus. M. de Quatrefages rappelle encore [3] les squelettes du type de Cro-Magnon, percés de flèches néolithiques, que le Dr Prunières a signalés dans les grottes sépulcrales de la Lozère : donc la race quaternaire de Cro-Magnon est restée à demeure dans le pays et a lutté contre celle des constructeurs des dolmens. « La pénurie croissante du gibier, dit M. de Quatrefages, dut causer bien des émigrations. Des vallées, peut-être des contrées d'une certaine étendue, durent perdre leurs habitants. Des modifications géologiques et zoologiques purent s'accomplir avant que les populations néolithiques vinssent les repeupler. Il est permis de dire que, pour ces localités, l'hiatus a réellement existé. Les auteurs que j'ai cités plus haut n'ont eu d'autre tort que de regarder comme général un état de choses essentiellement local. »

M. de Lapparent a exprimé une opinion analogue, mais sans parler de modifications géologiques [4] « : Il ne semble pas y avoir eu d'interruption absolue entre le paléolithique et le néolithique... Il est plus probable qu'à la fin des temps paléolithiques, l'Europe a été envahie par une population

----

1. Quatrefages, *Hommes fossiles et hommes sauvages*, Paris, 1884, p. 97.
2. Nous avons déjà fait toutes nos réserves sur l'identification si hasardée du type avec la race ; cf. plus haut, p. 136.
3. Quatrefages, *Hommes fossiles*, p. 100.
4. *Traité de géologie*, p. 1236.

nouvelle, de type asiatique, venue de l'Orient avec sa civilisation propre et déjà adonnée aux travaux agricoles. La nouvelle civilisation aurait fusionné avec la précédente, en l'effaçant presque partout en raison de sa supériorité. Mais il est des points où celle-ci s'est maintenue plus longtemps. Ainsi, au confluent de l'Eure et de la Seine, on a trouvé les traces d'une station de la race de Cro-Magnon, qui semble s'être réfugiée dans cette région plus déshéritée, dont la culture a été lente à prendre possession. »

M. R. Penka, en 1886 [1], a développé une théorie qui peut être considérée comme nouvelle, bien qu'elle soit fondée sur des hypothèses déjà émises par d'autres savants. Selon lui, au moment de l'émigration du renne vers le nord, les tribus troglodytiques se seraient retirées vers la Scandinavie, récemment débarrassée de son manteau de glaces polaires, en laissant leur pays d'origine aux mains de la race ibérique de Cro-Magnon. Celle-ci se répandit sur l'Europe occidentale et prit souvent possession des grottes que les anciens Troglodytes chasseurs de rennes venaient de quitter. Les Troglodytes, établis pendant de longs siècles dans la Scandinavie méridionale, y auraient laissé, comme traces de leur séjour, les amas de coquilles et de débris de cuisine connus sous le nom de *Kjoekkenmoeddings.* C'est là que se seraient prononcés les caractères de leur race (dolichocéphale et blonde), qui ne serait autre que la race aryenne; c'est là qu'ils auraient appris à polir les outils, à cultiver les céréales, à domestiquer le chien [2] et les autres animaux, etc. Une fois sortis de leurs coquilles, ces Aryens fils de Troglodytes se seraient répandus sur l'Europe et y auraient porté la civilisation néolithique. Les grossiers outils des *Kjoekkenmoeddings* marqueraient donc la transition cherchée entre les types paléolithiques et ceux de la pierre polie [3].

Ce qu'il y a de séduisant dans cette construction n'est pas nouveau, et ce qu'il y a de nouveau n'est pas admissible. Il est très possible, en effet, qu'un certain nombre de tribus se soient retirées à la suite du renne vers le nord-est, mais rien n'autorise à supposer que ces émigrants appartinssent à la *race de Cannstadt.* La parenté des hommes des *Kjoekkenmoeddings* avec

---

1. *Die Herkunft der Aryer*, Vienne et Teschen, 1886, p. 85 et suiv. Voir le compte-rendu de ce livre que j'ai publié dans la *Revue Critique*, 1887, II, p. 483.

2. La présence du chien domestique dans les *Kjoekkenmoeddings* a été mise hors de doute par Steenstrup.

3. « J'espère, disait M. de Mortillet en 1872 (*Congrès de Bruxelles*, p. 458), que l'hiatus qui existe ira toujours en diminuant. Les archéologues danois sont d'ailleurs déjà très loin, par l'étude de leurs *Kjoekkenmoeddings*, dans la voie qui doit nous conduire à ce résultat. » La paternité de l'idée développée par M. Penka revient à l'archéologue scandinave Engelhardt (cf. Penka, *op. laud.*, p. 64), mais Engelhardt n'a jamais prétendu que les Ichthyophages des côtes scandinaves fussent des Aryens.

les Troglodytes de l'époque du renne est une assertion tout à fait gratuite ; les outils en pierre des *Kjoekkenmoeddings* ne sont nullement des types de transition entre la pierre éclatée et la pierre polie, lors même que ces accumulations de coquilles appartiendraient en partie à l'époque intermédiaire entre les deux âges. Les *Kjoekkenmoeddings* n'offrent pas le moindre vestige d'un développement quelconque des arts du dessin, alors que les arts sont merveilleusement en faveur dans la civilisation des cavernes de la Gaule, d'où l'on prétend faire dériver celle des Ichtyophages scandinaves. Si les Troglodytes sont arrivés dans la Scandinavie méridionale en suivant le renne, il faudrait trouver des ossements de cet animal dans quelques *Kjoekkenmoeddings*; or, on sait qu'on n'en a *jamais* découvert, non plus que dans les stations lacustres de la Suisse. Quant à la qualification d'*Aryens*, donnée aux hommes des *Kjoekkenmoeddings* danois, elle ne repose à proprement parler sur rien : c'est un vrai roman préhistorique. Ajoutons que, si l'industrie de la pierre polie avait rayonné d'un centre unique et d'une étendue aussi restreinte, il n'y aurait pas des différences si tranchées entre les diverses régions de l'Europe que l'on a appelées avec raison les *provinces archéologiques* de la pierre polie [1].

III. Conclusion. — On se sera peut-être aperçu, en lisant ce qui précède, que la plupart des auteurs ont négligé, ou se sont contentés d'indiquer vaguement, un facteur qui a dû jouer un grand rôle dans la question qui nous occupe, celui des modifications climatériques et géologiques. Ce facteur, dont on peut seulement soupçonner l'importance, est encore très mal connu. Nous ne savons pas au juste comment s'est effectué le recul des glaciers, s'il a été lent ou rapide, s'il a été accompagné ou non d'une sorte de débâcle des glaces, entraînant des inondations partielles et un ruissellement général. Le passage du climat froid et sec de l'époque du renne au climat tempéré et plutôt pluvieux de l'âge néolithique est également fort obscur; nous n'avons aucune donnée ni sur la durée de cette transformation, ni sur les phénomènes qui en ont été la conséquence. Tant que ces questions ne seront pas élucidées, le problème même de l'hiatus ne pourra être abordé qu'avec des éléments d'information incomplets : c'est donc aux géologues, bien plutôt qu'aux archéologues préhistoriciens, qu'il appartient d'en préparer la solution.

Pour le moment, il parait raisonnable de penser, avec M. de Quatrefages et d'autres, — mais sans adopter tous les motifs qu'ils invoquent à l'appui de leur opinion, — que l'Europe centrale n'a pas été dépeuplée, que la lacune, attestée d'une manière positive par les couches stériles de certai-

---

1. Voir le beau mémoire de Hans Hildebrand, *Sur la division du Nord de l'Europe en provinces archéologiques pour l'âge de la pierre polie*, lu au *Congrès de Bruxelles*, p. 479-485.

nes cavernes, constitue un fait local, et que les populations quaternaires de la Gaule, prises dans leur ensemble, n'ont été ni exterminées ni dispersées par les nouveaux venus. Une partie d'entre elles a pu sans doute émigrer vers le nord-est à la suite du renne, qui ne s'accommode ni d'un climat humide, ni d'une végétation forestière se substituant à celle des steppes; c'est peut-être à l'époque de cette émigration qu'appartiennent certaines stations de l'Allemagne, bien que la chronologie relative des *provinces troglodytiques* soit encore livrée à la plus complète incertitude. Mais sur le sol même de la Gaule, il y avait, outre les Troglodytes, des chasseurs vivant dans les plaines et sur les plateaux, les *Podionomites* de M. Dupont, dont la station de Solutré nous a fait connaître les mœurs et l'outillage. L'industrie de ces hommes, dès l'époque du renne, s'est beaucoup rapprochée des types néolithiques[1]; il aura suffi, pour combler l'intervalle, d'un petit nombre de modèles importés. C'est une explication analogue à celle que nous avons proposée déjà, à la suite de MM. Steenstrup et Dupont, pour la domestication des espèces quaternaires, effectuée avec l'aide et sur le modèle d'un petit nombre de couples éducateurs venus d'Orient[2]. Aussi sommes-nous loin d'admettre une invasion de *hordes néolithiques*, mais bien plutôt l'immigration de quelques tribus supérieures en civilisation qui se seront rapidement assimilé, en les subjuguant peut-être, les vieilles populations indigènes. Les porteurs de la civilisation néolithique, attirés vers l'ouest par l'amélioration du climat, n'appartenaient pas nécessairement à une même « collectivité ethnique » : il est même très probable qu'ils constituaient des groupes fort différents, venus de régions très éloignées les unes des autres, n'ayant en commun, comme les colons du Nouveau-Monde aux temps modernes, qu'un certain fonds de civilisation et de connaissances, en particulier celle des animaux domestiques, des plantes textiles et des céréales. Ainsi s'expliquerait la diversité des types d'outils néolithiques et aussi celle des coutumes funéraires de cette époque, car rien ne prouve que les habitants des palafittes suisses ou italiennes aient jamais su construire des dolmens. Quant au centre de dispersion primitif de cette civilisation nouvelle, on ne peut encore former à cet égard que des hypothèses; celles que l'on prétend tirer de la linguistique aryenne sont absolument dénuées de valeur. La civilisation néolithique, lorsqu'elle est arrivée au contact de l'Europe occidentale, était certainement déjà divisée en plusieurs branches, et rien n'oblige à admettre qu'elle ait été autrefois, avec l'ensemble des caractères qu'on lui reconnaît, le privilège

---

1. Cf. *Congrès de Pesth*, p. 78 (observation de M. Dupont sur les silex de Sauvigny-les-Bois présentés par M. Jacquinot).

2. Cf. plus haut p. 68. Pour la disparition temporaire du cheval, cf. p. 70; il faut avouer que l'explication suggérée dans ce passage n'est pas satisfaisante.

exclusif d'une seule tribu asiatique ou européenne. Les pierres polies par
les courants d'eau et par d'autres causes sont assez nombreuses dans la
nature, l'instinct de l'homme, qui s'est inspiré de ces modèles, est partout
assez semblable à lui-même, pour qu'on puisse repousser, en l'absence
d'arguments sérieux, l'hypothèse d'un *monogénisme néolithique*. L'esprit
dit *simpliste* ne se contentera pas de cette réponse, qu'il considérera comme
une fin de non-recevoir ; mais l'esprit simpliste n'est pas l'esprit scientifique.

FIN.

TITRES COMPLETS DES PRINCIPAUX RECUEILS CITÉS

ET RENSEIGNEMENTS DIVERS TOUCHANT CES RECUEILS.

I. **MATÉRIAUX** *pour l'histoire positive et philosophique de l'homme, bulletin des travaux et découvertes concernant l'anthropologie, les temps antéhistoriques, l'époque quaternaire, les questions de l'espèce et de la génération spontanée, par* GABRIEL DE MORTILLET. Premier volume, septembre 1864 à août 1865. Paris ; bureaux, rue de Vaugirard, 35. 1865. — Second volume *(avec illustrations)*, septembre 1865 à août 1866. Paris, 1866. — Troisième volume *(Bulletin mensuel... avec illustrations)*, 1867. Paris, 1867. — Quatrième volume, 1868. Direction : G. de Mortillet, à Saint-Germain en Laye. — Cinquième volume : *Matériaux pour l'histoire primitive et naturelle de l'homme et l'étude du sol, de la faune et de la flore qui s'y rattachent, Revue mensuelle illustrée, fondée par G. de Mortillet et continuée par Eugène Trutat et Émile Cartailhac.* 2ᵉ série, 1869. Paris, Ch. Reinwald, libraire-éditeur, 15, rue des Saints-Pères. — Sixième volume, 1870. — Septième volume, 1872. Toulouse, au Musée d'histoire naturelle. Paris, Ch. Reinwald. — Huitième volume, 1873 : *Matériaux pour l'histoire primitive et naturelle de l'homme, Revue mensuelle illustrée fondée par M. G. de Mortillet, 1865 à 1868, dirigée par M. Émile Cartailhac avec le concours de MM. P. Cazalis de Fondouce et Chantre.* Toulouse, au Muséum d'histoire naturelle. Paris, Ch. Reinwald. Lyon, H. Georg, 65, rue de Lyon ; même maison à Genève et à Bâle. — Neuvième volume, 1874. — Dixième volume, 1875. — Onzième volume, 1876. — Douzième volume, 1877. Toulouse, à la direction de la Revue, 5, rue de la Chaine. Paris, Reinwald. — Douzième volume, 1877. — Treizième volume, 1878. — Quatorzième volume, 1879. — Quinzième volume, 1880. — Seizième volume, 1881. — Dix-septième volume, 1882-83. — Dix-huitième volume, 1884 : *Matériaux pour l'histoire primitive et naturelle de l'homme, Revue mensuelle illustrée fondée par M. G. de Mortillet, 1865-1868, dirigée par E. Cartailhac et E. Chantre, avec le concours de MM. E. Beauvois, P. Cazalis de Fondouce, P. du Chatellier,*

Girard de Rialle, L. Lartet, L. Martinet, Adrien de Mortillet, marquis de Nadaillac, Piette, Pilloy, de Quatrefages, Rames, Salmon. Paris, Ch. Reinwald. — Dix-neuvième volume, 1885. — Vingtième volume, 1886 : *Matériaux pour l'histoire primitive et naturelle de l'homme*, Revue mensuelle illustrée fondée par G. de Mortillet, 1865-1868, dirigée par E. Cartailhac et E. Chantre. Paris, Ch. Reinwald. — Vingt et unième volume, 1887. — Vingt-deuxième volume, 1888.

Ce volume est le tome V de la 3ᵉ série, mais il faut absolument éviter de citer les *Matériaux* autrement que par le chiffre de la tomaison continue ou le millésime :

I. 1864-65	IX. 1874	XVI. 1881
II. 1865-66	X. 1875	XVII. 1882-83
III. 1867	XI. 1876	XVIII. 1884
IV. 1868	XII. 1877	XIX. 1885
V. 1869	XIII. 1878	XX. 1886
VI. 1870-71	XIV. 1879	XXI. 1887
VII. 1872	XV. 1880	XXII. 1888
VIII. 1873		

II. **REVUE D'ANTHROPOLOGIE,** *publiée sous la direction de M. Paul Broca.* Paris, Ch. Reinwald, tome Iᵉʳ, 1872. — Paris, Ernest Leroux, tome quatrième, 1875. — Paris, G. Masson, septième année, deuxième série, tome Iᵉʳ, 1878. — *Revue d'Anthropologie, fondée en 1872 par Paul Broca. Dixième année. Directeur de la Rédaction : Dʳ Paul Topinard.* Paris, G. Masson, deuxième série, tome quatrième, 1881. — *Revue d'Anthropologie fondée en 1872 par Paul Broca. Comité de rédaction : Dʳ Mathias Duval, Dʳ S. Pozzi, M. de Quatrefages, Dʳ Thulié. Directeur de la Rédaction : Dʳ Paul Topinard.* Paris, G. Masson, quatorzième année, troisième série (*sic*)[1], tome huitième, 1885. — *Revue d'Anthropologie, dirigée par Paul Topinard, avec le concours de MM. d'Arbois de Jubainville, Mathias Duval, général Faidherbe, Gavarret, E. Hamy, baron Larrey, marquis de Nadaillac, de Quatrefages, Jules Rochard, L. Rousselet.* Paris, G. Masson. Quinzième année, troisième série, tome Iᵉʳ, 1886. — On conçoit qu'il faille renoncer à citer cette *Revue* autrement que par la tomaison continue ou le millésime.

I. 1872	VII. 1878	XIII. 1884
II. 1873	VIII. 1879	XIV. 1885
III. 1874	IX. 1880	XV. 1886
IV. 1875	X. 1881	XVI. 1887
V. 1876	XI. 1882	XVII. 1888
VI. 1877	XII. 1883	XVIII. 1889

---

1. C'est évidemment une erreur pour *deuxième série.*

III. BULLETINS DE LA SOCIÉTÉ D'ANTHROPOLOGIE DE PARIS. Paris, Masson. — Il y a trois séries : 1re série, 1859-1865, six volumes, avec table analytique se vendant séparément; 2e série, 1866-1877, douze volumes; 3e série, 1878 et suiv., onze volumes jusqu'à la fin de 1888.

La société publie aussi des **Mémoires** dont la 1re série comprend trois volumes (1860-63, 1864-67, 1871-72), et la 2e série trois volumes aussi (1873-78, 1875-82, 1883-88), plus un 4e en cours de publication.

IV. CONGRÉS INTERNATIONAUX D'ANTHROPOLOGIE ET D'ARCHÉOLOGIE PRÉHISTORIQUE. — Le premier congrès eut lieu en 1866 à Neuchâtel (Suisse), sous la présidence de M. E. Desor; le compte rendu de ses travaux a été inséré dans le tome II des *Matériaux*, p. 469 et suiv. Ce n'est qu'à partir du Congrès suivant que la publication des comptes rendus eut lieu sous la forme d'un ou plusieurs forts volumes in-8°.

II. *Congrès de Paris*, 1867. — Paris, Reinwald, 1868.

III. *Congrès de Norwich*, 1868. — Londres, Longmans, Green et C°, 1869. Par exception, le compte rendu de ce Congrès est rédigé presque exclusivement en langue anglaise.

IV. *Congrès de Copenhague*, 1869. — Copenhague, Thiele, 1875.

V. *Congrès de Bologne*, 1871. — Bologne, Fava et Garagnani, 1873.

VI. *Congrès de Bruxelles*, 1872. — Bruxelles, Muquardt, 1873.

VII. *Congrès de Stockholm*, 1874. — Stockholm, Nordstedt, 1876 (1er vol.), et Stockholm, Imprimerie centrale, 1876 (2e vol.).

VIII. *Congrès de Budapest*, 1876. — Budapest, Franklin-Tarsulat, 1877 (1er vol.); Budapest, Musée National Hongrois, 1878 (2e vol., 1re partie); Budapest, Musée National Hongrois, 1886 (2e vol., 2e partie).

IX. *Congrès de Lisbonne*, 1880. — Lisbonne, Typographie de l'Académie nationale des sciences, 1884.

Un 10e Congrès se réunit à Paris au mois d'août 1889.

V. ASSOCIATION. FRANÇAISE pour l'avancement des sciences, comptes rendus des sessions.

1re session.	Bordeaux	1872.	Paris au Secrétariat de l'Association,		1873
2e	—	Lyon.............	1873.	—	—	1874
3e	—	Lille............	1874.	—	—	1875
4e	—	Nantes	1875.	—	—	1876
5e	—	Clermont-Ferrand..	1876.	—	—	1877
6e	—	Le Havre........	1877.	—	—	1878
7e	—	Paris...........	1878.	—	—	1879
8e	—	Montpellier.......	1879.	—	—	1880
9e	—	Reims...........	1880.	—	—	1881
10e	—	Alger	1881.	—	—	1882

11e session.	La Rochelle.......	1882.	Paris au Secrétariat de l'Association,	1883
12e		Rouen............	1883. —	—	1884
13e	—	Blois	1884. —	—	1885
14e	—	Grenoble........	1885. —	..	1886
15e	—	Nancy	1886. —	—	1887
16e	—	Toulouse	1887. —	—	1888
17e	—	Oran............	1888. —	—	1888

Des comptes rendus fort exacts des travaux de la section d'Anthropologie ont été publiés par les *Matériaux.*

VI. **REVUE ARCHÉOLOGIQUE** *ou Recueil de documents et de mémoires relatifs à l'étude des monuments et à la philologie de l'antiquité et du moyen âge.* Paris, Leleux, tome Ier. 1844. — Table générale alphabétique des matières contenues dans les dix premières années, publiée à la suite du 10e volume, 1853. — En 1854 (11e année) le sous-titre change : *Recueil de documents et de mémoires relatifs à l'étude des monuments, à la numismatique et à la philologie de l'antiquité et du moyen âge.* — Table alphabétique des matières contenues dans les années XI à XVI de la *Revue archéologique.* publiée à la suite du XVIe volume, 1859. — A partir de 1860, la *Revue* forme par an deux volumes (1860, I ; 1860, II) ; cette nouvelle série est éditée par la Librairie académique Didier. — Table décennale de la *Revue archéologique*, nouvelle série, 1860-1869, dressée par M. F. Delaunay, Paris, 1874. — Le second semestre de 1870 ne forme qu'un volume avec la *Revue* de 1871. — En 1883, la *Revue* change de titre et d'éditeur : *Revue archéologique (antiquité et moyen âge), publiée sous la direction de MM. Alex. Bertrand et G. Perrot.* Paris, Joseph Baer, troisième série, tome Ier. — Nouveau changement d'éditeur en 1884 ; la *Revue* est transférée à la librairie E. Leroux.

C'est une mauvaise habitude de citer la *Revue archéologique* par séries et tomes de séries ; il faut *toujours*, comme nous l'avons fait, indiquer le millésime, suivi d'un chiffre romain faisant connaître s'il s'agit du premier ou du second semestre de l'année.

VII. **REVUE D'ETHNOGRAPHIE,** *publiée sous la direction de M. le Dr Hamy.* Paris, E. Leroux, tome Ier, 1882. — A partir du tome troisième. cette *Revue* est « publiée sous les auspices du Ministère de l'Instruction publique et des Beaux-Arts ».

I. 1882	IV. 1885	VII. 1888
II. 1883	V. 1886	VIII. 1889
III. 1884	VI. 1887	

VIII. **ARCHIV FUER ANTHROPOLOGIE.** *Zeitschrift für Naturgeschichte und Urgeschichte des Menschen, herausgegeben von Baer, Desor,*

Ecker, His, Lindenschmit, Lucæ, Rütimeyer, Schaaffhausen, Vogt, Welcker, unter der Redaction von A. Ecker und L. Lindenschmit. Premier volume, Brunswick, F. Vieweg, 1866. — A partir du 4e volume, l'*Archiv* devient l'*Organ der deutschen Gesellschaft für Anthropologie, Ethnologie und Urgeschichte;* les noms de Hellwald, Semper, Virchow figurent sur le titre, qui se termine désormais par la formule suivante : *Redaction : A. Ecker, L. Lindenschmit, und der Generalsecretair der deutschen anthropologischen Gesellschaft.* — En 1878, nouveau changement : *Organ der deutschen Gesellschaft,* etc., *unter Mitwirkung von Desor, Hellwald, His, Lucæ, Rütimeyer, Schaaffhausen, Semper, Virchow, Vogt, Welcker, herausgegeben und redigirt von A. Ecker, L. Lindenschmit und dem Generalsecretair,* etc. — Le comité des collaborateurs change en 1883; il se compose de MM. Bastian, Fraas, Hellwald, His, Hölder, Lucæ, Rütimeyer, Schaaffhausen, Semper, Virchow, Vogt, Voss et Welcker; M. J. Ranke vient s'ajouter aux deux éditeurs-rédacteurs Ecker et Lindenschmit. Par suite de la mort d'Ecker, Lindenschmit et Ranke restent seuls à partir de 1888.

La périodicité de cet important recueil étant assez capricieuse, il vaut mieux citer à la fois les millésimes et les chiffres de la tomaison, dont voici le tableau comparatif :

I. 1866	IX. 1876	XIV. 1883
II. 1867	X. 1878	XV. 1884
III. 1868	XI. 1879	XV *bis.* 1885
IV. 1870	XII. 1880	(*supplément*)
V. 1872	XIII. 1881	XVI. 1886
VI. 1873	XIII *bis.* 1882	XVII. 1888
VII. 1874	(*supplément*)	XVIII. 1889
VIII. 1875		

Comme complément de l'*Archiv für Anthropologie,* parait, depuis 1870, le *Correspondenzblatt der deutschen Gesellschaft für Anthropologie, Ethnologie und Urgeschichte;* on y trouve les comptes rendus des congrès scientifiques allemands et étrangers. Depuis 1878, le rédacteur en chef du *Correspondenzblatt* est M. Ranke.

IX. **ZEITSCHRIFT FUER ETHNOLOGIE** *und ihrer Hülfswissenschaften als Lehre vom Menschen in seinen Beziehungen zur Natur und zur Geschichte, herausgegeben von A. Bastian und R. Hartmann.* Berlin, Wiegandt et Hempel, 1889. — Le second volume est intitulé : *Zeitschrift für Ethnologie. Organ der Berliner Gesellschaft für Anthropologie, Ethnologie und Urgeschichte. Unter Mitwirkung des zeitigen Vorsitzenden derselben R. Virchow, herausgegeben von A. Bastian und R. Hartmann.* — Le titre change encore à partir du cinquième volume : *Zeitschrift für Ethnologie. Organ*

*der Berliner Gesellschaft für Anthropologie, Ethnologie und Urgeschichte,
unter Mitwirkung des Vertreters derselben R. Virchow, herausgegeben von
A. Bastian und R. Hartmann.* Berlin, Wiegandt, Hempel et Parey. — Le
titre du neuvième volume est de nouveau conforme à celui du second,
avec l'indication suivante de l'éditeur : *Verlag von Wiegandt, Hempel und
Parey (Paul Parey).* — Nouveau changement du sous-titre à partir du
neuvième volume : *Zeitschrift für Ethnologie, Organ der Berliner Gesellschaft für Antropologie, Ethnologie und Urgeschichte. Redactions-Commission : R. Hartmann, R. Virchow, A. Voss.* Berlin, Paul Parey. — Changement au titre du quatorzième volume : *Redactions-Commission :
A. Bastian, R. Hartmann, R. Virchow, A. Voss.* — Changement d'éditeur
à partir du quinzième volume : *Berlin, A. Ascher et C°.* — Ce septième
changement est, jusqu'à présent, le dernier.

Concordance des tomaisons et des millésimes :

I. 1869	IX. 1877	XV. 1883
II. 1870	X. 1878	XVI. 1884
III. 1871	X. *bis.* 1879	XVII. 1885
IV. 1872	(*supplément*)	XVIII. 1886
V. 1873	XI. 1879	XIX. 1887
VI. 1874	XII. 1880	XX. 1888
VII. 1875	XIII. 1881	XXI. 1889
VIII. 1876	XIV. 1882	

X. **VERHANDLUNGEN DER BERLINER GESELLSCHAFT für
Anthropologie, Ethnologie und Urgeschichte.** — Les comptes rendus
des séances de 1869 et 1870 ont paru dans la *Zeitschrift für Ethnologie*
sans pagination spéciale. Depuis le 15 octobre 1870, ces comptes rendus
forment à la fin de l'année un gros fascicule du même format que la *Zeitschrift* et paraissant par livraisons avec elle, mais avec une pagination spéciale ; cependant les planches des *Verhandlungen* ne sont pas distinctes de
celles de la *Zeitschrift*, dont la numérotation est continue. Les *Verhandlungen*
sont destinées à être reliées à la suite de la *Zeitschrift*, comme cela a eu
lieu à la bibliothèque du Musée ; il en existe d'ailleurs des exemplaires
séparés sans la *Zeitschrift*.

XI. **JAHRBUECHER DES VEREINS VON ALTERTHUMS-
FREUNDEN IM RHEINLANDE**, 1er cahier, Bonn, 1842 ; 86° cahier,
Bonn, A. Marcus, 1888. — Ce recueil, publié d'abord dans le format in-8°, a
adopté depuis 1866 (41° cahier) celui de l'in-4°. Chaque cahier est paginé à
part ; il en paraît un ou plusieurs par an. L'extrême longueur du titre
lui a fait substituer depuis longtemps, dans l'usage des érudits en Allemagne, celui de **Bonner Jahrbücher**, sous lequel nous l'avons toujours

cité[1]. Les *Jahrbücher* contiennent un certain nombre d'articles de M. Schaaffhausen qui intéressent l'archéologie préhistorique, mais la plus grande partie des cahiers est consacrée à l'antiquité romaine et au moyen âge. Un excellent index des soixante premiers cahiers a paru à Bonn en 1879.

XII. **BULLETTINO DI PALETNOLOGIA ITALIANA**, *diretto da P. Chierici, L. Pigorini e P. Strobel*. Parma, 1875-1884. — Série II, tome I, 11ᵉ année, Parma, 1885.

I. 1875	VI. 1880	XI. 1885
II. 1876	VII. 1881	XII. 1886
III. 1877	VIII. 1882	XIII. 1887
IV. 1878	IX. 1883	XIV. 1888
V. 1879	X. 1884	XV. 1889

A partir de 1886, par suite du décès de Chierici, L. Pigorini et P. Strobel restent seuls directeurs du *Bullettino*.

1. Le titre parfois employé en France, *Mémoires des Antiquaires du Rhin*, pourrait induire les savants étrangers en erreur.

ADDITIONS ET CORRECTIONS.

Page 18, note 2. — Dolmen troué à Cahaignes en Normandie, aujourd'hui détruit (Pulligny, *l'Art préhistorique dans l'Ouest et notamment en haute Normandie*, Évreux, 1880, pl. III.)

Page 19, note 2. — Vases troués dans des stations lacustres de la Suisse et de la Prusse orientale, *Verh. Berl. Ges.*, 1888, p. 532.

Page 29. — Sur l'historique des discussions au sujet des terrains erratiques, entre *dilurianistes* et *glaciéristes*, voir Falsan, *la Période glaciaire*, Paris, 1889, p. 15 et suiv.

Page 30. — Au cours de l'impression des dernières feuilles de ce volume, a paru un important ouvrage de M. Falsan : *la Période glaciaire, étudiée principalement en France et en Suisse*, Paris, Alcan, 1889 (mai). Le point de vue de l'auteur est à peu près conforme à celui de MM. de Saporta et de Lapparent; il considère le phénomène de l'extension des glaciers comme une conséquence de la concentration du soleil et de celle de la terre (p. 348) et n'admet pas la pluralité des époques glaciaires. Son exposé de la question géologique est accompagné de nombreuses références qui en augmentent encore l'utilité et l'intérêt ; en revanche, la partie de ce livre consacrée à la paléontologie humaine (p. 246 et suiv.) ne présente pas de faits nouveaux et réédite quelques anciennes erreurs. — Il est singulier que cet ouvrage, publié en 1889, ne tienne aucun compte de l'*Essai de paléontologie stratigraphique de l'homme*, publié en 1888 par M. Boule et dont les conclusions sont bien différentes.

Page 30, note 1. — Sur Playfair, Charpentier, Venetz, etc., voir Falsan, *la Période glaciaire*, p. 24 et suiv.

Page 32, ligne 2. — *Période pluvio-glaciaire* (Falsan, *la Période glaciaire*, p. 57).

Page 32, note 2. — Ce n'est pas à Lombardini, mais bien à J. de Charpentier, qu'il faut attribuer l'idée d'une connexion entre les phénomènes glaciaires et orogéniques (cf. Falsan, *la Période glaciaire*, p. 207). Le mémoire de J. de Charpentier (1834) est antérieur de six ans à celui de Lombardini.

Page 32 et note 3. — Sur les blocs erratiques, les stries, les roches moutonnées, les boues glaciaires, on trouvera d'amples détails dans l'ouvrage cité de M. Falsan, chap. IV-VI et chap. XV.

Page 33, note 3. — M. Falsan (*la Période glaciaire*, 1889, p. 236 et suiv.) insiste également sur les migrations *annuelles* pour expliquer le mélange des faunes.

Page 34. — M. Falsan a consacré une partie de son récent ouvrage (*la Période glaciaire*, 1889, p. 211 et suiv.) à la critique des opinions en cours sur la pluralité des époques glaciaires. « Durant nos études avec M. E. Chantre sur le terrain erratique du bassin du Rhône dans sa partie moyenne, nous n'avons pas trouvé de traces de deux ou de plusieurs périodes glaciaires. Nous avons bien reconnu que les anciens glaciers avaient oscillé en Suisse, à Utznach. à la Dranse, au bois de la Bâtie, mais rien ne nous a prouvé qu'ils eussent disparu complétement des plaines des Dombes et du bas Dauphiné, pour les envahir à nouveau et s'étendre plusieurs fois jusqu'à Lyon ou dans sa direction. » (p. 211.) — « Nous avons été amené ainsi à n'accepter qu'une seule période glaciaire, d'une durée immense, prise dans son ensemble, mais embrassant des phénomènes partiels d'une intensité sans doute fort variable. Ces degrés d'énergie constituent ce que nous appelons les *phases* de la période glaciaire, et nous sommes disposé à en admettre plusieurs, s'il le faut. Mais, jusqu'à preuve évidente, nous repoussons, comme peu vraisemblable, la théorie des récurrences de périodes glaciaires distinctes. » (p. 351.) Cela n'est plus guère qu'une dispute de mots.

Page 35 et note 3. — M. Falsan est très bref sur les causes du recul définitif des glaciers (*la Période glaciaire*, p. 243) : « Lorsque les glaciers quaternaires eurent atteint leur plus grande extension, l'humidité atmosphérique commença à décroître [pourquoi?] et il s'ensuivit la diminution des glaces. La sécheresse de l'atmosphère devait amoindrir et même, dans beaucoup de pays, tarir la source des glaciers. La transparence de l'air favorisa le rayonnement : les nuits devinrent plus froides, les hivers plus rigoureux et les cours d'eau moins considérables pendant cette rude saison ; par contre, la température des étés s'éleva et activa la fonte des glaces. En un mot, le climat perdit de son égalité constante et passa à un climat relativement plus extrême. Après bien des oscillations, des reculs et des avancements momentanés, les petits glaciers disparurent pour toujours de certains pays et les grands glaciers se retirèrent dans les hautes vallées, où l'on en trouve encore de nombreux vestiges qui servent de traits d'union entre notre époque et la période glaciaire. »

Pages 38 et 39. — Les théories diverses relatives à la cause de l'extension des anciens glaciers ont été passées en revue et exposées par M. Falsan, *la Période glaciaire*, chap. XIII: l'auteur se rallie à la théorie de M. Blandet dont nous avons parlé p. 38, note 4.

Page 39, note 3. — Dans son *Essai sur les glaciers* (1841), Jean de Charpentier admit que le soulèvement de l'hémisphère boréal avait déterminé d'énormes crevasses où les eaux terrestres s'étaient engouffrées ; ces eaux, se trouvant en contact avec des roches brûlantes, s'étaient transformées en vapeurs. Cf. Falsan, *la Période glaciaire*, p. 207.

Page 41, note 2. — Sur *l'elephas intermedius*, cf. Falsan, *la Période glaciaire*, p. 238 et grav. à la p. 239. Le squelette *d'elephas intermedius*, au Musée de Lyon, mesure 3^m,75 au garrot.

Page 41, note 4. — Sur *l'elephas meridionalis* de Durfort (squelette au Muséum à Paris), cf. Falsan, *op. laud.*, p. 240.

Page 79, ligne 1. — La *Metallotheca* de Mercati n'a été publiée qu'en 1719, à Rome ; cela explique pourquoi les savants italiens continuèrent pendant longtemps à méconnaître la véritable nature des *céraunies*. Ainsi Olivi, en 1593, écrivait : « Gestatus lapis hic somnia vera facit. Invictum praestat hominem tutumque reddit a submersione et ab ictu fulminis, » répétant ainsi en prose ce que Marbod avait écrit au XIIe siècle en vers (voir les passages cités par Pigorini. *Bull. di Paletnol. italiana*, 1879, p. 2). — M. Pigorini, dans le même article. a rappelé un passage important de Montfaucon (*Diarium Italicum*, Paris 1702, p. 439) au sujet du musée Moscardo à Vérone ; pour le savant bénédictin, les *céraunies* n'étaient pas des pierres de foudre, mais des haches de barbares (*barbarorum secures*), analogues à celles qu'il avait découvertes avec des squelettes humains dans certaines sépultures de Normandie.

Page 93, 2e alinéa. — M. Cartailhac écrit avec raison (*la Grotte de Reilhac*, Lyon 1889, p. 31) : « L'ethnographie comparée ne nous renseigne guère, parce qu'il n'y a actuellement aucune peuplade utilisant le silex comme le faisaient nos ancêtres et sur une aussi grande échelle. Et d'ailleurs ne voyons-nous pas la même forme de pierre utilisée au nord de l'Amérique, chez les Esquimaux, comme grattoir emmanché pour le travail des peaux, au centre du même continent, chez les Mexicains, comme armature d'une sorte de casse-tête? Ce serait généralement au hasard que nous séparerions les armes des outils, que nous distinguerions les pièces qui étaient employées isolément de celles qui entraient dans la composition d'un objet compliqué. Nous connaissons des haches australiennes dont le tranchant est formé par une pierre aiguë, enchassée dans un solide mastic. Des lances du même pays sont barbelées de menus éclats tranchants; des armes identiques existaient chez les Danois primitifs. Lorsque le temps a tout détruit, sauf la pierre, celle-ci est absolument insuffisante à nous renseigner sur son mode d'emploi. » On ne saurait s'exprimer plus sagement.

Page 93, note 2. — Voir aussi Pigorini, *Del culto delle armi di pietra nell' età neolitica*, dans le *Bullettino di Paletnologia italiana*, 1885, p. 34 et suiv., et l'article *Hache* par M. de Mortillet dans le *Dictionnaire des sciences anthropologiques*.

Page 107, 2e alinéa. — « L'examen de la roche [de Denise], d'où l'on a retiré les ossements humains, montre que cette roche est très remaniée. Au microscope, elle apparaît comme formée d'éléments en trainées, parfaitement stratifiés, ne laissant entre eux aucun vide ; ces éléments sont de nature très diverse : quartz en tout petits fragments, morceaux de mica, d'oligoclase, de cinérite. Le tout est très altéré ; des cristaux d'olivine sont complétement transformés en chlorite ; seuls, quelques cristaux de pyroxène sont intacts. Cette roche est donc loin d'être un produit éruptif ; elle constitue un véritable terrain d'atterrissement dont il me paraît très difficile de déterminer l'ancienneté. » (M. Boule, *Bulletin de la Société de géologie*, 1889, p. 281-282.)

Page 116, note 7. — Voir aussi un article de M. Pigorini, avec de nombreuses références, dans le *Bullettino di Paletnologia italiana*, 1888, p. 109 et suiv. (*Ornamenti di conchiglie rinvenuti in antiche tombe di Val d'Aosta.*)

Page 139, 2e alinéa. — M. Hamy a exposé au Champ de Mars en 1889 un groupe de tailleurs de silex, auxquels il a prêté des crânes du type du Néanderthal avec les cheveux lisses et le teint noir des Australoïdes. Voir notre article dans la *République française* du 16 juin 1889.

Page 140, note 5. — Sur les os recueillis à Goyet, cf. Hamy, *Bull. Soc. Anthrop.*, 1873, p. 432. Voir plus loin (addition à la page 188, note 17), l'indication d'un travail de M. Hamy sur le mandibule de Gourdan.

M. Boule a étudié avec soin le mode de remplissage de la grotte de Reilhac (*op. laud.*, p. 61) ; il aboutit à la conclusion que le remplissage de cette caverne, ainsi que celui des autres gisements ossifères avoisinants « s'est effectué en dehors de l'intervention de tout cours d'eau, par le simple apport des eaux de ruissellement pénétrant par des ouvertures diverses ou simplement par des fissures traversant en tout sens la roche calcaire. » La station de Reilhac n'est pas située au bord d'un cours d'eau.

Page 151. — M. Pigorini (*Bull. di Paletnol. Italiana*, 1879, p. 3) a remis en lumière le passage suivant d'Alberto Fortis (*Delle ossa d'elefanti e d'altre curiosità naturali dei monti di Romagnano nel Veronese*, Vicenza, 1786) : « Escluse tutte le causalità e le cause più semplici, mi sembra evidente cosa che dalle antichissime e rozzissime popolazioni di codesti luoghi (del Veronese) negli affossamenti, nelle caverne, nelle fenditure degli strati si usasse di seppellire i carcami de' quadrupedi, forse dipendentemente da qualche rito, od opinione superstiziosa, o da qualche abitudine nazionale d'origine primitiva e dimenticata. »

Page 155, note 4. — Zaborowski, *les Anthropophages actuels*, dans la *Revue scientifique*, juin 1889, p. 714 (faits de cannibalisme pathologique).

Page 157, note 6. — Nouvelles gravures de harpons en bois de cervidés dans l'opuscule de MM. Cartailhac et Boule, *la Grotte de Reilhac*, Lyon 1889, p. 40 et suiv. Parmi les harpons barbelés « les uns ont une tige cylindrique ; c'est le type éminemment répandu dans de nombreux gisements échelonnés depuis la Suisse jusqu'en Angleterre et depuis la Belgique jusqu'en Espagne. Les autres, à tige plate, moins symétriques et plus simples d'ornementation, sont aussi les plus nombreux et ce sont ceux-là qui se montrent abondamment dans les stations des Pyrénées. Plusieurs d'entre eux ont la base perforée d'un grand trou. Ces divers harpons ont-ils des destinations différentes? Nous ne le savons pas. » — M. Cartailhac remarque encore que certains harpons néolithiques des palafittes de Suisse et de la caverne de Victoria en Angleterre, présentent des formes très analogues à celles des harpons paléolithiques.

Une collection extraordinairement riche de harpons en bois de renne, provenant de Bruniquel, a été exposée au Champ de Mars par Mlle de Lastic (1889).

Page 170, 1er alinéa. — MM. Cartailhac et Boule viennent de faire connaitre (*La grotte de Reilhac*, 1889, p. 48, fig. 54, 55) deux os gravés provenant l'un de Reilhac, l'autre de Montgaudier, qui portent des incisions assez semblables au symbole bien connu des stèles phéniciennes (Perrot et Chipiez, *Histoire de l'Art*, t. III, p. 52 et 79). Il n'y a là, nous en sommes convaincu, qu'une rencontre aussi curieuse que fortuite. Un *mound* américain de silhouette analogue est représenté dans l'*Amérique préhistorique* de M. de Nadaillac (p. 129, fig. 34). Des peuples isolés ont pu et dû arriver indépendamment à figurer par cette combinaison de lignes simples l'image d'un homme étendant les bras et écartant les jambes. L'authenticité des gravures de Reilhac et de Montgaudier est certaine; peut-être faut-il faire des réserves sur la silhouette du *mound* américain.

Page 172, note 4. — L'objet en question a été exposé au Champ de Mars en 1889 et j'ai pu l'y examiner à loisir. J'ai la conviction que les deux extrémités ornées *ne représentent pas des phallus*.

Page 174, note 7. — La magnifique série d'os sculptés et gravés découverts par M. Piette au Mas d'Azil a été exposée en 1889 au Champ de Mars. On y voit notamment un aurochs (?) en arrêt, admirable sculpture en ronde-bosse à laquelle manque la tête; trois têtes de chevaux, dont une décharnée, sculptées en bois de renne ; la partie antérieure d'un aurochs (?) représenté en relief sur un bois circulaire ; un animal ailé que l'on a pris pour une sorte de sphinx, etc.

La même collection contient des galets ovoïdes avec des traces de peintures (lignes droites croisées, lignes courbes flanquées de nervures), qui ne proviennent pas de la couche quaternaire du Mas d'Azil.

Page 175, ligne 11. — Cartailhac et Boule, *la Grotte de Reilhac*, Lyon 1889, avec 70 fig. Sur la couverture du même ouvrage, il y a un cliché photographique de la grotte de Conduché.

La faune de Reilhac est totalement dépourvue d'éléments septentrionaux, à part le renne, qui est d'ailleurs plus rare que le cerf élaphe; cette grotte à industrie magdalénienne appartient donc à la dernière phase des temps quaternaires.

Page 181, 4e alinéa. — On a constaté des *brèches d'os de lapins* analogues, immédiatement au-dessus des couches de l'âge du renne, à Reilhac, à Brixham et dans d'autres grottes (cf. Cartailhac et Boule, *la Grotte de Reilhac*, Lyon 1889, p. 21, 27).

Page 188, note 17. — Voir E. Hamy, *Étude sur les ossements humains trouvés par M. Piette dans la grotte murée de Gourdan*, travail publié dans la *Revue d'anthrop.*, 1889, p. 258 (un occipital et trois frontaux plus ou moins incomplets, quatre fragments de maxillaires supérieurs et deux fragments de mandibules, extraits des couches profondes et provenant de sujets contemporains de la faune quaternaire). Un fragment de maxillaire inférieur recueilli par M. Piette à 5 mètres de profondeur rappellerait tout à fait la mâchoire d'Arcy-sur-Cure. Voici la conclusion de M. Hamy (p. 271) : « A Gourdan, comme à Arcy et comme à la Naulette, comme à Goyet et comme à Spy, c'est le type de Cannstadt qui apparaît dès que le troglodytisme s'établit. Mais lorsque, bien plus tard, une nouvelle et forte race aura étendu sa puissance sur toutes les vallées du centre et du midi de la Gaule, la grotte de Gourdan recevra, comme les abris de la Vézère, de l'Aveyron, etc., les visites des chasseurs de rennes, qui laisseront dans les dépôts qu'ils y auront accumulés les fragments à l'aide desquels il deviendra possible d'identifier leur race à celle de Cro-Magnon et de préciser une fois de plus la superposition des deux types ethniques qui, dans nos contrées au moins, correspondent aux deux dernières phases de la période quaternaire. »

Page 189, note 14. — Sur la taille du vieillard de Cro-Magnon, cf. *Rev. d'anthrop.*, 1889, p. 353. Les évaluations varient de 1^m,804 à 1^m,830.

Un modèle restitué de l'homme de Cro-Magnon a été exposé au Champ de Mars par M. Hamy en mai 1889.

Page 193, 3° alinéa. — Une restitution, par M. Hamy, de l'abri de Laugerie-Basse, avec trois personnages modelés d'après les squelettes de Cro-Magnon, a été exposée au Champ de Mars en 1889. Cf. Nadaillac, *La Nature*, 1889, II, p. 8.

Page 218, note 2. — Tiges d'os avec encoches de Reilhac (Cartailhac et Boule, *Grotte de Reilhac*, Lyon, 1889, p. 45, fig. 49). De très nombreux objets de ce genre ont été exposés en 1889 au Champ de Mars.

Page 220, note 5. — Des phalanges de cheval et de bœuf artificiellement trouées *et ne pouvant pas servir de sifflets*, sont abondantes dans les couches néolithiques de Reilhac (Cartailhac et Boule, *la Grotte de Reilhac*, p. 51).

Page 223, note 1. — Exemples d'aiguilles en os dont le chas est refait plus bas après chaque cassure (Cartailhac et Boule, *la Grotte de Reilhac*, p. 49, fig. 57.)

Page 232, note 6. — Bâtons de commandement à Reilhac (Lot), *apud* Cartailhac et Boule, *la Grotte de Reilhac*, 1889, p. 47.

Page 233, ligne 4. — Un bâton de commandement à sept trous (collection Hardy) a été exposé au Champ de Mars en 1889.

Page 248 et note 3. — Sur ces prétendues scies ou lissoirs d'aiguilles, cf. Cartailhac, *la Grotte de Reilhac*, Lyon, 1889, p. 34 et suiv. « On se demande s'il était vraiment nécessaire à l'outil-racloir des aiguilles d'avoir de si petites dimensions, d'être aussi peu maniable et fort cassant. » M. Cartailhac ne suggère aucune autre explication.

La grotte de Reilhac a fourni (*op. laud.*, fig. 34) un silex taillé en forme de scie dite de Pressigny, type néolithique qui ne s'était pas encore rencontré dans un gisement de l'âge du renne. En général, les fouilles faites dans cette grotte sont peu favorables à la théorie de l'hiatus et à celle de la superposition des types industriels de l'âge de la pierre.

Page 252, 3° alinéa. — Lire : Bruniquel, *canton* de Montclar.

Page 264, note 4. —Lire : *La Tuilière* au lieu de : *La Milière*.

20 juin 1889.

Addition à la page 101. — On a signalé tout récemment, près de Mons en Belgique et en Angleterre, des silex taillés du type dit *mesrinien* dans des dépôts sablonneux remaniés sous-jacents au cailloutis quaternaire. L'âge géologique de ces dépôts est trop mal établi pour qu'on puisse considérer les silex en question comme pliocènes. Voir Mourlon, *Bull. Acad. Belg.*, 1889, t. XVII, p. 499, t. XVIII, p. 6.

TABLE DES GRAVURES.

Pages.

Planche de frontispice. — Vue de la salle n° I du Musée des Antiquités nationales.

Fig. 1. Plan du château sous Louis XIV.. 5

Fig. 2. Vue du château de Saint-Germain sous Louis XIV, côté sud-est.. 6

Fig. 3. Vue du château de Saint-Germain sous Louis XIV, côté ouest.... 7

Fig. 4. Vue du château restauré...... 11

Fig. 5. Statue d'Apollon découverte à Entrains.................... 19

Fig. 6. Squelette *d'elephas intermedius*. 41

Fig. 7. Squelette de mammouth au musée de Saint-Pétersbourg.......... 43

Fig. 8. Squelette de rhinocéros tichorhinus au musée de Munich....... 45

Fig. 9. Squelette de *cervus megaceros*.. 51

Fig. 10. Renne actuel.................. 55

Fig. 11. Bœuf musqué.............. 65

Fig. 12. Silex de Thenay.............. 103

Fig. 13. Silex de Thenay.............. 103

Fig. 14. Silex de Thenay.............. 103

Fig. 15. Molaire *d'elephas primigenius*.................... 109

Fig. 16. Molaire *d'elephas antiquus*.... 109

Fig. 17. Molaire *d'elephas meridionalis*.................... 109

Fig. 18. Silex de Chelles............ 110

Fig. 19. Silex de Chelles............ 110

Fig. 20. Silex de Chelles............ 110

Fig. 21. Silex de Chelles............ 110

Fig. 22. Silex de Chelles............ 110

Fig. 23. Coupe de la sablière de Menchecourt.................. 113

Fig. 24. Silex de Saint-Acheul....... 115

Fig. 25. Silex d'Hesdigneul.......... 115

Fig. 26. Silex d'Hargicourt.......... 115

Fig. 27. Silex de Saint-Acheul....... 118

Fig. 28. Silex de Mautort.......... 118

Fig. 29. Silex de Moulin-Quignon...... 118

Fig. 30. Silex d'Abbeville.......... 118

Fig. 31. Silex de Moulin-Quignon.... 118

Fig. 32. Silex d'Abbeville.......... 118

Fig. 33. Silex de Saint-Acheul........ 118

Pages.

Fig. 34. Silex de la Porte Mercadé.... 118

Fig. 35. Silex d'Abbeville............ 120

Fig. 36. Silex de Saint-Acheul........ 120

Fig. 37. Silex de Vaudricourt.......... 120

Fig. 38. Silex de Saint-Acheul........ 121

Fig. 39. Silex de Saint-Acheul........ 121

Fig. 40. Silex d'Abbeville............ 122

Fig. 41. Silex de Montguillain........ 122

Fig. 42. Silex de Bracheux.......... 122

Fig. 43. Silex de Bracheux.......... 122

Fig. 44. Silex de Montmartre.......... 123

Fig. 45. Silex des Héraudières........ 127

Fig. 46. Silex de Chez-Pouré........ 127

Fig. 47. Crâne du Néanderthal........ 136

Fig. 48. Crâne du Néanderthal........ 136

Fig. 49. Crâne prognathe de sauvage moderne.................... 138

Fig. 49 *bis*. Restitution de l'homme du Néanderthal.................. 138

Fig. 50. Crâne de gorille vu de face.. 139

Fig. 51. Crâne féminin de Furfooz..... 145

Fig. 52. Crâne masculin de Furfooz.... 145

Fig. 53. Silex du Moustier............ 180

Fig. 54. Silex du Moustier............ 180

Fig. 55. Silex du Moustier............ 180

Fig. 56. Silex du Moustier............ 180

Fig. 57. Collier de coquilles trouvé à Cro-Magnon.................... 185

Fig. 58. Crâne du vieillard de Cro-Magnon.................... 185

Fig. 59. Pointe de trait de Gourdan.... 191

Fig. 60. Os gravé de Corgnac.......... 192

Fig. 61. Silex des Eyzies.............. 194

Fig. 62. Silex de Beaulieu............ 194

Fig. 63. Silex de Volgu............ 195

Fig. 64. Silex de Bossay............ 195

Fig. 65. Silex du Moustier............ 195

Fig. 66. Renne de Thayngen.......... 211

Fig. 67. Os gravé du Chaffaud........ 212

Fig. 68. Vase du Frontal............ 213

Fig. 69. Os gravé de la Gorge d'Enfer.. 217

Fig. 70. Silex d'Excideuil.......... 219

Fig. 71. Silex d'Excideuil.......... 219

Pages·

Fig. 72. Silex d'Excideuil.............. 219
Fig. 73. Silex de Solutré.............. 220
Fig. 74. Silex de Solutré.............. 220
Fig. 75. Silex de Solutré.............. 221
Fig. 76. Os gravé de la Madelaine..... 222
Fig. 77. Aiguille en os de la Madelaine.. 222
Fig. 78. Hameçon à deux pointes de la
  Madelaine..................... 222
Fig. 79. Os gravé de la Madelaine...... 223
Fig. 80. Os gravé de la Madelaine..... 223
Fig. 81. Os gravé de la Madelaine..... 224
Fig. 82. Os gravé de la Madelaine..... 225
Fig. 83. Os gravé de la Madelaine...... 225
Fig. 84. Os gravé de la Madelaine...... 225
Fig. 85. Os gravé de la Madelaine..... 226
Fig. 86. Os gravé de la Madelaine..... 226
Fig. 87. Os gravé de la Madelaine..... 226
Fig. 88. Os gravé de la Madelaine...... 227
Fig. 89. Os gravé de la Madelaine..... 227
Fig. 90. Os gravé de la Madelaine..... 227
Fig. 91. Os gravé de la Madelaine..... 227
Fig. 92. Os gravé de la Madelaine
  (mammouth de Lartet).............. 228
Fig. 93. Os gravé de la Madelaine..... 229
Fig. 94. Pointe de flèche de la Made-
  laine....................... 229
Fig. 95. Harpon barbelé de la Madelaine. 230
Fig. 96. Harpon barbelé de la Madelaine. 230
Fig. 97. Harpon barbelé de la Madelaine. 230
Fig. 98. Harpon barbelé de Laugerie-
  Basse........................... 235
Fig. 99. Pointe en bois de renne de
  Laugerie-Basse.................. 235
Fig. 100. Gravure dite la Femme au
  renne, de Laugerie-Basse........... 237

Pages·

Fig. 101. Os gravé de Laugerie-Basse.. 238
Fig. 102. Os gravé de Laugerie-Basse.. 239
Fig. 103. Os gravé de Laugerie-Basse,
  dit la Chasse à l'aurochs........... 239
Fig. 104. Poignard en bois de renne
  de Laugerie-Basse................. 240
Fig. 105. Os gravé (Bœufs jumeaux) de
  Laugerie-Basse..................... 241
Fig. 106. Os gravé de Laugerie-Basse.. 242
Fig. 107. Silex de Bruniquel........... 248
Fig. 108. Silex de Bruniquel........... 248
Fig. 109. Silex de Bruniquel........... 248
Fig. 110. Manche de poignard de Bru-
  niquel..................... 249
Fig. 111. Mammouth sculpté en bois de
  renne, de Bruniquel............... 249
Fig. 112. Os gravé de Bruniquel....... 250
Fig. 113. Silex des Eyzies............ 251
Fig. 114. Silex des Eyzies............ 251
Fig. 115. Os gravé des Eyzies.......... 251
Fig. 116. Os gravé des Eyzies.......... 251
Fig. 117. Os gravé d'Aurensan-Infé-
  rieure..................... 251
Fig. 118. Vue de l'abri du roc de Plan-
  tade, à Bruniquel.................. 253
Fig. 119-130. Silex des grottes des Baous-
  sé-Roussé....................... 255
Fig. 131. Poinçon en os des Baoussé-
  Roussé....................... 255
Fig. 132. Canon de cheval perforé, des
  Baoussé-Roussé.................... 255
Fig. 133. Silex de Hoxne............. 264
Fig. 134. Silex de Hoxne............. 264
Fig. 135. Os gravé de Montgaudier.... 265
Fig. 136. Os gravé de Montgaudier..... 265

FIN DE LA TABLE DES GRAVURES.

INDEX GÉNÉRAL ALPHABÉTIQUE.

N. B. — *Les chiffres renvoient aux pages du Catalogue. Les noms géographiques sont suivis de l'indication de la commune, du département, de la province ou du pays auxquels ils appartiennent. On a jugé inutile de renvoyer à tous les noms d'auteurs qui sont mentionnés dans les références bibliographiques ; les chiffres qui accompagnent ces noms signalent seulement les passages où leurs opinions personnelles ont été résumées ou discutées. Un chiffre* **GRAS** *renvoie à la page où le sujet indiqué a été traité avec détail, en particulier à celle où l'on trouvera la bibliographie qui le concerne.*

Abbeville (Somme), 107, 108, 109, **112**, 117, 118, 119, 122, 123.

Abbott, 114.

Abri de la Chèvre, à Thorigné (Mayenne), 184.

Abris sous roche, 150.

Abyssinie (Afrique), 48.

Acérothérium, 102.

Acheuléen, 94. Voir *Chelléen, Saint-Acheul.*

Achlis, 52.

Acquisitions du Musée, 21-25.

Acy (d'), 91, 92, 96, 105, 109, 110, 256, 280.

Adams, 165.

Adhémar, 38.

Afrique, 132, 163, 189. Voir *Abyssinie, Algérie, Égypte, Éthiopie,* etc.

Agassiz, 33.

Agates (silex), 257.

Aide-mémoire (prétendus), 218.

Aiguilles, 83, 149, 157, 191, 215, 222, **223**, 236, 241, 243, 248, 250, 258, 295.

Aiguilles à chas, **157**.

Ain, rivière, 235.

Ain. Voir *Bohan, Pont de l'aur.*

Aïnos (Japon), 92.

Aisne. Voir *Chavignon, Cœuvres, Cologne, Hargicourt, Laon, Montaigu, Vic-sur-Aisne.*

Aithiopikos lithos, 87.

Aix-les-Bains (Savoie), 76.

Alces, 52.

Algérie, 114, 163, 165. Voir *Oran, Ousidan, Palikao.*

Allée couverte de Conflans, 17.

Allemagne (cavernes de l'), 165. Voir *Balve, Baumannshœhle, Bavière, Bilstein, Bockstein, Cannstadt, Duemmer, Düssel, Düsseldorf, Einhornshoehle, Elberfeld, Feldhofen, Gailenreuth, Gera, Harz, Mecklemburg, Moselweiss, Néanderthal, Poméranie, Steeten, Taubach, Thiede, Westeregeln,*
Wildhaus, Wildscheuer, Weimar.

Alliat (Ariège), 174.

Allier. Voir *Autry-Issard, Billy, Chatelperron, Fées, Saligny, Tilly.*

Allonne (Oise), 184.

Alluvions, 37.

Alluvium, 37.

Alpes (ethnographie des), 133.

Alpes (soulèvement des), 32.

Alpes-Maritimes. Voir *Beaulieu, Menton, Villefranche.*

Altamira (Espagne), 176, 223.

Ambre, 155.

Ameghino, 109.

Amérique du Nord, haches chelléennes, 114. Voir *Californie, Cow's creek, Delaware, Nevada, New-Jersey, Trenton.*

Amérique du Nord, phénomènes glaciaires, 39.

Amiens (Somme), 127. Voir *Saint-Acheul.*

Amorgos (Archipel), 183.

Auca, 165.

Andaman (Îles), 104.

Andrian, 165.

Ane, 240.

Ane sauvage, 52.

Angleterre, 114, 163. Voir *Arening, Avon, Brixham, Caithness, Chillingham, Creswell, Gower, Hoxne, Kent's hole, Kirkdale, Oyle, Paviland, Rodmarton, Settle, Suffolk, Torquay, Victoria, Wells, Wookey.*

Anguilles gravées, 266.

Animaux domestiques, 61, 68, 155, 268.

Animaux (représentation d'), 172.

Anneaux, 254.

Anthropologie, 128, 155.

Anthropophagie, 293.

Anthropopithèque, 97, 104.

Antilope, 66, 192, 194.

Antilope saïga, **66**, 202, 240.

Antoine (manuscrit d'). 3.4.
Apollodore de Damas, 20.
Apollon d'Entrains. 19, 20.
Apophyses geni, 141.
Aquitains troglodytes. 162.
Arabie, 162.
Arachosie (Caboul). 64.
Arcelin, 87, 105, 167, 197. 208.
Archipel. Voir *Amorgos. Crète, Délos.*
Archiv für Anthropologie. 286.
Arctomys marmotta, 67. Voir *Marmotte.*
Arcy-sur-Cure (Yonne), 136, **142**, 159, 176, 218.
Ardèche. Voir *Borne, Mouton, Véron, Renard, Roland, Soyons.*
Ardoise (ornements en). 156.
Arene candide (Ligurie), 250.
Arezzo (Italie), 135.
Argile à blocaux, en Belgique, 152.
Ariège. Voir *Alliat, Biert, Herm, Malarnau, Mas d'Azil, Massat, Monseron, Vache (grotte de la).*
Aristote, 27.
Armes de jet, 93.
Armes des héros, 82.
Arno (Val d'), en Italie, 98.
Arroux, rivière, 210.
Arrowstraightener, 233.
Art des chasseurs de rennes. 168-174.
Art hyperboréen récent, 160.
Arts barbares, 170.
Arudy ou Arudi (Basses-Pyrénées), 175, 274.
Aryens, 131, 279, 280.
Arzet, commune de Saugnac (Landes), 125. 147.
Asie. Voir *Arabie, Arachosie. Babylonie, Cappadoce, Caramanie, Caucase, Chine, Circassie. Dardanelles, Galatie, Gédrosie, Palestine. Pont, Sibérie, Syrie, Transcaucasie, Turkestan.*
Association Française, 285.
Astropélékion. 79.
Athènes (Grèce), 161.
Atlantide (disparition de l'). 39.
Atterrissements, 74.
Aube. Voir *Saint-Mards.*
Aude (département de l'). 81. Voir *Bize, Carcassonne, Crouzade. Gruissan.*
Audierne (l'abbé), 166, 167.
Auguste (l'Empereur), 28, 82.
Aurensan (Hautes-Pyrénées), 155, 175, 189.
Aurensan inférieure (Hautes-Pyrénées), 175, **251**.
Aurignac (Haute-Garonne), 154, 166, 175, 188, 244, 262.
Aurignac (Époque d'). 168.
Aurillac (Cantal), **101**, 107.
Aurochs. 50, **62**, 186, 189, 219, 239, 248, 294.
Aurochs gravés ou sculptés, 239, 294.
Austen, 164.
Australie, 114, 139.
Australoïdes, 130, 139, 170, 293.
Authenticité des haches en silex (caractères d'), 89.

Authenticité des os sculptés (question de l'), 176.
Autriche-Hongrie (cavernes de l'), 165.
Autriche-Hongrie. Voir *Hongrie, Podbaba. Predmost. Schipka, Tyrol.*
Autry Issard (Allier), 100.
Auvergne (ethnographie de l'), 133.
Avening (Angleterre). 18.
Aveyron. Voir *Larzac.*
Avon, rivière, 114.
Aymard. 107.
Babert de Juillé, 167.
Babylonie, 114.
Babylonienne (chronologie), 71.
Badegols, commune de Beauregard (Dordogne . 126, **184**, 195, 221.
Bagnères-de-Bigorre (Hautes-Pyrénées). 175.
Bailleau, 167.
Balaenotus, 99.
Baléares (îles), 162.
Balutie (la), commune de Montignac (Dordogne), 264.
Balve (Westphalie), 165.
Balzi Rossi, 256. Voir *Baoussé Roussé.*
Baoumo dei Peyrards, commune de Buoux (Vaucluse), 212.
Baoussé Roussé, commune de Vintimille (Italie), 186, 189, 194, 218, 254, **256**, 257.
Baoussé-Roussé (sépultures des), 263.
Barrou (Indre-et-Loire), 210.
Barthélemy (A. de), 13, 25.
Basques, 129, 130, 189.
Basques-Ibères, 189.
Basse-Cour du château, 5.
Batignolles (Seine), 124.
Bâtons de commandement, 192, 212, 216, 224, 225, 226, 227, 228, 229. **232**, 241, 246, 250, 254, 262, 265, 295.
Bâtons de magistrats, 235.
Bâtons magiques, 235.
Baumannshœhle, dans le Harz (Allemagne), 164.
Baumes (Jura, caverne des), 48.
Bavière, 133, 164. Voir *Breitenwin.*
Baye (J. de), 167.
Beaudouin, empereur de Constantinople, 3.
Beaulaincourt, 119.
Beaulieu, commune de Villefranche (Alpes-Maritimes), **191**, 194, 195.
Beaumont (Élie de), 15, 81.
Beaumont (Vienne), 126, 127, 148, 196.
Beaune (Ph.), 13.
Beauvais (Oise), 184.
Behring (détroit de), 171, 203.
Belgique, 144, 165. Voir *Chaleux, Engihoul, Engis, Erable. Frontal, Furfooz. Goyet, Hainaut, Hastière, Lierre, Mesvin. Mons, Montaigle, Namur, Naulette, Nutons, Petit Modane, Philippe, Renaix, Spy, Sureau (Trou du), Trou-Magrite.*
Belgrand, 124,
Bellehaye, commune de Boury (Oise), 18.
Bellerive (Suisse), 267.
Benarruc. commune de Pouillon (Landes), 147.
Beneden (Van), 143, 165.

Benesse (Landes), 196.
Bergerac (Dordogne), 263.
Bernard de Palissy, 27.
Bérose, 71,
Bertrand (A.), 13, 96, 160, 275.
Bethnas supérieure, commune de Crémieu (Isère), 175.
Beth-Saour (Palestine), 223.
Bialowiczka (Pologne), 63.
Biard (Vienne), 148, 196.
Bible (chronologie de la), 77.
Bibliothèque du Musée, 12, 14.
Biche gravée, 242.
Bienne (lac de, Suisse), 74.
Biert (Ariège), 174.
Billaudei, 166.
Billy (Allier), 99, 106.
Bilstein (caverne de, Westphalie), 165.
Bison europaeus, 50, 52, 62, 63, 194, 215, 239. Voir *Aurochs*.
Bize (Aude), 81, 166, 174, 186, **191**, 244, 274.
Blandet, 38, 292.
Blanzat (Puy-de-Dôme), 175.
Bleicher, 166.
Blessure de la femme de Cro Magnon, 185.
Blumenbach, 129.
Bockstein (Wurtemberg), 131, 165.
Boeckh, 71.
Boers, 133.
Bœufs, **48**, 183, 194, 223, 239, 249, 250, 262, 263. Voir *Bison, Bovidés, Bos primigenius*, etc.
Bœufs gravés ou sculptés, 239, 241, 250, 294.
Bohan, commune de Ramasse (Ain), 265.
Bohême, 132, 137.
Bois-Colombes (Seine), 115, 124.
Bois de renne, 158. Voir *Bâton, Rennes*, etc.
Bois du Rocher, commune de St-Hélen (Côtes-du-Nord), 126, **146**.
Boixe (la), commune de Barbezière (Charente), 18.
Bolinthus, 63.
Bonasus, 63.
Bonner Jahrbücher, 288.
Bonstetten, 177.
Borne (la Double), commune de Soyons (Ardèche), 183.
Borvo, 20.
Boschimans, 170.
Bos primigenius, **48**, 49, 107, 108, 117, 180, 181, 182, 202, 215, 235, 237, 245, 247. Voir *Bœufs*.
Bossay (Indre-et-Loire), 120, 126, 196.
Bossey (Haute-Savoie), 175.
Botenstœcke, 235.
Botti, 165.
Bouc gravé, 252.
Boucher de Perthes, 14, 70, 90, 121, 142, 264.
Boucher de Perthes (précurseurs de), 78.
Boué, 80.
Boues glaciaires, 32, 291.
Boulderclay (en Angleterre), 32.
Boule (M.), 167, 293.
Boules de jeu, 182.
Boules en calcaire, 182.

Bouquetin, 56, **66**, 215, 239, 250, 263, 267.
Bouquetins gravés, 250.
Bourbonnais, 148.
Bourbonne-les-Bains (Hte-Marne), 20.
Bourgeois, 102, **103**, 167.
Bourguignat, 166, 167.
Boury (Oise), 169.
Boussay (Indre-et-Loire), 120.
Bouziès (Lot), 175, 232.
Boves (Somme), 127.
Bovidés, 226, 228, 240. Voir *Bœufs*.
Boyd Dawkins, 149, 160, 165, 167.
Bracelets (prétendus), 237.
Bracheux, commune de Marissel (Oise), 123.
Brachycéphalie, 131.
Brachyprosopie, 130.
Brachycéphales, 129.
Brassempouy (Landes), 175.
Brèche ossifère, 180, 212, 221, **243**, 245, 247, 250, 254.
Breitenwin (Palatinat de Bavière), 165.
Brengues (Lot), 53.
Breonio (Italie), 256.
Brescia (Italie), 97.
Bretagne, 146, 160. Voir aux noms des départements bretons.
Breuvery (de), 167, 245.
Brinckmann, 167.
Briquet, 156.
Brive ou Brives (Corrèze), 126, 127, **179**, 244, 246, 264.
Brivet (rivière), 76.
Brixham (Angleterre), 164, 294.
Broca, 13, 130, **131**, 132, 133, 153, 190, 233, 273.
Brome, 166.
Brouillet, 127, 167, 178, 212.
Bruce (Robert), 138.
Brun, 167, 252.
Bruniquel (Tarn-et-Garonne), 44, 48, 54, 150, 176, 188, 195, 247, 248, 249, **252**, 253, 265, 294.
Brüx (Bohême), 137, 140.
Bubalus, 50.
Buckland, 81, 154, 164.
Buffle, 51, 64.
Buffon, 27, 59.
Buissonnet (le, dans la forêt de Compiègne, Oise), 115.
Bulbe de percussion, 88.
Bulletin de la société d'anthropologie, 285.
Bulletino di paletnologia italiana, 289.
Buoux (Vaucluse), 212.
Burins, 173, 174, 229.
Busk, 166.
Cachette de Volgu, 210.
Cacholong, 90, 116, 120, 127, 147, 205, 220, 222, 265.
Cafres (Afrique méridionale), 205.
Cahaignes (Eure), 291.
Cailloux roulés, 151.
Caithness (Écosse), 59.
Calaveras (Californie), 98.
Calcaire (corrosion du), 76.
Calcaire siliceux, 85.

Calcaire strié, 106.
Calcédonieux (silex), 247.
Californie, 98, 100.
Calvert (Frank), 99.
Cambous, commune de Rueyres (Lot), 175.
Camisards (grotte des), commune de St-Laurent (Gard), 163.
Campanile de Mansart, 8.
Camp des Anges (Californie), 98.
Canaries (îles), 114, **163**.
Cannibalisme, 155. Voir *Anthropophagie.*
Cannstadt (Wurtemberg), 130, 132, **135**, 136, 145.
Cannstadt (race de), 136 et suiv., 295.
Cantal. Voir *Aurillac, Puy Courny.*
Cantalupo (Italie), 189.
Capacité cranienne, 129.
Capellini, 50, 165.
Cappadoce (Asie Mineure), 163.
Caprée (Italie), 28, 82.
Caractères d'infériorité, 131.
Caractères pithécoïdes, 141.
Caramanie, 162.
Carcassonne (Aude), 166.
Cardium, 262.
Caribou, 54.
Cartailhac, 187, 167, 260, 273, 292.
Carte de la Gaule, 266.
Casse-tête en bois, 92.
Casse-tête en silex, 222, 262.
Castenedolo (Italie), 97, 98.
Catullo, 165.
Caucase, 18, 161.
Cavernes à os façonnés (liste des), 174.
Cavernes artificielles, 161.
Cavernes (civilisation des), 154.
Cavernes (classification des), 168.
Cavernes dans l'antiquité classique, 161.
Cavernes (époque des), 140.
Cavernes de l'époque du renne (liste des), 167.
Cavernes (formation des), 149.
Cavernes (généralités sur les), 140.
Cavernes (historique des recherches dans les), 164.
Cavernes (ouverture des), 150.
Cavernes (remplissage des), 151, 293.
Cavernes (superstitions relatives aux), 163.
Caves de Gavechon, commune d'Edon (Charente), 182.
Caves du château de Saint-Germain, 3.
Cavillon (grotte du), aux Baoussé-Roussé, commune de Vintimille (Italie), 259.
Cazalis de Fondouce, 157, 167, 274.
Ceillonne (rivière), **147**, 159.
Celle-sous-Moret (la, Seine-et-Marne), 196.
Celt, 93.
Céraunies, 78, 292.
Cerceau (Baptiste-Androuet du), 5.
Céréales, 268.
Cérès (l'abbé), 167.
Cerfs, 134, 181, 183, 184, 194, 202, 212, 226, 229, 242, 243, 256, 257, 258, 259, 262, 263, 267, 294.

Cernois, commune de Vic-de-Chassenay (Côte-d'Or), 196.
Cervidés, 235, 238. Voir *Cerfs.*
Cervus canadensis, 53, 215.
César, 49, 162.
Cétacés, 99, 106.
Chacal, 65.
Chaffaud, commune de Savigné (Vienne), 176, **178**, 194, 212, 223, 262.
Chaise (la), commune de Vouthon (Charente), 174, 211, **245**, 266.
Chaleur de la terre, 31.
Chaleux (trou du, Belgique), 157, 158, 176, 248, **261**.
Chalon-sur-Saône (Saône-et-Loire), 210.
Chalosse (Landes), 175.
Chambiges (Pierre), 4.
Chambrun de Rosemond, 32.
Chamois, 55, 66, 215.
Champ, commune de Brives (Corrèze), 247.
Chancelade (Dordogne), 175.
Chapelle de Saint-Louis, 3.
Chaplain Duparc, 167, 274.
Charbonnières (Saône-et-Loire), 90, **205**, 210.
Charcarodon mégalodon, 107.
Charente. Voir *Boixe, Caves de Gavechon, Ménieux, Montgaudier, Placard, Quina, Rochebertier, Vilhonneur, Vouthon.*
Charles V, **3**.
Charles VI, 3.
Charles VII, 3.
Charles VIII, 3.
Charles IX, 262.
Charles X, 9.
Charmes (Drôme), 42.
Charpentier (J. de), 291.
Chars de guerre, 70.
Chasser à l'époque du renne, **155**.
Chasseur d'aurochs, 239.
Chat-tigre gravé, 250. Voir *Felis Spelœa.*
Chat sauvage, 215.
Château-Neuf, 5.
Château de Saint-Germain (historique du), 2-10.
Chatel-Perron (Allier), 154, 244.
Châtillon-sur-Seine (Côte d'Or), 127.
Chauvet, 173.
Chavignon (Aisne), 147.
Chazé (Maine-et-Loire), 107.
Chelles (Seine-et-Marne), 92-94, 108, **109**, 110, 111.
Chelléen, 94. Voir *Acheuléen.*
Cheminement, 206.
Cheraoua (Égypte), 106.
Chevaux, 69, 156, 176, 181, 183, 186, 188, 192, 194, 201, 202, 204, 216, 218, 219, 221, 223, 225, 226, 227, 228, 235, 236, 238, 239, 242, 245, 246, 247, 250, 254, 257, 262, 263, 268, 294.
Chevaux gravés ou sculptés, 176, 192, 216, 225, 226, 227, 228, 236, 238, 239, 242, 245, 246, 250, 294.
Cheval de Solutré, 203.
Cheval sauvage, 215.
Chevaux (crins de), 157.

Chevaux (sacrifices de), 203.
Chevêtres, 234.
Chevigny, commune de Germigny (Nièvre), 20.
Chèvre, 66, 257.
Chèvre (caverne de la), commune de Meyrueis (Lozère), 154.
Chevreuil, 267.
Chevrons, 242.
Chez-Pouré, commune de Brive (Corrèze), 126, 127, **179**, 180, 184, 196.
Chien domestique (absence du), 62.
Chierici, 165.
Chillingham (Angleterre), 50.
Chine, 43.
Chocs accidentels, 87.
Chouette harfang, 67.
Choulans (Lyon), 182.
Chouquet, 33, 109, 110.
Christol, 15, 81, 166.
Christy, 15, 17, 152.
Chronomètres astronomiques, 72.
Chronomètres géologiques, 73.
Chronomètre malacologique, 73.
Circassie, 18.
Ciseau en silex (?), 126.
Ciseau néo-zélandais, 173.
Citière (la), commune de Orches (Vienne), 127.
Civray (Vienne), 127, 196.
Cladonia rangiferina, 55.
Classification des races quaternaires, 132.
Clessin, 165.
Clichy (Seine), 124, 132, **140**, 141.
Climat de l'époque des cavernes, 158.
Climat quaternaire, 30, 33, 280, 292.
Climat tempéré, 268.
Clos du Charnier, 197. Voir *Solutré*.
Cluny (Musée de), 178.
Cochon. Voir *Porc*.
Cœuvres (Aisne), 108, 119.
Cohausen, 165, 177.
Coictier (Jacques), 3.
Colbert, 20.
Colliers de coquilles, 116, 117, 186, 237 (?).
Collomb, 15.
Cologne, commune d'Hargicourt (Aisne), 115.
Colonne Trajane, 20.
Combet, commune de Bruniquel (Tarn-et-Garonne), 252.
Commerce des roches et des coquilles, 85, 154, 257.
Compiègne (Oise), 115.
Conchoïde de percussion, 88, 107, 119, 122, 125, 182.
Conduché, commune de Bouziès (Lot), 175, 294.
Cônes de déjection, 151. Voir *Tinière*.
Conflans-Sainte Honorine (Seine-et-Oise), 17, 18.
Conformation faciale, 133.
Congrès internationaux, 285.
Coprolithes, 152, 262, 263.
Coq de bruyère, 67.
Coquilles et coquillages troués servant de pa-
rures, **116**, 156, 194, 216, 221, 224, 242, 257, 259, 293.
Coquilles fossiles, 27, 257.
Coquilles (commerce des), 154, 257.
Corbeil (Seine-et-Oise), 107.
Corgnac (Dordogne), 174, **192**, 263.
Corlée (Haute-Marne), 117.
Cornes de rhinocéros, 45.
Cornes d'urus, 50.
Corrèze, 127. Voir *Brives, Champ, Chez-Pouré, Cottès, Coumba-Negra, Grotte des Morts, Malemort, Morts (les), Puy-de-Lacan, Puy-Jarige, Ressaullier, Sous-Champs, Tilliot.*
Côte-d'Or. Voir *Cernois, Châtillon, Cras, Fontaine-Sauve, Genay, Saint-Côme, Semur, Vic de Chassenay.*
Côtes-du-Nord. Voir *Bois-du-Rocher, Lanvallay, Pleudihen, St-Quay, Saint-Hélen.*
Cotteau, 167.
Cottes (les), commune de Brive (Corrèze), 264.
Cottes (les), commune de Saint-Pierre de Maillé (Vienne), 176.
Couches stériles, 268.
Coumba-Negra, commune de Brive (Corrèze), 247, 264.
Coup de poing chelléen, 93.
Cour du château, 5.
Couteaux, 113, 122, 124, 146, 149, 179, 181, 199, 211, 212, 222, 229, 231, 244, 246, 247, 254, 257, 262, 263.
Couture, 157, 191, **223**, 229.
Cow'screek (Amérique), 100.
Cranaenne (ville), ancien nom d'Athènes, 161.
Crânes de Cro-Magnon, 185.
Crânes quaternaires, 128, 132 et suiv.
Crânes prétendus quaternaires, 134.
Craniologie, 128, 132.
Craniologie ethnographique, 129.
Craniologie préhistorique, 128.
Craniométrie, 132 et suiv.
Craquelage des silex, 105.
Cras, commune de Genay (Côte-d'Or), 265.
Crécy-Couvé (Eure-et-Loir), 184.
Crémieu (Isère), 175.
Creswell (Angleterre), 176.
Crète (Archipel), 162.
Creully, 13.
Crins de chevaux, 157.
Cristal de roche, 179, 180, 219, 221.
Croisements, 132.
Cro-Magnon, commune de Tayac (Dordogne), 132, 146, 153, 174, 184, **186**, 194, 259, 261, 278, 295.
Croll, 38, 72.
Cromer, 42.
Cros (plateau du), commune de St-Antoine d'Auberoche (Dordogne), 184.
Cros du Charnier, 221. Voir *Solutré*.
Crouzade (la), commune de Gruissan (Aude), 174.
Cuiller à moelle, 236.
Cuisine, 156.
Cuisson (procédés primitifs de), 156.
Culte de la hache, 293.

Cuvier, 15, 16. 28, 80. 81.
Cyclopes, 153, 161.
Cygne (os de), 215.
Cyprées, 259.
Dalécarliens, 189.
Dalleau, 167.
Damiette (Égypte), 75.
Damona, 20.
Damour, 13, 105.
Danemark, 205. Voir *Jutland. Kjœkkenmoed-dings.*
Dardanelles (Asie Mineure), 99.
Dardanie (Turquie d'Europe), 161.
Dawkins, 187.
Dax (Landes), 126, **147.**
Déboisement (effets du), 35.
Débris de cuisine, 153, 202. 257.
Décharnement des squelettes. **261.**
Décortiqués (silex), 102.
Dégagements de vapeurs, 39.
Dégrossissement des outils en silex, 86.
Dekhan (Inde), 18.
Delanoue, 167.
Delaunay, 167.
Delaware (Amérique du Nord), 114.
Delgado, 166,
Delphes (Grèce), 163.
Déluge (traditions relatives au). 29.
Delos (Archipel). 171.
Dendrites, 90, 117.
Denise. commune du Puy (Haute-Loire), **107,** 140, 293.
Dents d'éléphants, 108. Voir *Éléphant. Mammouth.*
Dents de loup, 242.
Dents perforées, **156, 186, 206, 212, 216, 219, 223. 235,** 249, 250, 254.
Dentelures (lames de silex à), 248, 295.
Dépôt erratique du nord, 30.
Dépôts erratiques, 32.
Derbyshire (Angleterre), 176.
Desnoyers, 13, 167.
Desor, 165.
Des Ormeaux, 234.
Deux-Sèvres. Voir *Niort.*
Dévanagaris (caractères), 128.
Dicrocerus elegans, 106.
Diluvium, 15, 29, 37.
Disques ou palets, **119, 122, 125, 126. 146. 148,** 179, 181, 182, 217, 219, 221.
Doigts (représentation des), 227, 240.
Dolérite, 262.
Dolichocéphalie, 129.
Dolichoprosopie, 126.
Dolmens troués, 18, 291.
Domenech, 171.
Domestication des animaux, 68. Voir *Animaux domestiques.*
Domestication du cheval, 203.
Domestication du renne, 61.
Donjon du château, 4.
Dordogne. Voir *Badegols. Balutie, Bergerac, Chancelade. Corgnac. Cro-Magnon, Cros, Enfer, Excideuil, Eyzies, Fourtonie, Gorge*

d'Enfer, Lacombe, Laugerie, Madelaine. Montignac, Moustier, Pageyral. Pouzet, Raymonden, St-Antoine, St-Cyprien, St-Léon. Tayac, Tuillière, Tursac.
Douris (les), commune de Leugny (Vienne). **196.**
Doubs. Voir *Gondenans.*
Dranse (rivière), 292.
Driopithèque, 97.
Drôme. Voir *Charmes. Valence.*
Drucat (Somme), 121.
Dubreuil, 166.
Ducrost, 167, 197.
Dudeffand (Mme), 8.
Dugdale, 79.
Du Moncel, 9.
Dümmer (lac, Hanovre). 56.
Dupont, 81, 141, 150, 152, 153, 158. 160, 165, 209.
Durée des temps quaternaires, 71.
Durfort (Gard), 41, 292.
Dürnten (Suisse). 34, 74.
Duruthy, commune de Sordes (Landes), 175, 274.
Duruy (V.), **187.**
Düssel. rivière, 136.
Düsseldorf (Prusse Rhénane). 135, 136.
Éboulements, 151.
Éboulis, 268.
Ecker, 177.
École de cavalerie à Saint-Germain, 9.
Écosse. Voir *Angleterre.*
Écrasoirs en silex, 220.
Édouard, roi d'Angleterre, 3.
Eguisheim (Alsace), 132. **140.**
Égypte, 69, 75, 87, 106, 114.
Einhornshœhle, dans le Harz. 164.
Élan, 52.
Elasmodontes, 108.
Elberferld (Wurtemberg), 136.
Elephas antiquus, **41, 109. 110, 126;** dents d'—, 109.
Elephas intermedius, 41, 182. **292.**
Elephas meridionalis, 41, 109, 292.
Elephas primigenius, **41,** 109, 215. Voir *Mammouth.*
Elephas primigenius (dent d'), 109.
Emmanchement, emmanchure (question de l'), **90, 117,** 205. 262.
Empreintes de pas, 98.
Encoches sur os ou silex, 125, **218, 219, 254,** 258, 262, 295.
Enfants (les), commune de Soyons (Ardèche), 183.
Enfer (gorge ou grotte d'), commune de Tayac (Dordogne), 194, 195.
Engel, **133.**
Engelhard, 279.
Engestroem, 80.
Engihoul (Belgique), 132, 188.
Engis (Belgique), 132, **144,** 188.
Entrains (Nièvre), 19, 20.
Éocène, 29.
Epiphyses, 153.

Epingles en os, 243.
Époque des cavernes, 149. Voir *Cavernes*.
Équidés, 68, 236, 240. Voir *Ane*, *Cheval*.
Équidés quaternaires, 225.
Equihen (Pas-de-Calais), 116.
Érable (trou de l', Belgique), 150.
Ératosthène, 27.
Ermitage (l'), commune de Lussac (Vienne),
　244.
Erosion, 35, 149.
Erratique (terrain), 291.
Esneh (Égypte), 106.
Espagne, 114, 165. Voir *Altamira*, *Baléares*.
　Forbes Quarry, *Gibraltar*, *Manzanarès*.
　San Isidro.
Espalungue. Voir *Lourdes*.
Esper, 164.
Esquillement de percussion, 89.
Esquimaux, 86, 153, 154, 156, 157, 160, 163,
　170, 171, 183, 189, 203, 293.
Étampes (Seine-et-Oise), 53.
Éthiopie (Afrique), 88, 161, 162.
Éthiopiens, 87.
Étonnement des silex au feu, 104.
Eure. Voir *Cahaigne*, *Marcilly*.
Eure-et-Loir. Voir *Crécy-Couvé*, *St-Prest*.
Europe à l'époque glaciaire, 31.
Europe miocène, 30.
Extension des glaciers, 30 et suivantes.
Evans, 15, 82.
Excentricité de l'orbite terrestre, 38.
Excideuil ou Exideuil (grotte d', Dordogne),
　218, 219, 254, 257.
Eyzies (les), commune de Tayac (Dordogne),
　175, 186, 192, 194, 195, 250, 263.
Fallope, 27.
Falconer, 15, 165, 166, 167.
Falsan, 291.
Faluns de Thenay, 101.
Fard (mortiers à broyer le), 156.
Faune quaternaire, 40 et suiv.
Faussaire de Thayngen, 177, 216.
Faussaires de haches en silex, 50.
Favre, 165.
Fées, 164.
Fées (les), commune de Châtelperron (Allier),
　174, 194.
Fées (les), commune d'Arcy-sur-Cure (Yonne),
　176.
Feldhofen (Wurtemberg), 137.
Félidés quaternaires, 48, 65.
Felis spelaea, 47, 182, 188, 215, 250 (gravure).
Femme au renne (gravure dite la), 237.
Fer oligiste, 156, 259.
Féroé (Iles), 31.
Ferry (H. de), 146, 167, 197.
Fétiches, 93.
Fétichisme, 158.
Fichure, 231.
Fil à coudre, 156, 228.
Filhol, 106, 167.
Finistère. Voir *Roch'Toul*.
Finnois, 146, 161.
Finno-Lapons, 129.

Flèches, 157, 259.
Flèches à ailerons, 202.
Flèches barbelées, 157, 188, 248.
Flore quaternaire, 40.
Fonds de huttes, 207.
Fontaine-Sauve, commune de Vic de Chasse-
　nay (Côte-d'Or), 126.
Forbes Quarry (Espagne), 140.
Forest-bed de Cromer, 41, 110.
Fortis, 293.
Fouine, 231.
Fouisseurs (animaux), 168.
Fossés du château, 4.
Fossiles, 27.
Fouquet, 167.
Fourtonie (la), commune de Bergerac (Dor-
　dogne), 263.
Fouvent (Haute-Saône), 166.
Foyers, 152, 153, 207, 221, 230, 261.
Fraas, 165, 172, 177.
Fracastor, 27.
Fraipont, 150.
François Ier, 4, 20.
Frere (J.), 81, 264.
Frise (Hollande), 133.
Frontal (Trou du, Belgique), 135, 144, 115, 153,
　211.
Frossard, 166.
Fuégiens, 155.
Fuhlrott, 137, 165.
Fumerault, commune de Saint-Aubin (Yonne),
　125.
Furfooz (Belgique), 132, 144, 154, 188, 214.
Furfooz (crâne de), 145.
Furninha (Portugal), 114.
Fustel de Coulanges, 261.
Gafsa (Tunisie), 95.
Gailenreuth (Franconie), 164.
Galatie (Asie Mineure), 163.
Galeries pour l'exploitation du silex, 85.
Galets ovoïdes avec traces de peintures, 294.
Gallien (l'empereur), 262.
Gantelets de fourrure, 228.
Gard (cavernes du), 81.
Gard. Voir *Camisards*, *Durfort*, *Mialet*, *Pon-
　dres*, *Pont du Gard*, *Remoulins*, *Salpêtrière*,
　Souvignargues, *Tavel*, *Uzès*.
Gargas (Vaucluse), 47, 48, 264.
Garonne (rivière), 147.
Garonne (Haute-). Voir *Aurignac*, *Gourdan*,
　Marsoulas.
Garrigou, 106, 167, 275.
Gastaldi, 165.
Gaston Phébus, 59.
Gaudry, 121.
Gaule avant les métaux, 26.
Gavechon. Voir *Caves de Gavechon*.
Géants, 27.
Gédrosie (Béloutchistan), 162.
Gel, 146.
Genay (Côte-d'Or), 265.
Genèse, 71, 77.
Gentilly (Seine), 124.
Géode, 183, 220.

Gera (Wurtemberg), 165.
Germanie, 162.
Germoles (Saône-et-Loire), 159.
Gers (département du), 127. Voir *Sansan*.
Gervais, 167.
Geschiebelehm en Allemagne, 32.
Gessner, 27.
Gibraltar (Espagne), 140, 165.
Gironde. Voir *Grotte des Fées*, *Jolias*, *Larison*, *Léognan*, *Marchamps*, *Sainte-Foy*.
Glaciaire (époque), 29, **30** et suiv. 291.
Glaciers (recul des), 35, 36.
Glacier du Rhône, 32.
Glacier septentrional, 31.
Glarus (Suisse), 66.
Glouton, 55, **67**, 215, 257.
Glycéra, 131.
Goguet, 80.
Goincourt (Oise), 123.
Gojam (Afrique), 162.
Gorille, 135, 143, **149**.
Goldfuss, 164.
Gondenans (Doubs), 166.
Gongora y Martinez, 166.
Gorge d'Enfer (cⁿᵉ de Tayac, Dordogne), 172, 175, **217**.
Gorille, 191.
Gosse, 124, 165.
Gougons (les), commune de Leugny (Vienne), 196.
Gourdan-Montrejeau (Haute-Garonne), 53, 66, 150, 155, 175, 186, 188, **191**, 192, 232, 261, 274, 293, 294.
Gower (Angleterre), 165.
Goyet (Belgique), 140, 176, 232, **261**, 293.
Grad, 167.
Grand bœuf. Voir *Bos primigenius*.
Grand Bruneval, commune de Warluy (Oise), 123.
Grand cerf d'Irlande, **51**, 181, 183, 246. Voir *Megaceros*.
Grand ours, 182, 262, 263. Voir *Ursus spelaeus*.
Grand Pressigny (Indre-et-Loire), 127.
Grand tigre, 202. Voir *Felis spelaea*.
Granit, 250, 262.
Grattoirs, 113, 148, 194, 199, 201, 202, 205, 212, 217, 218, 219, 221, 222, 229, 231, 241, 244, 245, 246, 247, 250, 257, 262, 293.
Grattoirs circulaires, 247, 254.
Grattoirs discoïdes, 125.
Grattoirs doubles, 218, 221, 222, 242, 245, 246, 248, 250, 251, 254.
Grattoirs-perçoirs, 242.
Gravure sur bois de renne, 173 et suiv.
Grèce, 114. Voir *Archipel*, *Athènes*, *Delphes*, *Mégalopolis*, *Pikermi*.
Grenelle dans Paris (Seine), 107, 132, 145, 188.
Grès, 229, 246, 257, 258.
Grès à polir, 243.
Grès lustré, 85, 109, 147.
Grès quartzeux, 183.
Griffons, 45.
Grimaldi, cⁿᵉ de Vintimille (Italie), 257.
Groenland, 30, 34.

Grotte des Fées, commune de Marchamps ou Marcamps (Gironde), 175.
Grotte des Morts, commune de Brive (Corrèze), 246.
Grottes, 150. Voir *Cavernes*.
Grottes sépulcrales, **153**.
Grouin, 226.
Grues, 162.
Gruissan (Aude), 174.
Guanches, 132, 189.
Guillain (Guillaume), 4.
Guillabert, 167.
Gulfstream, 39.
Haches à talon, 115. Voir *Talon*.
Haches amygdaloïdes, acheuléennes ou chelléennes, 92, 111, 113, **114**, 115, 116, 117, 120, 121, 122, 123, 124, 126, 146, 147, 148, 180, 184, 209, 221.
Hache (culte de la), 93.
Hache polie (origine de la), 256.
Haches fendillées, 116.
Haches torses, 117. Voir *Torses*.
Hadji Mimoun (Maroc), 170.
Hainaut (Belgique), 104, 138, 159.
Halithérium, 99, 106.
Hamard (l'abbé), 268.
Hameçons, 192, 222, 242, 248.
Hamster, 215.
Hamy, 131, 132, 188, 293.
Hanovre. Voir *Duemmer*.
Hargicourt (Aisne), **115**, 120.
Harlé, 166.
Harnachement, 234.
Harpons, 56, 176, 192, 215, 230, 235, 240, 243, 251, 293. Voir *Harpons barbelés*.
Harpons à rainures, 56.
Harpons barbelés, **157**, 214, 219, 231, 246, 249, 252, 293.
Harz (Allemagne), 164.
Hassus, 80.
Hastière (Belgique), 261.
Heim, 165, 215.
Helwing, 79.
Henri II, 5.
Henri IV, 5.
Henriette d'Angleterre, 7.
Hérault. Voir *Lunel-Viel*, *Pontil*.
Héraudières (les), commune de Leugny (Vienne), 127.
Hercynienne (forêt), 57.
Hérisson, 67.
Herm (l', Ariège), 47, 182, 192.
Hérodote, 65.
Hesdigneul (Pas-de-Calais), 115.
Hiatus (question de l'), 148, **267**, 273, 278.
Hipparion, 204.
Hippopotame, 123, 241.
Hippopotamus major, 46.
Historique du château de Saint-Germain, 2-10.
Hoffmann, 165.
Hohlefels (Wurtemberg), 59, 64, 165.
Hohlestein (Wurtemberg), 165.
Hollande. Voir *Leyde*, *Smeermass*.

Homme représenté par l'art quaternaire, 237, 239, 240.
Homme (tête d'), 239.
Homme écrasé de Laugerie. 194.
Homme-Mort, commune de Saint-Pierre (Lozère), 188.
Homme tertiaire (question de l'), 96.
Homo diluvii testis, 81.
Hongrie, 164. Voir *Autriche-Hongrie, Nagy-Sap*.
Hooke, 27.
Horaire du Musée. 1.
Horner, 75.
Hottentots (Afrique), 92, 162, 205.
Hottentotes. 133.
Hoxne (Angleterre), 82, 204.
Huttes, 84.
Huxley, 131, 139, 144.
Hyaena crocuta, 48.
Hyaena spelaea, 48.
Hycsos, 69.
Hyène des cavernes, 48. Voir *le précédent*.
Hyènes, 48, 152, 170, 181, 183, 236. 257, 262. 263.
Iakoutsk (Sibérie), 31.
Ibex, 66, 194.
Icebergs. 31.
Ichthyophages, 162.
Idées religieuses, 268.
Iénisséi (rivière), 43.
Ihering, 132.
Ille-et-Vilaine. Voir *Mont-Dol*.
Imola (Italie), 111, 114.
Incisive de cervidé, 192.
Incrustations, 90, 117.
Inde, 100, 164. Voir *Dekhan*.
Indice céphalique, 129.
Indigirka (rivière), 43.
Indre-et-Loire. Voir *Barrou, Bossay, Boussay, Grand-Pressigny, Preuilly*.
Infiltration, 151.
Influences atmosphériques, 87.
Intaranum. 20. Voir *Entrains*.
Interglaciaire, 111, 112.
Interglaciaire (homme), 37.
Interglaciaires (périodes). 34.
Irlande, 51, 165, 186.
Isabeau de Bavière, 3.
Isère. Voir *Bethnas, Crémieu*.
Isola del Liri (Italie), 189.
Issel. 165, 258.
Italie, 165. Voir *Arene Candide, Arezzo, Baoussé Roussé, Breonio, Brescia, Cantalupo, Caprée, Castenedolo, Grimaldi, Imola, Isola del Liri, Latium, Monte Aperto, Monte Catini, Olmo, Piémont, Pieve di Sta-Luce, Poggiorone, San Giovanni, San Ruffino, San Valentino, Sardaigne, Savoie, Sicile, Sienne, Stradella. Venafro, Vintimille*.
Ivoire. 241. Voir *Morse*.
Ivoire fossile. 42, 44.
Jacques II, 8.
Jadéite, 257.

Jaeger, 165.
Jahrbücher des Vereins von Alterthumsfreunden im Rheinlande, 288.
Jais (statuette en), 174.
Jaspe et silex jaspoïde, 85, 147, 179, 184, 195, 211, 212, 218, 219, 244, 245, 247, 254, 257, 262.
Jaspe moucheté, 247.
Javelots, 157.
Jayet, 156, 256, 257.
Jeanjean, 166, 167.
Jean le Bon, 3.
Jolias, commune de Marchamps (Gironde), 175.
Joly, 81.
Joly-Leterme, 178.
Jones (Thomas-Rupert), 17.
Joos, 165.
Jouannait, 167.
Jourdan, 132.
Julien, 124.
Jura. Voir *Baumes*.
Jussieu, 80.
Justice (la), commune de Presle (Oise), 123.
Jutland (Danemark), 133.
Kabyles, 132, 189.
Kélabié (Djebel), en Égypte, 106.
Kent's-hole (Torquay), en Angleterre, 48. 76, 164.
Kesslerloch, 215. Voir *Thayngen*.
Kirkdale (Angleterre), 164.
Kjökkenmœddings (Danemark), 84, 186, 203, 258, 279.
Kollmann, 131.
Krasnojarsk (Sibérie), 44.
Lacombe, commune de Tayac (Dordogne), 245.
Lacune dans nos connaissances, 277.
Lacustres (stations). 223.
Lafaye, commune de Bruniquel (Tarn-et-Garonne), 248, 249, 252, 265.
Lafitau, 80.
Lafollye, 10.
Lagomys, 67.
Lagopède, 67.
Lahr (Bade), 80.
Lalande, 167.
Lames, 179, 229, 242, 245.
Lames dentelées, 248.
Landes (département des), 126, 147. Voir *Arzet, Benarruc, Benesse, Brassempouy, Chalosse, Dax, Duruthy, Paloumet, Pouillon, Saint-Pandelon, Saugnac, Saussaye, Seyresse, Sordes, Tercis*.
Landesque (l'abbé), 237.
Langage, 142.
Langeois (Jehan), 4.
Langer, 133.
Langues de chat, 93.
Lanvallay (Côtes-du-Nord), 147.
Laon (Aisne), 100.
Lapins, 181, 241.
Lapins (brèches d'os de), 294.
Laponie, 234.
Laponoïdes, 145.
Lapons, 62, 146, 160, 223.
La Pereyre, 97.

Larnay, commune de Biard (Vienne), 148.
Lartet (E.), 13, 15, **16**, 71, 81, 94, 152, 154, 209, 218, 262.
Lartet (Louis), 167, 187, 274.
Larzac (plateau de), dans l'Aveyron, 140, 174.
Lastic, 167, 252, 294.
Latium (Italie), 162.
Laugerie-Basse, commune de Tayac (Dordogne), 49, 154, 172, 175, 177, 186, 188, 191, **193**, 218, 232, 235, 236, 237, 238, 240, 241, 245, 257, 261, 264, 274, 295.
Laugerie-Haute, commune de Tayac (Dordogne), 208, 209, **221**, 277.
Laussedat, 106.
Lavison, commune de Saint-Macaire (Gironde), 166.
Leguay, 88, 173.
Leibnitz, 164.
Léman (terrasses du lac), 74.
Lemming, 55, 67.
Lémurie, 37.
Léna (rivière), 43.
Léognan (Gironde), 99.
Léonard de Vinci, 27.
Lepic, 27, 167.
Lepsius, 87.
Lesse (rivière), 141, 145, 159.
Leugny (Vienne), 127, 148, 196.
Levallois (Seine), 92, 123, **124**.
Levallois (type de), 182, 184.
Leyde (Hollande), 81.
Lézard, 225.
Lherm (Ariège) ou l'Herm, 47, 182, 192.
Liakhov (Iles), 42.
Liane (rivière), 140.
Libye (Afrique), 87.
Lichen du renne, 55.
Licorne fossile, 164.
Liebe, 165.
Lierre (Belgique), 44.
Lièvre, 241.
Lièvre alpin, 215.
Lièvre blanc, 67.
Lignite, 216.
Limon argileux des cavernes, 151.
Limonite, 229, 250.
Lindenschmit, 80, 177, 217.
Lion, 48, 64. Voir *Felis spelaea*.
Lions en Péonie, 65.
Lissoirs, 186, 191, 192, 215, 218, 229, 230, 235, 243, 246, 248, 258, 295.
Littorines, 186.
Livonie (Russie), 56.
Livres de beurre, 93.
Loczy, 165.
Loire. Voir *Perreux*.
Loire (Haute). Voir *Denise, Puy*.
Loiret. Voir *Neuville*.
Loir-et-Cher. Voir *Monrotière, Pontlevoy, Saint-Jean, Sargé, Thenay, Vendôme*.
Lombardini, 32, 291.
Longpérier (A. de), 13.
Longuemar, 167, 262.
Lorthet (Hautes-Pyrénées), 175.

Lot. Voir *Bouziès, Brengues, Cambous, Conduché, Murceint, Reilhac, Roussignol, Rueyres*.
Louis VII, 2.
Louis XI, 3.
Louis XIII, 6.
Louis XIV, 7.
Louis XVI, 262.
Louis XVIII, 9.
Louis le Gros, 2.
Loup, 188, 202, 215, 223, 263.
Lourdes (Hautes-Pyrénées), 175, 244.
Loutre gravée, 238.
Loxodontes, 108.
Lozère. Voir *Chèvre, Homme Mort, Nabrigas*.
Lubac, 167.
Lubbock, 15, 84, 160.
Lucrèce, 78.
Lund (Suède), 49.
Lun el-Viel (Hérault), 166.
Lussac-les-Châteaux (Vienne), 184, 244.
Lustre, 90.
Lusus naturae, 27.
Lyell, 15, 29, 38, 82.
Lynx, 215.
Lyttelton, 79.
Mac Enery, 164.
Machaerodus latidens, 48.
Machlis, 52.
Mâchoire de la Naulette, 142.
Mâchoire de Moulin Quignon, 15, 143.
Machoire de Solutré, 146.
Mackenzie (rivière), 233.
Mâconnais, 89.
Mac-Pherson, 166.
Madelaine (la), commune de Tursac (Dordogne), 44, 175, 176, 188, 209, 229, **231**, 232, 244, 245, 261, 264.
Magdalénien, 94, 231.
Magma, 199, 221.
Mahudel, 79.
Maillard, 167.
Maine-et-Loire. Voir *Chazé, Pouancé*.
Mains (représentation des), 172, 227, 228.
Maître (Abel), 13.
Malarnau, commune de Monseron (Ariège), 142.
Malemort (Corrèze), 169.
Malte, 165.
Mammouth, **41**, 107, 108, 110, 116, 119, 121, 158, 176, 180, 182, 183, 188, 194, 201, 202, 221, 228, 242, 243, 249, 263.
Mammouth (cubitus de), 158.
Mammouths gravés ou sculptés, 44, 228, 242, 249.
Manches de poignard de Bruniquel, 248, 249.
Manéthon, 71.
Manganèse, 221.
Manouvrier, 190.
Mansart, 8.
Manzanarès (rivière), 114.
Marbod, 292.
Marchamps (Gironde), 175, 232.
Marchand (Guillaume), 5.

Marche de Brandebourg (Prusse). 56.
Marcilly-sur-Eure (Eure), 135, 140, **141.**
Margot, commune de Thorigné (Mayenne), 175.
Marie d'Este, 8.
Marigny-Brisay (Vienne), 127, 195.
Marmotte, 56, 67, 215.
Marne (Haute-), Voir *Bourbonne-les-Bains,
    Corlée.*
Maroc (Afrique), 163, 170.
Marques de propriété, 219.
Marques de chasse, **218**, 224, 262.
Marques de comptabilité, 222.
Marsoulas (Haute-Garonne), 64, 175.
Martin (L.), 167.
Mas d'Azil (Ariège), 174, 294.
Masovie (Pologne), 50.
Massat Inférieure, commune de Biert (Ariège),
    174, **242.** 274.
Massénat, 166, 169.
Mastication. 133.
Mastodonte. 44. 99, 108, 158.
Matériaux pour l'histoire de l'homme, 283.
Mauduits (Les), près de Mantes (Seine-et-Oise).
    18.
Mauritanie (Afrique), 161.
Maury (A.), 13, 153.
Mautort, commune d'Abbeville (Somme), 117,
    119, 121, 122.
Mayenne, voir *Thorigné, Margot, Thorigné.*
Mazard, 14.
Mecklembourg (Allemagne), 56.
Megaceros, **51** 125, 194, 263, 266.
Mégalodon, 107.
Mégalopolis (Grèce), 114.
Meillet, 127, 128, 171.
Mélanésiens, 157.
Mélange des faunes, 33, 291.
Mémoires des Antiquaires du Rhin, 289.
Menchecourt, commune d'Abbeville (Somme),
    111, **112,** 113, 116, 117, 118, 121, 122, 266.
Ménieux, cⁿᵉ d'Edon (Charente), 182.
Menton (Alpes-Maritimes), 126, 142, 153. 233,
    254, **256,** 257, 261.
Menton (hommes fossiles de), 258.
Mercati, 78, 292.
Mère-Grand, commune de Rully (Saône-et-
    Loire), 243.
Mérimée, 178, 214.
Merk, 165, 177, 215.
Mesvin (Belgique), 95, 159, 295.
Mexicains, 86.
Mexique, 44.
Mialet (Gard), 166.
Migrations annuelles, 291.
Migrations périodiques, 33.
Milieux (action des), 133.
Millet (Eugène), 8, 10.
Milne Edwards, 166, 167.
Mincopies, 104.
Miocène (époque), 29.
Moelle, 152, **153,** 183, 212, 229, 241, 243, 246,
    248, 262.
Molette à triturer, 229.
Molignée (rivière), 159.

Monhouttous (Afrique), 233.
Mongoloïdes, 130, 131, 145.
Monnaies (coquilles employées comme), 186.
Monnaies recueillies dans les cavernes, 162.
Monrotière (la) (Loir-et-Cher), 126, 196.
Mons (Belgique). 295.
Monseron (Ariège), 142.
Montaigle (Belgique), 261.
Montaigu (Aisne), 100.
Montastruc, commune de Bruniquel (Tarn-et-
    Garonne), 248, 252, 253.
Montauban (Tarn-et-Garonne), 252.
Montclar (Tarn-et-Garonne), 252.
Mont-Dol (Ille-et-Vilaine), 95.
Monte Aperto (Italie), 99, 106.
Monte Catini (Italie), 106.
Montfaucon, 292,
Montgaudier, commune de Vouthon (Charente),
    46, 174, 226, 232, 265, **266,** 294.
Montguillain, commune de Goincourt (Oise
    123.
Montières. à Amiens (Somme), 116, 182.
Montignac (Dordogne), 264.
Montmartre (Seine), 123, 124.
Montréjeau (Haute-Garonne), 150. Voir *Gour-
    dan.*
Montreuil (Seine), 126.
Mont-Ventoux (Vaucluse), 263.
Moraines, 32, 34.
Moret (Seine-et-Marne), 33, 40.
Morse (ivoire de), 44, 160.
Morts (les), commune de Brive (Corrèze), 264.
Mortiers, 100, 156, **229,** 250.
Mortillet (G. de), 14, 84. 94, 155, 187, 254, 256,
    258, 260, 276.
Moselweiss (Prusse Rhénane), 64.
Moulin Quignon, commune d'Abbeville (Som-
    me), 15, 117, 121, 122, 135, 140, **142.**
Mourlon, 295.
Mousses arctiques, 35, 40.
Moustérien, 94.
Moustier (caverne du), commune de Peyzac.
    (Dordogne), 107. 113, 114, 115, 116, 120, 123,
    126, 148, 159, 160, 179, 180. **181,** 183. 194.
    196, 209, 218, 244, 245, 254, 261, 264, 265.
Mouton (trou du), commune de Soyons (Ardè-
    che), 183.
Mulot, 67.
Murailles de chevaux, 199.
Murceint, commune de Cras (Lot), 247.
Musée gallo-romain, 10.
Nabrigas, commune de Meyrueis (Lozère),
    81, 157, 166.
Nadaillac, 155, 276.
Nagy-Sap (Hongrie), 145.
Namur (Belgique), 176.
Napoléon Iᵉʳ, 9.
Napoléon III, 16, 20.
Nassa neritea, 254, 259.
Nassé-Leugny (Vienne), 194, 195.
Naulette (la, Belgique), 132, 135, 140, **141.**
Néanderthal (Wurtemberg), 131, 132, 135, 136,
    137, 138, 139, 293.
Néanderthal (crâne du), 137.

Négroïde (type), 131.
Nehring, 165.
Néolithique (période), 84, 268.
Néron, cne de Soyons (Ardèche). 183, 263.
Neufchatel (Lac de, Suisse), 74.
Neuilly (Seine), 124.
Neuville (Loiret), 99.
Nevada (Amérique du Nord), 98.
New-Jersey (Amérique du Nord), 114.
Nieuwerkerke, 12.
Nièvre (Dép. de la), 148. Voir *Chevigny, En-
    trains, Sauvigny*.
Nil (dépôts du), 75.
Niort (Deux-Sèvres), 147.
Noulet, 167.
Nouvelle-Guinée (Océanie). 170.
Nouvelle-Hollande (Océanie). 131.
Nouvelle-Zélande (Océanie), 33.
Nubie (Afrique), 162.
Nuclei, 86, 105, 122, 124, 125, 181, 184, 202,
    211, 217, 219, 222, 229, 242, 245, 246, 247,
    250, 251, 262.
Nutons (le trou des, Belgique), 158, 162, 164.
Obliquité de l'écliptique, 38.
Océanie. Voir *Nouvelle-Guinée. Nouvelle-
    Hollande, Nouvelle-Zélande, Polynésiens,
    Tasmanie.*
Oestrus tarandi, 55.
Oghamiques (caractères), 218.
Oise. Voir *Allonne, Beauvais, Bellehaye,
    Boury, Bracheux, Buissonnet, Compiègne,
    Goincourt, Gd Bruneval, Justice, Mont-
    guillain, Orrouy, Villers.*
Oiseaux gravés, 236, 250.
Oiseaux (os d'), 155, 188, 222.
Oligocène, 29.
Olivi, 292.
Olivier de Crémone, 27.
Ollier de Marichard, 167.
Olmo en Toscane (Italie), 132, 135, 140, 141.
Omalius d'Halloy, 150.
Oppermann, 13.
Oppert, 71.
Oracles, 163.
Oran (Algérie), 114.
Orbise (rivière), 159.
Orléans (duc d'), 9.
Ornements dans l'art de l'époque du renne,
    172.
Orrouy (Oise), 153.
Orthognathes, 130.
Os brisés, 152.
Os de dragon, 47.
Os entaillés, 105.
Os incisés, 98.
Os pénien, 258.
Ossements humains. Voir *Cannstadt, Cro-
    Magnon, Néanderthal, Olmo, etc.*
Ossowski, 165.
Oíta (Portugal), 101.
Oudry, 20.
Ours, 46, 183. 186, 188, 192, 219, 243, 247,
    257, 258, 262, 263, 266.
Ours gravés, 47, 243.

Ours brun, 215.
Ours des cavernes, 152. Voir *Ursus spelaeus*.
Ours gris, 66.
Ouse (rivière), 114.
Ousidan (Algérie), 114.
Ouzilly (Vienne), 127, 148.
Ovibos moschatus, 64, 177, 215, 216.
Ovide, 27.
Oyle (Angleterre), 165.
Oyré (Vienne), 127, 196.
Pageyral, commune de Saint-Cyprien (Dordo-
    gne), 175.
Paillottes, 84.
Palafittes, 268.
Paléolithique (période), 84.
Palestine (Asie), 18, 114, 163. Voir *Beth-Saour*.
Palets, 126, 146. Voir *Disques*.
Palikao (Algérie), 95, 114.
Paloumet (le), commune de Ayre-Luy (Lan-
    des), 126.
Paris (sablières de), 124.
Parrot (J. et Ph.), 167, 218.
Pas-de-Calais. Voir *Equihen, Hesdigneul,
    Wailly.*
Patine des silex, 90, 111, 116, 117, 119, 127,
    148.
Paviland (Angleterre), 154, 188.
Pavillons de Mansart, 8.
Pavillon Henri IV, 6.
Peaux-rouges, 154.
Peccadeau de l'Isle, 166, 167, 252.
Pêche à l'époque du renne, 155. Voir *Har-
    pons.*
Pecq (le, Seine-et-Oise), 106, 108, 115, 123, 124.
Pecten jacobeus, 200.
Penck, 38.
Pendeloques, 156, 158, 216, 219, 223, 249, 257,
    262. Voir *Coquilles, Dents.*
Pendeloques de fluorine, 156.
Penguilly d'Haridon, 13.
Penhouet (la baie de, Loire-Infre), 75.
Penka, 279.
Pentland, 46.
Péonie (Bulgarie), 64, 65.
Pépin, 162.
Perçoirs, 102, 117, 124, 149, 181, 194, 195, 205,
    217, 218, 219, 221, 222, 231, 242, 244, 247, 248,
    250, 251, 263.
Percussion, 86.
Percuteurs, 86, 125, 146, 181, 199, 202, 220,
    221, 251, 254, 257, 262, 263.
Pereyre (Isaac de la), 80.
Pérou (Amérique du Sud), 232.
Peroxyde de fer, 221, 257, 259.
Perreux (Loire), 101.
Perreux (Le, Seine), 115.
Perse (Troglodytes en), 161.
Persistance des types quaternaires, 273.
Petit Modane (Belgique), 150.
Petit Morin (rivière), 153.
Phallus (prétendu), 172, 294.
Phéniciennes (stèles), 294.
Philebeaucourt, commune de Port-le-Grand
    (Somme), 121.

Philippe-Auguste, 3.
Philippe le Bel, 3.
Philippe le Hardi, 3.
Philippe VI, 3.
Philippe (Trou, Belgique), 159.
Phlégon de Tralles, 28.
Phoques gravés, 155, 206.
Pictet, 128.
Pied du Salève, commune de Bossey (Haute-Savoie), 175, 247.
Piémont (Italie), 182.
Pierres à feu, 87.
Pierres de foudre, 78.
Pierres de foyer, 197.
Pierre éclatée (époque de la), 26.
Pierres striées, 105.
Pierres taillées paléolithiques, 85.
Pierres trouées, 18.
Piette, 158, 166, 237, 275, 294.
Pieve di Santa Luce (Italie), 106.
Pigorini, 234, 260, 293.
Pikermi (Grèce), 99.
Pilons, 100.
Pithecanthropus, 97.
Pithécoïdes, 131, 141.
Placard (le), commune de Vilhonneur (Charente), 174, 208, 211, 223, 232, 266, 277.
Plan de percussion, 87, 88.
Planchers ossifères, 153.
Plantade (la), commune de Bruniquel (Tarn-et-Garonne), 248, 249, 252, 265.
Plantes textiles, 268.
Plaques de grès, 211.
Plateaux (silex des), 84, 125.
Platon, 27.
Platycnémie, 190, 259.
Pleistocène, 29.
Pleudihen (Côtes-du-Nord), 146.
Pline l'Ancien, 27.
Pliocène, 29.
Pliocène américain, 100.
Plott, 79.
Pluies (diminutions des), 35.
Pluies diluviennes, 31, 151.
Pluviaire (époque), 32.
Pnyx à Athènes, 161.
Podbaba (Autriche), 140.
Podionomites, 210, 281.
Poganogan, 233.
Poggiorone (Italie), 99.
Poignards, 191, 193, 230, 240, 241.
Poinçons, 121, 157, 186, 191, 212, 215, 219, 236, 243, 246, 248, 254, 258, 262.
Pointes, 147, 148, 241, 242, 244, 247, 254, 257, 261, 263.
Pointes à cran, 205, 218, 257.
Pointes de flèche en bois de renne, à base fendue, 186.
Pointes de flèche, 125, 192, 195, 218, 220, 244, 254, 262.
Pointes de lance, 202, 205, 218, 225, 226, 230, 236, 245, 252.
Pointes de sagaie, 192.
Pointes en feuille de laurier, 209.

Pointes moustériennes, 182, 196, 201, 212, 219.
Pointes du type de Solutré, 205, 220.
Poison, 239.
Poissons, 155, 249. Voir *Pêche.*
Poissons gravés sur os, 193, 225, 226, 227, 236, 238, 240, 241, 266.
Poissy (Seine-et-Oise), 107, 123, 124.
Polissage, 268.
Polissoir, 244.
Pologne, 167. Voir *Bialowiczka, Masovie.*
Polynésiens, 157.
Polypiers fossiles, 116, 117, 124.
Poméranie (Prusse), 56.
Pondres, cⁿᵉ de Villevieille (Gard), 166.
Pont (Asie Mineure), 161.
Pont-de-Vaux (Ain), 182.
Pont-du-Gard, cⁿᵉ de Remoulins (Gard), 173.
Pontil, cⁿᵉ Saint-Pons (Hérault), 166.
Pontlevoy (Loir-et-Cher), 103. 125, 126, 148.
Ponzi, 165.
Porc, 183, 194, 216.
Port-Adélaïde (Australie), 139.
Port-le-Grand (Somme), 121.
Porte Mercadé, cⁿᵉ d'Abbeville (Somme), 108, 119, 121, 122.
Portugal, 114, 165. Voir *Furninha, Otta.*
Postpliocène, 29.
Pot à teinture, 156.
Poterie dans les couches quaternaires, 106, 157, 202, 206, 212, 244, 246, 274.
Pouancé (Maine-et-Loire), 99, 106, 107.
Pouillon (Landes), 147.
Pouzet, cⁿᵉ de Terrasson (Dordogne), 246.
Préadamites, 80, 97.
Précession des équinoxes, 38.
Précurseur pithécoïde de l'homme (roman du), 131, 132.
Predmost (Moravie), 140.
Presles (Seine-et-Oise), 18.
Pressigny (scie dite de), 295. Voir *Grand-Pressigny.*
Pression, 86.
Prestwich, 15, 72, 82.
Preuilly (Indre-et-Loire), 196.
Prévost, 152, 165, 167.
Prognathisme, 130, 142.
Prométhée, 161.
Propreté, 156.
Provinces archéologiques de la pierre polie, 280.
Provinces troglodytiques, 281.
Pruner-Bey, 129, 130, 131, 146.
Prunières, 167, 278.
Prusse. Voir *Allemagne.*
Pseudotaille, 88, 99, 102, 107.
Puy (le, Hte-Loire), 107.
Puy Courny (Cantal), 100.
Puy-de-Dôme. Voir *Blanzat.*
Puy de Lacan, cⁿᵉ de Malemort (Corrèze), 194, 195, 246, 264.
Puy Jarige, cⁿᵉ de Brive (Corrèze), 244.
Pygmées, 162.
Pyrénées, 32, 59, 146.
Pyrénées (Basses-). Voir *Arudi, Rébenac, Saint-Pierre.*

Pyrénées (Hautes-). Voir *Aurensan, Bagnères. Lorthet, Lourdes.*
Pyrénées-Orientales. Voir *Villefranche.*
Pyrite, 156, 250.
Pythagore, 27.
Quartz, 85, 146. 147, 181, 182, 202.
Quartz hyalin, 241, 263. Voir *Cristal de roche.*
Quartz laiteux, 184.
Quartzites, 85, 146, 147.
Quaternaire (climat), 30.
Quaternaire (époque).28.
Quatrefages, 15, 131, 132. 133. 188, 278.
Quina, c^ne de Gardes (Charente), 182.
Race (idée de la), **136.**
Races (formation des caractères de), 133.
Races fossiles, 132.
Racloir-scie, 183.
Racloir dit concave, 111.
Racloirs, 111, 116, 117, 119, 123, 124. 125, 126, 146, 148, 149, 179, 181, 182. 184, 201. 205. 218, 220, 221, 245, 250, 254, 257, 261, 263.
Ragazzoni, 98.
Rames, 100, 167.
Raymonden, c^ne de Chancelade (Dordogne). 44, 64, 175, 188. 232.
Rébenac (Basses-Pyrénées), 247.
Reboux, 124.
Redresseur de flèches, 233.
Reffye, 13.
Refroidissement polaire, 38.
Régime des eaux, 159. Voir *Pluies.*
Regnaud de Saint-Angely, 9.
Regnoli, 165.
Reilhac (Lot), 175, 292. 293. 294, 295.
Reliquiæ Aquitanicæ, 167.
Remoulins (Gard), 175.
Renaix (Belgique), 104.
Renard, 183, 202. 215, 223, 224.
Renard bleu, 55.
Renard polaire. 215.
Renard (Trou du), c^ne de Soyons (Ardèche), 183.
Renne. 53-62, 155, 160. 163, 177, 180, 181, 183, 186, 188. 191, 192, 193, 194, 199, 200, 201, 202, 204. 213, 214, 215, 216. 218, 220, 222, 223, 224, 225, 226, 227, 228, 229, 230, 235, 236, 237. 238. 239, 241, 242, 244, 245, 246, 247, 248, 249, 250, 252, 263, 267, 268, 276. 294.
Rennes gravés ou sculptés, 177, 192, 213, 216. 220, 221, 224, 225, 226, 227, 236, 237, 240, 242, 248. 249.
Renou, 166.
Repaires, 152, 154.
Reptiles, 236.
Requin gravé, 236.
Résines, 92.
Ressaulier, c^ne de Brive (Corrèze), 126, 264.
Restauration d'une œuvre d'art, 250.
Rétention dentaire, 140.
Retouches du silex, 86.
Retz (maréchal de), 5.
Retzius, 129, 130, 131.
Revue archéologique, 286.
Revue d'anthropologie, 284.

Revue d'ethnographie, 286.
Rhenones, 58.
Rhinocéros, 45, 99, 108, 109, 183, 215, 257, 262, 263.
Rhinoceros etruscus, 45.
Rhinoceros leptorhinus, 45.
Rhinoceros Merckii, 45, 123.
Rhinoceros pleuroceros, 106.
Rhinoceros tichorhinus, 45, 121, 182.
Rhône. Voir *Choulans.*
Rhône (delta du), 75.
Rhône (limon du), 74.
Ribeiro, 101.
Rigollot (D^r), 15, 82, 116, 121.
Rivière, 165, 167, 256, 260.
Robert Ier, 2.
Robert (E.), 15.
Rochebertier, c^ne de Vilhonneur (Charente), 174, 266.
Rochebrune, 167.
Roches moutonnées, 291.
Roch'Toul, c^ne de Guiclan (Finistère), 244.
Rodmarton (Angleterre), 18.
Rognons de silex, 85.
Roland (Trou), c^ne de Soyons (Ardèche), 183.
Rondelles, 242, 262.
Rondelles en os, 216.
Rondelles prétendues mystiques, 158.
Rosa, 165.
Rosaces, 225.
Rosen (Ile de), 56.
Rosenmüller, 164.
Rossignol, 13.
Roujou, 124.
Roussignol, c^ne de Reilhac (Lot), 175.
Royer (Clémence), 273.
Rueyres (Lot), 175.
Rütimeyer, 165.
Russie, 163. Voir *Pologne, Sibérie.*
Sable aigre, 112.
Sable gras, 112.
Sagaies, 212.
Saïga, **66**, 202, 240.
Saint-Acheul, c^ne d'Amiens (Somme), 41, 91, 92, 93, 94, 111, **112**, 113, 116, 117, 118, 119, 120, 123, 126, 127, **179**, 209, 265, 266.
Saint-Antoine d'Auberoche (Dordogne), 184.
Saint-Aubin Châteauneuf (Yonne), 125.
Saint-Côme, c^ne de Genay (Côte-d'Or), 265.
Saint-Cyprien (Dordogne), 175.
Sainte-Foy (Gironde), 105.
Saint-Germain en Laye. Voir *Château.*
Saint-Gilles (Somme), 121, 122.
Saint-Hélen (Côtes-du-Nord), 146.
Saint-Jean-Froidmantel (Loir-et-Cher), 127.
Saint-Léon (Dordogne), 264.
Saint-Louis (le Roi), 3.
Saint-Mansuy (l'évêque), 138.
Saint-Mards-en-Othe (Aube), 184.
Saint-Martin d'Excideuil (Dordogne), 174. Voir *Excideuil.*
Saint-Pandelon (Landes), 147.
Saint-Pierre d'Irube (Basses-Pyrénées), 244.
Saint-Prest (Eure-et-Loir), 42, 97, 98, 101, 107.

Saint-Quay-Portrieux (Côtes-du-Nord), 183.
Saint-Remy (Vienne), 127, 196.
Saint-Riquier (Somme), 117, 121.
Saint-Roch, cⁿᵉ d'Amiens (Somme), 127.
Sakhalien (île de), 154.
Salève (Haute-Savoie), 59, 232.
Saligny (Allier), 147, **148**.
Salle de Comparaison, 12.
Salle d'étude, 12.
Salle de Mars, 12.
Salle des Comédies, 8.
Salle des Fêtes, 12.
Salpêtre, 168.
Salpêtrière, cⁿᵉ de Saint-Laurent (Gard), 191, 192.
San-Ciro (Sicile), 46.
San-Giovanni (Italie), 98.
Sanglier, 183, 186, 223, 240.
Sanguine, 216, 221, 246.
San Isidro (Espagne), 114.
San-Ruffino (Italie), 99.
Sansan (Gers), 17, 99, 103.
Sanson, 131.
Santuola, 166.
San-Valentino (Italie), 99.
Saône (rivière), 159.
Saône (berges de la), 75.
Saône-et-Loire. Voir *Chalon, Charbonnières, Germoles, Mère-Grand, Solutré, Truchère, Volgu.*
Saône (Haute). Voir *Fouvent.*
Sapin, 192.
Sardaigne, 18, 161.
Sargé (Loir-et-Cher), 126, 127.
Sartrouville (Seine-et-Oise), 124.
Saugnac (Landes), 126.
Saulcy, 15.
Saumon, 241, 266.
Saussaye, cⁿᵉ de Tercis (Landes), **147**, 217.
Sausse (rivière), **147**.
Saussure, 28, 165.
Sauvage, 167.
Sauvageot, 11.
Sauvigny-les-Bois (Nièvre), 147,**148**, 184.
Savigné (Vienne), 176.
Savoie. Voir *Aix-les-Bains. Pied du Salève.*
Savoie (Haute-). Voir *Bossey, Salève, Veyrier.*
Savone (Italie), 97.
Scandinavie, 232. Voir *Suède.*
Scarabelli, 165.
Schaaffhausen, 131, 165, 176, 178.
Schaffhouse (Suisse), 176, 215.
Schelch, 51.
Schelmengrab (Wurtemberg), 59.
Schipka (Autriche), 140.
Schiste, 250, 257.
Schlotheim, 165.
Schmerling, 15, **81**, 154, 165.
Schulzenstaebe, 235.
Schussenried (Wurtemberg), 36, 40, 155, 156.
Scies, 113, 121, 124, 125, 179, 184, 194, 195. 205, 212, 217, 218, 220, 242, 244, 246, 254, 262, 264, 295.
Scies à encoches, 182.

Sciuroptère, 242.
Sculpture sur os, **168** et suiv.
Scythes, 93.
Scythie (Russie), 161.
Seille (rivière), 182.
Seine (rivière), **32**. Voir *Paris.*
Seine (sources de la), 127.
Seine. Voir *Batignolles, Bois-Colombes, Clichy, Gentilly, Grenelle, Levallois, Montmartre, Montreuil, Neuilly, Paris, Perreux.*
Seine-et-Marne. Voir *Celle, Chelles, Moret.*
Seine-et-Oise. Voir *Conflans, Corbeil, Etampes, Mauduits, Pecq, Poissy, Presles, Sartrouville, Trye.*
Semur (Côte-d'Or), 265.
Sénèque, 27.
Sépultures de Solutré (date des), 206.
Sépultures quaternaires, 134, 153, 268.
Serlio, 4.
Serpents, 228, 266.
Serpentine, 254, 257.
Serres (Marcel de), **81**, 130.
Settle (Angleterre), 165.
Seyresse (Landes), 126.
Shandon (Irlande), 165.
Sibérie, 42, 44, 46, 47, 48, 54, 159, 182. Voir *Iakoutsk, Krasnoïarsk, Sakhalien.*
Sicile (île de), 46, 165.
Sienne (Italie), 98.
Sifflets, 206, 216, **220**, 235, 249, 258, 295.
Silex, **85**, 146 et *passim.*
Silex brûlés, 100.
Silex calcédonieux, 195.
Silex (commerce du), 154. Voir *Commerce.*
Silex dans les tombes, 88.
Silex des plateaux, 125.
Silex opalin, 183.
Silex zoomorphes, 16.
Smeermass (Hollande), 188.
Solutré (Saône-et-Loire), 54, 69, 93, 126, 134, 135, 145, 172, 185, 188, 191, 194, 195, **196**, 217, 220, 221, 222, 252, 261, 264, 265, 281.
Solutré (crânes de), 208.
Solutré (faune de), 201.
Solutré (pointes de), 205.
Solutré (sépultures de), 199.
Solutré (silex de), 204.
Solutré (stratigraphie de), 201.
Solutréens (types), 94, 208, 217.
Somme (rivière), **32**.
Somme. Voir *Abbeville, Amiens, Boves, Drucat, Mautort, Menchecourt, Montières, Moulin-Quignon, Philebeaucourt, Port-le-Grand, Porte Mercadé, St-Acheul, St-Gilles, St-Riquier, St-Roch, Thennes, Thuison.*
Sommières (Vienne), 147.
Sordes (Landes), 147, 153, 175, 188, 274.
Souffle vital (idée populaire sur le), 19.
Soulèvement (procédé à), 87.
Soulèvement des montagnes, 32.
Sous-Champs, cⁿᵉ de Brive (Corrèze), 264.
Southall, 54.
South-Platte (rivière), 100.
Souvignargues (Gard), 166.

Soyons (Ardèche), 42, 126, 182, **183**, 191, 194, 196.
Spatules, 191, 192, 235, 242.
Spécialisation des outils, 92.
Spermophiles, 167, 188, 194.
Sphinx sculpté (prétendu), 294.
Spitzberg, 30.
Spongites, 183.
Spring, 81, 165.
Spy (Belgique), 132, 136, **137**, 150, 153, 261.
Staengenaes (Suède), **140**.
Stalactites, 151.
Stalagmites, 76, 151, 262, 268.
Stamm, 216.
Stéatopygie, 133.
Steenstrup, 274.
Steeten (Nassau), 165.
Sténon, 27.
Steppes quaternaires, 35.
Steppenfauna, 35.
Stoppani, 165.
Strabon, 27.
Stradella (Italie), 182.
Stratigraphie des cavernes, 168.
Suède. Voir *Lund, Scandinavie, Staengenaes*.
Suéthans, 156.
Suffolk (Angleterre), 99.
Suidé gravé sur os de renne, 216.
Suisse, 165. Voir *Bellerive, Bienne, Dürnten, Schaffhouse, Thayngen, Utznach, Wetzikon, Yverdun*.
Superpositions, 113, 163, 208.
Surplomb, 150.
Sus scrofa, 257.
Symboles, 93.
Symétrie, 241.
Symonds, 165.
Syrie (Asie), 104.
Tage (rivière), 101.
Taille (procédés de), 86.
Taille intentionnelle (caractères de la), 87.
Taillefer, 165.
Talon (haches à), **91**, 116, 117, 120, 126, 147, 148.
Tamise (rivière), 114.
Tarandus, 53, 59.
Tarauds, 117, 194, 195, 212, 222, 245, 254. Voir *Perçoirs*.
Tardoire (rivière), 266.
Tarn (rivière), 147.
Tarn-et-Garonne. Voir *Bruniquel, Combet, Lafaye, Montastruc, Montauban, Montclar, Plantade*.
Tas (rivière), 43.
Tasmanie (Océanie), 92.
Tatouages, 156, 228.
Taubach (Saxe-Weimar), 40.
Taupe, 67.
Taureau, 241. Voir *Bœuf*.
Taureau de Marathon, 64.
Tavel (Gard), 105.
Tayac (Dordogne), 126, 174, 195.
Tchérémisses, 58.
Tchouktches, 163, 171.
Tendons, 156, 229.

Ténériffe (île de), 189.
Tenzelius, 79.
Tercis (Landes), 126, 147, 196, 217.
Terre de bruyère (formation de la), 77.
Tertiaire (époque), 28.
Tertiaire (question de l'homme), **96**, 295.
Tétras, 67.
Thayngen (Suisse), 54, 64, 176, 177, 212, **214**, 225, 232.
Thenay (Loir-et-Cher), 100, **101**, 102, 103, 105, 106, 148.
Thennes (Somme), 116, 120, 126, 127.
Therain (rivière), 123.
Thiede (Brunswick), 35, **37**.
Thioly, 165, 167.
Thorigné (Mayenne), 175.
Thuison, cne d'Abbeville (Somme), 121, 122.
Thur, 50.
Thurnam, 130, 131.
Tibère (l'Empereur), 28.
Tibia platycnémique, 190.
Tigre, 183. Voir *Felis Spelaea*.
Till en Angleterre, 32.
Tilliol, cno de Brive (Corrèze), 127.
Tilly, commune de Saligny (Allier), 148.
Tinière (le cône de déjection de la), en Suisse, 74.
Tombes à dalles, 206.
Tombes des géants, 18.
Tombes gallo-romaines, 114.
Topinard, 131, 132.
Torell, 84.
Torquay (Angleterre), 164.
Torses (haches), 91, 121.
Tortue sculptée, 241.
Toscane (Italie), 106.
Tourbe (formation de la), 73.
Tourbières, 16, 50.
Tournal, 15, 81, 166.
Toussaint, 167, 203, 204.
Traits empoisonnés, 157.
Tranchet, 125, 219.
Transbaïkalie (Sibérie), 48.
Transcaucasie (Asie), 47, 210.
Transvaal (Afrique), 48, 170.
Travail ajouré, 234.
Trenton (Amérique du Nord), 114.
Trépanation, 19.
Tribula, 88.
Tripolitaine (Afrique), 163.
Triturateurs, 229, 250.
Troglodytes, 61, 158, 160, 161, 162, 170.
Troglodytes (mœurs des), 154.
Troglodytes (croyances religieuses des), 158.
Troglodytisme aux temps historiques, 160.
Trolls, 164.
Trou de l'Érable (Belgique), 150.
Trou du Renard, cne de Soyons (Ardèche), 182.
Trou du Sureau (Belgique), 176, 261.
Trou Magrite (Belgique), 176, 261.
Truchère (la, Saône-et-Loire), 132, 145.
Truite, 241, 266.
Trutat, 167.
Trye-le-Château (Seine-et-Oise), 18.

Tuillère (la), cⁿᵉ de Sainte-Croix (Dordogne), 264, 295.
Tunisie, 114, 163. Voir *Gafsa.*
Turkestan (Asie), 159.
Tursac (Dordogne), 175.
Tyrol (Autriche), 66.
Urnes à fenêtre, 19.
Ursus spelaeus, 46, 182, 188, 192, 219, 257, 262, 263.
Urus, **49.** Voir *Bos primigenius.*
Utznach (Suisse), 34, 292.
Uzès (Gard), 169.
Vache (grotte de la), cⁿ d'Alliat (Ariège), 174, 275, 277.
Valence (Drôme), 42.
Vallées (creusement des), 150.
Vanne (rivière), 196.
Vase du Frontal, 211, **214.**
Vases culinaires, 183, 246.
Vases troués, 19, 291.
Vaucluse. Voir *Baoumo, Buoux, Gargas. Mont Ventoux, Villéo.*
Veaux gravés, 193.
Venafro (Italie), 114.
Vendeuvre (Vienne), 127, 148.
Vendôme (Loir-et-Cher), 103, 127.
Ventimiglia ou Vintimille (Italie), 257.
Vénus de Vibraye, 169.
Verhandlungen der Berliner Gesellschaft fuer Anthropologie, 288.
Verneau, 167.
Verneuil, 15, 167.
Vernis des silex. Voir *Patine.*
Vertèbres caudales, 157.
Veson, 62.
Vêtements, 83, 149, 157.
Veyrier (Haute-Savoie), 175, 247.
Vézère (stations de la), 181.
Vibrata (rivière), 114.
Vibraye, 166, 228.
Vic-de-Chassenay (Côte-d'Or), 126, 127, 196.
Vic-sur-Aisne (Aisne), 18.
Victoria (caverne de, Angleterre), 165, 294.
Vienne (ateliers de la), 127, 196.
Vienne. Voir *Beaumont, Chalfaud, Cillère, Civray, Cottes, Douris, Ermitage, Gougons, Héraudières, Larnay, Leugny, Lussac, Marigny, Nassé-Leugny, Ouzilly, Oyré, Saint-Rémy, Savigné, Sommières, Vendeuvre.*

Vilhonneur (Charente), 174, 266.
Villefranche (Alpes-Maritimes), 191.
Villefranche (Pyrénées-Orientales), 166.
Villéo (Vaucluse), 263.
Villers-saint-Sépulcre (Oise), 18.
Vintimille (Italie), 257.
Virchow, 131, 133, 138, 165, 177, 256, 276.
Vis plastica, 27.
Volgu, commune de Rigny (Saône-et-Loire), 93, 195, **210.**
Voss, 177.
Vouet (Aubin), 7.
Vouthon (Charente), 174, 245.
Wagner, 15.
Wailly (Pas-de-Calais), 184.
Waldsee (Wurtemberg), 40.
Walpole (Horace), 8.
Wankel, 165.
Watelet, 147.
Weimar (Saxe-Weimar), 37.
Welcker, 131.
Wells (Angleterre), 165.
Werner, 28.
Westeregeln (Saxe), 35, 37.
Wetzikon (Suisse), 34.
Whitney, 98.
Wildhaus (Nassau), 165.
Wildscheuer (Nassau), 165.
Williamson, 165.
Wood, 165.
Wookey (Angleterre), 165.
Worsane, 178.
Wurmbrand, 165, 177.
Wurtemberg, 132. Voir *Bockstein, Cannstadt, Elberfeld, Feldhofen, Gera, Hohlefels, Hohlestein, Schelmengrab, Schussenried, Waldsee.*
Xénophane, 27, 29.
Yonne (département de l'), 127. Voir *Fées, Fumerault, St-Aubin.*
Yverdun (Suisse), 74.
Zauberhœlzer, 235.
Zawiscza, 165.
Zèbre, 33.
Zeitschrift für Ethnologie, 287.
Zendavesta, 29.
Zittel, 165.
Zones de température (formation des), 31.

CONCORDANCE DES NUMÉROS D'INVENTAIRE CITÉS

AVEC LES PAGES DU CATALOGUE (1).

N. B. — Le numéro entre parenthèses désigne la page du Catalogue où l'on trouvera l'objet dont le premier chiffre est le Numéro d'inventaire.

1000 (127).	4381 (248).	7409 (125).
3307 (180).	4381bis (248).	7414 (125).
3308 (181).	4386 (248).	7418 (125).
3309 (181).	4417 (248).	7422 (125).
3310 (181).	4418 (248).	7434 (125).
3311 (181).	4439 (249).	7450 (123).
3312 (181).	6517 (181).	7497 (125).
3314 (180).	6685 (229).	7501 (148).
3323 (180).	6822 (121).	7508 (125).
3411 (229).	6949 (108).	7509 (148).
3412 (229).	6980 (107).	7510 (148).
3413 (229).	7000 (117).	8145 (181).
3415 (229).	7001 (118).	8146 (239).
3416 (230).	7005 (117).	8147 (236).
3417 (230).	7006 (117).	8148 (235).
3418 (224).	7007 (117).	8149 (240).
3420 (229).	7008 (121).	8150 (240).
3427 (229).	7047 (180).	8151 (235).
3431 (229).	7052 (180).	8152 (235).
3457 (250).	7055 (180).	8153 (236).
3479 (250).	7057 (181).	8154 (235).
3481 (250).	7058 (181).	8156 (235).
3533 (221).	7060 (181).	8158 (250).
3537 (242).	7061 (122).	8159 (235, 241).
3539 (242).	7062 (122).	8160 (224).
3573 (243).	7063 (122).	8161 (226).
3574 (243).	7076 (122).	8162 (227).
3575 (243).	7080 (117).	8163 (228).
3576 (243).	7081 (122).	8164 (227).
3577 (243).	7164 (181).	8165 (224).
3578 (243).	7178 (124).	8167 (226).
3582 (243).	7181 (124).	8169 (230).
3594 (108).	7183 (124).	8170 (231).
3598 (119).	7184 (124).	8172 (223).
3599 (119).	7203 (124).	8173 (224).
3711 (246).	7204 (124).	8174 (224).
4236 (248).	7367 (125).	8175 (224).
4309 (248).	7405 (125).	8176 (226).
4377 (248).	7406 (125).	8177 (230).

(1) Un grand nombre d'objets du Musée de Saint-Germain étant cités dans les ouvrages d'archéologie sous leurs Nᵒˢ d'inventaire, cette table de concordance nous a paru indispensable.

8178 (231).
8290 (248).
8291 (248).
8292 (249).
8450 (195).
8512 (106).
8513 (106).
8581 (148).
8599 (119).
8600 (119).
9210 (106).
9216 (134).
9217 (134).
9218 (134).
9218 *bis* (135).
9219 (134).
9439 (107).
9440 (107).
9441 (107).
9442 (107).
9443 (107).
9468 (106).
9472 (106).
9473 (116).
9546 (102).
10480 (106).
10638 (121).
10639 (121).
11073 (241).
11077 (241).
11080 (135).
11082 (228).
11093 (121).
11133 (124).
11135 (124).
11232 (135).
11233 (136).
11305 (180).
11329 (245).
11330 (245).
11603 (148).
11605 (148).
11606 (127).
11607 (148).
11609 (148).
11614 (148).
11615 (148).
11617 (148).
11618 (148).
11711 (125).
11712 (125).
11713 (125).
11801 (102).
11802 (102).
11803 (102).
12095 (120).
12035 (121).
12216 (106).
13563 (244).
14643 (127).
14644 (252).
14646 (252).
14647 (252).
14649 (252).

14650 (252).
14651 (252).
14652 (252).
14865 (226).
14866 (192).
14866 (236).
14867 (240).
14868 (241).
14869 (238).
14870 (238).
14871 (236).
14872 (238).
14873 (236).
17484 (239).
14875 (239).
14876 (236).
14877 (239).
14878 (236).
14879 (241).
14880 (238).
14881 (239).
14882 (241).
14883 (241).
14885 (236).
14886 (236).
14887 (236).
14888 (236).
14889 (241).
14890 (238).
14891 (236).
14892 (239).
14906 (212).
15084 (107).
15102 (241).
15106 (241).
15108 (236).
15112 (235).
15113 (236).
15114 (238).
15151 (245).
15125 (179).
15126 (179).
15130 (245).
15191 (228).
15193 (230).
15194 (223).
15195 (229).
15196 (229).
15199 (229).
15206 (218).
15207 (218).
15209 (236).
15232 (120).
15462 (247).
15463 (247).
16709 (238).
16714 (127).
16716 (126).
16711 (236).
16711A (242).
16717 (239).
16718 (237).
16719 (238).
16720 (238).

16721 (238).
16952 (191).
17026 (107).
17030 (108).
17043 (135).
17135 (179).
17145 (195).
17165 (119)
17167 (119).
17168 (119).
17121 (121).
17128 (116).
17233 (242).
17760 (102).
18095 (242).
18096 (242).
18097 (238).
18112 (127).
18116 (126).
18117 (126).
18129 (195).
18132 (127).
18133 (126).
18150 (127).
18168 (147).
18169 (147).
18273 (222).
18274 (222).
18310 (182).
18320 (183).
18323 (183).
18326 (183).
18401 (148).
18404 (126,127).
18407 (148).
18408 (148).
18415 (126).
18416 (127).
18494 (242).
18581 (220).
18582 (220).
18665 (105).
18677 (135).
18737 (135).
18738 (135).
18773 (123).
18797 (256).
18825 (256).
18828 (254).
18831 (254).
18836 (254).
18838 (254).
18839 (254).
18840 (254).
18841 (254).
18842 (254).
18846 (254).
18852 (254).
18855 (254).
18866 (242).
18867 (126).
18870 (117).
18871 (117).
18872 (117).

18874 (117).	20056 (224).	21461 (146).
18875 (118).	20057 (226).	21465 (146).
18876 (118).	20058 (224).	21563 (192).
18877 (118).	20059 (229).	21759 (146).
18878 (119).	20060 (230).	21760 (146).
18879 (119).	20061 (229).	21762 (146).
18880 (122).	20062 (231).	21767 (124).
18882 (122).	20063 (231).	21860 (244).
18883 (122).	20064 (227).	22018 (181).
18884 (122).	20065 (224).	22021 (126, 181),
18686 (122).	20066 (225).	22023 (181).
18891 (122).	20066 *bis* (225).	22024 (180).
18895 (122).	20070 (230).	22082 (108).
18900 (122).	20071 (230).	22083 (108).
18901 (122).	20072 (222).	22084 (108).
18904 (122).	20077 (195).	22085 (108).
18908 (122).	20080 (107, 195).	22086 (108).
18909 (122).	20082 (107).	22087 (108).
18910 (122).	20083 (180).	22088 (108).
18913 (122).	20085 (181).	22089 (108).
18915 (117).	20086 (243).	22090 (108).
18916 (117).	20087 (243).	22091 (108).
18917 (117).	20088 (243).	22092 (108).
18918 (117).	20095 (193).	22093 (116).
18919 (117).	20103 (244).	22138 (106).
18922 (119).	20108 (127).	22139 (106).
18923 (119).	21043 (222).	22173 (212).
18924 (119).	20144 (222).	22257 (116).
18925 (127).	20145 (221).	22509 (115).
19100 (147).	20186 (192).	22530 (148).
19447 (126).	20187 (192).	22532 (148).
19823 (219).	20188 (192).	22533 (148).
19826 (219).	20314 (245).	22609 (239).
19827 (219).	20315 (245).	22610 (241).
19828 (219).	20319 (245).	22611 (240).
19834 (239).	20387 (193).	22612 (239).
19839 (219).	20738 (101).	22613 (193).
19840 (219).	20739 (102).	22614 (193).
19841 (220).	20976 (191).	22615 (193).
19843 (219).	21003 (106).	22616 (193).
19844 (229).	21104 (102).	22617 (193).
19845 (220).	21237 (250).	22642 (121).
19846 (218, 220).	21239 (230).	22645 (123).
19851 (218).	21240 (224).	22646 (123).
19855 (219).	21241 (230).	22647 (123).
19861 (219).	21242 (230).	22653 (123).
19863 (219).	21243 (224).	22654 (123).
19865 (239).	21245 (231).	22709 (229).
19866 (219).	21248 (223).	22797 (184).
16868 (219, 220).	21253 (235).	22810 (264).
19871 (220).	21254 (236).	22825 (191).
19872 (219).	21255 (125).	22826 (191).
9874 (219).	21256 (236).	22856 (184).
9875 (218, 220).	21257 (236).	22919 (116).
19876 (219).	21258 (236).	23071 (117, 118, 119, 121).
19878 (220).	21259 (236).	23072 (115, 116).
20044 (235).	21263 (230).	23259 (108).
20045 (242).	21265 (226).	23351 (115).
20046 (242).	21266 (227).	23360 (184).
20047 (242).	21268 (227).	23368 (106).
20048 (242).	21269 (230).	23369 (106).
20053 (225).	21386 (185).	23370 (106).
20054 (225).	21394 (212).	23371 (106).
20055 (224).	21455 (146).	23372 (106).

23373 (106).
23374 (107).
23376 (107).
23377 (106).
23378 (106).
23488 (115).
23820 (184).
23828 (184).
23858 (184).
23859 (184).
23861 (184).
23998 (147).
24624 (237).
25891 (124).
26207 (108).
26208 (108).
26209 (107).
26222 (108).
26268 (184).
26269 (123).
26271 (147).
26272 (117).
26273 (147).
26275 (147).

26562 (184).
26571 (115).
26585 (109, 110).
26632 (108).
26634 (108, 109).
26759 (109).
26760 (109).
26761 (109).
26763 (109).
26786 (109).
27056 (182).
28807 (115).
29342 (117).
29684 (105).
29466 (135).
29685 (116).
29686 (119).
29724 (109, 110).
29725 (110).
29727 (109, 110).
29762 (225).
29763 (228).
29764 (226).
29765 (226).

29766 (238).
29767 (250).
29889 (117).
30091 (228).
30096 (227).
30098 (117).
30100 (263).
30361 (212).
30458 (117).
30467 (212).
31008 (212).
31480 (115).
31502 (224).
31503 (225).
31504 (226).
32505 (226).
31506 (226).
31507 (227).
31508 (227).
31509 (227).
31510 (230).
31511 (230).
31512 (250).

LISTE ALPHABÉTIQUE DES DONATEURS.

N. B. *Les chiffres renvoient aux pages où sont indiqués les dons.*

Acy (d'), 115, 116, 117, 119, 120, 126.
Adhémar, 147.
Arcelin, 126, 134, 191, 220.
Archiac, 247.
Arnaud, 211.
Bailleau, 147, 182, 243.
Baudon, 122.
Bazin, 125, 233.
Beaune, 123.
Begouën (de), 233.
Bertrand (A.), 243.
Boucher de Perthes, 116, 117, 120, 121, 122, 126.
Bourgeois, 101, 125, 147, 243.
Bouvet, 126, 147.
Breuvery (de), 233, 245.
Brouillet, 126, 148.
Broullot, 191.
Brun, 247.
Castagné, 246.
Cazalis de Fondouce, 126, 191.
Chantre, 115, 191, 220.
Chauvet, 182.
Christy, 126, 180, 191, 217, 220, 222, 233, 243, 246, 247.
Collas, 182.
Commission des Gaules, 126, 191, 220.
Cortat, 147.
Cournault, 211.
Coutant, 126.
Damour, 117, 254, 263.
Danicourt, 117.
Demaire, 184.
Detroyat, 243.
Douliot, 191.
Dumoutier, 115.
Dupont, 127, 211, 254.
Duruy, 247.
Fenet, 122, 184.
Fermont, 211.
Ferry, 134, 191, 220.
Frossard, 247.
Gaillardot, 123.
Garrigou, 191.

Gaudry, 120, 265.
Gervais, 126, 134, 191, 243, 254.
Guégan, 115, 184.
Gueheneuc (comtesse de), 146.
Hardy, 233.
Haret, 184.
Harlé, 211.
Imbert, 263.
Jacquinot, 147, 184.
Jollivet, 119, 126, 191.
Jume, 123.
Keller, 211.
Lalande, 126, 179, 191, 220, 243, 246.
Lamberterie, 184.
Lartet, 119, 126, 147, 180, 191, 217, 220, 222, 233, 243, 246, 247.
Lecoq, 115, 119, 182.
Legrand, 126, 191.
Le Hir, 243.
Lenoir, 191.
Lepic, 126, 182, 191, 263, 266.
Levasseur, 123.
Léveillé, 119, 126.
Longuemar, 254.
Linas, 184.
Lubac, 182, 191, 263.
Maitre, 147.
Marlot, 126, 191.
Massénat, 126, 179, 184, 191, 220, 233, 243, 246, 264.
Ministère des travaux publics, 117, 126, 184, 220.
Morel, 263.
Mortillet (de), 101, 116, 117, 123, 126, 127, 146, 184, 191, 220, 243, 264.
Musée de Bonn, 134.
Musée de Bruxelles, 134, 254.
Musée de Colmar, 134.
Musée de Florence, 134.
Musée de Stuttgart, 134.
Nadaillac, 126.
Nansouty, 126.
Parrot, 217.
Peccadeau de l'Isle, 180, 191.

Piette, 191.
Pottier, 126, 191, 217, 264.
Reboux, 123.
Reverdit, 126, 180, 191.
Rigollot, 120.
Rivière, 191, 254.
Robinot, 146.
Saulcy (de), 151, 247.
Simon, 254.

Société des Antiquaires, 120.
Soulingeas, 264.
Subert, 147.
Terninck, 119.
Thioly, 246.
Tournal, 243.
Vibraye (de), 127, 220, 233.
Watelet, 119.

FIN.

DU MÊME AUTEUR

Manuel de Philologie classique. 2 vol. in-8°, deuxième édition, HACHETTE, 1883-1884.
Ouvrage couronné par l'Association pour l'encouragement des Études grecques.

Catalogue du Musée impérial de Constantinople, in-8°, Constantinople, à la DIRECTION DU MUSÉE, 1882. (Épuisé.)

Notice biographique sur Charles-Joseph Tissot, ambassadeur de France, in-8°, KLINCKSIECK, 1885.

Traité d'épigraphie grecque, in-8°, LEROUX, 1885.

Grammaire latine à l'usage des classes supérieures, in-8°, DELAGRAVE, 1885.
Ouvrage couronné par la Société d'enseignement secondaire.

Instruction pour la recherche des antiquités en Tunisie, in-4°, IMPRIMERIE NATIONALE, 1885.

Essai sur le libre arbitre, de Schopenhauer, traduit et annoté, in-8°, troisième édition, ALCAN, 1886.

E. BABELON et S. REINACH. Recherches archéologiques en Tunisie, in-8°, IMPRIMERIE NATIONALE, 1886.

La colonne Trajane au musée de Saint-Germain, in-12, LEROUX, 1886.

Conseils aux voyageurs archéologues en Grèce et dans l'Orient hellénique, in-12, LEROUX, 1886.

Précis de grammaire latine, in-12, deuxième édition, DELAGRAVE, 1887.

Catalogue sommaire du musée des antiquités nationales de Saint-Germain-en-Laye, in-12, IMPRIMERIES RÉUNIES, 1887.

E. POTTIER et S. REINACH. Terres cuites et autres antiquités trouvées dans la nécropole de Myrina. catalogue raisonné, in-8°, IMPRIMERIES RÉUNIES, 1887.

E. POTTIER et S. REINACH. La Nécropole de Myrina, deux vol. in-4, avec 50 planches d'héliogravure, THORIN, 1886-1887.
Ouvrage couronné par l'Académie des inscriptions (Prix Delalande-Guérineau).

Atlas de la province romaine d'Afrique, pour servir à l'ouvrage de Ch. Tissot, in-4°, IMPRIMERIE NATIONALE, 1888.

Géographie de la province romaine d'Afrique, par Ch. Tissot. Les Itinéraires, ouvrage publié d'après le manuscrit de l'auteur avec des notes et des additions, in-4°, IMPRIMERIE NATIONALE, 1888.

Chroniques d'Orient publiées dans la Revue archéologique. 21 fascicules in-8° avec gravures, LEROUX, 1883-1889.

Bibliothèque des monuments figurés grecs et romains. I. Voyage archéologique en Grèce et en Asie Mineure sous la direction de PHILIPPE LE BAS (1842-1844). Planches de photographie, de sculpture et d'architecture... publiées et commentées par SALOMON REINACH. In-4° avec 311 planches. FIRMIN-DIDOT, 1888.

Bibliothèque archéologique. I. Études d'archéologie et d'art, par Olivier Rayet, réunies et publiées, avec une notice biographique sur l'auteur, par SALOMON REINACH, in-8°, avec 5 photogravures et 112 gravures. FIRMIN-DIDOT, 1888.

Les Gaulois dans l'Art antique et le Sarcophage de la Vigne Ammendola, in-8°, avec 2 photogravures et 29 gravures, LEROUX, 1889.

TYPOGRAPHIE FIRMIN-DIDOT. — MESNIL (EURE).